仪征民政志

YIZHENG MINZHENGZHI

仪征市民政局 编

方志出版社

图书在版编目（CIP）数据

仪征民政志 / 仪征市民政局编. -- 北京：方志出版社，2016.6

ISBN 978-7-5144-2013-5

Ⅰ. ①仪… Ⅱ. ①仪… Ⅲ. ①民政工作—概况—仪征市 Ⅳ. ①D632

中国版本图书馆CIP数据核字（2016）第124332号

仪征民政志

编　　者：仪征市民政局编
责任编辑：李　静

出 版 人：冀祥德
出 版 者：方志出版社
地址　北京市朝阳区潘家园东里9号（国家方志馆四层）
邮编　100021
网址　http://www.fzph.org
发　　行：方志出版社发行中心
电话　（010）67110500
经　　销：各地新华书店
印　　刷：南京凯德印刷有限公司

开　　本：889×1194　1/16
印　　张：22
字　　数：636千字
版　　次：2016年6月第1版　　2016年6月第1次印刷
印　　数：0001~1000册

ISBN 978-7-5144-2013-5　　定价：280.00元

仪征市政区图

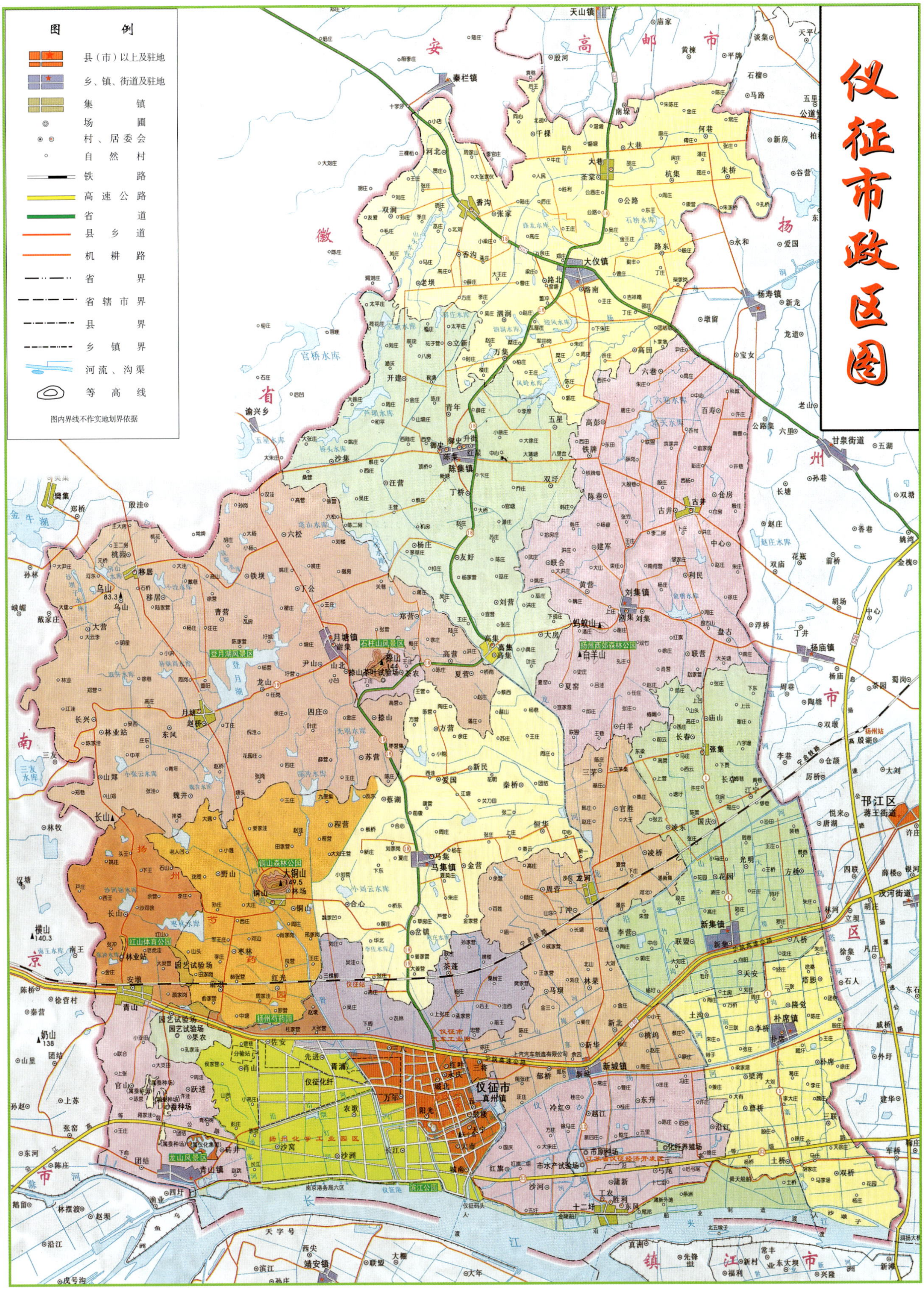

图例
县（市）以上及驻地
乡、镇、街道及驻地
集镇
场圃
村、居委会
自然村
铁路
高速公路
省道
县乡道
机耕路
省界
省辖市界
县界
乡镇界
河流、沟渠
等高线
图内界线不作实地划界依据
安徽省
高邮市
扬州市
南京市
镇江市
邗江区
仪征市
真州镇
大仪镇
新集镇
新城镇
朴席镇
刘集镇
陈集镇
月塘镇
马集镇
青山镇
十二圩
铜山森林公园
登月湖风景区
石柱山风景区
扬州西郊森林公园
龙山风景区
扬州化学工业园区
官桥水库
长江

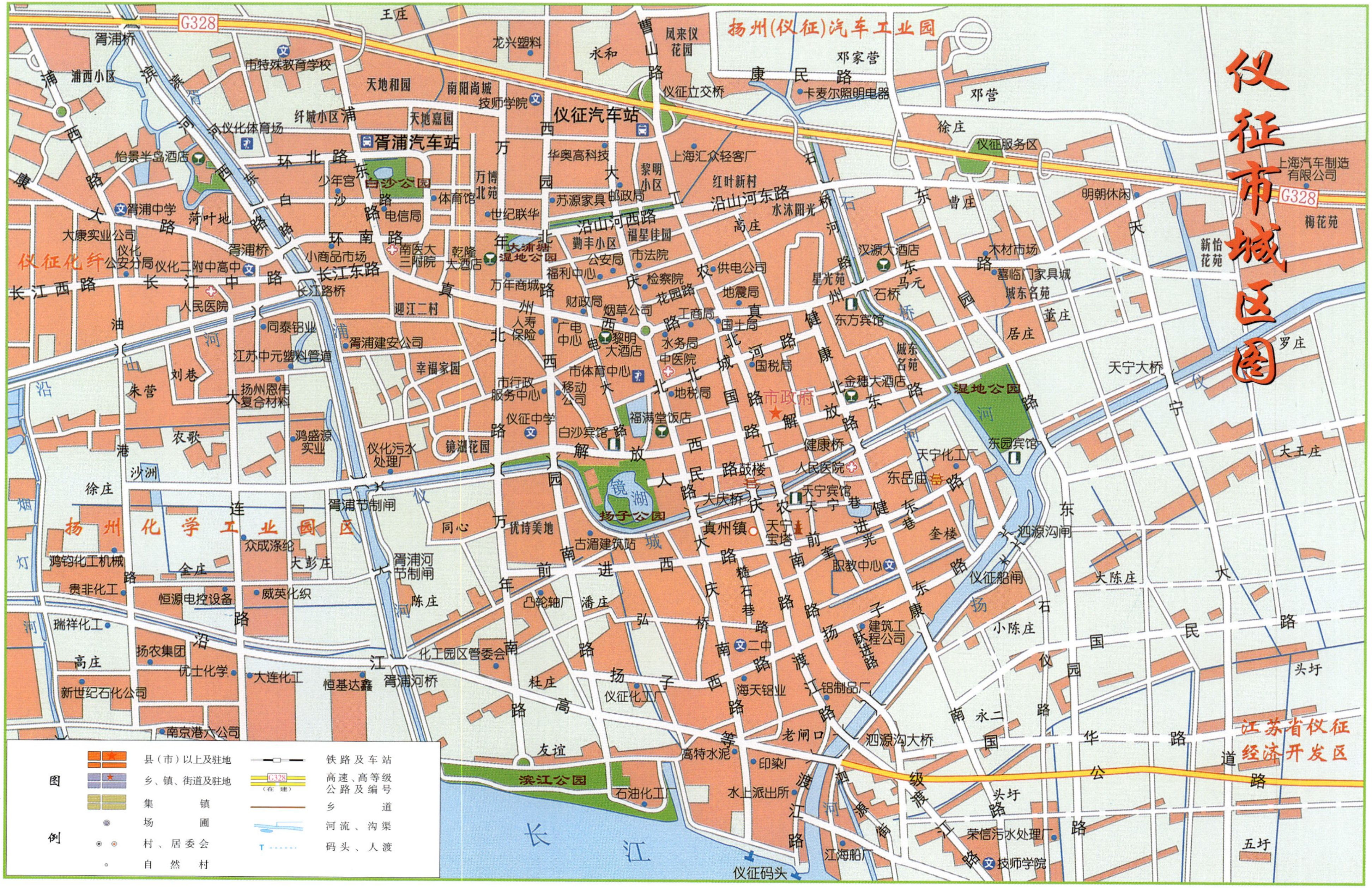
仪征市城区图
扬州(仪征)汽车工业园
江苏省仪征经济开发区
扬州化学工业园区
仪征化纤
G328
仪征汽车站
胥浦汽车站
市政府
真州镇
天宁宝塔
湿地公园
扬子公园
滨江公园
白沙公园
鼓楼
长江
仪征码头
天宁大桥
泗源沟大桥
泗源沟闸
胥浦桥
胥浦河桥
仪征立交桥
仪征服务区
上海汽车制造有限公司
卡麦尔照明电器
人民医院
仪征中学
胥浦中学
技师学院
市特殊教育学校
图例
县（市）以上及驻地
乡、镇、街道及驻地
集镇
场圃
村、居委会
自然村
铁路及车站
高速、高等级公路及编号
乡道
河流、沟渠
码头、人渡

2008年5月23日，中共江苏省委书记梁保华到仪征视察抗震救灾物资生产情况

2012年2月22日，江苏省副省长傅自应（前排右一）到仪征视察敬老院

2012年7月4日，江苏省政协副主席张九汉（右二）到仪征视察真州镇敬老院

2004年10月，国家民政部计财司宋志祥司长（左一）到仪征调研计财工作

2007年3月，江苏省民政厅厅长赵顺盘（右一）到仪征检查指导民政工作

2010年2月，中共扬州市委书记王燕文（前排左一）到仪征慰问老党员和困难群众

2008年春节，扬州市副市长、中共仪征市委书记卜宇（中）慰问困难户

2010年2月，中共仪征市委书记费高云（前排左）走访慰问老党员和困难群众

2012年春节，中共仪征市委书记程希（右一）慰问真州镇敬老院五保老人

2012年春节，中共仪征市委副书记、仪征市市长张震宇（前排右）慰问驻仪部队

2009年8月，中共仪征市委副书记宗金林（前排左）率队赴甘肃慰问驻仪某部演练官兵

2008年3月，中共仪征市委常委、副市长赵明（右二）看望百岁老人

2009年6月3日，江苏省民政厅专家组到仪征验收示范性养老机构创建工作

2011年8月，仪征市民政局、慈善总会到青山镇敬老院进行夏季慰问

2011年12月19日，仪征地名勘界立碑

2008年3月31日，仪征市召开村民监督委员会建设推进会

2007年7月，仪征市大仪镇路南村第八届村委会换届选举现场

2008年8月25日，仪征市召开全市社区居委会换届选举工作会议

2009年3月23日，全省基层政权和社区建设工作会议在仪征市召开

2010年6月21日，扬州市民政局在仪征市十二圩办事处越江村调研村务监督工作

2011年9月9日，仪征市召开农民集中居住区社区化管理现场推进会

2012年3月23日，仪征市真州镇建成梓橦社区廉政文化长廊

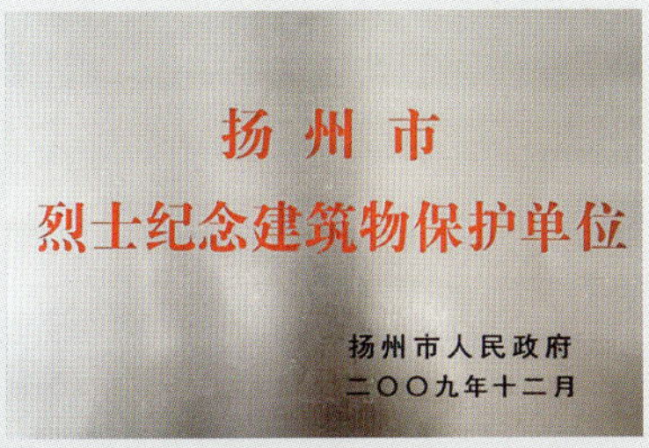

2009年12月，仪征市烈士陵园被确定为扬州市烈士纪念建筑物保护单位

2004年4月，占地90亩的仪征市烈士陵园建成

2009年6月25日，仪征市举办2009年度退役士兵专场招聘会

2012年12月，仪征市召开冬季退役士兵职业技能培训动员会

2011年5月，江苏省民政厅到仪征调研社会救助工作

2008年10月，仪征市民政局将全市91个部门、乡镇捐赠的棉衣、棉被送往四川绵竹地震灾区

2008年4月，仪征市举办乡镇敬老院集中开工仪式

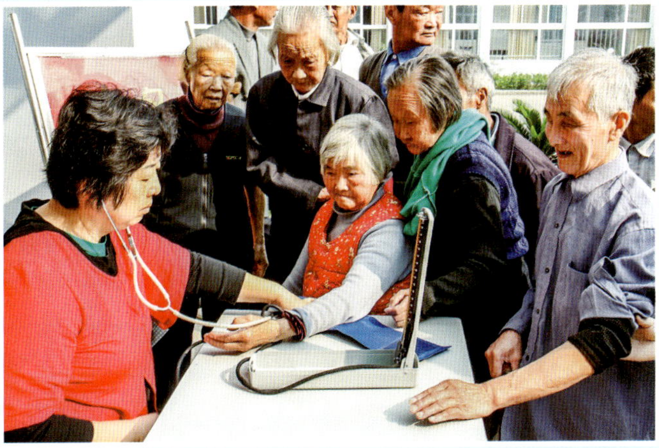

2010年10月，社区医务工作者给敬老院老人体检

2009年11月建成的仪征市枣林湾敬老院（老年公寓）外景

仪征市举行2007年度"慈善一日捐"活动动员大会

仪征市民政局、教育局、慈善总会举行2012年度助学金发放仪式

仪征市福利彩票发行中心

1999年2月，仪征市赈灾福利彩票销售现场

2009年4月，仪征市一彩民喜中福彩双色球519万大奖

2011年7月，仪征市民政局、慈善总会举行“情系首都、阳光之旅”孤儿夏令营启动仪式

2011年8月，仪征市民政局向学生代表发放福利彩票公益助学金

2011年10月，仪征市召开全市"孝老文明好儿女"表彰大会

走进钻石婚殿堂的戴锦章夫妇（2007年9月摄）

2012年9月，仪征市民政局举办依法行政暨职务犯罪预防专题讲座

2012年11月，仪征市民政局召开中共十八大精神学习会

2008年6月，仪征市民政系统举办作风建设专题讲座

2012年2月，仪征市民政局领导和相关人员与网友在线交流

2009年5月，仪征市召开"四创"省级双拥模范城迎检动员大会

2009年5月，仪征市召开国防教育"三进"活动现场会

2007年6月，仪征市召开民间组织管理工作会议

2003年"八一"前夕，94987部队与仪征市民政局共同举行军民共建签字仪式

2012年9月，仪征市举办中小学生国防教育知识竞赛

2008年9月，仪征市举行免费婚检启动仪式

2012年5月，新设立的仪征市民政局婚姻登记处

仪征市民政局婚姻登记处获2007—2008年度全国婚姻登记规范化单位

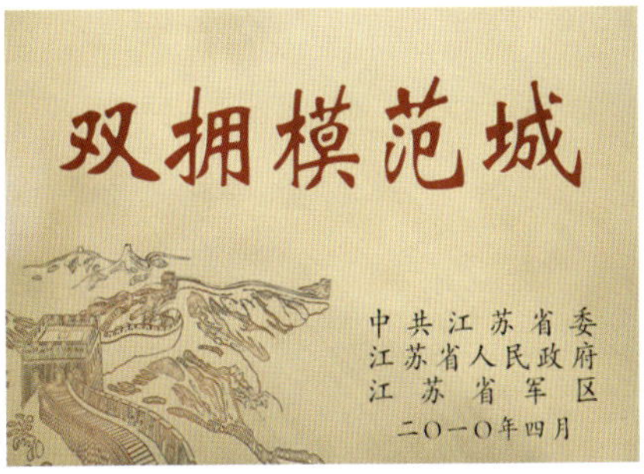
双拥模范城
中共江苏省委
江苏省人民政府
江苏省军区
二〇一〇年四月

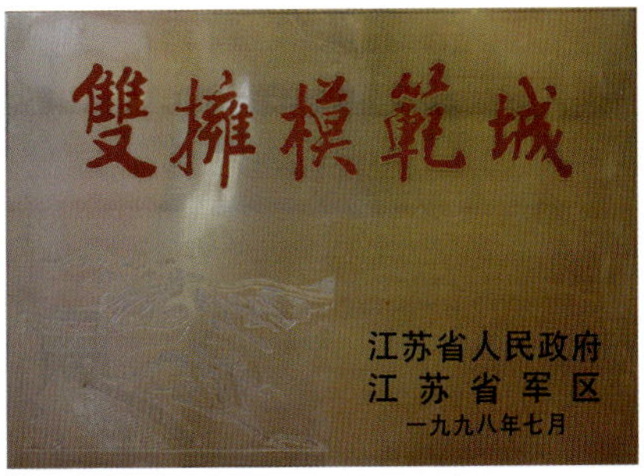
雙擁模範城
江苏省人民政府
江苏省军区
一九九八年七月

双拥模范城
江苏省人民政府
江苏省军区
二〇〇二年一月

双拥模范城
江苏省人民政府
江苏省军区
二〇〇六年二月

2010—2012年度
江苏省文明单位
Civilized Unit in Jiangsu Province
江苏省精神文明建设指导委员会
JIANGSU PROVINCIAL STEERING COMMITTEE
FOR IDEOLOGICAL AND ETHICAL ADVANCEMENT

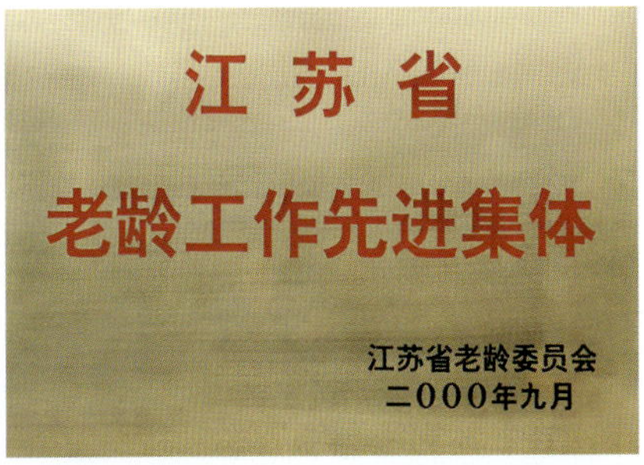
江苏省
老龄工作先进集体
江苏省老龄委员会
二〇〇〇年九月

全民国防教育
先进单位
江苏省全民国防教育委员会
二〇〇一年二月

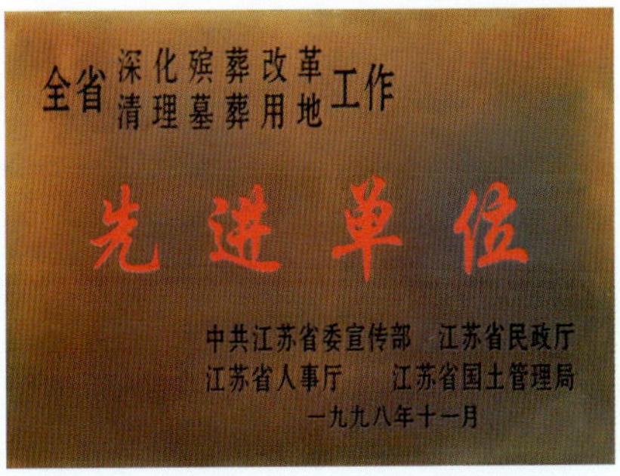
全省深化殡葬改革清理墓葬用地工作
先进单位
中共江苏省委宣传部 江苏省民政厅
江苏省人事厅 江苏省国土管理局
一九九八年十一月

2003-2007年民政工作
先进集体
江苏省民政厅
二〇〇八年一月

全省民政工作
先进集体
江苏省民政厅
二〇一三年元月

江苏省2004-2006年度
村民自治模范市
江苏省民政厅
二〇〇六年十二月

2007—2009年度
江苏省村民自治模范市
江苏省民政厅

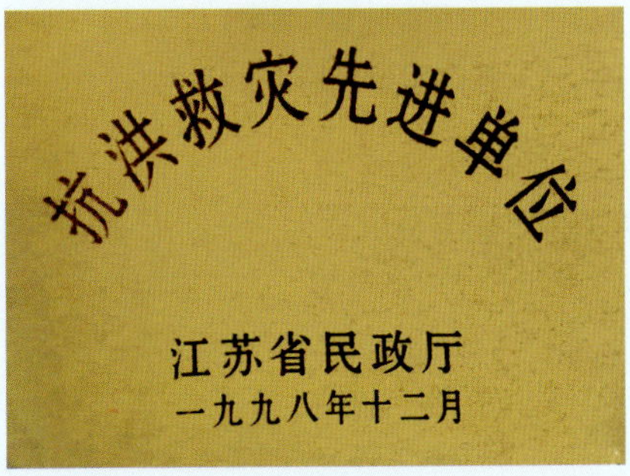
抗洪救灾先进单位
江苏省民政厅
一九九八年十二月

全省民办非企业单位自律与诚信建设活动
最佳组织奖
江苏省民政厅
二〇〇六年四月

江苏省民政系统行风建设
先进基层单位
江苏省民政厅
二〇〇六年十二月

江苏省第八届村委会换届选举工作
先进单位
江苏省民政厅
二〇〇八年七月

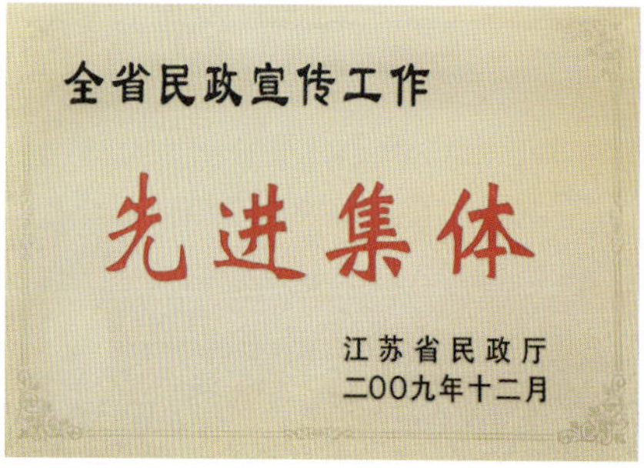
全省民政宣传工作
先进集体
江苏省民政厅
二〇〇九年十二月

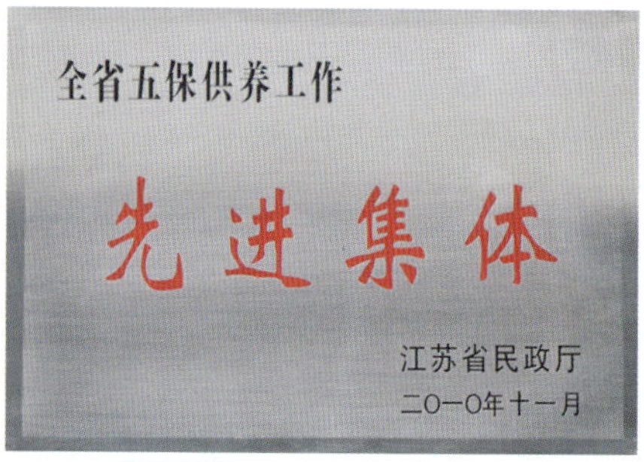
全省五保供养工作
先进集体
江苏省民政厅
二〇一〇年十一月

二〇一一年度江苏省优抚工作
先进单位
江苏省民政厅
二〇一二年一月

二〇〇二年度
文明单位
中共仪征市委员会
仪征市人民政府
二〇〇三年二月

二〇〇三年度
文明单位
中共仪征市委员会
仪征市人民政府
二〇〇四年一月

二〇〇五年度
文明单位
中共仪征市委员会
仪征市人民政府
二〇〇六年二月

二〇〇六年度
标兵文明单位
中共仪征市委员会
仪征市人民政府
二〇〇七年二月

二〇〇七年度
标兵文明单位
中共仪征市委员会
仪征市人民政府
二〇〇八年二月

二〇〇八年度
标兵文明单位
中共仪征市委员会
仪征市人民政府
二〇〇九年一月

二〇〇九年度
文明单位
中共仪征市委员会
仪征市人民政府
二〇一〇年二月

二〇一〇年度
标兵文明单位
中共仪征市委员会
仪征市人民政府
二〇一一年二月

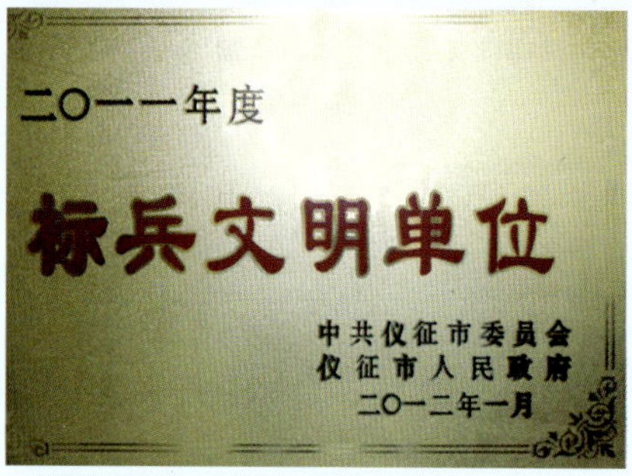
二〇一一年度
标兵文明单位
中共仪征市委员会
仪征市人民政府
二〇一二年一月

2012年度市级机关目标管理作风建设综合考核评比
一等奖
中共仪征市委员会
仪征市人民政府
二〇一三年二月

前排左起：吴文山、刘扣林、帅国华、宗金林、张玉峰、王慧敏、王妮姗
后排左起：高庆飞、李名朝、姚　震、曹建民、张传浩、薛长福、孙　莲

《仪征民政志》编纂委员会

《仪征民政志》编纂人员

前　言

《仪征民政志》是仪征有史以来第一部比较系统记载民政历史和现状的志书。

仪征民政工作源远流长。过去，由于历史的局限，有关民政活动的记载甚少。2013年4月，市民政局成立《仪征民政志》编纂委员会，组建编纂班子。经过制订篇目、搜集资料、分纂总纂和评审几个阶段，数易其稿，现已付梓出版。该志上溯仪征民政事业之发端，下限止于2012年年底。全志除总述、大事记和附录外，计16章，60多万字。通过大量历史资料，全面系统地记述仪征民政工作的基本面貌和发展变化，特别是中共十一届三中全会之后民政工作的改革、创新与发展。

修志以存史，知史而鉴今。《仪征民政志》的出版，对于了解仪征民政工作的发展历程，规划民政工作的未来发展，促进民政工作的全面建设，具有十分重要的意义，必将成为助推民政事业持续发展的重要镜鉴。

仪征市民政局局长
《仪征民政志》编纂委员会主任　张玉峰

2015年12月

凡　例

一、本志以马克思列宁主义、毛泽东思想、邓小平理论和“三个代表”重要思想为指导，坚持科学发展观，实事求是地记载仪征民政工作的历史与现状，着重记述新中国成立后特别是改革开放以来民政事业的发展情况。

二、本志记载的地域范围为2012年年底仪征行政区域内乡镇、部门和单位，包括驻仪征单位的一切民政工作。境内单位和个人在境外进行的与本地民政工作和民政事务相关的内容亦予记载。

三、本志为通志，上限不限，下限至2012年年底，贯通古今，详今明古，略记历史上与民政相关的事物，简记民国时期属于民政方面的事务，详记新中国成立后的民政事业，包括原属民政部门管理后划归其他部门管理的工作。

四、本志采用章节体，除总述、大事记和附录外，以章节目记述为主。按民政工作分工和事物属性相近的原则，大体按类分章，章下设节与目，并辅以图照和表。大事记中的“△”符号表示与上一条大事记年月相同。全志设16章61节322个有序目，有的章下设专记。大事记以编年体为主，辅以纪事本末体。附录选录地方民政工作的重要文献和《仪征地名文化》有关内容。图照置于志首，表随文设置。最后设索引以便检索。

五、人物章以传略、简介和名录三种方式记载仪征籍革命烈士和外籍在仪征牺牲的烈士，以及民政工作先进、模范人物。传略记已故人物，简介记健在人物，名录记烈士（立传者除外）和民政工作先进、模范人物。

六、本志中所用纪年、称谓、数字、注释、引文、计量、标点符号及章、节、目序码等，按《江苏省地方志行文规范》执行。民国及以前的用历史纪年，括注公元纪年，新中国成立后一律用公元纪年。以1949年4月7日仪征县城解放，1949年10月1日新中国成立和1986年7月仪征撤县设市为界，分别称“解放前”“解放后”，“新中国成立前”“新中国成立后”，以及仪征县和仪征市。有些行政区划、机构、职务、事物等名称发生变化的，均随时间而改变。一些名称需多次出现的，第一次出现时用全称，括注简称，以后用简称。计量一般采用法定计量单位，考虑到长期使用习惯，以及当前公文和媒体通行的用法，少数仍采用亩、公里、公斤等计量单位。

七、本志所用数据，以统计部门《统计年鉴》和本部门统计报表为准，少数采用总结、汇报等文献资料和有关人员回忆。所用数据均经过校核，为节省篇幅，不一一注明出处。

目　　录

第一章　组织机构

第二章　行政区划管理

第三章　基层政权及群众自治组织建设

第四章　优待抚恤

第五章 退役军人安置

第六章 灾害救济

第七章 社会救助

第八章 社会福利及慈善事业

第九章 地名管理

第十章　残疾人事业

第十一章　老龄工作

第十二章　双拥和国防教育

第十三章　社会组织管理

第十四章　社会事务管理

第十五章　机关建设与管理

第十六章　人　物

附　录

索　引

总 述

仪征地处长江下游北岸，面江背淮，东邻邗江区，距扬州市区28公里，西毗南京市六合区，距南京市区78公里，北与高邮和安徽天长接壤。全市东西宽30公里，南北长39公里，总面积857平方公里（其中水域面积21.4平方公里）。到2012年年底，共辖9个镇、2个办事处、53个社区、137个村、5个场圃、48个居民小组、3560个村民小组。全市总人口56.2447万人（不含扬州经济开发区代管的朴席镇）。2004年起，仪征市连续跻身全国百强县行列。

仪征历史悠久，早在西周初期（前10世纪）就是东方徐夷族建立的徐国属地，取名鄹，这是仪征最早出现的地名。春秋战国时期仪征为吴楚属地，秦初属九江郡，后属东海郡，汉初为广陵、江都两县地。汉武帝元封五年（前106年）始置舆县，南朝宋元嘉十三年（436年）撤销。唐永淳元年（682年）复置县，为扬子县。五代吴顺义四年（924年），扬子县的白沙镇（今仪征市区）改为迎銮镇。宋乾德三年（965年）升迎銮镇为建安军，大中祥符六年（1013年）改建安军为真州，赐名仪真郡。仪征之名始于此。军州治所一直设于今仪征市区。明洪武二年（1396年）撤销真州，设仪真县。清雍正元年（1723年）避帝名讳，改为仪征县，仪征之名延续至今。1986年7月，经国务院批准，撤销仪征县，设立仪征市。

仪征，钟灵毓秀，人文荟萃，交通便捷，经济发达，具有丰厚的历史文化底蕴。

早在三千年前，仪征一带文化就相当发达。1961年南京博物院调查发现湖熟文化遗址有曹家山、赵家墩、唐山、永山、甘草山等七处。民国19年（1930年）在仪征新城破山口发掘出的四凤盘、双耳龙纹盘、铜鼎、鬲等一批制作精致、造型美观的西周时期的青铜器，展示出仪征古老的铸造文化的风采（这批出土文物保存在中国历史博物馆和南京博物院）。

千百年来，诸多文人墨客，到仪征游历，他们为仪征的古战场、古渡口及灵山秀水吟诗作画，流连忘返。骆宾王、李白、孟浩然、欧阳修、苏轼、陆游、顾炎武、郑板桥等的足迹踏遍仪征的山水，留下大量吟咏仪征的经典篇章，让仪征的后人有机缘领略“东南水会”“寰宇达道”“纲运喉舌”的诸多繁华。

仪征人杰地灵，英才辈出。《吕氏春秋·异宝篇》《史记·伍子胥列传》中记载的渔丈人，文天祥《指南录》中记载的管船人，都是民众中涌现出的英雄。在群星灿烂的仪征历史上，盛白沙、周在才等一批烈士都是仪征的骄傲。

（一）

民政作为旧衙门或政府的重要政务，历朝历代均为当政者所重视。古代仪征地域的灾害救助、区划调整、勘界清田、村里设置等民政事业，均由主政者即知府或县令掌管；助残救孤、收尸埋骨等慈善举措，亦有官府倡导、士绅显贵资助。水、旱、蝗、疫等大灾之时，历代朝廷均“诏告天下”、或“指派使者巡查给予医药，无主尸骨置以棺敛”。南北朝时，宋文帝元嘉十三年（436年）六月江淮地区大水，官府运南方粮食赈济灾民。唐太宗贞观八年（635年）七月，江淮大水，后又大旱，江淮节度使奏请朝廷，遣送受灾难民外出就食度荒。宋太祖建隆三年（962年）饥荒，户部郎中沈仪伦建议以“郡中军粮储备”赈济灾民。清乾隆三十三年（1769年）八月，大雨连续三昼夜，江河水涨，滨江农田、房屋淹没，官勘成灾，免民田租一半，《扬州足征录》曾有记载。清光绪年间（1875—1908年），两淮盐务总栈提供经费在十二圩建立施材局、救生局、稀饭场等慈善机构。县城大码头建同仁堂，由当地富户捐款，向贫民提供棺木。

民国时期，国民党县政府民政科开始主管户口、人事、生死婚嫁、迁移、统计粮食、改良风俗（婚姻殡葬、劝除迷信、严禁烟赌、崇俭戒奢、力除游荡），举办慈善事业（育幼、掩埋、施医、济贫、救灾、养老）以及公共卫生（除污物、指定公共厕所、办理公葬、防疫）。后具体管理8个方面，即：举行县政会议、办理国选、查勘烟苗、严查烟赌、举行大扫除、筹办乞丐收容所、积谷储仓和提倡合作社。

抗日战争期间，抗日民主政府民政机构主要管理：选举、户籍、赈灾抚恤、调解劳资及佃业争议、战争动员、军事后勤、人民团体组建以及取缔娼妓、禁烟禁赌等。

民国34年（1945年）后，国民党仪征县民政机构名义上管理范围更加广泛，有整编乡、镇保甲，调整乡、镇区域，筹组民意机构，负责选举，训练干部，教训警长，加强自卫，厉行禁烟禁毒，登记民有枪支，组织整理社团，办理褒扬抚恤，社会救济，征兵、地政（后由专设的地政股负责）以及推行新生活等，事实上忙于打内战，罔顾民生，即使做了一些工作，也弊端不少。

（二）

新中国成立以后，仪征的民政工作逐步走向完善和规范，成为紧随时代步伐，真正服务人民的一项重要政府职能工作。仪征民政局（科）也成为市（县）人民政府主管有关社会行政事务的重要职能部门，承担着社会救助与社会福利、基层民主政治建设、服务军队和国防建设以及社会事务管理等各项工作。在中共仪征市（县）委、市（县）人民政府的领导下，仪征民政部门认真贯彻落实国家和上级民政部门的各项方针政策，扎扎实实地抓好各项民政工作，建立一整套新型的、为广大人民群众谋利益的民政工作体系；根据不同时期的不同特点和人民群众的实际困难，积极开展各项民政工作，努力发展民政事业，使全市的民政工作成了社会行政管理和社会保障事业的重要组成部分。

新中国建立初期，仪征民政部门主要参与稳定社会秩序、建设民主政权等任务。1950年，第一次全国民政工作会议以后，仪征民政部门将政权建设、优待抚恤、生产救灾、社会救济、民工动员、游民改造等作为自己的工作任务，生产救灾作为工作的重点。

进入社会主义改造时期，民政部门为贯彻执行党和国家在过渡时期的总路线和总任务服务，为发展生产和社会主义改造服务。根据第二次全国民政工作会议确定的民政工作总方针，县民政科主管基层政权建设、优抚、复员安置、救灾救济、地政、户口管理、行政区划、婚姻登记、社团管理、侨务、宗教等项工作。

1955年后，县民政科工作以优抚、复员安置、救灾和社会救济为主，政权建设方面，在党委和政府领导下，承担部分具体的组织工作和事务工作。以后，随着部门分工越来越细，地政、户口管理、华侨、宗教事务等，分别移交有关部门办理。1958年以后，民政工作增加了社会福利生产，举办社会福利事业等内容。

“文化大革命”中，民政机构被撤销，民政工作由县有关部门代管。1978年民政机构恢复后，民政工作进入了一个新的时期。根据全国第七次民政工作会议精神，新时期民政工作主要任务是：优抚、安置、救灾、救济、社会福利、婚姻登记、殡葬改革以及党和政府交办的其他事项。以后又逐步增加基层政权建设、扶优扶贫、“五保”供养、社会福利生产等。

中共十一届三中全会以来，民政机构的工作职能进一步扩大，特别是进入20世纪90年代后，民政工作进入一个新的发展时期。其职能由原来的优抚、安置、救灾、救济、社会福利、婚姻登记、殡葬改革等，先后增加农村（含乡镇企业）社会养老保险、基层政权建设、国防教育和“双拥”、老龄工作、区划调整和地名管理、儿童收养、流浪乞讨人员收容管理等内容。并根据国家、省和扬州市民政事业发展战略，结合仪征市经济和社会发展实际，制订全市民政事业中长期发展规划和年度工作计划；认真贯彻民政工作的有关方针、政策、法规，并组织实施，检查监督；指导全市民政工作的改革和发展工作。让社会行政管理工作步入法制化、规范化轨道，促进社会环境的好转和社会新风尚的建立。

1993—2010年，仪征市连续4次创成“江苏省双拥模范城”。2000年，仪征市被全国双拥领导小组、民政部授予“全国爱心献功臣先进市”称号；2001年，仪征市被评为“全民国防教育先进单位”，受到省政府、省军区表彰；当年还成为“全国白内障无障碍市”“全省社区康复示范市”。2004年，仪征市民政局被表彰为“江苏省民间组织管理先进单位”。2006年，仪征市民政局被表彰为“全省民办非企业单位自律与诚信建设活动组织先进单位”。2008年和2011年，仪征市民政局被省民政厅表彰为“全省民政工作先进集体”。

2006—2012年，仪征全市有21个社区居委会受到省、扬州市表彰。

（三）

基层政权建设和民主自治是民政工作的一项重要任务。早在抗日战争时期，仪征地区就采取“三三制”组织形式建立参议会和县民主政府，充分体现共产党领导下的县、乡政权建设的民主性和广泛的群众性。

新中国成立初期，县内多次召开各界人民代表会议，进行基层民主建设工作，到1953年4月底全部结束。各界人民代表会议是人民代表大会制度建立前的一种过渡性权力机构。1953年6月，仪征县按中央人民政府颁布的《中华人民共和国全国人民代表大会及地方各级人民代表大会选举法》，进行基层普选，产生县、乡（镇）两级人民代表大会，人民行使权力的机构正式形成，而代表选举等组织筹备事务多由民政部门承担。20世纪80年代农村行政体制改革，撤社设乡，以及后来的撤乡设镇，实行镇管村体制等工作，也大都是民政部门在市委、市政府领导下组织实施。撤社设乡时，生产大队与生产队同时改为村和村民小组，此后的行政区划调整、更名命名等项工作，均由民政部门承担。1988年，《中华人民共和国村民委员会组织法（试行）》公布，推行村民自治。从当年4月起，仪征从试点到全面推开，市民政局做了大量具体组织与指导工作。2002年，根据《中华人民共和国地方居民委员会组织法》，市民政局在全市各乡镇举行第一届居委会换届选举，产生统一冠名的社区居民委员会。从此，农村村民委员会和城市社区居委会逐步成为村民、居民自我教育、自我管理、自我服务的基层群众自治组织，从而结束城乡基层组织长期单一实行行政管理的历史。各项民主制度建立健全，推进“民主选举、民主决策、民主管理、民主监督”的进程，城乡群众的民主自治水平不断提高。

仪征市基层组织民主法制建设得到从中央到地方各级领导的关心、指导和帮助，2007年4月7—8日，中共中央政治局委员、中央书记处书记、中央组织部部长贺国强，到仪征新城镇和新集镇就基层党组织建设和新农村建设情况进行深入调研。同年12月20日，省民政厅厅长赵顺盘到仪征考察万博社区廉政文化建设和谢集乡民政办、敬老院建设等情况。

2009年1月25日（除夕），中共中央政治局委员、中央书记处书记、中央组织部部长李源潮深入仪征月塘乡龙山村、谢集乡山北村，考察大学生村官工作、村集体经济收入、村部建设、村务公开等情况。

作为仪征市基层民主建设的职能部门，市民政局始终坚持做好调查研究与认真管理指导，转变观念，强化组织，完善各项服务措施，在社区民主自治建设中积累丰富的经验。

（四）

新中国成立以来，全市救灾救济工作不断取得新的成果。每逢自然灾害，市（县）民政部门均按照市(县)委、市(县)政府的部署,及时开展灾情的核查、核实,切实贯彻“依靠群众、依靠集体、生产自救、节约度荒、辅之于国家必要的救济和扶持”的方针,以发放赈灾救济粮款、修建房屋、治疗疾病、发放支农贷款等办法,帮助灾民重建家园,安定群众生活,充分发挥职能作用。

仪征的社会救助工作已经成为资助城乡困难群众解决窘迫生计的一项重要措施。地方各级政府拨款,民政部门负责经办,已成为行之有效的制度,并不断完善机制,强化有效保障。救助的对象与方法也随着经济发展和社会进步而变化。1949年仪征解放初期,政府除对贫苦农民、城镇无业与失业人员实行社会救助,还对外地流入仪征的难民发放救济稻、衣被等物资。1953年起,政府还对生活有困难的被取缔的迷信职业者和一些被改造的反革命分子家属实行救助。“文化大革命”期间,除农村发生火灾等少数特殊情况以及城镇固定救助对象外,其他社会救助工作基本上处于停滞状态。1978年以后,各项社会救助工作逐步恢复正常。1988年后,仪征市的社会救助主要用于困难户、60年代精减下放和外省市下放职工、城镇孤老(残)、麻风病人、宽释人员、禁渔期渔民等困难群体生活救助,部分用于城市街头流浪乞讨人员。1989年起,仪征市还将实施农村贫困户危房改造作为扶贫工作的重点。1992年开展农村社会养老保险,1997年实施城乡最低生活保障,2006年起实施城乡医疗救助,2011年全市以促进低收入农户增收为主题,以帮助有劳动能力的低收入农户实现“就业和创业”为重点,以开发式扶贫为主攻方向,以市直机关部门、大中型企业、镇级部门、镇村干部、能人大户挂钩结对方式,组织全市各类资源参与农村扶贫攻坚工程。至2012年,全市初步形成城乡新型社会救助体系。是年年底,全市农村低收入农户实现人均纯收入3600元,占全市农民年人均收入的21%,脱贫率达100%。

(五)

优待抚恤和退役军人安置是民政部门的重要工作。新中国成立前的抗日和解放战争时期,仪征民主政府的民政部门就依靠群众对抗日军人家属进行拨“拥军田”、发“优抗稻”和代耕代种等多方面优待。新中国成立后,县民政部门根据中央人民政府颁布的有关条例,对牺牲、病故军人进行抚恤,并适时提高优抚标准,开辟多种渠道,协调各方努力,逐步形成国家、社会和群众相结合的优抚安置体制,优抚安置工作不断取得新的进展。1998年,全市开始实施优抚对象抚恤定补标准自然增长机制。同时,在各乡镇建立“优抚医疗服务部”,对优抚对象就诊实行优先挂号、就医、缴费、取药,免收挂号费、注射费、观察费、门诊费,减半收取针灸费、常规化验费、透视费、B超费、推拿费、心电图、手续、住院费等“三优、四免、八减半”的优惠。逐年提高义务兵家属优待金,2003年起,按扬州市统一规定的义务兵家属优待标准统筹兑现,保障其享受高于当地平均生活水平。

拥军优属工作做到经常化、制度化。特别是改革开放以后,仪征每年都召开“八一”座谈会,开展春节慰问驻仪部队活动。进入21世纪,仪征市坚持开展创建“双拥模范城”活动,将拥军工作推向新阶段。2000年4月,仪征市委办公室、市政府办公室下发《关于在全市开展科技拥军活动的通知》。至2010年,仪征市已三次连续4年创成省级“双拥模范城”。每逢“八一”建军节,市委、市政府除召开军政座谈会,举办“连心颂”军民联欢文艺晚会,还组织全市机关单位和乡镇分别慰问驻仪部队官兵、抗战老战士、企业军转干部和残废军人。

新中国成立初期,仪征成立以县领导挂帅、民政局牵头、有关部门参加的专门机构,负责每年复员、退伍军人的安置工作。1949—1956年,主要接收安置复员军人。国家实行义务兵役制后,民政部门根据国家关于“从哪里来,回到那里去”的原则,分城镇、农村两种类型,拓宽渠道,区别不同情况,进行妥善安置。21世纪,随着市场经济的建立完善,退伍义务兵的安置实行双向选择,鼓励自谋职业,采取多种途径。1984年,成立仪征军地两用人才介绍所,开展军地两用人才培训,帮助安排农村有专长的退伍士兵。1988年起,每年都对当年退伍士兵免费进行岗位技能培训,为考试合格的退伍士兵颁发专业技术证书，帮助推荐就业。2002年开始，全市实行城镇退伍士兵和士官货币化安置。除此，还于1987年成立仪征军队离休退休干部休养所，为军队离退休干部提供各项服务，按照政策落实离退休干部的政治待遇和生活待遇。

（六）

养老、敬老是中华民族的传统美德，民政部门的努力工作，使得这一传统美德在仪征得到进一步发扬光大。老人普遍受到尊重，孤寡老人得到赈恤，老龄工作扎实开展，城乡养老保险普遍实行，关心关注老人的环境氛围正在形成。

1984年全县有敬老院19所，1990年开始采取集中供养与分散供养相结合的方法，使“五保”老人晚年生活有可靠的保障。2000年乡镇区划调整，2002年农村税费改革，敬老院经过两轮合并、重组，越办越好，逐步形成公寓化、园林化、宾馆化的格局，供养标准和生活待遇逐年提高。2012年全市集中供养老人2141人，年供养标准统一为4880元。分散供养“五保”老人1973人，当年，全市有敬老院10所，有3所跨入“全省文明敬老院”行列。

农村养老保险是社会保障体系的重要组成部分之一。全市1992年开始办理农村养老保险，采取个人交纳为主，集体缴纳为辅和国家予以扶持相结合的办法，积极推广农村养老保险，当年有1260人参加保险，收取保险费38.24万元。从1992年至2002年农村社会养老保险移交给劳动和社会保障局前的11年间，全市累计参加农村养老保险的人数2.06 万人，收取养老保险基金3125万元，支出1825万元，滚存结余1300万元。

老龄工作扎实开展，成效显著。1986年6月，成立仪征市老龄问题委员会，以应对人口老龄化的挑战。2000年6月，撤销市老龄问题委员会，成立老龄工作委员会。2002年，撤销市老龄工作委员会，将其职能划归民政局。1986年以来，仪征市老龄工作委员会和民政部门，积极做好老龄社会保障和养老服务工作，逐步建立健全政府、社会、家庭和个人相结合的养老保障体系，组织开展“尊老、敬老、孝老”各项活动，确保老年人分享到改革发展带来的成果。1991年9月，创办仪征市老年大学，让老年人“老有所学”“老有所乐”，至2012年年末，全市已形成以市老年大学为龙头，镇（办事处）为骨干，社区（村）为基础的三级办学网络，各级、各类老年学校学习人数达老年人总数的15%。除此，还广泛开展各项敬老和文体活动，组织开展“孝老文明好儿女”评选，并从2002年起，向百岁以上高龄老人发放尊老金，2011年，又将“尊老金”的发放对象范围扩大到80周岁以上老人。2012年“敬老月”期间，市民政局首次向全市健在的百岁老人家庭发放每户5000元的“家庭孝老奖励金”。

（七）

社会福利与慈善事业发展迅速，保障功能不断加强。1984年，仪征民政局与有关乡镇协商，将一些规模较大、效益较好、后劲较足的乡镇企业转为福利工厂，以吸纳残疾人就业。到1987年年底，全市21个乡镇共创办25家乡办福利厂，职工人数达1406人，其中“四残”（盲、聋、哑及肢体）人员681人，占职工总数48.4%。1992年全市福利企业增至55家。2012年年底，全市共有福利企业109家，全年实现销售收入16.63亿元，是1988年的40倍；共安置残疾职工2259人，占福利企业职工总数的30.4%。

慈善事业管理逐步加强。从新中国成立之初，对因战乱流离失所的难民实行救助，到对“三年困难时期”的弃婴实行多种形式的供养，对城镇特困户实行长期资助，以后特别是对孤寡老人的终身供养等慈善救助机制不断走向完善。1990年，仪征恢复红十字会组织，2002年11月，仪征市慈善总会成立。慈善工作进一步展示出活力，对突发性事故，对偶发性家庭灾难，对贫困学生、生病患者、鳏寡孤独、残疾人等群体，及时给予救助。从2002年11月至2012年12月，全市共接收“慈善一日捐”“冠名基金”“定向捐赠”等各类捐款4111万元，支出各项慈善救助2913.83万元。

（八）

在社会行政事务管理方面，仪征民政局在实践中积极探索与改革，逐步实现管理的规范化和法制化。

殡葬事业改革稳步推进。20世纪60年代，仪征开始推行殡葬改革，破除土葬，推行火葬，50多年来，坚持不懈，稳步推进，已全面实行火葬。1978年，仪征县火葬场被评为全国殡葬改革先进单位，受到民政部表彰。

2002年以来，仪征民政局对乡镇公益性公墓、骨灰存放室进行清理整顿，取缔无证经营的公墓和骨灰存放堂。同时，严格审批程序，建立市、镇、村三级殡葬管理网络，以及经营性公墓和公益性公墓。至2012年年末，全市有规模较大的殡仪馆1所，经营性公墓1座，公益性公墓93座，火化率保持100%。殡葬设施进一步完善，服务措施进一步加强，节俭治丧，移风易俗，逐渐成为大众的需求。

《中华人民共和国婚姻法》和《婚姻登记办法》颁布以来，通过不断地宣传贯彻，群众在婚姻问题上法制观念增强，守法的自觉性提高，结婚登记率也不断提高。2004年9月，仪征市政府印发《关于在全市实行集中办理婚姻登记的通知》，明确由市民政局婚姻登记处集中办理婚姻登记。2006年3月，市编制办公室批准成立婚姻登记处，实现婚姻登记由乡镇分散办理到市民政局集中办理。婚姻登记管理不断走向法制化、规范化。

新中国成立后，民间的群团和社会组织分别由政府或党委各部门自行管理。20世纪90年代开始，仪征社会组织归市民政局统一管理，实行民政登记管理机关和各业务主管部门双重负责的管理体制。至2012年年末，全市共注册登记社会团体180个，民办非企业单位82个，基金会2个。通过强化管理，社会组织在地方政治经济生活和社会生活中不断发挥更为广泛的作用。

区划调整和地名管理工作进一步加强。新中国成立后，县市以下乡镇（公社）村（大队）组（生产小队）调整分别由省、地级市（地区）和县（市）政府批准，但调整的计划方案和批准后落实等工作均由民政部门负责。无论是撤区并乡，撤乡镇设公社，还是撤社设乡和撤乡建镇，仪征民政部门自始至终参与其中做了大量工作，担负着众多的事务管理。由于新中国成立后相当长的时间内，仪征境内省与省、县与县之间行政区划界线没有进行勘定，仪征与相邻县（市）区以及县（市）辖区、乡（镇）、公社之间常发生边界线矛盾纠纷。1996年，根据国务院和省政府部署，仪征开展与周边市、区的边界勘定工作，至2001年，完成与相邻县、市、区6条行政区域界线勘定任务，并埋设界桩。此后，民政部门不断与相邻县（市）、区联合组织检查，加强管理，依法治界，维护边界地区稳定。1980年7月，仪征成立仪征县地名普查小组，开展全县地名普查工作。在地名普查和地名标准化的基础上，1983年，仪征民政局编辑出版《仪征县地名录》，地名录收入全县各类地名1199条，并对地名的书写形式和准确读音作了标准化、规范化处理。1991年，市地名办根据市政府部署，在原地名普查资料基础上，对遗漏的、新增的地名进行补充，对过时的、错误的地名分别进行更新、纠正，最终标绘出《仪征市地名图》。此后不断加强地名管理，凡新定和更改地名都要经民政部门批准。2012年，仪征民政局组织编辑出版包括全市地名在内的20万字的《仪征地名文化》一书，挖掘仪征地名文化资源，为地方文化建设服务。

承担收容遣送和救助历来是民政部门承担的重要任务。仪征解放初期，县政府就对接收的救济院进行整顿，更名为生产教养院，明确收养对象必须是社会“三无”（无依无靠、无劳动能力、无生活来源）人员和弃婴。至1987年，共收养社会弃婴及孤残老人72人。1988~2012年，仪征民政部门妥善处理弃婴20名。2003年7月，仪征成立仪征市救助管理站，转变救助管理思路，实现由管理者向服务者的角色转变，由行政管理为主向社会救助转变，2003~2012年，救助流浪乞讨人员572人。

（九）

随着仪征民政事业的改革发展，民政部门自身建设得到进一步加强。在依法治国，建设社会主义法治国家的大环境下，仪征民政局长期以来坚持民政工作制度化建设。截至2012年，市民政局先后制订出台28项各类规章制度。局党组和行政领导坚持以党风促政风带民风，不断加强民政干部的能力作风建设，努力打造一支素质高、能力强、作风好、群众公认的民政干部队伍。仪征民政局坚决执行中央的《廉政准则》和党政机关厉行节约制止奢侈浪费行为的“八项规定”精神，有效遏制公款消费、公车私用、公款旅游、以权谋私等行为。与此同时，局内的基本建设和环境面貌也有很大改观。1998~2012年，经仪征市政府批准，市民政局在真州镇勤丰路北侧，先后建成占地面积3644平方米，建筑面积5757平方米的三幢大楼，逐步完善民政机构的基础设施。从20世纪90年代中期开始，仪征民政局着手抓信息工作，注重信息化设施建设，加强全员信息化培训，制订和完善信息化制度，不断提升民政工作服务和管理水平。市（县）民政局历来重视档案的搜集、整理、归档、保管、移交和利用工作。1949年到1995年档案全部移交市档案馆保管。1996~2012年档案在市民政局妥善保存。

新中国成立以来，仪征民政部门始终坚持“心为民所系，权为民所用，利为民所谋”，经过几代人长期的努力奋斗，已逐步建立起热忱优质高效的服务机制，做了大量有益于人民，有益于社会的艰苦工作。新的时期，仪征民政部门将继续围绕“上为国家分忧，下为群众解难”的宗旨，不断探索开拓创新，继续发扬艰苦创业精神，克服前进道路上的各种困难，为仪征汽车名城建设，为更高水平的小康社会建设，为仪征实现新跨越，为营造更加和谐的社会环境，作出新的更大贡献。

大事记

西周

周穆王年间(前10世纪左右)

徐国国君之子封于鄦,(今仪征市郊曹山西一带)。鄦为仪征有文字记载的第一个地名。

春秋

楚平王七年(前522年)

伍员(子胥)亡楚奔吴,从今仪征境内渡江,伍渡江处后称胥浦。胥浦地名沿用至今。

秦

秦王政三十七年(前210年)

秦始皇南巡,北归时从江乘渡江,于现今沙漫洲至瓜埠一带登岸,此渡口后称乘舆。汉代,舆成为仪征最早的县名。

汉

元封五年(前106年)

划广陵、江都二县地置舆县,为仪征建县之始,县设广陵乡、白沙村。

三国

魏黄初六年(225年)九月

魏文帝曹丕率舟师攻吴,于城子山(今仪征市郊曹山)筑东巡台,临江观兵。曹山之名来源于此。

晋

咸宁四年(279年)七月

包括今仪征境在内的扬郡大水,淹没庄稼。

南北朝

宋元嘉十二年（436年）夏

江淮地区大水，运南方粮食赈济灾民。

唐

贞观八年（635年）秋

江淮大水，后又大旱，江淮节度使奏请，遣受灾难民外出就食度荒。

永淳元年（682年）

置扬子县，舆县撤销246年后，今仪征境又复置县，现仪征市区一带为扬子县白沙镇。

五代

吴顺义四年（924年）

吴王杨溥至白沙镇检阅水军，金陵尹徐温来见，于是改白沙镇为迎銮镇。

宋

乾德二年（964年）

升迎銮镇为建安军，开始筑城。

景德元年、二年（1004年、1005年）

江淮地区两年连续因灾饥荒，发运司每年留供米5000石，以备赈济。

大中祥符六年（1013年）

真宗派大臣到建安军设冶炉铸金像（铸地在今马集二亭山），翌年像成，仪容逼真，升建安军为真州，领扬子、六合二县。

天圣二年（1024年）

大水淹没扬子县民居无数，扬子尉胡宿率公私船拯救溺水居民若干。

绍兴三十二年（1163年）夏

真州蝗灾，秋，百姓乏食，州守令发米赈济。

嘉定二年（1029年）春

包括真州在内的江淮地区，春荒严重，斗米数千钱，人食草木，朝廷下诏，用官粮施粥。

景炎元年（1276年）八月

元军攻陷真州。

元

至元五年(1269年)秋

日夜暴风雨、冰雹,江水暴涨,淹没沿江居民房屋无数。

至元二十八年(1291年)

扬子县治由真州附郭迁移到现今的新城。

至正十七年(1357年)

明军攻占真州,元守将投降。

明

洪武二年(1369年)

撤销真州与扬子县,设仪真县,隶属扬州府。六合县划归应天府。

洪武二十四年(1391年)

仪真因战乱人口锐减,诏令苏州数百户迁居仪真。永乐年间再次由苏州移民至仪真。

洪武三十年(1392年)

仪真在县城建广实仓,可储粮2万石,以防岁饥。

正统二年(1437年)

仪真大旱,朝廷命户部主事邹来学到仪真赈灾,并令免田租一半。邑人侯观捐麦1400石救灾,得到朝廷褒奖。

嘉靖元年(1522年)七月

大风雨,江水漫溢,沿江房屋、农田俱毁,淹死人畜不计其数。

嘉靖二年(1523年)

大旱,运河与井、泉水竭,升米百余钱,人相食,饿殍无数。

嘉靖八年(1529年)六月

蝗虫绵延数十里,厚积数寸,庄稼、树叶、芦荻均被食尽,造成严重灾荒。

崇祯七年(1635年)夏

江水暴溢,沿江百姓淹死无数。

崇祯十四年(1641年)

大旱,斗米千钱,民众挖蜀岗白土(称观音土)充饥。

清

顺治二年(1645年)

清军攻克扬州,仪征主簿李济春投降。

康熙七年(1669年)

大旱,并遭蝗灾,粮食颗粒无收,百姓挖石粉、剥树皮充饥,仪真盐院设厂赈粥。

乾隆三十三年(1769年)八月

大雨连续三昼夜,江河水暴涨,滨江农田、房屋淹没,官勘成灾,免民田租一半。

乾隆五十年(1785年)

夏大旱,秋冬发生饥荒,次年疫病流行,物价飞涨,每担粮银五两。盐运监掣同知陈洪绪倡捐米赈粥。

道光三年(1823年)五月

江湖泛滥,沿江农田、房屋多数被淹,九月始退。广东廉州知府邑人厉同勲作《大水行》诗纪其事。

道光二十八年(1848年)夏

大水,沿江农田及大码头街道淹没水中,民间流传"道光道光,圩破年荒"民谣。

咸丰六年(1856年)

大旱,粮食严重歉收,人食树皮草根,饿殍很多,当地流传"针穿黄豆街前卖,手捧珍珠饿死人"民谣。

同治年间(1863–1875年)

地方人士集资在县城义仓附近设粥厂,每年提供大米,于春荒时向贫民施粥。

△ 知县张清元集资在城南河西街重修慈幼院(后改名育婴堂),收养弃婴。

同治十二年(1873年)

两淮盐务总栈从瓜洲移置十二圩,淮南盐由此转运至湘鄂赣诸省。总栈安置一批湘军、淮军复员官兵。

光绪年间(1875–1908年)

两淮盐务总栈提供经费在十二圩建立施材局、救生局、稀饭厂等慈善机构。

△ 县城大码头建同仁堂,由当地富户捐款,向贫民死者提供棺木。

△ 法籍传教士邱多廉在十二圩建天主教堂。天主教堂设慈善机构育婴堂。

宣统元年(1909年)

避宣统溥仪名讳,仪征县改为扬子县。

宣统三年(1911年)九月十九日

停泊在十二圩江面的虎威舰起义,参与光复十二圩。翌日(1911年11月10日)仪征县城光复。

中华民国

民国元年(1912年)

辛亥革命胜利,清朝封建统治被推翻,中华民国成立。扬子县改为仪征县,设民政署,由民政长主持县政。当年11月,民政署改为县知事公署,民政长改称县知事。

是年,成立仪征县议会,刘杞庭,汪夷白等13人被推举为议员。

民国2年(1913年)

县知事公署设一科,主管民政。

是年,县议员刘杞庭在十二圩倡导成立十二圩红十字会,并被推选为首任会长。

民国7年(1918年)

平民工厂在旧港成立,设织布、编织、木工、漆工等组,主要安置街道贫民和残疾人员。

民国10年(1921年)

实行县与市、乡两级自治,仪征县设2市、3乡,53坊。

民国16年（1927年）6月

县知事改称县长

民国17年（1928年）

崇节堂、育婴堂等合并成立县救济院，院内设安老、残疾教养、育婴、施医和小本贷款6所。

是年，撤销市、乡和坊，实行区乡制。全县划为5个区、106乡、35镇、1929闾、7009邻。

民国18年（1929年）

仪征县政府始设专管民政的机构民政科。

民国21年（1932年）

废除闾邻制，实行保甲制。全县设5区、44乡、22镇，乡镇下设保甲。

民国22年（1933年）3月

新民等乡3000多农民围攻县政府和区乡官吏，反对壮丁训练和整编保安团。训练被迫停止，县长徐照被撤换。

民国26年（1937年）

12月，日军侵占仪征，国民党仪征县政府解体。次年春，国民党在月塘建立敌后政权。日军在县城拼凑成立伪仪征县治安维持会，后改称伪自治会、县公署。伪县公署设民政科。

民国28年（1939年）11月

中国共产党领导的新四军苏皖支队挺进仪征，开辟敌后抗日根据地。

民国28年（1939年）

道教徒孙海在陈集汪营自费建火化砖窑一座，为自愿死亡后实行火葬的道教徒和百姓火化。这是仪征第一座火化设施。

民国29年（1940年）4月

在月塘曹集召开仪征县参议会，成立仪征县抗日民主政府。县政府设于月塘海会寺，下设民政科，县以下建区，各区有民政区员。

民国31年（1942年）

春，抗日民主政权湖西办事处（县级政权机构）成立，办事处设民政科。

是年，仪征县抗日民主政府设立禁烟机构，颁布法令，禁止贩卖、吸食毒品，强制烟民戒烟。同时开展禁赌运动，关闭所有赌场。

民国32年（1943年）

2月，抗日民主政权仪征县和冶山县合并成立东南办事处（县级政权机构），办事处设民政科，管理民政和教育工作。

6月，湖西办事处与水南办事处合并，在今刘集镇司徒庙下巫庄成立甘泉县抗日民主政府，县政府设民政科。

民国33年（1944年）

春，抗日根据地内东南和甘泉地区发生春荒，有些农户缺少稻种，甘泉县政府在组织农民借粮互助的同时，发放救灾稻种和种子贷款，帮助农民搞好春耕生产。

9月，撤销东南办事处，分别成立冶山县和仪扬县，两县均设民政科。

冬，抗日根据地掀起参军热潮，甘泉县和冶山县有1000余名青年报名参加抗日部队。

民国34年（1945年）

8月15日，日本宣布无条件投降，抗日根据地的冶山、甘泉、仪扬县民众庆祝抗日战争胜利。

同月，撤销冶山县，成立六合县，撤销仪扬县，成立仪征县。两县均设民政科。

9月12日，国民党委派的仪征县县长潘逸民进城“接收”，成立仪征县政府，下设民政科。

是年，国民党仪征县政府成立地方临时补给委员会、军工粮采购委员会、物资接收管理委员会。

民国35年(1946年)

3月,国民党仪征县政府成立选举事务所,选举14人组成县临时参议会。

△ 国民党仪征县政府规定3月29日为抗战阵亡烈士纪念日。

7月7日,国民党仪征县政府在县体育场召开追悼抗日阵亡将士暨死难同胞大会。

9月,国民党军队大举进攻淮南路东解放区,仪征县、甘泉县民主政府撤离,随后两县建制撤销,仪征地区由国民党政权统治。

民国36年(1947年)

1月,全县63个乡镇调整合并为29个乡、13个镇。

3月,国民党仪征县政府戒烟(鸦片烟)所成立,收容烟民66人,强制戒烟。

△ 仪征急赈委员会成立。

△ 仪征县选举事务所成立,各区进行基层代表选举。

△ 举行各界代表紧急会议,推选代表组成请愿团,到江苏省政府和国民政府内务部,请求将原江都县的谢集、曹集、移居3乡划归仪征县。

6月,县出征军人家属优待委员会成立,县长、县参议长分别担任正、副主任,各乡镇成立分会。

8月,全县按地区、职业、团体选出56名参议员。国民党仪征县参议会正式成立。

是年,仪征大旱,全县有灾民10多万人,政府先后拨赈灾救济款3000万法币和价值5700万元(旧币)的物资。

是年年底,全县有各种社会团体36个,其中登记注册的有县商会、十二圩商会、农会、教育会、妇女会、佛教会、回教会和人民自由保障委员会等8个,登记会员15911人。

民国37年(1948年)

1月,成立仪征县兵役协会,征集壮丁356人。

4月,中国共产党领导的东南县政府、东南支队成立。政府随部队渡高邮湖南下天长、六合、仪征、扬州地区,恢复大片解放区。县政府设民政科,负责解放区民政工作。

11月,东南县所属解放区掀起参军参战、支援淮海战役热潮,1000多名青年参加解放军。

12月,撤销东南县,成立仪扬县,县政府增设支前科。

是年底,国民党仪征县政府控制区越来减小,将5个区撤并为两个区,42个乡镇撤并为12个乡镇。

民国38年(1949年)

2月,撤销民主政权仪扬县,成立仪征县。

△ 成立县支前总部,城乡人民踊跃参加各项支前工作,支援解放军渡江解放全中国。到5月下旬,全县出动支前民工8.4万人,完成11万军队粮草和军需器材输送任务,修筑公路200多公里,近3000名常备民工参加了渡江战役。

4月7日,中国人民解放军第三野战军20军一部攻克仪征县城;8日攻克泗源沟,仪征县城解放。俘获国民党仪征县县长及守军800余人。

4月17日,中国人民解放军三十四军一〇一师一部向仍被国民党军盘踞的十二圩发起攻击,21日凌晨解放十二圩。130多位解放军指战员在战斗中牺牲。

同月,仪征县政府迁入县城,成立仪征县军事管理委员会,接收国民党在县城的机关单位,向贫困居民发放救济粮,组织失业职工运输公粮,以工代赈。

同月,县政府增设荣军管理科,与民政科合署办公。

5月,仪征县所属菱塘和公道区划归高邮县;甘泉区、黄钰区和公道区的4个乡划归扬州市。

△ 县城废除保甲制,建立街与组,共建立11条街,122个行政组。

6月,撤销仪城区建制,成立真州镇。仪征县世业乡划属丹徒县高资区。

8月，县政府接收救济院，并进行整顿。

△ 全县农村由点到面开展反霸斗争，改造基层政权。

中华人民共和国

1949年

10月1日，中华人民共和国中央人民政府成立。

11月12日，仪征县第一次各界人民代表会议召开，出席会议各界人民代表200人。

12月15日，召开仪征县第二次荣军大会，解决居功自傲等问题。

是年，县政府共发放稻谷16.5万公斤，大米2.8万公斤，以及被服等，救济城乡贫困户和外地流入的难民。

12月，县荣军管理委员会成立，县长兼主任。

1950年

1月12日，接苏北行政公署训令：呈报中央人民政府批准，扬州行政区和泰州行政区合并成立泰州行政区，区署驻泰州。仪征县属泰州行政区。

2月25日，县政府印发《关于优待烈属、军属、荣誉军人工作暂行办法（单案）》。

3月，陈集区高集乡率先实行为烈军属、荣誉军人代耕代种制度，代替原来的派工制度。

△ 县委、县政府受上级委托，向参加淮海、渡江战役人员颁发淮海战役、渡江战役纪念章。

春，县政府发放贷款及稻种、黄豆、面粉等实物，帮助农民渡过春荒。

4月17日，县政府印发关于调整区乡的训令，调整各区所属乡镇。新建仪城区和新民区。

5月8~9日，仪征县第二次各界人民代表会议召开。

5月，各区人民政府更名为区公所。

△《中华人民共和国婚姻法》颁布，全县进行宣传贯彻。

6月，县政府发出关于检查烈军属代耕工作的指示。

7月6~10日，仪征县第三次各界人民代表会议召开。

9月，撤销县荣军管理委员会，成立县复员军人委员会，下设办公室，负责接收安置部队复员军人。翌年1月，复员军人委员会改称转业建设委员会。

△ 全县开展土地改革，至1951年10月，除城区以外，农村全面完成土地改革，共没收和征收土地32万亩，分给无地少地的农民。全县烈、军属共分得土地8967亩、房屋561间、粮食18万多公斤。

11月，成立仪征县寒衣劝募会，劝募寒衣6900套，上交苏北行政公署救济灾民。

是年，开展为烈、军属挂光荣匾、送“光荣人家”牌活动，至1951年，全县为2951户烈、军属挂了光荣牌匾。

是年，政务院颁布《社会团体登记暂行办法》，仪征县开始社会团体登记工作。

1951年

1月，成立县救灾委员会，募集大米15万公斤，支援宝应县灾区。

4月，全县开展基层政权民主建设，在新城区三将乡试点基础上分批推开，选举乡人民代表会议代表，召开乡人民代表会议，选举乡人代会主席、副主席、乡镇长、组成乡镇人民政府。至年末，全县有14个乡，1个区完成乡人民代表选举工作。

5月，仪征县第四次各界人民代表会议召开。

6月，中国人民抗美援朝总会仪征分会成立。全县开展增产节约和捐献活动，至8月，全县人民共捐献人民币12.2亿元（旧币），支援中国人民志愿军。

7月，建立游民改造所，先后收容、改造游民105人。

△ 县政府印发通知，对烈、军、工属和荣誉军人减征公粮（农业税）。

△ 由副县长和民政科等有关部门负责人40多人组成“八一”建军节慰问团，慰问烈、军属及荣誉军人。

8月25日，召开县烈、军属、荣誉军人代表会，出席代表238人。会议学习党和政府优抚政策，进行抗美援朝、保家卫国教育，发出订立爱国公约倡议，评选出一、二、三等模范87人。

8月，召开全体荣誉军人大会，按照全国统一规定的标准，检查评定残疾军人等级，并为评上残疾等级的54名荣誉军人颁发革命残废军人抚恤证。

△ 成立县整籍委员会，由民政、农委、粮食等有关部门组成专门机构，开展土地房屋所有证发放工作，至10月中旬，全县共发放土地、房屋所有证13.26万份。

9月，一批仪征十二圩特产五香茶干送往朝鲜前线，慰问中国人民志愿军。

11月29日~12月4日，仪征县第五次各界人民代表会议召开。

11月，县委组织工作组到长兴、丁桥、铁牌等乡，检查婚姻法贯彻执行情况。县人民法院分别在月塘和陈集公开宣判虐待妻子致死案件，罪犯杨某某和蒋某各被判有期徒刑10年。

△ 县社会团体工作委员会成立，县民政科具体负责登记业务。县妇女联合会、县总工会、县文学艺术界联合会、县农民协会、县工商界联合会、县医学会和县消防联合会等10个社会团体最先注册登记。

12月，全县7个区、49个乡建立优抚委员会，5个区、48个乡建立烈、军、工属协会，9个区建立荣军协会。

是年，县民政科开始承担国家建设土地审批业务，至1956年年底，共审批征用土地69100亩。

是年，全县924名青年参加中国人民志愿军，赴朝鲜参战。

1952年

1月，原县总工会负责的劳动就业工作划归县民政科管理。

7月，县政府转发中央人民政府政务院关于禁烟禁毒的通令，成立县清毒指挥部，县委书记兼任总指挥，县长兼任办公室主任。

9月13~17日，仪征县第六次各界人民代表会议召开。

9月，县民政科与县人事科合并，机构名称为县民政科。

12月，召开县烈、军属，荣誉军人代表会议，出席226人。会议评选出优抚模范乡1个，优抚模范村3个，优抚模范组8个，模范烈、军属、荣誉军人34人。

是年，军属王国璘在城区河西街成立摇麻绳小组，组织无职业的烈军属开展生产自救。县民政科拨款230万元（旧币）支持其购买生产工具。

1953年

1月，江苏省扬州专区成立，仪征县属扬州专区。

△县婚姻法宣传活动委员会成立，4月组织工作组分别到朴席、新城、新民、胥浦等区宣传婚姻法，检查婚姻法贯彻情况。

4月，县选举委员会成立，委员会按照《中华人民共和国全国人民代表大会及地方各级人民代表大会选举法》，统一领导全县选举工作。

6月，开展第一次人口普查，经普查统计，全县有人口325694人，在此基础上，全县进行普选，翌年3月结束，76个选区共选出县、乡人民代表2986人。

△ 新城、沙河两乡为县普选试点乡，从6月1日至7月31日结束。8月在全县6个区全面推开。

9月2日，当日夜，暴雨、山洪暴发，全县91个村、10万亩农田受淹，倒塌房屋近7000间，死伤67人。政府拨款14亿多元（旧币）救济受灾地区。

9月13日，召开第六次各界人民代表大会，讨论贯彻查田定产、生产自救、城乡物资交流、民主建设，开展爱国卫生运动等工作，并作出决议。

9月，全县28名优秀烈军属、残疾军人代表出席扬州专署召开的烈军属，残废、复员、退伍军人代表会议。月塘和朴席区民政助理应邀列席会议。

是年，月塘区月塘乡和大仪区高田乡烈军属联名上书毛泽东主席，表示要带头生产，多打粮食，支援前线，保卫国防。

1954年

4月，召开县烈军属、荣誉军人代表会议，出席代表193人。会议学习贯彻党在过渡时期的总路线和第二次全国民政工作会议精神，号召军烈属、荣誉军人参加互助合作运动，带头走合作化道路。

6月23日，撤销新民区建制，所属乡分别划归凌桥、胥浦和月塘区管辖。

6月25~29日，召开仪征县首届人民代表大会第一次会议，讨论《中华人民共和国宪法》，审议政府工作报告并作出相应决议。

6月28日~11月21日，连续大雨，累计降水1630毫米，长江水位高达8.69米，全县江河溃堤41处，沿江圩区遭受严重灾害，19.5万亩农田受淹，7000多间房屋倒塌，死42人，伤32人。县政府拨款28.8亿（旧币）元、粮食5.8万公斤，救济受灾地区。

7月，撤销仪城区建制，原属真州和都会镇合并为真州镇，为县直属镇。

△ 朴席区双桥乡西妃、岔路两村划归江都县瓜洲区瓜西乡，瓜西乡第七村划属仪征县朴席区双桥乡，军桥港以东3088亩江滩划给江都县。

1955年

1月，撤销县转业建设委员会，恢复县复员委员会。由县人民武装部部长和副县长分别担任正副主任。

3月，全县开展反对使用原子武器签名运动。近1个月中，有21万人签名，占全县总人口的77.6%。

4月17日，召开首届仪征县人民代表大会第二次会议，听取审议政府工作报告，选举正副县长，人民委员会委员，县人民法院院长。

4月，仪征县人民政府改称为仪征县人民委员会，委员会下设民政科。

11月，县民政部门进行烈军属普查登记，次年1月结束。全县普查登记的烈属有425户，军属有2124户。

12月，召开烈军属，残废、复员、转业军人代表会议，出席代表236人。会议传达学习全国“六种人”代表会议精神，选出特等模范1人，一、二、三等模范39人。

12月14日，召开仪征县首届人民代表大会第三次会议，听取和审议县人民委员会工作报告和新兵征集，以及选举产生乡镇人民委员会等工作，并作出相关决议。

1956年

2月，全面实行对烈军属、残废军人优待劳动日制度，代替原来的代耕代种办法。当年有786户烈军属、残废军人享受优待劳动日28396个。

△ 仪征县划属镇江专员公署，12月又划回扬州专员公署。

5月，召开县烈军属，残废、复员、转业军人社会主义建设积极分子代表会议，选举残废军人刘玉坤，军属王国璘、李素琴，复员军人吴庆祥、杭玉西等5人为出席省烈军属，残废、复员、转业军人社会主义积极分子代表大会代表。

8月，成立仪征县选举委员会，并设立选举办公室，开展第二次选举工作。

12月25~30日，召开仪征县第二届人民代表大会第一次会议，听取政府工作报告，1957年财政预算报告，人民法院工作报告，选举产生县长、副县长，县人民委员会委员和人民法院院长。

是年，在新城三将村破山口修建革命烈士墓，迁葬1949年4月解放十二圩战斗中牺牲的117位人民解放军指战员的骸骨。

1957年

1月，真州镇烈军属摇绳组与县生产教养院副业生产组合并成立仪征县烈军属贫民生产合作社。

△ 成立仪征县转业委员会

3月，县委颁发撤区并乡的意见，撤销7个区的建制，原区属47个乡合并为26个乡、2个镇。10月，再次撤并为21乡镇。

6月10日，岔镇、铜山、月塘、枣林和恒华5乡、18个高级农业生产合作社遭受龙卷风和冰雹灾害，砸成重伤20余人，轻伤94人，损坏瓦房5100间。

8月6~12日，召开第二届人民代表大会第二次会议，听取政府工作报告和财政、人民法院工作报告，帮助领导改变作风，改正工作。

11月，召开烈军属，残疾、复员、转业军人社会主义建设积极分子代表大会，出席会议代表271人。与会代表学习农业发展纲要，开展大鸣大放，帮助党整风。

1958年

2月，截至本月底，有关乡镇相继兴办敬老院18所，入院老人390人。至1961年前后，敬老院陆续停办。

5月18~20日，召开仪征县第三届人民代表大会第一次会议。审议政府工作报告、财政预决等报告。选举县长、副县长、县人民委员会委员、人民法院院长和出席省二届人民代表大会代表23人。

5月，烈军属贫民生产合作社更名为城镇社会福利棕麻绳籐柳器编织厂，次年再次更名为县社会福利厂。

6月27日~7月29日，仪征滴雨未下，全县3400多个塘坝枯竭，40%稻田脱水。邗江县支援400多劳力在瓜洲运河口筑坝引淮河水灌溉沿江12万亩农田。

△ 著名京剧表演艺术家荀慧生在仪征演出期间，专程到刘集慰问一等残废军人刘玉坤。

9月，全县241个农业生产合作社合并成立13个人民公社，10月又合并为5个大公社。次年2月，5个大公社划分为14个人民公社，实行政社合一的行政体制，代替乡镇制。

11月，原朴席乡所属徐集、蒋桥、石桥、石人4个高级农业生产合作社分别划属扬州市汉河和瓜西乡。

1959年

2月，县委召开全县烈军属，残废、复员军人社会主义建设积极分子大会，总结交流大跃进生产经验，推选出席扬州专区积极分子大会代表。

5月1~4日，召开仪征县第三届人民代表大会第二次会议，历时4天，听取政府工作报告和县财政预决等报告，增选副县长和人民委员会委员。

6月4日，仪征县防汛、防旱、防虫总队部成立。

6月，县社会福利厂开发生产的传统工艺品绒花凤凰选送中央政府内务部，内务部长钱瑛来信鼓励。

8月，江苏省各界青年抗旱慰问团到仪征慰问奋战在抗旱一线的干部、群众。

10月，根据省民政厅通知，仪征选送86个社会弃婴给河南郏县群众领养。

1960年

2月，县委批转县妇联、公安局、民政科关于严禁弃婴问题的报告。

△ 召开县烈军属，残废、复员、转业军人及民兵代表会议，出席代表600人。会议表彰12个先进集体、88名先进个人。

4月18日，召开仪征县第三届人民代表大会第三次会议，增选副县长。

5月13日，晚7时，全县遭受7~10级风灾和冰雹灾害，刮倒房屋2310间，压死6人，伤74人，2.2万多亩三麦倒伏。

5月，仪征县支援海南岛农业建设的62名退伍军人，携带家属107人，赴海南岛安家。

9月，开展烈军属、三等以下残废军人和复员军人调查登记，对生活确有困难的进行定量补助。经调查确认，全县获得补助的烈属154户，在乡三等以上残废军人150人，复员军人99人。

是年，开展侨情调查，通过调查统计，全县旅居日本、美国、丹麦、阿根廷、柬埔寨等国华侨共711户。

1961年

2月，因遭受自然灾害，群众口粮不足，营养不良，全县患水肿病、青紫病症的有2.8万多人，县政府采取集中治疗、对患者补助粮食、增加食油等措施进行防治。

3月10日，经省、地委批准，各公社大队、生产队规模均作调整，全县由167个大队调整为186个大队，2317个生产队调整为2655个。

3月，县生产教养院更名为社会福利院。

4月1日，全县117个生产大队遭龙卷风袭击。5月3日和4日，再次发生风灾，近10万亩麦田受灾，毁坏房屋1.7万多间，压伤68人。县政府拨款30多万元，帮助受灾群众重建家园。

7月25~27日，召开仪征县第四届人民代表大会第一次会议。选举产生县长、副县长，人民委员会委员和法院院长。

9月14日，据病情统计报表反映，全县因营养不良患水肿病的有46381人，占总人口的9.6%。

10月，成立县生产救灾委员会。

1962年

1月17日，县委、县人委发出关于切实做好严寒季节群众生活安排工作的紧急通知，要求各级领导特别警惕，以防冻死、饿死人。

5月21~25日，召开仪征县第四届人民代表大会第二次会议，传达周恩来总理在全国人大二届三次会议上所作的政府工作报告，听取仪征县政府工作报告。

7月，召开烈军属，残废、复员、转业、退伍军人代表会议，出席代表263人。会议进行国防观念教育和“发扬革命传统，争取更大光荣”教育。

8月，全县二等乙级以上残废军人换发“残废证”。并发给营养证，凭证每月供应平价猪肉1公斤，白糖0.5公斤，食油0.25公斤。

9月，全县遭受14号台风和暴雨袭击，被淹稻田13.3万亩，损失粮食1900万斤，损坏房屋3.55万间，死4人，伤206人。县政府先后拨款40多万元，救济受灾地区民众。

△ 换发革命伤残人员抚恤证。全县共发抚恤证251份。

是年，完成侨汇折合人民币18957元，超过额定的1万元指标。

1963年

3月3日，召开仪征县第四届人民代表大会第三次会议，听取和审议政府工作报告、财政工作报告和法院工作报告，并作出决议。

4月1日，成立仪征县第五届选举委员会。

11月，在城郊西部破山口动工兴建火葬场。

1964年

1月，侨汇兑换人民币优待供应的棉布、粮食、食油等数量增加。当年全县侨汇折合人民币3.78万元。

3月10~13日，召开仪征县第五届人民代表大会第一次会议，选举县长、副县长，县人民委员会委员，县人民法院院长，以及出席省第三届人民代表大会代表。

4月，在乡三等以上残废军人换发“抚恤证”，全县共发证116份。

10月1日，省人民委员会批复，同意仪征对真州、新城、胥浦人民公社所属生产大队、居民委员会进行调整。

1965年

1月，向全县116名在乡三等以上残废军人发放残废补助费。

△ 经省人民委员会批准，调整月塘公社所属大营、九里大队。

5月，县社会福利院撤销，在院的59人分别送扬州湾头教养院、高邮儿童教养院和宝应残疾儿童教养院。

1966年

3月15~18日，召开仪征县第六届人民代表大队第一次会议，选举县长、副县长等。

7月，县委召开三级干部大会，动员开展“文化大革命”。

11月，人民解放军五六〇部队在铜山、捺山进行国防施工。

12月，召开烈军属，残废、复员、转业、退伍军人代表会议。出席代表510人，并邀请军队预备役军官23人、驻军代表3人与会，传达党代表会议精神，讨论优抚工作。

1967年

3月，县人民武装部生产办公室成立，领导全县工农业生产和各项经济工作。

8月25日，“红色造反司令部”抢走县人武部保存在铜山的一批民兵武器。

是年，持续干旱，汛期仅降水225毫米，10万亩农作物严重减产。

1968年

2月，人民解放军六四五三部队到仪征“支左”。

3月1日，县公安局、检察院、法院实行军事管制。

3月6日，县革命委员会成立。

9月，县革命委员实行精兵简政，民政科撤销，有关事务由县革委会办事组承担。

△ 社会福利综合厂由民政部门移交手工业局管理。

10月，十二圩镇创办敬老院，入院老人33人。1972年停办。

12月，召开烈军属，残废、复员、转业军人活学活用毛泽东思想积极分子代表会，出席会议代表530人。

1969年

3月，县革委会批准，同意捺山茶场和朴席公社所属部分生产队调整。

4—7月，连阴雨，降水897毫米，其中7月份降水600毫米，圩区13.75万亩农作物受涝，损失粮食600多万斤。

8月，县革委会批准，将青山公社新山大队6个生产队划给胜利大队。

12月29日，经六合专区批准，同意将新城公社红旗、蒲新、弓尾和沙河大队划给十二圩镇。

1970年

1月，召开县烈军属，残废、复员、转业、退伍军人代表会议，出席会议代表565人，交流学习毛主席著作心得体会，动员大干1970年。

1971年

1月19日，召开县烈军属，残废、复员、转业、退伍军人活学活用毛泽东思想积极分子代表会，出席会议代表590人。

4月，县委常委研究决定，县革委会设办事、政工、政法和生产指挥4个大组，办事组下设民政组，负责管理全县民政事务。

6月9日，青山、胥浦、铜山、马集、刘集等8个公社，遭受龙卷风灾害，刮坏房屋6615间，雷击死亡4人、伤24人。国务院、江苏省委分别发来慰问电，慰问灾区群众。

7月，县革委会组织春节慰问团，慰问优抚对象和由城镇到农村插队知识青年。

1972年

6月，全县为467名复员、转业军人、军队退休干部换发证书，其中复员军人278人、转业军人187人、军队退休干部2人。

7月2—3日，仪征连续遭受大风暴雨袭击，全县倒塌房屋3971间。县领导深入社队慰问。

12月，县革委会下发由城镇到农村的上山下乡人员生活困难救济费3.17万元。

1973年

8月，撤销公检法军管会。

10月，经省委批准，在仪征县"支左"的10名军队干部撤回部队。

11月，县生产指挥组批复，青山矿区团结大队跃进、红旗生产队划给砖井大队。

1974年

1月，县革委会组织11个春节慰问团，分赴各公社及铜山驻地部队，慰问军烈属、残疾军人及解放军指战员。

3月16日，扬州地区革委会14号文件通知，将六合县境内仪征铁矿周围六合县樊集公社所属西钱、前巷、后队、中队、陈营、红旗、蒿刘和方埧8个生产队划给仪征铁矿。

6月2日，下午，月塘、谢集、朴席等8个公社95个大队遭受9级以上风暴及冰雹袭击。17日，台风和冰雹再次袭击中后山区9个公社49个大队，计毁屋32600余间，死亡2人，伤7人，三麦、油菜损失严重。国务院、中共江苏省委发来慰问电。

7月31日，县城召开军民联欢大会，庆祝中国人民解放军建军47周年。

是年，根据统计，全县旅居世界各地华侨共587人，旅居香港、澳门和台湾的同胞957人。

1975年

1月6~8日，召开烈军属，残废、复员、转业、退伍军人代表会，出席会议代表630人，会议历时3天，学习毛泽东主席关于"备战、备荒、为人民"等指示，动员投入"工业学大庆""农业学大寨"运动。

江苏省革委会十九号文件转发仪征革委会《破除千年陈规，积极推行火葬》的文章。

6月20~24日，连续暴雨，山洪冲毁桥梁、涵闸、塘坝多座，圩区普遍积水，全县受涝面积27万亩，倒塌房屋8000多间，淹死4人。

7月21日，全县遭受大风暴雨袭击，11.5万亩农田受淹，倒塌房屋3000多间，雷击死2人，伤7人。

1976年

8月3日，成立县抗震救灾领导小组，随后召开县直机关、企事业单位负责人会议，部署防震抗震工作。

10月20日，县城万人集会游行，庆祝党中央粉碎"江青反革命集团"的伟大胜利。

1977年

1月24日，县革委会组成24人的春节慰问团，从2月1日起分别慰问驻军，烈军属，革命残废军人，复员、退伍、转业军人，下乡知青和离退休干部。

4月23日，仪征遭受冰雹灾害，全县1036个生产队受灾，死伤29人，刮坏房屋14451间，10万亩三麦、2万亩油菜遭受损失。

12月27日，扬州地区革委批准，朴席公社黄泥、三乙、汴河3个大队划归十二圩镇。

1978年

1月16日，县革委批准，将月塘公社长兴大队竹西、蔡林、蔡洼、江洼4个生产队划出，合并成立月塘公社林场。

1月17日，扬州地区革委会通知，分配仪征县社会救济款30万元；同时，减免农业税17万元，发放社员生活贷款40万元，用于救济困难群众。

2月20日，县革委会印发通知，禁止谢集、陈集公社和捺山茶场在捺山国防工程设施范围内开采矿石。

3月8日，扬州地区革委会批复，同意十二圩镇改为十二圩人民公社。

3月16日，县革委会批准，县鱼种养殖场改为县水产养殖场，马集公社反修、合兴等12个生产大队所属的34个生产队隶属关系作适当调整。

5月，恢复县级民政机构，成立仪征县民政局。

6月10日，仪征县军队转业干部安置工作领导小组成立。

7月2日，仪征县发生百年不遇大旱，塘坝枯竭，田地龟裂，人、畜饮水困难。当日，县委向扬州地委报告，请求增加抗旱电力供应。

9月，县火葬场场长戴生和作为扬州地区殡葬改革先进单位代表，到北京参加全国第七次民政工作会议。

11月，仪征进行第二次优抚对象普查，次年3月结束。经查，全县共有烈属371户，军属3075户，残废军人203人，复员军人1350人，退伍军人5697人。

12月30日，86651部队进驻仪征县新城破山口进行国防施工。

1979年

3月，对越自卫反击战中牺牲的仪征籍革命烈士金福桃、陈可田、张才国、许成荣、李俊柱载入江苏省革命烈士英名录。

5月11日，县工会、共青团、贫协、妇联负责人代表全县工人，贫下中农，团员青年和妇女到新城大兴大队金庄生产队慰问金福桃烈士亲属。

6月9日，城区及附近遭受冰雹、大风灾害，风速每秒16米，刮倒电线杆无数，造成停电停水。

8月1日，县城召开拥军座谈会和军民联欢晚会。

11月，县革委会决定，真州镇编织厂折价归县民政局直接管理，更名为仪征社会福利厂，为县属集体企业。

1980年

1月，县革委会和驻地部队联合召开拥军优属、拥政爱民大会，出席会议人员有优抚对象代表565人.

3月，县民政局组织工作组到刘集公社陈巷大队，进行扶持贫困户发展生产的试点。

6月26日，境内局部地区遭龙卷风袭击，造成1死5伤，毁坏房屋600多间，2000多亩棉花受损。

7月9日，暴雨成灾，8万多亩农田受涝，倒塌房屋1960间。

7月，县地名普查领导小组成立，下设办公室，9月开展地名普查工作，1982年结束，1983年编写并内部出版《仪征县地名录》。

9月22日，仪征县选举委员会成立。

9月24日，仪征县军事设施委员会成立。

11月25日，县复员退伍军人安置工作领导小组成立，下设办公室，民政局副局长兼任办公室主任。

1981年

1月，省政府批准，仪征新设大巷、香沟、古井和新集4个人民公社。

△ 县选举委员会在新城公社进行直接选举县人民代表试点工作。随后，各公社普遍进行县、社人民代表选举，4月16日全县选举工作结束，共选出社、镇人民代表1645人，县人民代表303人。

3月，县革委会两次分别给各公社、镇批复，同意165个生产队建制进行调整，由1个队划分为两个队。

4月20~24日，仪征县第七届人民代表大会第一次会议召开。始设县人大常委会，为常设机构，决定撤销县革命委员会，恢复县人民政府，选举产生县长、副县长，县法院院长，检察院检察长。

5月1日，中后山区遭受大风和两次冰雹袭击，大仪等11个公社，138个大队，1600多个生产队受灾。

6月，自本月起，仪征境内久旱无雨，全县88%塘坝干涸，26万亩农田受旱，其中6.2万亩干裂。

7月，按照上级规定，民政局不再办理离婚登记手续，改由户口所在地婚姻登记机关办理。民政部门开始承办华侨与国内公民、港澳同胞与内地公民的婚姻登记工作。

12月28~30日，召开仪征县第一次归侨、侨眷代表大会，选举产生仪征县归国华侨联合小组。

是年，开展特困救助对象——精减退职老职工普查。据普查统计，全县共有1961~1965年精减退职老职工1174人，其中，本县320人，本省外县（市）360人，外省（市）494人（内有上海市390人）。

1982年

3月18日，县政府分配各社队救济和扶贫款15.8万元，帮助贫困户克服生活困难和生产自救。

3月，县火葬场在省殡葬改革会上受到省民政厅表彰。

4月5日，县委、县政府、县人大、县政协领导和机关干部祭扫破山口烈士墓。

6月，县政府发布关于实行殡葬改革的通告。

7月31日，县委、县政府在县城举行军民联欢会，庆祝“八一”建军节。

7月，县革命烈士纪念馆开工建设，1983年12月竣工。

8月8日，入春以来，仪征干旱严重，受灾粮田面积达24万多亩，当日县政府向扬州地区行署报告，请求补助抗旱经费。

8月，仪征籍战士徐宏福被武汉军区授予“雷锋式志愿兵”称号，并颁发二级英雄模范奖章。

9月，经扬州行政公署批准，县政府通知，同意大巷等公社的10个生产大队调为20个大队，从铜山林场划出1个大队。

10月26日，仪征县退伍军人和军队退休干部领导小组成立。

10月，县火葬场戴生和、刘集乡民政助理杨桂松、铜山乡民政助理刘厚培，出席省民政系统先进集体、先进个人表彰大会。

△ 江苏省民政厅编印的革命烈士英名录第四卷第二册载入仪征革命烈士511人，其中抗战时期的169人，解放战争时期的200人，抗美援朝时期的118人，对越自卫战中的5人，社会主义建设时期的19人。

11月，总参谋部党委授予从真州镇五一大队国庆生产队入伍、生前是某部炮兵学校的陶维祥“优秀共产党员”称号，记二等功，号召全军向他学习。

12月，真州镇4个居民委员划分为8个居民委员会。

△ 县政府通知，要求根据国务院〔1979〕305号文件精神，更改部分大队名称或恢复“文化大革命”前的原有名称。

1983年

2月，省政府批准，新设移居公社、张集公社，青山矿区改为青山镇。

2月6日，县政府与驻地部队联合召开千人大会，纪念开展“拥军优属、拥政爱民”活动40周年。

3月4日，县政府转发省政府对现役军人家属优待标准，标准为一个整劳动力收入的50%左右。

3月19日，《人民日报》刊文，介绍仪征县原副县长侯贯长期坚持收集整理革命烈士资料的事迹。

4月，全县陆续撤销人民公社建制，恢复乡镇制。生产大队和生产队分别改为村民委员会和村民小组。乡、镇设人民政府和经济联合会。

6月24日，仪征县地名领导小组更名为仪征县地名委员会。

9月24日，撤销胥浦、龙河、张集、月塘、移居等公社和青山矿区管理委员会，分别建立各乡和青山镇人民政府和经济联合委员会。

9月，县民政工作会议推荐大巷乡残废军人强国朝、十二圩烈属李成新、刘集乡民政助理杨桂松，出席省“双拥”先进代表会。

12月22日，大巷乡二等残废军人强国朝被评为省先进优抚对象，受到人民解放军南京部队和省政府通报表彰。

1984年

1月17日，境内连降大雪，交通、供电一度中断。

1月20日，县政府决定，撤销曹山、青山、马集、谢集、陈集和刘集6个公社管理委员会，分别建立乡人民政府和经济联合委员会。

1月，召开县烈军属，残废、复员、转业、退伍军人先进代表会，出席代表603人。会议选举出席扬州市“双拥”先进代表24人。

△ 县民政局换发由民政部统一印制的革命烈士证明书。

4月，县编制委员会确定，县民政局设民政、优抚、社会救济3股，以及退伍军人和军队离退休干部安置办公室。

5月26日，县政府决定，撤销大仪、大巷、古井、铜山、新集和朴席6个公社管理委员会，分别建立乡人民政府和经济联合委员会。

6月，仪征县殡葬火化率达95%，在全国殡葬改革工作会议上受到表彰。

7月27~31日，仪征县第八届人民代表大会第一次会议召开。

7月29日，仪征县军事设施安全保卫委员会成立。

8月27日，县政府决定，各乡镇建立街道居民委员会。凡居民户数200~600户的集镇设1个居民委员会。

9月，仪征籍解放军战士周在才在对越自卫作战中英勇牺牲，昆明军区授予其战斗英雄称号。11月，仪征县城举行庆功大会，县委作出向周在才烈士学习的决定。

△建立仪征县烈士陵园，同时成立县烈士陵园管理处。

△县扶贫领导小组成立。

△县民政部门完成优抚对象定期定量生活补助调整工作。调整后，全县享受定补的优抚对象共1011户，年定补11.36万元，比调整前增加27.8%。

11月，因仪征化纤工业联合公司建设需要，县火葬场迁到曹山乡永丰村境内。

△成立县军地两用人才介绍所，帮助安置农村有专长的退伍军人。

是年，刘集乡毛笔厂转为福利厂。这是全县第一家乡办福利企业。

△仪征县开始对义务兵家属实行现金优待。

△各乡镇及一些企业相继建立军人家庭服务中心，开展为军人家庭服务活动。

1985年

1月29日，县政府决定，撤销朴席乡和真州镇经济联合委员会。

1月，从本月起，革命烈士家属定期补助改为定期抚恤。

△县火葬场更名为县殡仪馆。

3月，刘集乡政府决定，对在部队立功的刘集乡现役军人进行奖励。

△中越边境老山前线某部仪征籍战士吴春田荣立一等功。

△老山前线解放军某部政治处致函仪征县政府，通报该部仪征籍重炮连连长殷平荣立二等功，所在连队获集体二等奖。

4月5日，战斗英雄周在才烈士的事迹在仪征县革命烈士纪念馆正式展出。

4月13日，省政府批准，仪征县新设高集乡，乡政府设高集。

5月9日，省政府发文，追认参加辛亥革命并于护法战争时期牺牲的仪征县真州镇人盛白沙为革命烈士。

5月，云南解放军某部一等功臣仪征籍战士曹永高到仪征向家乡人民报告“两山”（老山、者阴山）前线英雄事迹。

△ 县委、县政府发出“关于做好优抚对象优待工作的通知”，规定对现役军人家属实行全部优待，立功的现役军人家属给予奖励。

△ 到5月底，刘集、月塘、十二圩等12个乡镇共兴办、改办福利工厂13家，有职工766人，其中“四

残”（盲人、聋哑、肢残、弱智）人员202人。

6月25日，县政府向52名原国民党起义、投诚人员颁发“起义、投诚人员证明书”。

7月，月塘、谢集、马集、铜山等17个乡遭受暴风雨灾害，县政府拨款29万元，衣被1900件（条），返销粮食1038万公斤，救济受灾地区灾民。

8月18日，县党政机关为在对越自卫反击战中英勇献身的仪征籍战士顾秀宏、丁仕平、金学东、陈义国、周炳松和詹国云6位烈士举行追悼仪式。

8月26日，县八届人大常委会第八次会议讨论决定，从陈集乡划出高集、刘营、高塘、友好、工农5个村和蚕桑场，从谢集乡划出夏营、高营两个村，从马集划出方营、张营、两个村，从刘集乡划出大房村，归新设立的高集乡管辖。

8月，13名对越自卫反击战中立功的解放军战士回乡探亲，陈集乡举行庆功大会，向他们颁发奖状、奖金。

9月30日，云南边防某部军工连仪征籍战士朱元宏荣立一等功。

10月9日，县政府通知，决定撤销新城、新集、龙河、张集、刘集、古井、大巷、大仪、香沟、陈集、谢集、月塘、移居、铜山、马集、曹山、胥浦、青山乡和十二圩、青山镇经济联合委员会。

10月13日，云南边防某部仪征籍班长程玉林荣立一等功。

11月，县政府决定，安排家在农村的对越自卫反击战中牺牲烈士的同胞兄弟姐妹中1人到企事业单位工作，户口迁入城镇，粮油转为城镇定销。

1986年

4月5日，举行县革命烈士纪念馆（扬子公园内）开馆仪式，县委、县人大、县政府、县政协负责人及各界代表400多人参加。

4月21日，国务院批复，撤销仪征县，设立仪征市。7月26日，省政府负责人在仪征县机关干部会议上宣读国务院批复，扬州市委负责人宣布仪征市委组成人员。

6月，仪征大旱，长江水位降至3.01米，是解放以来同期最枯水位，全市受旱农田40万亩。

△ 成立市老龄问题委员会。

8月，扬州市政府、扬州军分区通报表彰仪征市铜山乡政府，仪征纺织机械厂，大巷乡民政助理钱德富，分别为军人家庭服务中心先进集体和先进个人。

9月15日，撤销胥浦地区行政办事处，9月24日，成立仪征市胥浦街道办事处，加强对辖区内国家重点企业服务工作。

9月，市民政系统评选市殡仪馆职工陈恒海、刘集乡民政助理杨桂松、胥浦乡社会福利厂厂长蔡宗文，为出席省民政工作先进集体和先进个人会议代表。

△ 市民政局组织开展婚姻法执行情况检查，全市有3100对新婚夫妇补办了结婚登记手续。

△ 市民政局举办培训班，培训24名乡镇婚姻登记员。

10月15~18日，广州军区空军部队仪征籍战士徐宏福事迹报告组，应仪征市委、市政府邀请到仪征先后向机关干部、企业职工、学校师生和曹山乡干部群众作报告，介绍先后13次荣立三等功、12次被评为优秀共产党员，获得空军党委“雷锋式志愿兵”荣誉称号和二级英雄模范奖章的徐宏福的优秀事迹。

1987年

3月，各乡镇开展“五保”（保吃、保住、保穿、保医、保葬）户普查工作，符合“五保”条件的人员由所在乡镇政府发给供养证。全市获得供养证的共有1991人。

△ 仪征市军队离休退休干部休养所成立。

△ 朴席乡李桥村成立全市第一个“红白事理事会”，为村民节俭办婚丧喜事服务。至年末，全市有不少村成立“红白理事会”。

4月3~7日，仪征市第九次人民代表大会第一次会议召开，选举产生第九届人大常委会和市长、副市长，以及法院院长、检察院检察长。

4月，全市民政系统开展民政工作百分竞赛活动。当年有6个乡被评为优胜单位，21人被评为先进个人。

△ 市民政局进行残疾人抽样调查，共调查3个乡、8个村、39个村民小组，计1018户、4180人，查出各类残疾人236人，占调查总人数的5.65%。根据抽查推算，全市约有残疾人3.2万多人。

11月，十二圩镇黄泥村建立骨灰存放室。随后，陈集、胥浦、朴席等地相继建立人民公祠或骨灰存放室。

12月，市创建“拥军市”领导小组成立。

△ 省确定仪征为扬州市第一批开展社会福利有奖募捐活动单位。

是年 全市22乡镇分别建立社会保障委员会和社会保障基金，负责优抚对象优待金和“五保”户供养基金筹集、使用和管理工作。

1988年

1月，市社会福利募捐委员会成立，开始销售即开型福利彩票。2004年停止销售。

4月，在铜山乡进行贯彻实施《中华人民共和国村民委员会组织法（试行）》试点，至11月，全乡13个村通过选举产生新一届村民委员会。

5月4日，境内遭受大风暴雨，5万亩在田作物受灾。

6月29日，凌晨5时左右，仪征部分地区遭受龙卷风灾害，最大风力10至11级，胥浦、月塘、谢集等乡镇受灾。胥浦乡古湄、新洲两村4户10间房屋倒塌，刮断电杆7根。

10月，农历九月九日“重阳节”，仪征市开展第一个“敬老日”活动。

11月10日，市政府颁发《仪征市五保户供养工作实施办法》。供养标准原则上不低于本乡（镇）人均纯收入的70%，并随着当地群众生活水平提高以及“五保”对象实际需要，作出相应调整。

12月20日，10月份以来仪征降水9毫米，麦田严重干旱。

1989年

2月17~18日，仪征普降大雪，18日下午4时许还发生雷电现象。

7月15日，市政府批转市知青子女户粮办公室《关于办理城镇插队（场）知青子女户口就地“农转非”手续的实施意见》，规定其转为城镇户口的时间从1989年1月起算，粮油供应时间从当年10月1日起算。

10月，国务院颁布《社会团体登记管理条例》，重新明确民政部门管理社团的职能。

是年，仪征市开始下拨资金帮助农村贫困家庭改造危房。

1990年

3月29日，除试点的铜山乡以外，全市22个乡镇和以场带队的5个场圃所属村，全部进行村委会换届选举。

4月3~7日，仪征市第十次人民人民代表大会第一次会议召开，选举产生市第十届人大常务委员会成员和市长、副市长，以及法院院长、检察院检察长。

10月12日，省人大常委会，省军事设施保护委员会一行14人，在省人大常委会副主任张耀华带领下，到仪征视察有关军事设施保护情况。

是年，国务院办公厅转发民政部《关于清理整顿社会团体的请示》，当年，仪征成立市社会团体清理整顿领导小组，并设办公室。市民政局成立社团登记股，对全市社会团体进行整顿，登记发证，至1992年12月，完成全市市乡两级社团登记发证工作。

△市民政局贯彻落实《江苏省农村五保供养工作暂行规定》，将全市符合条件的1952户、2111人纳入“五保”范围。

△第五次换发残废军人证书。

1991年

5月8日，市政府决定恢复仪征市地名委员会，同时设立办公室。随后，市政府印发《关于开展全市地名补查和资料更新工作的通知》，开展地名补查工作。

5月21日，境内开始连降暴雨，至7月总降水量达954.6毫米，江河水位暴涨，形成洪涝灾害。全市27万亩农田受淹，近万间房屋进水，500多家企业停产、半停产。

5月22日，撤销胥浦乡和胥浦街道办事处，成立胥浦镇。

5月，当月特大洪涝灾害中，石桥河决堤，100多名驻仪部队官兵日夜奋战，堵住缺口。

7月9日，市委、市政府召开抗洪救灾紧急电话会议，进一步部署动员抗洪救灾工作。

8月16日，省委副书记曹克明到仪征了解受灾和生产自救工作情况，对下一步工作提出意见。

9月16日，市委、市政府召开抗洪救灾总结表彰大会，表彰42个先进集体和60名先进个人。

11月，市政府明确残疾人联合会享受副科级待遇，由市民政局代管。

是年，全市开展创建"文明敬老院"活动。

1992年

1月，全市开展第一个"双拥月"活动。

4月16日，市委、市政府召开双拥工作动员大会，动员全市人民创建"双拥模范城"。

5月20日，仪征沿江地区遭受冰雹灾害，造成4.5万亩在田作物受损。

6月，仪征遭受30年来少遇的干旱，影响秧苗栽插，20万群众紧急行动，抗旱插秧。

8月1日，市政府印发《仪征市开展养老保险工作的意见》。中旬，在真州镇和香沟乡进行农村养老保险工作试点。10月1日，市政府印发《仪征市农村社会养老保险暂行办法》，全面推开农村养老保险。

12月29日，市委、市政府召开"双挂"动员大会，市直20个部门挂钩帮扶10个经济薄弱村，6家公司向6个乡镇派驻"双挂"工作组。

1993年

2月12~16日，市十一次人民代表大会第一次会议召开，选举产生第十一届人大常委会和市长、副市长，以及法院院长、检察院检察长。

3月16日，市村民委员会换届选举工作指导小组及办公室、市村民自治示范工作领导小组及办公室成立，加强对全市村民委员会换届选举工作和村民自治示范工作领导。

5月5日，盛白沙烈士纪念碑在扬子公园落成。

是年，农村贫困家庭危房改造补贴资金由每户700元增加到900元，以后逐渐增加。

1994年

1月15日，经省政府批准，撤销朴席乡和新城乡，分别以其原辖区设立朴席镇和新城镇。

2月7日，仪征市被江苏省政府、省军区授予"双拥模范城"称号。

2月9日，扬州市委书记李炳才等到仪征革命老区移居乡走访特困户，慰问抗日和解放战争时期入党的老党员。

5月12日，市政府决定成立人民防空委员会。

6月，仪征仅降水33毫米，中后山区水库干涸，严重缺水，受旱农田35万亩。在市防旱指挥部统一指挥下，全市紧急抗旱。武警仪征市中队干部战士每天奋战12小时，连续7天，为山区部分群众送去饮用水。

7月5日，中共扬州市委副书记、市人大常委会主任吉宜才到仪征视察干旱严重的乡镇灾情。

7月11日，江苏省副省长姜永荣一行到仪征中后山区视察旱情。

7月13日，中共扬州市委书记李炳才带相关部门负责人到仪征视察灾情，当场决定由有关部门支持抗旱经费33万元。

7月27日，市委、市政府召开抗旱紧急动员大会，部署全民动员继续开展抗旱斗争。是时，全市28

万亩在田作物受灾，16个乡、5万多人、上千牲畜饮水发生困难。

7月29日，副省长姜永荣、扬州市委副书记吉宜才再次到仪征视察灾情。扬州市有关部门捐款百万元支持仪征抗旱。

8月11日，江苏省救灾防病工作座谈会在仪征召开。省卫生厅、卫生防疫站及部分地级市领导共20多人参加会议。会后，主持座谈会的副省长张怀西视察市卫生防疫站和月塘等乡饮用水源和水质情况。

8月25日，省委副书记、省长郑斯林和副省长姜永荣率领省政府办公厅、省水利厅负责人到仪征视察旱情。扬州市市长施国兴、副市长丁解民参加视察。

8月，市残疾人事业领导小组更名为市政府残疾人工作协调委员会。

10月26日，省军区副政委陈春耕到仪征看望拥军模范周宏英。

11月16日，经省政府批准，撤销曹山乡，将该乡原辖区并入真州镇。

12月16日，市政府颁发《关于公布市区主要标准地名的通知》，公布市区使用较广泛的70条主要标准地名。

12月28日，省政府批准，同意仪征市撤销新集乡，以其原辖区域设立新集镇。

是年，仪征遭受百年未遇特大旱灾，受旱农田37.41万亩，10多万人饮水困难。市民政局拨款355万元，发放粮食75万公斤，救济受灾群众。

是年，仪征开始依法办理收养登记。

1995年

1月8日，省政府、省军区在仪征召开周宏英拥军模范荣誉称号命名大会。市委、市政府作出《关于向拥军模范周宏英学习的决定》。

1月22日，副省长姜永荣由扬州市副市长丁解民等陪同，到仪征真州镇第二福利院和青山乡看望“五保”老人和部分灾民。

1月，仪征市第一座公墓——北郊公墓在真州镇永兴村严庄组建成，一期工程占地25亩。

2月25日，共青团仪征市委等单位在烈士陵园首次举行18岁青年成年仪式。

3月，仪征丘陵山区旱情严重，50座水库，2.4万口塘坝蓄水量只占蓄水库容的十分之一，1万多人饮水发生困难。

5月，仪征市拥军协会成立。

8月1日，市化纤纺织厂被省政府、省军区授予“拥军优属先进单位”称号；真州镇、马集乡、大巷乡分别被扬州市命名为“双拥模范镇”和“双拥模范乡”。

是年，仪征首次开展社团年检工作。

1996年

7月10日，省政府批准，同意仪征市撤销大仪乡，以其原辖区设立大仪镇。

9月27日，市委、市政府召开扶贫工作会议，宣布“八五”期间，全市共有42个村、3468户摆脱贫困。

11月5日，成立市勘界工作领导小组，下设办公室，开始对仪征市与周边市、县、区的边界进行勘定。2000年基本完成勘界工作，2001年完成界桩埋设。

11月22日，市政府决定，将市蚕种场蒋洼村和陡山村划归青山镇。

1997年

2月19日，成立市深化殡葬改革清理墓葬用地工作领导小组，开展“殡葬改革突击月”活动，清理重点地域、重点地段的坟头。

3月29日，晚9时20分，仪征发生2.5级地震，震中在北纬32度17分，东经119度07分，仪征有震感。

6月12日，市委、市政府召开扶贫新闻发布会。市长吴厚昌介绍仪征中后山区贫困状况和近年来扶贫取得的成果。扬州市扶贫协会会长黄书祥、扬州市副市长潘湘玉到会讲话。

7月28日，市委、市政府召开“双拥”动员暨表彰大会。

8月14日，由扬州军分区援助的仪征市第一所希望小学沙集小学建成。

8月18~19日，11号强台风过境，暴雨成灾，全市有近3万亩农作物受灾，200多间房屋毁坏。当年，民政部门拨款76.9万元救灾。

是年，市政府颁发《仪征市关于义务兵家属优待金实行统筹的通知》。

△ 市民政局和卫生局为全市1201名重点优抚对象发放医疗优待证，免费和减半收取有关医疗费用。

△ 制定优抚对象抚恤定补标准，并建立自然增长机制。

1998年

1月3~7日，市十二次人民代表大会第一次会议召开，选举产生市十二届人大常委会，市长、副市长，以及法院院长、检察院检察长。

1月4日，省委副书记、省纪委书记曹克明到仪征青山镇和青山乡慰问“五保”户和困难户。

1月6日，省军区副政委陈春耕到仪征陈集乡沙集村走访慰问老革命军人。

2月8~9日，省人大常委会副主任曹鸿鸣率省有关部门负责人到仪征青山乡实地查看贫困户生活状况，并在仪征召开扶贫现场会。

2月16日，市政府发出《关于进一步清理墓葬用地工作的通知》，并于19日召开会议进行部署。4月21日，通过扬州市验收，基本达到“无坟头市”标准。

3月10日，市委发出“关于加强乡机关单位帮扶经济薄弱村工作的通知”，并召开扶贫工作会议，明确市直41个机关单位和8个乡机关分别与1个经济薄弱村进行为期3年的结对帮扶。

3月18日，市长吴厚昌主持召开市政府第一次常务会议，讨论研究《仪征市1998年实施再就业工作意见》和调整铜山乡部分行政村的决定。

4月10日，经省政府批准，仪征市政府通知，撤销仪化公司征地范围内胥浦和真州等镇43个村民小组建制，居民转为非农业户口。

4月27日，扬州市在仪征召开扶贫工作会议，决定扬州市25个市直机关单位对青山乡和陈集乡25个经济薄弱村进行为期3年帮扶。至当年年底，共实施帮扶项目76项，投入资金432.5万元。

6月30日，受长江流域连续降水和长江客水影响，至当日，仪征长江水位超过警戒水位（6.90米）54厘米，市政府紧急动员防汛抗洪。

6月，新集镇新集村民委员会被省委组织部、省民政厅命名为“江苏省模范村民委员会”。

7月8日，省双拥工作检查组到仪征检查创建省双拥模范城各项工作。同月27日，仪征市被省政府、省军区授予“双拥模范城”称号。

7月27日，中午12时，长江十二圩外江堤崩塌，经过2000多名当地群众，以及武警江苏总队，驻仪83070、86651部队官兵合力抢险，至7月30日，40多米的江堤缺口合龙。

8月17日，驻仪86651部队和武警江苏总队一支队90名官兵赶赴仪征十二圩、真州和胥浦3乡镇长江江堤险段执行守堤任务，9月20日返回营地。

8月19~20日，市委、市政府先后发出《关于在全市开展救灾募捐活动的通知》和《关于开展扶贫济困募集衣被工作的通知》，动员全市各机关、事业单位、团体以及干部职工、居民捐款捐物，支援长江流域受灾地区灾民。至9月下旬，全市共捐款84.4万元，捐赠衣被15万件。

12月2日，经省政府批准，撤销移居乡，原辖区并入月塘乡。

12月7日，仪征市乡镇人大换届选举工作先行镇——新城镇人民代表选举工作于10月下旬开始，至今日结束。

是年，入夏以后，仪征遭受长期阴雨和暴雨灾害，38.2万人受灾，因灾死亡2人，直接经济损失5965.2万元。市民政局下拨救灾救济款87.27万元，安排灾民的基本生活。

1999年

2月8日，扬州市长苏泽群、政协主席施国兴等到仪征陈集等乡，走访慰问贫困户和孤寡老人。

2月15日，市委、市政府成立“99”仪征市赈灾福利彩票销售活动指挥部。3月12~13日，两天顺利发行赈灾福利彩票1100万元。

3月16日，扬州市政协主席施国兴带领政协视察团到仪征视察扶贫工作，并分别向陈集乡和青山乡捐赠扶贫资金。

4月25日，是日为仪征市第五届村民委员会换届选举日，全市240个行政村首次通过村民直接选举产生新一届村民委员会。

6月11日，仪征市铜山乡使用火箭弹进行人工增雨获得成功。

7月27日，扬州市委书记吴冬华等到仪征巡查长江江堤和防汛情况。

7月28日，省政府批准，撤销香沟乡，原辖区并入大仪镇；撤销张集乡，原辖区并入新集镇。

8月5日，副省长姜永荣一行到仪征检查长江江堤抛石护岸固堤抢险工程，并视察仪征套闸工程。

8月27日，市政府召开“爱心献功臣行动”工作会议。市长吴厚昌要求，多渠道筹集资金178万元，在年年底前全部解决好功臣的住房困难，基本解决“功臣”的治病和生活困难。

12月29日，省民政厅批准，撤销陈集乡，以其原辖区建立陈集镇。

是年，在全市农村开展以民主选举、民主决策、民主管理和民主监督为重点的创建村民自治示范村、示范乡镇活动。

2000年

1月29日，扬州市长苏泽群到仪征陈集乡走访贫困户，并承诺年内全部解决该乡85户的危房问题。

3月31日，《仪征市城市人民防空工程建设总体规划》通过专家论证。

4月9日，市委、市政府召开全市乡镇行政区划调整工作会议。会上宣读了扬州市政府“关于调整仪征市乡镇行政区划的批复”，以及调整的乡镇、基层党委设置，人事任免等决定。

△ 省政府批准，撤并胥浦等8个乡镇，并入有关乡镇。

5月，市政府印发《关于婚前医学检查的通知》。

7月19日，晚8时，省、扬州市和仪征市防汛防旱指挥部的部分技术专家齐聚市防汛防旱指挥部，讨论组织力量突击抛石入江固岸方案，对长江仪征段变异的河床进行抢救。

7月，仪征市被全国双拥领导小组、民政部授予“全国爱心献功臣活动先进市”称号。

是年，仪征市成立社会福利有奖募捐委员会办公室，实行福利彩票市场化运作。当年，城区和乡镇先后设立48个电脑福利彩票投注点，销售彩票492万元。

2001年

4月13日，全市机关、企事业单位结对帮扶农村经济薄弱村和贫困户工作动员大会召开。

7月2日，全市抗旱工作会议召开。

7月7日，扬州市副市长潘湘玉代表扬州市委、市政府到仪征慰问抗旱第一线的干部群众。

9月，仪征与相邻县、市、区边界线勘定后，于当月选择合适交界点埋设界桩。

10月29日，仪征在市区试鸣防空警报，增强市民国防观念和人防意识。

是年，成立市民间组织管理工作领导小组，启动民办非企业单位复查登记工作。

△ 市地名办公室进行专题调研，形成“关于规划城市地名管理及提高文化内涵的研究报告”。

2002年

1月18日，市委、市政府、仪征人武部召开地方支持军队建设座谈会，同时举行人武部大楼落成典礼。

1月20日，仪征市第二次被省政府、省军区授予“双拥模范城”称号。

1月24日，副省长张桃林在省民政厅、扬州市和仪征市领导陪同下，到月塘乡慰问贫困户和“五保”老人。

1月31日，省委常委、副省长张连珍在省民政厅、扬州市有关领导陪同下到仪征慰问驻仪73198部队官兵。

4月，全市统一规范居民委员会名称，冠名为社区居民委员会。

5月，市双拥领导小组办公室和市国防教育领导小组办公室并入市民政局；撤销市老龄问题委员会办公室，其职能划归民政局。

8月30日，省扶贫工作座谈会在仪征召开。

9月26日，市委、市政府举行易地新建烈士陵园工程奠基仪式。

11月，仪征市慈善总会成立。

是年，建立民办非企业单位年检制度。

△ 首次在城区发放老龄人优待证，并向每位百岁以上老人按月发50元长寿补助金。

2003年

1月5~9日，市十三次人民代表大会第一次会议召开，选举产生市十三届人大常委会和市长、副市长，以及法院院长、检察院检察长。

1月10日，市慈善总会倡议开展“扶贫济困一日捐”活动，市民政局组织实施，当日募集捐款33.4万元。

6月17日，南京军区司令员蒋文郁到仪征视察长江防汛准备工作。

6月，国务院颁布《城市生活无着的流浪乞讨人员救助管理办法》。

7月4~5日，境内遭到百年未遇特大暴雨灾害，日降雨量284毫米，水库全部溢洪，河道水位暴涨，城区15个住宅区居民家中进水。市政府召开全市防汛抗洪会议，启动防洪抗险预案，调集150多台机械排水，并成功爆破泗源沟节制闸、胥浦节制闸上游围堰；转移受灾群众3000多人。民政部门下拨救灾款92.5万元，以及大米、食油等物资。

7月，长江支河老泗源沟三叉河300多米河堤即将漫堤，威胁城区居民生命财产安全，市人武部组织驻仪征94987部队官兵50多人和真州镇民兵60多人加固河堤，排除险情。

10月，国务院新颁布《婚姻登记条例》，婚姻登记不再要求进行婚前医学检查。

是年，真州镇对社区居民委员会进行全面调整。

△ 市民政局会同市委组织部等6部门，对全市51个行政村政务、村务公开工作进行专项检查。

△ 城镇退役士兵安置工作由市劳动和社会保障局转为市民政局负责。

△ 开展宁、镇、扬“三交点”界桩测绘，完成高仪线、邗仪线界线勘定资料电子文档录入，以及苏皖线（仪征—天长）界线、界桩复查登记工作。

2004年

1月，市委、市政府办公室印发《关于组织市级机关部门挂钩联系社区工作的通知》，8月，印发《2004年度市级机关部门挂钩联系社区工作考评办法》。

1月8日，市委、市政府颁发《关于进一步加强关注民生帮扶困难群众工作的意见》。

4月25日，市委、市政府隆重举行新建烈士陵园（月塘乡境内）开园仪式暨集体祭祀活动。

5月15日，市委、市政府、市人大、市政协和市双拥工作领导小组成员单位，国防动员委员会成员单位负责人，前往省军区某部舟桥旅开展“军营一日”活动。

6月2日，市政府全面部署防汛防旱工作。

6月22日，仪征举行“双拥”三创迎检动员大会暨国防教育学校揭牌仪式。

7月29日，仪征召开庆“八一”双拥座谈会，市委、市政府和驻仪部队、省军区某部舟桥旅领导参加会议。

8月23日，市委、市政府召开撤并行政村工作动员会，部署新一轮行政村撤并工作。

9月14日，经上级批准，市政府通知，陈集镇夏营村、高营村整建制划归谢集乡管辖。

9月，婚姻登记改由民政局直接办理。

10月25日，市委、市政府举行“慈善一日捐”集中捐赠仪式，并确定以后每年举行一次“慈善一日捐”活动。

10月31日，市委、市政府召开第七届村委会换届选举工作会议，对村委会换届选举工作进行部署。12月15日，为换届选举日。选举中提倡村党支部书记和村委会主任“一肩挑”。

11月19日，市国防动员委员会召开全体会议，部署今明两年国防动员工作。

是年，民政局为858名优抚对象办理住院医疗保险和农村合作医疗保险。

△ 开展苏皖线（仪征—天长段）、扬镇线（仪征—丹徒段）界线、界桩联合检查。

2005年

2月21日，市委、市政府举行十二圩办事处、滨江办事处成立大会。

5月19日，市委、市政府召开全市2005年度“慈善一日捐”活动动员会。市委、市人大、市政府和市政协领导在会上带头捐款。

6月15日，仪征遭受强对流雷雨天气，全市有4000多间房屋受损，受灾人口1.17万人，受灾农田1.21万亩，28家企业停产、半停产，直接经济损失1400多万元，农业经济损失600多万元。

7月29日，市委、市政府召开军队转业干部代表庆“八一”和“双拥”座谈会，当晚，与省军区舟桥旅联合举办军民联欢晚会。

9月3日，为纪念中国人民抗日战争暨世界反法西斯战争胜利60周年，市委领导慰问部分抗战时期参加革命的离休老干部，向所有老同志赠送抗战60周年纪念章、慰问信和慰问金。

9月6日，市委、市政府举行仪式，欢迎进京参加全国抗日战争胜利60周年纪念活动的抗战老战士王近山载誉归来。

是年，市政府印发《仪征市重点优抚对象大病救助实施细则》。

△ 按照新等级标准，第六次换发革命残疾军人证。

△ 从当年起，仪征对当年退役的士兵免费进行岗位技能培训，为考试合格的退役士兵发专业技术证书，帮助推荐就业。

2006年

1月6日，全市举行“送温暖献爱心”捐赠款物集中发放仪式。市救灾募捐办公室共收到捐款14.79万元，冬衣6732件，棉被62床，全部发给生活困难群众。

1月11日，省委常委、组织部长王国生和副省长何权到新集镇看望慰问困难群众。

4月，是月起，仪征市开展紧急报警求助与社会救助服务分流试点工作。当年，受理“122”台指令9次，上门救助55次。

6月21日，连降暴雨，青山镇团结村红旗组出现山体滑坡，山下6户、27人紧急转移。扬州市和仪征市领导带领专家到现场指挥施救。

6月22日，市政府召开会议，部署开展省级村民自治模范市创建工作。当年12月，省民政厅通过检查考核，授予仪征市2004~2006年度省级村民自治模范市称号。

7月20~23日，全市普降暴雨，大面积受灾，市民政局立即下拨救灾款86万元，救济因灾缺粮人口103万人，缺衣被人口3000人。

7月，仪征对仪征化纤公司生活区内的居民委员会进行调整。

8月，扬州市民政局等部门转发省民政厅等七部门《关于解决我省公民事实收养登记问题的意见》。

当年,市民政局按规定,为事实收养的88对人员补办收养登记手续。

9月27日,仪征首家“爱心慈善服务中心”开业,市区低保和特困户可按标准限额到中心以进价购买生活用品。

10月28日,市委、市政府召开三创“双拥模范城”总结表彰暨四创动员大会。

11月22日,市委、市政府召开民政工作推进会,研究农村低保资金落实、“五保”老人集中供养和乡镇敬老院新建扩建三项重点工作。

11月28日,赴北京参加“新世纪之声”“爱我中华、共创和谐”十大杰出新闻人物颁奖活动的省拥军模范周宏英载誉归来。

是年,全市开展乡镇地名设标工作,当年在6个镇设置53条道路地名标志牌。

△开展苏皖线(仪征—天长段)、宁扬线(邗江—仪征段)界线、界桩联合检查。

2007年

2月13日,市委、市政府举行2007年迎新春军民联欢会。市委、市人大、市政府和市政协在职和原领导,享受地市级待遇离退休老干部,驻仪部队代表,劳动模范代表,中青年专家、科技人员代表,相关企业负责人等出席联欢会并观看演出。

4月7~8日,中共中央政治局委员、书记处书记、组织部部长贺国强到仪征新城镇和新集镇视察调研基层党组织建设和新农村建设情况。

4月30日,市委、市政府决定成立铜山办事处。办事处为正科级建制。

5月22日,市政府决定,将青山镇长山村、安墩村,马集镇野山村、铜山村整建制划归铜山办事处。

6月17日,仪征市召开第八届村民委员会换届选举工作会议。7月25日为全市村民委员会选举日,共有145个行政村进行村委会换届选举。

7月28日,仪征隆重举行国防园落成仪式暨纪念中国人民解放军建军80周年大会。

8月5日,市民政局举办完善落实优抚对象和部分军队退休人员有关政策培训班。从8月1日起,对相关人员按月发放100元生活补贴。

8月25日,从当月开始,仪征对全市1244户城镇低保户和146户特困职工计2778人,发放临时价格补贴,每人每月20元。

9月7日,仪征聋哑女余燕在全国第三届残疾人职业技能竞赛活动中,获得服装剪裁类第八名好成绩。市政府为其祝贺,并发给奖金4000元。

9月13日,市民政局、市劳动和社会保障局、市双拥办公室联合举办退役士兵专职招聘会,200余名退役士兵参加501个工作岗位招聘。

10月19日,是日为传统的重阳节,也是江苏省第20个“敬老日”,分管的市委常委、副市长赵明到部分养老机构和老人家中,慰问老人。

12月1日,是日为全市市、乡两级人民代表换届选举日,40多万选民参加投票。

12月20日,省民政厅厅长到仪征视察廉政文化进社区、基层民政规范化建设和敬老院建设等工作。

12月24~28日,仪征市第十四次人民代表大会第一次会议召开,选举产生市十四届人大常委会和市长、副市长,以及法院院长、检察院检察长。

2008年

1月10日,是日起,全市开展“双拥活动月”活动。

1月28日,仪征普降暴雪,至今日晨,路面积雪30厘米,对生活造成较大影响,市政府召开紧急会议部署防雪抗灾。

2月29日,由全国妇联、新华社、光明日报、中央电视台、中国教育报等16单位联合开展的第三届“中国十大杰出母亲”“中国百名优秀母亲”评选活动结果揭晓,仪征市拥军模范、拥军协会会长周宏英获“中国百名优秀母亲”的称号。

5月18日，市委组织部印发“关于动员全体共产党员缴纳特殊党费支援灾区抗灾救灾的紧急通知”。全市共产党计缴纳“特殊党费”73.56万元，支援“5·12”汶川大地震灾区抗灾。

5月23日，省委书记梁保华，扬州市委副书记、市长王燕文分别带领省、市相关部门负责人到仪征龙兴塑胶公司视察救灾帐篷生产情况，要求加快生产，提前完成任务。

5月29日，“5·12”汶川地震后，仪征各界纷纷捐款捐物，至是日共募集善款730.68万元，其中民政局募集8.25万元，市慈善总会募集15.95万元，市红十字会募集706.48万元。

△ 举行2008年度退役士兵专场招聘会，暨双拥优待对象就业服务中心揭牌仪式。

6月3日，仪征市援助地震灾区安装过渡房的49名干部工人赴四川省德阳绵竹灾区。以后增加到56人。

6月4日，经省政府批准，仪征朴席镇划归扬州市经济开发区代管。除土桥村沿江高等级公路以南地域划给十二圩办事处以外，其余全部划出。

7月11日，省政协副主席、农工民主党江苏省主委周健民一行到仪征，就居民养老模式、中老年人医疗保健等进行专题调研。

8月14日，市农村扶贫攻坚工作会议召开，部署新一轮帮扶工作。

8月28日，仪征举行福利彩票公益助学发放仪式。市福彩募捐办公室安排7.7万元公益金资助22名低保家庭大学生。本科生每人4000元，大专生每人3000元。

9月1日，仪征正式实施免费婚检。

9月10日，驻扬州部队在陈集“八一”希望小学举行捐助仪式，向该校捐赠助学金。

9月18日，市委、市政府印发通知，撤销滨江办事处，将原滨江办事处所辖肖山村、农歌村、滨江村、沙洲村、沙窝村和甘草、巴庄、中桥3个居民委员会整建制划归青山镇。

10月17日，市双拥创建工作会议召开，部署扬州市级双拥模范乡镇、单位创建工作。

是年，开展宁扬线（六合—仪征段）、高仪段二轮边界线联合检查。仪征市政府印发《平安边界建设意见》《边界管理责任图》和《界桩管理责任图》，定期开展互访。

2009年

1月25日，中共中央政治局委员、书记处书记、组织部长李源潮到仪征月塘乡龙山村、谢集乡山北村考察大学生村官工作、村集体经济收入、村部建设、村务公开等情况。

3月23日，全省基层政权和社区建设工作会议在仪征召开。

3月25日，仪征市发放首批新型农村养老保险养老金及老年补贴。

4月9日，仪征一彩民获“彩色球”一等奖。这是仪征福利彩票自销售以来第一注500万元以上大奖。

6月28日，铜山办事处举行枣林湾老年公寓落成暨市慈善总会铜山分会成立仪式。

11月27日，省“双拥”工作检查组到仪征检查。

2010年

2月4日，扬州市委书记王燕文到仪征刘集镇走访慰问部分老党员、军属、“五保”老人和困难群众。

4月13日，中组部二局副局长、基础办副主任曾贤钦到仪征就大学生村官工作进行调研，并视察新城镇新华村、新集镇新集村村务公开等工作。

8月23日，仪征籍残疾运动员缪明安在省第八届残疾人运动会男子田径比赛中，夺得100米、200米及跳远3块金牌。

10月15日，省民政厅检查组到仪征，检查城乡最低生活保障工作开展情况。

10月26日，市政府印发《仪征市民政局主要职责内设机构和人员编制规定》。

12月10日，仪征市第四次被省政府、省军区授予“双拥模范城”称号。

12月18日，全市村民委员会统一进行换届选举。

是年，全面开展6条省界、市界和县（市）界界线联合检查，埋设界桩警示牌11块，调处边界矛盾纠纷，维护边界地区稳定。

2011年

4月5日，江上青烈士史迹陈列馆（位于十二圩扬子学校）开馆。

4月9日，仪征市召开第四届社区居民委员会换届选举工作会议。

4月15日，经省政府批准，月塘和谢集两乡合并，成立月塘镇。

9月6日，仪征市残疾人康复中心和托养中心开工兴建。

9月16日，仪征举行纪念辛亥革命100周年暨盛白沙烈士生平事迹报告会。

10月13日，全省第二次残疾人慈善工作研讨会在仪征召开。

12月5日，仪征市召开市、镇两级人大换届选举工作会议，部署市、镇两级人民代表选举。

12月13日，在全省第四次残疾人事业工作会议上，仪征市再次被省残疾人工作委员会授予“全省残疾工作先进市”称号。

2012年

1月9日，市委、市人大、市政府和市政协领导分4组，分赴省军区舟桥旅、驻仪部队、武警仪征中队、军队干部休养所走访慰问。

1月18日，市委、市政府举行迎新春军民联欢晚会。

2月2日，市政府召开民政、残疾人工作会议。

2月6日，仪征市一彩民中2012013期双色球一等奖，获得奖金715.37万元。这是仪征电脑彩票销售以来得奖金额最高的一次。

4月1日，仪征市“四套班子”（市委、人大、政府、政协）领导和机关工作人员，在烈士陵园集中祭祀革命烈士。

5月22日，省村级组织“四有一责”（有持续稳定的集体收入、有功能齐全的活动阵地，有先进适用的信息网络，有群众拥护的“三强”带头人，强化对村级党组织的领导责任）建设示范县（市）考核验收组到仪征检查验收村组织“四有一责”建设工作。

6月14日，仪征市人大常委会主任会议成员、各委办负责人20多人专题视察农民集中居住区管理工作。

7月1日，是月起，城乡低保标准从每人每月340元和210元提高到390元和250元。

8月13日，仪征“双拥”文化建设示范点在真州镇迎江社区建立。

8月16日，召开全市双拥工作创建观摩会，迎接扬州市双拥模范乡镇和单位创建工作检查验收。

9月28日，市全民国防教育领导小组办公室和市教育局在真州小学联合举办国防教育知识竞赛。

10月1日，市政府印发“仪征市减免殡葬基本服务费用实施办法”，从是月起减免殡葬服务费400元，2013年减免800元，2014年全免。

10月22日，市文明办、市妇联联合表彰“孝老文明好儿女”何芳等15人。

10月23日，许炯、施正东等10多位书画家参加仪征市“关爱孤老、护航人生”慈善义卖活动。

11月9~10日，扬州市双拥工作检查组对仪征14个申请扬州市级双拥模范镇和单位进行检查验收。

12月，市民政局主持编纂的《仪征地名文化》一书送交中国言实出版社出版。

是年，仪征农村“五保”供养标准由每人每年4120元提高到4880元。

△ 仪征市民政局在全国首轮婚姻登记机构等级创建中，荣获“3A”级，为扬州市首家。

△ 市民政局完成《中华人民共和国政区大典 · 江苏分卷仪征篇》编纂工作。

第一章　组织机构

明清时期，仪征县户籍丁口、赈灾救济、礼俗风尚等民政事务由知县直接掌管。

民国年间，仪征县政府先后设立第一科民政科，专职从事地方自治、赈灾救济、褒扬恤典、公益卫生、难民收容以及社团管理、劳资纠纷调解等工作。

抗日战争时期，中国共产党领导的仪征县抗日民主政府，内设民政科，在根据地开展拥军优属、赈灾救济、禁赌肃毒、组织支前、民事调解等工作。同期的伪县政府也保留民政科。

1949年4月，仪征全境解放，县政府除设民政科外，增设荣军管理科，与民政科合署办公。在此后的人民公社和“文化大革命”时期，县级民政机构虽然一度撤销或隶属关系多次改变，但民政工作始终有相应的部门负责。

1978年5月，恢复县级民政机构，成立仪征县民政局，成为县政府负责民政工作的专门机关。随着社会经济的发展和人民群众对民政工作的迫切需求，民政工作越来越细化，仪征市民政局内设科室和直属单位也随之增加。至2012年年末，市民政局内设8个职能科室，下属7个单位，辖9个乡镇民政办公室，2个办事处也有专管民政工作人员。

第一节　市（县）级行政机构

一、市（县）民政科局

（一）机构设置

仪征县民政机构始建于民国2年（1913年）。当年，县知事公署设一科，主管民政。后知事公署改为县政府，仍保留有一科建制。民国26年（1937年）12月16日仪征沦陷，县政府解体，随后成立伪地方维持会，后改为自治会，内设民政科。民国29年（1940年）1月，伪自治会改称县公署，同年9月更名为伪县政府，继续保留民政科。民国34年（1945年）5月，恢复第一科名称。民国34年（1945年）抗日战争胜利至民国38年（1949年）2月，国民党仪征县政府设民政科，1949年4月复称第一科。

民国29年（1940年）4月，仪征建立第一个由中国共产党领导的人民政权——仪征县抗日民主政府，内设民政科。

民国32–34年（1943~1945年），抗日根据地内行政区划虽然几次变更，但抗日民主政府一直设民政机构，只是由于精兵简政，民政、教育两科曾一度合并为民教科。县以下各区配备民政区员1人。

民国35年（1946年）9月，国民党军队占领解放区，民主政府北撤后撤销。

民国37年（1948年）4月，仪征地区逐步解放，先后建立的东南县、仪扬县和仪征县民主政府，均设民政科。

1949年4月仪征全境解放，县政府迁入县城，除设民政科外，增设荣军管理科，与民政科合署办公，管理寄留地方的荣军。各区配有荣管股长。1951年荣管科并入民政科，荣管股长改称民政助理员。同时，民政科内分设人事科。“文化大革命”初期，民政机构受到冲击，一度未设单独的民政机构。1967年3月，成立仪征县人民武装部生产办公室，办公室内设后勤组，兼管民政工作。1968年3月，仪征县革命委员会成立，民政工作由县革命委员会办事组的民政组承担。1972年，建立人事局，内设民政股，负责部分民政工作。1978年5月，恢复民政机构，成立仪征县民政局。1984年4月，县编制委员会规定民政局内设“三股一室”（民政、优抚、社会救济股、退伍军人和军队退休干部安置办公室）。1986年4月，经国务院批复，撤销仪征县，设立仪征市。仪征县民政局改称为仪征市民政局。

1997年，仪征市党政机关机构改革，市政府办公室印发关于《仪征市民政局职能配置、内设机构和人员编制方案》的批复，明确市民政局为市政府工作机构。内设7个股室，分别是办公室、救灾救济股、优待抚恤股（挂市军安办牌子）、社会事务股（挂市地名区划办牌子）、计划财务股、社会福利股、社团管理股。核定市民政局机关行政编制为19人（含市双拥办2人），暂不设附属编制。领导职数为：局长1人，副局长3人，双拥办设专职副主任1人；正副股长9人，双拥办股级干部1人。2002年，仪征市党政机关机构进一步改革，市政府办公室印发《仪征市民政局职能配置、内设机构和人员编制的规定》，明确市双拥领导小组和国防教育领导小组办公室并入市民政局，市民政局挂“市拥军优属、拥政爱民工作领导小组办公室”牌子；撤销市老龄问题委员会办公室，其职能划归市民政局，市民政局挂“市老龄工作委员会办公室”牌子。市民政局设7个科室，分别是办公室（挂“法制科”牌子）、救灾救济福利科（挂“老龄工作科”牌子）、优抚科、社会事务科（挂“仪征市区划地名委员会办公室”牌子）、基层政权和社区建设科、民间组织和社会福利企业管理科、计划财务科（挂“审计科”牌子）。核定市民政局机关行政编制18人。领导职数为局长1人，副局长4人，双拥办主任1人（兼），老龄办主任1人（兼），正副科长（主任）11人。

2010年，仪征市党政机关进行新一轮机构改革。市政府办公室印发《仪征市民政局主要职责内设机构和人员编制规定》，明确市民政局设8个职能科室，均为正股级建制。分别是办公室（挂“法制科”牌子）、规划财务科、救灾救济福利科、优抚科（挂“双拥工作科”牌子）、社会事务科、基层政权和社区建设科、社会组织和福利企业管理科（挂“行政服务科”牌子）、老龄工作科。核定行政编制18人。领导职数为局长1人，副局长4人；内设机构正副科长（主任）11人。

（二）主要职责

国民党县政府民政科开始主要管理户口、人事、生死婚嫁、迁移、统计粮食、改良风俗（婚姻殡葬、劝除迷信、严禁烟赌、崇俭戒奢、力除游荡），举办慈善事业（育幼、掩埋、施医、济贫、救灾、养老）以及公共卫生（除污物、指定公共厕所、办理公葬、防疫）。后来具体规定8个方面，即举行县政会议，办理国选，查勘烟苗，严拿烟赌，举行大扫除，筹办乞丐收容所，设立积谷仓和提倡合作社。民国34年（1945年）后，管理范围扩大，负责整编乡、镇保甲，调整乡、镇区域，筹组民意机构，负责选举，训练公教人员，培训警长，厉行禁烟禁毒，登记民有枪支，组织整理社团，办理褒扬抚恤，社会救济，征兵、地政（后由专设的地政股负责）以及推行新生活等。

抗日战争期间，抗日民主政府民政机构主要管理赈灾抚恤、调解劳资及主佃争议、战争动员、支援前线、取缔娼妓、禁烟禁赌等。

解放初期，县政府民政部门参与稳定社会秩序、建设民主政权等任务。诸凡支援前线、政权建设、失业工人救济、行政区划、资遣安置、生产救灾、收容改造和卫生行政等，大都由民政部门具体负责。1950年，第一次全国民政工作会议明确规定民政工作任务是政权建设、优待抚恤、复员安置、生产救灾、社会救济、行政区划、户籍地政、边界纠纷、社团管理、婚姻登记、民工动员、游民改造、侨务和宗教等，生产救灾是当时民政工作的重点。

1955年后，县民政科工作以优抚、复员安置、救灾和社会救济为主，政权建设只是在党委和政府领导下，承担部分具体的组织工作和事务工作。以后，随着部门分工越来越细，地政、户口管理、华侨、宗教事务等，分别移交有关部门办理。1958年以后，民政工作增加社会福利生产，举办社会福利事业等新内容。

“文化大革命”中，民政机构被撤销，民政工作由县有关部门代管。1978年民政机构恢复后，民政工作进入一个新的时期。根据全国第七次民政工作会议精神，新时期民政工作主要任务是优抚、安置、救灾、救济、社会福利、婚姻登记、殡葬改革以及党和政府交办的其他事项。以后又逐步增加基层政权建设、“五保”供养、社会福利生产以及农村（含乡镇企业）社会养老保险、民间组织和民办非企业管理、国防教育和“双拥”、老龄工作、区划调整和地名管理、儿童收养、流浪乞讨人员收容管理等。

至2012年市民政局的主要工作职责是：

（1）根据国家、省和扬州市民政事业发展战略，结合本市经济和社会发展实际，制订全市民政事业中长期发展规划和年度工作计划；认真贯彻民政工作的有关方针、政策、法规，组织实施，检查监督；指导全市民政工作的改革和发展。

（2）拟定全市社会团体、民办非企业单位管理规定和办法；负责对全市社会团体、民办非企业单位的登记管理；负责查处社会团体、民办非企业单位的违法行为和未经登记而以社会团体、民办非企业单位名义开展活动的非法组织。

（3）检查监督全市各类优抚对象优待、抚恤、补助标准和国家机关工作人员伤亡抚恤标准的落实情况；承担追认烈士的审核上报和烈士褒扬工作；审核上报残疾军人、国家机关工作人员的残疾等级的评定、调整；指导优抚事业单位（含烈士纪念建筑物）的建设和管理；审核上报县（市）级以上重点烈士纪念建筑物保护单位。

（4）负责退役士兵、转业士官、复原干部、移交地方安置的军队离退休干部和军队无军籍退休退职职工的接收安置工作；指导、协调移交地方安置的军队离退休干部休养所的服务管理工作；指导军地两用人才培训。

（5）组织、协调救灾工作；组织核查灾情，提出救灾方案；管理和分配救灾款物，承担国内外对本市捐赠款物的接收、分配工作，检查和监督救灾和捐赠款物的使用情况；指导、协调灾后重建和灾区的生产自救工作。

（6）负责城乡社会救济，实施城乡居民最低生活保障制度；负责督查最低生活保障资金的使用和管理情况；负责城乡社会困难户和其他特殊对象的基本生活救济救助工作；指导农村敬老院建设和“五保”户的供养工作；组织、指导扶贫济困等社会互助活动；组织、指导对外地区的社会捐赠等对口支援工作。

（7）提出加强及改进基层政权建设的意见和建议；指导村（居）民委员会民主选举、民主决策、民主管理和民主监督工作，推进村务公开和基层民主政治建设；指导社区服务体系建设，拟定促进城乡和谐社区发展的政策性措施。

（8）拟定本市行政区划总体规划，负责审核申报村以上行政区域的设立、撤销、调整、更名和界线变更等工作；勘定和管理有关省际、市际、县际行政区划界线；参与省、市、县际边界争议的调查，负责乡镇边界争议的调查和调处。

（9）拟定本市地名管理规划和办法；指导、审核全市地名的命名、更名；提供地名信息，检查监督标准地名的使用；收集整理地名资料，管理地名档案和地名信息系统。

（10）拟定全市社会福利事业发展规划并组织实施；贯彻执行社会福利企业认定标准和扶持保护政策，指导全市社会福利企业的管理工作；承担老年人、孤儿、残疾人等特殊困难群体权益保护工作。

（11）贯彻落实婚姻管理、殡葬管理、儿童收养和城市生活无着的流浪乞讨人员救助工作政策，推进婚俗和殡葬改革，指导婚姻、殡葬、收养、救助管理工作。

（12）负责福利彩票和慈善工作，指导全市福利彩票的发行管理及慈善救助工作，管理本级福利及慈善基金。

（13）负责有关民政业务的行政复议工作；受理来信来访；指导全市民政系统的信访工作；负责民政工作领域的交流与合作；参加与民政业务有关的外事活动。

（14）负责民政事业财务审计工作；监督民政事业费的使用管理。

（15）负责拥军优属、拥政爱民和国防教育工作。

（16）负责全市老龄工作。

（17）承办市政府交办的其他事项。

国民党县政府民政科长一览表

表 1-1

机构名称	姓　名	性　别	籍　贯	职　务	任职时间
第一科	左锦石	男		科　长	民国18年
第一科	王玉章	男		科　长	民国22-26年
民政科	鲍恩承	男		科　长	民国34年10月-36年7月
民政科	豆香谷	男		科　长	民国36年8月-37年
民政科	钱伯羽	男		科　长	民国37年6月-37年12月
民政科	孙立中（代）	男		科　长	民国37年12月-38年2月
第一科	徐永彩	男		科　长	民国38年2月

1940~1949年抗日根据地、解放区民主政府民政（教）科长一览表

表 1-2

机构名称	姓　名	性　别	籍　贯	职　务	任职时间
仪征县民政科	殷　特	男		科　长	1940.4-1941.5
仪征县民政科	李石君	男		科　长	1941.6-1942.冬
东南办事处民政科	陈齐飞	男		科　长	1943.2-1944.9
冶山县民政科	陈齐飞	男		科　长	1944.10-1945.4
仪扬县民政科	赵新民	男		科　长	1944.9-1945.8
甘泉县民教科	胡　坚	男		科　长	1945.6-1945.8
甘泉县民教科	糜北辰	男	江苏仪征	副科长	1943.-1945.8
甘泉县民政科	韦　弦	男		科　长	1945.8-1945.10
甘泉县民政科	王　俊	男		科　长	1945.10-1946.9
东南县民政科	张仁溥	男		科　长	1948.4-1948.冬
仪征县民政科	王　曙	男	安徽滁县	科　长	1949.2-1949.9

附：日伪县政府民政科长一览表

表 1-3

机构名称	姓　名	性　别	籍　贯	职　务	任职时间
民政科	王寿眉	男		科　长	民国26年-28年8月
民政科	鲍如瞻	男	江苏仪征	科　长	民国31年
民政科	李欣木	男	江苏仪征	科　长	民国31年11月-33年5月
第一科	卢少鹤（秘书兼）	男		科　长	民国34年5月-9月

1949~1986年仪征县政府民政科（局）长一览表

表 1-4

机构名称	姓　名	性　别	籍　贯	职　务	任职时间
仪征县政府民政科	王　曙	男	安徽滁县	科　长	1949.2-1949.9
仪征县政府民政科	张秀夫	男	江苏涟水	副科长	1949.6-1949.8

续表 1-4

机构名称	姓　名	性　别	籍　贯	职　务	任职时间
仪征县政府民政科	郑五昌	男	江苏宝应	副科长	1949.10-1952
仪征县政府荣管科	张　杰	男	江苏仪征	副科长	1949.10-1951
仪征县政府民政科	杨　明	男	江苏沭阳	副科长（主管人事）	1951.6-1953
仪征县政府民政科	花雨春	男		副科长	1951.10-1952.11
仪征县政府民政科	徐道宽	男	江苏建湖	科　长	1952.6-未到职
仪征县政府民政科	郑五昌	男	江苏宝应	科　长	1952.3-1954.6
仪征县政府民政科	刘登甲	男	江苏仪征	科　长	1953.6-1954.5
仪征县政府民政科	邵　来	男	江苏淮安	副科长	1953.3-1954.11
仪征县政府民政科	唐坚华	男		科　长	1954.6-1954.11
仪征县人民委员会民政科	娄奇渊	男		科　长	1954.11-1956.11
仪征县人民委员会民政科	金智才	男	江苏仪征	科　长	1956.11-（未到职）
仪征县人民委员会民政科	刘武臣	男	江苏仪征	副科长	1956.3-1967.3
仪征县人民委员会民政科	金德才	男	江苏仪征	副科长	1956.3-1959.11
仪征县人民委员会民政科	李德祚（兼）	男	江苏滨海	科　长	1957.4-1959.6
仪征县人民委员会民政科	童志发	男	江苏溧阳	科　长	1959.6-1967.3
仪征县民政局	张秀夫	男	江苏涟水	局　长	1978.4-1979.10
仪征县民政局	章　进	男	江苏仪征	副局长	1978.3-1984.3
仪征县民政局	刘武臣	男	江苏仪征	副局长	1978.12-1982.12
仪征县民政局	金智才	男	江苏仪征	局　长	1980.9-1984.4
仪征县民政局	朱立东	男	江苏仪征	副局长	1981.3-1984.3
仪征县民政局	彭为民	女	江苏仪征	副局长	1982.2-1984.4
仪征县民政局	韦桂民	男	江苏仪征	局　长	1984.8-1985.9
仪征县民政局	严庆康	男	江苏仪征	副局长	1984.3-1985.3
仪征县民政局	李忠林	男	江苏仪征	副局长	1984.3-
仪征县民政局	梁忠辉	男	山东文登	副局长	1984.4-1986.5
仪征县民政局	陈顺发	男	江苏仪征	副局长	1985.10-1986.10

1986~2012年仪征市民政局局长、副局长一览表

表 1-5

职　务	姓　名	性　别	籍　贯	任职时间
局　长	陈顺发	男	江苏仪征	1986.10-1993.3
局　长	丁国安	男	江苏仪征	1993.3-1997.4
局　长	王明霞	女	江苏太仓	1997.4-2001.12
局　长	李余才	男	江苏仪征	2001.12-2006.4
局　长	刘尚玉	男	江苏扬州	2006.5-2010.4
局　长	张玉峰	男	江苏仪征	2010.5-
副局长	张国嵘	男	江苏仪征	1987.3-1997.12

续表 1-5

职 务	姓 名	性 别	籍 贯	任职时间
副局长	李忠林	男	江苏仪征	1984.3–2004.10
副局长	丁国安	男	江苏仪征	1992.10–1993.3
副局长	徐巨朝	男	江苏仪征	1993.12–1998.3
副局长	杨厚宽	男	江苏仪征	1997.4–2004.4
副局长	姚桂顺	男	江苏仪征	1998.8–2001.12
副局长	蔡东风	男	江苏仪征	1997.10–2008.4
副局长	李名朝	男	江苏仪征	1999.9–2011.3
副局长	陈修安	男	江苏仪征	2001.12–2004.6 2005.6–2008.3
副局长	詹明祥	男	江苏仪征	2006.9–2008.3
副局长	孙 莲	女	江苏仪征	2006.9–
副局长	樊荣均	男	江苏仪征	2009.9–
副局长	薛长福	男	江苏仪征	2010.5–2011.3
副局长	赵道海	男	江苏仪征	2010.5–
副局长	徐连喜	男	江苏南京	2010.12–

1984~2012年仪征县（市）民政局主任科员（巡视员）一览表

表 1-6

职 务	姓 名	性 别	籍 贯	任职时间
巡视员	章 进	男	江苏仪征	1984.3–1991.7
巡视员	梁忠辉	男	山东文登	1986.5–1990.12
巡视员	陈顺发	男	江苏仪征	1993.3–1994.7
巡视员	丁国安	男	江苏仪征	1997.4–2002.3
主任科员	王明霞	女	江苏仪征	2002.2–2008.8
主任科员	徐育德	男	江苏南通	2003.1–2007.11
主任科员	李令森	男	江苏仪征	2003.3–2009.12
主任科员	杨厚宽	男	江苏仪征	2004.4–2005.1
主任科员	李余才	男	江苏仪征	2006.4–2009.9
主任科员	牛长山	男	江苏仪征	2007.12–2011.10
主任科员	陈修安	男	江苏仪征	2008.3–
主任科员	李德金	男	江苏仪征	2010.4–
主任科员	詹明祥	男	江苏仪征	2010.4–
主任科员	李名朝	男	江苏仪征	2011.3–
主任科员	薛长福	男	江苏仪征	2011.3–
主任科员	曹建民	男	江苏仪征	2012.2–
副主任科员	周树荣	男	江苏仪征	1999.6–2007.6
副主任科员	姚桂顺	男	江苏仪征	2002.2–2008.4
副主任科员	艾 平	男	江苏仪征	2011.12–

1999~2012年仪征市及民政部门受表彰情况统计表

表 1-7

时 间	获奖单位	表彰单位	获奖名称
1999.12	仪征市	全国双拥工作领导小组、民政部	全国“爱心献功臣行动”先进单位
2000.7	双拥办	扬州市委、市政府、军分区	扬州市第三次争创“全国双拥模范城”先进单位
2001.2	仪征市	省全民国防教育委员会	江苏省全民国防教育先进单位
2002.10	救灾救济股	省民政厅	全省民政系统先进集体
2003.2	民政局	扬州市民政局	2002年度民政工作优秀单位
2003.11	民政局	省福利企业管理协会	省福利生产信息工作先进单位
2004.2	民政局	扬州市民政局	全市民政工作综合工作先进单位
2004.3	民政局	省民政厅	全省民政政务信息工作先进单位
2004.3	民政局	省民政厅	江苏省民间组织管理先进单位
2004.9	民政局	扬州市民政局	“重点优抚对象安心工程”优秀单位
2005.1	干休所	扬州市民政局	全市民政系统先进单位
2005.9	民政局	省民政厅	全省民政计财工作先进单位
2006.3	民政局	省民政厅	江苏省民办非企业单位自律与诚信建设活动最佳组织奖
2006.12	干休所	省民政厅	全省民政系统行风建设先进基层单位
2007.12	婚姻登记处	省民政厅	江苏省婚姻登记规范化建设窗口单位
2008.7	民政局	省民政厅	江苏省第八届村委会换届选举工作先进单位
2008.2	民政局	扬州市民政局	2007年全市民政工作先进集体
2008.12	民政局	省民政厅	2008年全省民政工作先进集体
2008.12	婚姻登记处	民政部	2007-2008年度全国婚姻登记规范化单位
2009.5	民政局	扬州市委市政府	扬州市2007-2008年度文明单位
2009.12	民政局	省民政厅	全省民政宣传工作先进集体
2010.2	民政局	扬州市民政局	2009年全市民政工作先进集体
2010.11	殡仪馆	省民政厅	全省民政系统省级行风建设示范单位
2010.11	民政局	省民政厅	全省五保工作先进集体
2011.2	民政局	扬州市民政局	2011年度全市民政工作先进集体
2011.2	民政局	扬州市民政局	扬州市社会组织规范管理工作先进集体
2011.4	民政局	扬州市委市政府	2009-2011年度扬州市文明单位
2011.6	民政局	扬州市妇联	扬州市实施“春蕾计划”先进集体
2011.6	民政局 党支部	扬州市委政法委	扬州市先进基层党组织
2011.12	民政局	省民政厅	全省民政工作先进集体
2011.12	民政局	省老龄工作委员会	全省尊老爱老先进单位
2012.1	民政局	省民政厅	2011年度江苏省优抚工作先进单位
2012.4	民政局	扬州市委	法治扬州建设先进单位
2012.10	婚姻登记处	省民政厅	全省民政系统创先争优先进集体
2012.12	规划财务科干休所 大仪民政办	扬州市民政局 扬州市人社局	全市工作先进集体
2012.12	婚姻登记处	民政部	国家3A级婚姻登记机关

（三）科室职责

办公室（挂“法制科”牌子）职责 协调处理机关政工、文字、人事、劳资、法制、宣教、文书、后勤、保安等工作。负责局机关和直属单位党组织建设、工青妇工作和计划生育工作；负责机构编制、人事管理和老干部服务管理以及局管干部的考核、任免、调配、奖惩；拟定全市民政干部教育培训发展规划和年度计划并组织实施；牵头负责局直属单位宣传教育、社会治安综合治理工作；负责全市民政系统先进单位和个人表彰工作；开展民政工作领域的交流和合作；负责起草本局重要文件或重要材料；承办局重要会议和重要活动的组织服务工作；组织起草民政事业发展规划、年度或月度工作计划；负责民政政策理论研究和民政工作规范性文件的起草、上报工作；负责全系统各类民政工作目标管理项目、责任书的编制、检查落实和总结评比等工作；负责本局新闻宣传和政务信息工作；负责法制宣传教育、有关民政业务的行政复议及行政处罚案件的审核工作；负责督查督办和人民来信来访工作；负责人大代表建议和政协委员提案办理工作。

规划财务科职责 拟定全市民政事业发展规划，拟定民政财务制度并监督实施；负责民政事业资金管理和局机关财务工作；参与各项民政事业费的分配，统一下达各项民政经费预算指标，发放民政对象相关补助经费，监督、检查各项民政经费的使用效益；办理有关捐赠款收支业务；管理局机关及直属单位国有资产及基建工作；指导乡镇（民政办）和局直属单位的财务管理、财会人员的业务培训和会计专业考核等工作；负责全市民政事业统计管理工作；负责局直属单位的会计委派和财务检查、内部审计工作。

救灾救济福利科职责 负责贯彻救灾工作和社会救济方针、政策和法规，研究提出救灾救济工作方案；组织查灾核灾和灾情上报和协调救灾工作；指导灾后重建和灾区生产自救；管理、分配救灾款物并监督检查使用情况；承担国内外对本市捐赠款物的接收、分配工作；实施城乡居民最低生活保障制度，对最低生活保障资金的使用和管理情况进行督查；负责城乡社会困难户和其他特殊对象的救济工作；负责城乡医疗救助工作；组织和指导扶贫济困等社会互助活动；指导农村敬老院规范管理和农村“五保”供养工作；组织指导对外地区的社会捐赠等对口支援工作；拟定全市福利事业发展规划及有关规定、办法并指导实施；拟定政府对福利单位的资助办法；负责社会福利机构的规划设置和审批；指导全市社会福利事业单位的管理工作并监督检查；协调指导残疾人、孤儿等特殊困难群体的社会福利救济、权益保障工作。

优抚科（挂“双拥工作科”牌子）职责 负责各类优抚对象的抚恤、优待、补助及国家机关工作人员伤亡抚恤工作；拟定全市抚恤优待工作规定并组织实施；负责审核上报残疾军人和国家机关工作人员残疾等级的评定、调整；审核上报县（市）级以上重点烈士纪念建筑物保护单位；承担追认烈士的审核上报和烈士的褒扬工作；指导优抚事业单位的管理工作；负责处理优抚对象的来信来访和重要上访案件；负责军队（含武警部队）退役士兵和复员干部的接收安置工作；负责移交地方安置的军队离退休干部、军队无军籍退职职工的接收安置和管理服务工作；指导军地两用人才培训工作；指导移交地方安置的军队离退休干部休养所的服务管理工作；负责平时新老兵转运工作和战时军供任务；贯彻国家、省、市有关双拥工作的方针、政策，拟定我市双拥工作发展规划，并组织实施；承办上级双拥工作的决定事项，负责与各乡镇、各大系统、驻仪部队、驻仪单位双拥办的联系，指导、协调全市双拥工作；拟定双拥工作的实施意见，提出建议和措施；负责开展调查研究，收集掌握各地、各部门、驻仪部队、驻仪单位的双拥工作情况，总结推广先进经验；负责双拥工作的资料建设。

社会事务科职责 拟定全市婚姻管理工作管理办法；贯彻执行收养工作的法律法规，拟定本市收养登记管理办法；负责涉外收养审查登记的有关工作；指导乡镇收养登记工作；贯彻、执行收容遣送工作的方针、政策和法规，指导流浪乞讨人员（儿童）的收容救助遣送工作，协调省市际、县（市）区间收容遣送工作；拟定殡葬工作规定和管理办法；指导殡葬事业管理工作，推进殡葬改革；规划、申报、审批殡葬设施建设；审批、管理殡仪用品制造、销售和殡仪服务；拟定本市行政区划、地名管理和行政区划界线管理的地方性规定并组织实施；提出全市行政区划布局和调整建议；负责乡镇（街道）行政区域的设立、撤销、调整、更名和界线变更及政府驻地迁移的审核申报工作；承办、指导、审核本市辖区地名命名、更名工作，监督检查标准地名的使用；组织地名标志的设置和管理；调查、收集、整理地名资料，组织本市地名图、录、典、志的编纂工作；管理地名档案和地名信息系统，开展地名信息咨询服务；指导乡镇地名管理工作；组织、协调乡镇行政区域界线的勘定和管理行政区域界线界桩标志；参与省、市、县际边界争议的调查，负责乡镇边界争议的调查和调处；收集整理和管理行政区域界线档案。

基层政权和社区建设科职责　拟定全市加强和改进基层政权建设的意见；指导全市村民委员会、社区居民委员会换届选举工作；指导全市村务公开民主管理工作，承担市村务公开工作领导小组办公室日常工作；指导全市基层以民主选举、民主决策、民主管理和民主监督为主要内容的村（居）民自治工作；指导全市社区服务、管理工作，承担市城乡和谐社区建设指导委员会办公室日常工作，协调、推进城乡和谐社区建设；组织、指导村委会干部和社区干部培训工作。

社会组织和福利企业管理科（挂“行政服务科”牌子）职责　贯彻落实国家有关社团和民办非企业单位登记管理的方针、政策、规章，拟定本市社团和民办非企业单位登记管理办法并监督实施；承担上级民政行政管理部门委托的驻仪跨地区社团的登记管理工作；负责全市性社团和跨乡镇社团的登记管理工作；监督社团活动，查处社团组织的违法行为和未经登记而以社团名义开展活动的非法组织；负责涉及社团管理的行政复议工作；负责市直单位所属民办非企业单位的登记管理，查处本市民办非企业单位的违法行为和未经登记的民办非企业单位；协调社团、民办非企业单位同各业务主管部门的关系；履行对全市社会福利企业的各项管理、监督和服务职能，落实和稳定社会集中安置残疾人就业工作；贯彻执行国家对社会福利企业的认定标准和扶持保护政策；妥善引导和推动全市社会福利企业的改革、改组和改造工作；规范管理社会福利企业的减免税金；负责新办福利企业的审批上报工作。

老龄工作科职责　贯彻国家、省、市有关老龄工作的方针、政策，拟定和实施全市老龄事业的发展规划；承办和督查上级老龄工作决定事项在基层的落实情况；贯彻实施《中华人民共和国老年人权益保障法》，接待处理老年人的来信来访，协调有关部门解决老年人的合理诉求；指导全市老年组织依法开展工作，组织开展全市性的老年文体活动；开展调查研究，收集、整理老龄工作的有关情况和信息，为上级决策提供参考；负责联系、协调市老龄工作委员会各成员单位。

1988~2012年仪征市民政局科（股）室负责人一览表

表1-8

科　室	姓　名	性　别	籍　贯	职　务	任职时间
办公室	姚桂顺	男	江苏仪征	秘　书	1988.1–1991.11
				主　任	1991.11–1998.12
	吴文山	男	江苏仪征	副主任（正股级）	1996.4–1998.11
				主　任	1998.12–2002.9
	戴卫平	男	江苏仪征	副主任	2001.4–2002.10
	冯须海	男	江苏仪征	主　任	2002.10–2006.5
	李培建	男	江苏仪征	秘　书（副股级）	2003.12–2013.3
	赵道海	男	江苏仪征	主　任	2006.5–2008.2
	陆伟伟	女	江苏仪征	副主任	2006.12–2008.2
				主　任	2008.2–

续表 1-8

科 室	姓 名	性 别	籍 贯	职 务	任职时间
办公室	杨 俊	男	江苏仪征	副主任	2008.2–2013.7
	吴佳佳	女	江苏仪征	科 员（副股级）	2011.10–
民政股	万启礼	男	江苏仪征	股 长	1988.1–1991.11
	蔡东风	男	江苏仪征	副股长	1988.9–1991.10
				股 长	1991.11–1997.10
	谢华清	男	江苏仪征	副股长	1991.11–1997.10
				股 长	1997.11–1998.11
优抚股（科）	李朝生	男	江苏仪征	股 长	1988.1–1998.12
	顾建平	男	江苏仪征	副股长	1988.9–1998.11
				股 长	1998.12–2002.9
	谢华清	男	江苏仪征	科 长	2002.10–2006.5
	杨恩标	男	江苏仪征	副科长（正股级）	2002.10–2004.7
	林永根	男	江苏仪征	副科长（正股级）	2004.7–2006.5
				科 长	2006.5–
	徐自明	女	江苏仪征	副科长	2006.5–2011.9
				副科长（正股级）	2011.10–
社救股	周树荣	男	江苏仪征	股 长	1988.1–2002.10
	姚昌淦	男	江苏仪征	副股长	1990.2–1998.11
救灾救济福利科	艾 平	男	江苏仪征	科 长	2002.10–2006.4
	双传敏	男	江苏仪征	科 长	2006.6–2008.1
	姚 蕤	男	江苏仪征	副科长	2006.5–2008.2
				科 长	2008.2–2009.6
	杨开芳	女	江苏仪征	副科长	2008.2–2011.4
	夏开云	男	江苏仪征	科 长	2010.1–
社团管理股	万启礼	男	江苏仪征	股 长	1991.11–1998.12
	王德辉	男	江苏仪征	副股长	1991.11–1997.11
	张宝军	男	江苏仪征	副股长	1998.12–2002.10
社会事务科	谢华清	男	江苏仪征	股 长	1998.12–2002.10
	顾建平	男	江苏仪征	科 长	2002.10–2006.4
	艾 平	男	江苏仪征	科 长	2006.5–2011.12
	吴宪林	男	江苏仪征	科 长	2011.12–
	尚仁和	男	江苏仪征	副科长	2004.7–2006.4
	陆伟伟	女	江苏仪征	副科长	2006.5–2006.12
	夏开云	男	江苏仪征	副科长	2008.2–2010.1
基层政权和社区建设科	戴卫平	男	江苏仪征	副科长（主持工作）	2002.10–2004.7
				科 长	2004.7–
	李剑柏	男	江苏仪征	副科长	2009.5–2011.10
				副科长（正股级）	2011.10–

续表 1-8

科　室	姓　名	性　别	籍　贯	职　务	任职时间
计划财务股（规划财务科）	胡金臣	男	江苏仪征	副股长	1998.12–2006.5
				副科长（正股级）	2009.6–
	艾　平	男	江苏仪征	副股长	1992.4–1998.11
				股　长	1998.12–2002.10
	周久元	男	江苏姜堰	科　长	2002.10–2003.12
	周在明	男	江苏仪征	副科长（主持工作）	2004.7–2006.5
				科　长	2006.5–
	杨开芳	女	江苏仪征	副科长	2006.5–2008.2
	孙　敏	女	江苏仪征	会　计（副股级）	2011.10–
民间组织和福利企业管理科（行政服务科）	姚昌淦	男	江苏仪征	科　长	1998.12–2001.8
	双传敏	男	江苏仪征	科　长	2001.8–2006.6
	尚仁和	男	江苏仪征	科　长	2006.5–2008.12
	李剑柏	男	江苏仪征	副科长	2008.12–2009.5
	杨恩标	男	江苏仪征	科　长	2009.5–
	蒋学未	女	江苏仪征	副科长	2008.2–2011.4
老龄工作科	姜秋葆	男	上海虹口	科　长	2002.10–2006.12
	王旭阳	男	山东栖霞	副科长	2011.4–2012.4
	蒋学未	女	江苏仪征	科　长	2011.4–
监察室	杨恩标	男	江苏仪征	主　任	2003.12–2009.5
	胡金臣	男	江苏仪征	副主任	2006.5–2012.7
	吴宪林	男	江苏仪征	副主任	2009.5–2012.7
	陆伟伟	女	江苏仪征	主　任	2012.7–
	王　毅	男	江苏仪征	副主任	2012.7–

说明：以上科室名称的变化是随着市党政机关机构改革而相应变化

二、市（县）退伍军人和军队离休退休干部安置领导小组（办公室）

（一）机构演变

1949年4月，仪征县成立荣军管理委员会，由县长周元林兼任主任，并在县政府设荣军管理科，与民政科合署办公，负责接收、管理、安置寄留地方的现役军人、残疾军人。1950年9月，撤销县荣军管理委员会，成立县复员委员会，下设办公室，负责接收安置部队复员人员。1951年1月，县复员委员会改称“仪征县转业建设委员会”，县委书记严超兼任主任，代理县长尤振东为副主任。1955年1月，撤销县转业建设委员会，恢复县复员委员会。县人武部长姚一汉兼主任，副县长胡正元任副主任。1959年1月，撤销复员委员会，成立仪征县义务兵退伍接收安置工作办公室，负责接收安置兵役法实施后的退伍、复员士兵。“文化大革命”期间，复员安置工作先由县革命委员会后勤组负责，后转为人事局负责。

1980年11月，县革命委员会决定成立仪征县复员退伍军人安置工作领导小组，下设办公室，办公地点在县民政局，负责接收安置复员退伍军人。1982年10月，改为仪征县退伍军人和军队退休干部安置工作领导小组，除负责接收安置复员退伍军人外，增加了接收供养军队退休干部的任务。

1984年4月，仪征县编制委员会批复同意在县民政局设退伍军人和军队退休干部安置办公室，为二级局机构（与优抚科合署办公）。同年5月，县退伍军人和军队退休干部安置工作领导小组名称调整为县退伍军人和军队离休退休干部安置领导小组，办公地点仍在县民政局。

1986年仪征撤县建市，机构随之改为仪征市退伍军人和军队离休退休干部安置领导小组，办公室亦随之改名。

（二）主要职责

解放初，负责接收、安置退伍、复员军人，以后陆续增加了接收、安置复员、转业、退伍军人和军队离退休人员及其有关管理服务。

2010年，市政府办公室印发《仪征市民政局主要职责内设机构和人员编制规定》，安置办主要职责为：负责军队（含武警部队）退役士兵和复员干部的接收安置工作；负责移交地方安置的军队离退休干部、军队无军籍退休退职职工的接收安置和管理服务工作；指导军地两用人才培训工作；指导移交地方安置的军队离退休干部休养所的服务管理工作；负责平时新老兵转运工作和战时军供任务。

1980~2012年市（县）安置工作领导小组负责人一览表

表1-9

职　务	姓　名	性　别	籍　贯	任职时间
组　长	苗春龙	男	江苏涟水	1980.11–1981.10
	刘宏图	男	江苏仪征	1981.10–1984.5
	臧巧华	男	江苏仪征	1984.5–1986.9
	张　绩	男	江苏扬州	1986.9–1997.7
	王荣平	男	江苏高邮	1997.7–2002.7
	费高云	男	江苏淮安	2002.7–2007.8
	邵　卫	男	江苏仪征	2007.8–2012.12
副组长	张进成	男	安徽临泉	1980.11–1984.5
	章　进	男	江苏仪征	1980.11–1984.5
	盛　康	男	江苏扬州	1980.11–1982.10
	石宏宽	男	江苏江都	1984.5–1986.9
	朱　斌	男	江苏仪征	1984.5–1997.7
	吕康平	男	江苏仪征	1984.5–1986.9
	赵　龙	男	江苏仪征	1984.5–1986.9
	潘良海	男	江苏仪征	1984.5–1986.9
	李忠林	男	江苏仪征	1984.5–1986.9
	翟殿椿	男	江苏宝应	1986.9–1997.7
	陈顺发	男	江苏仪征	1986.9–1997.7
	李德金	男	江苏仪征	1997.7–2002.2
	王明霞	女	江苏太仓	1997.7–2002.2
	葛业明	男	江苏仪征	1997.7–2003.10
	朱春平	男	江苏仪征	2003.10–2007.8
	韩兰芬	女	江苏仪征	2003.10–2012.12
	赵　明	男	江苏仪征	2007.8–2012.12
	赵建芳	女	浙江诸暨	2012.12–
	李正涛	男	江苏江都	2012.12–

1980~2012年市(县)安置工作办公室负责人一览表

表1-10

职　务	姓　名	性　别	籍　贯	任职时间
主　任	章　进	男	江苏仪征	1980.11–1984.5
	李忠林	男	江苏仪征	1984.5–1986.9
	陈顺发	男	江苏仪征	1986.9–1988.12
	张国嵘	男	江苏仪征	1988.12–1997.7
	王明霞	女	江苏太仓	1997.7–2002.7
	李余才	男	江苏仪征	2002.7–2006.6
	刘尚玉	男	江苏扬州	2006.6–2012.12
	张玉峰	男	江苏仪征	2012.12–
副主任	傅国顺	男	江苏仪征	1984.5–1986.9
	解安国	男	江苏仪征	1986.9–1997.7
	李忠林	男	江苏仪征	1997.7–2002.7
	康圣海	男	江苏仪征	1997.7–2002.7
	陈修安	男	江苏仪征	2002.7–2012.12
	王邵元	男	江苏仪征	2002.7–2012.12
	赵道海	男	江苏仪征	2012.12–
	陈习华	男	江苏靖江	2012.12–

三、市(县)双拥和国防教育领导小组

(一)机构设置

解放前,“双拥”和国防教育工作未设置专门机构,由人民民主政权的县、区、乡政府和正规部队、地方武装分别开展。新中国成立后,主要由县政府、县人委、县革命委员会以及当地驻军、武警领导并组织开展,通常主要由民政部门负责实施。

1987年12月,仪征市成立创建拥军市领导小组,副市长张绩任组长,领导小组由市委办、市政府办、市人武部、市民政局的相关领导组成。领导小组下设拥军办公室,为二级局,办公地点在市人武部。1990年4月,为进一步加强对全民国防教育工作的领导,仪征市成立国防教育领导小组,组长仲冠五、副组长吕淑珍、赵有春。国防教育工作由市委宣传部、市文化局、教育局、司法局、民政局、广播电台、总工会、团市委和市妇联等各部门单独或联合开展。

1991年10月,成立仪征市双拥工作领导小组,成员为市委办、政府办、人武部、组织部、人事局、宣传部、计委、经委、民政局、总工会、驻仪部队、真州镇、胥浦镇等21个单位的相关人员。下设双拥办公室,在市人武部办公。1992年5月,市机构编制委员会核定双拥办公室行政编制2名。1993年7月,双拥办调整给民政局代管,人员编制及行政关系同时划归民政局。1994年3月,双拥办公室搬迁至市民政局办公。

1997年4月,双拥办公室搬迁至市国税局大楼9楼办公。同年7月,市双拥工作领导小组和市国防教育领导小组合并,合并后的领导小组下设办公室,为一级局建制。2001年办公地点移至市民政局。

经过多次机构改革和人员调整,至2012年,仪征市双拥和国防教育工作领导小组成员由市委办、市政府办、市经济开发区管委会、市汽车工业园管委会、市枣林湾生态园管委会、市政法委、市委党校、市委组织部、市委宣传部、市机关工委、市委农工办、市总工会、团市委、市妇联、市教育局、市人武部、驻仪部队等43个单位的相关人员。

(二)主要职责

市双拥(国防教育)工作领导小组主要职责　认真贯彻执行党中央、国务院、中央军委关于双拥工

作的方针、政策，以稳定社会，提高社会生产力和部队战斗力为目的，认真组织、积极协调、开展好新时期全市的双拥工作；负责审议批准，督促检查市双拥工作规划和计划，组织领导军民开展拥军优属、拥政爱民工作，研究解决双拥工作中遇到的新情况、新问题；适时召开领导小组成员会议，研究制定双拥工作，明确各阶段的工作任务；检查指导全市各部门和单位的双拥工作；推广基层双拥工作经验，培养和树立典型，做好双拥模范先进单位及个人的考评、表彰工作；组织安排军地双向活动，协调处理军地关系中的重大问题，会同有关部门制定和完善拥军优属的政策措施；研究落实上级交办的双拥工作其他事项。

市双拥办的主要职责 贯彻国家、省、市有关双拥工作的方针、政策，拟订市双拥工作发展规划，并组织实施；组织、协调和实施创建双拥模范城各项工作，择优向扬州市申报双拥模范乡镇（单位）命名对象；承办上级双拥工作的决定事项，负责与各乡镇、各大系统、驻仪部队、驻仪单位双拥办的联系，指导、协调全市双拥工作；拟订市双拥工作的年度实施意见，提出建议和措施；积极开展调查研究，收集掌握各地、各部门、各驻仪部队、驻仪单位的双拥工作情况，总结推广先进经验；负责市双拥工作的资料档案建设；承办市委、市政府交办的双拥工作其他事项。

1987~2012年仪征市双拥和全民国防教育工作领导小组负责人一览表

表1-11

职 务	姓 名	性 别	籍 贯	任职时间
组 长	张 绩	男	江苏扬州	1987.12-1990.4
	仲冠五	男	江苏兴化	1990.4-1990.9
	臧巧华	男	江苏仪征	1990.9-1991.10 1993.7-1996.7
	吴长明	男	江苏仪征	1991.10-1992.3 1996.7-1997.7
	纪春明	男	江苏扬州	1992.3-1993.7
	陈 明	男	江苏扬州	1997.7-2001.4
	卜 宇	男	江苏高邮	2001.4-2003.12
	刘本义	男	江苏仪征	2003.12-2007.6
	宗金林	男	江苏泰兴	2007.6-2011.3
	高 云	男	江苏江都	2011.3-2012.12
副组长	翟殿椿	男	江苏宝应	1987.12-1991.10
	赵有春	男	江苏仪征	1987.12-2000.8
	陈顺发	男	江苏仪征	1987.12-1991.10
	吕淑珍	女	江苏仪征	1990.4-1991.9
	臧巧华	男	江苏仪征	1991.10-1992.3
	严祖荣	男	江苏仪征	1992.3-1996.7
	吴厚昌	男	江苏仪征	1996.7-1997.7
	王荣平	男	江苏高邮	1997.7-1999.7
	杜光宇	男	江苏扬州	1997.7-1999.7
	余如进	男	江苏仪征	1997.7-2000.8
	吴厚昌	男	江苏仪征	1999.7-2000.8
	邵 卫	男	江苏仪征	1999.7-2000.8

续表 1-11

职　务	姓　名	性　别	籍　贯	任职时间
副组长	卜　宇	男	江苏高邮	2000.8-2001.4
	朱春平	男	江苏仪征	2000.8-2007.6
	蒋清桃	男	江苏扬州	2000.8-2003.12
	王荣平	男	江苏高邮	2001.4-2003.12
	刘本义	男	江苏仪征	2001.4-2003.12
	何　榕	男	江苏仪征	2001.4-2003.12
	蒋茂光	男	浙江湖州	2003.12-2005.9
	费高云	男	江苏仪征	2005.9-2007.6
	梁继广	男	江苏连云港	2005.9-2011.3
	邵　卫	男	江苏仪征	2007.6-2008.3
	周农生	男	江苏仪征	2007.6-2008.3
	赵　明	男	江苏仪征	2008.3-2012.6
	李正涛	男	江苏江都	2012.6-
	卜广年	男	江苏扬州	2012.6-

1987~2012年仪征市双拥和全民国防教育工作领导小组办公室负责人一览表

表 1-12

职　务	姓　名	性　别	籍　贯	任职时间
主　任	赵有春	男	江苏仪征	1987.12-1991.10
	詹存林	男	江苏仪征	1991.10-1997.7
	余如进	男	江苏仪征	1997.7-1999.7
	邵　卫	男	江苏仪征	1999.7-2003.12
	王长田	男	江苏仪征	2003.12-2008.3
	梁尚晋	男	江苏仪征	2008.3-2011.3
	张玉峰	男	江苏仪征	2011.3-
副主任	李忠林	男	江苏仪征	1987.12-1997.7
	王永富	男	江苏仪征	1991.10-1996.7
	朱春友	男	江苏仪征	1993.7-1996.7
	刘广林	男	江苏仪征	1996.7-1999.7
	朱德发	男	江苏仪征	1996.7-1997.7
	杨厚宽	男	江苏仪征	1997.7-2000.8
	周正喜	男	江苏仪征	1997.7-2003.12
	高庆飞	男	江苏仪征	1997.7-2000.8
	陈修安	男	江苏仪征	1999.7-2008.3
	田　林	男	贵州六盘水	2000.8-2003.12
	徐德礼	男	江苏仪征	1999.7-2003.12
	李名朝	男	江苏仪征	2000.8-2003.12
	姜守祥	男	江苏仪征	2001.4-2008.3

续表 1-12

职　务	姓　名	性　别	籍　贯	任职时间
副主任	顾继兵	男	江苏扬州	2003.12–2005.9
	李　彪	男	江苏仪征	2003.12–2008.3
	胡明根	男	江苏仪征	2003.12–2008.3
	周　勇	男	江苏扬州	2005.9–2008.3
	赵道海	男	江苏仪征	2008.3–
	胡　伟	男	江苏仪征	2008.3–
	胡祖国	男	江苏仪征	2008.3–
	李　晔	男	江苏仪征	2008.3–
	张开生	男	江苏淮安	2008.3–

四、市残疾人联合会

仪征市残疾人联合会简称残联，是经市政府批准建立的各类残疾人及其亲友和残疾人工作者组成的社会团体。仪征市残疾人联合会在市区沿山河东路6号市残疾人综合服务中心内办公。残联组织机构设有三个系统：决策、权力系统，执行系统和监督、咨询系统。分别是：残疾人联合会代表大会、残疾人联合会执行理事会和残疾人联合会评议委员会。

（一）组织建立

20世纪90年代前仪征市没有专门的残疾人联合组织，残疾人的帮扶救助工作由民政部门统一进行。1991年12月，经市政府批准成立仪征市残疾人联合会，二级局建制，市编委核定编制4人，为残疾人事业团体，由市民政局代管。1991年12月20日，仪征市残疾人联合会第一次代表大会召开，仪征市残联正式挂牌办公。同时，先后成立市、乡（镇）人民政府残疾人工作协调委员会（后改称残疾人工作委员会）和乡（镇）级残联机构。在村（居）委会、较大企事业单位设立残疾人协会和残疾人专职委员。形成纵到底、横到边的残疾人工作组织网络。并按残疾人类别建立各类残疾人专门协会，即盲人协会、聋人协会、肢残人协会、智力残疾人亲友会、精神残疾人亲友会，在残联统一领导下开展活动。

1999年5月，仪征市残联升格为市政府直属局级事业团体，核定编制6人。是年年末，批准成立残疾人劳动服务所，为残联下属单位，增加编制2人。2007年调整残联内设机构，下设办公室、组织宣传部和康复部3个科室，并由残疾人劳动服务所代行残疾人教育、培训、就业职能。

市、乡（镇）人民政府的残疾人工作委员会主任由分管领导兼任，相关部门的负责人兼任副主任或组成人员。残疾人工作委员会主任、副主任和组成人员，随人事变动而及时调整。乡镇残联与民政科合署办公，由民政助理任理事长。

（二）主要工作职责

残疾人联合会履行代表、服务、管理三项职能：代表残疾人共同利益，维护残疾人合法权益；团结教育残疾人，为残疾人服务；履行法律赋予的职责，承担政府委托的任务，开展残疾人工作，动员社会力量，发展残疾人事业。

具体工作职责是贯彻执行国家和省有关残疾人工作的法律、法规和方针政策；协助市委、市政府研究制定残疾人事业的政策、措施并组织实施和监督检查；听取残疾人意见，反映残疾人需求，维护残疾人利益，为残疾人服务；团结、教育残疾人，遵守法律，自尊、自信、自强、自立，为构建和谐社会，建设更高水平小康社会贡献力量；弘扬人道主义精神，宣传残疾人事业，沟通政府、社会与残疾人之间的联系，动员社会理解、尊重、关心、帮助残疾人；开展残疾人康复、教育、劳动就业、文化、体育、科研、用品用具供应、社会服务、无障碍设施建设和残疾预防工作，创造良好的环境和条件，扶助残疾人平等参与社会生活；承担政府残疾人工作委员会的日常工作，做好综合、组织、协调和服务；管理和指导各类残疾人社团组织建设，指导基层残联、残协开展工作；发放、管理“残疾人证”；承办市委、市政府交办的其他事项。

1991~2012年仪征市残联理事长、副理事长一览表

表1-13

职　务	姓　名	性　别	籍　贯	任职时间
理事长	姚桂顺	男	江苏仪征	1991.12-1999.5
	王明霞	女	江苏太仓	1999.5-2001.12
	李忠林	男	江苏仪征	2001.12-2012.3
	王孝才	男	江苏仪征	2012.4-
副理事长	姚桂顺	男	江苏仪征	1999.5-2001.1
	吴文山	男	江苏仪征	2001.1-2010.4
	姜守祥	男	江苏建湖	2008.2-2011.4
	顾信刚	男	江苏仪征	2010.6-
	周石青	女	江苏仪征	2011.1-

2007~2012年仪征市残联科室负责人一览表

表1-14

部　门	姓　名	性　别	职　务	任职时间
办公室	高翠美	女	主　任	2007.5-
康复部	高翠美	女	主　任	2007.5-2010.4
	余　勇	男	副主任	2007.5-2010.4
	徐　进	男	主　任	2010.4-
	李国桥	男	副主任	2008.4-
组宣部	韩江榕	男	主　任	2007.10-2010.4
	余　勇	男	主　任	2010.4-
劳服所	高翠美	女	所　长	1999.12-2010.4
	韩江榕	男	所　长	2010.4-
	徐　进	男	副所长	2007.10-2010.4

五、市老龄工作委员会（办公室）

（一）机构设置

1986年6月，仪征县老龄问题委员会成立，下设办公室，二局级建制。委员会由刘宏图、徐惠文等13人组成。副县长刘宏图兼主任，徐惠文、顾振亚、王学进和金言任副主任。金言兼任办公室主任。2004年6月，撤销市老龄问题委员会，成立市老龄工作委员会。委员会由市政府办、人事局、财政局、民政局等相关部门的24名负责人组成。市委常委、常务副市长费高云任主任，市政府副市长朱春平任副主任。委员会下设办公室，办公室设在民政局，由民政局局长李余才兼任办公室主任。

2010年5月，市级机构改革，市民政局不再保留市老龄工作委员会办公室的牌子，市老龄办的职责由市民政局承担。2012年6月，恢复设立市老龄工作委员会办公室，办公室设在市民政局，民政局局长张玉峰兼任办公室主任。

（二）主要工作职责

市老龄问题委员会成立之初，主要职责是宣传、贯彻党和政府关于老龄工作方针、政策和相关法律法规；对全市老年人的现状、老年人的愿望和需求，以及迫切需要解决的问题进行调查研究；结合仪征市老龄问题的实际，协调各部门帮助解决老年群体“老有所养、老有所医、老有所学、老有所为、老有所乐”等方面的实际问题。组织和实施对老年人各项经常性的管理和服务工作；指导、督促和检查各乡镇（街道）及各单位的老龄工作，承办市政府和上级老龄工作委员会交办的各项工作等。

2004年6月成立的老龄工作委员会，扩大了工作职能。如根据本市老龄工作中存在的问题和老年人的实际需求制定市老龄事业发展计划；努力发展本地区的养老、医疗、文化活动场所，逐步完善各项为老年人服务设施建设；接待处理老年人的来信来访，协调有关部门解决老年人的合理诉求；指导全市老年群体依法开展工作和老年文体活动。

老龄工作委员会办公室是市老龄委的具体办事机构，负责全市老龄工作日常事务管理和为老年人的各项服务工作。

1986~2012年老龄委员会主任、副主任一览表

表1–15

职　务	姓　名	性　别	籍　贯	任职时间
主　任	刘宏图	男	江苏仪征	1986.6–1991.6
	陈悦荣	男	江苏仪征	1993.4–1996.7
	吕淑珍	女	江苏仪征	1996.8–1998.7
	朱春平	男	江苏仪征	1998.7–2004.5
	费高云	男	江苏淮安	2004.6–2007.8
	赵　明	男	江苏仪征	2007.8–2012.6
	高　云	男	江苏江都	2012.6–
副主任	徐惠文	男	江苏无锡	1986.6–2003.4
	顾正亚	男	江苏姜堰	1986.6–1987.7
	王学进	男	江苏仪征	1986.6–1995.11
	金　言	男	江苏仪征	1986.6–1992.12
	朱春平	男	江苏仪征	2004.6–2007.6
	李正涛	男	江苏江都	2012.6–

1986~2012年市老龄委员会办公室主任、副主任一览表

表1–16

职　务	姓　名	性　别	籍　贯	任职时间
主　任	金　言	男	江苏仪征	1986.6–1992.12
	王学进	男	江苏仪征	1993.3–1995.11
	李忠林	男	江苏仪征	1997.11–2001.12
	李令森	男	江苏仪征	2001.12–2003.3
	李余才	男	江苏仪征	2003.4–2006.4
	刘尚玉	男	江苏扬州	2006.5–2008.2
	詹明祥	男	江苏仪征	2008.3–2010.5
	张玉峰	男	江苏仪征	2012.6–
副主任	姜秋葆	男	上海虹口	1990.1–2006.12

第二节　直属单位

一、市军队离休退休干部休养所

遵照中央军委总政治部、总后勤部和民政部的指示精神，经仪征市政府批准，1987年3月，仪征军队离休退休干部休养所（简称干休所）成立，为全额拨款事业单位。开始设在城区解放西路43号，2008年5月迁到人民路135号，有办公用房150平方米和活动用房200平方米。2012年有工作人员5人。从1987年至2012年，干休所先后共接收安置6批军队离退休老干部29人（离休16人、退休13人），其中师职干部8人，团职13人，营职4人，营职以下4人。2012年服务对象11人，其中离休2人，退休9人。

市干休所的主要职责是按照国家有关政策规定落实军队离休、退休干部的政治待遇和生活待遇。即定期组织军队离退休干部政治学习，进行国内外形势教育，坚持过好党组织生活（1987年成立党支部，2012年有党员15名）；根据地方政府安排，组织军队离退休干部参加重大庆典和重大政治活动；保证足额发放生活费等待遇；确保老干部看病就医各项经费的落实；保证老干部就医、参观学习正常用车需要。协调好地方党政领导走访慰问等工作。

2006年，干休所荣获江苏省民政系统行风建设先进基层单位；2012年，干休所荣获扬州市民政系统先进单位。

仪征市军队离退休干部休养所负责人一览表

表1-17

姓　名	性　别	籍　贯	职　务	任职时间	备　注
夏荣康	男	江苏仪征	副所长	1987.3–1996.3	1995年11月前主持工作
张广云	男	江苏仪征	所　长	1995.11–2003.8	
赵道海	男	江苏仪征	副所长	2000.5–2003.7	
			所　长	2003.8–2006.12	
丁仁平	男	江苏仪征	副所长	2003.8–2006.11	
			所　长	2006.12–	
王　露	女	江苏仪征	副所长	2006.12–	

二、市烈士陵园

（一）机构演变

1982年7月，县政府决定筹建“仪征县革命烈士纪念馆”，由县建设局组织实施。纪念馆建于老虎山（扬子公园内），占地10亩，建筑面积370平方米。1984年9月，县政府批准成立仪征县烈士陵园，同时成立仪征县烈士陵园管理处，属全额拨款事业单位，核定编制8人。2002年7月，市委常委会第十八次会议和市政府第二十八次市长办公会议研究决定将烈士陵园从扬子公园内迁出，在革命老区月塘乡龙山村新建仪征市烈士陵园。同年9月建设工程破土动工，至2003年9月主体工程竣工，基建总造价880万元。烈士陵园90亩，由牌坊、纪念碑、纪念馆和墓园四部分组成。2004年4月5日（清明节），市委、市政府和社会各界代表举行隆重的市烈士陵园迁建工程落成和开馆仪式。纪念馆成立和展出128名革命烈士遗容和英雄事迹、64件烈士遗物。英烈墙刻有632名烈士美名。至2012年，墓园内共安葬349名革命烈士遗骸和骨灰。

（二）主要职责

2012年市烈士陵园管理处在编人员4人。其主要职责是：负责烈士纪念建筑物的建设、维护、管理与环境美化工作；烈士骨灰保存、文物档案的建立与文物保管；烈士遗物和革命史料搜集、整理、陈列；

组织安排革命烈士纪念活动和上级组织交办的相关事宜。

1985年5月~1998年9月，烈士陵园先后四批接收并安葬参加对越自卫反击战中牺牲的顾秀宏、周炳松、丁仕平、陈义国、金学东、吕国云、鲍清山、孔德志和在参加军事训练中牺牲的周宪进、梁飞计10名烈士骨灰。1992年3月，烈士陵园卧式大理石纪念碑建设完成，上刻“革命烈士永垂不朽”，背面是仪征市人民政府悼念烈士碑文。

2004年3月，迁入并安葬原月塘烈士公墓101名烈士和新城破山口烈士公墓117名烈士的遗骸，同时新建仪征税务烈士公墓。2006年3月，迁入并安葬马集烈士公墓（徐恒华烈士墓）7名烈士和十二圩烈士公墓12名烈士遗骸。2010年迁入分散在乡镇的烈士墓13座，其中乡镇迁入烈士公墓3座（包括青山龙山4名烈士、刘集马鞍山29名烈士、陈集46名烈士），零散烈士墓10座。

仪征市烈士陵园管理处1984年成立以后，由于忠实履行职责，与时俱进地开展工作，不断完善基础设施建设，曾多次获得上级表彰和荣誉称号。1995年4月被扬州市人民政府评为“民政先进单位”。1997年10月，烈士陵园被中共扬州市委宣传部授予“扬州市爱国主义教育基地”称号。2004年烈士陵园管理处被仪征市精神文明建设指导委员会评为2003年度“文明单位”。2009年9月，烈士陵园被中共仪征市委宣传部、仪征市文明办授予“仪征市爱国主义教育基地”称号。2009年12月，烈士陵园管理处被扬州市人民政府授予“扬州市烈士纪念建筑物保护单位”。

仪征市烈士陵园管理处负责人一览表

表1-18

姓　名	性　别	籍　贯	职　务	任职时间	备　注
刘武臣	男	江苏仪征	原副局长	1983.8–1987.11	退休返聘　主持工作
陈恩薄	男	江苏仪征	主　任	1987.11–1996.3	
夏荣康	男	江苏仪征	主　任	1996.3–2011.10	
赵道海	男	江苏仪征	主　任	2011.10–2012.5	副局长兼
王旭阳	男	山东栖霞	主　任	2012.5–	

三、仪征市殡仪馆

（一）机构演变

仪征市殡仪馆原名仪征县火葬场，始建于1963年11月，原位于真州人民公社第三蚕桑场（现万年大道世纪联华一带），占地3亩。1984年，为保障“仪征化纤”建设用地的需要，仪征火葬场迁至原曹山公社永丰大队，即现在城区北郊曹山北路45号。1985年更名为仪征县殡仪馆。1986年7月，更名为仪征市殡仪馆。1995年之前为全额拨款单位，1995年后为差额拨款事业单位。至2012年年末，市殡仪馆占地面积37.29亩，建筑面积2200平方米。建有办公楼、业务楼、火化区建筑群、吊唁厅、骨灰存放楼、食堂、草坪、绿化带等。配置高档拣灰燃油火化炉2台，中档燃油火化炉2台，依维柯、金杯遗体接运车各一台。2001年9月，江苏省民政厅批准仪征市殡仪馆为“国家三级殡仪馆”。

殡仪馆开始仅有工作人员3人，其中还有临时工2人，至2012年，职工已增加到24人，其中在编的10人，合同工14人。职工中有党员12人。24名员工中，有大专以上文化9人，占员工总数37.5%，高中文化5人，占员工总数20.8%，初中文化10人，占员工总数41.7%。

1987~1992年，曾成立中共仪征市殡仪馆支部委员会，后因人事变动，机构调整，一度撤销党支部委员会。2011年12月，恢复建立中共仪征市殡仪馆支部委员会，支部书记殷有彬，支部党员10人。2012年4月，经仪征市民政局工会批准，成立仪征市殡仪馆工会小组，工会会员24人。

（二）工作职责与业务

市殡仪馆内设综合部、业务部、火化部三个部门。主要职责是积极宣传国家殡葬改革政策，贯彻落实国务院《殡葬管理条例》规定，提倡骨灰寄存或安葬于公墓，努力为仪征市和周边地区的丧户搞好殡葬服务。服务的主要项目是：遗体接运、冷藏、防腐、整容化妆、提供吊唁场地、遗体火化和骨灰寄存等，同时，为方便丧户，还出售白花黑纱、纸棺、寿毯、骨灰盒、鲜花。

（三）获得的荣誉

1969年至2012年，市殡仪馆（火葬场）多次获得各级各类表彰、荣誉称号。

1978年9月，场长戴生和作为扬州地区先进单位代表出席全国第七次民政工作会议。1982年3月，市火葬场获省先进火葬场称号，同年10月场长戴生和代表单位出席省民政系统先进集体、先进个人表彰大会。1986年12月陈恒海代表单位出席省民政工作先进集体、先进个人表彰大会。2001~2012年连续11年获市民政工作先进单位称号。

1969~2012年市殡仪馆获得荣誉表彰表

表1–19

年　月	获奖名称	授奖单位	备　注
1969.10	殡葬改革先进单位	江苏省人民委员会	
1972.3	民政系统先进集体	扬州市民政局	
1975.2	民政系统先进集体	扬州市民政局	
1989.1	绿化合格单位	扬州市绿化委员会	
2009.2	文明单位	市精神文明建设指导委员会	
2010.3	文明单位	市精神文明建设指导委员会	
2010.11	省级行风建设示范单位	省民政厅	
2011.2	文明单位	市精神文明建设指导委员会	
2012.2	文明单位	市精神文明建设指导委员会	
2002.3–2012.3	民政工作先进单位	市民政局	连续11年

1963~2012年仪征市（县）殡仪馆负责人一览表

表1–20

姓　名	性　别	籍　贯	职　务	任职时间
戴生和	男	江苏仪征	场长（馆长）	1963.11–1993.8
戴正录	男	江苏仪征	副场长	1981.10–1984.11
华家洲	男	江苏仪征	副馆长　馆　长	1984.12–1985.5　1994.7–2000.12
卜有勇	男	江苏仪征	副馆长　馆　长	1998.4–2000.12　2001.1–2010.1
臧荣东	男	江苏仪征	副馆长	2004.10–2008.1　2010.3–
花成宝	男	江苏仪征	副馆长	2006.12–
殷有彬	男	江苏仪征	副馆长　馆　长	2008.2–2010.1　2010.1–

四、市北郊墓园管理处

仪征市北郊墓园管理处位于仪征城区北郊马集镇爱国村境内，泗大线东侧。墓园占地92亩，绿化面积占总面积的25%，是一个园林式公墓，为国有企业性质。内设主任室、业务科和综合科，在编人员13人。

新中国建立初期，仪征殡葬基本沿袭历史上的土葬习俗。1963年经江苏省民政厅批准，兴建仪征县火葬场。当时没有公墓，死者骨灰盒由丧主自行处理，大多仍埋入土地之中。

1993年，应仪征化纤联合公司、华兴公司职工的要求，经市民政局批准，在市殡仪馆后面北侧辟40余个墓穴作为经营性公墓，为仪征市建公墓之始。1994年，市政府决定新建一座有一定规模的经营性公墓。由市城乡建设委员会房屋拆迁管理办公室承办，公墓地址经综合评估，最后选定原曹山乡永华村严庄组（现已并入真州镇茶蓬村），占地25亩，投入建设资金30万元，1995年元月建成投入使用。由市城乡建设委员会房屋拆迁管理办公室兼管。

2003年10月，因市汽车工业园建设用地需要，市政府决定搬迁位于真州镇永华村严庄组公墓，迁至马集镇爱国村境内，共搬迁墓穴1362穴，名为北郊公墓。同年，成立北郊墓园管理处，并划归市房产管理局管理。

2010年8月，根据市政府《关于将北郊墓园划转市民政局管理的专题协调会议纪要》，仪征市北郊墓园及其管理处划归市民政局管理。

市墓园管理处的主要职责是接收安葬城区已故居民和港、澳、台胞，海外侨胞的骨灰，兼顾乡镇已故居民骨灰安葬。除墓穴安葬外，还为丧户提供骨灰安放廊、骨灰安放墙等。并倡导生态殡葬、绿色殡葬，实行树葬、花坛葬、草坪葬等新型不占地、节地葬法。至2012年年末，市北郊墓园已有3619个墓穴。墓园管理处除负责墓穴销售，还负责墓区的环境绿化、卫生保洁、安全维护、提供祭扫服务等各项工作。

1990–2012年市北郊墓园管理处负责人一览表

表1-21

姓　名	性　别	籍　贯	职　务	任职时间
高永增	男	江苏仪征	主　任	1990.2–1998.10
姚学智	男	江苏高邮	主　任	1998.10–2003.10
顾　俊	女	江苏仪征	科　长	2004.7–2005.5
秦朝广	男	江苏仪征	主　任	2005.5–
汪　青	女	江苏仪征	副主任	2006.7–

说明：高永增、姚学智、顾俊为市房屋拆迁管理办公室负责人，兼管市北郊墓园工作

五、市社会福利中心

（一）机构演变

市社会福利中心的前身是国民党县政府办的救济院。救济院始设节孝祠，后迁太平庵。1949年4月仪征解放后，救济院由县人民政府接收。时有瓦房30间，草房6间，员工12人，院民151人。是年8月，对救济院进行整顿，裁减多余员工，动员不符合收容条件的院民回家自谋职业。

1951年，救济院更名为仪征县生产教养院。根据“教养为主、生产为辅”的收容方针，教养院组织有一些劳动能力的院民，进行拣破布、打草鞋、搓草绳、种瓜菜等副业生产。1961年教养院改称为仪征县社会福利院。1965年5月社会福利院撤销，时有院民59人，分别送扬州湾头教养院、高邮县儿童教养院和宝应县残疾儿童教养院。

1978年以后，随着市民政机构系统的恢复建立，社会福利工作逐步展开。至1987年，仪征共收容社会弃婴72人，先由民政局面向社会处理，后设立收容遣送站，具体工作由市民政局救灾救济科承担。

2001年11月，经市政府批准成立仪征市社会福利中心，核定编制15人。2011年8月，在市社会福利中心增挂“市社会救助站”“市未成年人保护中心”牌子。至2012年，社会福利中心实有工作人员12人。当年5月，经市政府批准对市社会福利中心进行改造，建设老年公寓。面向社会为老年人提供寄养服务。改造建成后的老年公寓建筑面积近7000平方米，设置床位153张，生活服务及休闲娱乐设施一应俱全，是一所集托老、养老、娱乐、心理关怀为一体的综合性养老服务机构。

（二）主要职责

市社会福利中心主要提供收养服务，收养孤儿、弃婴和“三无”（无劳动能力、无生活来源、无赡养

和抚养人）人员等，并提供相关服务。同时，市社会救助站为流浪乞讨人员提供临时性救助服务，市未成年人保护中心承担未成年人保护工作的职责。

1949~1965年仪征县教养院（福利院）负责人一览表

表1-22

姓　名	性　别	籍　贯	职　务	任职时间
王　轼	男	江苏仪征	副院长	1949.4–1952
王玉才	男	江苏仪征	副院长	1949.7–1950
王　琳	男	江苏仪征	副院长	1950–1951
金桂元	男	江苏仪征	副院长	1952–1953
赵成德	男	江苏宿迁	院　长	1954–1958
赵玉兰	男	江苏仪征	副院长	1956–1957
刘子萍	男	江苏仪征	副院长	1956–1963
于春义	男	山东海阳	党支书	1962–1965.5
朱有亮	男	江苏仪征	副院长	1964–1965.5

2001~2012年仪征市社会福利中心负责人一览表

表1-23

姓　名	性　别	籍　贯	职　务	任职时间
丁仁平	男	江苏仪征	副主任	2001.11–2006.5
李文彬	男	江苏仪征	副主任	2006.6–2008.1
			主　任	2008.2–
周应斌	男	江苏仪征	副主任	2008.2–

2011~2012年仪征市社会救助站和未成年人保护中心负责人一览表

表1-24

单位名称	姓　名	性　别	籍　贯	职　务	任职时间
社会救助站	李文彬	男	江苏仪征	站　长	2011.9–
未成年人保护中心	李文彬	男	江苏仪征	主　任	2011.9–

六、仪征市社会福利厂

（一）历史变迁

仪征市社会福利厂（简称市福利厂）是在解放前“救济院”基础上逐步发展起来的。1949年4月后，仪征县政府接收救济院，1951年更名为“仪征县生产教养院”。1954年，县民政科以教养院为基地，组织院民成立柳条编织组，以后几经调整，先后更名为烈军属全民生产合作社、编织厂、社会福利综合厂。生产的产品有鞋、藤柳器、绒花、食品等，年产值最高时达10余万元。

1956年，根据中央内务部有关规定，县政府进一步明确编织厂等企业的社会福利性质，并商请县供销社支持企业的生产经营，产、供、销列入国家计划，生产规模迅速扩大，产品品种增加，并在扬州市国庆路设立藤柳器门市部。

1959年将编织厂改为社会福利综合厂，为全民所有制性质（经营管理、积累分配及工资形式仍维持大集体性质不变），保留柳器、制鞋、麻绳、绒花、淀粉、副食品6个项目，年产值15.9万元。

1968年随着民政机构的撤销，县社会福利综合厂划给手工业局系统管理，厂房、设备等固定资产全部交给县手工业局。

1979年县革命委员会决定将真州镇编织厂作价2万元，有偿划归市民政局。定名为仪征县社会福利厂，性质属集体所有制。其时的社会福利厂位于城区大庆南路175号，占地面积8895.14平方米，建筑面积5600平方米，建有综合楼、办公楼、标准厂房、门市营业用房和职工宿舍等。有职工80人，其中安排“四残”（盲、聋、哑、肢体残缺）人员16人。主要从事芦柴编织，生产蚊香、矿烛、甘油、雨伞等，年产值16万元。

1988年11月，市政府决定将市社会福利厂从民政局划归到市汽车工业公司管理。1989年1月，汽车工业公司正式接收并对市社会福利厂的生产进行大幅度调整，将该厂变成仪征黎明汽车厂汽车库棚和仓库，富余人员全部安排到黎明汽车厂工作。

1998年11月，市社会福利厂从汽车工业公司划出，重新划归市民政局管理。此时，市社会福利厂基本丧失原有的生产经营能力，只得靠出租门市房和闲置场地维持。在上级政府的关心下，妥善解决社会福利厂80多名职工的生活过渡问题。

1999年8月，经市政府、市民政局同意，社会福利厂与民营企业仪征市八方无纺布有限公司联营，成立“仪征市广达非织造布有限公司”，生产无纺布。2000年8月，引进河南省鹤壁市天海汽车电器有限公司投资，成立“仪征天海汽车电器有限公司”。主要生产汽车空调电线束等产品。从而解决25人的生产、生活问题和有关社会保障问题。其余人员因年龄、身体等因素不再上班，由政府协调解决其生活费。至2012年年末，尚有18名在职职工在上述两公司上班。其余50多名职工办理了退休（含病退）手续。

（二）生产与社会效益

仪征市社会福利厂是市属自收自支社会福利事业性质单位。主要职责是统筹安排全市符合条件的城镇户口残疾人和部分优抚对象、特殊贫困人员就业，以帮助政府排忧解难，促进社会安定团结、和谐发展。该厂自1979年重新恢复成立以后，先后安置34名残疾人和6名优抚对象就业。1979~1982年，年平均产值20万~30万元，1983~1988年，年平均产值约30万~90万元，取得一定的经济效益和社会效益，曾是扬州地区社会福利企业的一个先进典型。

1979~2012年市社会福利厂行政负责人一览表

表1-25

姓 名	性 别	籍 贯	职 务	任职时间
赵家娣	女	江苏仪征	厂 长	1979.1–1986.9
赵 瑜	女	江苏仪征	副厂长	1979.1–1981.6
徐敏华	女	江苏仪征	副厂长	1979.1–1984.8
马茂侯	男	江苏仪征	厂 长	1986.10–1987.11
张恩林	男	江苏仪征	副厂长	1986.1–1987.11
张广云	男	江苏仪征	副厂长	1986.1–1988.5
高正岭	男	江苏仪征	厂 长	1987.11–1989.1
孙云锋	男	江苏仪征	副厂长	1988.11–1998.9
			厂 长	1998.11–2008.10
邓长旺	男	江苏仪征	厂 长	1989.1–1995.10
吴桂祥	男	江苏仪征	厂 长	1995.10–1998.11
陈月萍	女	江苏仪征	副厂长	1995.10–1998.7
陈永顺	男	江苏盐城	副厂长	1998–2008.9
			厂 长	2008.10–2011.10
秦朝广	男	江苏仪征	厂 长	2011.11–

1979年市社会福利厂建立中共仪征市社会福利厂支部委员会，赵家娣任支部书记，侯福华、赵瑜任支部委员，支部党员4人。

七、市婚姻登记处

（一）机构演变

新中国成立后，仪征县未设单独婚姻登记机构，凡是结婚、离婚和复婚均在所在区政府履行登记手续，具体由区民政助理员经办。1955年《中华人民共和国婚姻登记法》公布后，结婚登记仍由区政府办理，离婚登记由县民政科办理。1958年后，婚姻登记在当时人民公社办公室办理。

1980年修改后的《中华人民共和国婚姻法》和《中华人民共和国婚姻登记法》公布后，结婚、离婚、复婚登记由乡镇机关办理。县民政局主要承办华侨与国内公民，港、澳同胞与内地公民的婚姻登记（1992年起，改为由地级市以上民政部门办理）。

2004年9月，仪征市政府办公室印发《关于在全市实行集中办理婚姻登记的通知》，明确自当月起由市民政局婚姻登记处集中办理全市婚姻登记。涉外、涉港、澳、台居民、华侨、出国人员婚姻登记由江苏省涉外婚姻登记处负责办理。

2006年3月经市机构编制委员会批准，同意仪征市婚姻登记处为财政全额拨款事业单位，编制3名。2007年3月，编制调整为4人。至2012年年底，市民政局婚姻登记处共有婚姻登记员7人，其中婚姻颁证员3人，所有人员均实行公开招聘，经培训持证上岗。

（二）主要职责

根据中华人民共和国民政部颁布的《婚姻登记管理条例》，婚姻登记机关的主要职责是贯彻执行国家有关婚姻登记工作的法律法规，保障婚姻当事人的合法权益，依法办理婚姻登记。发放结婚证书和补发婚姻登记证。依法处理违法的婚姻行为，受理、上报撤销受胁迫的婚姻。宣传婚姻法律、倡导文明婚俗，倡导自愿婚前体检。认真做好婚姻登记档案的立卷管理和统计工作。

市婚姻登记处成立以来，由于工作成绩显著，先后多次获得各级各类表彰。

2007~2012年市婚姻登记处获得荣誉表彰表

表1-26

时　间	获奖名称	授奖单位
2007.12	江苏省婚姻登记规范化建设窗口单位	省民政厅
2008.12	2007-2008年度全国婚姻登记规范化单位	民政部
2009.1	文明单位	市精神文明建设指导委员会
2009.10	“三八”红旗集体	市妇女联合会
2012.11	全省民政系统创先争优先进集体	省民政厅创先争优活动领导小组
2012.10	省级行风建设示范单位	省民政厅
2012.12	国家3A级婚姻登记机关	民政部

2004~2012年市婚姻登记处负责人一览表

表1-27

姓　名	性　别	籍　贯	职　务	任职时间
孙　军	男	江苏仪征	负责人	2004.9-2006.12
薛　强	男	江苏仪征	副主任	2006.12-2007.9
李文彬	男	江苏仪征	副主任	2007.9-2008.2
李文彬	男	江苏仪征	主　任	2008.2-

八、最低生活保障工作办公室

1996年起，江苏省逐步推行城乡居民最低生活保障制度。仪征市于2006年3月成立城乡居民最低生活保障工作办公室（简称市低保办），属财政全额拨款事业单位，核定编制3名。2007年增加编制1名。至2012年在编人员4人。低保办和市民政局救灾和社会救助科合署办公。

低保办的主要工作职责是贯彻国家低保政策，结合仪征实际，制定低保工作计划和年度资金用款计划，负责低保资金的发放和监管以及全市申请低保对象的审核批准。指导、检查乡镇（办事处）对城乡低保对象进行动态复查审核。同时负责低保数据统计汇总、档案管理及低保政策宣传咨询、来信来访等工作。协助调查处理低保工作中各种违法违纪行为。

第三节　基层组织机构

一、旧政权组织机构

民国初年，地方行政单位为坊，若干坊设一总董，兼管地方民政事务。民国10年（1921年），实行市、乡制，由市、乡董兼管民政事务。民国17年（1928年），改市、乡为区、乡（镇），设区、乡（镇）长1人，文书1人，民政事务由区、乡长兼管，具体事务通常由文书经办。

抗日战争时期，汪伪地方维持会（先后改为自治会、县公署、县政府）仍保留民政科，在基层由伪区、乡长负责地方行政，兼管地方民政事务。

二、人民政权组织机构

民国29年（1940年）4月，仪征县抗日民主政府成立，下设区公所（区署），区下为乡，区设民政人员1人负责民政事务，乡设指导员1人，兼做民政工作。

1949年4月，仪征全境解放，仪征区、乡（镇）政府沿用解放区民主政府建制。1951年4月~1953年4月全县各乡（镇）完成基层民主建设政权工作，乡（镇）政府均设立民政工作委员会，明确一名委员兼任委员会主任，具体负责乡（镇）的民政工作。1955年，乡（镇）人民政府改称乡（镇）人民委员会。下设民政工作委员会，一般由5~7人组成，由人民委员会1名委员兼任民政工作委员会主任。1958年9月，全县普遍成立政社合一的人民公社，建立人民公社管理委员会。管委会下设福利科，由福利科科长负责全公社的民政工作。“文化大革命”期间，人民公社相继成立革命委员会，行使行政机构职能。民政机构同人民公社管委会相同。1983年4月，全市撤销人民公社革命委员会，建立乡镇人民政府，原民政科长改称为民政助理员，并设1名专（兼）职的民政会计。

2006年，根据市人民政府办公室转发市民政局《关于加强乡镇民政工作规范化建设的意见》通知要求，全市各乡镇（办事处）于2007年12月底前，先后设立民政办公室。乡镇民政办公室统一名称，挂“仪征市**乡、镇民政办公室”牌子，采用中国民政的统一标识。根据依法行政的职能要求和所辖区域人口、民政对象数量，配备3~5名专兼职工作人员。并选派热爱民政事业、政治业务素质好、热心为群众服务、具有较强组织能力的同志担任民政办负责人。同时落实面积不少于60平方米的办公场所。配备电脑、电话、传真机、照相机和必要的档案橱柜、办公用具，以及信息化建设的配套措施。按照政务公开的要求，市民政局统一制定乡镇民政工作的各项规章制度、办事程序。各乡镇民政办的办公经费纳入同级财政预算。

三、基层民政机构主要职责

新中国成立后，各乡镇（人委、公社）民政机构的主要工作职责是贯彻执行国家、省、市有关民政工作的法律法规方针政策和工作部署，制定辖区内民政事业发展规划和年度工作计划并组织实施；负责社会救济救灾和“五保”供养工作，落实城乡最低生活保障制度，开展慈善捐助和经常性社会捐助活动；负责优抚工作，抓好安置对象的服务管理，积极开展双拥活动；负责所属社会福利机构的管理，大力开展社会福利事业，推进社会福利社会化；负责落实老年人优待政策，维护老年人合法权益，抓好基层老年人协会建设，组织开展老年教育和文体娱乐活动；指导基层群众自治组织建设和开展村（居）民自治活动，积极发展社区服务，努力推进社区建设；承办上级交办的乡镇以及村行政区划、地名和界限管理的相关工作；负责殡葬管理，推行殡葬改革；负责辖区内民间组织的备案和管理工作；负责婚姻、收养登记等有关规定的宣传和咨询工作；负责本乡镇的民政信访工作，努力为群众排忧解难；配合、参与党委、政府中心工作，承办上级交办的其他工作。

1978~2012年乡镇（办事处）民政科长（助理）名录

表1-28

乡镇(办事处)	姓　名	性　别	籍　贯	职　务	任职时间
真州镇	朱锡进	男	江苏仪征	民调副科长	1978.1–1979.9
	夏继延	男	江苏仪征	民调副科长	1979.10–1983.6
				民政助理	1987.6 — 2000.4
	曹　平	男	江苏仪征	民政助理	1983.6–1987.6
	余成进	男	江苏仪征	民政助理	2000.5–2008.11
	潘良玉	男	江苏仪征	民政助理	2008.12–2010.4
	李万祥	男	江苏仪征	民政助理	2010.4–
	夏业红	女	江苏仪征	民政办主任	2012.7–
青山镇	王兆喜	男	江苏仪征	民政助理	1983.2–1997.4
	李子琴	女	江苏仪征	民政助理	1997.5–2008.12
	黄成玉	男	江苏仪征	民政助理	2009.1–
十二圩镇（办事处）	蒋志宽	男	江苏仪征	民政助理	1978.6–1991.3
	朱福华	男	江苏仪征	民政助理	1991.3–2000.3
					2005.9–2010.10
	胡　明	女	江苏仪征	民政助理	2010.10–
胥浦乡（镇）	高庆龙	男	江苏仪征	民政科长	1978.1–1980.7
	傅德龙	男	江苏仪征	民政科长	1980.8 — 1986.4
	杜大山	男	江苏仪征	民政科长	1986.5 — 1991.6
	余成进	男	江苏仪征	民政科长	1991.6 — 1997.2
	孙为平	男	江苏仪征	民政科长	1997.3 — 2000.4
曹山乡	孙富华	男	江苏仪征	民调科长	1978.1–1981.7
	经开安	男	江苏仪征	民政科长	1981.8–1984.2
	王家文	男	江苏仪征	民政助理	1984.2 — 1986.2
	刘兴汉	男	江苏仪征	民政助理	1987.5 — 1991.3
	张贵道	男	江苏仪征	民政助理	1991.4–1994.11
青山乡	余国栋	男	江苏仪征	民政科长	1978.1–1979.9
	金春友	男	江苏仪征	民政科长	1979.9–1984.4
	万立学	男	江苏仪征	民政助理	1984.4–1988.1
	刘中山	男	江苏仪征	民政助理	1988.1–2002.5

续表 1-28

乡镇(办事处)	姓 名	性 别	籍 贯	职 务	任职时间
新城乡(镇)	刘永贵	男	江苏仪征	民政科长	1978.6-1983.12
	黄金才	男	江苏仪征	民政助理	1983.12-1992.5
	梁国银	男	江苏仪征	民政助理	1992.5-1998.2
	朱庆友	男	江苏仪征	民政助理	1998.2-2008.4
	郭秀芳	女	江苏仪征	民政助理	2008.4-
龙河乡	赵 海	男	江苏仪征	民政科长	1978.6-1980.5
	吴在云	男	江苏仪征	民政科长	1980.5-1994.7
	潘宗贵	男	江苏仪征	民政助理	1994.7-2000.4
新集乡(镇)	洪广标	男	江苏仪征	民政科长	1981.1-1996.12
	谢在明	男	江苏仪征	民政助理	1997.1-2008.10
	高立新	男	江苏仪征	民政助理	2008.10-
朴席乡(镇)	李祥生	男	江苏仪征	民政科长	1978.6-1983.9
	张广云	男	江苏仪征	民政助理	1983.9-1987.6
	韩 灿	男	江苏仪征	民政助理	1987.6-1992.5
	李凤桃	男	江苏仪征	民政助理	1992.6-1995.12
	焦正平	男	江苏仪征	民政助理	1995.12-2008.6
张集乡	包士桃	男	江苏仪征	民政助理	1983.2-1988.4
	赵志山	男	江苏仪征	民政助理	1988.4-1996.12
	孙国民	男	江苏仪征	民政助理	1997.1-1999.7
马集乡(镇)	张 鑑	男	江苏仪征	民政科长	1982.4-1990.2
	陈光辉	男	江苏仪征	民政助理	1990.3-1993.3
	汪福盛	男	江苏仪征	民政助理	1993.3-1996.12
	刘长江	男	江苏仪征	民政助理	1997.1-1998.2
	陈晓红	女	江苏仪征	民政助理	1998.3-2010.3
	苏长青	男	江苏仪征	民政助理	2000.4-2004.12
	臧玉华	女	江苏仪征	民政助理	2008.3-
铜山乡(办事处)	王长江	男	江苏仪征	民政科长	1978.6-1981.4
	刘厚培	男	江苏仪征	民政科长	1981.4-1985.5
	王兆才	男	江苏仪征	民政助理	1985.6-1995.6
	苏长青	男	江苏仪征	民政助理	1995.7-2000.3
	周 文	男	江苏仪征	民政办主任	2007.5-2011.2
	朱玲昌	男	江苏仪征	民政办主任	2011.3-
谢集乡	周继淼	男	江苏仪征	民政科长	1978.6-1983.6
	刘 政	男	江苏仪征	民政科长	1983.7-1988.3
	吴尚德	男	江苏仪征	民政科长	1988.4-1989.12
	陈登和	男	江苏仪征	民政助理	1990.1-2001.12

续表 1-28

乡镇（办事处）	姓 名	性 别	籍 贯	职 务	任职时间
谢集乡	周继田	男	江苏仪征	民政助理	2002.1–2006.12
	徐春勇	男	江苏仪征	民政助理	2007.1–2011.3
月塘乡（镇）	沈跃田	男	江苏仪征	民政科长	1978.6–1983.9
	李宏斌	男	江苏仪征	民政助理	1983.10–1991.3
	冯维朝	男	江苏仪征	民政助理	1991.4–1998.11
	周玉林	男	江苏仪征	民政助理	1998.12–2003.12
	赵邦武	男	江苏仪征	民政助理	2004.1–2011.3
	徐春勇	男	江苏仪征	民政助理	2011.4–
移居乡	周玉林	男	江苏仪征	民政助理	1983.10–1991.3
	缪春和	男	江苏仪征	民政助理	1991.4–1998.12
陈集乡（镇）	单大有	男	江苏仪征	民政助理	1983.3–1996.7
	陆荣银	男	江苏仪征	民政助理	1996.7–2008.10
	黄兴松	男	江苏仪征	民政助理	2008.10–
高集乡	梅长荣	男	江苏仪征	民政助理	1988–1991.2
	张云宝	男	江苏仪征	民政助理	1991.2–1991.11
	周义国	男	江苏仪征	民政助理	1991.11–1998.8
	李广林	男	江苏仪征	民政助理	1998.8–2000.4
大仪乡（镇）	郭玉和	男	江苏仪征	民政科长	1981.1–1984.3
	段海宝	男	江苏仪征	民政助理	1984.4–1999.7
	陈志龙	男	江苏仪征	民政助理	1999.8–2005.5
	郭学云	男	江苏仪征	民政助理	2005.6–2007.5
	俞山林	男	江苏仪征	民政助理	2007.6–2012.3
	刘正国	男	江苏仪征	民政助理	2012.4–
大巷乡	钱德富	男	江苏仪征	民政科长	1981.1–1997.3
	郭学云	男	江苏仪征	民政助理	1997.4–2000.4
香沟乡	丁长华	男	江苏仪征	民政科长	1981.1–1999.7
刘集乡（镇）	杨桂松	男	江苏沭阳	民政科长	1980.4–1992.10
	胡元庆	男	江苏仪征	民政助理	1992.11–2006.1
	刘高明	男	江苏仪征	民政助理	2006.2–
古井乡	周 进	男	江苏仪征	民政助理	1983.6–2000.4

说明：陈集、大仪、刘集、古井、马集等乡镇1980前没有设立民政科，民政事务由公社办公室代管

第四节 中共组织

新中国成立后，县民政科（股）没有独立的中共党支部，党员与其他单位党员联合组成党支部。1978年5月，恢复建立仪征县民政局。同时组建中共仪征县民政局党支部。

1978~2012年中共仪征市民政局支部委员会负责人一览表

表1-29

选举时间	姓　名	性　别	籍　贯	职　务	任职时间
1978.8	张秀夫	男	江苏涟水	支部书记	1978.4–1979.10
1981.3	金智才	男	江苏仪征	支部书记	1981.3–1982.12
	章　进	男	江苏仪征	支部副书记	1981.3–1982.12
1982.12	彭为民	女	江苏仪征	支部书记	1982.12–1984.7
	严庆康	男	江苏仪征	支部副书记	1982.12–1984.7
1984.7	梁忠辉	男	山东文登	支部书记	1984.7–1986.5
	严庆康	男	江苏仪征	支部副书记	1984.7–1987.6
1987.6	李忠林	男	江苏仪征	支部书记	1987.6–1990.3
1987.6	万启礼	男	江苏仪征	支部副书记	1989.2–1990.3
1990.3	陈顺发	男	江苏仪征	支部书记	1990.3–1993.3
	张国嵘	男	江苏仪征	支部副书记	1990.3–1997.12
1994.4	丁国安	男	江苏仪征	支部书记	1994.4–1998.5
	徐巨朝	男	江苏仪征	支部副书记	1994.4–1998.5
	张国嵘	男	江苏仪征	支部副书记	1994.4–1997.12
1998.5	王明霞	女	江苏太仓	支部书记	1998.5–2001.12
	杨厚宽	男	江苏仪征	支部副书记	1998.5–2001.12
	李忠林	男	江苏仪征	支部副书记	1998.5–2001.12
2003.3	蔡东风	男	江苏仪征	支部书记	2003.3–2008.4
	吴文山	男	江苏仪征	支部副书记	2003.3–2008.12
	周久元	男	江苏姜堰	支部副书记	2003.3–2003.12
2008.12	孙　莲	女	江苏仪征	支部书记	2008.12–2011.12
	周在明	男	江苏仪征	支部副书记	2008.12–2011.12

1987年6月，仪征市民政局组建中共仪征市民政局党总支部委员会，下设机关、社会福利厂、殡仪馆3个党支部，陈顺发任党总支书记。后因实际工作需要，1989年7月，中共仪征县直属机关委员会批复同意撤销民政局党总支委员会。下属党支部到期改选后组织关系隶属于机关党委会。

2011年12月，经仪征市委市级机关工委批准，撤销中共仪征市民政局支部委员会，建立中共仪征市民政局总支部委员会。下设四个党支部委员会，即局机关党支部委员会、局联合党支部委员会、市殡仪馆党支部委员会、市社会福利厂党支部委员会。党总支共有党员76人。

1987~2012年中共仪征市民政局总支部委员会负责人一览表

表1-30

时　间	职　务	姓　名	性　别	籍　贯	任职时间
1987.6	书　记	陈顺发	男	江苏仪征	1987.6–1990.3
	委　员	李忠林	男	江苏仪征	1987.6–1990.3
	委　员	张国嵘	男	江苏仪征	1987.6–1990.3
	委　员	姚桂顺	男	江苏仪征	1987.6–1990.3
	委　员	万启礼	男	江苏仪征	1987.6–1990.3

续表 1-30

时　间	职　务	姓　名	性　别	籍　贯	任职时间
2011.12	书　记	孙　莲	女	江苏仪征	2011.12-
	副书记	艾　平	男	江苏仪征	2011.12-
	副书记	周在明	男	江苏仪征	2011.12-
	委　员	陆伟伟	女	江苏仪征	2011.12-
	委　员	李文彬	男	江苏仪征	2011.12-
	委　员	殷有彬	男	江苏仪征	2011.12-
	委　员	秦朝广	男	江苏仪征	2011.12-

2001年5月建立中共仪征市民政局党组。

2001~2012年中共仪征市民政局党组负责人一览表

表 1-31

职　务	姓　名	性　别	籍　贯	任职时间
党组书记	徐育德	男	江苏南通	2001.5-2003.1
	牛长山	男	江苏仪征	2003.1-2007.12
	李德金	男	江苏仪征	2007.12-2010.4
	曹建民	男	江苏仪征	2010.5-2012.2
	张玉峰	男	江苏仪征	2012.3-
党组副书记	李余才	男	江苏仪征	2001.12-2006.3
	刘尚玉	男	江苏扬州	2006.3-2010.4
	张玉峰	男	江苏仪征	2010.5-2012.3
党组成员	李名朝	男	江苏仪征	2001.5-2011.3
	李忠林	男	江苏仪征	2001.5-2004.10
	陈修安	男	江苏仪征	2001.12-2008.3
	李令森	男	江苏仪征	2002.4-2003.3
	姜守祥	男	江苏建湖	2002.4-2008.2
	孙　莲	女	江苏仪征	2003.10-
	詹明祥	男	江苏仪征	2006.9-2010.4
	赵道海	男	江苏仪征	2007.12-
	薛长福	男	江苏仪征	2010.5-2011.3
	徐连喜	男	江苏仪征	2010.12-
	樊荣均	男	江苏仪征	2011.4-
纪检组长	孙　莲	女	江苏仪征	2003.10-2006.9
	李名朝	男	江苏仪征	2006.9-2011.3

第五节　群众团体

新中国成立后的仪征县民政机关，较长时期内没有单独设立工、青、妇等群众团体。1978年5月县民政局恢复建立后，于1988年元月建立仪征市民政局工会，开始工会下设4个小组，会员30人。2011年12月，调整仪征市民政局工会组成人员和工会小组，工会小组增到8个，会员增加到114人。工会主席先后是张国嵘、艾平。共青团和妇女团体一直未单独设立。

第二章 行政区划管理

仪征从汉代建立舆县起，至民国初期，县级政权没有专设的民政机构，包括行政区划调整在内的一切民政事务由县级行政官员（县令、知县、县长等）负责管理。民国18年（1929年），国民党仪征县政府始设专管民政的事务的机构，行政区划调整由民政部门经办，县政府批准。

抗日战争时期，中国共产党在仪征县境内先后建立仪征县、东南办事处、冶山县、仪扬县，以及湖西办事处和甘泉县。这些县级抗日民主政府设有民政科或民教科，管理拥军优属、赈灾救济等民政事务。县级行政区划和县以下行政区划的调整由于处于战争时期，一般是随着抗日根据地和解放区的变化，由当时津浦路东区党委和苏皖边区政府决定。

新中国成立后，仪征县（市）政府设民政科（局），管理一切民政事务，行政区划调整也一直由民政部门管理，但决定权在县（市）和上级政府，直至国务院。县（市）所辖行政区划调整，一般是根据基层行政单位（区、乡、镇、公社）要求或县（市）政府意见，由县（市）民政部门组织调查，提出调整方案，报县（市）政府讨论决定，并向地（市）和省政府逐级报告，由县（市）政府下达通知，民政部门具体办理诸如撤并、划分或变动隶属关系等调整事宜。其中，区、乡（镇）、公社等区划调整，均需逐级报省政府批准；村和生产大队等行政区划调整由扬州地区（市）批准，一度时期也需报省同意。生产队、村民小组调整，一般由县（市）政府批准。

历史上，仪征与周边省、县边界线勘定，未见文字记载。新中国成立后相当长时间内，省与省、县与县之间行政区划界限也没有进行勘定。仪征与相邻县（市）区以及县（市）辖区、乡（镇）、公社之间发生边界线矛盾纠纷，则由民政部门在县政府领导下进行调处。1996年，根据国务院和省政府部署，仪征市开展与周边市、区的边界勘定工作，至2001年，完成与相邻县、市、区6条行政区域界线勘定任务，并埋设界桩。此后，相邻县（市）、区不断联合组织检查，加强管理，依法治界，以维护边界地区稳定。

第一节 境域变迁

一、舆县境域 汉武帝元封五年（前106年）划广陵、江都二县地置舆县，为仪征建县之始。舆县境域历史上无文字记载。当时与舆县毗邻的东部和北部有江都、广陵县，西有棠邑县，南临大江，江水逼近蜀冈以下。县境在今仪征中北部偏东一带。舆县一度改为舆侯国，后又恢复为县。三国时期，郡县俱废。西晋太康元年（280年），复立舆县。南朝宋元嘉十三年（436年），舆县撤销并入江都县。

二、扬子县境域 唐永淳元年（682年），划江都和江阳二县地设立扬子县。这是舆县撤销246年后，仪征地域再次单独建县。据明《仪真县志》唐疆域图标示：扬子县东近伊娄河（今瓜洲运河），西到瓜步山（今六合瓜埠），南滨大江，北边由东而西，界于北洋山（今刘集白羊山）至乌山一线。五代南唐以后，扬子县改为永贞县，其境域未变。

三、建安军境域 宋乾德二年（964年），升迎銮镇（原名白沙镇）为建安军，领永贞县（1013年改为扬子县）和六合县，并以迎銮镇（今仪征市区）为军的治所，开始筑城。《宋太平寰宇记》记载“建安军领永贞县时东西一百一十九里，南北四十六里”，军城（今市区）“东至扬州六十里，西至六合八十里，南至大江一里，北至天长军一百二十里”。六合县划归建安军管辖后，境域扩大，其境域与下面的真州境域相同。

四、真州境域 宋大中祥符六年(1013年),升建安军为真州。《宋元丰九域志》记载,真州州城“东至本州界三十里,自界首至扬州三十里;西至本州界一百二十里,自界首至滁州八十里;南至本州界一里(大江),自界首至江宁府一百二十里;北至本州界四十里,自界首至泗州二百四十里;东南至本州界四十里,自界首至扬州二十里;西南至本州界一百三十里,自界首至和州一百二十里;西北至本州界一百四十里,自界首至泗州一百四十里”。元代,真州一度改为路,后又恢复为州,所辖扬子、六合二县未变,其境域亦未变。

五、仪真县境域 明洪武二年(1369年),撤销真州及其所属扬子县,设仪真县,六合县划出。据明《嘉靖维扬志》记载,仪真县境域,“东抵乌塔沟,西抵六合县褚家堡,南抵扬子江边黄泥滩,北抵天长县樊公殿,东西十八里,南北七十里”。明隆庆《仪真县志》记载,县城“东四十里距冻青铺,东北四十里尽白羊山(又称北洋山),东南三十五里至花园港(今土桥以东),南五里为扬子江,西南六十里距瓜步,西四十里尽褚家堡,西北五十里尽乌山,北六十里至樊公殿”。

六、清代仪征县境域 清雍正间,仪真县避雍正皇帝胤禛之讳改为仪征县,境域大体未变。清道光《仪征县志》载,仪征县城在府(今扬州)西南七十里。县境东西八十里,南北七十里;县城东至江都界四十里,西至六合界四十里,南渡江至句容界十八里,北至天长县界六十里,东南渡江至丹徒界一百里,西南渡江至上元界一百三十五里,东北至甘泉县界四十里,西北至六合界五十里。另据,清光绪《六合县志》记载:“东南至小河口仪征界,东稍北至山头郑仪征界。”

七、民国时期仪征县境域 根据民国14年《淮扬徐海测量调查报告书》记载,仪征“东至石人头界江都县,东南至江心之世业洲,又渡江至南岸下道口界句容县,南至大江心界江宁县,西至太平集界六合县,北至樊公殿界安徽天长县,广七十二里,袤五十八里。东西宽,南北窄,面积仅一千九百八十四方里”。《调查报告书》所记“北至樊公殿界安徽天长县”樊公殿只是界点,北部属天长县地域仅是一小部分。实际情况是,由新集向北至戴巷,再西折经北洋山、谢集、曹集、月塘一线以北,即现今陈集、刘集、大仪3镇的大部地域属江都县。山头郑、曹家大山、招贤寺一线以西为六合县境,以东一片的北部,包括移居、曹集在内为江都县境。月塘基本上为三县交界之处,附近有些地域犬牙交错,互相插花:大营李、燕子岗和招贤寺一代的北固乡,是仪征县在六合和江都县境内的飞地;月塘集西北的角岗肚、补锅周、曹巷一带,是六合县在仪征和江都之间的飞地;月塘集南的窦庄又属江都县管辖,是江都县在仪征县境内的飞地。

抗日战争时期至新中国成立前,由于处于战争时期,行政区划变动频繁,因而县的境域变动较大。从民国29年(1940年)春,仪征县抗日民主政府成立,至民国34年(1945年)8月抗日战争胜利,仪征北部包括原江都县的大片地域,属抗日民主政权冶山县(前身为仪征县、东南办事处)、甘泉县和仪扬县3县境域,仅县城、十二圩至朴席沿江一带为汪伪仪征县政府控制。冶山县先后辖15个区,除移居、月塘、谢集、铜山、胥浦5个区在现今的仪征市境,其余10个区分别在现今的天长、六合县境。甘泉县先后辖14个区,除大仪、古井、陈集、龙河、朴席5个区在现今仪征县境,其余9个区在现今的邗江区、高邮市和天长市境。仪扬县辖的5个区中,新城、朴席和龙河3个区在现今的仪征境,另外2个区今属邗江区。解放战争初期,原汪伪仪征县的地域为国民党仪征县接管,北部大片地域仍为民主政权仪征县和甘泉县境域。民国36年(1947年)9月,民主政府北撤后的一年多时间内,基本恢复到抗日战争前的状态,即:北部归江都县境,南部为仪征县境。民国37年(1948年),共产党军政人员南下恢复解放区,成立东南县。东南县境域扩大,东至赤岸湖,北至高邮湖,西至六(合)马(集)公路,南至十二里岔。同年11月,东南县撤销,成立仪扬县和六合县。历史上一直属于仪征县境的钟宁集、黄钟铺以及横山、方山、丫山、东沟附近地域划给六合县。仪扬县境域,南至县城附近,北至高邮湖畔菱塘,东至朴席以东,西至三十里铺以西。民国38年(1949年)2月,仪扬县改称仪征县,4月,仪征县城解放,县境向南扩大到长江之滨。5月,菱塘区和公道区3个乡划归高邮县,甘泉区、黄钰区和公道区的4个乡划归扬州市。6月,朴席区世业乡划归丹徒县。其时仪征县境与现今仪征市境域基本相近,但与清代和民国20~30年间的仪征县境有了明显变化，北洋山、谢集、月塘一线以北原属江都县的地域划归仪征县，仪征小河口至三十里铺一线以西一片地域划归六合县。因而仪征境域由原来的东西宽、南北窄变为南北宽、东西窄。

八、新中国成立后仪征县（市）境域　新中国成立后，仪征县（市）境域有几次变动，且均在东部边境。1953年7月，朴席区双桥乡所辖西妃、岔路村及军桥闸以东的3038亩江滩划给江都县瓜州区瓜西乡，江都县瓜西乡第七村划给仪征县朴席区双桥乡。1958年11月，仪征县朴席乡所辖徐集、蒋桥、石桥及运河南石人头4个高级农业合作社计5577亩土地、3382人口划给扬州市。至此，仪征县（市）境域基本稳定，东西宽30公里，南北长39公里，面积903平方公里。后经航测和边界勘定，总面积调整为901平方公里。2008年6月，经省政府批准，仪征市所辖朴席镇，除土桥村沿江高等级公路以南的地域以外，所辖朴席社区土沟、李桥、隆觉、塔影、梁湾、朴席、三联、双桥、曹桥村和土桥村的9个村民小组划归扬州经济开发区代管，划出面积4085.87公顷（40.86平方公里），31279人。至2012年底，仪征市境域，南滨长江，由西向东分别与南京市栖霞区、镇江市丹徒区在长江中心分界；东境，南端边界呈“匚”形，先由土桥西折至十二圩办事处沿江村再北折至天安、江宁、庙山、八桥东折，然后再沿乌塔沟、友谊河向北，经方桥、盘古、六巷、朱桥、何巷一线，与扬州市经济开发区和邗江区分界；北面，在大仪镇大巷张庄至千棵村郝庄一线与高邮接壤；西北面，由大仪镇千棵村后王组至月塘桃园村陈三房组一线，与安徽省天长市分界；西面，由青山镇团结村六圩组北行，至月塘镇大营李村郑槽组一线，与南京市六合区分界（详见93页边界勘定一节）。全境东西宽和南北长未变，总面积由901平方公里减少到857平方公里（其中长江水域面积21平方公里）。

第二节　区划调整

一、汉唐至清代区划调整

（一）汉唐区划　仪征汉代建立舆县和唐代扬子县所辖行政区域，未见文字明确记载，但从有些文献记载可知，县以下行政区名称为乡镇、村制。汉代舆县曾设有广陵乡、白沙村，唐及五代时扬子县先后设过白沙镇和迎銮镇。

（二）宋代区划　据明隆庆《仪真县志》记载，宋代真州行政区划为乡、都、里和市、镇、坊制，全县有6乡、15都、15里和2镇3市。

宋代乡、都、里、镇、市表

表2-1

乡名	都				镇市名
	都数	都名	辖里		
			里数	里名	
甘露乡	2	一都	1	义城里	瓜步镇
		二都	1	三城里	扬子镇
太平乡	3	十二都	1	里居里	黄池市
		十三都	1	上沛里	南市
		十四都	1	正浦里	北市
归仁乡	1	八都	1	凡村里	
东广陵乡	3	四都	1	雉场里	
		五都	1	三南里	
		七都	1	东村里	

续表2-1

乡　名	都				镇市名
	都　数	都　名	辖　里		
			里　数	里　名	
西广陵乡	2	十五都	1	金塘里	
		六　都	1	白沙河里	
怀义乡	4	三　都	1	孙村里	
		九　都	1	格南里	
		十　都	1	塘下里	
		十一都	1	珠金里	

说明：1.表列内容为明隆庆《仪真县志》所载

2.西广陵之六都，隆庆《仪真县志》记为“十六都”，康熙年间知县陆师编修的《仪真县志》时订正为“六都”，从陆志

真州城内开始有5坊，南为安民坊，东为万金坊、崇贤坊，西为长乐坊，北为兴善坊。嘉定年间，郡守潘友文增创5个坊，东为修文，东南为奏凯，北为居敬、枕戈，中为柳营。除在城内增创5坊外，还将城内8条巷道易名为坊，即城南的朝宗、秀野、安济、万柳；东南的澄清、光孝寺；左边的澄江桥、惠爱。因此，真州城内的坊由5个增加到18个。

除城内诸坊之外，城郊和农村还有38个坊，其中城郊有9个坊，东有行村、制锦，西有青鸾、景云，南有清化、衣锦、通漕，北有招庆、迎恩；农村有29个坊，坊名分别为黄池、鸡留、卢家堰、伍相林、曹村、黄土坂、唐家店、长城、中桥、双店、陈家店、西团窝、丰家湾、长巷、二十里店、亭子堽、雉场、鹞子港、小山、塘头、栀子园、陈公塘、渡头桥、灵岩山、何家穴、石涧、石子坂、帐幔和上沛。

元代，真州及其所辖扬子县没有编修州志和县志，其行政区划无文字记载。

（三）明代区划　明代仪真县行政区划仍为乡、都、里制，所辖乡、都、里不同时期略有变化。清道光《仪真县志》转载明嘉靖《仪真县志》记述：“明仪征十四里，在城二里，太平乡七都二里，甘露乡六都二里，归仁乡五都三里，东广陵乡四都一里，西广陵乡七都一里，怀义乡三都三里。”明隆庆《（重修）仪真县志》记载：“国朝但为六乡，东广陵乡辖四都，西广陵乡辖七都，归仁乡辖五都，怀义乡辖三都，太平乡西北辖七都，甘露乡辖六都。”据两部《县志》所记，明代仪真县辖乡都基本相同，与宋代比较，明代所辖6个乡的数字与乡名也没有变化，但所辖都减少，由宋代15个减少为7个，里由15个减少为14个。明代县志在《坊巷》目中只记了各类官员、名人所建的若干牌坊，未见作为行政区划“坊”的记载。嘉靖《仪真县志》记载明代镇有5个，即新城镇、朴树湾镇、何家港镇、石人头镇和陡山铺镇。

（四）清代区划　清代，仪征的行政区划基本沿袭旧制，为乡、都、里、坊，坊为基层行政单位。若干坊设一总董，管理地方事务。全县有6乡7都14里（里的范围以图标示，又称图）、42坊。乡都里数与明代相同。

清代仪征县乡、都、里、坊表

表2-2

乡　名	都			坊		
	都　名	辖　里		位　置	坊　数	坊　名
		里　数	里　名			
怀义乡	在城都	2	在一里　在二里	城　内	9	县　前　小市口　八字桥
	新城都	1	新城里			天宁桥　东门里　府　前
怀义乡	三　都	2	三一里　三二里	城　内	9	鼓楼桥　大市口　南门里

续表2-2

乡名	都			坊		
	都名	辖里		位置	坊数	坊名
		里数	里名			
东广陵里	四都	1	四都里	城东	12	东门外　河北　厂东　厂西
归仁乡	五都	3	五一里			新城　都天庙　二十里铺
			五二里			朴树湾　石人头　旧江口
			五三里			三一　天安庄
甘露乡	六都	2	六一里	城南	11	南门外　二坝　三坝　四坝
						五坝　罗江桥　马驿街　萧
			六二里			公庙　黄泥潭　一钱港
						北新洲
西广陵乡	七都	3	七一里 七二里 七三里	城西	5	西门外　甘草山　岳家山
						白茅墩　枣林岗
太平乡				城北	5	北门外　清水桥　陈公塘
						白洋山　腊山

清代，仪征县所辖镇仍与明代相同，为新城镇、朴树湾镇、石人头镇、何家港镇、陡山铺镇。除此，还有3个集，即月塘集、官塘集和龙河集。

二、民国时期区划

（一）民国初期区划　民国初年，沿袭晚清旧制，为乡坊制。民国10年（1921年），实行县与市、乡两级自治，县以下实行市乡制。全县设2市3乡：城厢市、南区市、东区乡、西区乡、北区乡。市乡下设坊，除城厢市外，其他1市3乡共有53坊。

民国14年（1925年）仪征县市、乡、坊表

表2-3

市乡	境界	坊数	所辖坊名
城厢市	冬至东关闸，南至大码头 西至万年桥，北至虮蜡庙	——	——
南区市	南滨大江，东南跨江依泗业洲与丹徒相望，西界沈家集，北界城厢市	7	黄泥滩　萧公庙　罗江桥　一戗港　北薪洲 旧港　补薪洲
东区乡	东界江都，南沿黄泥滩 西界城厢市，北及西北 沿山界北区乡	17	厂东　厂西　河北　新城　天安庄前 东天安庄前西　天安庄后左　天安庄后右 石人头河北　石人头河南　都天庙　二十里铺 朴树湾河北　朴树湾河南　四都前　三乙前 三乙后
西区乡	东南界南区市，东界城厢市，西界六合，北界江都、东北界北区乡	12	山下　青山　白茅墩　岳前　岳后　枣林岗前 枣林岗后　枣林岗左　枣林岗右
北区乡	东界江都，东南沿山麓界东区乡，南界城厢市，北界江都	17	太平　陈公塘前　陈公塘后　陈公塘左　陈公塘右 白洋山前　白洋山后　白洋山左　白洋山右　捺山前 捺山后　捺山左　捺山右　清水桥前　清水桥后 清水桥中　清水桥右

(二)北伐战争胜利后至抗战前区划　民国17年(1928年)撤销市、乡和坊,改为区、乡(镇)。全县划分为5个区、106乡、35镇。乡以下设闾(25户为一闾),闾下设邻(5户为1邻),全县计有1429闾、7009邻。

民国18年(1929年)仪征县区乡(镇)表

表2-4

区别	所辖乡镇数		乡镇名
	乡	镇	
第一区(区公所在县城义仓)	12	9	民治镇 崇化镇 民权镇 乐仪镇 河东镇 河西镇 同仁镇 临江镇 胥浦镇 西桃坞乡 寄马乡 濂溪乡 击竹乡 石碑乡 清水乡 红叶乡 古井乡 甘露乡 太平乡 河北乡 梅花乡
第二区(区公所在朴树湾)	24	4	新城镇 新北乡 东桃坞乡 金桥乡 黄荡乡 龙涧乡 毛桥乡 通江乡 花园乡 毛营乡 天安乡 李桥乡 古河乡 河北镇 东堡乡 湾荡乡 徐集镇 石桥乡 乡光乡 朴东乡 朴席镇 五都乡 五圣乡 朴西乡 泰子乡 东都乡 西都乡 新南乡
第三区(区公所在十二圩)	13	14	北薪乡 永兴乡 西坞乡 河西乡 旧港乡 望治乡 新民乡 补薪乡 集贤乡 聚贤乡 进贤乡 爱和乡 居仁乡 博爱镇 丰畅镇 衡永镇 永隆镇 隆中镇 新安镇 益智镇 湘玉镇 幸福镇 毓奇镇 楚善镇 芦隐镇 利博镇 调和镇
第四区(区公所暂设黄家坟)	25	4	佐安镇 农歌乡 新堤乡 甘草乡 务本乡 新慧乡 望江乡 青山乡 卧龙乡 奎山乡 秋藤乡 公济乡 枣林乡 安墩乡 陈堡乡 黄钟乡 安平乡 三民乡 东沟镇 玉石乡 光化乡 双玉乡 中令乡 长山乡 旱塘乡 钟宁镇 惠龙乡 月塘镇 北固乡
第五区(区公所暂设十二里岔)	32	4	大同镇 捺山乡 邻甘乡 接皖乡 板桥乡 蔡湖乡 云谷乡 铜山乡 九里香 凤凰乡 玉栗乡 蒋圩乡 草荡乡 野鸭山 基山乡 三官乡 马埧乡 陈塘乡 白洋镇 官塘乡 凌桥乡 许井乡 三茅乡 金山乡 白洋乡 三角乡 缪山乡 蓝桥乡 郑山乡 新民镇 清水镇 便益乡 连邦乡 高营乡 石嘴乡 巴祠乡

民国21年(1932年)区乡下废除闾邻,推行保甲制。通过核查户口,编组保甲,10户为甲,10甲(城区25甲)为保,同时合并乡镇。仪征县仍为5个区,但乡镇合并为44乡、22镇。

第一区辖6乡4镇:先农乡、三将乡、永庆乡、冷红乡、白沙镇、都会镇、古湄乡、胥浦乡、新仪镇、文山镇。

第二区辖10乡4镇:天安乡、作民乡、塔影乡、朴席镇、新城镇、隆觉镇、乡光乡、古都乡、紫竹乡、花园乡、寄运乡、光裕镇、桃坞乡、新路乡。

第三区辖8乡7镇:沙河乡、西坞镇、丰畅镇、衡永镇、益隆镇、玉福镇、合铺镇、芦隐镇、黄泥乡、三乙乡、双桥乡、补薪乡、河西乡、旧港乡、望江乡。

第四区辖11乡3镇:农歌乡、滨江乡、佐安乡、永安乡、龙山乡、北固乡、安墩乡、月塘镇、长山乡、光化乡、钟宁镇、陈堡乡、枣林乡、东沟镇。

第五区辖9乡4镇:大同镇、新民镇、龙河镇、缪山乡、三茅乡、三官乡、九里乡、陈塘乡、巴祠乡、清水镇、蒋圩乡、凌桥乡、皖甘乡。

(三)抗日战争时期区划　抗日战争时期,仪征境内先后有国民党仪征县政府、抗日民主政府和汪伪政府，其中抗日民主政府名称几经变化，国民党政府和汪伪政府所辖区、乡也有变化。民国26年（1937年）12月，日本侵略军侵占仪征县城，翌年春国民党仪征县政府在月塘重建，仪征县绝大部分地区沦陷。日伪在县城先后成立伪维持会、自治会、县公署和县政府，仅控制县城及周边地区。

民主政权仪征县区划　民国29年（1940年）4月，国民党仪征县政府溃散，中国共产党领导的仪征县抗日民主政府在月塘海会寺成立。县民主政府下辖5个区和一个办事处：一区（县城以北）、二区（新集、龙河之间），四区（胥浦以西），五区（谢集、新民之间），六区（月塘、移居等地）、湖西办事处（陈集、古井一带）。民国30年（1941年）5月，日伪军在谢集建立据点，仪征抗日民主政府的一、二、五区和湖西办事处撤销。民国31年（1942年）春，民主政府成立七区（天长谕兴集附近），并将原二区和五区合并称为二五区（在龙河、新集一带），10月，原属抗日民主政府的冶山县新篁区划归仪征县。此时，仪征县民主政府下辖5个区，即：四区、六区、七区、二五区（后划属湖西工委、甘泉县）和新篁区。

民主政权东南办事处区划　民32年（1943年）2月，仪征县和冶山县合并成立东南办事处（县级政权机构），下辖谢集、月塘、胥浦、塔山、樊集、八百、四合、东庙、钟宁、金集、新篁11个区。

民主政权冶山县区划　民国32年（1943年）9月，撤销东南办事处，恢复冶山县。冶山县辖12个区，原东南办事处所辖11个区中，新篁区划属六合县，增设铜山区和移居区。民国34年（1945年）5月~6月间，六合县撤销，所辖新篁、王子、南圩3区划入冶山县。冶山县辖15个区：塔山区、金集区、东庙区、四合区、樊集区、八百区、谢集区、月塘区、钟宁区、铜山区、胥浦区、新篁区、南圩区、王子区。

民主政权仪扬县区划　民国33年（1944年）9月，成立仪扬县抗日民主政府，下辖5个区：新城区、龙河区、朴席区、仓颉区和三河区。

民主政权湖西办事处、甘泉县区划　民国31年（1942年）年初，中共皖东工委津浦路东区委决定重新开辟湖西地区，在陈集、古井一带成立湖西办事处（县级政权机构），下辖路南区（陈集、刘集、古井一带）、路北区（黄珏、公道桥一带）和从仪征县划入的二五区。民国32年（1943年）6月，湖西办事处与水南办事处合并成立甘泉县抗日民主政府，下辖14个区：大仪区、古井区、陈集区、龙河区、朴席区、公道区、菱塘区、送桥区、杨庙区、黄珏区、槐子区、甘泉区、王子区和秦仁区。

上述仪征地区先后建立的仪征县、东南办事处、冶山县、仪扬县、湖西办事处和甘泉县等县级抗日民主政权，先后辖35个区，195个乡，其中，后来属于仪征县（市）范围的有12个区、75个乡，具体情况见下表。

仪征市境抗日战争时期民主政权区、乡表

表2-5

区　名	建立时间与隶属演变	辖乡数	所辖乡（镇）名
大仪区	民国32年（1943年）秋建，一直隶属甘泉县	9	大仪镇　盛棠乡　杭集乡　诸公乡　青墩乡　双涧乡　高田乡　墩头乡　公路乡
陈集区	民国32年（1943年）3月建，先后隶属湖西办事处和甘泉县	7	陈集镇　高集乡　丁桥乡　界墩乡　万集乡　沙集乡　青莲乡
古井区	民国32年（1943年）10月从陈集划出单独建区，一直隶属甘泉县	7	刘集乡　盘古乡　古井乡　铁牌乡　张竹乡　百寿乡　司徒乡
龙河区	民国29年4月至30年4月建二区，31年8月建二五区，33年5月分为龙河、朴席区，先后隶属仪征、湖西、甘泉和仪扬县	8	龙河镇　三茅乡　白羊乡　凌桥乡　官塘乡　庙山乡　龙王乡　蓝桥乡
新城区	民国34年（1945年）3月建，属仪扬县	9	新民乡　虎山乡　岔镇乡　盘山乡　三将乡　三官乡　陈塘乡　蒋圩乡　永庆乡

续表2-5

区　名	建立时间与隶属演变	辖乡数	所辖乡(镇)名
朴席区	民国33年2月从二五区划出单独建区,先属甘泉县,后属仪扬县	10	塔影乡　紫竹乡　天安乡　扁松乡　花园乡　隆觉乡　洪桥乡　双桥乡　青龙乡　带子乡
月塘区	民国29年6月建区,先后属仪征县东南办事处、冶山县	7	月塘乡　曹集乡　移居乡　长兴(乔王)乡　光华乡 乌山乡　铜山乡
移居区	民国33年12月建区,1945年4月撤销,隶属冶山县		始辖6乡,后移居乡、乌山乡并入月塘区,另4个区分别并入六合和天长
胥浦区	民国29年4月建四区,6月改为胥浦区,先后属仪征县、东南办事处、冶山县	10	大安乡　永安乡　安墩乡　佐安乡　枣林乡　长山乡 滨江乡　农歌乡　清水乡　龙山乡
铜山区	民国33年12月建,民国34年秋撤销,隶属冶山县		所辖5个乡,列入胥浦区
谢集区	民国29年4月建,民国30年4月撤销,民国32年6月重建,先后隶属仪征县、东南办事处、冶山县	5	谢集乡　铁填乡　捺山乡　巴祠乡　九里乡
一　区	民国29年4月建区,民国30年4月撤销	3	先农乡　永庆乡　三将乡

民国34年(1945年)3月汪伪仪征县所辖区、乡表

表2-6

区　名	所辖乡(镇)名	所辖乡数	所辖保数
第一区	新仪镇　文山镇　都会镇　白沙镇　冷红乡　先农乡　古湄乡　永庆乡　三将乡　胥浦乡	10	66
第二区	新城镇　古都乡　寄运乡　桃坞乡　天安乡　朴席镇　作民乡　隆觉乡　塔影乡　乡光乡　新路乡　光裕镇　紫竹乡　花园乡	14	79
第三区	沙河乡　西畅镇　永丰镇　芦隐镇　隆福镇　江浦乡　补薪乡　黄泥乡　三乙乡　双桥乡　佐安乡　农歌乡　滨江乡　龙山乡　永庆乡	15	63
第四区	安墩乡　枣林乡　光化乡　陈堡乡　长山乡　东沟镇　钟林镇　月塘镇　北固乡　三官乡　大同镇　蒋圩乡　陈塘乡　龙河镇	14	89
第五区	凌桥乡　新民镇　巴祠乡　清水镇　三茅乡　缪山乡　九里乡　皖甘乡	8	91

说明:抗日战争时期,汪伪在仪征县建立的伪政权,其行政区划基本依照国民党县政府旧制,第三区所属乡镇由15个合并为10个,全县计61个乡镇。当时,除第一区、第三区和第二区的部分乡(镇)外,第四区、第五区和第二区的部分乡(镇)均在抗日民主政府控制之下。

(四)解放战争时期区划　抗日战争胜利后,国民党接收仪征县城及附近地区,仪征县境民主政权与国民党政权并存。民国35年(1946年9月)共产党领导的政府军队北撤,一度时期仪征境全部为国民党政权统治;民国37年(1948年)秋,共产党军队南下恢复民主政权后,近1年时间内,共产党民主政权与国民党政权并存,直至1949年4月仪征县城解放。

1.国民党统治区区划　抗日战争胜利后,国民党进县城接收,成立仪征县政府,行政区划仍保持61乡、镇。民国36年(1947年)2月,调整为42乡、镇(包括原江都县的移居、曹集、谢集3乡),下辖361保、3605甲。

第一区辖3镇4乡：新仪镇、都会镇、胥浦镇、古湄乡、永庆乡、义勇乡、雍和乡

第二区辖4镇4乡：朴席镇、纯孝镇（原隆党镇）、徐集镇（原光裕镇），新城镇、乡光乡、花竹乡、天安乡、古运乡。

第三区辖2镇4乡：民族镇、民权镇、沙河乡、民主乡、应天乡、双桥乡。

第四区辖3镇8乡：东沟镇、钟宁镇、月塘镇、农歌乡（后改为扬子乡）、新慧乡、大安乡、枣林乡、长光乡、陈堡乡、移居乡、曹集乡。

第五区辖4镇6乡：清水镇、新民镇、大同镇、龙河镇、康五乡（后划分为三官、陈塘乡）、皖甘乡、九里乡、三茅乡、张集乡（原为缪山乡）、谢集乡。

国民党仪征县政府接收初期，名义上辖5个区，实际上只能控制仪扬公路以南的一块地区，其余均在民主政府控制之下。民国35年（1946年）9月，民主政府北撤以后，仪征县所辖区乡才为国民党县政府完全控制。民国37年（1948年）下半年，仪征县北部大部分区乡又恢复为东南县民主政府所辖的解放区。其时，国民党仪征县政府不得不调减区乡，只剩下两个区、两个直属镇，12个乡，即：凌桥区，下辖土桥、朴席、隆党、金桥、桃坞、白羊6乡；铜山区，下辖铜山、捺山、方山、长山、甘草、北新6个乡；两个直属镇为真州镇和仪圩镇。民国38年（1949年）4月，仪征县全境解放。

2.共产党领导的仪征地区区划 战争时期，仪征境内的解放区先后建立仪征县、东南县、仪扬县与仪征县民主政府，其所辖行政区划经常变化。

仪征县区划 民国34年（1945年）8月抗日战争胜利，仪征县抗日民主政权成为人民民主政权，仪扬县改称仪征县，冶山县改称六合县，行政区划作调整：原属仪扬县的龙河、新城、朴席区划属仪征县，三河区、仓颉区划属甘泉县，原属冶山县的月塘、铜山、谢集、胥浦划属仪征县。10月，铜山区撤销。至民国35年（1946年）9月北撤时，仪征县辖龙河、新城、朴席、月塘、谢集、胥浦6个区，甘泉县辖陈集、古井、大仪、公道、菱塘、送桥、杨庙、黄珏、槐子、甘泉、秦仁、王桥、仓颉、三河14个区。

民国35年（1946年）7月，国民党军队进攻解放区。9月，仪征县和甘泉县民主政府全部北撤，至民国37年（1948年）4月，仪征、甘泉地区成为国民党仪征县政府和江都县政府的统治区。民国37年（1948年）4月，共产党领导的军队和行政人员从山东南下恢复解放区，至1949年10月新中国成立，先后成立东南县、仪扬县和仪征县。

东南县区划 民国37年（1948年）7月，江淮一专区区署决定在淮宝地区成立东南县民主政府，南下天六仪扬地区，至11月，东南县政府控制东起赤岸湖，西至六（合）马（集）公路，南至十二里岔，北濒高邮湖的广大地区，先后建立五个工委，19个区。19个区是：菱塘、水上、黄珏、公道、陈集、大仪、古井、月塘、谢集、凌桥、秦仁、金集、樊集、钟宁、杨庙、胥浦、东沟、岔河和新城区。东南县的辖区中，现今属于仪征市范围的有古井、陈集、大仪、谢集、月塘、胥浦、凌桥、新城8个区65个乡。

仪扬县区划 民国37年（1948年）11月，苏皖边区第二行政区署决定，撤销东南县，成立仪扬县。原东南县所属金集、东沟、钟宁、樊集区划归六合县，撤销谢集、古井、汊河、水上、大仪区，增设仪圩区、仪城区，杨庙区更名为甘泉区。民国38年（1949年）2月，秦仁区划归安徽省炳辉县（今天长市）。这时，仪扬县辖仪城、仪圩、月塘、甘泉、陈集、胥浦、凌桥、新城、公道、菱塘、黄珏11个区113乡，750个村（保），除甘泉、公道、菱塘、黄珏4区外，其他区均属现今仪征范围。

仪征县区划 民国38年（1949年）2月，仪扬县从江淮一专区划属华中二专区，同时更名为仪征县。4月，仪征县全境解放。5~6月间，根据苏北行政区专员公署指令，仪征县除划出部分区、乡外，还对县以下行政区划作适当调整，并全部改为区、乡、村制。菱塘区全境和公道区的南茶（该乡南部两个保不划）、准提、黄栋3乡划归高邮县；甘泉区、黄珏区全境和公道区的公道镇、赤岸、桑园、柏树乡划归扬州市；撤销公道区，新成立大仪区，原公道区的大仪镇和盛棠、诸公、杭集乡、南崧乡两个保及陈集区的六巷、高田、万集、双涧乡和古井乡九个保，划归大仪区；凌桥区划出徐集、隆党、天安、塔影乡归朴席区（原仪圩区改名），划出高集乡归陈集区；新城区划出恒华、新民乡归凌桥区；朴席区带子乡划归新城

区;凌桥区划出捺山、巴祠、铜山乡归月塘区;撤销仪城区,将永庆、三将乡划归新城区,清水、古湄乡划归胥浦区,新仪、文山两镇合并成立真州镇;朴席区的世业乡划给丹徒县。5月,成立都会镇。9月,成立十二圩镇。至新中国成立前夕,全县辖7个区、75个乡(镇)、3个直属镇、462个村、4126个组。

民国38年(1949年)9月仪征县行政区划表

表2-7

区、直属镇名称	辖乡镇数	乡(镇)名	辖村数
新城区	11	三官乡 沙河乡 冷红乡 蒋圩乡 三将乡 桃坞乡 带子乡 岔镇乡 新城镇 永庆乡 新北乡	62
朴席区	9	青龙乡 蒲新乡 双桥乡 三乙乡 五星乡 隆觉乡 徐集乡 朴席镇 天安乡	65
胥浦区	12	古湄乡 滨江乡 农歌乡 大安乡 青山乡 佐安乡 安墩乡 枣林乡 永安乡 长山乡 清水乡 胥浦乡	60
凌桥区	12	新集乡 扁松乡 方桥乡 紫竹乡 白羊乡 庙山乡 新民乡 恒华乡 龙王乡 凌桥乡 三茅乡 龙河镇	70
大仪区	9	诸公乡 杭集乡 万集乡 高田乡 六巷乡 古井乡 大仪镇 盛棠乡 双涧乡	48
陈集区	10	界墩乡 沙集乡 丁桥乡 青莲乡 铁牌乡 盘古乡 司徒乡 高集乡 陈集镇 刘集乡	62
月塘区	12	谢集乡 捺山乡 巴祠乡 长兴乡 乌山乡 九里乡 龙山乡 月塘乡 移居乡 铁坝乡 铜山乡 曹集乡	70
直属镇	3	真州镇 十二圩镇 都会镇	25

三、新中国成立后区划

(一)区、乡、镇制

新中国成立后,仪征县的行政区划仍承袭原来的区、乡镇制,区下设乡镇。乡镇下设村、组。1950年4月17日,仪征县经上级批准,发布《仪征县政府关于划分调整区乡的训令》,对区、乡镇作了较大调整,恢复成立仪城区,新成立新民区。各区管辖乡、镇调整如下:仪城区管辖真州、都会和十二圩3个镇;新民区管辖新民、恒华、清水、三官、永庆、岔镇、铜山、巴祠和捺山9个乡镇;朴席区划出蒲新乡全部、三乙乡一部归新城区,十二圩直属镇的河西街划归新城区管辖;凌桥区划出方桥、紫竹、扁松、新集4乡归朴席区管辖;划恒华、新民2乡归新民区管辖;陈集区划出刘集、盘古2乡归凌桥区管辖;胥浦区划出长山乡归月塘区管辖,划清水乡归新民区管辖;月塘区划捺山、巴祠、铜山3乡归新民区管辖,同时新设公坝乡;新城区划岔镇、永庆、三官3乡归新民区管辖;大仪区所辖乡镇不变。此次区划调整后,至年末,全县计有9个区、72个乡、7个镇(其中直属镇3个)、450个村、3902个组。

1950年年末仪征县行政区划表

表2-8 单位:个

区 名	所辖乡镇数	乡镇名	所辖村数	所辖组数
朴席区	12	紫竹乡 新集乡 扁松乡 方桥乡 青龙乡 双桥乡 隆觉乡 徐集乡 天安乡 五星乡 三乙乡 朴席镇	81	732
凌桥区	8	刘集乡 盘古乡 龙河乡 白羊乡 庙山乡 三茅乡 龙王乡 凌桥乡	51	409

续表2-8

区　名	所辖乡镇数	乡镇名	所辖村数	所辖组数
新城区	9	蒲新乡　沙河乡　冷红乡　蒋圩乡　三将乡　桃坞乡　带子乡　新北乡　新城镇	55	517
新民区	9	新民乡　恒华乡　清水乡　三官乡　永庆乡　岔镇乡　铜山乡　巴祠乡　捺山乡	46	435
胥浦区	10	佐安乡　安墩乡　枣林乡　古湄乡　农歌乡　永安乡　大安乡　青山乡　滨江乡　胥浦乡	48	433
月塘区	11	长山乡　谢集乡　月塘乡　乌山乡　九里乡　曹集乡　移居乡　铁坝乡　长兴乡　龙山乡　公坝乡	56	416
陈集区	8	界墩乡　沙集乡　丁桥乡　青莲乡　铁牌乡　司徒乡　高集乡　陈集镇	41	354
大仪区	9	诸公乡　杭集乡　双涧乡　万集乡　盛棠乡　高田乡　六巷乡　古井乡　大仪镇	48	463
仪城区	3	真州镇　都会镇　十二圩镇	24	143

1953年和1954年，仪征县行政区划又有多次调整。这些调整，除了区、乡镇以外，选区（村）调整也要报经省政府批准。1953年1月，经省政府同意，陈集区青莲乡划3个村归铁牌乡；2月，朴席区隆觉乡的张庄、五连等3个村划归朴席镇。1954年6月，撤销新民区建制，所属永庆乡划归新城区，三官、恒华、新民乡划归凌桥区，清水、岔镇乡划归胥浦区，铜山、捺山、巴祠乡划归月塘区。同时，将月塘区的长山、公坝乡划归胥浦区。不久，公坝、长山2乡合并为长山乡。凌桥区的刘集、盘古乡划归陈集区。同年7月1日，省人民政府批复，同意仪征县撤销仪城区建制，原属真州、都会2镇合并为真州镇，与十二圩镇一起改为县直属镇。同时，将朴席区双桥乡所辖之西妃、岔路两村划归江都县瓜洲区瓜西乡管辖；江都县瓜州区瓜西乡七村划归仪征县朴席双桥乡。至1955年3月，仪征县辖7个区、2个直属镇，75个乡。

1955年3月仪征县区乡情况表

表2-9　　单位：个

区、直属镇名称	所辖乡数	乡　名
大仪区	9	杭集　诸公　大仪　盛棠　双涧　万集　高田　六巷　古井
陈集区	10	界墩　青莲　铁牌　刘集　盘古　司徒　高集　丁桥　陈集　沙集
月塘区	12	移居　乌山　长兴　曹集　铁坝　月塘　谢集　龙山　捺山　巴祠　九里　铜山
凌桥区	9	白羊　新民　三茅　庙山　龙王　凌桥　龙河　三官　恒华
朴席区	12	扁松　花园　紫竹　新集　徐集　隆觉　天安　朴席　五星　青龙　三乙　双桥
新城区	10	新北　桃坞　永庆　三将　新城　古都　带子　蒲新　冷红　沙河
胥浦区	13	长山　公坝　清水　安墩　大安　枣林　青山　永安　佐安　胥浦　古湄　农歌　滨江
真州镇　十二圩镇		

1956年1月23日，江苏省人民委员会通知，仪征县从2月起划归镇江专区管辖。是年12月24日，省人委又通知，将仪征县划回扬州专区管辖。当年，除仪征县划入镇江又划回扬州外，县内行政区划亦有较大调整：3月，撤销陈集区，并入大仪区；4月撤销新城区并入朴席区。同时对乡进行调整合并，调整后，全县辖5个区、42乡，2个直属镇，3个直属乡。具体情况如下：

大仪区：辖杭集、高田、大仪、古井、双涧、界墩、陈集、铁牌和盛棠9个乡。

月塘区：辖九里、沙集、月塘、谢集、移居、曹集、巴祠和高集8个乡。

胥浦区：辖胥浦、农歌、青山、枣林、长山和岔镇6个乡。

凌桥区：辖司徒、刘集、盘古、三茅、庙山、龙河、三官、恒华和新民9个乡。

朴席区：辖三将、带子、新城、双桥、朴席、新集、扁松、天安、徐集和沙河10个乡。

直属镇：真州镇、十二圩镇。

直属乡：古都乡、永庆乡、佐安乡。

（二）乡、镇、社制

1957年2~3月，根据省统一部署，仪征县撤区并乡，撤销区的建制，将原来47个乡镇合为2个镇、26个乡。2月6日至25日，县委、县人委组织工作组深入区、乡，与区、乡干部一道研究讨论撤区并乡的方案。2月26日至28日，召开县、区、乡干部会议，宣布新设立乡的组织机构和人员，要求迅速做好交接工作，制定相关制度，保证乡一级政府尽快运转。3月4日，县人民委员会召开第二届二次委员会，通过撤区并乡的决定。8月，县人委会向省民政厅报告仪征县新设乡镇情况，全县计设2个镇、26个乡，即：真州镇、十二圩镇，古都、新城、朴席、土桥、天安、新集、胥浦、佐安、青山、岔镇、枣林、铜山、谢集、月塘、移居、高集、恒华、龙河、庙山、刘集、铁牌、陈集、双涧、大仪、杭集和古井乡。是年10月，经上级批准，撤销双涧、铁牌、高集、枣林、佐安、古都和天安7个乡，调整合并为19个乡、2个镇。原来乡镇所辖村一级基层组织，由于农业合作化运动的发展，基本上都由新成立的高级农业生产合作社所代替，至1957年年末，全县21个乡镇，计辖272个高级农业生产合作社。

1957年年末仪征县乡（镇）、社情况表

表2-10　　单位：个

乡镇名	所辖社数	所辖高级农业生产合作社名称
大仪乡	12	双塘　路南　高田　凤岑　万集　东林　河南　河北　河东　路北　路东　河西
杭集乡	11	张家　千棵　盛棠　仓房　阚庄　小巷　大巷　康营　朱桥　河塘　夏塘
古井乡	9	利民　仓房　百寿　中心　袁井　六巷　铁牌　陈巷　高彭
刘集乡	14	国庆　余桥　联营　丰产　建军　黄营　新华　五星　张庄　管仓　联合　草房　下黄　夏窑
谢集乡	13	丁公　和平　四庙　齐庄　美华　联合　卢营　郑营　三营　关塔　红旗　胡营　张营
移居乡	8	大营　乌山　桃园　樊公　砚塘　曹营　移居　葛岗
月塘乡	11	高营　任扬　九里　龙塘　赵桥　张岗　一社　二社　三社　海会　魏井
陈集乡	26	新建　联合　沈庄　林桥　开建　龚庄　草庵　大桥　红星　工农　刘营　宣营　高塘　友好　五星　银桥　兴隆　荷花　余庄　薛庄　光荣　一社　二社　八里　红旗　五星
铜山乡	10	和平　前进　胜利　一社　二社　三社　四社　铜山　程营　山头
岔镇乡	7	联合　合兴　太平　和平　新华　王楼　永丰
龙河乡	8	凌桥　官胜　人民　周营　三官　丁冲　街胜　马坝
青山乡	7	福利　胜利　大华　永安　陡山　青山　大新
真州镇	10	同心　石塔　五一　三元　五星　合兴　八一　边江　都丰　永庆
土桥乡	17	青龙　三联　石街　红庙　杨涵　仓基　陈扬　田圩　红星　冯庄　汴河　黄泥　蔡桥　赵庄　曹桥　三乙　土桥

续表2-10

乡镇名	所辖社数	所辖高级农业生产合作社名称
新集乡	22	蔡桥 方桥 洪桥 三友 钟圩 松园 高庄 光明 花园 光华 一社 二社 聂桥 三截 联盟 朱营 李营 新华 中华 王营 北桥 土沟
朴席乡	24	徐集 蒋桥 石桥 居圩 塔影 湾荡 五连 人民 国宝 洪桥 祁毛 黎明 先锋 孔庄 李桥 井圩 严桥 梁湾 勤丰 五星 彩虹 孔桥 卓楼 石人
十二圩镇	7	红旗 沙河 永兴 蒲新 热心 弓尾 头圩
胥浦乡	20	一社 二社 三社 四社 五社 六社 七社 三八 万年 和平 古涓 新河 先进 甘草 时营 光明 十五里墩 周兴 钱湾 石碑
新城乡	18	三将 破山 大兴 严桥 郁桥 新华 新北 新民 劳动 联盟 金桥 七一 古都 二闸 罗庄 大楼 砖桥 荷花
恒华乡	11	高营 利群 红旗 金桥 张营 邱营 新民 姚桥 李营 张山 牌坊
庙山乡	7	庙山 江宁 华丰 勤丰 国庆 长春 中心

（三）人民公社制

公社建立与调整 1958年9月，全县乡（镇）和高级农业生产合作社相继撤销，成立13个人民公社，不久合并为5个规模较大的公社：青山公社、滨江公社、白羊公社、峨嵋山公社和大仪公社。同年11月，滨江公社所属原徐集、蒋桥、石桥和石人高集农业生产合作社划给扬州市。

1959年1月，成立青山矿区，同年2月，5个大公社划分为14个人民公社，即：滨江划分为新城、朴席人民公社，青山划分为青山、铜山、岔镇、真州人民公社，白羊划分为龙河、刘集、恒华人民公社，峨嵋划分为月塘、谢集人民公社，大仪划分为陈集、大仪、古井人民公社。人民公社是政社合一组织，下设生产大队，生产大队下设生产队。

此后人民公社常有调整，1960年4月，撤销岔镇、恒华公社，合并成立马集公社；撤销铜山公社，并入青山公社；撤销古井公社，并入刘集公社。撤并后，全县有大仪、陈集、月塘、谢集、马集、龙河、刘集、朴席、新城、青山和真州11个人民公社。

1962年7月，撤销1960年成立的综合农场，建立曹山公社。从青山公社划出部分大队新建胥浦公社。1964年10月，省人委和扬州专员公署批复，仪征重建铜山公社；将新城公社的十二圩街道划出，恢复建立十二圩镇；真州公社恢复为真州镇。至是年年末，全县有新城、朴席、曹山、胥浦、青山、马集、龙河、月塘、谢集、陈集、刘集和大仪12个人民公社，以及真州和十二圩两个镇，另有1个青山矿区。

“文化大革命”期间，仪征社、镇一级行政区划没有变动。“文化大革命”结束后，公社、镇一级行政区划开始作相应调整，社、镇逐渐增加。1978年3月，十二圩镇改为公社，同月成立国营县试验林场。1980年8月，扬州地区行署和省政府批复，从大仪公社划出部分大队成立香沟和大巷公社，从刘集公社划出部分大队成立古井公社，从朴席公社划出部分大队成立新集公社。1982年2月，分别从龙河和月塘公社划出部分大队，成立张集公社和移居公社。至1983年3月，全县共辖20个公社、1个镇、1个矿区办事处，7个国营场圃。

生产大队调整 人民公社成立后，经过省人委、扬州专员公署和仪征人委批准，各公社所属部分生产大队也常有调整，有的划分，有的撤并，有的改变隶属关系。1961年12月，新城公社三将大队划分为三将和刘河大队。1962年1月，刘集公社夏窑大队划分为夏窑和管仓大队；2月，大仪公社大巷大队划分为大巷和小巷大队。1964年10月，曹山公社将蚕桑场划给永丰大队；12月，胥浦公社清水、三八大队和蚕桑场划归曹山公社；是月，大仪公社仓房、夏塘、诸公和东林大队分别更名为公路、吴庄、石桥和泗涧大队。1965年1月，月塘公社大营大队划分为大营、甘冲大队，九里大队划分九里、四庄大队，并将九里大队划归铜山公社，团结和四庄大队划归谢集公社；4月，谢集公社樊公大队更名为铁坝大队，四庙大队更名为街南大队，丁公大队更名为古塘大队；7月，陈集公社界牌大队更名为高塘大队，白龙大队更名为汪营大队，青莲大队更名为青年大队。

“文化大革命”开始后，受当时提出的“破旧立新”口号影响，很多生产大队将队名改成为所谓革命化名称，仅1966年10月，全县更名的生产大队就有29个，分别是：马集公社陈营、张营大队改为爱国、反帝大队；青山公社安山、安墩和官山大队改为新山、胜利和大兴大队；朴席公社天安、青龙大队改为向阳、胜利大队；铜山公社山头、公坝大队改为军民、红光大队；新城公社古都二队、古都一队、冷红、金桥和三将大队，改为东升、越江、跃进、人民和立新大队；刘集公社古井、仓房、管仓、百寿和高彭大队，改为四新、东风、光明、红光和五一大队；龙河公社庙山、官胜和三官大队改为建设、胜利和红光大队；大仪公社千棵、高田大队改为前进、丰收大队；陈集公社界灯大队改为立新大队；月塘公社海会、龙山和龙塘大队改为东风、五一、四新大队；青山蚕桑场圭山大队改为跃进大队。除改名以外，有的公社还调整了部分生产大队。1968年9月，县农业部门的长江捕捞大队划归真州镇。1969年3月，朴席公社紫竹大队撤销，所辖生产队分别划给李营和联盟大队。1969年11月撤销龙河公社先进大队；12月，从新城公社划出红旗、蒲新、弓尾和沙河4个大队归十二圩镇管辖。1970年7月，撤销朴席公社光华大队；8月，青山矿区工农、青山大队合并为团结大队；1974年12月，胥浦公社肖山大队划分为肖南和肖北两个大队。1975年8月，铜山公社前进大队划分为前进、周洼、野山和光华4个大队；12月，朴席公社黄泥、三乙和汴河3个大队划归十二圩镇。

1980年3月，县革委会批准，胥浦公社从沙窝、滨江、沙漫洲、肖南和农歌大队各划出部分生产队，分别成3个蔬菜大队，名称为蔬菜一队、蔬菜二队和蔬菜三队。

考虑到有些生产大队、林场体制规模偏大，不便于管理，1981年10月，仪征县政府向扬州地区行政公署报告，要求对10个生产大队和铜山林场体制进行调整。扬州地区行政公署批准后，仪征于1982年9月批复，同意对大巷公社千棵等10个生产大队和铜山林场规模进行调整，调整为21个生产大队，即：大巷公社千棵大队划分为千棵和蒯庙大队；大仪公社万集大队划分为万集和军田大队；月塘公社魏井大队划分为魏井和余营大队，移居大队划分为移居和大洼大队，乌山大队划分乌山和许营大队；新集公社方桥大队划分为方桥和蔡巷大队，联盟大队划分为联盟和紫竹大队；铜山公社从林场划分出公坝大队。调整后，全县生产大队由253个增加到264个。

生产队调整　人民公社建立以后，有些公社和生产大队，为便于管理，提出调整一些生产队体制，将有些规模较大的生产队划分为两个生产队，少数的规模小的进行合并，或改变名称和隶属关系。县民政局根据有关公社请示报告，逐一研究，提出方案，报县人委或县革委会批准，并由县人委或县革委会批复后予以实施。1960年，真州公社将规模较大、居住分散的26个生产队划分为52个生产队。同年11月，胥浦公社将11个生产队划分为22个生产队。1964年，胥浦公社林场大队的石山、王庄和李庄3个生产队划归青山公社红山大队。1965年4月，谢集公社四庙大队南庵、四庙生产队改为街南和街北生产队。1969年3月，真州镇综合农场合兴生产队与合二生产队合并为联合生产队。1972年6月，胥浦公社团结大队李庄和陈庄生产队合并为红旗生产队。

1981年3月，全县集中对部分生产队进行调整，于3月4日和17日分两批给各公社下发批复，同意有些公社所属生产大队的部分生产队进行划分，一般是1个队划分为两个队，极少数是2个队划分为3个队。

1981年仪征县各公社、镇生产队划分情况一览表

表2-11

公社镇名称	生产大队名称	生产队划分情况
真州镇	五一大队	三元、罗马、马元3个生产队划分为三元、余庄、罗元、联合和马元5个生产队
	长江大队	江边生产队并入边江生产队

续表2-11

公社镇名称	生产大队名称	生产队划分情况
胥浦公社	先进大队	徐庄生产队划分为前徐和后徐生产队
	肖北大队	大塘生产队划分为大塘和高庄生产队
	滨江大队	建设生产队划分为陆庄和孙庄生产队
马集公社	反修大队	姜营生产队划分为姜营和小姜营生产队，团结生产队划为谢营和上庄生产队
	岔镇大队	联合生产队划分为联合和联盟生产队
	合兴大队	向阳生产队划分为草房和魏洼生产队，先锋生产队划分为先进和前进生产队
	蔡湖大队	第一队划分为和平和牌楼生产队
	恒华大队	赵西生产队划分为赵西和朱西生产队
青山公社	跃进大队	四新生产队划分为姑田和黄庄生产队
	农科站	金王生产队划分为金王和徐岗生产队
朴席公社	双桥大队	友爱生产队划分为友爱和友谊生产队，周庄生产队划分为周庄和吴庄生产队，殷庄生产队划分为殷庄和蔡庄生产队
	仓基大队	元庄生产队划分为仓基和元庄生产队，先进生产队划分为杨庄和李庄生产队
	李桥大队	高峰生产队划分为高峰和联合生产队
	塔影大队	先进生产队划分为秦庄和张刘生产队
	曹桥大队	先进生产队划分为先进和曹桥生产队
	土桥大队	曾庄生产队划分为曾庄和雅庄生产队，土桥生产队划分为土桥和沿岸生产队
	农科站	中心生产队划分为中心和友爱生产队
古井公社	袁井大队	周庄生产队划分为周庄和殷庄生产队
	东风大队	井巷生产队划分为南巷和北巷生产队
	纲要大队	陈庄生产队划分为上陈和下陈生产队，罗桥生产队划分为张庄和罗桥生产队，吴庄生产队划分为吴庄和新庄生产队，下冲生产队划分为下冲和下庄生产队
	利民大队	下林生产队划分为林东和林西生产队
	蒋岗大队	梅庄生产队划分为梅庄和余庄生产队
	陈巷大队	立新生产队划分为殷行和小殷生产队
龙河公社	长春大队	郑山生产队划分为郑山和郑南生产队，西庄生产队划分为西营一和西营二生产队，金冲生产队划分为金冲和史庄生产队
	凌桥大队	胡灯生产队划分为胡灯和胡庄生产队
	蚕桑场	高庄生产队划分为高庄和刘庄生产队，过庄生产队划分为过庄和赵庄生产队
	红光大队	百一生产队划为百一和百姓生产队，余营生产队划分为余营和孔庄生产队，庙一生产队划分为庙一和庙二生产队
	周营大队	第一生产队划为第一和周营生产队，联合生产队划分为联合和赵庄生产队
	建设大队	张营生产队划分为上营和下营生产队
	丁冲大队	沙田生产队划分为沙田和河西生产队
新集公社	蔡桥大队	跃进生产队划分为马庄和夏庄生产队
	八桥大队	杭庄生产队划分为杭庄和邱庄生产队
	向阳大队	第三生产队划分为高庄和金庄生产队
	方桥大队	更新生产队划分为阚桥和王桥生产队，洪庄和戴圩生产队划分为阚庄、洪圩和戴圩生产队

续表2-11

公社镇名称	生产大队名称	生产队划分情况
谢集公社	四庄大队	四庄生产队划分为四庄和西庄生产队
	三里大队	三里生产队划分为三里和河洼生产队
	红旗大队	裘庄生产队划分为顺兴和古塘生产队，田营生产队划分为田营和俞庄生产队
月塘公社	双井大队	顺兴生产队划分为顺兴和马庄生产队，合义生产队划分为合义和下经生产队，上经生产队划分为上经和农科生产队，高庄生产队划分为高庄和曹庄生产队
	山郑大队	巷东生产队划分为巷东和巷中生产队，巷西生产队划分为巷西和巷南生产队
	乌山大队	许营生产队划分为许营和殷庄生产队，长庄和下庄两个生产队划分为长庄、下庄和农科三个生产队
	桃园大队	黄竹生产队划分为黄竹和泉木生产队，大房生产队划分为大房和新庄生产队
	魏井大队	殷洼生产队划分为殷洼和吴洼生产队，黄一生产队划分为黄一和漫河生产队，魏井生产队划分为魏井和楼庄生产队
	移居大队	大兴生产队划分为大兴和大桥生产队，汪营生产队划分为汪东和汪西生产队
	曹集大队	曹营生产队划分为曹营和小包生产队，邹庄生产队划分为邹庄和强庄生产队
	张岗大队	花园生产队划分为花东和花西生产队
	农科站	吴岗生产队划分为吴东和吴西生产队
	长兴大队	叶西生产队划分为叶西和农科生产队
	葛岗大队	曹庄生产队划分为曹庄和小洪营生产队
	甘冲大队	跃进生产队划分为跃进和农科生产队
陈集公社	青年大队	第一生产队划分为后庄和何庄生产队，第三生产队划分为倪庄和阚坝生产队，第十二生产队划分为也庄和灯塘生产队
	光荣大队	靴塘生产队划分为大靴和小靴生产队，梅庄生产队划分为梅庄和江庄生产队
	工农大队	曾庄生产队划分为曾一和曾二生产队，工农生产队划分为工一和工二生产队，新营生产队划分为新营和蒋庄生产队，祁庄生产队划分为祁庄和祠堂生产队
	高塘大队	中心生产队划分为王庄和卞庄生产队，红旗生产队划分为旗一和旗二生产队
	红星大队	团结生产队划分为吴庄和马庄生产队，蒲塘生产队划分为蒲塘和湾塘生产队
	薛庄大队	前进生产队划分为张庄和官塘生产队，光明生产队划分为蒋庄和大庄生产队，中心生产队划分为殷庄和太平生产队，跃进生产队划分为吴庄和黄桥生产队，联合生产队划分为姜庄、陈庄和新庄生产队，团结生产队划分为詹庄、梅庄和刘庄生产队，友好生产队划分为五嘴和沈庄生产队
	沙集大队	南井生产队划分为南井和卜庄生产队，团结生产队划分为辛庄和碾坊生产队，联合生产队划分为联合和金庄生产队
	汪营大队	顾庄生产队划分为顾庄和周庄生产队，同建生产队划分为东同和西同生产队，高庄生产队划分为上高和西庄生产队，三里生产队划分为三里和果场生产队，庆华生产队划分为姜庄和房庄生产队，汪营生产队划分为汪营和徐庄生产队，余庄生产队划分为东余和西余生产队，太平生产队划分为太平和龚庄生产队
	余庄大队	和平生产队划分为和平和魏庄生产队，山塘生产队划分为山塘和灯塘生产队，梅庄生产队划分为梅庄和戴庄生产队
	立新大队	松埂生产队划分为松埂和前沈生产队，红旗生产队划分为红旗和徐庄生产队
刘集公社	联营大队	红星生产队划分为红星和仓房生产队，红旗生产队划分为红旗和徐庄生产队

续表2-11

公社镇名称	生产大队名称	生产队划分情况
刘集公社	国庆大队	户庄生产队划分为户庄和黄楝生产队，盘古生产队划分为盘古和下庄生产队
	建军大队	五一生产队划分为王庄和张凹生产队
	联合大队	姚庄生产队划分为姚庄和光荣生产队，十房生产队划分为十房和东风生产队，吕庄生产队划分为昌东和联合生产队，姚山生产队划分为姚山和埂姚生产队，团南生产队划分为团南和姑田生产队
	黄营大队	魏庄生产队划分为魏庄和魏东生产队，坝边生产队划分为坝边和坝北生产队
	大房大队	汤庄生产队划分为汤庄和顾庄生产队，左庄生产队划分为左庄和陈庄生产队
	蚕桑场	上巫生产队划分为上巫和大塘生产队，胡田生产队划分为胡田和胡南生产队，红星生产队划分为红星和洪庄生产队
	光明大队	光明生产队划分为光明和邱庄生产队
	白羊大队	阚村生产队划分为村庄和阚庄生产队，公巷生产队划分为公巷和巷南生产队
	五星大队	北庄生产队划分为北庄和下庄生产队，军田生产队划分为跃进和先锋生产队，双竹生产队划分为双竹和冯庄生产队，赵庄生产队划分为赵庄和陈庄生产队
	农科站	前进生产队划分为前进一队和前进二队，红旗生产队划为红旗和何营生产队
大仪公社	青墩大队	团结生产队划分为余庄和小郑生产队，余庄生产队划分为于庄和灯塘生产队
	石桥大队	永和生产队划分为安庄和万庄生产队
	双塘大队	官塘生产队划分为圣庄和张庄生产队
	高田大队	高田生产队划分为高田和汪庄生产队
	万集大队	王庄生产队划分为花庄和王庄生产队，柏庄生产队划分为柏庄和联合生产队，楼庄生产队划分为楼庄和周庄生产队，郑庄生产队划分为联明和郑庄生产队，彭庄生产队划分为彭庄和吴庄生产队，万集生产队划分为万集和樊庄生产队
大巷公社	千棵大队	郝庄生产队划分为郝庄和杨庄生产队，龚庄生产队划分为龚庄和王庄生产队，同心生产队划分为同心和唐庄生产队，牛庄生产队划分为牛庄和姚塘生产队
	盛棠大队	前进生产队划分为乔庄和卞庄生产队，和平生产队划分为和平和北徐生产队
	公路大队	吴庄生产队划分为吴庄和六房生产队，冯庄生产队划分为冯庄和强庄生产队
	杭集大队	朱庄生产队划分为朱庄和小康营生产队，康营生产队划为东庄和大康营生产队
	大巷大队	纪山生产队划分为纪山和余庄生产队
	小巷大队	张庄生产队划为张庄和赵庄生产队，小巷生产队划分为小巷和高庙生产队
	何巷大队	公路生产队划分为周庄和李庄生产队
	朱桥大队	胜利生产队划分为黄庄和杨庄生产队，朝阳生产队划分为朱庄和高坝生产队，中心生产队划分为中心和严庄生产队，联合生产队划分为七塘和下庄生产队，红旗生产队划分为王庄和陈庄生产队
香沟公社	香沟大队	前进生产队划分为丁庄和方庄生产队，向阳生产队划分为江庄和黄庄生产队
	双涧大队	庆丰生产队划分为庙一和庙二生产队，红星生产队划为官塘和朱庄生产队
	张家大队	红旗生产队划分为西王和饭店生产队，五星生产队划分为胡庄和葛庄生产队
	跃进大队	双涧生产队划分为双涧和洼子生产队
新城公社	砖桥大队	红光、新民生产队划分为砖桥、杨沟、居庄、龙庄生产队
	越江大队	辛四生产队划分为储庄和辛四生产队
曹山公社	牌楼大队	陈庄生产队划分为陈庄和猪场生产队
	茶蓬大队	东头和对过生产队划分为东头、对过和上庄生产队

通过公社、镇，生产大队和部分生产队建制调整，至1983年4月农村体制改革（政社分设）之前，全县辖20个公社、1个镇、1个矿区办事处、7个国营场圃，274个大队（场、站）、1个街道办事处，4038个生产队。各公社、镇、场圃和矿区所属生产大队情况见下表：

1983年3月仪征县社队情况表

表2-12　　单位：个

公社、镇场圃、矿区	所辖大队数	所辖大队（站、场）名称
真州镇	33	五一　长江　渔业　另有街道办事处
朴席公社	17	双桥　土桥　三联　田圩　曹桥　青龙　孔桥　朴席　梁湾　塔影　隆觉　李桥　土沟　卞庄　杨涵　仓基　农科站
新集公社	13	天安　八桥　新集　毛桥　王营　蔡桥　方桥　光明　联盟　花园　李营　紫竹　蔡巷
十二圩公社	9	三益　黄泥　汴河　弓尾　盐河　蒲新　沙河　红旗　农科站
新城公社	15	东升　越江　冷红　大楼　八一　新华　金桥　桃坞　新北　砖桥　郁桥　三将　大兴　林果　农科站
曹山公社	9	牌楼　茶蓬　永华　永兴　永丰　永庆　三八　清水　农科站
胥浦公社	15	万年　古湄　新洲　沙漫洲　农歌　滨江　沙河　肖南　肖北　佐安　高桥　先进　中桥　巴庄　甘草
青山公社	9	长山　长青　红山　新山　安墩　支田　官山　跃进　农科
龙河公社	12	凌桥　凌西　官胜　人民　三茅　周营　三官　马坝　丁冲　街胜　林场　农科站
张集公社	11	庙山　江宁　国庆　勤丰　华丰　长春　蓝桥　蚕桑场　塘圩　凌东　农科站
马集公社	18	八里　岔镇　卢营　马集　合心　刘岗　蔡湖　爱国　方营　张营　邱营　新民　秦桥　恒华　张山　金营　二亭山　农科站
铜山公社	14	程营　拾庄　铜山　军民　林场　红光　公坝　周洼　前进　枣林　墩塘　野山　光华　农科站
刘集公社	15	白羊　管仓　夏窑　盘古　联营　建军　刘集　联合　丰产　大房　黄营　双竹　农科站　蚕桑场　林场
古井公社	14	中心　利民　仓房　古井　陈巷　薛岗　铁牌　百寿　袁井　高彭　纲要　六巷　张竹　农科站
谢集公社	17	苏营　捺山　四庄　鲍庄　谢集　尹山　丁公　三里　铁坝　六松　塔山　夏营　高营　郑营　山北　四庙　农科站
陈集公社	22	高集　刘营　高塘　友好　工农　丁桥　银桥　杨庄　双圩　五星　红星　新建　余庄　汪营　沙集　光荣　开建　薛庄　立新　青年　蚕桑场　农科站
月塘公社	15	长兴　双井　山郑　魏井　东风　赵桥　张岗　龙山　余营　张巷　四新　曹集　葛岗　林场　农科站
大巷公社	10	千棵　盛棠　公路　杭集　朱桥　大巷　小巷　何巷　吴庄　蒯庙
大仪公社	13	高田　双塘　凤岑　万集　泗涧　青墩　路南　大仪　路东　石桥　路北　军田　农科站
移居公社	7	移居　桃园　乌山　甘冲　大营　大洼　许营

续表2-12

公社、镇场圃、矿区	所辖大队数	所辖大队（站、场）名称
香沟公社	7	河东 香沟 老坝 双涧 河北 张家 农科站
青山公社	2	砖井 团结
青山蚕桑场	2	蒋洼 陡山
捺山茶场	1	农业大队
青山茶果场	1	农业大队
大豆原种场	3	一、二、三工区
铜山试验林场	—	—
北门蚕桑场	—	—
水产养殖场	—	—

（四）乡镇制

撤社设乡、镇 1983年4月，农村进行行政体制改革，全县撤销人民公社，以公社原辖区域成立乡、镇，人民公社所辖生产大队改称为村，生产队改称为村民小组（简称组）。当年9月青山矿区改为青山镇。1984年5月，十二圩公社恢复为十二圩镇，同时还更改少数单位名称，增设了高集乡和胥浦办事处。同年4月，从陈集、刘集、谢集和马集四个乡各划出部分村，新成立高集乡。1986年4月，经国务院批复，撤销仪征县，以原辖区域设立仪征市。撤县设市后，为做好境内部属企业仪征化纤联合公司服务工作，在其生活区成立胥浦办事处，办事处等同于乡镇一级行政机构，下设居民委员会。经过撤社设乡、镇和撤县设市，至1987年末，全市辖20个乡、3个镇，1个办事处和7个国营场圃，263个村，3863个村民小组。镇和胥浦办事处除设村之外，还设24个居民委员会，457个居民小组。

1987年年末仪征市乡、镇、村、组情况表

表2-13 单位：个

乡镇场办事处名称	所辖村数	所辖村名	所辖村民小组数
朴席乡	16	土沟 土桥 李桥 隆觉 塔影 梁湾 卞庄 朴席 孔桥 青龙 双桥 杨涵 三联 田圩 仓基 曹桥	249
新集乡	13	新集 花园 光明 方桥 蔡巷 蔡桥 八桥 李营 王营 联盟 紫竹 毛桥 天安	210
新城乡	14	金桥 桃坞 新北 大兴 林果 新华 郁桥 砖桥 三将 八一 大楼 冷红 越江 东升	257
十二圩镇	8	红旗 沙河 盐河 蒲新 弓尾 黄泥 三益 汴河另有3个居民委员会	118
龙河乡	12	三茅 人民 农科 官胜 凌桥 凌西 丁冲 马坝 三官 林场 周营 街胜	182
张集乡	10	勤丰 华丰 国庆 江宁 庙山 蚕桑场 长春 蓝桥 塘圩 凌东	164
马集乡	15	八里 岔镇 合心 马集 卢营 蔡湖 刘岗 二亭 新民 爱国 邱营 秦桥 恒华 金营 张山	224
铜山乡	13	前进 周洼 红光 公坝 枣林 墩塘 野山 光华 铜山 军民 拾庄 程营 农科	140

续表2-13

乡镇场办事处名称	所辖村数	所辖村名	所辖村民小组数
谢集乡	16	四庄　鲍庄　苏营　丁公　尹山　谢集　四庙　郑营　农科　捺山　山北　塔山　六松　三里　樊公　铁坝	201
月塘乡	15	林蚕　农科　长兴　双井　余营　山郑　魏井　张巷　东风　赵桥　张岗　龙山　四新　曹集　葛岗	185
移居乡	7	移居　大洼　桃园　乌山　许营　甘冲　大营	82
曹山乡	8	清水　三八　永庆　永丰　永兴　茶蓬　永华　牌楼	114
胥浦乡	15	万年　古湄　新洲　农歌　沙漫洲　滨江　沙窝　肖南　肖北　先进　佐安　高桥　中桥　甘草　巴庄	193
青山乡	9	长山　长青　红山　新山　张冲　安墩　支田　官山　跃进	81
刘集乡	13	盘古　联营　丰产　刘集　双竹　白羊　马鞍　管仓　夏窑　联合　黄营　何营　建军	232
古井乡	13	古井　利民　中心　仓房　百寿　袁井　纲要　六巷　高彭　铁牌　薛岗　陈巷　张竹	219
陈集乡	15	红星　五星　双圩　丁桥　新建　光荣　杨庄　沙集　余庄　银桥　汪营　开建　青年　立新　蒋庄	256
高集乡	12	高集　草房　刘营　高塘　友好　工农　蚕桑　高营　夏营　张营　方营　大房	196
大仪乡	13	大仪　路北　石桥　路东　路南　凤岑　双塘　高田　军田　万集　泗涧青墩　农科	191
大巷乡	10	朱桥　何巷　吴庄　小巷　大巷　杭集　公路　盛棠　千棵　蒯庙	173
香沟乡	7	河北　双涧　老坝　香沟　河东　张家　农科	111
真州镇	3	渔业　长江　五一另有8个居委会、69个居民小组	39
青山镇	2	团结　砖井另有3个居委会	22
青山蚕桑场	2	蒋洼　陡山	10
捺山茶场	1	农业	6
青山茶果场	1	农业	8
大豆原种场	—	—	
水产养殖场	—	—	
铜山试验林场	—	—	
北门蚕桑场	—	—	
胥浦办事处	—	10个居民委员会、385个居民小组	

撤乡设镇与撤并乡镇　撤县设市最初几年，仪征行政区划变化不大，20世纪90年代以后，撤乡设镇和撤并乡镇的步伐加快。经过省政府或省民政厅批准，1991年5月撤销胥浦乡和胥浦街道办事处，合并成立胥浦镇。1993年11月，撤销朴席乡和新城乡，分别以其原辖区域设立朴席镇和新城镇。1994年11月，撤销曹山乡，将其辖区并入真州镇；是月，撤销新集乡，以其原辖区域设立新集镇，1996年，撤销大仪乡，以其原辖区域设立大仪镇。1998年12月，撤销移居乡，将其所辖区域并入月塘乡。1999年

7月，撤销香沟乡和张集乡，分别将其所辖区域并入大仪镇和新集镇。1999年12月，撤销陈集乡，以其原辖区域设立陈集镇。2000年4月，又集中撤并一批乡镇。为此市委成立以市委副书记吴长明为组长的仪征市乡镇区划调整领导小组，加强对这项工作领导。市民政局根据市委、市政府关于调整乡镇行政区划的部署要求，组织专门人员对全市乡镇历史沿革、边界走向，水利、交通以及经济社会发展状况进行调研，提出方案，市人大常委会讨论决定，由市政府报扬州市和省政府批准，顺利完成全市撤并乡镇工作。这批集中撤并的乡镇是：撤销胥浦镇，其所辖区域并入真州镇；撤销龙河乡、十二圩镇，将龙河乡的所辖区域和十二圩镇的红旗、沙河、沿河、蒲新和弓尾村，以及东风、胜利、工农三个居委会并入新城镇，将原十二圩镇的汴河、黄泥和三益村并入朴席镇；撤销青山乡，其所辖区域并入青山镇；撤销大巷乡，其所辖区域并入大仪镇；撤销古井乡和刘集乡，两个乡所辖区域合并设立刘集镇；撤销铜山乡和马集乡，两个乡所辖区域合并设立马集镇，同年撤销铜山试验林场，并入马集镇；撤销高集乡，原高集乡所属的夏营和高营村并入谢集乡，工农、友好、高塘、高集、刘营、草房和大房7个村，以及高集居民委员会并入陈集乡，张营和方营两村并入马集镇。经过这次撤并，全市由19个乡镇减少到11个乡镇，减少42%。

2005年2月，为做好仪征经济开发区和扬州化学工业园区服务工作，仪征成立十二圩办事处和滨江办事处，分别委托仪征经济开发区和扬州化学工业园区代管。十二圩办事处辖大豆原种场和水产养殖场全境，原新城镇的红旗、蒲新和沙河村，以及十二圩街道3个居民委员会。滨江办事处辖原市经济开发区代管的农歌、沙洲、沙窝和滨江四个村，以及真州镇的肖山村和巴庄、甘草、中桥三个居委会。2007年4月，成立铜山办事处，委托枣林湾生态园管委会代管。铜山办事处辖原青山镇的长山村、安墩村，原马集镇的野山村、程营村、枣林村、红光村、前进村和铜山村。2008年6月，省政府批复扬州市政府报告，同意将仪征市朴席镇划归扬州市经济开发区代管。除土桥村所辖沿江高等级公路以南村民小组之外，朴席镇所辖的土沟、李桥、隆觉、塔影、梁湾、三联、双桥、曹桥9个村和朴席社区，以及土桥村的光明、殷庄、三友、王巷、后庄、大王庄、西庄、联合和西黄庄9个村民小组，均随朴席镇归扬州市经济开发区代管。同年9月，撤销滨江办事处，其所辖肖山、农歌、滨江、沙窝4个村，以及甘草、巴庄和中桥居委会划归青山镇。2011年4月，经省政府批准，月塘乡和谢集乡合并成立月塘镇，月塘镇辖23个村、3个居委会，镇政府驻谢集街道。

行政村调整　在乡镇、办事处撤并调整以后，有的乡开始对所属村进行适当调整。1984年1月，龙河乡三茅村划分为三茅和蓝桥村，并将蓝桥村11个村民小组划归张集乡。1985年11月，谢集乡划出12个村民小组新建樊公村。青山乡农科村更名为张冲村，并将安墩村4个村民小组划归张冲村。从1993年起，全市各乡镇所属行政村进行较大幅度调整，特别是2001年和2004年，全市11个乡、镇对所属行政村连续两次进行合并。每年，市民政局都根据市委、市政府部署和要求，通过实地调查，征求乡镇意见，参照每个行政村3000人、3000亩土地的标准提出合并方案，报市政府讨论确定后再报扬州市政府和省政府批准后实施。2001年撤并51个行政村，占全市行政村总数的21%。2004年，又撤销44个行政村，占行政村总数的25%。此后，由于办事处的撤销与新设以及朴席镇划出，行政村又有一些变化。1993年至2012年，全县行政村撤并的具体情况详见下表：

1993~2012年仪征市行政村调整情况一览表

表2-14

年　份	乡镇办事处名称	村调整情况
1993	龙河乡	撤销林场村，并入周营村
1996	高集乡	撤销蚕桑场村，分别并入友好和高集村
1997	月塘乡	双井、余营村合并为双井村；魏井和张巷村合并为魏井村
1998	月塘乡	撤销林蚕村，并入长兴村；撤销农科村，分别并入长兴和山郑村

续表2-14

年　份	乡镇办事处名称	村调整情况
1998	铜山乡	撤销公坝村，并入红光村；撤销周洼村，分别并入红光和前进村；撤销光华村，并入野山村；撤销拾庄村，并入军民村；撤销山头村，分别并入军民和铜山村
	真州镇	永兴和永华村合并为永华村；牌楼和茶蓬村合并为茶蓬村
	谢集乡	撤销农科村，并入苏营村；撤销四庙村，并入山北村
1999	大仪镇	万集和军田村合并为万集村；路南和大仪村合并为路南村
	月塘乡	移居和大洼村合并为移居村；乌山和许营村合并为乌山村
2000	真州镇	撤销渔业村，成立泗源沟街道居委会
2001	新城镇	沙河和沿河村合并为沙河村；蒲新和弓尾村合并为蒲薪村；桃坞和金桥村合并为桃坞村；林果和大兴村合并为林果村；红旗和八一村合并为红旗村；丁冲和街胜村合并为丁冲村；凌桥和凌西村合并为凌桥村；三茅和人民村合并为三茅村；官胜和农科村合并为官胜村
	马集镇	爱国和二亭村合并为爱国村；合兴和马集村合并为合兴村；蔡湖和刘岗村合并为蔡湖村；金营和卢营村合并为金营村；枣林和墩塘合并为枣林村
	谢集乡	铁坝和樊公村合并为铁坝村
	陈集镇	丁桥和银桥村合并为丁桥村；汪营和余庄村合并为汪营村；立新和薛庄村合并为立新村；杨庄和工农村合并为杨庄村；友好和高塘村合并为友好村；大房和草房村合并为大房村
	青山镇	长山和长青村合并为长山村；安墩和张冲村合并为安墩村；官山和支田村合并为官山村；陡山和蒋洼村合并为陡山村
	新集镇	方桥和蔡巷村合并为方桥村；联盟和紫竹村合并为联盟村；凌东和塘圩村合并为凌东村；长春和蓝桥村合并为合并为长春村；茶场和林场村合并为茶果村
	朴席镇	梁湾和卞庄村合并为梁湾村；曹桥和仓基村合并为曹桥村；朴席和孔桥村合并成立新桥村
	月塘乡	曹集和四新村合并成立曹营村；龙山和张岗村合并为龙山村；赵桥和葛岗村合并为赵桥村；大营和甘冲合并为大营村；撤销双井村，分别并入长兴和东风村
	大仪镇	张家和农科村合并为张家村
	刘集镇	夏窑和马鞍村合并为夏窑村；陈巷和张竹村合并为陈巷村
	真州镇	农歌和新洲村合并为农歌村；长江和古湄村合并为长江村；永庆和永丰村合并为永庆村；三八和清水村合并为三八村；沙漫洲和巴庄村合并成立沙州村；滨江和甘草村合并为滨江村；沙窝和中桥村合并为沙窝村；佐安和高桥村合并为佐安村；肖南和肖北村合并成立肖山村。其中，长江、农歌、沙州3村当年划归仪征经济开发区
2003	真州镇	滨江和沙窝村划给仪征经济开发区
	新集镇	庙山和茶果村合并为庙山村
2004	真州镇	茶篷和永华村合并为茶蓬村
	朴席镇	青龙和新桥村合并成立朴席村；三联和田圩村合并为三联村；双桥和杨涵村合并为双桥村；土桥和三益村合并为土桥村；汴河和黄泥村合并为汴河村
	马集镇	岔镇和八里村合并为岔镇村；新民和张营村合并为新民村；秦桥和邱营村合并为秦桥村；恒华和张山村合并为恒华村；铜山和军民村合并为铜山村
	青山镇	撤销果农村，所辖村民小组分别并入新山和跃进村；长山和红山村合并为长山村；安墩和新山村合并为安墩村；砖井和陡山村合并为砖井村

续表2-14

年 份	乡镇办事处名称	村调整情况
2004	谢集乡	四庄和鲍庄村合并为四庄村；尹山和谢集村合并为尹山村；丁公与塔山村合并为丁公村；六松和三里村合并为六松村
	陈集镇	青年和光荣村合并为青年村；红星和新建村合并为红星村
	新城镇	冷红和大楼村合并为冷红村；三将和砖桥村合并为三将村；马坝和三官村合并为马坝村
	大仪镇	路北和青墩村合并为路北村；路东和石桥村合并为路东村；高田和双塘村合并为高田村；路南和凤岑村合并为路南村；香沟和河东村合并为香沟村；何巷和吴庄村合并为何巷村；大巷和小巷村合并为大巷村；千棵与蒯庙村合并为千棵村
	新集镇	八桥和蔡桥村合并为八桥村；天安和毛桥村合并为天安村；李营和王营村合并为李营村；光明和勤丰村合并为光明村；江宁和华丰村合并为江宁村
	刘集镇	刘集和双竹村合并为刘集村；利民和丰产村合并为利民村；建军和何营村合并为建军村；白羊和管仓村合并为白羊村；古井和袁井村合并为古井村；六巷和纲要村合并为六巷村；铁牌和薛岗村合并为铁牌村
2005	真州镇	肖山村划归新设立的滨江办事处
	新城镇	红旗、蒲新和沙河村划归十二圩办事处
	仪征经济开发区	长江村划归真州镇，农歌、沙窝、沙州和滨江村划归新设立的滨江办事处
2006	十二圩办事处	撤销蒲新村，分别成立蒲新村、弓尾村和蒲新社区居委会
	新城镇	越江（除花庭组）和东升村划归十二圩办事处
	朴席镇	沿江村划归十二圩办事处
2007	青山镇	长山和安墩村划归铜山办事处
	马集镇	野山、程营、枣林、红光、前进和铜山村划归新成立的铜山办事处
2008	朴席镇	土沟、李桥、隆觉、塔影、梁湾、三联、双桥和曹桥9个村，朴席社区，土桥村的9个村民小组划归扬州市经济开发区代管
	滨江办事处	办事处撤销，其所属肖山、农歌、滨江和沙窝4村，以及甘草、巴庄、中桥居委会划归青山镇
2012	月塘镇	苏营和捺山村合并为捺山村，高营和夏营村合并为夏营村，撤销茶农村，其所辖郑营、王庄、尚庄和东赵村民小组并入郑营村，尹庄、农科、捺山村民小组并入山北村

村民小组调整 1983年，仪征农村行政体制改革以后，各乡镇由于工业经济发展，农业实行产业化经营，以及集镇和农民集中居住区建设需要，在撤并行政村的同时，对少数村民小组也适当进行调整，有的改变名称，有的合并，有的划分，有的撤销转为非农业户（“称撤组转户”）。村民小组合并、划分、更名或者改变隶属关系，由市政府批准，“撤组转户”需报省政府批准。1983至1990年间，新城、龙河、刘集、陈集、大仪、大巷、香沟和月塘乡的29个行政村有56个村民小组进行调整，其中，划分的较多的一般是1个组划分为2个组，极少的1个组划分为3个组，农科组撤销的也较多。其中1983年，仅新城和龙河乡就有11个村的农科组被撤销。

1991年以后，村民小组除合并、划分、更名以外，撤组转户的不少。1991年6月，根据省政府批准，市政府通知，撤销真州镇五一村跃进、国庆、八二、新生和长江村唐庄5个村民小组建制，转为非农业户。此后的1993~1997年，真州镇每年都有1到2个村民小组撤组转户。1998年4月，市政府根据省政府批准，集中撤销仪化股份公司首批征地范围内43个村民小组的建制，转为非农业户，其中，胥浦镇6个村，38个村民小组；真州镇2个村，4个村民小组；青山镇1个村，1个村民小组。除此，当年还有真州镇五一村团结组、永庆村小街组、青山镇沙窝村牛营、王庄、彭庄、喻庄、沈庄和娄庄组以及新城镇新华村玉兰组、郁桥村合兴组撤组转户。1999年以后，只有真州镇有关村有8个村民小组撤组转户，其余更名和改变隶属关系的较多。1991~2008年，全市共调整村民小组121个，其中撤组转户70个，占60%，更名的28个，占24%，改变隶属关系的23个，占19.6%，其余为合并和划分的。2008年以后，全市乡镇、办事处所属村民小组基本没有再进行调整。1983~2008年全市村民小组调整情况见下表：

1983~2008年仪征市村民小组调整情况一览表

表2-15

年　份	乡镇办事处名称	村　名	村民小组调整情况
1983	新城乡	金桥村	撤销农科组，土地等资产按1976年建制，分别划归庆庄、新民和孔庄3个组
		新华村	撤销农科组，土地等资产分别划归潘庄、姜庄、庞庄3个组
		大兴村	撤销农科组，并入陶庄组
		三将村	撤销农科组，土地等资产分别划归徐庄组和林业队
		大楼村	撤销农科组，村接收土地等资产
		冷红村	撤销农科组，村接收土地等资产
	龙河乡	三官村	撤销农科组，土地资产等资产分摊给全村各小组
		马坝村	撤销农科组，土地等资产分别划归王东、糜营和顾庄3个组
		凌桥村	撤销农科组，并入张西村
		凌西村	撤销农科组，土地等资产分别划归南庄、东营、西营、团结和潘东组
		周营村	撤销农科组，土地等资产分别划归小基营、鸭赵和塘田3个组
1983	刘集乡	联营村	东风组改为詹营组，红星组划分为仓房和余桥组，红旗组划分为经庄和余桥组，联营组划分为联营和魏庄组，四新组划分为赵营和四新组，全东组划分为全东和云珠组，跃进组改为碾头组，和平组改为高庄组
	陈集乡	青年村	一队划分为后庄和何庄组，二队划分为龚东和龚西组，五队划分为李窑和中心组，六队划分为张庄和香园组，十队划分为薛庄和惠庄组，十一队划分为湖塘和团结组，十二队划分为冶庄和灯塘组，梅庄组划分为梅庄和江庄组，新塘组划分为草庵和新塘组，大糜组划分为大糜和陈庄组，刘庄组划分为刘庄、公路和向阳组，小桥组划分为小桥和周庄组，薛塘组划分为大靴和小靴组
	大巷乡	大巷村	撤销繁荣和富强组，建立一心、一西和朱西组（一西、朱西两组村民户籍仍分别在原一心、朱庄组），张庄组划分为张庄和赵庄组，小巷组划分为小巷和高庙组
1983	月塘乡	山郑村	河一组划分为河一上和河一下组
		大营村	小营组划分为小营南和小营北组，大尹组划分为农科和跃进组
1984	龙河乡	人民村	先锋组划归农科村
		官胜村	撤销农科队和蚕桑场，土地等资产由村接管
	刘集乡	联营村	太平组改为杨池组，胜利组改为军田组，周庄组改为光明组，陈庄组改为光华组
		大房村	上巫组划分为上巫和大塘组

续表2-15

<table>
<tr><th>年　份</th><th>乡镇办事处名称</th><th>村　名</th><th>村民小组调整情况</th></tr>
<tr><td>1984</td><td>大仪乡</td><td>路东村</td><td>永和组划分为安庄、中心和万庄组，朱公组划分为朱东和朱西组，北庙组划分为北庙和张庄组，翻身组划分为翻身上和翻身下组</td></tr>
<tr><td>1985</td><td>大仪乡</td><td>路东村</td><td>新刘组和刘庄组合并为刘庄组</td></tr>
<tr><td rowspan="2">1986</td><td>月塘乡</td><td>张岗村</td><td>花东组和花西组合并为花园组</td></tr>
<tr><td>香沟乡</td><td>河北村</td><td>立新组划分为槽坊组和顾庄组</td></tr>
<tr><td rowspan="2">1988</td><td>新城乡</td><td>郁桥村</td><td>撤销农科队，土地等资产由村部接管</td></tr>
<tr><td>香沟乡</td><td>老坝村</td><td>曹庄组划分为曹庄和叶庄组</td></tr>
<tr><td>1989</td><td>大仪乡</td><td>万集村</td><td>彭庄组和吴庄组合并为彭庄组</td></tr>
<tr><td rowspan="3">1990</td><td>刘集乡</td><td>黄营村</td><td>光荣组改为祁庄组</td></tr>
<tr><td>香沟乡</td><td>双涧村</td><td>团结组划分为团结和林庄组</td></tr>
<tr><td>陈集乡</td><td>银桥村</td><td>束庄组划分为中心、草房和束庄组</td></tr>
<tr><td rowspan="2">1991</td><td rowspan="2">真州镇</td><td>五一村</td><td>撤销跃进、国庆、八二和新生组，转为非农业户</td></tr>
<tr><td>长江村</td><td>撤销唐庄组，转为非农业户</td></tr>
<tr><td rowspan="2">1992</td><td>马集乡</td><td>卢营村</td><td>贾汪组划给马集街道</td></tr>
<tr><td>大仪乡</td><td>万集村</td><td>柏庄组与联合组合并为柏庄组</td></tr>
<tr><td>1993</td><td>真州镇</td><td>五一村</td><td>撤销向阳组，转为非农业户</td></tr>
<tr><td>1993</td><td>移居乡</td><td>移居村</td><td>东湖组划分为东湖组和胡庄组</td></tr>
<tr><td>1995</td><td>新城镇</td><td>新北村</td><td>撤销农科组，土地等资产分别划归方庄、陈庄和章庄3个组</td></tr>
<tr><td>1996</td><td>真州镇</td><td>五一村</td><td>撤销前进组和南门组，转为非农业户</td></tr>
<tr><td>1996</td><td>陈集乡</td><td>蚕桑场</td><td>下中组和陈庄组划入高集村</td></tr>
<tr><td>1997</td><td>真州镇</td><td>五一村</td><td>撤销丰二组和八一组，转为非农业户</td></tr>
<tr><td rowspan="17">1998</td><td rowspan="6">胥浦镇</td><td>中桥村</td><td>中桥、杜庄、魏庄、杜二、高塘和姜宁组撤销，转为非农业户</td></tr>
<tr><td>甘草村</td><td>周王、赵山、刘陈、佐山、陈冲、七星、西王、李山和半部组撤销，转为非农业户</td></tr>
<tr><td>巴庄村</td><td>王庄、张庄、黄泥、后陈、南徐、朱营和赵庄组撤销，转为非农业户</td></tr>
<tr><td>万年村</td><td>蒋庄、时庄、张庄、中心、万年、郭庄和陈庄组撤销，转为非农业户</td></tr>
<tr><td>先进村</td><td>荷叶、立新组撤销，转为非农业户</td></tr>
<tr><td>佐安村</td><td>十西、曹巷、柳庄、戴庄、马陶、杜一和宋庄组撤销，转为非农业户</td></tr>
<tr><td rowspan="3">真州镇</td><td>三八村</td><td>工农、先锋、戴营和林业组撤销，转为非农业户</td></tr>
<tr><td>五一村</td><td>团结组撤销，转为非农业户</td></tr>
<tr><td>永庆村</td><td>小街组撤销，转为非农业户</td></tr>
<tr><td>真州镇</td><td>永丰村</td><td>林业组撤销，转为非农业户</td></tr>
<tr><td rowspan="3">新城镇</td><td>新华村</td><td>玉兰组撤销，转为非农业户</td></tr>
<tr><td>郁桥村</td><td>合兴组撤销，转为非农业户</td></tr>
<tr><td>林果村</td><td>撤销农科组，土地等归村部</td></tr>
<tr><td rowspan="2">青山镇</td><td>陡山村</td><td>先进组撤销，转为非农业户</td></tr>
<tr><td>沙窝村</td><td>牛营、王庄、彭庄、喻庄、沈庄和娄庄组撤销，转为非农业户</td></tr>
<tr><td>月塘乡</td><td>大营村</td><td>潘上组和潘下组合并为潘营组</td></tr>
</table>

续表2-15

年 份	乡镇办事处名称	村 名	村民小组调整情况
1998	大仪镇	河北村	红光组划分为朱庄组和詹庄组
1999	真州镇	五一村	八一组和丰一组撤销，转为非农业户
		永庆村	勤丰组和国庆组撤销，转为非农业户
	胥浦镇	万年村	梅套组和侯庄组撤销，转为非农业户
	龙河乡	丁冲村	撤销农科组，土地等归村部
	马集镇	方营村	农科组划分为陈营和殷庄组
2000	陈集镇	丁桥村	太平组改为丁太平组
		银桥村	太平组改为银太平组
	刘集镇	黄营村	光华组改为街西组，和平组改为甫营组
2000	十二圩镇	沙河村	农科组改称17组，渔业组改称24组，1组改称7组，2组改称8组，3组改称9组，4组改称10组，5组改称11组，6组改称12组，7组改称13组，8组改称14组，9组改称15组，10组改称16组
2001	真州镇	五一村	五二组撤销，转为非农业户
		万年村	欧庄组和桥头组撤销，转为非农业户
		永庆村	石碑组和李营组撤销，转为非农业户；周庄组改为大桥组，永红组改为祠堂组，联合组划分为菜湖池和花园组，朱庄组改为龙王组，高庄组改为童子桥组，跃进组改为红叶组
		清水村	张庄组改为上周组，陈庄组改为清水组
		长江村	红旗组改为东红旗组，原古湄村红旗改为长江村西红旗组
	新城镇	凌桥村	撤销团结组，增设东组、西组和小庄组
	刘集镇	黄营村	太平组改为大山组
2002	陈集镇	杨庄村	太平组改为和平组
2003	真州镇	五一村	七一组撤销，转为非农业户
2004	大仪镇	何巷村	李庄组改为兴隆组，张庄组改为车棚组
		河北村	小店组划分为小店组和冯庄组
2004	青山镇	果农村	村建制撤销，所辖农科、烟灯组划给新山村，侯营、小营、大营、经洼、支田等6个组划给跃进村
2005	谢集乡	丁公村	赵营组改为赵庄组
		塔山村	跃进组改为花园组
2008	朴席镇	土桥村	黄庄、西庄、王庄、联合、后庄、王巷、光明、殷庄和三友组划给曹桥村，与朴席镇一起划给扬州经济开发区代管，其余24个村民小组组成新土桥村划给十二圩办事处

说明：1.表列村民小组调整情况，资料来自于市政府1986年、1998年和2001年批复，以及各镇、办事处上报表格；铜山办事处不少村的村民小组随村整体调整，故不一一列出

2.乡镇名称随时间而变，未撤并以前的均用原名称

居民和社区居民委员会设置与调整 新中国成立前，仪征城区和集镇与农村一样，先实行坊巷制，后实行保甲制。新中国成立后，区、乡、保甲制度废除，仪城区所辖的真州镇、都会镇和十二圩镇实行街、组制，真州镇设8街、81组，都会镇设6街、67组。1954年7月，都会镇并入真州镇后，真州镇设5

街，即大市、小市、卫市、都会和商会街。1956年，真州镇被确定为县直属镇，开始设居民委员会（以下简称居委会），当年设小市、大市、都会和商会4个居委会。20世纪60年代，江苏省人民委员会规定，非农业人口在700人以上的集镇可设居委会。仪征有的集镇开始设居委会。1963年12月，胥浦公社在胥浦街道设居委会。1964年，真州镇设河西、卫市、桑园和城北4个居委会，“文化大革命”期间，调整为城北、大市、都会和商会4个居委会，1982年又增设河西、天宁、城中和小市居委会。1983年撤公社建乡、镇时，青山矿区改为青山镇，除设2个村外，另设龙山、中兴和沿江3个居委会。新集乡建立新集街道居民委员会。1984年5月，十二圩公社撤销，恢复十二圩镇，设立东风、胜利和工农3个居民委员会。1986年，仪征撤县设市。当年，在仪征化纤生活区成立相当于乡镇一级的胥浦办事处，生活区先后成立的10个居委会，进行社会事务等方面管理。至1987年年末，全市计有25个居委会。其中，真州镇8个，十二圩镇3个，青山镇3个，新集乡1个，仪征化纤生活区10个。1991年5月，胥浦办事处撤销与胥浦乡合并成立胥浦镇后，1993年1月，胥浦镇新设镇东居委会。同年4月，真州镇增设仓桥、盐塘、奎楼、卫东、鼓楼、梓橦、桑园和弘桥8个居委会。1996年年末，青山镇增设河口居委会。1998年至1999年间，真州镇和胥浦镇分别在城区和仪征化纤生活区调整和增设了一些居委会。与此同时根据1984年仪征县政府关于总户数二百到六百户的集镇可设一个居委会的通知精神，新城、朴席、大仪、刘集等集镇先后新成立新城、太平、朴席、铜山、高集、陈集、大仪、大巷、刘集、古集和谢集11个街道居委会。虽然通过撤并和新设，但全市居委会变化不大，1998年有62个，至2000年有63个。2000年胥浦镇并入真州镇后，真州镇对居委会进行较大幅度调整：撤销渔业村，改设泗源居委会；新设红叶、迎江西村和浦西一村居委会；将仪征化纤生活区3个居委会合并为1个；将城区17个居委会合并为7个。通过调整，真州镇居委会由43个减少到35个。2002年，为加强居委会建设，规范居委会名称，一律冠名为社区居民委员会（以下简称社区居委会）。2003年，真州镇继续对城区社区居委会进行调整，撤销4个老居委会，新设8个社区委员会。2004年1月，市委、市政府办公室下发《关于组织市级机关干部挂钩联系社区工作的通知》，市直60个机关分组联系15个社区，帮助改善办公条件，提高服务水平。2006年，真州镇又大规模地调整仪征化纤生活区社区居委会，将17个社区居委会合并为5个。同年，市政府批准，十二圩办事处从蒲新村划出部分居民户成立蒲新社区居委会。2007年，真州镇新设嘉禾社区居委会。2011年，月塘乡与谢集乡合并成立月塘镇，新设月塘和移居两个社区居委会。至2012年年末，全市各镇、办事处共有54个社区居委会，35个居民小组。

2012年年末仪征市各镇（办事处）社区居民委员会名录

表2-16

镇（办事处）名称	辖社区数	社区居委会名录
真州镇	25	城北　红叶　鼓楼　大市　天宁　勤丰　阳光　梓潼　东园　弘桥　奎楼　城南　万博　嘉禾　沿河　东山　浦西　浦东　白沙　迎江　新村　佐安　三八　万年　先进
青山镇	7	龙山　中兴　河口　沿江　中桥　巴庄　甘草
新集镇	1	新集街道
新城镇	2	新城街道　太平（龙河集）
马集镇	1	马集街道
刘集镇	2	刘集街道　古井街道
陈集镇	4	陈集街道　高集街道　御史街　东升街
大仪镇	3	大仪街道　大巷街道　香沟街道
月塘镇	3	月塘街道　移居街道　谢集街道

续表2-16

镇(办事处)名称	辖社区数	社区居委会名录
十二圩镇	4	东风　胜利　工农　蒲新
铜山办事处	2	铜山街道　三十里铺

从1983年农村行政体制改革以后，仪征乡镇(场圃)、行政村、村民小组和居民委员会通过多次、多种形式的调整以及市政府派出机构办事处的建立，全市行政区划发生了很大变化。至2012年末，全市辖9个镇，2个办事处，137个行政村，3560个村民小组；54个社区居民委员会，35个居民小组。与仪征撤县设市后的1987年相比，乡镇、办事处减少54%，行政村减少48%，村民小组减少7.8%；社区居民委员会增加1.25倍，居民小组减少92%。

2012年年末仪征市行政区划表

表2-17

乡镇(办事处)名称	所辖村数	所辖村名称	社区居委会数	村民小组数	居民小组数
真州镇	8	五一　茶篷　永庆　三八　万年　先进　佐安　长江	25	207	15
青山镇	9	肖山　农歌　滨江　沙洲　沙窝　团结　砖井　官山　跃进	7	139	4
新集镇	13	八桥　方桥　光明　花园　新集　天安　联盟　李营　江宁　庙山　国庆　长春　凌东	1	376	—
新城镇	13	桃坞　新北　林果　新华　郁桥　三将　冷红　三茅　官胜　凌桥　丁冲　马坝　周营	2	372	—
马集镇	9	岔镇　合兴　蔡湖　爱国　新民　秦桥　恒华　金营　方营	1	257	5
刘集镇	17	刘集　建军　联营　盘古　黄营　联合　夏窑　白羊　古井　利民　中心　仓房　百寿　六巷　高彭　铁牌　陈巷	2	449	—
陈集镇	14	杨庄　汪营　沙集　开建　立新　青年　五星　双圩　红星　丁桥　友好　高集　刘营　大房	4	387	—
大仪镇	18	路南　路北　路东　高田　泗涧　万集　双涧　河北　老坝　香沟　张家　朱桥　何巷　大巷　杭集　公路　盛棠　千棵	3	471	—
月塘镇	20	长兴　山郑　四庄　魏井　东风　郑营　赵桥　捺山　龙山　曹营　山北　丁公　移居　桃园　尹山　乌山　大营　六松　铁坝　夏营	3	507	3
十二圩办事处	8	沿江　越江　东升　红旗　沙河　蒲新　弓尾　土桥	4	195	—
铜山办事处	8	程营　枣林　前进　红光　野山　铜山　长山　安墩	2	200	8

第三节　边界勘定与管理

从明、清时期至新中国成立后的20世纪90年代，仪征一直与安徽省天长县(市)，江苏省六合、句容、栖霞、丹徒、邗江和高邮相邻，其省、县行政区域之间的界限都由历史上形成的习惯而定，有些行政区域界限不清，相互之间因土地、山林、水和矿产资源之争的纠纷常有发生，影响边界双方的社会稳定，不利于当地经济共同发展，1996年，国务院印发《关于开展勘定省、县两级行政区域界线有关问题的通知》，决定用5年时间全面勘定全国省、县两级行政区域界线，从根本上解决长期困扰各级政府的边界纠纷。

1996年年底，仪征市按照国务院通知和江苏省政府“关于全面开展勘定行政区域界线工作有关问题的通知”要求，开展勘定行政区域界线工作。经过与相邻市区5年多时间合作，2001年年末，基本完成与安徽省天长市，南京市六合区、栖霞区，镇江市丹徒区，以及扬州市邗江区和高邮市的边界勘定工作。

此后，贯彻国务院《行政区界线管理条例》和《国务院办公厅转发民政部等部门关于加强行政区域界线管理工作意见的通知》精神，与相邻县市区共同加强界线管理，先后组织三轮联合检查，开展平安边界建设，并制定边界纠纷应急处理预案，推行界线界桩委托管理制，及时处理边界地域和界线界桩方面出现的问题，保持界线界桩正确标识，保证边界地区和谐稳定。

一、实施步骤

1996年11月，仪征勘界工作领导小组成立。领导小组下设办公室，办公室负责制定全市勘界规划和实施方案，起草有关文件，组织、指导有关乡镇勘界工作的实施，处理勘界工作的政策、技术问题，绘制全市行政区域界线详图，以及其他日常工作。

领导小组成立后，组织制订全市勘定工作实施方案，并于1996年11月18日，召开全市勘界工作会议，勘界工作领导小组成员和与边界相关的大巷、大仪、刘集、古井、张集、新集和朴席7乡镇的乡镇长出席会议，对全市勘界工作进行具体部署。

根据勘界规划和实施方案，先勘定县（市、区）际界线，后勘定市际和省际界线。1997年至1999年，勘定扬州市内仪征市与邗江区、仪征市与高邮市之间的界限，1999年后配合扬州市和省勘界工作领导小组勘定仪征市与南京市六合区、栖霞区（水域）之间的界限，仪征市与镇江市丹徒区之间的水域界限，以及仪征市与安徽省天长市之间的界限。

在边界勘定过程中，严格按照规定的程序进行。首先，边界相邻的双方制定联合勘界实施方案，方案报省勘界工作领导小组审批。省批准后，双方举行方案签字仪式，然后开始按图实地勘探，即按照江苏省测绘局绘印的1∶10000的地图进行。将有关的地图复制若干份，分发给双方勘界工作人员和有关乡镇、村，以便了解地图上标示的相邻县市区之间原有边界线。随后，双方工作人员带着地图沿着边界步行，实地勘探。地图上的边界线与实际边界线相符，且双方都无异议的，维持现状。若发现实际边界线与图示边界线有出入时，先在图上标出实际边界，然后双方进行协商，双方都认可实际边界线，即签字同意新的界限，若意见不一致时，双方进一步协商，如果协商无法取得一致意见，则由上级勘界部门仲裁。

在整个勘界过程中虽然遇到一些矛盾纠纷，但绝大多数都是双方通过协商解决的。仪征市西部是高岗丘陵地带，与南京市六合区边界两侧山岗坡地较多，在双方村组或个人长期开荒种植和矿石开采过程中，实际边界与地图标示的边线不一致之处较多。勘定这条边界线时，双方都互谅互让，多次进行会商，解决了很多矛盾，保证这条56.8公里边界线顺利贯通。仪征市与镇江市丹徒区以长江为界，2000年确定水域界限时，双方产生分歧，丹徒区提出以长江主航道为界限，而仪征则坚持依照惯例，以长江中心线为界。为此省勘界办公室要求双方派人驻到南京坐下来进行协商，经过近一周时间商谈，最后在省和扬州、镇江两市勘界领导机构斡旋和协调下，终于取得了一致意见，最后确定以长江中心线为界。仪征市大巷乡与邗江县杨寿镇相互毗邻，以朱桥涧为界。大巷乡康营村康营组、东庄组与杨寿镇永和村成庄组因用水矛盾影响了边界线的确定。在扬州市政府关心下，由扬州市水利局于1999年2月8日和3月23日两次主持协调，最后取得一致意见，并形成《邗江县杨寿镇与仪征市大巷乡边界水利矛盾协调会议纪要》，使这段边界得以贯通。

每条边界线勘定贯通以后，界线双方的县（市区）政府签订《联合勘定行政区域界线协议书》。协议书内容包括工作概况、重要问题处理、边界走向说明等，并附测绘的边界线地形图和界桩彩色图片。协议书由双方政府代表（分管副市长）签字后报上级政府审批。审批后协议一式数份，分别由双方市（区）政府，上级市民政局和省民政厅保存。最后，完成所有勘界工作文件资料整理和电子文档录入等工作。

二、界线界桩

仪征与相邻省、市区6条界线基本勘定后，2001年9月经有关界线双方协商，选择三交处适合地点埋设界桩，除仪征市与丹徒区的长江水域界限未埋设界桩外，其余5条均埋设界桩，并按照《江苏省行政区域界线勘定测绘技术规定》，测绘并制作边界线及其周边地形图，拍摄界桩的彩色图片，存档备查。

界线　通过勘定，全市边界线总长210.95公里，其中陆地边界线长184.27公里，长江水域界线长26.68公里。

陆地边界中，省际苏皖线39.9公里，市际宁扬线（六合与仪征）边界线长56.8公里，县际线（仪征与邗江、仪征与高邮）边界线长87.57公里。省际苏皖线，由安徽省天长市、江苏省仪征市和高邮市三市交界处向南至安徽省天长市、江苏省仪征市和六合区交界处。宁扬线仪征和六合段，北由六合区八百镇与仪征市月塘乡交界处，向南至六合区东沟镇与仪征市青山镇交界处。县际边界中的邗江区与仪征市界线，南由长江水域向北至仪征、邗江和高邮三市（区）交界处，界线长70.105公里；高邮与仪征界线东起高邮、仪征和邗江三市（区）交界处，向西至安徽省天长、江苏省仪征和高邮三市交界处，界线长17.465公里。

水域界限中，宁扬线仪征、栖霞段为长江水域界限，边界线西由仪征市、南京市六合区和栖霞区三市（区）交界处向东至栖霞区、仪征市和镇江市丹徒区交界处，界线长13.55公里；扬镇线仪征、丹徒段亦为长江水域界限，西由南京栖霞区、镇江丹徒区和扬州仪征市交界处，向东至仪征市、丹徒区和邗江区交界处，界线长13.13公里。

2001年仪征市与周边县、市（区）边界一览表

表2-18

边界线		涉界乡镇	长　度
苏皖线（仪征—天长段）		大仪　陈集　谢集　月塘	39.9
宁扬线	六合—仪征段	月塘	56.8
	栖霞—仪征段	青山　真州	13.55（水域界线）
扬镇线（仪征—丹徒段）		新城　朴席	13.13（水域界线）
高邮—仪征线		大仪	17.465
邗江—仪征线		大仪　刘集　新集　朴席	70.105

上述省、市、县（市区）际界线勘定和界桩埋设以后，2008年，扬州市行政区划进行调整，设维扬区。因此仪征市与邗江区的边界线发生一些变化。其中，有一段与维扬区毗邻。当年8月，由维扬区牵头，仪征市与维扬区联合对这段“仪维”边界线进行勘定。这段边界线涉及维扬区甘泉街道和仪征市刘集镇，边界走向由北向南，从维扬区甘泉街道公路集村、邗江区杨寿镇宝女村、仪征市刘集镇百寿村三村交汇点向南，经多次转折，至维扬区甘泉街道长塘村、邗江区杨庙镇赵庄、仪征市刘集镇仓房村三村交汇点为止，全长6.68公里。由于界线距离较短，双方商定不埋设界桩，但将界线走向标绘在江苏省测绘局2002年出版的1：10000地形图上，作为仪征市政府与维扬区联合勘界协议书的附图。因此，仪征市与邗江区边界线由原来的70.105公里减少为63.425公里。2011年，扬州市属区的行政区域再次调整，维扬区撤销，其与仪征市的边界又属邗江区，仪征市与邗江区边界线恢复原状，仍为70.105公里。至于2008年仪征市朴席镇划归扬州市经济开发区代管后的仪征市与邗江区南部边界线，按照上

级部门意见，没有重新勘定，仍保持原状。

界桩 边界线勘定后，经边界双方协商，2001年9月开始选择交界处适合地点埋设界桩。6条边界线中，除扬镇线仪征市与丹徒区水域不埋设界桩，在地图上选取界点测算坐标以外，其余5条界线计埋设界桩24根。界桩均为花岗岩材质，类型有单立双面、双立双面和三立单面3种。其中苏皖线仪征与天长界2根；宁扬线仪征与六合界和仪征与栖霞（水域）分别设5根和3根；仪征与高邮界2根，仪征与邗江界12根。详见下表：

2012年苏皖线（仪征—天长段）界桩一览表

表2-19　　单位：根

界桩编号	类型	数量	界桩埋设地点
3234028	单立双面型花岗岩	1	江苏省仪征市大仪镇千棵村后王组 江苏省高邮市天山乡殷河村 安徽省天长市秦栏镇同心村
3234030	单立双面型花岗岩	1	江苏省仪征市月塘乡桃园村陈三房组 江苏省南京市六合区八百桥镇殷洼村

2012年宁扬线（六合—仪征段、仪征—栖霞段）界桩一览表

表2-20　　单位：根

界桩编号	类型	数量	界桩埋设地点
0110001	单立双面型花岗岩	1	南京市六合区八百桥镇峨眉山村 扬州市仪征市月塘乡大营村郑槽组
0110002	单立双面型花岗岩	1	南京市六合区八百桥镇双井村 扬州市仪征市月塘乡长兴村莱林组
0110003	单立双面型花岗岩	1	南京市六合区新篁乡林牧村 扬州市仪征市月塘乡山郑村郑南组
0110004	单立双面型花岗岩	1	南京市六合区横梁镇徐营村 扬州市仪征市青山镇安墩村胜利组
0110005	单立双面型花岗岩	1	南京市六合区东沟镇张窑村 扬州市仪征市青山镇团结村刘圩组
0110006A	同号三立单面型花岗岩	1	南京市栖霞区靖安镇（仪征—栖霞段）
0110006B	同号三立单面型花岗岩	1	南京市六合区东沟镇四圩村（仪征—栖霞段）
0110006C	同号三立单面型花岗岩	1	扬州市仪征市青山镇团结村陈庄组（仪征—栖霞段）

2012年高邮—仪征线界桩一览表

表2-21　　单位：根

界桩编号	类型	数量	界桩埋设地点
6872001	单立双面型花岗岩	1	高邮市天山镇南荼村 仪征市大仪镇千棵村郝庄组
6872002	单立双面型花岗岩	1	高邮市天山镇夏庄村 仪征市大仪镇大巷村张庄组

2012年邗江—仪征线界桩一览表

表2-22 单位:根

界桩编号	类型	数量	界桩埋设地点
6872001	单立双面型花岗岩	1	扬州市邗江区公道镇三界村李庄组 高邮市送桥镇平牌村小王庄组 仪征市大仪镇吴庄村陈庄组
1072001	单立双面型花岗岩	1	扬州市邗江区公道镇三界村王庄组 仪征市大仪镇何巷村常庄组
1072002	单立双面型花岗岩	1	扬州市邗江区杨寿镇永和村 仪征市大仪镇朱桥村朱桥组
1072003	单立双面型花岗岩	1	扬州市邗江区杨寿镇墩留村 仪征市大仪镇高田村团结组
1072004A	双立双面型花岗岩	1	扬州市邗江区杨庙镇友谊村界河东侧
1072004B	双立双面型花岗岩	1	仪征市刘集镇盘古村西浮桥西北侧
1072005A	双立双面型花岗岩	1	扬州市邗江区蒋王镇林河村八桥组界河东侧
1072005B	双立双面型花岗岩	1	仪征市新集镇八桥村界河西侧
1072006A	双立双面型花岗岩	1	扬州市邗江区瓜洲镇军桥村双桥组界河东侧
1072006B	双立双面型花岗岩	1	仪征市朴席镇双桥村张圩组界河西侧
1072007A	双立双面型花岗岩	1	扬州市邗江区瓜洲镇军桥村界河东侧
1072007B	双立双面型花岗岩	1	仪征市朴席镇三联村界河西侧

三、界线界桩管理

联合检查 从2004年~2011年年末,仪征与相邻市、区之间先后组织三轮联合检查。第一轮在2004~2006年间。2004年,仪征市与安徽省天长市和镇江市丹徒区民政局,分别联合检查苏皖线仪征与天长的陆地界线和界桩,以及扬镇线仪征市与丹徒区的水域界线。同年,仪征与六合联合组成六仪边界地区人民调解委员会,接边村组共同调处边界矛盾纠纷。2005年,仪征市与南京市栖霞区和高邮市民政局,先后联合检查宁扬线仪征与栖霞的水域界线,仪征与高邮市边界线和界桩。2006年,仪征市与邗江区民政局联合检查仪邗线边界线和界桩。三年联合检查中,未发现问题。

2008年起,按照上级部署,仪征与相邻市、区民政局组织开展第二轮行政区域界线联合检查。检查前,双方联合制定检查计划,检查后,联合作出检查报告。第二轮联合检查于2009年11月结束。联合检查发现,绝大部分边界线走向清晰,毗邻界线地貌、地物没有变化,也没有发生边界纠纷,只发现仪征市与六合区边界线2号界桩缺失,界桩附近地形地貌有所变化。根据省勘界办公室印发的"江苏省行政区域界线勘界测绘技术规定",南京市和扬州市民政局会同六合区和仪征市民政局,于2008年12月8日,重新埋设界桩,并填写登记表和拍摄图片存档。除联合检查外,这期间,边界线双方市区民政部门还定期进行互访活动,发现问题,共同会商,及时妥善处理,尽量减少矛盾纠纷。

第三轮联合检查是在2011年进行的。当年,全部检查了苏皖线仪征与天长陆地边界线,宁扬线仪征与六合陆地边界线和仪征与栖霞水域边界线,扬镇线仪征与丹徒水域边界线,以及仪征与高邮和邗江边界线,没有发现问题。

平安边界线建设 2008年10月,仪征市成立平安边界建设工作领导小组,民政局局长刘尚玉任组长,副局长孙莲任副组长,民政局社会事务科长和有关乡镇、办事处民政办公室主任为小组成员。领导小组成立后，制定平安边界建设方案，由市政府下发通知，部署在全市开展平安边界建设。为此，仪征市民政局与六合区、高邮市、邗江区、维扬区和安徽省天长市等民政局，分别签订《平安边界建设协议书》，相互协作与支持，共同创建平安边界。在平安边界建设取得一定成效的基础上，2010年市政府又下发《平安边界建设工作意见》，深入推进平安边界建设。首先，进行广泛宣传，在城区和集镇街道广告位，以及公交汽车停车站点，树立25块宣传牌，宣传建设平安边界的目的意义，营造全社会关心支持平安边界建设的氛围。同时，推进平安边界建设责任制，编制界线管理示意图，与有关乡镇办事处签订《区域地名管理、平安边界建设责任书》，将平安边界建设的责任落实到有关乡镇、办事处和村、组。并试行界线和界桩管理委托制，聘请14名界桩管理员，树立界桩维护警示牌，由界桩管理员负责管理。市政府成立以常务副市长为主任、民政局局长张玉峰为常务副主任，副局长樊荣均为副主任的市边界纠纷调处应急指挥中心，制定边界纠纷调处应急预案，以便及时处理因边界纠纷引起的突发事件。至2012年末，仪征与相邻的省、市、县际行政边界线没有发生因边界纠纷引起的事件，边界地区保持和谐稳定。

第三章　基层政权及群众自治组织建设

仪征历代县级行政体制及职官设置均由朝廷决定，县内政务集中于知县一身。县以下基层政权机构的设置常有变动。清末设乡、都、里、坊。辛亥革命后推行地方自治，先实行市、乡制，后实行区乡（镇）保甲制，乡镇为基层政权，但实权为地主豪绅把持。抗日和解放战争时期建立抗日民主政府和人民民主政府所属的区、乡政权均由中国共产党领导，由劳苦大众执掌，为广大劳苦大众和抗日、解放战争胜利服务的。

新中国成立后，仪征对旧政权进行改造，加强基层政权建设，由乡镇人民代表选举产生包括乡（镇）在内的乡（镇）人民政府成员。1953年实行"普选"。1955年，乡（镇）人民政府改称乡（镇）人民委员会。1958年乡（镇）人民委员会被人民公社管理委员会所替代。1968年，县与人民公社成立革命委员会。1983年，推行农村行政体制改革，撤销人民公社及革命委员会建立乡（镇）人民政府和经济联合会，原人民公社下属生产大队和生产队分别改为村民委员会和村民小组。

1988年，《中华人民共和国村民委员会组织法（试行）》颁布，推行村民自治，由村民自主选举村民委员会成员。仪征从当年4月进行试点，以后全面推开，至2010年11月，先后举行9届村委会民主选举，选举产生新的村民委员会和村委会主任，实行党务、政务、财务和事务公开，加强村民民主监督。同时，加强社区居民委员会建设，2002年起，依法定期进行社区居民委员会换届选举。

第一节　晚清民国时期基层政权

一、旧式基层政权

清末，仪征县衙最高掌权者为知事。县以下设乡、都、里、坊。全县有6乡、7都、14里、42坊，坊为基层政权组织，坊设坊董，若干坊设一总董，管理地方事务，兼管民团组织。民初沿袭旧制，基层政权组织仍为坊。民国10年，县以下实行市、乡两级自治，全县设2市3乡。市乡分别设市董、乡董，主管市、乡事务。乡有乡丁二三人。市、乡下设坊，坊是基层政权组织，坊设坊董，管理坊内事务及征收田赋。民国17年（1928年），撤销市乡和坊，改为区、乡（镇）和闾、邻，全县划分为5区、1063乡，35镇，1429闾、7009邻。乡（镇）为基层政权组织。区设区长1人，助理2人，文书1人。乡（镇）设乡（镇）长1人，文书1人。民国21年（1932年），废闾、邻，设保甲，并对乡、镇进行调整合并，全县仍为5个区，乡镇合并为66个（44乡，22镇）。并通过核查户口，编组保甲，10户为甲，10甲（城区25甲）为保。乡、镇为基层政权组织。

民国26年（1937年）12月，日军侵占仪征，仪征县城及农村部分地区沦陷。翌年春，国民党仪征县政府在月塘重建。仪征县部分区及乡镇基层政权仍归国民党仪征县政府管辖，部分为日、伪维持会、自治会控制。民国39年（1940年）年初，国民党仪征县政府溃散，4月中国共产党领导的抗日民主政权建立。仪征县以下区乡镇基层政权大部分为抗日民主政府管辖，部分为日伪仪征县公署、县政府控制。民国34年（1945年）8月抗日战争胜利，日伪仪征县政权垮台，国民党仪征县政府恢复部分基层区、乡统治（仪扬公路以南地区），大部分仍由共产党领导的民主政府管辖。民国35年（1946年）秋，共产党领导党政机关及军队北撤。国民党仪征县政府一度恢复对全县乡、镇的统治，但也仅维持一年多时间。民国37年（1948年）4月，共产党领导的东南县民主政府挺进仪扬地区，控制十二里岔以北大部分乡镇。民国38年(1949年)4月,仪征全境解放。国民党仪征县政权及其所属区、乡(镇)均回到人民手中。

二、民主基层政权

民国28年(1939年)11月,中国共产党领导的新四军苏皖支队进入天、六、仪、扬地区开辟抗日根据地。翌年4月,仪征参议会在月塘曹集召开,参加会议由各界人士和苏皖支队、中共仪征县委代表100多人组成,推举民主人士赵坚为参议会会长,会议决定成立"三三制"仪征抗日民主政府,下辖5个区和一个办事处,区下辖乡。政府机关起初在月塘海会寺,后在仪征、六合边境地区流动。区设区长、副区长,区署设民政、文教、治安和财粮等科;乡设乡长、指导员(实为党支部书记)、粮食委员、民兵中队长等。因处于战争环境,日伪"扫荡"、蚕食,民主政府所辖区、乡,常有变化,特别是乡变化较大。乡以下仍保持原来体制,以便于管理。保、甲长由贫苦农民和抗日积极分子担任。以后,不仅仪征县名称几经改变,所辖区乡时有增减。这期间,包括今仪征及周边地区成立了几个县级抗日民主政府,下辖区、乡基层政权。

民国31年(1942年)年初,在陈集、古井一带成立湖西办事处(县级政权),下辖路南区、路北区和二五区。区及其所辖乡为基层政权。

民国32年(1943年)2月,仪征县和冶山县合并成立东南办事处(县级政权)。办事处机关驻六合境内,下辖11个区。当年6月,湖西办事处与水南办事处合并成立甘泉县,甘泉县包括现今仪征市、邗江区、高邮市和安徽天长部分地域,下辖11个区。县政府常驻陈集丁家营、大糜庄一带。

民国33年(1944年)9月东南办事处撤销,恢复建立冶山县,同时新建仪扬县。冶山县机关常驻于月塘大井赵一带,开始辖12个区,最多辖15个区。仪扬县政府机关流动于白羊山、三茅一带,辖5个区。

从民国29年(1940年)4月至34年8月抗日战争胜利,包括今仪征及其周边地区先后建立仪征县、湖西办事处、东南办事处、甘泉县、仪扬县和冶山县多个县级民主政权。抗战胜利这一年,还存在甘泉、冶山和仪扬3个县级民主政权,其中属于今仪征市境范围的有10区、72个乡(参见第二章第二节第73页仪征市境抗日战争时期民主政权区、乡表)

抗日战争胜利后,仪扬县改称仪征县,冶山改称六合县,甘泉县仍然保留。抗日民主政府改为人民民主政府。仪征县和甘泉县所辖区、乡,作适当调整,仪征县辖6个区,甘泉县辖14个区,其中陈集、古井、大仪3区在今仪征市境。

民国35年(1946年)6月,国民党军队进攻解放区,9月,仪征、甘泉县民主政府撤离,随后县的建制撤销。

民国37年(1948年)4月,中国共产领导的人民武装南下恢复解放区,当月成立的东南县随军队南下。随着战争的胜利,东南县解放区迅速扩大,县以下设5个工委,以后逐步设立19个区、46个乡。区、乡基层政权组织形式及组成人员基本同于抗日时期的民主政府。当年12月,撤销东南县,成立仪扬县。翌年2月,仪扬改称仪征县。4月下旬,仪征县全境解放。中共仪征县委、仪征县政府迁入县城,成立军事管制委员会,接收国民党机关,对旧政权进行改造,废除保甲。县以下基层政权组织改为区、乡、村、组并对行政区划作较大调整。至民国38年9月新中国成立前,仪征县所辖基层政权组织计有7个区、3个直属镇、75个乡(镇)〔参见第二章第二节76页民国38年(1949年)9月仪征县行政区划表〕。

第二节 新中国基层政权建设

一、乡(镇)人民代表大会

新中国成立后,依据《中国人民政治协商会议共同纲领》,县各界人民代表大会为县级国家权力机构。1949年11月至1953年5月，仪征县共举行6届各界人民代表会议。会议听取并审议县人民政府施政报告，讨论研究各项重要工作，并作出相应决议。其中加强基层政权建设是县各界人民代表议决的重要工作。根据决议，从1950年5月起，仪征农村各区政府改称区公所，为县政府派出机构，区公所下辖乡（镇）为一级基层政权。1950年年末，仪征县政府辖9个区，79个乡（镇），450个村，3902个组。其中，仪城区为县政府直辖的政权机构，其所属真州、都会和十二圩3个直属镇为自治机构。

根据仪征县第一届各界人民代表大会决议，从1951年4月起，全县乡（镇）分批分期进行民主建设政权工作。县政府组织工作组，先在新城区三将乡试点，然后逐步推开。工作过程是，宣传发动，选民登记，选举乡（镇）人民代表，召开乡（镇）人民代表会议，选出会议主席，副主席和乡（镇）政府组成人员。乡（镇）人民代表闭会期间，主席、副主席负责联系代表，并配合乡（镇）政府做好日常工作。至1953年4月，全县乡（镇）人民代表会议先后召开，基层民主建设政权工作基本完成。各乡（镇）由乡（镇）人民代表会议选举产生乡（镇）长1人，副乡（镇）长1~2人，委员13~15人，组成乡（镇）人民政府，下设民政、优抚、文教卫生、生产、治安、财政6个工作委员会，各工作委员会一般有5~7人，最多9人（多数为兼职），乡（镇）政府委员兼任各工作委员会主任。

1953年3月，中央人民政府颁布《中华人民共和国全国人民代表大会及地方各级人民代表大会选举法》，6月，仪征开始基层普选。县、乡分别成立选举委员会，统一领导本地区选举工作。基层选举大致分4个阶段：划分选区，进行选民登记，公布选民榜，颁发选民证，召开选举大会选举乡镇人民代表。结合基层普选，调整行政建制，全县5个区，3个直属乡和79乡为基层政权。1954年3月完成县、乡第一届人民代表大会代表选举。乡镇人民代表由选民用无记名投票方式选举产生，代表名额按区域选民数比例确定，代表候选人由选区或选举单位提名产生。普选中，全县共有13万多人参加第一届人民代表选举，占有选举权人数的74.51%，共选出乡镇人民代表2986人。乡镇人民代表选出后，召开首届乡镇人民代表大会，听取和审议乡（镇）人民政府工作报告、乡（镇）财政预决算报告，讨论决定乡（镇）重大事项，选举正、副乡（镇）长和县人民代表大会代表。乡（镇）人民代表大会代表每届任期2年，每年至少召开一次会议。1955年，根据中央《关于设立县以下各级人民委员会决定》，仪征县各乡（镇）在举行首届二次人民代表大会时，选举产生乡（镇）人民委员会，乡（镇）人民委员会由乡（镇）长1人、副乡（镇）1~2人，委员3~13人组成。乡（镇）人民委员会设民政、治安、武装、生产合作、文教、卫生、财粮和调解7个工作委员会。每个工作委员会由5~7人组成。各工作委员会主任由乡（镇）人民委员会委员兼任。

1958年9月以后，由于人民公社成立，以及后来的“文化大革命”期间，乡（镇）人民代表大会为社员代表大会代替，或者无法举行（从1966年至1981年，中断13年）。1983年4月，农村进行体制改革，撤销人民公社，建立乡、镇。乡镇设政府和经济联合委员会（1985年后撤销）。乡（镇）人民代表大会名称得以恢复，按年召开乡（镇）人民代表大会，选举乡（镇）长和县市人民代表。1984年7月召开第八届县人民代表大会第一次会议，乡（镇）人民代表大会同时召开。至1987年第九届一次人大会议期间，全市有20个乡、3个镇召开人民代表大会。根据新选举法规定，乡镇人民代表大会不设常设机构，仅选举1位人大主席，并选举乡、镇长1人、副乡、镇长3~5人组成乡镇人民政府。乡镇人民代表大会闭会期间，乡镇政府直接行使职权。政府设民政、科教文卫、农业、工业、副业、司法、计划生育、经营管理、村镇建设等助理员。根据乡镇人口定乡（镇）政府编制，按编制配备乡（镇）政府工作人员，最少的22人，最多的36人。乡镇人民代表大会和乡镇政府每届任期三年，2004年后改为任期5年。

从1987年市第九届人大一次会议，至2012年第十五届第一次会议期间，特别是20世纪90年代以后，仪征市乡镇和村多次调整，先是撤乡设镇，后是乡镇和村合并，乡镇和村民委员会数较大幅减少。至2012年年末，全市有9个镇，2个办事处，137个村民委员会，54个社区居委会，3560个村民小组。镇为基层政权机构，办事处为市政府派出机构，分别由市枣林湾生态园和经济开发区代管，村民委员会为村民自治组织。乡（镇）人大主席、乡（镇）长1人、副乡（镇）长3~5人，政府组成人员均由乡（镇）人民代表大会选举产生。乡镇政府设立民政、人力资源和社会保障、人口和计划生育、科技、文教卫体、规划建设、环保、安全生产管理、统计、审计、农经、工业、三产、农水、财政所等科室。同时设立5个事业性质的服务中心：农业综合服务中心（挂“农经服务站”牌子）、工业三产服务中心（挂“招商办”“安全生产监督管理站”“企业管理服务站”牌子），村建环保服务中心、公共事业服务中心（挂“计生服务站”“文化体育站”牌子）、社会保障服务中心。乡镇党群系统的主要部门有：组织、宣传、纪检（监察）、统战（民族宗教）、政法（综合治理、信访）、人武、共青团、妇联等。

二、人民公社管委会、革委会

1958年9月，根据中共中央关于《农村人民公社工作条例（草案）》规定，全县乡镇和高级农业生产合作社相继撤销，成立13个人民公社，不久合并为5个大公社。1959年1月，成立青山矿区，2月，5个大公社划分为14个人民公社，即：新城、朴席、青山、铜山、谷镇、真州、龙河、刘集、恒华、月塘、谢集、陈集、大仪和古井人民公社。人民公社为政社合一的基层政权组织，下设生产大队，生产大队设生产小队。1964年，真州公社改为真州镇，新城公社划出十二圩街道及相关大队新建十二圩镇。至1966年，全县辖13个公社、2个镇、1个矿区办事处，6个国营场圃，231个生产大队，3564个生产队。人民公社、镇为基层政权机构，矿区办事处为县直属单位，场圃为国有企业性质单位。人民公社成立公社管理委员会，由社员代表大会选举产生，同时选举管委主任1人、副主任若干人，管委会下设福利、文卫、农水、工业、多种经营、财粮和办公室等办事机构。人民公社下辖生产大队，为经济核算单位并承担公社下达的各项行政事务，大队下辖的生产队是基层生产核算单位。公社有人民武装部、共青团、妇联等地方武装和群团组织。

1965年，各公社第六届社员代表大会换届选举后“文化大革命”逐渐掀起高潮，人民公社作为一级基层政权组织基本处于瘫痪状态，群众“造反”组织掌权。1968年3月，根据当时“支左”部队多方工作，仪征县、公社干部代表，武装部队代表和“造反”组织代表，实行“三结合”分别组成县革命委员会（简称革委会）和公社、镇革委会。原来公社管理委员会一度被农、工、红（红卫兵）“三代会”代替，公社和镇革委会行使基层政权职能。公社所属生产大队也成立革命委员会，生产小队成立革命领导小组。直到1983年4月农村行政体制改革，人民公社建制撤销，成立乡、镇。乡镇人民代表大会和由人代会选举产生乡、镇政府才又恢复为一级基层政权。乡、镇下设村民委员会和村民小组。人民公社作为基层政权的历史宣告结束。

第三节　村民自治和社区建设

一、村民自治

（一）村委会选举

1983年，仪征县进行农村体制改革，原生产大队改称为村民委员会，被称为第一届村委会。起初村民委员会是乡、镇以下的一级行政组织，村民委员会主任、副主任通常都由乡镇党委和政府指派。村里一切事务管理均由村党支部书记和村民主任决定，政务、财务等很少向村民公开。1988年，《中华人民共和国村民委员会组织法（试行）》公布，推行村民自治。组织法规定，村民委员会是村民自我管理、自我教育、自我服务的基层群众性自治组织，实行民主选举、民主决策、民主管理、民主监督。从当年4月起仪征开始试点，由村民民主选举村民委员会。从第二届开始至2012年，仪征全市村民委员会先后进行8次换届选举。

第二届村委会换届选举　1988年4月，由省、市、县相关部门组成工作组，在仪征铜山乡进行贯彻实施《中华人民共和国村民委员会组织法（试行）》试点，先在一个村试行由村民选举村委会，然后逐步推开。至11月，全乡13个村均通过选举产生新一届村委会，选民参选率达90%。

第三届村委会换届选举　1990年3月，全市22个乡镇和以场带队的5个国营场圃所属村，进行第三届村委会换届选举，264个村中除铜山乡13个村已在1988年11月改选外，其余均选举产生新一届村委会和村委会主任，并陆续建立健全各项规章制度。

第四届村委会换届选举　1996年4月，全市进行第四届村委会换届选举，大部分村委会实行等额选举。全市262个村委会选出新一届村委会成员1285人，其中，村委会主任262人。选民参选率达95%。

第五届村委会换届选举　1999年年初，市委组织部、市民政局在香沟乡进行第五届村委会直接选举工作试点。4月25日为全市第五届村委会选举日，全市245个村，除1998年已撤组转户并建立居委会的胥浦镇中桥、巴庄、甘草3个村和当年3月因区划调整刚刚组建的大仪镇万集、路南2个村以外，其余240个村均采取“两个直接”（村委会成员候选人由选民直接提名推荐，村委会委员和主任由选民直接选举产生）的选举方式，选举产生新一届村委会，参选率达88%，选出新一届村委会成员1038人，其中，村委会主任240人，村委会成员比上届减少247人，下降19.23%。此后，村委会换届选举采用直选方式。

第六届村委会换届选举　2001年11月，第六届村委会换届选举工作全面展开，12月15日为选举日。全市193个行政村参选率87%，选出新一届村委会成员851人，其中村委会主任188人，副主任36人，委员627人，村委会成员比上届减少187人，下降18.02%。

第七届村委会换届选举　2004年12月15日，是第七届村委会换届选举日。这次选举提倡村党支部书记与村委会主任“一肩挑”，鼓励村党支部书记参选村委会主任。全市148个行政村，除1个村因特殊原因延期选举外，147个村一次投票选举成功，参选率达95%。党支部书记与村民委员会主任“一肩挑”的村有26个，占总村数的17.69%，选出新一届村委会成员648人，比上届减少203人，下降23.86%。

第八届村委会换届选举　2007年5月下旬至8月上旬（7月25日为全市村委会选举日），仪征因工作基础较好，被确定为全省唯一试点县（市），提前依法实施第八届村委会换届选举工作。在市委的高度重视和统一领导下，突出重点难点，严格依法操作，实现了既定工作目标。市政府先后在省和扬州市第八届村委会换届选举工作会议上作了经验交流。全市149个建制村，一次选举成功村148个，占总数99.3%，参选率达94%，“一票直选”村11个，占总数7.4%。全市42个村实现“一肩挑”，占总数28%，比上届增加16个村。“双带双强”（“双带”指的是有带头致富能力和带领群众致富能力。“双强”指的是政治素质强、发展能力强。）型村干部165人，其中有一技之长、带头创业致富的村委会主任55人，占村委会主任总数37%，比上届增加21人。中共党员546人，占总数82.7%，女性186人，占总数28.2%，大专以上文化117人，占总数17.7%，中共党员、女性、大专以上文化，分别比上届增加70人、13人、66人，新一届村委会主任平均年龄42.4岁，比上届年轻0.6岁。

第九届村委会换届选举　2010年11月1日至12月底进行第九届村委会换届选举。此次换届选举首次与村党组织换届统一部署，分步实施。全市140个建制村，一次选举成功率首次实现100%；全市登记选民327540人，参加投票选举316581人，参选率达97%；63个村实现“一肩挑”，占建制村总数的45%，村“两委”成员交叉任职数占村委会成员总数的51%，“三强型”（政治素质强、发展能力强、民主法制素质强）村委会成员数占村委会成员总数的67%，女性村委会成员数占村委会成员总数的30%，大学生村官村委会成员数占村“两委”大学生村官总数的36%。

1988~2010年仪征市村委会换届选举情况一览表

表3-1

时　间	届　次	选举日	参选村数（个）	新一届村委会成员（人）	选民参选率%	备　注
1988	二		铜山乡13	53	90	由省、市、县相关部门组成工作组，在铜山乡进行贯彻实施《中华人民共和国村民委员会组织法（试行）》试点。

续表3-1

时 间	届 次	选举日	参选村数（个）	新一届村委会成员（人）	选民参选率%	备 注
1990	三		263	1212	91.5	
1996	四		262	1285	95	大部分村委会实行等额选举。
1999	五	4月25日	245	1038	88	在香沟乡进行直接选举试点，采用直接选举方式。
2001	六	12月15日	193	851	87	
2004	七	12月15日	148	648	85	
2007	八	7月25日	149	660	94	仪征作为全省唯一试点县（市），先行依法实施第八届村委会换届选举工作。
2010	九	12月18日	140	643	100	我市第九届村委会换届选举首次与村党组织换届统一部署，分步实施。

（二）民主管理与监督

从1999年开始，仪征市按照中央、省、扬州市有关文件精神，把村务公开工作作为村民自治和加强基层政权建设的重要内容落实。各村民委员会普遍建立村民代表会议制度。2003年，市民政局会同市委组织部等6个部门，对全市11个乡镇、51个行政村的政务、村务公开工作进行专项检查。全市村村建立民主理财组织，34%的村建有橱窗式公开栏，98%的村配置公开意见箱。2006年，省村务公开工作领导小组表彰真州镇万年村等为省级管理民主示范村。

2008年3月，仪征市委办、政府办转发市监察局、民政局《关于全面推进村民监督委员会建设的意见》，积极推广和运用村级民主监督创新形式，在村总支和支部组建纪检小组和监委会。至2008年6月底，全市140个建制村，30个总支建制村组建纪检小组，110个支部建制村全部组建监委会。7月，市监察局和民政局编制并下发《仪征市村务公开目录》，指导各乡镇、办事处按党务、政务、财务、事务四大类调整现有公开栏版面设置，进一步实现“四个统一”，即统一公开时间、统一公开程序、统一公开格式、统一公开内容。2008年7月，仪征市民政局被省民政厅表彰为全省第八届村委会换届选举工作先进单位。12月底，谢集乡山北村、陈集镇红星村被扬州市民政局表彰为“全市管理民主示范村”。2011年4月份，市城乡和谐社区建设指导委员会制定下发《仪征市村务公开工作责任追究办法》，进一步加强村级民主管理和民主监督。

仪征市的基层组织民主法治建设得到从中央到地方各级领导的关心、指导和帮助。2007年4月7日至8日，中共中央政治局委员、中央书记处书记、中央组织部部长贺国强，到仪征新城镇和新集镇就基层党组织建设和新农村建设情况进行调研。12月20日上午，省民政厅厅长赵顺盘到仪征考察万博社区廉政文化建设和谢集乡民政办、敬老院建设等情况。

2009年1月25日（除夕）上午，中共中央政治局委员、中央书记处书记、中央组织部部长李源潮到仪征月塘乡龙山村、谢集乡山北村，考察大学生村官工作、村集体经济收入、村部建设、村务公开等情况。当年12月底，仪征市铜山办事处枣林村被省民政厅表彰为“江苏省管理民主示范村”。

2010年4月13日上午，中组部组织二局副局长、基层办副主任曾贤钦到仪征就大学生村官工作进行专题调研。在仪期间，实地视察新城镇新华村、新集镇新集村村部建设和村务公开等工作。

（三）农民集中居住区管理

随着城镇化建设推进农民集中居住区逐渐增多，居住区的管理提上政府议事日程。根据村民自治的精神，2011年4月，由市民政局牵头，组织农工办、综治办对农民集中居住区社区化管理情况进行了专题调研，召开全市农民集中居住区社区化管理现场推进会，在《仪征情况》刊发了《推进农民集中区

社区化管理 创新农村社会管理理念机制》的文章，以市“两办”名义转发了《仪征市农民集中居住区社区化管理的实施意见（试行）》。市分管领导李正涛的调研文章《中国农民集中居住区社区化管理的探索和思考》在《中国民政》2012年第7期发表。

2012年6月14日下午，仪征市人大常委会主任会议成员、各委办负责人一行20多人专题视察农民集中居住区社区化管理工作，实地视察刘集镇百寿村、陈集镇西山佳苑农民集中居住区社区化管理现场，听取市政府所作的农民集中居住区社区化管理情况汇报，视察组认为，全市农民集中居住区社区化管理工作启动早、思路清晰、行动迅速、成效初显，并对下一步推进农民集中居住区社区化管理工作提出明确要求。

二、居民委员会（社区居民委员会）建设

（一）换届选举

居民委员会是城镇居民自我管理、自我教育、自我服务的基层群众性自治组织。根据《中华人民共和国城市居民委员会组织法》第八条规定，仪征市从2002年上半年在全市各乡镇选举产生新一届居民委员会（以下简称居委会），每届任期三年，至2012年，居委员会先后进行4次换届选举。

第一届居委会换届选举　2002年4月，仪征居民委员会名称进行规范调整，选举产生的新一届居民委员会统一冠名为社区居民委员会。当年5月，除真州镇35个社区居委会已于2001年结合居委会调整已经选举外，其他10个乡镇的26个居委会选举产生新一届居委会，并建立健全社区党组织、社区居民代表大会和社区协商议事委员会等组织。

第二届居委会换届选举　2005年4月，市委、市政府印发《关于进一步加强社区建设的意见》，加大对社区建设政策保障和财政扶持力度。召开全市首次社区建设工作会议，组织全市第二届社区居委会换届选举。此次换届选举首次推行社区居民委员会成员由社区居民、驻区单位代表、在职或离退休人员兼任制度。全市共选举出社区居委会成员194人，其中女性95人，占总数49%；党员126人，占总数64.9%。

第三届居委会换届选举　2008年8月下旬至9月底，依法组织实施全市第三届社区居委会换届选举，并首次召开社区居委会换届选举动员大会。全市54个社区居委会，举行换届选举的48个，占总数88.8%，选举成功率达100%。当选成员中，中共党员135人，占总数66.8%，比上届增加1.9%；社区党支部书记和居委会主任“一肩挑”的17人，占主任总数37.7%，比上届增加19.3%；高中专文化103人，占总数50.9%，比上届增加7.7%；大专以上文化71人，占总数35%，比上届增加8.9%；女性82人，占总数40.5%，比上届下降8.4%。

第四届居委会换届选举　2011年4月初至5月底，仪征市开展第四届社区居委会换届选举工作。全市54个社区居委会，举行换届选举的45个。由于撤乡并镇，月塘镇3个社区延期至下半年选举，仪化5个社区因人事安排未定，暂缓选举，十二圩蒲新村（居）委员会因少数居民已参加第九届村委会换届选举故未举行社区选举。45个选举的社区中，举行直接选举社区3个，间接选举社区42个，均一次性选举成功，共选出新一届社区居委会主任44人，其中中共党员43人，占主任总数98%；女性22人，占总数50%；高中（中专）文化19人，占总数43%，大专以上文化23人，占总数52%；共选出副主任23人，其中中共党员21人，占副主任总数91%，女性16人，占总数70%，高中（中专）文化2人，占总数9%，大专以上文化21人，占总数91%；共选出委员118人，其中中共党员77人，占委员总数65%，女性49人，占总数42%，初中以下文化18人，占总数15%，高中专58人，占总数49%，大专以上文化42人，占总数36%。

（二）社区建设

1988年，全市有24个居委会，其中十二圩镇3个，真州镇8个，青山镇3个，胥浦办事处10个。此后，因区划调整、村组撤并，居委会逐渐增加。1996年，全市有居委会49个。2001年增加到61个。2003年全市居委会增至65个，是仪征居委会数量最多的一年。之后，不断调整减少。

2004年1月，市委办、市政府办印发《关于组织市级机关部门挂钩联系社区工作的通知》，要求市级60个机关部门分组挂钩联系城区15个社区，帮助改善办公条件，提高服务水平。8月，市委办、市政府办印发《2004年度市级机关部门挂钩联系社区工作考评办法》。9月，市委办、市政府办印发《关于开展创建省级示范社区活动的意见》，全市各社区按照创建目标开展系列活动。并于年底由市委办、市政府办、市民政局、真州镇组成考评小组，对结对挂联工作进行考评。经考评，60个机关部门挂钩15个社区帮助改善办公条件的全部合格。2005年，市委、市政府印发《关于进一步加强社区建设的意见》，加大对社区建设政策保障和财政扶持力度，并召开全市首次社区建设工作会议。

2006年，市财政加大对社区资金支持力度，城区15个社区居委会工作经费和人员工资等按每年不少于8万元的基数列入市财政安排。至2006年年底，全市共有54个社区居民委员会。其中：真州镇24个、青山镇5个、新城镇2个、朴席镇1个、新集镇1个、马集镇2个、大仪镇3个、陈集镇4个、刘集镇2个、谢集乡1个、月塘乡2个、十二圩办事处4个、滨江办事处3个。

2008年9月2日，市委出台《关于进一步加强社区建设的意见》。2009年3月23日至24日，全省基层政权和社区建设工作年会在仪征市召开，省民政厅党组副书记、副厅长刘广忠出席会议，仪征市市长程希到会致辞。

2012年11月9日，市委办召开全市城乡和谐社区达标创建座谈会，两办发出《关于开展城乡和谐社区达标创建活动的通知》，对城乡和谐社区达标创建活动进行全面部署。

至年底，全市共有54个社区居委会，其中村居合一的8个。具体分布情况是：真州镇25个，新集镇1个，新城镇2个，青山镇7个，大仪镇3个，陈集镇4个，马集镇1个，刘集镇2个，月塘镇3个，十二圩办事处4个，铜山办事处2个。

2006~2012年，全市有21个社区居民委员会受到省、扬州市表彰。

第四章　优待抚恤

仪征古代对军人和伤亡官兵及其家属也有一定的优待和抚恤。新中国建立后，仪征民政部门贯彻“思想教育，扶持生产，群众优待，国家抚恤”的优抚工作方针，执行国家制定的《革命军人牺牲病故褒恤暂行条例》《革命烈士家属革命军人家属优待暂行条例》等一系列优待抚恤条例，对优抚对象进行优待和抚恤。“文化大革命”期间，仪征优抚政策贯彻执行受到影响。中共十一届三中全会后，仪征重新普查和登记优抚对象，落实优抚对象政策和待遇，使优抚对象重新享受到政府、社会和群众的照顾优待与抚恤，优抚工作逐步走上制度化和规范化轨道。

第一节　优　待

一、民国时期民主政府优待

民国29年（1940年）4月，仪征县抗日民主政府成立后，组织群众为抗日军人家属进行代耕代种。民国33年（1944年），今仪征陈集、大仪、古井所在的甘泉县抗日民主政府，明确规定对抗日军人家属进行优待，缺乏耕地、种子的，拨给“拥军田”“优抗稻”；生活有困难的，给予粮、钱、物救济和补助。是年，东南县所属的胥浦、谢集、月塘等10个区，有737户抗日军人家属得到705担（每担折合6.3亩）耕地优待，有950户军属得到1.9万担稻种的优待，分别占缺田和缺种户的85%和96%。钟林区钟林和乔王乡49户抗日军人家属，得到政府拨给耕地132.3亩和稻种21担的优待。这些“拥军田”多数是公田，亦有由多田户捐献和由农民抗日救国会（以下简称“农抗会”）协助开荒出来的。除“拥军田”“优抗稻”，代耕代种是普遍的优待办法。当年秋天，甘泉县抗日民主政府按照《苏中区优待抗日军人家属代耕代工办法》，组织代耕队、帮工组，为缺劳力的优待对象代耕代种。东南县所属钟林区钟林、乔王两个乡有49户抗日军人家属，得到群众帮助牛工166个、人工95个。一些地方的代耕队、帮工组，还与抗日军人家属签订代耕代工合同，“农抗会”负责检查，以保证优待抗日军人家属的代耕代工落到实处。

二、新中国成立后优待

（一）代耕代工优待

1949年至1955年农业合作化前，仪征按照“三固定”（固定人、固定田、固定工）和“人地相宜、双方自愿、民主评议、合同保证”的原则，由当地群众为优抚对象实行代耕代工。享受代耕的对象为：烈士、军人的父母、配偶、子女以及依靠烈士、军人生活的祖父母、不满16周岁的弟妹；二等乙级以上在乡残废军人；年老体弱无自耕能力，家庭又无其他劳动力的复员军人等。三等以下残废军人和复员军人，自复员之日起，免负担代耕义务1年。至1955年年末，全县1.28万户优抚对象累计享受代耕田8.71万亩、人工22.13万个、牛工7.11万个。

1949~1955年仪征县烈军属和残废军人享受代耕代工统计表

表4-1

年　份	享受代耕户与耕地数		群众负担	
	户数（户）	耕地（亩）	人工（个）	牛工（个）
1949	1310	6002	22328	3580

续表4-1

年 份	享受代耕户与耕地数		群众负担	
	户数(户)	耕地(亩)	人工(个)	牛工(个)
1950	1387	11832	19340	5720
1951	2136	16422	35221	14817
1952	1951	14723	40955	11133
1953	2101	14737	39445	13546
1954	2025	12546	35565	12400
1955	1855	10877	28495	9897
合 计	12765	87139	221349	71093

(二)劳动日优待

1956年起,随着农业合作化的推行,代耕代工优待改为劳动日优待,以生产队为单位,按照困难大多优待、困难小少优待、不困难不优待的原则,采取春季一次性评定,夏季检查落实,秋季分配兑现的办法,将劳动日优待给优待户,年终参加集体分配。享受劳动日优待对象为:无劳力或缺乏劳力的烈士家属(含病故、失踪军人家属),无劳力或缺乏劳力的军士、兵(含公安部队士兵家属),生活有困难的残废军人,带病回乡长期不能劳动、生活有困难的复员退伍军人,年老体弱、丧失劳动能力生活有困难的复员军人。1956~1965年,全县累计优待1.37万户,优待劳动日61.55万个。

“文化大革命”期间,劳动日优待基本停止。

1956~1965年仪征县烈军属和残废军人享受优待劳动日统计表

表4-2

年 份	优待户数(户)	劳动日(个)	年 份	优待户数(户)	劳动日(个)
1956	786	28396	1962	1217	59222
1957	1369	57723	1963	1679	89745
1958	1395	60185	1964	1545	74124
1959	1425	59136	1965	1388	65575
1960	1466	68500	合 计	13673	615468
1961	1403	52862			

(三)实物优待

仪征解放初期,除了代耕代工,还实行实物优待。1949年和1950年两年中,仪征各界人民给优待对象捐助大米达18.75万公斤,稻种14.02万公斤,帮助修建房屋1437间。元旦、春节时,赠送给烈军属猪牛肉4565公斤,鲜鱼1315公斤,大米7114公斤,面粉、花生等其他粮食1.16万公斤,柴草1.69万公斤,各种蔬菜、副食品7.11万公斤。土地改革中,仪征县优先分给烈军属土地8967亩,房屋561间,粮食36.31万公斤。县人民政府还规定,1951年起,每年夏秋两季,对每户烈军属分别减征公粮12.5~7.5公斤。1964年,县政府特地指示县物资局专项供应木材39立方米,帮助152名优待对象解决住房困难。

“文化大革命”期间,仪征实物优待工作基本停顿。

(四)现金优待

中共十一届三中全会后,仪征恢复优待工作,在农村推行家庭联产承包责任制后,改进优待办法:改劳动日和物资优待等为现金优待。1985年5月,县委、县政府规定,对义务兵家属,不论家庭有无困难,一律给予现金优待。优待标准是:服役第一年,按农村一个整劳动力全年承包总收入的50%优待;

第二年，按60%优待；第三年，按65%优待；超期服役者，按70%优待。优待金以乡、镇为单位统筹。从乡镇企业入伍的义务兵家属，按同年进厂工人年收入（基本工资加平均奖）的70%优待，优待金由原单位发放。城镇社会青年，实行先安置后入伍，即由征兵机构与劳动部门将应征对象名单落实到具体单位，从入伍之日起，按同年进厂职工基本工资加平均奖的70%进行优待，优待金由单位发放。同时规定，现役军人在部队立一等功的，由所在乡镇发给家属奖金300元，二等功200元，三等功100元。受营以上单位通令嘉奖3次以上的发放奖金50元。至1987年年末，全市累计优待1.56万户，发放现金194.88万元，每户平均125元。

1988年后，义务兵年人均优待金逐年增加，且城镇义务兵优待金高于农村。1996年，仪征农村义务兵家庭优待金首次高于城镇义务兵家庭。当年，农村义务兵家庭每户优待金 1200元；而城镇义务兵家庭优待金每户只有 850元。1997年，市政府下发《关于对城镇义务兵家属优待金实行统筹的通知》，城区居民生活用电及年用电量在 200万度以下的单位每度电征收优待金 0.01元，超过 200万度的，超过部分每度电征收优待金0.005元，由市供电公司征收，年底由市民政局按标准统一发放给城镇义务兵家庭。

1998年6月，市民政局按照省民政厅要求，组织专门班子对全市义务兵家属优待金发放工作进行专项检查，纠正个别乡镇随意克扣和强行为义务兵购买保险的做法，规范义务兵家属优待金发放工作。

1999年起，调整进驻新疆、西藏义务兵家庭优待金标准。当年，对进驻新疆的义务兵家庭按同期入伍兵员的 3 倍发放优待金。2000 年起，进藏义务兵优待金标准统一调整为每年每人5000 元。

2003年起，农村义务兵优待金人均1725元，城镇义务兵优待金人均1000元。2012年，城镇和农村义务兵优待金人均都达11151元，比2003年农村和城镇义务兵优待金平均数增长7.18倍。

1988~2012年仪征市义务兵家庭优待金发放统计表

表4-3

年　份	农村义务兵家庭优待金			城镇义务兵家庭优待金		
	人均优待金（元）	优待人数（人）	发放总金额（万元）	人均优待金（元）	优待人数（人）	发放总金额（万元）
1988	285.31	861	24.57	528.32	166	8.77
1989	377.80	783	29.58	656.00	213	13.97
1990	397.20	846	33.60	636.90	189	12.04
1991	398.00	888	35.34	657.80	231	15.20
1992	445.00	892	39.69	672.20	242	16.27
1993	489.60	895	43.82	726.80	250	18.17
1994	632.90	904	57.21	816.14	254	20.73
1995	726.30	917	66.60	826.40	258	21.32
1996	1200.00	961	115.32	850.00	279	23.72
1997	132.00	963	127.12	900.00	282	25.38
1998	1450.00	986	142.97	900.00	380	34.20
1999	1450.00	984	142.68	900.00	380	34.20
2000	1460.00	992	144.83	1000.00	211	21.10
2001	1725.00	690	119.05	1000.00	243	24.30
2002	1725.00	520	89.70	1000.00	216	21.60
2003	1725.00	545	94.01	1000.00	209	20.90

续表4-3

年　份	农村义务兵家庭优待金			城镇义务兵家庭优待金		
	人均优待金（元）	优待人数（人）	发放总金额（万元）	人均优待金（元）	优待人数（人）	发放总金额（万元）
2004	2885.00	490	141.37	217.60	214	46.57
2005	3220.00	463	149.09	2463.00	198	48.77
2006	3450.00	442	152.49	2845.00	195	55.48
2007	3851．00	437	168.29	3237.00	201	65.06
2008	4518.00	439	198.34	4518.00	215	97.14
2009	5220.00	416	217.15	5220.00	209	109.1
2010	5825.00	402	234.17	5825.00	198	115.34
2011	6530.00	390	254.67	6530.00	195	127.34
2012	11151.00	388	432.66	11151.00	196	218.56

（五）定补优待

对一部分生活特别困难，单靠优待还不能解决问题的优抚对象，国家规定在正常优待基础上再给予实物和现金补助优待。补助优待形式先是长期补助，以后发展成定期定量补助（简称定补）。解放初期，仪征县政府按照苏北行政公署规定，对生活极其困难的烈军属，除享受群众优待外，按月给予粮食补助。1951年起，县政府对伤残军人实行定期定量补助，并确定：困难大的，补助6个月；困难小的，补助3个月。至1952年年末，县政府共补助残废军人大米3.86万公斤，得到补助的残废军人有452户、1055人。

1953年起，县政府对革命烈士亲属（含因公牺牲、病故、失踪军人家属）、残疾复员军人、带病回乡的退伍军人，改补助大米为补助现金，期限一年一定，每人每月平均补助2~3元。

1955年4月，县政府根据中央内务部、财政部颁发《优抚、社会救济事业费管理使用暂行办法》，将优抚事业费主要用于没有参加生产条件又无法维持生活的贫苦烈军属及残疾复员军人定期定量生活补助。

1960年9月，县政府对定期补助金进行调整：农村生活特别困难的烈军属每户每月2~4元，城镇生活特别困难的烈军属每户每月3~5元。调整后，补助时间一定3年不变。

1963年6月，根据省人民委员会要求，仪征对享受定补对象普遍进行核查调整，明确享受定补的有以下6种对象：1.烈士、病故军人遗孤和虽有亲属而无力抚养的烈士、病故军人、失踪军人未成年的子女；2.已经失去劳动能力而其子女又确实无力供养的烈士、病故军人的父母、配偶；3.孤老的烈属及病故、失踪军人家属；4.生活有困难的在乡残废军人；5.生活有困难的退伍老红军和年老体弱丧失劳动能力生活有困难的复员军人；6.带病回乡长期不能劳动生活有困难的复员、退伍军人。符合以上6种对象的人员，由县发给“定期定量生活补助证”，每人每月补助金额调整为：烈属6.45元，带病回乡长期不能劳动的复员军人6.16元、退伍伤残军人5.72元。

“文化大革命”期间，仪征和全国一样，优抚对象被剥夺享受定补的权利。

“文化大革命”结束后，拨乱反正。1979年，仪征对优抚对象进行调查核实，原已享受的定补对象恢复补助；定补标准偏低的，按规定给予提高。同年10月，按照民政部、财政部规定，又一次改进优抚对象定期定量补助工作，调整定补对象，明确规定符合下列5种条件之一的，才能享受定期定量补助：1.孤老烈士家属和孤老病故军人、失踪军人家属；2.没有亲属抚养或虽有亲属而无力抚养的烈士、病故、失踪军人的未成年子女；3.丧失劳动能力，而其子女又无力供养的烈士、病故、失踪军人的父母和配偶；4.带病回乡不能经常参加生产劳动，生活特别困难的复员、退伍军人；5.完全丧失劳动能力生活困难的复员军人。1983年1月，对孤老烈属和孤老复员军人一律在原定补基础上，每人每月增加5元。1984年6月起，仪征根据民政部规定，再次调高定补标准：家住农村的烈属和抗日战争时期入伍的在乡复员军人每人每月12元；烈士的直系亲属，符合定补条件的，以户计算，两人以上者，每户每月补助24元；解放战争时期入伍的在乡复员军人，每人每月补助8元；实行义务兵役制前入伍的在乡复员军人，每人每月补助不低于7元。当年，全县定补对象有773户，全年补助8.14万元，补助金额分别比1953年和1960年分别增长22倍和1.2倍。1985年1月起，根据民政部、财政部通知，将烈属、因公牺牲和病故军人家属定期补助，改为定期抚恤。这既是标准上的调整，又是制度上的改革。凡符合抚恤条件的革命烈士家属、因公牺牲军人家属、病故军人家属（以下简称“三属”），由国家抚恤终身。继续享受定补的对象只有复员军人和带病回乡的退伍军人，包括1955年前复员到地方的无固定收入、生活困难的女兵。

1986年4月，仪征调整复员、退伍军人定补标准，城镇平均每人每月不低于20元，农村每人每月不低于15元。

1951~1987年仪征定期补助统计表

表4-4

年　份	补助人数（人）	补助金额（元）	年　份	补助人数（人）	补助金额（万元）
1951	452	—	1966	394	2.41
1952	603	—	1967	245	1.15
1953	591	3516	1973	550	4.73
1954	446	10459	1974	495	4.50
1955	398	9865	1978	434	2.24
1956	433	10888	1979	445	3.37
1957	485	15988	1980	535	4.20
1958	584	28553	1981	526	3.91
1959	417	36080	1982	794	7.91
1960	303	36637	1983	839	8.90
1961	410	29271	1984	773	8.14
1962	458	14505	1985	741	14.84
1963	286	15819	1986	727	14.61
1964	247	10508	1987	707	14.22
1965	208	10695			

1988年，老复员军人定期补助标准城镇与农村统一，抗日战争、解放战争和新中国成立初期（以下简称“三个时期”）参加革命的老复员军人定期生活补助标准不分城乡，每人每年分别为144元、96元和84元；带病回乡退伍军人定期生活补助标准为每人每年70元。

1995年，抗日战争时期、解放战争时期、中华人民共和国建立初期（以下简称“三个时期”）参加革命的老复员军人定期生活补助标准分别增至每人每年1200元、1164元和1128元，带病回乡退伍军人定期生活补助标准增至每人每年1092元。1997年起，仪征按照省民政厅、财政厅关于建立优抚对象抚恤标准自然增长机制的通知，建立优抚对象定补标准自然增长机制，城镇和农村的老复员军人生活定期补助分别执行不同标准。当年，城镇“三个时期”参加革命的老复员军人定期生活补助标准分别增至每人每年1900元、1600元和1500元，农村“三个时期”参加革命的老复员军人定期生活补助标准分别增至每人每年1440元、1330元和1224元。带病回乡退伍军人定期生活补助标准增至每人每年1108元。2003年，带病回乡退伍军人定期生活补助标准增至每人每年2125元，至2006年没有变化。

2006年，城镇“三个时期”参加革命的老复员军人定期生活补助标准分别为每人每年6731元、5983元和5235元，农村“三个时期”参加革命的老复员军人定期生活补助标准分别为3912元、3651元和3390元。与1988年相比，城镇抗日战争期间参加革命的老复员军人定期生活补助标准增长45.74倍，解放战争和新中国成立初期参加革命的老复员军人定期生活补助标准增长61.32倍；农村“三个时期”参加革命的老复员军人定期生活补助标准分别增长26.17倍、37.03倍和39.36倍；带病回乡退伍军人定期生活补助标准增长29.36倍。

2012年，城镇和农村“三个时期”参加革命的老复员军人定期生活补助标准分别增至每人每年16116元、14102元和12087元，带病回乡退伍军人定期生活补助标准增至每人每年3926元。与2006年相比，城镇的分别增长1.4倍、1.35倍和1.3倍；农村的分别增长3.12倍、2.90倍和2.57倍；带病回乡退伍军人增长85%。

1988~2012年仪征市老复员军人、带病回乡退伍军人定期生活补助标准一览表

表4-5　　单位：元/年

年份	老复员军人						带病回乡退伍军人
	城镇			农村			
	抗日战争时期参加革命	解放战争时期参加革命	新中国建立初期参加革命	抗日战争时期参加革命	解放战争时期参加革命	新中国建立初期参加革命	
1988	144	96	84	144	96	84	70
1989	300	240	228	300	240	228	190
1990	386	336	300	386	336	300	264
1994	624	588	552	624	588	552	485
1995	1200	1164	1128	1200	1164	1128	1092
1996	1200	1164	1128	1200	1164	1128	1092
1997	1900	1600	1500	1440	1330	1224	1108
1998	2387	2089	1790	1539	1421	1302	1184
1999	2482	2174	1790	1984	1832	1679	1526
2000	2908	2544	2181	2069	1910	1751	1592
2001	3257	2850	2443	2106	1944	1782	1620
2002	3574	3127	2681	2232	2064	1889	1717
2003	3868	3384	2901	2672	2489	2307	2125
2004	5138	4620	4103	2858	2651	2445	2125
2005	5985	5320	4655	3450	3220	2990	2125
2006	6731	5983	5235	3912	3651	3390	2125
2007	8339	7297	6255	4360	4070	3779	1744
2008	9715	8500	7286	4940	4610	4280	1976
2009	10930	9564	8197	6332	5960	5588	2235
2010	12244	10714	9183	7050	6636	6222	2904
2011	14172	12400	10630	8043	7570	7097	3312
2012	16116	14102	12087	16116	14102	12087	3926

2007年，民政部、省民政厅要求对军队参战和涉核退役人员发放定期生活补助，仪征按照政策规

定，对参战和涉核退役人员进行审核登记，按照“一人一档”要求建立档案。当年，对409名参战和涉核人员发放生活定补100万元。2012年，为594名参战和涉核人员发放生活定补250万元。

2007~2012年仪征市参战和涉核退役人员生活补助统计表

表4-6　　单位：万元

年　份	人数（人）	金额（万元）	年　份	人数（人）	金额（万元）	年　份	人数（人）	金额（万元）
2007	409	100	2009	518	130	2011	527	220
2008	499	130	2010	523	220	2012	594	250

（六）医疗优待

1988年起，市政府以乡镇统筹方式给予“三属”和“三老”人员医疗费用补助优待，除减免挂号费、观察费和注射费外，还补助门诊费和住院费，门诊费补助30%，住院费补助40%。并以乡镇（中心）卫生院为依托，定期对“三老”和“三属”人员进行体检，建立健康档案。1997年起，市民政局和卫生局为全市1201名重点优抚对象签发医疗优待证，持优待证在指定市直医院、乡镇卫生院就诊时，免收挂号费、注射费、出诊费和观察费；减半收取针灸费、化验费、透视费、B超费、推拿费、心电图费和住院费。1990~1998年，全市累计投入177.51万元，帮助1.49万人次“三属”和“三老”人员解决医疗费困难。

2004年，市民政局为858名优抚对象办理住院医疗保险和农村合作医疗保险。同年，住院医疗保险受理理赔82件，理赔金额14.2万元。真州镇、马集镇、新城镇、刘集镇、陈集镇、谢集乡、月塘乡、新集镇还先后建立以敬老院为依托的优抚医疗服务站。2005年，市政府印发《仪征市重点优抚对象大病救助实施细则》，将“三属”、在乡七级以下残疾军人、老复员军人、带病回乡退伍军人、享受抚恤的残疾民兵民工列入救助范围，给予不同比例的补助。同年，全市救助48人，补助金额8.9万元。

2009年，市政府制定《仪征市重点优抚对象医疗保障实施办法》，当年解决“三老”人员医疗费27.78万元。2010年，市民政局为进一步落实《仪征市重点优抚对象医疗保障实施办法》，为1056名重点优抚对象换发医疗优待证，按照新标准对重点优抚对象进行门诊报销和大病救助。据统计，当年共拨发门诊报销补助经费51.8万元，大病救助经费56.2万元，为2460人次门诊费用给予按比例报销，为179人次给予大病救助。同时，为重点优抚对象办理住院保险理赔，全年理赔24.74万元。2011年，市民政局实行重点优抚对象医疗保障一站式结算，为1215名重点优抚对象办理医疗保险，为2350人次报销门诊费用55.7万元，为233人次实施大病救助60万元；办理住院保险理赔服务128人次，理赔金额22.6万元。2012年，规范运行“一站式”医疗结算平台，共有900多名重点优抚对象通过“一站式”减免医疗费用68万元。

第二节　抚　恤

一、牺牲病故抚恤

抗日战争期间，按照国民政府行政院颁布的《优待出征抗敌军人家属条例》规定，仪征对参战的国民党官兵死亡的，发给一次性抚恤金。抚恤金标准按职务高低进行区分。据档案资料不完全统计，仪征在抗日战争中阵亡的国民党军队官兵14人，其中校级军官1人，尉级军官5人，士兵8人，都按规定得到抚恤。死亡人员遗属领取抚恤金的次序：首先是妻子及子女，无妻子及子女的为父母；父母俱无的，为祖父母，无祖父母的，为孙或未成年的弟妹。一次性抚恤金由省库支付，年抚恤金由地方拨款，每年分4个季度发放。享受抚恤的时限，有子女者到其子女成年为止，无子女者到其配偶死亡为止。

1937~1945年仪征县牺牲军人抚恤金标准一览表

表4-7

职　级	抚恤标准（小麦：担）	职　级	抚恤标准（小麦：担）
少　校	20	少　尉	12
上　尉	18	队　士	8
中　尉	15		

抗日战争和解放战争，仪征许多优秀儿女参加新四军、八路军和中国人民解放军，为中国人民解放事业献出自己的生命，当时由于战争频繁，军政机构活动分散等原因，仪征部分牺牲者的军人家属当时没有能够领到抚恤金，还有一些人员下落不明，也没有能办理抚恤手续。

仪征解放后，县政府民政部门开始对在抗日战争和解放战争中牺牲的革命军人、参战民兵民工家属进行调查，给予抚恤。1950年12月，中央人民政府《革命军人牺牲、病故褒恤暂行条例》和《革命工作人员伤亡褒恤暂行条例》颁布后，县人民政府按照条例规定，开展牺牲病故军人抚恤工作。县民政部门对在革命战争中牺牲及病故的军人，进行全面调查核实，补办抚恤证和补发抚恤金、抚恤粮。1953年前发抚恤粮，以后发抚恤金。至1961年，全县在抗日战争、解放战争和抗美援朝战争以及社会主义建设中牺牲的仪征籍军人共774人，其中295人是分别陆续补办抚恤的，并补发了抚恤金和抚恤粮，共补发抚恤大米7.8万公斤，人民币1.37万元。

1950~1953年仪征县牺牲病故军人抚恤粮和抚恤金标准一览表

表4-8

职　别	类　别	1950年（大米：市斤）	1952年（大米：市斤）	1953年（人民币（旧币）：万元）
战士	牺　牲	600	1200	140
	病　故	450	900	110
班、排、连长级	牺　牲	800	1800	210
	病　故	600	1350	160
团长级	牺　牲	1000	3000	350
	病　故	750	2250	260
旅、师长级	牺　牲	1200	4800	550
	病　故	900	3600	410

“文化大革命”期间，抚恤工作基本停顿。

1983年8月，民政部统一印制“革命烈士证明书”。仪征于1984年在第十二次优抚对象代表会上换发新证。全县符合换证条件的烈属141户。从当年起，牺牲抚恤由过去两个档次（因公牺牲、病故）改为三个档次（烈士、因公牺牲、病故）。抚恤金由过去的固定标准改为与工资挂钩，即：烈士生前有工资收入的，按牺牲时本人40个月工资额一次性发给抚恤金；因公牺牲的，发给本人20个月工资额；病故的发给本人工资10个月工资额。无工资收入或工资低于军队23级正排职干部标准的，按牺牲时军队23级正排职干部工资计发。被军委或大军区授予英雄模范称号的烈士，增发应领抚恤金的三分之一；立二等功以上的军人，参战民兵民工被批准为烈士的，增发应领抚恤金的四分之一。

1985年1月10日，民政部、财政部通知，将烈属、因公牺牲和病故军人家属定期补助费，改为定期抚恤，由国家抚恤终身，每人每月抚恤金额按不同对象和家住农村或是小城镇分别确定为：烈属、因公牺牲军人家属家住农村的，每人每月25元，家住城镇的每人每月35元；病故军人家属家住农村的每人每月20元，家住城镇的每人每月30元。仪征享受定期抚恤金对象，由县民政局印发定期抚恤领取证，烈士、因病、因公牺牲人员家属凭证向居住地所在乡、镇人民政府领取抚恤金。

1988年，城镇户口烈属、因公牺牲军人家属抚恤标准为每年每人300元，病故军人家属每年每人240元；农村户口烈属、因公牺牲军人家属抚恤标准为每年每人250元，病故军人家属每年每人220元。

1997年开始，优抚对象抚恤金标准实行自然增长机制，城镇户口"三属"抚恤标准分别为上年度城镇职工平均工资的52%、48%和45%。当年，城镇户口"三属"抚恤金分别增至每年2850元、2650元和2400元。农村户口"三属"抚恤标准为上年度农村人均收入的80%、75%和70%。农村户口"三属"抚恤金分别增至 每年1750元、1660元和1500元。此后，"三属"抚恤标准按扬州市制定的标准实行自然增长。至2006年，全市有烈属58人，因公牺牲军人家属13人、病故军人家属50人。城镇户口"三属"抚恤金分别为6731元、5983元和5325元，比1988年分别增长21.44倍、18.94倍和20.81倍；农村户口"三属"抚恤金分别为5983元、5235元和4488元，比1988年分别增长22.93倍、19.94倍和19.4倍。

2007年起，民政部对"三属"的抚恤标准每年都进行一次调整。仪征按照民政部、省民政厅的要求，按照扬州市制定的标准实行自然增长。当年，城镇户口"三属"抚恤金分别为9382元、8339元和7297元；农村户口"三属"抚恤金分别为8339元、7297元和6255元。至2012年，全市有烈属39人，因公牺牲军人家属9人，病故军人家属39人。城镇和农村"三属"抚恤实行统一标准，抚恤金分别是18130元、16116元和14102元。城镇抚恤金标准与2006年相比，增长1.69倍；农村抚恤金标准与2006年相比，增长2倍。

1988~2012年仪征市烈士家属、因公牺牲军人家属、病故军人家属抚恤金标准一览表

表4-9　　　　单位：元/年

年份	城镇			农村		
	烈属	公属	病属	烈属	公属	病属
1988	300	300	240	250	250	220
1989	480	480	420	430	430	400
1993	720	720	660	600	600	540
1994	900	900	840	780	780	720
1995	1968	1968	1908	1572	1572	1512
1996	1968	1968	1908	1572	1572	1512
1997	2850	2650	2400	1750	1660	1500
1998	2984	2984	2686	2387	2387	2089
1999	3105	3105	2795	2484	2484	2174
2000	3635	3635	3272	2908	2908	2544
2001	4071	4071	3664	3257	3257	2850
2002	4468	4468	4021	3574	3574	3127
2003	4835	4835	4351	3868	3868	3384
2004	4538	4538	4020	4020	4020	3500
2005	5982	5320	4655	5320	4655	3990
2006	6731	5983	5325	5983	5235	4488
2007	9382	8339	7297	8339	7297	6255

续表4-9

年份	城镇			农村		
	烈属	公属	病属	烈属	公属	病属
2008	10929	9715	8500	9715	8500	7286
2009	12296	10930	9564	10930	9564	8197
2010	13774	12244	10714	12244	10714	9183
2011	15944	14172	12400	14172	12400	10630
2012	18130	16116	14102	18130	16116	14102

二、残废抚恤

民国31年(1942年),仪征执行淮南抗日根据地规定:一等残废年抚恤金为抗币100元,二等50元,三等40元,分春秋两季发放。对在抗日战争中参战的受伤官兵,除发给医疗费外,重伤者还一次发给10年的年抚恤金;轻伤的一次发给5年的抚恤金。

新中国成立后,仪征按照国家规定,对革命残废人员实行终身抚恤(复员回乡三等残废军人1965年起实行终身抚恤)。抚恤对象有:中国人民解放军和前八路军、新四军及中国共产党领导的其他人民武装部队的革命残废军人。1952年以前,残废人员是发抚恤粮和残废金,1953年起全部改为发抚恤金。按照民政部要求,抚恤标准于1952年、1953年、1955年、1978年、1982年、1984年进行过6次调整。每次调整后,抚恤标准均有提高。

1953~1984年部分年份仪征县残废人员抚恤标准一览表

表4-10　　单位:元

年份	等级		在乡抚恤金		在职抚恤金	
			因战	因公	因战	因公
1953	特等		390	360	66	53
	一等		330	300	53	42
	二等	甲级	168	150	40	33
		乙级	125	115	33	27
	三等	甲级	200	160	27	21
		乙级	150	130	20	16
1955	特等		420	380	72	62
	一等		360	330	60	50
	二等	甲级	190	170	44	38
		乙级	136	126	36	30
	三等	甲级	220	176	30	24
		乙级	165	140	24	20
1978	特等		520	480	520	480
	一等		460	430	460	430
	二等	甲级	260	240	260	240
		乙级	196	186	196	186
	三等	甲级	100	100	100	100
		乙级	80	80	80	80

续表4-10

年份	等级		在乡抚恤金		在职抚恤金	
			因战	因公	因战	因公
1984	特等		570	518	132	123
	一等		498	464	118	108
	二等	甲级	390	350	96	86
		乙级	296	268	84	76
	三等	甲级	180	180	70	64
		乙级	140	140	60	56

随着国家对抚恤标准的不断提高，仪征抚恤金发放数额不断增加，1987年，全市享受伤残抚恤共计707户，发放伤残抚恤金14.22万元，比1984年增长74.6%。1988年，全市420人残废人员享受残废抚恤金，全年发放抚恤金37.8万元。2006年以后，残废抚恤金标准每年调整一次。2012年，全市有379名残废人员，其中一级6人、二级1人、三级2人、四级3人、五级33人、六级92人、七级103人、八级126人、九级8人、十级5人，全年共发放残废抚恤金500.88万元。

2006~2012年仪征市无工作单位残废人员抚恤金标准一览表

表4-11　　单位：元/年

等级 \ 年份		2006	2007	2008	2009	2010	2011	2012
一级	因战	14957	20847	24286	27323	30609	35429	40289
	因公	14359	20014	23315	26230	29385	34012	38678
	因病	13910	19388	22586	25410	28466	32950	37468
二级	因战	13462	18763	21858	24590	27548	31886	36260
	因公	13163	18346	21372	24045	26936	31178	35454
	因病	13013	18137	21129	23772	26630	30824	35052
三级	因战	12714	17720	20644	23225	26018	30115	34246
	因公	11966	16678	19429	21859	24488	28344	32232
	因病	11218	15636	18215	20492	22957	26572	30216
四级	因战	10470	14593	17000	19126	21426	24800	28202
	因公	8975	12509	14572	16394	18365	21258	24174
	因病	8526	11883	13844	15575	17448	20195	22965
五级	因战	8227	11466	13358	15028	16835	19486	22159
	因公	7479	10424	12143	13662	15305	17715	20145
	因病	6731	9382	10929	12296	13774	15944	18130
六级	因战	5983	8339	9715	10930	12244	14172	16116
	因公	5535	7714	8986	10110	11325	13110	14907
	因病	4787	6672	7772	8744	9795	11338	12893
七级	因战	4488	6255	7286	8197	9183	10630	12087
	因公	3883	5421	6315	7104	7958	9212	10476
八级	因战	2992	4170	4858	5465	6122	7086	8058

续表4-11

等级		2006	2007	2008	2009	2010	2011	2012
八级	因公	2543	3544	4129	4645	5204	6023	6850
九级	因战	2244	3128	3643	4099	4592	5315	6044
	因公	1945	2711	3158	3552	3980	4606	5238
十级	因战	1646	2294	2672	3006	3367	3898	4432
	因公	1496	2085	2429	2732	3061	3543	4029

2006~2012年仪征市有工作单位残废人员抚恤金标准一览表

表4-12　单位：元/年

等级		2006	2007	2008	2009	2010	2011	2012
一级	因战	11200	14560	18900	22680	26080	28690	37940
	因公	10800	14040	18300	21960	25250	27780	36740
	因病	10440	13570	17700	21240	24430	26870	35540
二级	因战	10800	13100	17100	20520	23600	25960	34330
	因公	9600	12480	16200	19440	22360	24600	32530
	因病	9200	11960	15600	18720	21530	23680	31310
三级	因战	8960	11650	15000	18000	20700	22770	30120
	因公	8400	10920	14100	16920	19460	21410	28310
	因病	7800	10140	13200	15840	18220	20040	26510
四级	因战	7280	9470	12300	14760	16970	18670	24690
	因公	6600	8580	11100	13320	15320	16850	22290
	因病	6000	7800	10200	12240	14080	15490	20480
五级	因战	5600	7280	9600	11520	13250	14580	19290
	因公	5040	6550	8400	10080	11590	12750	16860
	因病	4560	5930	7800	9360	10760	11840	15660
六级	因战	4480	5820	7500	9000	10350	11390	15070
	因公	4200	5460	7080	8520	9800	10780	14260
	因病	3600	4680	6000	7200	8280	9110	12050
七级	因战	3360	4350	5700	6840	7870	8660	11450
	因公	3000	3880	5100	6120	7040	7740	10240
八级	因战	2240	2880	3600	4320	4970	5470	7230
	因公	1920	2480	3300	3960	4550	5010	6620
九级	因战	1680	2180	3000	3600	4140	4550	6010
	因公	1440	1870	2400	2880	3310	3640	4820
十级	因战	1120	1460	2100	2520	2900	3190	4220
	因公	960	1250	1800	2160	2480	2730	3610

为做好残废抚恤发放工作，至2012年年末，按照民政部规定，仪征先后六次给残废人员颁发和换发“革命残废人员抚恤证”。1951年7月，给有残废等级的54人发放“革命残废人员抚恤证”。其中，一等3人，二等甲级13人，二等乙级21人，三等甲级11人，三等乙级6人。1963年，换发“革命伤残人员抚恤证”时，因残废等级明显不合理，有人一再要求复查，于是对20人进行重新检评。复检后，取消三等甲级1人，恢复三等乙级1人。当年，全县共有残废军人251人。1964年4月，内务部通知给在乡三等革命残废军人换发“抚恤证”。全县要求换证的有154人，通过检评，符合换证条件的有116人，其中三等甲级52人，三等乙级63人（内含参战民兵1人），三等乙级提升为二等乙级1人。1981年下半年，民政部统一印制“革命残废军人抚恤证”，仪征于同年第三季度开始凭旧证换新证，原等原级，不重新检评等级。1990年，换发由民政部统一印制的“革命伤残军人证”，原等原级不变。2005年，根据2004年新修订的军人抚恤优待条例规定，调整残疾军人等级，把原来的“四等六级”改为“一至十级”，并按新级别换发“残疾军人证”。原“特等”套改为“一级”，“一等”套改为“三级”，“二等甲级”套改为“五级”，“二等乙级”套改为“六级”，“三等甲级”套改为“七级”，“三等乙级”套改为“八级”。当年，全市有一级伤残军人在乡5人，二级在乡2人，三级在乡3人，四级在职2人、在乡2人，五级在职12人、在乡17人，六级在职35人、在乡46人，七级在职43人、在乡35人，八级在职50人、在乡57人，九级在职3人、在乡7人，十级在职3人、在乡6人。

第三节　烈士褒扬

仪征是革命老区，民国28年（1939年）11月，中国共产党领导新四军进入仪征开辟抗日根据地。仪征人民在中国共产党的领导下，为抗日救亡和全国解放浴血奋战，为建设新中国不懈努力，先后有632名优秀儿女献出自己宝贵生命。

仪征解放后，县（市）人民政府认真做好烈士褒扬工作，追认烈士身份，补办烈士抚恤，搜集、整理、陈列烈士事迹，对分散烈士墓进行调查、添土、竖碑，并陆续集中新建烈士墓地。以后又兴建烈士纪念馆、烈士陵园。每年清明节，组织广大干部群众到烈士陵园和墓地瞻仰祭扫。

“文化大革命”后，仪征对被遭受破坏的烈士纪念建筑物进行整修，编纂革命烈士史料、传记，编印烈士英名录。

一、纪念阵亡将士

清明节，是仪征人民纪念革命烈士的传统节日。抗日战争前，人们以民间朴素的方法，自发地悼念为推翻封建清王朝而牺牲的先烈。民国35年（1946年）5月，仪征编印抗战军人忠烈录，追悼抗战阵亡将士暨死难同胞。是年，仪征在县体育场召开追悼抗战阵亡将士暨死难同胞大会，各界人士代表分头到各地慰问阵亡军人眷属。

解放后，每年清明节前，中共仪征县（市）委、仪征县（市）政府都要印发关于清明节开展祭扫革命烈士活动的通知，要求县（市）党政机关、企事业单位、工厂、学校、和驻仪部队，统一组织人员前往烈士墓、烈士陵园祭扫革命烈士，向烈士敬献鲜花、花篮、花圈，缅怀烈士的英勇事迹。“七一”前夕，有些单位还在烈士陵园，举行新党员入党宣誓等。

2012年4月4日，全市党、政、军各部门、革命团体、学校等单位群众2万多人，到革命烈士陵园，凭吊革命先烈。

二、兴建烈士墓

抗日战争和解放战争中，一批革命先烈牺牲在仪征的土地上。当时，只能简单地随地安葬。新中国成立后，仪征县政府和县民政部门组织调查，先后迁葬或集中安葬部分烈士遗骸。从1956年起，先后修建11座小型烈士墓。

破山烈士墓(新城破山口)　位于新城镇三将村。建于1956年,1968年重建,占地800多平方米。1949年4月,在解放十二圩战斗中牺牲的中国人民解放军三十四军一〇〇师二二四团117位指战员合葬于此。

月塘烈士公墓　位于月塘镇赵桥村。有南穴、中穴和北穴3座墓穴,分别安葬抗日战争中攻打东沟、十二里岔、谢集敌伪据点牺牲的37位烈士。南穴安葬的有,在抗日战争中牺牲的淮南津浦路东军分区独立四团第一连连长叶富俊,排长吴庆元,班长李大良,战士王则明、赵新等6位烈士。中穴安葬的有,在抗日战争中牺牲的淮南军分区独立四团机炮连连长高仁荣、独立旅作战参谋郭良鹏等13位烈士。北穴安葬的有,淮南津浦路东军分区东南支队八连副连长孔祥杰、余昌宝等18位烈士。1985年后,红军老战士、曾任仪征县抗日民主政府副总队长的汪心泰烈士和1942年逝世的中共仪征县委书记马义宏烈士亦迁葬于此。

龙山烈士墓　位于青山镇团结村龙山头。建于1982年4月,抗日战争中牺牲的新四军二支队四团参谋陈击冲,战士庞庆春、徐传道等4位烈士安葬于此。

十二圩烈士公墓　位于十二圩翻水站附近。1949年4月,在解放十二圩战斗中牺牲的徐凤贵等12位烈士合葬于此。

刘集烈士公墓　位于刘集镇蚂蚁山麓。葬有仪征籍陈家纲、孔兆茂、陈金宝、顾长富、唐学明、何成贵、李朝海、李进喜、陆长云等10位烈士。

徐恒华烈士墓　位于仪泗公路东侧马集镇爱国村。1948年9月,为掩护群众而牺牲的新民区陈塘乡指导员徐恒华安葬于此。

陈集烈士公墓　位于陈集镇西南。1940年4月,苏皖支队陈集办事处主任王杠,办事处派驻万集、陈集两乡游击队指导员蒋明德、袁亮遭叛乱分子杀害。1985年,3位烈士遗骸迁葬于此。

此外,还有大仪镇路南村、香沟村,真州镇胥浦和朴席中学4座烈士墓。

三、兴建革命烈士纪念馆和烈士陵园

仪征革命烈士纪念馆位于县城扬子公园内,1982年7月筹建,1986年10月建成,占地6600平方米,建筑面积500平方米。其中,陈列馆370平方米,室内设有10个橱窗,陈列自辛亥革命以来至对越自卫反击战中牺牲的盛白沙、费放天、吴萍、朱瑞云、朱鹏、周在才、张才国、金学东、顾秀宏等36名烈士资料及48件遗书、遗物。1984年9月,仪征成立烈士陵园管理处,并将仪征烈士纪念馆更名为仪征烈士陵园。1989年11月,在陵园陈列馆前建立革命烈士纪念碑1座。1991年9月,扩大陈列馆展览面积81.6平方米,更新陈列内容,新增76名烈士资料。

2002年6月,市委、市政府决定将烈士陵园从市区扬子公园迁至月塘乡龙山村新建。2004年3月竣工开园。新建的烈士陵园由东南大学设计,占地6万平方米,投入资金880万元,主体建筑凭吊广场3000平方米,纪念碑高19.49421米(寓意1949年4月21日,仪征全境解放),思齐堂1100平方米。建设规模在苏北地区县(市)级陵园中位于前列。新建烈士陵园共陈列128名烈士资料和81件烈士遗物,当年接待社会各界人士144批、1.91万人次前来参观、凭吊。以后每年清明节,都有不少市直机关、学校和企事业单位的干部、学生和工人到这里集中凭吊烈士,了解烈士的生平事迹。

四、实施“慰烈工程”

2010年,仪征根据省民政厅《关于进一步推进慰烈工程的通知》,实施“慰烈工程”,集中安葬散葬的烈士和原地修缮散葬烈士墓。实施“慰烈工程”之前,仪征有县级以上烈士纪念建筑物保护单位1个(烈士陵园),烈士公墓4个,散葬烈士墓10座。根据省、扬州市实施“慰烈工程”具体要求和统一部署,2010年11月,市政府投入30多万元,先后迁移零散烈士墓13座,其中乡镇烈士公墓3座(保留大仪烈士公墓),个人烈士墓10座,将这些零散的烈士墓迁到市烈士陵园集中安葬。在陵园纪念馆后面规划出一块长40米、宽10米的广场式墓区,墓区比周围地面高出0.25米,突出墓区的庄严感。每座墓穴相距0.85米,每排墓穴相距3.2米,每座墓碑长1.15米、宽0.8米,统一墓碑规格和碑额格式。同时,在陵园纪念馆大厅内新建一面由黑金刚大理石制成的“英烈墙”，镌刻全市632名烈士英名。参观凭吊者一进大厅就能看到满墙烈士英名。2011年3月，“慰烈工程”竣工。

五、征集整理烈士资料

1981年起，仪征民政部门、党史资料征集研究机构和地方志编纂机构，开始征集整理革命烈士资料，先后编印《仪征革命历史人物》《英名录》《盛白沙年谱》等，宣传褒扬革命烈士，进行革命传统教育。其中《仪征革命历史人物》刊载马义宏、彭济伍、汪心泰、吴萍、朱瑞云等10名革命烈士和革命人物传记，《英名录》记载已经搜集到的1939年至1948年在仪征牺牲的263名英烈的简况。同时，市民政局还整理编写江苏省革命烈士英名录仪征籍烈士名录。

第五章 退役军人安置

民国时期，国民政府先后制定《兵役法》《战时现役士兵退伍及除役停役暂行办法》等若干退役安置法规，但由于战事频繁，仪征对退役官兵安置有名无实，退役官兵自行归农或自谋职业。

新中国成立后，仪征先后开展复员军人、退役士兵和军队离退休干部安置工作。1949年至1956年，全县安置复员军人1634人。1958年和1978年起，县民政部门负责退伍义务兵和志愿兵（士官）转业安置。1983年起，军队离退休干部安置工作也由民政部门负责。1984年起，仪征民政部门不断开展退役士兵安置改革和军地两用人才培养等工作，为退役军人安置创造好的条件，使退役军人各得其所，各安其业。

第一节 复员退伍安置

一、复员军人安置

新中国成立后，一大批中国人民解放军官兵复员回到地方，参加恢复国民经济建设各项工作。1949年4月，仪征第一批接收寄留荣誉军人81人。县、区政府为此召开欢迎会、座谈会，由县领导亲自做报告，介绍当地生产、生活情况，鼓励复员军人保持与珍惜荣誉，积极参加地方社会主义建设。并根据其年龄、文化水平和工作能力以及伤残程度进行安置，家住城镇的，安置在城镇，帮助他们就业；家住农村的，安置在农村，支持搞好生产；少数无家可归的，无论是城镇或农村的，都给予妥善安置，分配给土地和住房。

1950年6月，中央人民政府人民革命军事委员会和政务院颁布《关于人民解放军1950年复员工作的决定》。仪征遵照中央决定，贯彻“各得其所，各安其业”的安置方针，采取多种办法，解决回乡复员军人生产、生活上的困难，做好安置工作。截至1951年年底，共接收安置复员军人297人，其中安置在城镇的11人，回农村的286人。回农村的县政府分拨给其公产土地1174亩，公房736间，用具237件，帮助修理破旧房屋536间，补助人民币4.3万多元（折合新币），解决麦种2200斤，救济大米7.26万公斤，帮助他们解决困难，使其安居乐业。

抗美援朝战争结束后，1953~1954年，仪征有大批复员军人（也称复员建设军人）复员回乡参加建设。1954年10月，国务院颁布《复员建设军人安置暂行办法》。仪征根据办法规定和在原籍安置的原则，对家在农村的，安置回乡从事农业生产；没有土地的，尽可能在其所在乡公地内设法调剂，所在乡范围内土地无法调剂的，由县政府调剂安置在有多余土地的乡，或帮助他们从事其他生产。对家在城市并具有一定工作能力或专门技术的，县劳动、人事部门优先安排就业；参军前有一定社会职业，尽可能帮助他们恢复原有职业；参军时原是机关、团体、工矿企业的职工，由原工作单位接收。同时，县政府要求各企业、事业单位招收员工时，应留给复员建设军人一定名额，并在年龄限制上适当放宽，优先予以吸收。复员建设军人报考中等以上学校时，在同等条件下，优先录取，并在年龄上适当放宽。原由学校参军，复员后本人要求回原校学习的，原校准予复学。

1955年，国家废除志愿兵役制，实行义务兵役制。国务院和中央军委对复员军人安置作出新的规定：原则上先安置1949年以前入伍的老战士和班长，以及1950年后入伍超过30岁体弱的战士，对住在军队医院中的慢性病员、不适合留队和不需要继续住院治疗的也尽量动员复员。根据这一规定，仪征当年接收安置复员军人329人；1956年，接收安置复员军人328人。1957年，大规模的复员军人安置工作基本结束。

1949~1956年仪征县复员军人接收安置统计表

表5-1　　单位：人

年　份	接收人数	安置去向	
		城　镇	农　村
1949~1951	297	11	286
1952	376	24	352
1953	76		76
1954	228		228
1955	329	59	270
1956	328	169	159
合　计	1634	263	1371

二、义务兵退伍安置

1954年，第一届全国人民代表大会第二次会议通过并颁布施行《中华人民共和国兵役法》，改志愿兵役制为义务兵役制，凡1954年11月1日以后应征入伍服役期满退伍的士兵为义务兵退伍。

1958~1978年，仪征根据国务院《关于处理义务兵退伍的暂行规定》，本着"从哪里来，回哪里去"的原则安置退伍回乡的义务兵。家住农村的退伍义务兵全部安置回乡参加社会主义建设，并帮助他们解决生产、生活上的困难；家住城镇的退伍义务兵，按以下情况分别安排：入伍时原是国家机关、人民团体、企业、事业单位的正式职工，退伍后要求恢复原工作的，由原工作单位安排；原工作单位已经撤销，由该单位的上一级领导机关根据具体情况予以安置；入伍时家居城市无固定职业，或者原来的职业已经不适合国家需要的，退伍后由县劳动部门进行就业登记，在与一般群众同等条件下，优先安置就业，或由当地人民委员会帮助他们参加其他劳动生产。

1979年2月，江苏省革命委员会印发《关于认真做好1979年复员退伍军人接收安置工作的通知》，规定退伍军人的安置仍然继续贯彻执行"从哪里来，回哪里去"的原则，做到妥善安置，各得其所。特别规定：农村入伍的孤儿，可以安排到农林场圃或县集体所有制单位工作。仪征根据这一政策规定，对部分退伍义务兵做了特殊安排，退伍回乡无家可归的孤儿，安排他们到乡镇企业和国营场圃工作。当年，安排到国营场圃、户口转为非农定销的退伍兵共10人。

1981年1月，省人民政府在批转《省复员退伍军人和军队退休干部安置工作意见的报告》中指出：城镇户口的退伍军人由城镇负责安排到全民所有制单位工作，在坚持"从哪里来，回哪里去"的前提下，采取"按系统分配任务，包干安置"的办法。根据这一政策规定，当年，仪征开始实行"按系统分配任务，包干安置"的办法。并本着鼓励先进，鞭策后进，克服不分好坏，一律平均分配的弊端，打破过去"吃大锅饭""一刀切"的做法，优先安置在部队表现好的退伍义务兵。1983年，县退伍兵安置办公室根据退伍义务兵军龄长短、技术专长和表现好坏，试行"区别对待、择优分配"的办法。对在部队立过功，获得大军区以上单位颁发的荣誉称号和超期服役的，尽量照顾本人自愿，优先安排。当年，对在部队立功受奖的退伍兵优先安排到全民或大集体所有制单位工作的共有51人，其中全民企业40人，大集体企业11人。

1985年起，省政府文件规定，在部队立二等功以上的义务兵，退伍回乡后，可以安排到全民或大集体单位工作。仪征按照这一政策规定，截至2012年年末，共安排26人到全民和大集体单位工作。

1987年12月，国务院颁布《退伍义务兵安置条例》规定，原是城镇户口退伍义务兵，服役前没有参加工作的，由国家统一分配工作，实行按系统分配任务、包干安置办法，各接收单位必须妥善安排。1988年起，仪征城镇退役士兵全部由市劳动局统一安排分配工作。当年，全市安置城镇退伍义务兵102人。农村退伍义务兵也通过多种渠道进行妥善安置。1989年，仪征共接收农村退伍义务兵128人，多渠道安置124人，占退伍义务兵的96.8%。其中真州、胥浦、香沟、新集、大巷、铜山、刘集7个乡镇安置率达100%。当年，市政府还下拨1.2万元专项经费和10立方米木材计划，帮助回乡住房有困难的退伍军人解决住房困难。1994年，市退伍军人安置办公室介绍107名农村退伍义务兵，到扬州广陵区保安公司、仪征市保安公司就业。

1999年，仪征将立功受奖士兵、伤残士兵、烈士子女和在艰苦地区服役的士兵列为优先安置对象，从安置政策上予以倾斜。在西藏服役的士兵，不仅不分城镇农村一律给予安置，而且在岗位安置中还给予加10分的优待。当年，3名在西藏服役的退伍义务兵享受每人加10分的优待。

2000年起，仪征对城镇退役士兵的安置方式进行改革，主要安置方式有两种，一种是政府指令性安置，由市政府下达指令性安置计划，有接收任务的部门和单位负责落实退役士兵工作岗位；另一种是货币化安置，城镇退役士兵在领取一次性安置补偿金后选择自谋职业，市劳动部门不再安排工作。货币安置补偿金标准为：义务兵2万元、一期士官2.5万元、二期士官3万元，进藏兵5万元。当年，全市安置城镇退役士兵107人，其中货币安置6人。2001年起，对城镇指令性安置的退役义务兵实行积分选岗的办法，按照档案记载的军龄、职务、岗位、学历、奖惩、政治面貌等六个方面进行打分，由市纪委进行复核和公示。市政府提供110%的备选岗位让其选择，在部队服役时间长、贡献大、德才表现好、工作环境艰苦的，得分高，就能够选到理想的工作岗位，即使排名最后的也有选岗的机会。

2006年起，仪征实行退役士兵城乡一体化安置，对农村退役士兵仍然不安排工作岗位，但在经济方面给予适当补偿，补偿标准为：同期城镇退役士兵安置补偿金的10%，即：义务兵2000元、一期士官2500元、二期士官3000元。当年，全市接收农村退役士兵167人，共发放安置补偿金35.5万元。2008年补偿标准调整为同期城镇退役士兵的15%，2009年调整为50%，2012年调整为100%。

此后，市政府加大城镇退役义务兵自谋职业宣传力度，做好配套服务，从2007年至2012年末，仪征退役义务兵自谋职业率达96%，有352人选择货币补偿安置，政府发放安置补偿金900万元。

为多渠道做好退伍义务兵安置工作，1984年6月，省人民政府、省军区要求各地民政部门，学习泗洪县经验，抓好退伍义务兵军地两用人才培养工作，为退伍义务兵就业创造条件。当年，仪征开展退伍军人两用人才培训，帮助退伍义务兵就业掌握一技之长。主要方法有：组织退伍义务兵在自愿互利的基础上联合办厂；离土不离乡，到集镇从事各种工商业、服务业；推荐到乡镇企业当骨干；选拔推荐优秀分子担任基层干部。至1987年年底，全市共安排1265名有技术专长的农村退伍军人到集镇商业、乡镇企业工作。其中，不少人取得显著成绩，有的成为专业户和乡镇企业骨干。2004~2012年，仪征每年都组织当年退役的士兵免费进行岗位技能培训，培训结束后，为考试合格的退役士兵发放专业技术证书，帮助推荐就业。至2012年年末，市安置办对976名退役义务兵进行钳工、汽车维修、车工、电焊、计算机等专业培训，举办退役士兵专场招聘会10多场，推荐200多名义务兵到企业就业。

1957~1985年仪征县接收安置义务兵统计表

表5-2　　单位：人

年　份	接收人数	安置去向	
		城　镇	农　村
1957	397	34	363
1958	450	118	332
1959	135	23	112

续表5-2

年　份	接收人数	安置去向	
		城　镇	农　村
1960	77	72	5
1961	282	44	238
1962	26	5	21
1963	152	21	131
1964	214	25	189
1965	137	24	113
1966	120	15	105
1967	5	—	5
1968	563	116	445
1969	860	702	158
1970	280	271	9
1971	662	629	33
1972	31	19	12
1973	582	37	545
1974	142	20	122
1975	719	59	660
1976	850	100	750
1977	662	55	607
1978	578	30	548
1979	231	26	205
1980	531	36	495
1981	810	179	631
1982	603	187	416
1983	568	97	471
1984	372	74	298
1985	308	82	226
合　计	12981	3365	9616

1986~2012年仪征市接收安置义务兵统计表

表5-3

年　份	接收退伍义务兵（人）				城镇退伍义务兵安置		
					岗位安置（人）	货币安置	
	城镇义务兵	农村义务兵	女　兵	合　计		人　数（人）	补偿金额（万元）
1986	168	377	—	545	168	—	—
1987	76	334	—	410	76	—	—

续表5-3

年　份	接收退伍义务兵（人）				城镇退伍义务兵安置		
	城镇义务兵	农村义务兵	女　兵	合　计	岗位安置（人）	货币安置	
						人　数（人）	补偿金额（万元）
1988	102	146	5	253	102	—	—
1989	92	128	2	222	92	—	—
1990	86	219	3	308	86	—	—
1991	105	79	6	190	105	—	—
1992	93	67	2	162	93	—	—
1993	123	181	6	310	123	—	—
1994	63	107	8	178	63	—	—
1995	98	134	1	233	98	—	—
1996	83	59	3	145	83	—	—
1997	97	209	2	308	97	—	—
1998	45	81	4	130	45	—	—
1999	81	142	4	227	81	—	—
2000	107	129	10	246	107	6	12
2001	170	133	11	314	170	10	22
2002	117	184		301	117	8	19
2003	114	199	6	319	114	68	170
2004	104	194	4	302	104	73	185
2005	111	195	11	317	111	89	240
2006	93	167	7	267	93	84	234
2007	82	138		220	28	54	138
2008	64	137	2	203	5	61	131
2009	63	130	6	199	7	56	116
2010	74	127	3	204	12	62	148
2011	54	129	5	188	6	48	135
2012	80	143	3	226	9	71	232

三、志愿兵（士官）转业安置

1985年春，仪征开始接收安置第一批转业志愿兵13人，全部由政府指令性安置在企事业单位工作。以后10多年中，每年都由政府指令性安置10人到20多人。1995年安置最多，达47人。

2000年，市政府指定政府部门和一些运营正常、效益良好的市属企业，定向接收安置军龄满10年以上的士官28人。

2002年，仪征对转业士官安置进行改革，实行指令性安置与货币安置相结合的办法。转业士官本人提出申请，要求有偿安置的，发给安置补偿金，不再安排工作。当年，市安置办指令性安置8人，其中，货币补偿安置2人，发放安置补偿金8万元。

2011年11月，国务院、中央军委颁布《退役士兵安置条例》，服现役不满12年的士官退出现役的，由人民政府扶持自主就业；服现役满12年的，由人民政府安排工作。当年，市政府指令性安置士官11

人，货币补偿安置5人，发放补偿金37.6万元。

1985~2012年仪征接收安置志愿兵和士官统计表

表5-4

年　份	接收人数（人）		安置情况		
	志愿兵	士　官	岗位安置（人）	货币安置	
				人　数（人）	补偿金额（万元）
1985	13	—	13	—	—
1988	12	—	12	—	—
1989	15	—	15	—	—
1990	19	—	19	—	—
1991	14	—	14	—	—
1992	13	—	13	—	—
1993	21	—	21	—	—
1994	24	—	24	—	—
1995	47	—	47	—	—
1996	12	—	12	—	—
1997	21	—	21	—	—
1998	32	—	32	—	—
1999	19	—	19	—	—
2000	—	28	28	—	—
2001	—	20	20	—	—
2002	—	10	8	2	8.00
2003	—	20	15	5	20.50
2004	—	33	23	10	41.00
2005	—	25	15	10	40.20
2006	—	10	6	4	17.00
2007	—	14	8	6	25.00
2008	—	16	8	8	33.00
2009	—	16	16	—	—
2010	—	10	7	3	13.00
2011	—	16	11	5	37.6
2012	—	5	3	2	18.00

说明：1986、1987年资料缺

四、伤病残军人退伍安置

1951~1978年，仪征严格按照国家关于伤病残军人退役安置的政策规定，做好伤病残军人退役安置工作。至1978年年末，共接收安置伤病残退役军人216人。其中，家住城镇的43名伤残军人安排到适当岗位工作，116名家住农村的安置在乡镇企业，57名由当地政府给予照顾安排。

1979年2月，中国和越南边境爆发战争，1979年至1989年10年间，战争中，全市共有伤残军人79名。其中，一等残废不能安排工作的3人，由国家供养终身。二、三等残废退伍军人由政府给予特殊安排，先后有76人安置到国营场圃、集体所有制单位和乡镇企业工作。其中，国营场圃4人，集体所有制企业61人，乡镇企业11人。

1990—2012年，仪征接收退役的伤病残军人较少，每年1~2人，最多的是1994年，有5人。对这些伤病残军人的退役安置，市政府纳入全市退役士兵安置计划，实行指令性安置和货币安置相结合的办法实施。其中，对部分城镇的退役伤病残军人安排到企事业单位工作，农村的伤病残退役军人全部安置回农村，由当地政府妥善照顾。

1988~2012年仪征市接收安置残疾军人统计表

表5-5　　单位：人

年份	安置情况		年份	安置情况	
	城镇	农村		城镇	农村
1988	7	2	2001		
1989	2	1	2002	2	1
1990	3	4	2003	2	1
1991	2	3	2004	1	1
1992	3	2	2005	1	2
1993	2		2006	1	2
1994	5	2	2007	1	
1995	3	1	2008	1	1
1996	1	1	2009	1	4
1997	1	2	2010	1	2
1998		3	2011	2	1
1999	1		2012		2
2000	4	1			

第二节　军队离退休干部安置

一、接收安置

1983年，国务院、中央军委决定将军队中解放战争时期入伍的团职以下、抗日战争时期入伍的营职以下及相当职级的离休干部移交地方，由民政部门具体负责安置和服务。根据国务院、中央军委的决定，1987年3月，仪征干休所成立。当年，接收安置军队离休退休干部19人，其中离休干部16人，退休干部3人（含志愿兵退休1人），全部实行分散居住和供养，干休所为其进行服务和管理。至2012年年末，仪征共接收安置军队离退休干部（包括志愿兵）7批29人。其中离休16人，退休13人；师职8人，团职14人，营职以下5人，志愿兵（士官）2人。

二、服务和管理

市民政局干休所认真落实军队离退休干部的政治待遇、生活待遇（以下简称“两个待遇”），热情为老干部服务，使他们安度晚年。1987年起，干休所采取自愿参加、量力而行、面向社会、面向群众的原则，从实际需要和老干部的特点出发，多层次、多渠道地发挥军队离退休干部的作用。开展各种文化、体育活动，组织有一定专业技术和特长、身体健康的老干部，参加干休所的生产经营，并积极支持和帮助部分老干部走向社会，发挥专长，从事各项社会工作。

1988年，市民政局自筹资金帮助干休所办起一个服务部，当年就实现销售收入6万元，赢利0.6万元。1989年，实现销售总产值13万元，赢利1.3万元。赢利收入全都用于改善离退休干部“两个待遇”。

1991年，干休所加强制度建设，进一步建立健全各项规章制度，其中有《关于党内生活制度》《离休退休干部守则》《服务管理人员守则》《工作人员会议学习制度》《值班员制度》《财务管理规定》《车辆使用管理规定》等。为落实老干部的“两个待遇”，市干休所经常组织军队离退休干部进行政治学习和听报告，及时传达上级有关文件精神，开展各种文体活动等。

1993年起，干休所按时将老干部工资、福利、医疗报销费用和文件、杂志送上门。除汽车接送老干部外出看病，还经常看望和慰问重病患者。组织老干部外出参观学习，开展棋牌、钓鱼比赛等各类娱乐活动，丰富老干部的业余生活。

1994~2012年，干休所遵照民政部关于“开展优质服务，创第一流工作，把每个干休所都办成老干部之家，争取更多的干休所都成为文明单位”的要求，开展创建文明干休所活动，从所领导到全体工休人员，层层明确责任和义务，为创建文明干休所团结奋斗，把创建“和谐军休家园、和谐军休家庭”与创建文明干休所相结合，常抓不懈，有效地促进干休所服务和管理工作水平的不断提高，先后三次被省和扬州市民政部门评为先进干休所。

第六章 灾害救济

仪征地区多自然灾害，山区易旱，圩区易涝，暴风、冰雹、寒潮、病虫等灾害亦时有发生。历代官府均设有赈灾及慈善机构，对受灾地区进行赈济。清时，仪征县办有义仓、积谷仓，遇有重大灾害，开仓济贫，并奏请朝廷申请免征赋税。民国时期，仪征县先后有赈济分会、救济协会、社会福利局、难民临时急赈委员会等机构，遇有严重灾害，政府拨给救济款及粮食等救济物资。新中国成立后，每遇自然灾害，县（市）民政部门均按照县（市）委、县（市）政府的部署，及时开展灾情查实、核实，切实做好救灾工作，为战胜各种自然灾害充分发挥职能作用。1949年4月仪征解放至2012年，仪征旱年19年，其中大旱年份2年，特大旱1年；水灾16次；其他各种自然灾害48次。每逢灾害发生，民政部门都及时下发救济款粮。63年间，累计发放救灾款3885.65万元、救灾粮食6805.26公斤。除救灾钱粮发放，还通过计划分配和社会筹集安排木材、钢材、水泥、玻璃、红砖等物资，帮助灾民重建家园。

第一节 主要灾害纪实

一、旱灾

（一）民国及其以前旱灾

仪征大部分为丘陵地区，历史上水源紧缺，旱是最大的威胁，“十年九旱”。受害面广，历时长，对农业生产影响很大。遇到特大旱灾，往往人畜饮水困难，成片农田颗粒无收，百姓逃荒。据史料记载，从晋永嘉二年（308年）至民国13年（1924年），仪征共发生旱灾60次，多次出现饿殍遍野，甚至人相食的惨景。

（二）新中国成立后的旱灾

1950~2010年，仪征发生旱灾的年份有11年，其中特大旱灾2年。1978年属于特大旱灾，但当年全县粮食总产量仍比1977年增长28.6%，体现县委、县政府带领全县人民夺取抗旱斗争所取得的成果。

新中国成立前仪征历代旱灾一览表

表6-1

朝代	年份	灾情
晋代	永嘉二年夏（308年）	江竭
唐代	贞元六年（790年）	大旱，井水竭，人渴死
	永贞元年（805年）	秋旱
	元和三年（808年）	旱
	元和四年（809年）	秋旱
	元和七年（812年）	夏旱
	宝历元年（825年）	秋旱
	太和八年（834年）	夏旱
	开成二年（837年）	夏旱，运河竭
	大中九年（855年）	秋旱，饥民多流亡

续表6-1

朝　代	年　份	灾　情
唐　代	咸通二年秋至三年六月(861年~862年)	不雨
宋　代	咸平元年(998年)	旱
	庆历四年(1044年)	春旱
	熙宁七年(1074年)	春夏久旱,九月伏旱
	熙宁八年(1075年)	秋旱
	大观二年(1108年)	六月—十月不雨
	政和元年(1111年)	秋旱
	宣和元年(1119年)	秋旱
	绍兴二年(1132年)	夏旱
	绍兴三年(1133年)	夏大旱
	隆兴五年(1167年)	夏旱
	隆兴七年(1169年)	春旱
	淳熙二年(1175年)	旱
	淳熙五年(1178年)	旱
	淳熙八年(1181年)	旱
	淳熙十年(1183年)	夏旱
	绍熙二年(1191年)	夏旱
	嘉定十一年(1218年)	旱无麦苗
	景定五年(1264年)	春三月—夏六月无雨
元　代	大德二年(1298年)	夏蝗冬旱
	至大元年(1308年)	秋旱蝗,人食草木
	至顺四年(1333年)	夏旱
	至元二年(1336年)	旱
明　代	正统二年(1437年)	大旱
	景泰七年(1456年)	夏大旱
	成化六-七年(1470年~1471年)	秋—七年春,大旱,运河竭,车马来往成平地
	弘治十六年(1503年)	大旱
	正德元年(1506年)	旱
	正德三年(1508年)	旱
	嘉靖二年(1523年)	春三月—夏六月不雨,运河井泉竭,大饥,人相食
	嘉靖十一年(1532年)	春正月—夏四月不雨
	嘉靖十四年(1535年)	五月—秋八月不雨
	嘉靖十七年(1538年)	春夏皆旱
	嘉靖十九年(1540年)	夏旱
	万历十七年(1589年)	大旱
	万历十八年(1590年)	旱
	崇祯二年(1629年)	夏旱
	崇祯十年(1637年)	夏大旱

续表6-1

朝 代	年 份	灾 情
明 代	崇祯十一年(1638年)	井泉竭
	崇祯十三年(1640年)	大旱,人多饿死
	崇祯十四年(1641年)	大旱,饥民掘食“观音粉”
清 代	康熙元年(1662年)	春夏久旱,田野皆赤
	康熙十年(1671年)	夏旱
	康熙十六年(1677年)	秋大旱
	康熙十七年(1678年)	旱,饥民掘石粉、剥木皮以食
	康熙五十五年(1716年)	旱
	乾隆三十五年(1780年)	夏旱
	乾隆四十年(1785年)	井泉涸竭
	乾隆五十年(1795年)	夏旱
民 国	民国11~13年(1922年~1924年)	连续三年旱,丘陵山区因旱减产,平均所收不足半数,以民国11年尤甚

1950~2010年仪征旱灾一览表

表6-2

年 份	灾 情
1950	6月旱,山区无水栽秧 7月1日起,整整40天未下雨,塘坝十之八九无水,山区70%稻田开裂
1953	秋旱,20天无雨
1958	从6月27至7月29日的32天中,滴雨未下,全县34000多个塘坝大部枯竭,稻田开裂,旱谷枯萎
1959	入夏以后,两月无雨,伏旱接秋旱
1961	7月以后旱情严重,462个生产队人畜饮水困难,4万亩旱稻枯死,8000多只家禽死亡
1962	夏旱接秋旱,灌溉期仅降雨283毫米,干塘10708个,坝1219道,库86座,受旱面积21.7万亩
1973	夏旱接秋旱,秋旱连冬旱,干旱时间长达4个月之久,是新中国成立后罕见的一次大旱,4个月降雨两次,共降雨155.3毫米,每次只有5.7毫米,地面未产生源流,岗塝田5厘米的封含水只有5%—7%
1978	梅雨无雨,汛期无汛,出现百年未遇的大旱,全年降雨量只有480毫米,塘库干涸,淮水断流,49.99万亩农田受旱,65个大队人畜饮水困难
1982	春旱接夏旱,5~6月份旱情严重,部分引水河断流,山区13个百万方以上水库干涸。受旱面积达24万多亩
1994	夏旱。全市仅降水33毫米,中后山区水库干涸,严重缺水。受旱农田37.14万亩,严重出苗不齐,10多万人饮水困难
2010	春秋连旱,10月30日至12月11日,70天内只降雨14.1毫米。5%的小麦无法适期播种或播种

二、水灾

(一)民国及以前水灾

仪征南部平原圩区多水灾,南有江潮,北压山洪,圩内积涝,内外受水,三年两头淹。水灾往往具有突发性,瞬时势猛,造成的灾难极其惨重。晋咸宁四年(278年)至民国20年(1931年),仪征发生水灾116次(年),其中重大水灾57次,大多由江潮所致。

（二）新中国成立后水灾

1949~2012年，仪征共发生重大水灾16年（次）。随着水利设施的不断完善，以及政府、群众的团结一致，抢险抗灾，1956年后所发生的水灾的灾情、损失，逐次减轻减少。1983年，长江虽然出现历史最高水位（与1954年相当），但没有造成灾害。

新中国成立前仪征历代水灾一览表

表6-3

朝　代	年　份	灾　情
晋　代	咸宁四年七月（278年）	大水，淹没庄稼
南北朝	元嘉十二年夏六月（435年）	江淮地区大水
	孝建元年（454年）	大水
	普通元年（520年）	七月江溢
唐　代	贞观八年（634年）	秋七月大水
	开元九年（721年）	七月暴风雨，倒屋拔木
	开元十四年（726年）	秋，海涛没瓜步（仪征境内）
	贞元三年（787年）	大水，民舍漂庐
	贞元八年（792年）	江大水，害稼，漂没庐舍，人溺死
	元和四年（809年）	夏七月大水害稼
	开成四年（839年）	夏江溢，大水害稼
	咸通七年（879年）	夏大水害稼
宋　代	建隆二年（961年）	四月江溢害民田
	建隆四年（963年）	夏潮水害民田
	太平兴国五年（980年）	水潦民饥
	大中祥符四年（1011年）	六月大水
	大中祥符六年（1013年）	七月江水溢，淹官私庐舍
	乾兴元年（1022年）	水灾
	天圣二年（1024年）	大水淹没扬子县居民无数
	天圣六年十月（1028年）	真州江水溢，坏官私庐舍
	元丰四年（1081年）	秋七月大风潮，吹倒沿江庐舍，损庄稼
	元丰八年（1085年）	大水成灾
	宣和元年（1119年）	夏大水，民流移，漂溺者众
	绍兴二十九年（1159年）	七月霖雨，坏田伤稼，人多溺者众，九月大水为灾
	隆兴二年（1164年）	八月霪雨，禾粟多腐
元　代	至元五年（1268年）	秋七月，日夜暴风雨、冰雹，江水暴涨，淹没沿江居民房屋无数
	元贞元年（1295年）	真州大水
	大德五年（1301年）	七月雨雹兼发，江大溢，高四、五丈，沿江漂没庐舍，民被灾死者不可胜计
明　代	泰定三年（1326年）	真州水灾
	至顺三年（1332年）	九月大水
	永乐七年（1409年）	八月水灾
	永乐九年（1411年）	六月大风雨，潮涨四日，漂人畜甚多

续表6-3

朝代	年份	灾情
明代	正统二年(1437年)	四五月连续下雨,河涨漂民、禾稼
	正统九年(1444年)	七月扬子江潮水溢涨,高丈五六尺,溺男女千余人
	景泰四年(1453年)	七月大水,民饥,疫流行
	成化八年(1472年)	秋大雨,盐舟漂溺
	正德十三年(1518年)	大雨弥月,漂室庐、人畜无数
	嘉靖元年(1522年)	大风雨,沿江庐舍漂没,死者无数,田畴荡然
	嘉靖三十五年(1556年)	大水,三月河水变黑臭
	万历三十六年(1608年)	仪真大水,市可行舟
	万历四十年(1612年)	春大水,平地深数尺,田庐圩岸皆没
	崇祯七年(1634年)	夏,江水暴溢,溺死老幼无数
清代	顺治十六年(1659年)	三月大霪雨,道路皆水深尺许
	康熙二年(1663年)	九月大水,城市皆淹,居民漂溺
	雍正元年(1723年)	大水。四月十九日,暴风损江舟甚多。五月二十五日,暴风倒屋拔木,坏江中盐艘民舟
	乾隆三十一年(1766年)	五月雨大水溢伤苗,六月雷雨竟月
	乾隆三十三年(1768年)	八月三日连雨三昼夜,江河水涨,滨江田庐淹没
	乾隆五十三年(1788年)	七月江溢,淹没滨江田舍
	道光三年(1823年)	夏秋江水异涨,沿江田庐荡没,九月水退始
	道光十一年(1831年)	四月二十六日大雨两昼夜,江潮大溢,漂流人畜无数,街市成河
	道光十三年(1833年)	秋八月,大水,江溢,圩埂尽没成灾
	道光十七年(1837年)	夏江潮涨溢,城内居民半浸水中
	道光二十一年(1841年)	五月大雨七昼夜,江潮高丈许,城内外皆成泽国,唯西北方门内两街不淹
	道光二十八年(1848年)	江潮暴溢,平地水深数尺,南门进水,山水下注,遍城泽国,田庐漂没
	同治十一年(1872年)	大水
民国时期	民国10年(1921年)	沿江皆遭破圩之厄,水中收割稻谷甚微,胥浦圩区失收
	民国20年(1931年)	江潮暴涨,沿江港汊江水倒灌,漫堤决口成灾

1949~2012年仪征水灾情况一览表

表6-4

年份	灾情
1949	7月26日,台风暴雨,江潮猛涨至6.4米,圩破21个,淹田6.2万亩,失收粮食约26.5万公斤。
1954	降雨579.8毫米,江潮顶托,江堤溃决,沿江地区被大水淹没,受灾面积16.95万亩,7.99万亩颗粒无收,倒塌房屋7094间,死亡42人,受伤32人。
1959	6月27日到28日,全县普降暴雨,雨量达160毫米,圩区4600亩受涝。

续表6-4

年　份	灾　情
1962	9月1日~12日，降雨312毫米，圩区8.2万亩受涝。
1975	6月，12天降雨599.4毫米，最大日降雨量169毫米，山洪下泻，受涝面积10.8万亩，房屋倒塌4375间，冲坏桥梁38座。7月21日，受大风暴雨、冰雹袭击，沿江地区普降暴雨594.9毫米，24日凌晨2时至12时，10个小时内沿江地区降雨量达310毫米，为历史所罕见。圩区15万亩农田积水深度最深达1.4米。已抽穗扬花的14万亩早稻50%受涝，27万亩中稻有13万亩泡在水里，晚稻落谷种被冲掉25万公斤，倒塌房屋8000多间，宁扬公路一度交通中断，被大水淹死4人
1980	7月9日，全县普降暴雨220毫米，沿江地区部分农田受涝
1985	10月25日，连日降雨，内河水位猛涨4.6米，长江高潮水位4.75米，圩区6个乡镇近10万亩农田积水
1997	11号台风过境，暴雨成灾，全市3万亩农作物受灾，200多间房屋倒塌损坏
2003	遭遇特大暴雨灾害，日降雨量284毫米，水库全部溢洪，水位暴涨，城区15个小区居民家进水
2006	暴雨成灾，全市5个乡镇7800多亩农田、120亩鱼塘、300亩花木受损，全市有17户43间房屋倒塌或严重受损，直接经济损失100多万元
2007	第13号台风“韦帕”带来暴雨大风，全市11个乡镇（办事处）受灾人口8.5万人，水稻受灾面积7.2万亩，农业直接经济损失1700万元
2011	7月12日，全市多个区域1小时降水量超过40毫米，仪化厂区2小时降雨93.1毫米，全市6万亩农田受灾，市区14个居民小区住宅进水，1人被大水冲入涵洞死亡

三、其他各种自然灾害

（一）历史上其他灾害

仪征除水、旱、洪涝灾害频发，还经常发生蝗虫灾害和冰雹、地震等各种自然灾害。据史料记载：自宋绍兴三十二年（1162年）至道光二十年（1841年），仪征历史上共发生其他重大自然灾害19次，其中蝗灾5次，地震灾害2次。

仪征历史上其他灾害一览表

表6-5

朝　代	年　代	灾　情
宋　代	绍兴三十二年（1162年）	真州蝗灾。秋，百姓乏食 七月，淮甸大蝗，真、扬、泰三州扑蝗五千斛
明　代	嘉靖十一年（1532年）	秋，仪真城南天火坠，大如斗，燔民舍及柴舟
	嘉靖十五年（1536年）	仪真生蝻，知县杨孙仲谕民掘取，积数百斛
	嘉靖二十一年（1542年）	七月，仪真黑雾连日，至未不解，气腥秽逐人，二十步外不能相见
	隆庆三年（1569年）	冬，大雪，冰檐长丈余
	万历七年（1579年）	十一月，大风，坏漕舟民船千余
	万历十二年（1584年）	十月，地震
	万历二十六年（1598年）	夏淫伤麦
	崇祯元年（1628年）	九月，地震，瓦屋动摇有声
	崇祯十一年（1638年）	仪真城西地裂，长丈余，阔数尺，屋宇倾坏

续表 6-5

朝代	年代	灾情
明代	崇祯十二年（1639年）	春，仪真雨点子如豆
	崇祯十三年（1640年）	飞蝗食草木竹叶皆尽，斗米银四钱。江、仪民掘蜀冈下黄白土（观音粉）食之
清代	顺治十六年（1659年）	二至三月大霪雨
	康熙十六年（1677年）	春霪雨，三昼夜，日野没
	乾隆二十九年（1764年）	三月，地震，屋宇皆动
	乾隆三十一年（1766年）	五月雨大苗伤
	乾隆三十六年（1771年）	十二月，仪征北城大楼火，越三月，沙漫洲大火，废盐艘客舟，伤人无数
	乾隆五十五年（1790年）	五月，大风、暴雨起城西，坏城橹官廨、学舍坊表、墙垣屋树皆易故处
	道光二十一年（1841年）	正月至闰三月，霪雨九十日，无麦

（二）新中国成立后其他自然灾害

新中国成立的1952—2008年，仪征有14年发生其他自然灾，如蝗灾、龙卷风、冰雹、霜冻、地震等，其中冰雹灾害9次，有感地震42次。

1952~2008年仪征其他灾害一览表

表 6-6

年份	灾情
1952	7月22日，新城、朴席、新民、月塘、胥浦5个区8个乡先后发现蝗虫，县委组织8个工作组深入各地，配合区乡干部贯彻中央来蝗打早、打小、打了的方针，发动群众1万多人，经10天时间补杀，杀死蝗虫471公斤，扑灭害虫
1957	6月10日，岔镇、铜山、月塘、枣林、恒华5个乡18个公社遭受龙卷风和冰雹袭击，重伤20余人，轻伤94人，刮坏房屋100多间，其中全部毁坏的有945间
1960	5月13日晚7时，全县遭受7 ~ 10级大风和冰雹灾害，刮倒房屋2311间，压死6人，受伤74人，三麦倒伏2.21万亩
1961	4月1日下午，遭龙卷风袭击，全县除新城、青山两公社未受损失外，其余公社受到不同程度危害，倒塌房屋1.77万间，砸伤14人
1970	5月3~4日，全县遭受8 ~ 9级以上阵风危害，刮坏房屋5万多间，砸伤54人，倒伏三麦9.79万亩 7月10日，仪征部分地区遭受龙卷风、冰雹袭击，新城、十二圩、大豆原种场均受灾严重，倒塌房屋600多间、粮囤10个，新城东升大队3条耕牛被雷电击死，大豆、棉花大田作物破毁1000多亩 秋季，连续阴雨29天 6月，连续阴雨16天
1971	6月9日下午5时30分，一股龙卷风从青山矿区出现，由西南向东北，持续近45分钟，铜山、马集、刘集等8个公社受到不同程度的袭击，刮倒房屋有6615间，割下的162亩田的小麦被大风卷走，刮坏土园仓18个，21人压伤，雷电击死4人
1973	12月19日8时10分，仪征县东北方向发生一次地震，震级2.1级
1974	2月26日2时2分，仪征县发生一次有感地震，震级1.9级
1977	4月23日下午降雹，小的似蚕豆大，大的如鹊蛋，伴有狂风，房屋倒塌1.45万间，6人死亡，23人受伤，约3万亩三麦受损

续表6-6

年　份	灾　情
1981	5月1日下午2时后，中后山区遭受大风和冰雹袭击，大仪、大巷、香沟、陈集、刘集、古井、谢集、月塘、马集、龙河11个公社，138个大队，1600多个生产队受灾。冰雹密度每平方尺为25.5块，大如鸡蛋，重3斤3两，农作物严重受损 5月24日，新集街道附近发生1.4级地震
1985	4月20日凌晨1时47分11.6秒，朴席乡发生2.4级地震 3月，强寒潮，最大降温幅度20℃，同时伴有暴雪（雪深14厘米）
1998	5月10日，出现冰雹天气，全市3个乡镇18个村遭受冰雹袭击持续时间15分钟，冰雹最大直径20厘米，2.1万亩三麦不同程度受损，直接经济损失百万元 强对流天气濒发，雷击、雷雨、大风、冰雹等造成1人死亡，1人受伤，倒塌房屋9户25间，毁坏274间，直接经济损失百万元
1999	1月至2月初，全市遭遇严重低温、雨雪冰冻天气。其中区域性暴雪过程时间长、范围广、深度大，为历史罕见。全市倒塌房屋11间，严重损坏39间，直接经济损失数百万元。受强降雪影响，仪征境内交通几乎瘫痪 气温异常偏低，4月16日出现晚霜冻，低温和晚霜冻对农林业影响较大，导致茶叶开采推迟一周，产量明显下降；5月2日开幕的中国芍药节上的芍药花只有零星开放
2008	1月26日，全市遭遇历史上特大雪灾。这场雪灾持续时间长、范围广、强度大、范围广，对全市人民生活、交通、电力、通讯等方面造成巨大影响

附记：仪征县朴席乡2.4级地震调查报告

1985年4月20日凌晨1时47分11.6秒，仪征县朴席乡发生2.4级地震，据省地震局测定，震中位置为：东经119° 17'，北纬32° 17'。铜山地震台记录到这次地震。震后朴席中学测报站测报员陈安玲报来震感情况，测报站立即向县政府办公室汇报。20日下午和县地震办公室一起对朴席、土桥、双桥等地作调查，在调查中，测报站作了地震知识宣传和安定人心工作，发出一期地震简报和一份地震宣传材料。

朴席乡街道，朴席中学内地震测报员陈安玲爱人小曹，地震时醒来，这时学校的几位老师也陆续起来，不太敢去睡觉（朴席中学感到地震的老师）：胡家华老师起来照看小孩，感到地震，把小孩抱了出去；邓超（男），躺着看书，听到嗡嗡声；薛卫国（男），被震醒。李玲（女）被震醒。土桥中学校长孔东辉，家住朴席，小孩出疹子，尚未睡，半躺在床上，感到床向上抖了一下，电灯晃动。乡卫生院陪伴病人的余安泳（女），睡着被震醒，听到床响动，碗橱、窗户响；朴席中学会计金正敏，地震时听到窗户响，感到床动，还听到有嗡嗡的声音，并有不舒服的感觉。

土桥：供销社值夜班的王悦（女），地震时醒来，听屋架轻轻响了一下，货架上的瓶子也响了一下。供销社夏正昌感到地震，碗橱响了一下。丁世松（男）感到地震，听到"咯噔"一声。土桥中学教务主任朱德仪，他比住在朴席街道的孔校长感觉到强些，他当时睡觉了，地震时醒来先听到像汽车一样轰轰的声音，随后一抖。

十二圩：十二圩镇上没有了解到有人感到地震。靠近土桥的三益村一青年妇女说：地震时，家门上土坯墙掉下一块比砖头稍小些的土块。黄泥村耿鹤营家，地震时，中柱附近墙上一块土倒下来。

龙河乡赵广财等4人，夜里打牌时感到地震，桌子也好像动了一下。刘集、谢集、新城、新集及仪征县城，尚未了解到有人感到地震。朴席中学地震测报站测报员和学校胡老师说新集有人感到地震。

据县地震办了解和调查：1.扬州市城南，蒋王庙有一部分人，未睡觉或未睡着的人感到地震；2.瓜洲镇震感和朴席差不多。

从镇江市地震办了解，镇江有一部分人感到地震，。高资有人感到地震，世业洲，双桥村徐兰说她二哥19日到世业洲，准备20日买小鸡，夜里地震，跑出来时，脚扭伤，鸡也未买成。

这次地震，有感范围在仪征县十二圩镇以东，北至蒋王庙，扬州市区南部、镇江部分及丹徒高资，面积500平方公里。4度区在朴席土桥、瓜洲、世业洲一带。

结合这次朴席地震以及今年以来另外2次小震(1月14日11时13分44.6秒。青山矿区1.6级及1月20日9时16分3.8秒,胥浦西1.4级),应引起密切注意,做好防震抗震工作,加强震情监视。做好地震宣传工作,捕捉前兆异常,认真分析研究。

第二节 灾害救助

一、国家救助

(一)南北朝至民国年间赈灾

据史料记载:南北朝时,宋文帝元嘉十三年(436年)夏六月,江淮地区大水,官府运南方粮食赈济灾民。唐贞观八年(634年)秋七月,江淮大水,后又大旱,江淮节度使奏请朝廷,遣送受灾难民外出觅食度荒。宋建隆三年(962年)饥荒,户部郎中沈仪伦建议用"郡中军粮储备"赈济灾民,太祖下旨开军仓赈贷给灾民。宋景德元年、二年(1004年、1005年)江淮地区两年连续因灾饥荒,发运使每年留供米5000石,以备赈济。宋天圣二年(1024年),大水淹没扬子县(今仪征境内)居民无数,扬子尉胡宿率公私船拯救溺水居民救活数千人,并发放赈济。宋绍兴三十二年(1162年),真州(今仪征)蝗灾。秋,百姓乏食,州守令发粮赈济。明嘉靖七年(1528年)秋七月,霪雨大水侵害庄稼,巡抚御使唐龙奏请捐米,免夫役进行抚恤。明嘉靖三十五年(1556年)大水,庐舍漂没,朝廷下令赈之。清康熙二年(1663年)秋九月,发大水,城区全部淹水,居民四处漂散,总督尚书郎廷佑以兵船沿江拯救百姓并发粮赈济。清代,仪征县设有义仓、积谷仓,以便重大灾害时,开仓济贫。

民国时期,仪征先后设有赈济分会、赈济协会、难民临时急赈委员会等机构,遇有严重灾害,政府拨给救济款及粮食等救济物资。抗日战争时期,民国32年(1944年),根据地内东南和甘泉地区发生春荒,不少农户缺少稻种,甘泉县民主政府精心组织农民借粮互助的同时,及时发放救灾稻种和种子贷款,帮助农民度过灾荒搞好春耕生产。民国36年(1947年)连续两年大旱,全县受灾的有10万多人,政府拨给救济款3000万元(法币)及价值5700万元的小麦、面粉等物资,实际得到救济的仅有6574人,平均每人1万元,另有2400人参加以工代赈。

(二)新中国成立后灾害救助

新中国成立后,历届人民政府在不断提高抵御各种自然灾害能力的同时,认真贯彻"全心全意为人民服务"的宗旨和中央不同历史时期所提出的救灾方针及各项政策,做好灾害救济工作。仪征1949~1987年的38年间,共向受灾地区发放救灾款882万多元,粮食48.1万公斤,以及被服、棉花等实物。其中1954年,除从国库中调拨返销粮食6677.5公斤以外,还下拨木材1120立方米、钢材38吨、水泥150吨、砖瓦2939万块、芦柴7.5万公斤,供应受灾地区,用于灾民修建房屋。

1988~1992年,仪征市连续遭受不同程度的涝灾。5年中,市民政局共下拨救灾款402.91万元,帮助受灾群众解决生活、治病和建房等困难,发放8.55万公斤救济粮,广大灾民的基本生活得到保障。除下拨救灾款和救济粮外,还通过计划分配和社会筹集,安排木材225立方米、钢材57.5吨、水泥335吨、玻璃10标准箱、红砖10万块等物资,帮助1057户重灾户、特困户和"五保户"修复住房2313间。

1993~1999年,仪征市旱、涝、虫等灾害相续发生,市民政局共下拨救灾款851.94万元,帮助受灾群众解决困难。其中,1994年,遭遇大旱灾,全市72座中小型水库、24万多塘坝干涸,受旱农田面积达37.41万亩,16个乡镇10万多人饮水困难,因灾死亡8人。全市迅速开展救灾工作,市民政局拨发救灾款355万元,发放救济粮75万公斤。1997年,先后遭受两次强台风袭击,损失严重。市民政局下拨救灾款76.9万元,定制棉衣210套、棉被210床,帮助受灾群众3860人渡过难关。胥浦福利厂4.5米高的铁烟囱被台风吹倒,砸伤正在上夜班的工人18人,其中重伤3人,市政府和有关部门迅速组织抢救,所有伤员都得到有效救治。1998年入夏以后，遭受长期阴雨和暴雨袭击，全市受灾人口38.2万人，因灾害死亡2人，直接经济损失596.2万元。市民政局及时下拨救济款87.27万元，安排灾民的基本生活。

2000~2002年，仪征市连续3年遭受不同程度的旱灾。市民政局在下拨435.5万元救灾款的同时，发放救灾大米180.52公斤、衣被9.2万件（条）。

2003年6月下旬至7月下旬，连降暴雨，全市受灾人口21.7万人。市民政局迅速做好灾民的生活救助工作，就近转移安置灾民近3000人，迅速下拨救灾款92.5万元，发放大米4920公斤、色拉油2040瓶等救灾物资，确保灾民有饭吃、有衣穿、有房住。2006年7月，全市普降暴雨，大面积受灾，市民政局立即下拨救灾款86万元，救济因灾缺粮人口1.3万人、缺衣被人口3000人。

1988年至2006年19年间，市民政局共下拨救灾款2331.65万元，以及大量的建房材料和生活用品。

2007~2012年，仪征遭受不同程度自然灾害3次。其中2008年发生历史上罕见的特大雪灾，市民政局及时下拨救灾款105万元，救济灾民3000人次，帮助35户民房恢复重建。至2012年底的6年间，市民政局总计下拨救灾款672万元。其中2007春荒及雪灾救灾款191万元、临时救济款42万元。并下发《关于进一步加强灾害救助工作的通知》，及时查实、核实，组织灾后重建，确保受灾群众灾后有饭吃、有衣穿、有房住，有病能得到及时治疗。其中，2008年下拨救灾资金105万元，救助灾民3000多人次，帮助35户倒坍民房恢复重建。2010~2012年，市民政局建立市、乡和村三级灾害信息员队伍，完善信息数据库。与相关单位签订备灾物品供给协议，保证灾害发生后及时提供所需物品。同时，开展“5·12”防灾减灾日宣传活动，提高社会各界防灾减灾意识和能力，推进防灾减灾工作进社区、进农村、进学校、进工厂，坚持抗旱和汛期值班制度，及时做好防灾减灾工作。

在发放救灾款和救灾物资过程中，民政部门始终坚持严格的审批程序和管理制度，最大限度地杜绝贪污和挪用。对于贪污、挪用救灾款、救灾物资、防汛抢险器材，使灾民利益受到重大损害的，依法移交司法机关予以制裁。1955年，朴席区民政助理殷宏友、会计沈永宽共同贪污救灾款200万元（旧币），被司法机关分别判处有期徒刑7年和3年。1957年以前的救灾款发放，一般由个人申请，领导掌握，民主评议，乡政府审核，报区批准，发钱到户。1958年，人民公社成立后，按劳动工分分配，救灾款指标直接发到公社，由公社统一安排，列入年终分配。1978年中共十一届三中全会以后，农村实行联产承包责任制，灾民生活困难，由个人申请，村民小组评议，村民委员会审查，报乡、镇政府批准后，发放现金到户，并张榜公布。

二、减免农业税赋

明正统二年（1437年），仪真大旱，朝廷命户部主事邹来学到仪真赈灾，令免田租一半。清乾隆三十三年（1768年）八月，大雨连续三昼夜，江河水暴涨，滨江农田、房屋淹没，官勘成灾，免民田租一半。《扬州足征录》载有清代《蠲免仪真县坍江畔粮碑记》一文，记录仪真县滨江田坍没造成“里民失业，流离委琐，至鬻妻孥”的灾情以及上报朝廷后“方得谕旨，尽蠲田坍应输粮若干”事实。

新中国成立后，国家对灾区实行减征农业税政策，按照灾情折扣计征，且各年减免办法不同。1949年分7个等次：8成收的全征；7成以上八折计征；6成以上收七折计征；5成以上按五折计征；4成收的三折计征；3成收的二折计征；不足3成的全免；1952年歉收6成的全免，1956年歉收5成以上全免，对连续受灾2年者，减免数额提高1成，连续受灾三年者，提高2成。1979~1983年，以生产队为纳税单位，以人均年收入为纳税标准及减免额度，人均年收入不足50元，全部免征农业税。1949~1987年，全市共为农民减征农业税计粮食7893.5万公斤。其中1978年1月17日，扬州地区革委会通知，除分配仪征县社会救济款30万元以外；同时，减免仪征农业税17万元，发放社员生活贷款40万元，用于救济困难群众。

三、开展劝募活动

明正统二年（1437年）仪真大旱，朝廷户部主事邹来学到仪真赈灾并劝募，邑人侯观捐麦1400石救灾，受到朝廷嘉奖。清乾隆五十年（1785年）夏大旱，秋冬发生饥荒，翌年疫病流行，粮价飞涨，每担粮银五两，盐运监掣同知陈洪绪倡议募捐大米赈粥。清同治年间，仪征地方人士集资在义仓附近设粥场，每年募得大米千石左右，于春荒时向贫民施粥。

新中国成立后的1950年9月，仪征县成立劝募委员会。当年募集寒衣6900多套，上交苏北行署转送灾区。1984年7月，谢集、马集、铜山等17个乡遭遇暴风雨袭击，造成灾害，县政府除拨款29万元用于救灾，还在全县募集衣被1900件（条）以及返销粮1038公斤，救济受灾地区灾民。1994年，市民政局在发放救灾款、救济粮的同时，还募捐资金10多万元、衣被1万件（条）安排灾民生活。1997年8月，市委、市政府先后发出《在全市开展救灾募捐活动的通知》和《关于开展扶贫济困，募集衣被工作的通知》，动员全市各机关、事业单位、团体以及干部职工、居民捐款捐物，支援长江流域受灾地区灾民。至1998年8月下旬，全市共捐款84.4万元，捐赠衣被15.3万件（条）。2006年6月，全市举行“送温暖献爱心”捐赠款物集中发放仪式。市救灾募捐办公室收到捐款14.79万元、冬衣6732件、棉被62床，全部发给困难群众。2008年5月29日，四川省“5·12”汶川大地震后，仪征各界纷纷捐款捐物，共募集善款730.68万元。其中，市民政局募捐8.25万元、市慈善总会募集15.95万元、市红十字会募集706.42万元，全部捐赠地震灾区。并在全市募集全新棉衣1000件、棉被800床送往对口支援的绵竹市九龙镇。

专记：1991年仪征市赈灾纪实

1991年，仪征发生特大洪涝灾害，水情创有水文资料记载以来历史最高纪录，先后出现两段梅雨天气，5月21日入梅，到6月23日告一段落，6月29日再度出现梅雨，到7月15日止，整个梅雨期降雨954.6毫米，是常年梅雨期降雨量的3倍，比新中国成立后梅雨量最多的1954年多278.3毫米，接近多年平均年降雨量。

由于连降暴雨，全市71座水库尽数溢洪，总泄洪量1.7亿立方米。小区滞蓄饱和，山洪连续下泄，内河水位暴涨。7月6日，仪扬河水位超过警戒线，7月11日10时30分水位高达6.94米，超出警戒水位1.04米，比历史最高水位高59厘米。此时，既有长江洪峰过境，又有潮水顶托，水位居警戒线以上持续12天，7月13~14日两天达6.99米，距历史最高水位仅差14厘米。

特大洪涝灾害给全市工农业生产和人民生命财政产造成严重损失，在田小麦因遭梅雨减收两成；水稻受淹27万亩，占全市总面积的45%以上，其中有5.8万亩遭灭顶之灾，2万亩绝收；2240亩蔬菜、2762亩经济作物严重受涝；因浸水、受潮损失粮食76万公斤；437家工厂企业进水停产；4061户1.1万间住宅进水，倒塌房屋1.04万间，损失房屋1.22万间；死3人，伤22人，全市直接经济损失7648.07万元，累计损失达1.5亿元。

面对肆虐的洪涝灾害，仪征人民在团结协作抗御洪涝灾害的同时，发扬“一方有难，八方支援”的共产主义风格，主动、及时地向处于危难之际的灾区人民伸出援助之手，一场向灾区人民捐款捐粮捐物、共献爱心的捐赠活动在仪征城乡蓬勃兴起。

市政府为做好对灾区，特别是贫困地区抗洪救灾、恢复生产的捐助工作，专门成立市救灾募捐委员会，常务副市长臧巧华担任委员会主任，市民政局局长陈顺发和市政府办公室副主任凌光昊担任委员会副主任。委员会下设办公室，具体负责接收全市各单位和社会各界人士的捐赠。

赈灾募捐活动拉开帷幕后，前来捐赠的有集体，有个人，有普通群众，有领导干部，有老人，有小孩，还有行动不便的残疾人和港澳台胞。

市委、市政府、市人大和市政协领导带头捐赠款物，市直机关党员干部计捐赠现金6000多元。

原县委书记、离休干部陈淦之捐100元钱和100斤粮票，他说：这些钱和粮微不足道，就算是我的“特殊党费”吧。年逾八旬的离休老党员周素珍在得知向灾区人民捐赠的消息后，不顾年老力衰冒雨到市救灾募捐办公室，将20元钱交给工作人员，老人还带来小孙子捐送的平时积蓄的硬币6.82元。

在老党员、老干部的带动下，全市人民纷纷自发募捐，截至当年7月23日，全市已募捐15.75万元、粮（计划）6.83万公斤。

在市直机关党委的组织发动下，市直机关广大党员、团员和工会会员，主动捐钱、捐粮，当年9月4日，共募捐1.8万元、粮票1118公斤，其中特殊党费1.25万元，粮票755.7公斤。

自从市委、市政府以及市总工会、市妇联、团市委等有关部门发出号召，动员全市人民向灾区捐款、捐粮、捐物后，全市人民积极响应，踊跃捐赠。年过花甲的沈鸿兴老太太，在听到左邻右舍向灾区募捐的事情后，手捏着壹角贰角的小额纸币到募捐办公室，要求捐给灾区，当工作人员知道她是位“五保户”后，劝她将钱拿回去，老太太却执意把这壹角贰角的纸币凑成10元钱捐给灾区人民，她说：“这是我的一颗心。”从事修理的个体劳动者——姚林于7月13日冒着滂沱大雨，赶到市防汛指挥部要求买草包捐赠，当指挥部工作人员告诉他草包防汛物资由指挥部统一调拨时，他毅然捐出250元钱。这是全市个体劳动者中第一位捐款者。姚林不仅主动为灾区人民捐款，而且还在随时可能遭受洪水威胁的南门修理部张贴启示：免费修理一切防汛车辆，连续奋战五天五夜，先后修理汽车、拖拉机、排水泵及防汛指挥车等防汛车辆33辆（台），免费金额达370余元。

在暴雨毫不留情地继续倾泻的一天，一位身穿雨衣的中年男子推开募捐办公室的门，来不及抹去脸上混合在一起的雨水和汗水，就从口袋里掏出了一沓钞票，交给工作人员，扭头要走，工作人员急忙喊住了他，要他留下姓名，他微微一笑说：“这些钱是我们全家人的一片心意。”说完推开门走了。工作人员一点数，总计130元。人们敬佩地目送着那不留姓名的同志骑车远去。一位在家度暑假的镇江师专的女大学生也委托团市委送来捐款20元、粮票30公斤。

真州镇的王定三次捐款550元，史杰两次捐款550元，王年凤将多年积蓄防老的75公斤粮票及20元钱献给灾区。香沟乡的洪殿才不顾自家困难，两次捐款450元。刘集乡一个集市日上午群众自发捐款达1.2万元。

8月9日，市台属联谊会发出《致全市台属的一封信》，全市广大台属积极响应，纷纷伸出援助之手，慷慨解囊。市台谊会领导成员，在多次捐赠的情况下，再次带头捐献钱粮。名誉会长丁虎，接到募捐信后，立即给重灾贫困地区捐献人民币50元、粮票50公斤。台胞王先生在台湾听到家乡遭受特大洪涝灾害的消息时，就向台湾有关募捐部门捐赠新台币1万元。当他回来探望阔别40多年的亲友时，看到市台谊会的募捐信，又一次伸出援助之手，向重灾区捐赠人民币500元。家住十二圩镇的台属李二春，接到募捐信后，第二天一早，就骑自行车赶到台谊会捐款20元、粮票25公斤。居住在马集的台属秦成标，读了《致全市台属的一封信》后，骑上自行车，顶烈日，冒酷暑，汗流满面地来到市台谊会，向灾区人民捐赠人民币100元、粮票50公斤。台属朱雪心老太太，是本市一位老干部的遗孀，经济来源仅靠每月50元的抚恤金生活，年老多病，视力很差。台谊会考虑到她的实际处境，没有寄信给她。可是，朱老太听到消息后，不顾高温酷暑拖着行走不便的双腿来到台谊会，为灾区捐赠人民币30元、粮票20公斤。

除台胞台属外，侨胞侨属也向灾区伸出援助之手。日本大阪市江苏同乡会名誉会长、大阪市华侨总会副会长许朝坤在听说江苏等地遭受水灾后，向灾区捐款1万元。全市侨属先后捐款4800元，侨办企业捐款1000元。

7月11日下午，仪化公司处于抗洪救灾的紧张阶段，扬州市政府来电求援编织袋，公司领导决定：从仅有的2万条库存中拨出1.5万条编织袋，支援扬州人民抗洪救灾。公司专设捐献处，号召职工捐助仪征受灾的乡亲。7月13日下午，仪化公司总经理任传俊、党委书记朱恪礼等领导带头来到捐献处，带头向灾区人民捐款。全公司上下响应号召，迅速掀起捐献热潮。到18日上午，捐献处共收到人民币12.97万元、粮票10.76万公斤、衣物8500件。

7月14日，公司动力厂女工刘军，利用休息时间，到省民政厅抗洪救灾指挥部，把自己积蓄的600元人民币捐给灾区人民。她说：“去年我大病一场，是党组织和同志们向我伸出援助的手，把我从死亡线上拉了回来。我理应尽点微薄的力量。"

7月15日上午,仪化进出口公司办公室里,走进一位白发苍苍的老人。他就是退休老工人、年届65岁的高庆云。他在星期天纳凉时听说星期一在职职工向灾区捐款一事,第二天一早,就骑车赶来了。高师傅抹去额头沁出的汗珠,从怀里掏出100元钱和15公斤粮票,双手递交给公司领导,说:"国家有难,匹夫有责。我虽然退休了,也要表示支援灾区的一份心意。"

8月6日下午,仪化公司领导再次发出号召,动员全公司职工捐献钱粮,援助全省重灾、贫困地区人民重建家园。7月13日至8月15日,仪化公司仅职工个人捐款就达55.8万元,粮票18.38万公斤,衣物9952件,其中直接送到市救灾募捐办公室的人民币达4.3万元、粮票4132公斤。另外,仪化公司还向安徽灾区捐献100吨优质纺织原料,向江苏灾区捐献120吨优质纺织原料以及钱粮。

核工业华兴建设公司先后4次送来个人捐款4.46万元、粮票1.95万公斤,Φ12AY3T盘元钢10吨,35平方毫米规格钢贡铝绞线2000公斤,2×2.55平方毫米规格铜芯铝绞线24.8公里,2×4平方毫米规格铜芯塑料线5公里。

南京长江油运公司航修站送来集体捐款1万元。

南京油港第六航务公司也送来集体捐款1万元。

……

截至8月7日,市救灾募捐办公室共接收市内捐赠善款6.12万元、粮票1021公斤,衣服3631件,以及一批未折价的物资。

四、组织生产自救

每当发生严重自然灾害,各级政府及时赶到受灾地区,做深入细致的思想政治工作,鼓励灾民振作精神,克服种种困难,自力更生开展生产自救。依靠自己的双手重建家园。同时采取多种措施帮助灾民开展生产自救。按照投资少,收效快,用人多,粗工易学的原则,搞好副业生产,积极动员灾民利用十边隙地,种植瓜果蔬菜等副食品,以解燃眉之急。除此还采取以工代赈的办法,组织灾民参加水利建设工程,以劳务收入解决因灾造成的临时困难。1952年,县政府投放12亿元(旧币),组织灾民参加水利工程,每方土1400元(旧币),解决3100多人半个月的口粮钱。1952年后,在历年的农田水利基本建设投资中,都采取以工代赈的形式,解决灾民的生活困难。根据1952~1961年几个较大灾害年份统计,仪征全县共组织灾民6.41万人(次)进行编织、捕猎、种养、采集、加工、运输、劳务等多种副业生产,计收获粮食81.35万公斤,收入2006万元(1955年前的已折算成新币)。

除了组织灾民生产自救以外,县政府还组织发动机关、团体、企事业单位发扬"一方有难,八方支援"的团结互助精神,支援灾区灾民开展生产自救。1950~1953年,全县各界人民给灾区互助稻种1.07万公斤,口粮28.2万公斤,89万元(旧币),捐赠衣服1.41万件。1954年大水灾发生后,县供销部门及时收购灾民捕捞的水产品和手工产品,总金额20.3万元,支持他们开展生产自救。秋播时,又及时调给灾区麦种7.65万公斤、油菜籽1900公斤。1955年春,又调拨给灾民稻种115.5万公斤(其中属于救济的11.5万公斤)、南瓜籽180公斤,保证灾民春耕生产需要。1962年,县贸易货栈到安徽等省市收购胡萝卜105万公斤、山芋干27.8万公斤,贴本优惠供应给灾区。1967年,月塘公社遭受严重旱灾,公社组织300多名劳力去青山矿区掏砂,进行生产自救,矿区干部、工人主动帮助修建宿舍,让出作业区及运输工具,为灾民创造良好的生产自救条件。十二圩镇织席厂热情接纳100多名月塘灾民进厂学艺,学习纺织芦席和窝摺。新城公社农民兄弟自动筹集粮票3000余公斤、人民币400元,支援在十二圩学艺的灾民。2006年5月12日,四川汶川特大地震发生后,市委组织部于5月18日印发《关于动员全体共产党员缴纳特殊赏费支援灾区抗灾救灾的紧急通知》,紧急动员全市共产党员缴纳特殊党费73.06万元,支援"5·12"汶川大地震灾区进行生产自救、重建家园。2006年6月3日,全市有49名干部、职工主动请缨赴四川省德阳绵竹灾区安装过渡房,以后又增加到56人。

第七章　社会救助

新中国成立前，仪征就有社会救助工作。清同治年间，县城建有施粥场；十二圩两淮盐务总栈提供资金，在十二圩建立济贫工厂、救生局等机构，实施社会救助。民国时期，县城有救济协会等组织，开展社会救助。

新中国成立后，县（市）政府一直重视社会救助工作。1949年，仪征解放初期，政府除对贫苦农民、城镇无业与失业人员实行社会救助，还对外地流入仪征的难民发放救济稻、米、衣被等物资。1953年起，政府还对生活有困难的被取缔的迷信职业者和一些被改造的反革命分子家属，实行救助。1956~1966年，全县支出社会救助款83.48万元。“文化大革命”期间，除农村发生火灾等少数特殊情况以及城镇固定救助对象外，其余社会救助工作基本上处于停滞状态。1978年后，各项社会救助工作逐步恢复正常。1988年后，仪征市的社会救济主要用于困难户、60年代精减下放和外省市下放职工、城镇孤老（残）、麻风病人、宽释人员、禁渔期渔民等群体生活困难救助，部分用于城市街头流浪乞讨人员。1989年起，仪征市还将实施农村贫困户危房改造作为扶贫工作重点。1991年，仪征市开始实施对特种对象正常救助，1992年开展农村社会养老保险，1997年实施城乡最低生活保障，2006年起实施城乡医疗救助。至2012年，全市初步形成城乡新型社会救助体系。

1949~2012年仪征历年社会救济费支出统计表

表7-1　　单位：万元

年　份	金　额	年　份	金　额
1949~1952	6.9	1968	19.20
1953	2.15	1969	16.32
1954	2.95	1970	22.37
1955	4.52	1971	17.03
1956	6.52	1972	21.01
1957	4.22	1973	23.43
1958	7.99	1974	20.46
1959	0.72	1975	32.33
1960	4.26	1976	24.26
1961	3.62	1977	32.85
1962	22.37	1978	27.97
1963	5.79	1979	26.50
1964	10.54	1980	12.49
1965	13.63	1981	16.81
1966	3.82	1982	31.39
1967	13.54	1983	37.12

续表7-1

年　份	金　额	年　份	金　额
1984	47.98	1999	15.69
1985	31.10	2000	20.89
1986	23.80	2001	23.72
1987	28.10	2002	19.84
1988	27.68	2003	21.46
1989	23.46	2004	28.96
1990	18.78	2005	19.86
1991	22.39	2006	23.43
1992	17.45	2007	26.93
1993	19.84	2008	21.86
1994	23.75	2009	23.74
1995	14.56	2010	24.40
1996	20.46	2011	25.00
1997	25.67	2012	32.60
1998	21.74		

第一节　贫困救济

一、贫困户救济

清同治年间，仪征地方人士在县城建立施粥场，每年冬天向贫民施粥。十二圩两淮盐务总栈还提供资金，在十二圩建立济贫工厂、稀饭场、施材局、救生局等机构，广泛开展社会救助。民国期间，这些救助机构陆续解散，县里虽然有救济会等组织，但城乡生活极度贫困的群众得到的社会救助极少。

1949年4月，仪征全境解放。当年，全县有受饥寒威胁的贫困农民2.76万人，城镇无业、失业人员3640人，还有外地流入的难民3300多人。县政府及时发放救济稻16.5万公斤、大米2.8万公斤，衣被6100件，同时采取以工代赈、组织生产自救、安排就业等多种措施，帮助贫困户克服困难。1950年和1951年，农村断炊的有9339人和4261人，政府均予以救济。1953年起，政府除对农村的贫困户外，还对生活有困难的被取缔的迷信职业者和一些被改造的反革命分子家属，予以救济。1953~1955年，累计共发放救济款9.62万元，稻子11.6万公斤。以后政府每年都拨出救济专款，救济农村困难户。1956年至1966年，全县支出社会救济款73.48万元，其中1962年最多，为22.37万元，占总数的11%。“文化大革命”期间，除农村因发生火灾等少数特殊情况以及城镇定期救助对象外，其他社会救助工作基本停顿。1978年以后，社会救助工作恢复正常，并逐步走向完善。

其间，除正常的贫困户需要救助外，每年还有一批需要一次性社会救助人员，主要是外省下放在本地的老职工、住院麻风病人、农村火灾户、暂时困难户等，年救助金额平均20万元。1949~1987年，全县（市）社会救助总金额154.83万元，其中1987年为28.10万元。

1988~2006年，全市共下拨社会救济款312.43万元。2007~2012年，市民政局共下拨社会救济款136.83万元用于社会救助工作。2009年制定出台《仪征市临时困难应急救助管理办法》等规范化文件，提高救助制度化和规范化水平。

二、特殊困难对象救助

1979年后，增加一些固定救助对象，其中有没有固定收入的城镇居民、享受原工资40%补助的退职老职工、不符合原工资40%补助条件又无固定收入的精简下放职工、无职业宗教人员、国民党起义投诚人员和被宽释的国民党县团级以下党政军人员中生活有困难者、解放前参加革命工作对革命事业作出贡献的农村老党员以及生活有困难的城镇下放知青。至1987年，全市有上述7种固定救济对象296人，年发放救济金额4.25万元。2007~2012年发放金额266.8万元，2012年上述对象109人，发放金额51.6912万元。

精减退职职工40%生活救助（含未享受40%补助人员救助） 从1965年起，仪征县对1961~1965年被精简退职的老职工给予原在职工资的40%救助。按省民政厅（84）城救字第27号文件精神，县民政局组织专人对领取生活补助的老职工现状进行核查，并将核查情况向省厅报告，1984年仪征县领取定期生活补助的精简退职老职工105人，其中20世纪50年代精减退职的2人，60年代77人。享受40%救济的老职工26人。外省市精减退职享受年终一次性救济的124人。对已故的7名享受原工资40%救济者及时取消定补。对符合定补条件的6人核查后于1984年先后办理定补。对于外省市到江苏省的老职工进行核查，对回原籍仪征的2人给予年终一次性救济每人50元。2012年仪征全市享受生活救助老职工32人，每人每月补助550元，补助总金额5.37万元。救助资金实行市、乡共同负担。

宽释人员定补 从1983年起，仪征县对原国民党县团级以下党政军宽释人员给予生活定补。1987年，全县享受定补的6人，月补18元，年定补金额1272元。2012年定补1人，月补338.25元，年金额5412元。

老党员补助 1979年起，仪征县对1949年10月以前入党的农村无固定收入生活困难的老党员给予生活补助，由县（市）委组织部核准，由县（市）民政局发给。1987年，全县享受老党员生活补贴33人，每月20元，年定补金额7420元。2012年，全市享受老党员生活补助的40人。其中每月补220元的10人，每月补300元的27人，每月补400元的3人。

麻风病人救助 1998年起，仪征市对全市乡镇麻风病人实行生活救济。1998年，全市有15名麻风病人享受生活救济，每月50元，年救济金额0.9万元。2012年，全市有10名麻风病人享受生活救济，每月150元，年救济金额0.6万元。

孤儿养育 2010年，开始建立孤儿养育制度。对父母双亡的孤儿实行政府养育，其中机构供养每人每月1000元，社会供养每人每月600元；2011年，成立儿童福利指导中心，将政府养育和社会散养标准分别由每人每月1000元、600元，提高至1100元、660元，将110名事实上无人抚养的“准孤儿”救助标准由100元提高到150元；2011年，组织开展“情系首都，阳光之旅”孤儿夏令营活动，还举办孤儿心理辅导班。2012年，建立机构供养和分散供养孤儿信息数据库，继续举行孤儿夏令营活动。

重残人员生活救助 2009年开始实施《仪征市无固定收入重残人员生活救助实施细则》（以下简称《细则》)。《细则》规定当年提高救助标准，城镇重残人补助标准由每人每月270元提高到300元，农村重残人补助标准从每人每月140元提高到170元，对1874名无固定收入重残人员共发放救助金344.6万元。2012年，参照城乡低保标准提高重残救助水平，规范一户多残、依老养残家庭残疾人救助程序，发放无固收入重残人员救助金1163万元。2009~2012年，坚持逐年提高重残救助标准。4年间发放重残救助金3127万元。

流浪乞讨人员救助 1998年后，仪征市的社会救济除了继续用于困难户、20世纪60年代精减下放和外省市下放职工、城镇孤老（残)、麻风病人、缓释人员、禁渔期渔民群体生活困难救助外，还用于城市街头流浪乞讨人员。1998~2003年，对家住农村流入城市乞讨、城市居民流浪街头乞讨，或其他露宿街头生活无着的人员，由市民政局予以救助，为其安排当日就餐，并提供车（船）票，遣返回原驻地。2003年7月，民政部印发《城市生活无着的流浪乞讨人员救助管理办法实施细则》，市民政局根据文件精神，对因自身无力解决食宿、无亲友投靠、又不享受城市最低生活保障或者在城市流浪乞讨的农村"五保"供养人员，发放返程路费、护送其至上级救助部门，送返原住地。

2006年4月起，仪征市开展紧急报警求助与社会求助服务分流试点工作，市民政局制订社会救助服务、岗位责任、工作流程、应急预案等一系列工作制度，开展救助工作。当年，受理122台指令9次、上门救助55次。1988~2006年，用于城市流浪乞讨人员临时救助资金19.8万元，2007~2012年用于城市流浪乞讨人员临时救助资金15万元。

三、农村扶贫

新中国成立后，生产得到发展，人民生活水平普遍有所改善，但部分农户或因为人口多、劳力少、负担重，或受天灾人祸影响，生活还很困难，政府采取多种措施扶助这些农户摆脱贫困。20世纪50年代和60年代采取的措施有：依靠集体，在劳动工分、口粮分配上给予照顾；优先照顾贫农合作基金，借贷及发放农副产品预购款；发放救济粮款，并适当减免农业税；扶持发展家庭副业等。1980年，贯彻第七次全国民政工作会议精神，对农村扶贫工作进行改革，逐步从"输血型"向"造血型"转变，帮助贫困户从根本上摆脱贫困。当年3月，县民政局在刘集公社陈巷大队进行扶贫工作试点。第二年起，每年在救灾和社会救济费中提留部分专用资金，无偿帮助贫困户发展家庭副业。到1983年，全市19个社、镇、场圃普遍进行扶贫工作。随后，及时总结经验，参考外地做法，于1984年提出从四个方面改进和充实扶贫内容：改由民政部门独家扶持为由政府搭台，与有关部门和社会力量一起扶持。当年9月县政府成立领导小组，下设办公室。同时，提出扶贫扶优，即优抚对象贫困户优先扶持，改由政府拨款无偿投资为多渠道集资无息有偿。1984~1987年，民政部门累计拨款34.51万元，乡镇企事业单位集资、银行每年贷款42万元，实行无息有偿定期回收，建立扶贫周转金，提高资金利用率，增强贫困户自身责任感；改以户扶持家庭副业为办工（业）、商（业）、建（筑）、运（输）、服（务）多形式多门类经济实体或经济联合体，吸收困难户劳动力参加务工。1986~1987年全市共举办扶贫经济实体25个，贫困户劳力参加扶贫企业劳动的205人，乡镇企业优先招收扶贫户劳动力528人进厂务工；改国家拨款自己搞副业为部门与户挂钩，党员、干部帮扶、亲友帮助，将脱贫列入干部年终考核内容。

通过以上改革，提高贫困户经济收益，也提高脱贫率。1984年，得到扶持的贫困户，每年平均增加收入1050元，1985年为1250元。进乡镇企业和扶贫实体做工的，人均年收入增加490元，1987年达585元。贫困户逐年减少。1987年年底，全市人均收入250元以下的贫困户由原来占总农户的6.1%下降到2.9%。

1986年12月，市政府召开全市扶贫工作会议，香沟、刘集、胥浦、十二圩等乡镇，马集乡恒华村，市粮食系统代表在会上交流扶贫工作经验，月塘供销社、刘集乡政府、马集恒华村农民万大道受到省政府表彰。会后，市委、市政府向全市村级党支部、市属企事业党支部发出通知，要求各有关单位党组织与行政机构给予农村贫困户在缴纳农业税、统筹公益事业费、贷款、农副产品出售、农用物资供应、社会保险、科学技术传授、招用农民合同工及办理工商营业执照等10项优惠措施。1986~1987年，仅计划、物资部门优先安排给贫困户的木材计划87个立方米、钢材11吨、水泥55吨、煤炭100吨，帮助贫困户建房，发展副业生产。1992年，市政府成立市"双挂"（单位与贫困村挂钩、派干部到贫困村挂职）工作领导小组，组织市直76个机关、企事业单位与贫困村挂钩，抽调80名干部与11个乡的41个村结成帮扶的5项任务。1995年9月，市委、市政府召开全市扶贫工作会议，宣布"八五"期间（1989~1993年），全市共有42个村、3468户摆脱贫困。1997年6月，市委、市政府召开扶贫新闻发布会。市长吴厚昌介绍仪征中后山区贫困状况和成果。1998年2月，省人大常委会副主任曹鸿鸣率省有关部门负责人到青山乡实地察看贫困户生活状况，并在仪征召开扶贫现场会。3月，市委印发《关于加强各机关单位帮扶经济薄弱村工作的通知》，并召开扶贫工作会议，市直41个机关单位和8个乡机关分别与一个经济薄弱村进行为期3年的结对帮扶。4月，扬州市在仪征召开扶贫工作会议，扬州市25个市直机关单位对青山乡和陈集乡25个经济薄弱村进行为期3年的帮扶。至当年年底共实施帮扶项目76个，投入扶贫资金432.5万元。2008年8月，市委、市政府召开扶贫攻坚会议，部署新一轮帮扶工作。扬州仪征共帮扶，加快经济薄弱村脱贫致富；企业部门结对农户帮扶，加快贫困户脱贫致富。是年，全市共投入扶贫资金514万元（扬州224万元），2009年663.52万元（扬州321.6万元）。2010年年底前投入318万元，共实施790个帮扶项目。通过帮扶，全市78个经济薄弱村有69个集体经济收入达20万元，7153户低收入家庭已有6371户人均纯收入达2500元以上。2011年，以开发扶贫为主攻方向，仪征市组织市直机关部门、大中型企业、镇村干部结对帮扶家庭人均纯收入低于3600元以下的低收入农户，在项目、资金、政策、信息等方面予以重点支持，帮助他们实现“就业、创业”，2012年年底，全市农村低收入农户实现家庭人均纯收入3600元，脱贫率100%。

四、农村贫困户危房改造

从1989年起，仪征市将帮助农村贫困家庭危房改造作为扶助贫困户和关注民生工作重点。当年，市级投入资金（主要来源于财政拨款和市直机关部门支持）2.1万元，帮助30户农村贫困家庭建房72间，每户补贴700元。此后除少数年份外，市级财政对农村危房改造的投入逐年增加。1993年，农村贫困家庭危房改造补贴每户增加到900元，1994年1012元，1996年1702元，1998年2128元，2003年3010元，2006年达到4000元。2006年比1989年增长4.71倍。2007年，市政府下发《2007年全市农村贫困家庭危房改造方案》，全年共改造危房231户，有效改善农村特困群众住房条件。

1989~2006年，全市共投入资金682.4万元，帮助3462户农村因灾无自救能力或单纯依靠自身力量难以建房的低保户、“五保户”和重点优抚对象，建房8891间。2007年，市政府加大财政投入，加快农村特困户危房改造，当年完成103户危房改造任务。2008年又完成100户农村危房改造。至是年年底，全市农村危房改造全部完成。

1989~2008年仪征市农村危房改造情况统计表

表7-2

年　份	帮扶建房户数（户）	建房间数（间）	市级投入资金（万元）
1989	30	72	2.1
1990	157	319	11
1991	—	—	—
1992	—	—	—
1993	169	353	15.2
1994	247	502	25
1995	264	723	30.9
1996	343	848	58.4
1997	217	557	25.4
1998	202	551	43
1999	184	501	40.5
2000	788	2021	131.1
2001	—	—	—
2002	101	278	37.2
2003	484	1354	150
2004	162	464	66.2

续表7-2

年 份	帮扶建房户数(户)	建房间数(间)	市级投入资金(万元)
2005	85	255	34
2006	31	93	12.4
2007	103	309	61.8
2008	100	—	100

第二节 城乡居民最低生活保障

1996年,仪征市开始探索建立农村最低生活保障制度,并在月塘、谢集两乡进行试点。通过试点,了解农村病、残、弱、孤、老等困难群众的基本情况,初步确定农村低保标准以及审批程序和发放手续等。随后在全市扩大试点。1997年11月,市政府印发《关于建立仪征市城乡最低生活保障制度的实施意见》,决定对全市城乡因劳动致残、因病和年老体弱等原因丧失劳动能力,全年劳动收入难以维持其基本生活的特困户和人均收入低于当地生活保障线标准的贫困户,实施最低生活保障。确定城镇低保标准人均每月120元,农村低保标准人均每年800元。当年,全市城镇享受低保的共40户75人,农村672户2079人。1999年7月,城镇低保、农村低保标准分别调整为人均每月156元和人均每年1000元。2002年6月,市委、市政府印发《关于认真做好城乡居民最低生活保障工作的意见》,在规范低保工作的同时,制定教育、医疗、住房等相关扶持政策,帮助低保户对象解决实际困难。当年10月,城镇低保标准提高到每人每月180元。2004年7月,城镇低保、农村低保标准分别调整为人均每月200元和人均每年1200元。2005年8月,市政府印发《仪征市农村居民最低生活保障实施细则》,全面规范农村低保工作申报程序。2006年1月,城镇低保资金由市财政全额下拨,农村低保资金市财政负担40%,乡镇财政负担60%。当年,全市城镇低保户1389户2694人,农村低保户3743户10107人,支出保障金570.80万元。2007年,及时将城镇低保标准提高到每人每月240元,制定《仪征市城镇居民最低保障金社会化发放管理办法》《仪征市城乡最低生活保障管理工作考核办法》《仪征市城乡居民临时生活救助实施细则》和《仪征市城镇特困居民医疗救助暂行办法》,进一步规范城乡低保工作,加强动态管理,解决低保边缘群众的特殊困难。当年,全市共有城镇低保对象1397户2509人;农村低保对象4160户10816人;市财政发放低保资金494.72万元,临时性价格补贴28.6万元。2008年,市民政、财政部门开展城乡低保核查,加强动态管理,按照"一户一档"要求建立完备的低保档案,并将城镇低保标准提高到每人每月270元,农村低保标准提高到每人每月140元。为保障城乡低保对象的合法权益,当年692.54万元城乡低保资金全部通过银行打卡发放。2009年,制定《仪征市城乡低保动态管理办法》,实行定期入户核查制度,累计核销不符合条件的城乡低保对象407户1599人,新批739户1635人,共保障5512户11635人低保对象合法权益,并将城乡低保标准分别提高至每人每月320元和210元,全年通过银行按季打卡发放低保资金872.16万元。2010年坚持定期入户核查制度,累计核销不符合条件的城乡低保对象408户936人,新批735户1688人,全市共有城乡低保5636户11815人。全年通过银行按季打卡发放低保资金916.41万元。2011年健全城乡低保标准自然增长机制,及时将城乡低保标准进行调整提高。在扬州各县市区率先建立低保家庭成员收入信息比对制度,委托社会公益组织开展城乡低保申请的收入核查,共为5747户12188人城乡低保对象发放945.85万元低保金。2012年,按上年度城镇居民人均可支配收入和农民人均纯收入增幅分别提高城乡低保标准,7月1日起,城乡低保标准分别由每人每月340元、210元提高至390元、250元。落实分类施保政策,对低保中残疾人、老年人等五类对象每人每月增发20%的保障金。继续实施低保动态核查制度。当年,全市共有城乡低保户5378户10314人;其中,城镇低保户1098户1816人;农村低保户4280户8498人，全年支出保障金1173.10万元，其中城镇468.20万元，农户704.90万元。

1997~2012年仪征市城乡最低生活保障情况统计表

表7-3

年　份	城镇低保		农村低保		支出保障金（万元）		
	户	人	户	人	城镇	农村	合计
1997	40	75	672	2079	0.2	1.29	1.49
1998	68	124	672	2079	1.62	15.55	17.17
1999	82	192	707	2182	4.37	16.12	20.49
2000	103	218	763	2346	9.78	16.81	26.59
2001	362	739	881	2753	32.80	18.08	50.88
2002	838	1822	1652	5011	102.60	26.90	129.50
2003	1052	2253	2528	7537	168.48	35.59	204.07
2004	1218	2586	3764	10446	264.11	188.86	452.97
2005	1313	2691	3667	10313	277.50	150.70	428.20
2006	1389	2694	3743	10107	361.10	209.70	570.80
2007	1397	2509	4160	10816	345.77	148.95	494.72
2008	1388	2412	4843	11483	408.74	283.8	692.54
2009	1313	2195	4201	9348	445.17	426.99	872.16
2010	1272	2105	4364	9710	452.7	463.71	916.41
2011	1244	2077	4503	10111	452.8	493.05	945.85
2012	1098	1816	4280	8498	468.2	704.9	1173.1

第三节　农村社会养老保险

一、实施情况

1991年12月，民政部决定在全国52个县开展农村社会养老保险试点，仪征市为江苏省试点县（市）之一。1992年8月，市政府印发《关于开展我市农村社会养老保险工作的意见》，在真州镇和香沟乡先行试点，明确参保对象为60周岁以下非城镇户口的各类人员（含乡镇企业）。试点工作取得初步成效，两个乡镇参保开户人数1260人，收取保费38.24万元。同年10月，市政府印发《仪征市农村社会养老保险暂行办法》。1993年开始，农村社会养老保险在全市推开。1992年至1998年是仪征市农村社会养老保险工作发展最好时期，累计参保人数13394人，收取保费3174万元。1998年后，由于现行农村社会养老保险运作中存在诸如基金增值受银行利率影响、基金征缴数额小、没有建立养老增长机制以及农保经办机构经费得不到落实等问题，新参保开户人数急剧下降，1999年参保人数只有114人。市政府印发《仪征市农村基本养老保险试行办法（讨论稿）》，市劳动保障部门着手探索建立新型农村社会养老保险制度，但恢复不明显。2002年，参保开户人数仅180人。从1992年至2002年农村社会养老保险移交给劳动和社会保障局前的11年间，全市累计参加农村养老保险的人数14016人，收取养老保险基金3272万元，支出1886万元，滚存结余1386万元。

二、基金征收与管理

1992年8月，成立仪征市农村社会养老保险事业管理处（以下简称市农保管理处）。1996年9月，各乡镇成立农村社会养老保险管理所(以下简称农保管理所),隶属于市民政局。市农保管理处与乡镇农保管理所负责农村社会养老保险基金征收和管理。农村社会养老保险基金征收采取个人缴纳为主、集体补充为辅、国家给予政策扶持的个人账户储蓄积累模式。领取养老金的标准由缴纳金额多少和缴纳时间长短决定。参保人到户籍所在地乡镇经办机构或市农保处办理参保手续,保险费缴纳的额度不受限制,可以按月、按季或按年缴纳,也可一次性趸缴。个人缴纳和集体补助的保险费,记在参保个人名下,建立个人养老保险账户,由市农保处核发农村养老保险缴费证,作为计发养老金的根据。按照民政部《农村社会养老保险金计发办法》,参保人年满50周岁、55周岁、60周岁后,根据个人养老保险账户的储存积累总额,按月领取养老金,直至死亡。参保人领取养老金,保证期10年。如参保人在领取养老金前或者领取养老金不足10年死亡的,其个人养老金账户储存额的余额可以一次性退给其法定继承人或指定受益人,无法定继承人或指定受益人的,由农保机构按规定支付其丧葬费。农村社会养老保险金的支付,通过银行、邮政储蓄等金融机构实行社会化发放。1998年9月起,大部分养老金由银行代发。2002年11月,市农保管理处划属市劳动和社会保障局。

1992~2002年仪征市参加农保人数及基金收支情况表

表7-4

年 份	参保人数(人)	基金收入(万元)	基金支出(万元)	年 份	参保人数(人)	基金收入(万元)	基金支出(万元)
1992	1260	37	-	1998	3507	737	126
1993	206	47	-	1999	114	135	348
1994	1074	140	1	2000	212	220	324
1995	11372	698	4	2001	116	74	336
1996	2788	503	48	2002	180	69	691
1997	3187	612	8	合 计	14016	3272	1886

第四节 城乡医疗救助

2006年,政府印发《仪征市农村医疗救助暂行办法》,明确救助对象、标准、审批程序、组织实施,以及救助基金的筹集和管理等,进一步规范农村医疗救助工作,以缓解农村低收入家庭就医压力。当年,全市累计611人次享受医疗救助待遇,救助基金62.25万元。2008年,继续加强医疗专项救助,民政、财政、劳动、卫生等部门联合印发《仪征市城乡医疗救助暂行办法》,实施医疗救助"一站式"同步结算,对城乡特困群体个人自付的住院费用给予最低40%、最高2万元的资助。2009年,进一步完善城乡困难群众医疗救助制度,搭建集信息采集、住院治疗、出院结算于一体的救助平台,实行"一站式"结算。全年共救助1500人次,救助金额近200万元。同时,还对困难家庭儿童患大病住院和门诊费用给予特殊救助,按一定比例予以报销。2011年将医疗救助个人自付部分报销比例由40%提高至50%,全年共救助2252人,报销费用400多万元。2012年,全面推进医药卫生体制改革,提高部分城乡医疗救助对象救助比例和封顶线。城乡低保对象、城乡无固定收入重度残疾人、享受民政部门定期定量生活补助的1960年代精减退职职工、特困职工及其家庭成员四类对象,住院期间自付医疗费救助比例由50%提高到55%;城乡低保对象、农村"五保"供养对象、城镇"三无"老人、享受民政部门定期定量生活补助的1960年代精减退职职工四类对象救助封顶线由每人每年2万元提高至2.5万元,城乡无固定收入重度残疾人、特困职工及其家庭成员两类对象救助封顶线由每年1万元提高至2.5万元。当年共救助416万元。

第八章　社会福利及慈善事业

新中国成立后，仪征社会福利事业得到长足发展。1956年农业合作化时期开始，对农村无劳动能力的鳏、寡、孤、独生活困难者实行供养。以后供养方式不断完善，采取集体供养和分散供养两种方式。供养标准不断提高，集体供养的敬老院建设，经过初创、调整、发展，成为“五保”老人生活的乐园。2012年全市农村“五保”供养标准统一提高到人均每年4880元。

福利企业从小到大，健康发展。至2012年，全市有福利企业109家，吸纳残疾人员2200多人，并与他们签订劳动合同，工资发放、保险缴纳等合法权益得到保障。

仪征慈善事业源远流长。清代，境内建有一些慈善机构。光绪年间（1875~1908年），两淮盐务总栈提供经费在十二圩建立施材局、救生局、稀饭场等慈善机构。法籍传教士邱多廉在十二圩建天主教堂。天主教堂设慈善机构育婴堂。县城大码头建有同仁堂，由当地富户捐款，向贫民死者提供棺木。民国时期，县政府建立县救济院，收容老幼残疾人70人。新中国成立后，慈善事业逐步发展壮大，2002年建立的市慈善总会将仪征市慈善事业推向新阶段。1987年，仪征市被江苏省确定为扬州市第一批开展社会福利有奖募捐的活动单位，1988~2012年，全市发行即开型和电脑型有奖募捐彩票，共筹集公益金2746.58万元，2803.54万元用于公益支出。

第一节　农村“五保”供养

一、供养方式与标准

（一）供养人数及方式

新中国成立后，历届政府高度重视农村孤寡老人生活。1956年农业合作化前，农村无劳动能力的鳏、寡、孤、独生活困难者，主要依靠群众互助和国家救济相结合的方法，维持基本生活。农业合作化后开始由集体供养。1958年人民公社化后，按照《农村人民公社工作条例（草案）》规定，对生活无依靠的老、弱、孤、寡、残疾社员由集体“五保”供养。“五保”，即由所在生产队保吃、保穿、保住、保医、保葬（孤儿保教）。“文化大革命”期间，“五保”对象生活不太安定。中共十一届三中全会后，农村“五保”工作得到恢复和加强。1987年，市政府转发江苏省《关于农村五保工作暂行规定》，对全市“五保”户进行普查登记，落实“五保”措施，凡农村中享有公民权、无依无靠、丧失劳动能力、无生活来源的老人，残疾者和未成年孤儿，一律实行“五保”供养。1990年，市民政部门贯彻落实《江苏省农村五保供养工作暂行规定》，将符合条件的1952户2111人全部纳入“五保”范围，分别实行集中供养和分散供养。1995年，全市供养“五保”户1971户2080人，其中集中供养212人，分散供养1868人。2001年，全市供养“五保”户增加至2090户3398人，其中集中供养309人，分散供养3089人。2004年，全市供养五保户2121户2968人，集中供养270人、分散供养2698人。至2012年，全市共有“五保”供养2598户2677人，其中集中供养704人，分散供养1973人。

（二）供养标准

根据江苏省民政厅统一要求，仪征结合全市农村经济发展情况，确定“五保”供养标准并实行自然增长机制。供养标准为上年度农民人均纯收入的45%，以后逐年提高。1980年人均280元。1986年人均294元，1987年人均350元，1988年人均385.4元。

1990年，开始实行集中供养与分散供养，集中供养标准每人每年525元，分散供养标准每人每年473元。

1991年，全市23个乡镇全部实行五保供养经费以乡统筹，人均供养标准每人每年496元。占1990年全市农村人均收入633.28元的78.32%。1995年，仪征市大幅度提高五保供养标准，集中供养为每人每年1425元，分散供养每人每年904元。1996年，“五保”户集中供养标准提高到每人每年1800元，分散供养提升到每人每年1400元。

2004年，年人均供养标准分别为2127元和1273元。2005年，市财政将五保供养经费全部列入财政预算。当年支出“五保”供养经费424.2万元，集中供养经费直接拨入敬老院，分散供养的“五保户”按每人每年1200元标准汇入其个人账户（另有丧葬、医疗等统筹费1200元）。2009年，全市农村五保供养标准统一提高至每人每年3610元。2010年，农村“五保”供养标准由每人每年3610元提高至每人每年4120元，为2576名“五保”对象发放745.9万元供养资金。2012年，农村五保供养标准由每人每年4120元提高至每人每年4880元，全年为2677名农村五保供养对象发放供养金876万元。

（三）资金筹集与供养费支出

1980年初，农村五保供养经费开始实行“以乡统筹，分级分担”。1985年以后，“五保户”均由乡（镇）人民政府发给五保供给证。全市23个乡（镇）均建立“社会保险委员会”和“社会保险基金”，负责五保户供养基金筹集、管理与使用，使五保工作逐步走向社会化、制度化、法制化轨道。1988年，五保供养经费主要来源于附税、乡镇财政转移支付、灾害减免、乡镇社会保险金和社会救济。1991年全市23个乡镇全部实现五保养老金“以乡统筹”。2004年，市财政局将供养经费归入财政预算，实现民主化发放。

从2005年开始，市财政将五保供养经费全部列入财政预算。当年支出五保供养经费424.2万元，2006年，支出供养经费432.56万元，2010年支出745.9万元，2012年支出876万元。

1959~2012年部分年份仪征农村“五保”供养情况一览表

表8-1

年　份	“五保”户数（户）	“五保”人数（人）	集中供养人数（人）	分散供养人数（人）
1959	2128	3080	—	—
1962	2689	3595	—	—
1963	2684	3569	—	—
1964	2347	3086	—	—
1978	4907	5467	—	—
1980	4200	4350	—	—
1981	1050	1080	—	—
1982	2040	2140	—	—
1983	2031	2123	—	—
1984	1922	2124	—	—
1985	1906	2108	—	—
1986	1862	2030	—	—
1987	1811	1991	—	—
1988	1792	1681	—	—

续表8-1

年　份	“五保”户数(户)	“五保”人数(人)	集中供养人数(人)	分散供养人数(人)
1990	1952	2111	178	1933
1991	2212	2156	169	1956
1994	2190	2243	179	2064
1995	1971	2080	212	1868
2000	2024	2162	281	1881
2001	3290	3398	367	3031
2002	3209	2505	243	2262
2003	3200	2550	257	2293
2004	2121	2968	270	2698
2005	2814	2914	405	2509
2006	2889	2914	615	2299
2007	2677	2766	1715	1051
2008	2548	2532	556	1976
2009	2489	2493	562	1931
2010	2528	2576	710	1866
2011	2499	2586	746	1840
2012	2598	2677	704	1973

二、敬老院建设与管理

(一)敬老院建设

新中国成立后,仪征县在实行农村“五保”供养制度的同时,推进农村“五保”供养服务机构建设。1958年12月中共八届六中全会通过的《关于人民公社若干问题的决议》明确提出“办好敬老院,为那些无子女依靠的老年人提供一个较好的生活场所。”当年,全县开办18所敬老院,住进敬老院老人的生活由所在生产队负担,按期集中粮草,交敬老院统一使用。三年困难时期(1959~1961年),敬老院相继解散。1964年10月,十二圩镇借用栈前街24间民房开办敬老院,收容全镇“三无”(无生活来源、无劳动能力、无法定抚赡养人)城乡居民。后因民房年久失修,破漏倒塌,加上人数增加,于1972年停办。随着农村社会福利工作不断发展与深化,1984年起,仪征先后创办19所敬老院,其中乡镇办8所、村办11所,入院“五保”对象194人,总占地面积2700平方米,房屋175间。县(市)民政局投资15.41万元,支持办院。各敬老院还发展副业生产,组织“五保”老人参加力所能及的劳动。19所敬老院共有蔬菜基地13.6亩、粮田21.5亩、鱼塘10.3亩、院办经济实体5个、养猪15头、家禽1000多只。副业收入用于改善生活,增加设备。各敬老院购置洗衣机4台,收音机2台,电视机18台。1988年末,全市有农村敬老院27所。1989年,市民政局投入60.4万元,新建1所、改扩建8所农村敬老院。当年新建农村敬老院8所,全市农村敬老院增加到36所(其中村办13所),首次实现每个乡镇至少有一所敬老院的目标。1993年,鼓励敬老院兴办经济实体,增加收入,全市36所敬老院共兴办经济实体20个,经营副业26项,年纯收入9.8万元,用于改善在院“五保”老人的生活。1995年,市民政局投入26.7万元,扩建真州镇第二敬老院等12所敬老院,新建老人活动中心等各类用房52间。全市敬老院共兴办经济实体22个、副业36项,年利税55.6万元。翌年,市民政局又下拨资金23.3万元,补助朴席、真州、新城等乡镇敬老院,新建老人活动中心16间,宿舍85间,新增床位102张,新增入院58人,集中供养率由13%提高到16%。2000年,乡镇区划调整,部分乡镇敬老院合并、重组,调整后全市有敬老院30所（其中村办13所）。2002年农村税费改革后，为适应新情况，"五保"供养服务机构进一步调整、重组。2003年，全市有乡镇和村级敬老院16所，拥有床位414张，在院集中供养"五保"对象257人，平均实际供养标准每人每年2182元。2004年，全市重点实施新集镇、大仪镇、谢集镇敬老院改、扩建工程，其中新集镇敬老院建成500平方米公寓楼、500平方米综合楼和300平方米食堂。2006年，全市共有敬老院16所（其中村办5所），拥有各类用房357间，床位615张，总建筑面积1.2万平方米，集中供养"五保"对象615人，集中供养率21.11%，平均实际供养标准每人每年2300元。随着地方经济不断发展，2007年，市政府以乡镇为单位，强力推进全市敬老院建设。2008年4月，举行全市敬老院集中开工仪式，拉开敬老院建设新发展序幕。是年，市政府进一步提高农村"五保"供养标准，每人每年3200元。2009年，市政府继续提高全市农村"五保"供养标准，每人每年3610元。2010年，市民政局争取部分省补资金，帮助农村敬老院完善附属设施和消防设施。2008~2012年的5年里，全市共投入1亿多元，新（改、扩）建10所敬老院，其中单院一次性投资2000万元以上的2所、1000万元以上的4所、600万元以上的4所。全市敬老院新增占地面积7.9992平方米，新增建筑面积3万平方米，新增床位1500张。在完善基础设施的同时，推进配套设施建设，按照"布局合理、设施配套、功能完善、管理规范"的要求，在敬老院建立"五室、两间、一房、一厅、一所"（活动室、办公室、医务室、值班室、储藏室，室内卫生间、洗澡间，厨房，餐厅，公共厕所）。2012年，市民政局对敬老院消防设施进行改造，安装火警系统，配备灭火器、应急疏散标志、应急照明灯等，共完成10所农村敬老院消防改造工程。

（二）敬老院管理

人事管理 1958年，敬老院管理人员由生产队统一指派。1960年代，乡镇敬老院院长由乡镇政府指派。1984年后，乡镇敬老院院长主要由乡镇聘任。1990年代后，敬老院院长任用逐步制度化、规范化。2011年，市民政局研究确定改变以往敬老院非事业、非法人的性质，明确敬老院事业单位，法人性质。

资金管理 1980年代，"五保"供养金采取乡镇统筹、分级负担的办法，集中供养的"五保"户经费，从村、组合作经济组织统筹的公益金中提取。2012年起，建立"五保"供养资金定比负担机制，集中供养金由市、镇财政按7∶3比例负担，由市财政、民政部门按季度下达经费指标。市财政每年安排60万元用于管理工作"以奖代补"，市民政局每年从福彩公益金中安排50万元用于工作补助，市慈善总会每年安排20万元用于日常管理补助，镇财政对供养对象供养经费兜底负担，保证敬老院正常有序运转。继续鼓励发展院办经济，增加敬老院经济收入，增强供养实力。平均每所敬老院辟有2亩以上蔬菜种植基地，建有生猪饲养场所，年出栏生猪10头左右。各敬老院还探索社会化养老新路子，其中枣林湾敬老院面向社会寄养老人22人，年寄养收入24万元左右。

医疗丧葬 2009年制定《仪征市城乡医疗救助暂行办法》，将所有"五保"老人纳入医疗救助保障范围，敬老院与镇卫生院建立院医挂钩制度，卫生院为"五保"对象建立健康档案，及时安排上门就诊。供养对象生病住院，通过新型农村合作医疗报销后，剩余自负部分由民政医疗救助全部予以报销。供养对象去世后，市财政最高免除1200元火化费，各镇（办事处）安排2000元左右用于丧葬补助。

日常管理 供养对象纳入全市普惠制节日慰问范围，春节前每人领取不低于300元慰问金；由敬老院筹措资金，每月发给在院对象不低于30元的零花钱；建立敬老院长期结对帮扶机制，企事业单位和社会团体定期上门送衣、捐物，帮助打扫卫生；与农村"五保"和社会保障、福利政策衔接配套，符合条件的对象每人每月领取70元基础养老保险金，80岁以上老人定期领取尊老金。

1991年，有10所敬老院被评为文明敬老院。2005年，市政府将"五保"集中供养列入乡镇物质文明建设考核指标。2008年，市政府对乡镇敬老院建设情况进行专项督查，制定《敬老院规范化创建考核办法》，举办敬老院观摩活动，对院长工作成效进行评估。截至2012年，全市10所敬老院有3所被省民政厅评为"江苏省示范性养老机构"和"省文明敬老院"。

1958~2012部分年份仪征城乡敬老院建设情况统计表

表8-2

年　份	敬老院个数（所）	集中供养人数（人）	床位（张）	总建筑面积（平方米）	集中供养率（%）
1958	18	390	395	—	—
1964	1	33	40	—	—
1984	19	194	200	2700	—
1988	27	79	89	—	4.7
1989	36	149	202	—	7.1
1991	36	265	270	—	13
2003	16	257	414	—	—
2005	15	582	590	19598	20
2006	16	525	615	20844	18
2007	18	1715	1715	35250	62
2008	12	1795	1902	49850	80.20
2009	12	1921	2026	51250	75
2010	11	2004	2068	51852	79.80
2011	11	1811	2258	55933	71
2012	10	2141	2505	58964	81

第二节　城镇“三无”老人保障与孤儿养育

一、城镇“三无”老人保障

仪征解放初期，县政府接收救济院，收容对象明确为社会“三无”（无依无靠、无劳动力、无生活来源）人员和弃婴。1958年农村成立人民公社后，改为只收养城镇三无人员和弃婴。1961年，救济院改为社会福利院，1965年停办。从解放初至1965年，救济院累计收养社会“三无”人员370人。1970年代起，城镇“三无”老人一直享有生活定补。

2012年4月，市政府办公室印发《仪征市城镇“三无”老人保障暂行办法》的通知，全市城镇“三无”老人生活更有保障。当年全市33个城镇“三无”老人，每人一年可领取1.066万元保障金。全年共发放保障金35.178万元。当年起，按照仪征上年度城镇居民人均可支配收入45%的比例为标准，领取当年供养金。

二、孤儿养育

市政府决定，2010年8月起，在全市建立孤儿供养福利制度，并对养育对象、标准、方法和要求作出明确规定：养育对象为仪征市户籍，未满18周岁，父母双亡，又无直系亲属抚养（在敬老院养育）或直系亲属无抚养能力的（社会散养）的孤儿；或者被收养，但养父母均死亡，以及被单亲收养，而养父或养母死亡的孤儿。养育标准按照省民政厅、财政厅制定的最低养育标准执行：机构养育的每人每月1000元，社会散居的每人每月600元，养育资金全部由市财政负担。养育方式分机构供养、分散供养和慈善总会救助三种。养育要求是实行动态管理。依法被收养的孤儿自收养之日起停发养育金；孤儿成年后具有劳动能力和完全民事行为能力的，在校学生则继续给予孤儿供养福利，非在校学生则一次性发给个人6个月孤儿供养福利补贴，不再属于政府孤儿供养福利保障范围；孤儿成年后不具备劳动能力或限制行为能力的，城市按低保对象、农村按五保对象供养政策规定妥善安置。建立健全台账资料，按照档案管理制度要求，建立孤儿档案，“一人一档”。各乡镇、办事处民政办与孤儿监护人（孤儿亲属或敬老院）签订协议，确保养育金用于孤儿的伙食、服装、被褥、日常用品费及教育、医疗、康复费支出，不挪作他用。协议报送市民政局备案。

2010年，全市共有孤儿79人，2011年有孤儿118人。2012年有孤儿109人。其中由政府机构养育的22人，慈善总会机构养育的87人。2010年，机构养育标准每人每月1000元，分散养育标准每人每月600元。2011年，机构养育标准每人每月1100元，分散养育标准每人每月660元。2012年，机构养育标准每人每月1300元，分散养育标准每人每月780元。

第三节 福利企业

一、企业概况

1952年，真州镇模范军属王国璘组织无职业的烈、军属开展生产自救，县民政科支持230万元（旧币），购买3台木制摇绳机，在大码头河西街成立摇麻绳小组。1952年，县政府对无业、无家可归的游民进行收容改造，成立游民改造所。1954年，游民改造所停办，14名年龄较大，无家可归的游民，寄养在生产教养院，县民政科组织他们学习柳编织技术，帮助他们维持生活。随着形势发展需要，县民政科以教养院为基地，组织他们成立编织组，自找原料，自产自销。其时编织组有生产人员三四十人。这是仪征福利企业的雏形。1956年，确立编织组为社会福利性质。县民政科商请县供销社支持，将其产、供、销列入国家计划。编织组生产逐步得到发展，品种增多，从单一摇麻绳，发展到穿棕棚床、扎笆斗、编藤椅、柳箱等，在扬州市国庆路设立藤柳器门市部。1957年12月，编织组从教养院分出，成立仪征县烈、军属、贫民生产合作社，1958年5月，改棚绳藤柳器编织厂为大集体性质，有厂房4450平方米，其中生产用房1600平方米。当年又增加淀粉、绒花、布鞋、粉笔、副食品等项目，工人增加到161人，年产值11万多元，固定资产6.5万元，流动资金7万元。1959年经整顿定型，编织厂改为社会福利综合厂，为全民所有制（经营管理、积累分配及工资形式仍维持大集体不变）性质，保留柳器、制鞋、麻绳、绒花、副食品6个项目，工人精减到104人，年产值15.9万元。1960年3月，民政科投资1万元，在刘集白羊山水库兴办综合家禽场，当年养鹅、鸭7000只，养鱼万尾，参加生产劳动的主要是农村残废、复员军人。因缺乏管理经验与物质基础，家禽死亡65%以上，鱼苗全部失收，损失资金6000多元。1961年，贯彻“八字”（调整、巩固、充实、提高）方针，停办白羊山综合家禽场。对县社会福利综合厂作适当调整，精减下放职工17人，将6个生产项目合并为4个车间，年产值12.3万元。此后到1968年，每年产值只在5万~10万元之间徘徊。1968年，社会福利综合厂划属于工业系统，厂房、设备等固定资产全部交给县手工业局。1979年，县革委会决定将真州镇编织厂作价2.01万元，有偿划给县民政局，定名为仪征县福利厂，性质属集体所有制，当年11月接收，时有工人80人，其中“四残”（盲、聋、哑、肢体残缺）人员16人，主要生产芦柴编织品、蚊香、矿烛、甘油、雨伞等，年产值16万元左右。根据市场需要，产品不断调整，先后转产电视天线、饮料，后改名为仪征市果酒厂；1987年年底，实有工人85人，其中“四残”人员占39%，行政管理人员16人，年产值86.3万元，工资总额8.3万元，盈利5万元。

1958年，大办工业时，全县各公社先后创办86家民政福利工厂，生产项目有制绳、造纸、酿酒、磨粉、织席、糊纸盒、缝纫、棉花加工等，参加生产人员2331人，年产值42.3万元。因一哄而上，一时间办得太多太乱，产、供、销矛盾大，民政部门无法妥善管理，在贯彻中央“八字”方针时，先后停办。进入1980年代，各乡镇积极兴办民政福利工厂，主要为“四残”人员及农村贫困户服务。1981年，真州镇办有生产自救性质的福利生产单位11家，参加生产的有162人，其中“四残”人员和救济对象占45.7%，年产值20.5万元，年工资总额3.4万元。1984年，刘集乡首先将乡办毛笔厂改为刘集福利厂，成为全县第一家乡办福利企业。至1987年年底，全市21个乡镇共创办25个乡办福利厂，4个村办福利厂。参加生产的人员1406人，其中“四残”人员681人，占职工总数48.4%，年生产值1798.8万元，利润80.68万元，固定资产515万元，流动资金434万元。1984~1987年共发工资102.4万元，上缴利税7.5万元。1988年，全市新办福利企业11家，达到乡乡都有福利厂。当年，乡镇福利厂得到国家减免税政策照顾，企业经济实力和竞争能力增强，超过100万元产值的企业有10家，年产值3720万元，利润141万元，还向国家缴纳税金14.33万元，新招收残疾人203人就业，就业残疾人增加到851人，占职工总数的30.5%。11月，市社会福利厂（1979年年底成立，隶属县民政局）划属市汽车工业公司。1992年，全市福利企业增至55家。福利企业积极参与市场竞争，发展速度、技改投入和经济效益均突破历史最好水平。当年福利企业总产值6150万元，比1991年增长40.9%；利税479.7万元，比1991年增长26.5%。1994年，新办福利企业55家，全市福利企业达105家，当年福利企业实现产值1.1亿元，首次超过亿元，利税41万元。1998年10月，市社会福利厂重新划归市民政局管理。2002年，全市福利企业销售收入2.8亿元、利税1390万元，比2001年分别增长37.8%和63.5%。其中，仪征市广达非织造有限公司和市天海汽车电线束厂的产值和利税比2001年增长2倍多。2006年，全市有社会福利企业126家，其中市民政局所属福利企业9家、真州镇14家、滨江办事处6家、十二圩办事处5家、新城镇4家、新集镇10家、朴席镇10家、青山镇8家、马集镇10家、刘集镇13家、陈集镇6家、大仪镇16家、谢乡乡12家、月塘乡3家，共安置残疾职工1786人，占职工总数45.8%，年产值9.52亿万元，销售收入9.87亿元，分别比1988年增长24.59倍和26.4倍。其中，市百思德聚酯厂、市中兴涤纶纤维厂产值超亿元；产值超1000万元的企业28家，年利润超百万元的10家，年退税额超100万元的11家。2007年，市民政局抓好福利企业新办与变更，指导企业调整产品结构，促进经济增长。开展福利企业年检和资格重新认定工作，扩大残疾职工招录范围，保障残疾职工合法权益，87家福利企业通过认定，全部为残疾职工办理基本养老、医疗、工伤和失业保险，受益残疾职工1568人，占职工总数的35%，年缴纳保费700多万元。2010年，完成福利企业协会换届工作，严格福利企业认定和增减残疾人变更登记审核工作，新认定福利企业6个，增减变更残疾人登记117人次，新增残疾人就业146人，切实维护残疾职工合法权益。同时推进福利企业改制工作，对61个需要改制的企业按程序完成49个。2011年，新认定福利企业4家，新增残疾人就业249人。2012年，全市有福利企业109家，职工7420人，安排残疾人2259人，占职工总数30.4%，年产值19亿元，销售收入16.63亿元，减免税5700万元。

1988~2012年仪征市福利企业经营情况统计表

表8-3

年份	企业（家）	职工（人）	残疾职工（人）	占职工总数（%）	销售收入（万元）	年份	企业（家）	职工（人）	残疾职工（人）	占职工总数（%）	销售收入（万元）
1988	42	2788	851	30.5	3600.00	1998	111	3487	1420	35.5	14025.00
1989	48	2146	882	41.0	3247.70	1999	112	3533	1440	40.7	15631.00
1990	50	1889	887	46.9	2382.10	2000	109	3694	1528	41.3	15542.00
1991	48	1938	803	41.14	4073.40	2001	113	3700	1571	42.4	16000.00
1992	55	2285	887	38.8	6086.40	2002	96	3407	1363	40.0	28000.00
1993	60	2517	868	34.4	7472.40	2003	92	3248	1310	40.3	49550.00
1994	105	3014	1255	41.6	10100.00	2004	103	3433	1477	43.0	64245.00
1995	110	3154	1287	40.8	15116.50	2005	105	3682	1534	41.6	73240.00
1996	110	3154	1287	40.8	17777.00	2006	126	3894	1786	45.4	98654.00
1997	111	3549	1390	39.1	14400.00	2007	122	5880	2050	35.0	110365

续表8-3

年　份	企业（家）	职工（人）	残疾职工（人）	占职工总数(%)	销售收入（万元）	年　份	企业（家）	职工（人）	残疾职工（人）	占职工总数(%)	销售收入（万元）
2008	96	4850	1920	39.5	131004	2011	114	7858	2331	29.6	186877
2009	107	5638	2145	38.0	152163	2012	109	7420	2259	30.4	166300
2010	112	7625	2260	29.6	176501						

二、企业选介

扬州顺达重工设备有限公司　位于新集镇八桥工业集中区，创办于1989年10月，原名仪征市冷作厂，1999年8月，为民政福利企业。至2012年年末，全厂职工总人数165人，其中残疾人51人，占全厂职工人数的30.9%。公司占地面积5万平方米，具有成套冶金机械设备设计、制造的专业技术能力和完善的质量保证体系，拥有TX6912和TX6916数显落地镗铣床等主要生产设备200多台（套），固定资产总值2719.6万元。主要产品有包罐系列、冶金车辆系列、水冷件系列、炼钢设备、轧钢机、冷床、推钢机、辊道、连铸机及备件等。公司连续多年获银行资信等级AAA级、“重合同、守信用”、扬州市“文明单位”等称号。2012年，实现产值6500万元，销售收入5700万元，实现利税220万元，退税188万元，公司董事长沈剑被仪征市民政局、仪征市福利企业协会表彰为“福利企业管理工作先进个人”。

仪征市润扬机械有限公司　位于新城镇。成立于2004年1月，2008年被列为民政福利企业。该公司主要生产经营润扬牌弹簧、包装钢桶等产品，“润扬”商标为省著名商标，企业为国家级高新技术企业和“重合同，守信用”企业，公司占地2.65万平方米，建筑面积1.8万平方米，拥有固定资产3092万元，属国家中二型规模企业。2012年，该公司有残疾职工76人，占职工总数31%，年产值8200万元、销售收入7500万元、实现利税450万元，退税361万元。

仪征市润扬动力配件有限公司　位于新城镇。成立于1984年1月，1995年兼并民政福利企业市电线电缆厂，并于当年被批准为民政福利企业。2010年成为民营股份制企业。该公司主要生产经营润扬牌活塞环、弹簧、包装钢桶等产品，“润扬”商标省著名商标，国家级高新技术“重合同，守信用”企业，公司占地2.96万平方米，建筑面积1.4万平方米，拥有固定资产3338万元，属国家中二型规模企业。2012年，该公司有残疾职工54人，占职工总数的27.3%，年产值5200万元、销售收入4800万元、实现利税230万元，退税73万元。

仪征市广达非织造布有限公司　位于仪征市石碑路18号。创办于1999年8月，注册资金2000万元。占地面积5.24万平方米，建筑面积3000平方米，主要生产无纺布、防水毯、复合土工膜及其他合成土工材料等，用于江、河、湖、海、公路、铁路、垃圾填埋场项目，销往全国各地。2012年实现产值2800万元，销售收入2500万元、利润22万元、退税73万元。当年，该公司有残疾职工21人，占职工总数26%。

扬州百思德新材料有限公司　位于仪征经济开发区十二圩办事处东侧，成立于2004年，前身为仪征市特种聚配厂，后经过搬迁并改制为扬州百思德新材料有限公司。占地面积3.9万平方米，是专业生产粉末涂料用聚酯树脂的厂家。

该公司于2002年通过ISO 9001质量管理体系认证，2007年通过ISO 14001环境管理体系认证，2010年参加《热固性粉末涂料用饱和聚酯树脂》国家标准制定。2001年被认定为扬州市粉末粉笔料用聚酯树脂工程技术研究中心。该公司获批8件实用新型专利，“百思德”商标被认定为扬州市知名商标。

2012年年末，有残疾职工22人，占全部职工的27%，总资产1.83亿元，创产值1.81亿元，销售收入1.63亿元，利税472万元，退税70万元。

三、市福利企业协会

市福利企业协会第一届理事会成立于2006年3月24日。选举产生会长1名，副会长6名。理事25名。

仪征市福利企业协会二届理事会于2010年10月召开，选举产生会长1人、副会长8人、理事32人。

做好服务、协调工作　协会自成立以来，一方面主动为会员单位服务，另一方面积极做好协调工作，坚持按福利企业政策办事，为企业热情服务。国、地税部门在每年税收任务压力较大的情况下，做到即征即退，帮助企业及时办理退税。配合民政局职能科室开展福利企业年检工作，每年根据扬州市民政局、国税局、地税局文件精神要求，与国、地税部门组成联合工作组，按照企业自查、乡镇初查、年审小组逐个企业实地检查、汇总审核四个阶段，做好年审工作。年审中，坚持福利企业年审“十条标准”，严格把关，做到“三查、三看”：一查企业具体管理情况，企业与残疾职工签订的劳动合同、残疾职工上岗基本设施，看企业是否具有适合残疾职工的工种、岗位，是否具有相应的安全生产条件和劳动防护措施，确保企业依法用工；二查企业残疾职工登记信息和安置残疾职工人数、比例及退减免税等情况，企业缴付残疾职工基本养老保险、医疗保险、失业保险和工伤保险的凭证、残疾职工工资发放清单，看是否足额按月及时交纳和发放，确保残疾职工无后顾之忧；三查企业是否有健全的财务管理制度，看生产、生活环境是否符合国家无障碍设计规划和环保要求，确保残疾职工干得了、留得住。在年审中，年审小组还召开福利企业残疾职工座谈会，了解企业在残疾职工工种安排、工资发放，保险缴纳等方面是否做到严格按照政策要求落实到位，切实保障残疾职工权益。通过年审进一步规范福利企业的监管工作，严肃国家税收政策，维护残疾职工权益，促进福利企业健康发展。

开展调研考察活动　国家对福利企业税收优惠政策进行调整后，协会积极发挥作用，履职尽责。2010年下半年协会主动配合职能科室深入各乡镇开展调研活动，与企业负责人、残疾职工代表举行座谈会，了解企业生产经营状况、面临的困难和问题。先后与20多名企业经营者和部分残疾职工代表进行面对面的座谈交流，听取意见和建议。组织部分企业负责人赴湖南、吉林开展投资考察，为有投资意向的企业家牵线搭桥，为福利企业发展提供新的机遇，参观学习外省市的先进经验做法，促进福利企业发展。通过学习交流，开拓视野，增长知识，学到先进经验和管理理念，进一步激发开拓发展新思路。

维护残疾职工合法权益　针对仪征市福利企业现状，2012年下半年，配合民政职能科室一道对企业进行深入走访，采取听企业情况介绍、召开残疾职工座谈会、发放调查表等形式，了解企业职工特别是残疾职工的权益保障情况。根据调查，结合上级要求，帮助企业对违反用工规定，侵害残疾职工权益的情况，及时给予纠正，并对困难残疾职工给予适当帮助，全市残疾职工权益保障水平逐年提高，残疾职工月人均工资当年达1500元，残疾职工全部参加社会基本养老保险、医疗保险、工伤和失业等五保险，残疾职工的合法权益基本达到保障。每年春节前，协会拿出专项资金，慰问贫困残疾职工，2006~2012年，累计慰问金20多万元。

第四节　慈善事业

一、民国及以前机构与事业

清光绪年间，十二圩、陈集等地天主教堂附设育婴堂，收养弃婴。民国初年，湖南人刘陇溪与中国红十字会接洽，创办十二圩红十字会，争取两淮盐务总栈资助，兴办公益事业。红十字会内设庶务、文牍、医务3个组，计有医护、职员、职工23人。民国初年，县城建有育婴堂。民国17年（1928年），县政府将崇节堂、育婴堂和邑庙产业合并，成立仪征县救济院，初建时设安置、扶孤、育婴、施医、残疾人教养和小本贷款6所，共有房屋80多间，土地4918亩，收养老、幼、残疾人70人。民国37年（1948年）增加到156人，其中孤寡老人52人，残疾人47人，孤儿、弃婴57名。每年还固定补助社会上孤、残人员100~300人。经费来源主要靠土地、房屋出租收入，以后土地房产逐年减少，至解放前夕，被收容人员每人每天供应大米6合（约7市两）。

救济院按乙级编制配备人员，设院长1人，由县政府聘任，总理院务。各所设所长1人，由院长呈请县政府派任。另视收容人员多寡，事务繁简，设干事、管理员、教师、技师若干人，名额由县政府核定，最少8人，最多11人，从组建到仪征解放先后有8任院长。

1928~1949年仪征县救济院长一览表

表8-4

姓　名	任职时间	姓　名	任职时间
孙家谟（即孙绍文）	民国17年七月（1928年）	魏公威	民国32年十月（1943年）
章今墨	不详	张甘亭	民国34年十一月（1945年）
陈天任	民国23年一月（1934年）	赵东木	民国35年十二月（1946年）
王九成	民国26年（1937年）	王　轼	民国38年二月（1949年）

二、新中国成立后机构与事业

县救济院　1949年4月，仪征解放，县人民政府接收救济院，时有员工12人、房屋36间，收养151人。1949年8月进行整顿，裁减多余员工，动员不符合收养条件的人员回家自谋职业，收养人员减少到100人。初期仍靠地租维持，土地改革后，经费由地方财政支付，并更名为县生产教养院，组织其中有劳动能力的人参加编织、种菜等副业生产。初时实行供给制，每人每月供应大米12.5~15公斤，1953年改为工资制，以后分等供应粮食计划，定期发放被服，保证吃、住、穿、用和疾病治疗。从事副业生产的每月还有1.5~3元的奖励。收容对象明确为社会“三无”人员和弃婴，1958年成立人民公社后，改为只收养城镇“三无”人员和弃婴。从仪征解放至1965年，累计收养社会孤老、残疾人370人，弃婴676人。福利院停办后至1987年，社会福利厂继续收容弃婴72人，除死亡13人外，被社会领养39人，送高邮儿童教养院20人。

1949~1965年仪征县福利院负责人一览表

表8-5

姓　名	职　务	任职时间	姓　名	职　务	任职时间
王　轼	副院长	1949.4~1952	赵玉兰	副院长	1956~1963
王玉才	副院长	1949.4~1950	刘子萍	副院长	1962~1965.5
王　琳	副院长	~1950~1951	于春义	党支书	1962~1965.5
金桂元	副院长	1952~1953	朱有亮	副院长	1964~1965.5
赵成德	院　长	1954~1958			

1949~1965仪征县救济院收容情况统计表

表8-6

年份	上年实有数			本年收容数			处理情况					年终实有数			备注
	老残	婴幼儿	小计	老残	婴幼儿	小计	动员回家	社会领养	介绍职业	死亡	小计	老残	婴幼儿	小计	
1949			151	—	—	—	45	—	—	6	51	—	—	100	社会领养栏数字中，送河南陕县61人
1950			100	—	—	—	—	—	10	—	10	—	—	90	
1951			90	3	—	3	—	—	—	—	—	—	—	93	
1952			93	8	—	8	—	—	—	—	—	—	—	101	
1953			101	12	6	18	10	—	—	7	17	82	20	102	

续表8-6

年份	上年实有数			本年收容数			处理情况					年终实有数			备注
	老残	婴幼儿	小计	老残	婴幼儿	小计	动员回家	社会领养	介绍职业	死亡	小计	老残	婴幼儿	小计	
1954			102	4	5	9	—	—	—	—	—	86	25	111	
1955			111	—	—	—	5	3	7	2	17	74	20	94	
1956			94	27	15	42	23	9	6	9	47	72	17	89	
1957			89	43	22	65	35	15	—	6	56	65	33	98	
1958			98	143	40	183	144	14	3	12	173	77	31	108	社会领养栏数字中，送河南陕县61人
1959			108	91	54	145	84	42	—	—	126	84	43	127	
1960			127	—	381	381	195	134	13	72	414	36	58	94	
1961			94	22	96	118	66	16	—	29	111	47	54	101	
1962			101	8	—	8	8	22	1	6	37	41	31	72	
1963			72	4	54	58	11	27	1	27	66	45	19	64	
1964			64	5	1	6	2	4	2	2	10	46	14	60	
1965			60	—	2	2	2	—	—	1	3	43	16	59	

说明：1965年后，县救济院撤销

县（市）红十字会　1959年，仪征县成立红十字会，组成第一届理事会。1962年，换届改选组成第二届理事会。“文化大革命”时期工作中断。1990年恢复红十字会组织，组成第三届理事会。2010年5月，市红十字会管理体制按照“四独立”（机构、编制、经费、办公）的要求，完全理顺，红十字事业有新的发展。2010~2012年，共募集人道救助资金426万元，其中市级管理376万元，镇、办事处管理50万元。2010~2012年，市红十字会共走访慰问特困群体8240人，发放救助物资251.2万元，援建博爱图书馆、博爱卫生室等项目5个，使用资金52.6万元。

市慈善总会　2002年11月，市慈善总会成立，召开第一次会员代表大会，选举产生第一届理事会。第一届理事会理事133人，常务理事85人。2010年9月，召开第二次会员代表大会。选举产生第二届理事会，第二届理事会理事74人，常务理事34人。市慈善总会下设秘书处，负责处理日常事务，各乡镇、办事处成立慈善分会。建立覆盖全市范围的慈善网络。2006年，成立市首家爱心慈善服务中心，接收社会捐赠物资，通过服务中心将生活用品发到困难群众手中。慈善款募捐活动、募捐善款主要方式：发起单位和创始会员筹集创始基金；“慈善一日捐”活动、推广冠名基金、接收定向捐款、开展结对帮扶、组织义卖筹款、在超市宾馆银行等公共场所设立募捐箱，接收群众捐款。自2002年11月至2012年12月，全市共接收善款捐款4056.88万元。募集善款开展8个方面救助项目：1.助医。市慈善总会负责对城乡低保户重大疾病住院治疗、所有尿毒症患者血透、儿童大病、重要器官移植四类人员按一定比例全覆盖救助。乡镇、办事处慈善分会负责对低保边缘户等困难群众重大疾病进行救助。2.助学。向公办大专院校录取的高考新生、宏志班中学生、扶贫家庭学生等寒门学子发放助学金。3.助孤。对全市所有孤儿发放定补，组织孤儿夏令营活动。4.助老。资助市老年公寓、乡镇、办事处敬老院的环境设施建设，夏冬两季给入住老人送去防暑御寒物品，春节发放慰问金。5.助困。对身处困境的城乡居民、困难职工，发放慰问金。对遭遇重大变故的特困人员给予临时救助，对农村危房家庭进行补助。6.助残。对残疾人康复中心建设，残疾人生活困难进行帮助。7.支持公益。对市老年公寓、乡镇、办事处公墓等公益事业进行资助。8.赈灾救急。发动全社会向国家层面及本市范围遭遇自然灾害的受灾群众进行应急救助。2002~2012年慈善救助资金共支出2805.03万元。惠及数万困难群众。

2002~2012年仪征市慈善总会募捐救助慈善资金统计表

表8-7 单位：万元

年份	募集金额	救助金额	年份	募集金额	救助金额
2002-2004	358.59	142.10	2009	480.67	294.18
2005	209.86	122.52	2010	564.36	416.19
2006	207.96	102.95	2011	703.00	457.86
2007	311.46	279.66	2012	805.39	589.58
2008	415.59	399.99	合计	4056.88	2805.03

第五节 福利彩票

1987年12月，仪征市被省确定为扬州市第一批开展社会福利有奖捐赠活动单位。1988年1月，仪征市成立社会福利有奖募捐委员会，开展有奖募捐活动。2000年，福利彩票实行产业化运作，成立社会福利有奖募捐委员会办公室，配备专职管理人员，在城区和乡镇先后设立48个电脑福利彩票投注点。电脑福利彩票销售后，即开型福利彩票一度减少。2004年，市福利彩票有奖销售募捐办公室通过增点扩面，制订优惠政策，进行梯度扶持，稳住销量；加大宣传培训，提升福利品牌，确保增量。全市有投注机34台，新增6台。

1988年，销售即开型彩票40万元，公益金收入14万元。1993~1996年，4年销售即开型彩票854万元，公益金收入216万元。1999年，开展赈灾彩票销售活动，销售彩票1099万元，公益金收入346万元。1998~2006年，全市共发行即开型和电脑型福利有奖募捐彩票6299万元，募集公益金1051万元，其中967.67万元用于公益支出。2007年，通过改革销售管理模式，强化多点布机，抓好规范化建设、加强人员培训、开设“中福在线”销售厅等多项举措，销售福利彩票146.3万元，同比增长65%，超额完成扬州市下达的任务。2008年，销售福利彩票1600万元，超额完成全年任务。2009年，销售福利彩票2388万元，同比增长49.2%，增幅列扬州市前列。同年3月25日，仪征一彩民获“彩色球”一等奖，奖金519万元。这是仪征福利彩票销售以来，第一注500万元以上大奖。2011年，通过加强站点规范化建设、调整绩差站点、抓好人员培训等多项举措，全年共销售福利彩票5567万元，超额完成扬州市下达的4800万元销售任务，与2010年同比增幅达80%，比2009年销量翻一番。2012年，福利彩票销售再创新高，全年共销售6593万元。当年2月6日，仪征一彩民中201213期“双色球”一等奖，获奖金715.37万元。这是仪征电脑彩票销售以来得奖金额最高的一次。

1988~2012年部分年份仪征市福利彩票销售额及公益金收支情况一览表

表8-8 单位：万元

年 份	销 售 额			公益金	
	电脑彩票	即开型彩票	“中福在线”视频彩票	收 入	支 出
1988		40	—	14	0
1989		0	—	0	4.00
1990		240	—	34	1.00
1997		0	—	6	4.00
1998		0	—	0	67.74
1999		1099	—	346	95.40

续表8-8

年份	销售额			公益金	
	电脑彩票	即开型彩票	“中福在线”视频彩票	收入	支出
2000	492	5	—	100	400.00
2001	450	197	—	116	153.77
2002	417	0	—	34	17.00
2003	405	80	—	58	7.60
2004	504	0	—	25	53.70
2005	815	0	—	83	65.00
2006	921	0	—	53	46.80
2007	1092	21	350	63.4	68
2008	1314	192	94	109.9	89.5
2009	2037	351	—	65.2	85.3
2010	2467	605	113	73.1	53.6
2011	3169	700	1698	836.1	835.1
2012	3998	606	1989	729.88	756.03

第九章 地名管理

仪征地名大多是从古沿用至今，但在长期的历史演变过程中变化甚多。特别是在“文化大革命”期间，由于大搞地名一片红，随意更改一些地名，使地名在使用中出现紊乱现象。1980年后，仪征遵照中国地名委员会《全国地名普查若干规定》和省地名委员会《江苏省地名普查补充规定》及相关要求，开展地名普查，实施地名标准化，编辑出版《仪征县地名录》。此后，加强地名更名、命名、标志管理和档案建设。2012年，编辑出版《仪征地名文化》一书，逐步使地名管理工作走上制度化、规范化的轨道。

第一节 地名普查

解放后，仪征地名工作由县政府直接管理。随着社会主义事业的不断发展，仪征的地名变化很大，由于没有专门的地名管理机构，报批手续不够严格，地名变更的随意性较大，地名不规范、不标准的问题比较突出。尤其是“文化大革命”期间，在极“左”思潮的影响下，仪征将许多历史相延、易找好记的老地名，当作“四旧”破除，改为若干“革命化”的地名，诸如“跃进”“大庆”“红旗”“立新”等，在城镇街巷和乡村出现许多重复的地名，给社会交往带来许多不便。1980年7月，根据国务院第二次地名工作会议精神和省人民政府及扬州地区行署统一部署，县政府成立地名普查领导小组，开展全县地名普查工作。县革命委员会副主任臧为民任地名普查领导小组组长，章进、严祖荣任副组长。领导小组下设办公室，章进兼任办公室主任。各公社、场圃相应建立地名普查领导班子，指定一名领导人分管。县政府从各公社抽调313人，从事地名普查工作。1980年8月26日，县革命委员会召开全县地名普查工作会议，县地名普查工作领导小组成员及办公室工作人员、各公社和场圃分管地名普查的负责人、民政科长以及抽调的普查人员等参加会议。会上，地名普查干部学习《全国地名普查若干规定》《国务院关于地名命名、更名的暂行规定》和《江苏省地名普查补充规定》3个文件。会后，对普查人员进行业务培训，明确普查任务和范围，掌握普查的工作方法，然后在全县推开普查工作。

在地名普查工作中，县地名普查领导小组办公室，经常深入到公社、场圃进行业务指导，并以五万分之一地图为基础，进行分级普查。生产大队主要普查公社以下的行政区划名称、自然村名称；公社主要普查包括独立存在的台、站、港、场、名胜古迹、人工建筑物、自然地理实体、街道名称和居民点等。地名普查人员深入公社、大队、生产队，走访老干部、老农民、“本地通”，召开各种座谈会，了解地名的来历、含义。对地名来历、含义的考证有明确的要求，大致分为三类：凡是能查明年代、来历、含义并考证清楚的为第一类；来历含义可以考证清楚，但建立年代不明的为第二类；凡年代、来历含义都不太清楚的为第三类。普查结果，全县有90%以上的地名达到一、二类标准。普查工作从1980年9月开始，到1982年3月结束，前后历时19个月，共普查地名4459条。其中，大队以上行政区划名称280条，自然镇54条，自然村3682条，河流44条，桥梁94条，道路61条，古迹2条，地理实体54条，水库、电灌站、水坝、渡口等188条。

第二节 地名标准化

1982年4月，仪征在做好地名普查工作的基础上，根据《全国地名普查若干规定》《城市街道名称汉语拼音拼写规则》及中国文字改革委员会制订的《汉语拼音方案》,对全县地名进行标准化、规范化处理,为生产大队以上行政区划、居民区、重要的专业部门和企事业单位、名胜古迹、革命纪念地、人工建筑物以及自然地理实体等名称,加注汉语拼音,并在备注栏内,对名称的来历、含义作简要说明。同时,对地形图上的地名进行核对,原来没有名称或含义不妥的,经县人民政府批准予以命名或更名。其中,恢复原有名称和重新命名的大队有39个。结合地名普查,还编写县、社、场文字概况24份,自然地理实体方案资料3份,填写地名卡676张,基本达到文字简洁清楚,地名一个不漏,表卡填注齐全,考证资料、标图位置、字形字意、汉语拼音准确,表、卡、图、文内容一致,并分类立卷归档。在地名普查和地名标准化的基础上,1983年,编辑出版《仪征县地名录》。地名录编入全县各类地名4199条,其中:路12条,街7条,巷14条,自然村3675条,公路23条,桥46条,山18条,江河、沟渠18条;其他地名386条;并对地名的书写形式和准确读音作标准化、规范化的处理。

第三节　地名补查和资料更新

1990年,省地名办制订一系列地名补查和资料更新技术规范,加强对地名补查和资料更新工作的指导,要求以地名普查成果和现存地名档案资料为基础,以各级行政区划及驻地名称、重要自然村镇名称、跨界地名等其他各类主要地名为重点,以地名的书写、汉语拼音、类别、位置、来历含义和演变为信息,进行补查和资料的更新。1991年,市政府印发《关于开展全市地名补查和资料更新工作的通知》,对地名补查和资料更新工作作出部署,组织地名补查和资料更新工作人员进行技术规范的学习与培训,在原地名普查资料基础上,对遗漏的、新增的地名进行补充,对过时的、错误的地名分别进行更新、纠正,最终标绘出《仪征市地名图》。至1992年年末,全市对170多个地名进行补查,对230多个地名资料进行更新。经过地名补查和资料更新工作,仪征地名和实体的情况更详细、更准确,资料的现实性更强。

第四节　地名更名和命名及标志

一、更名

解放后,仪征地名更名主要集中在“文化大革命”中的地名革命化和“文化大革命”后的地名恢复两个时期。1965年4月,谢集公社樊公大队更名为铁坝大队,四庙大队更名为街南大队,丁公大队更名为古塘大队;7月,陈集公社界牌大队更名为高塘大队,白龙大队更名为汪营大队,青莲大队更名为青年大队。“文化大革命”开始后,受当时提出的“破旧立新”口号影响,很多生产大队将队名改成为所谓革命化名称,仅1966年10月,全县更名的生产大队就有29个,分别是:马集公社陈营、张营大队改为爱国、反帝大队;青山公社安山、安墩和官山大队改为新山、胜利和大兴大队;朴席公社天安、青龙大队改为向阳、胜利大队;铜山公社山头、公坝大队改为军民、红光大队;新城公社古都二队、古都一队、冷红、金桥和三将大队,改为东升、越江、跃进、人民和立新大队;刘集公社古井、仓房、管仓、百寿和高彭大队,改为四新、东风、光明、红光和五一大队;龙河公社庙山、官胜和三官大队改为建设、胜利和红光大队;大仪公社千棵、高田大队改为前进、丰收大队;陈集公社界灯大队改为立新大队;月塘公社海会、龙山和龙塘大队改为东风、五一、四新大队;青山蚕桑场圭山大队改为跃进大队。

1979年,国务院〔1979〕305号文件规定,全国县以上名称,一个地区内公社名称,一个县内生产大队名称,不得重名;公社所属生产大队一般按照当地名命名,不得用序数命名。县政府遵照国务院文件精神,于1981年12月印发“关于部分生产大队更名的通知”,要求凡不符合国务院规定精神的生产大队名称，原则上应予以更名。县政府通知下发后，全县各公社、场圃对所属生产大队的名称一一对照，向县政府提出恢复原名或重新命名的报告。经县政府研究并报扬州地区行署批准，下列公社、场圃更名或恢复部分生产大队的名称，特别对“文革”初期的所谓革命化的名称进行更改。

谢集公社：红旗大队恢复为丁公大队，军民大队恢复为四庙大队，团结大队更名为鲍庄大队，东风大队更名为夏营大队，向阳大队恢复为郑营大队，立新大队更名为山北大队。

刘集公社：光明大队恢复为管仓大队，国庆大队更名为盘古大队，五星大队更名为双竹大队，新华大队恢复为刘集大队。

胥浦公社：团结大队恢复为古湄大队，蔬菜一队更名为中桥大队，蔬菜二队更名为甘草大队，蔬菜三队更名为巴庄大队。

古井公社：红光大队恢复为百寿大队，东风大队恢复为仓房大队，五一大队恢复为高彭大队。

青山公社：大兴大队恢复为官山大队，乌山大队更名为支田大队，胜利大队恢复为安墩大队。

龙河公社：胜利大队恢复为官胜大队，红光大队恢复为三官大队，建设大队恢复为庙山大队。

新城公社：跃进大队恢复为冷红大队，立新大队恢复为三将大队，人民大队恢复为金桥大队。

马集公社：反修大队更名为八里大队，金桥大队更名为金营大队。

香沟公社：跃进大队恢复为老坝大队。

陈集公社：红旗大队恢复为双圩大队。

大仪公社：向阳大队恢复为大仪大队。

新集公社：向阳大队恢复为天安大队。

月塘公社：五一大队恢复为青龙山大队。

朴席公社：胜利大队恢复为青龙大队，河北大队更名为隆觉大队。

铜山公社：九里大队更名为拾庄大队。

青山蚕桑场：反修大队恢复为蒋洼大队。

二、命名

20世纪90年代以后，仪征随着城乡建设大规模推进，城镇乡村出现很多路、街、巷、桥和住宅小区等建筑物需要命名。1994年，市政府印发《关于公布市区主要标准地名的通知》，除对市区使用时间较长的人民路、工农路、大庆路和奎光巷等70条主要地名予以公布命名外，要求市区各单位使用地名时，以通知公布的标准地名为准，并规定涉及地名命名的，需报送市地名委员会审定，由市政府批准。

2001年，市地名办对城区路、街、巷、桥、小区的名称及地名文化内涵等情况进行专题调研，形成《关于规范城市地名管理及提高文化内涵的调研报告》，为市政府进行城市规划提供依据。同年，新命名仪征经济开发区内的大连路。

2004年后，市政府命名一批路、桥和住宅小区等地名。2008年，命名道路名3个，分别是：长城路，南起江堤路，北至沿江高等级公路；中化路，南起江堤路，北至沿江高等级公路；龙仪路，东起中侨，西至沿江高等级公路。2009年，命名住宅小区名5个，分别是：佳隆花苑，位于市广达非织造布有限公司西侧，西园北路东侧，石碑路北侧，市金城电力器材有限公司南侧；龙港·人民花苑，位于市大庆北路东侧，解放西路南侧、人民路北侧；万博奥林匹克花园，位于市红叶小区东侧，石桥河路西侧，沿山河东路北侧，上汽汇众客车有限公司南侧；幸福家园，位于真州镇万年村境内，罗庄组东侧、郭庄组西侧、王庄组北侧；和景·印象城，位于石桥河北路东侧，军民路西侧，沿山河东路南侧。

2010年，命名新建住宅小区7个：分别是：“龙港·东城水岸”，位于市石桥河西侧，解放东路北侧；“浦西小区”，位于浦西北路以东，宁通公路以南，胥浦河以西；“御·水岸”，位于市经济开发区闽泰大道与十二圩路交叉口浦新村十圩组境内；“枣林湾生态园”，四至为：东至红光村、西至长山村、南至前进村、北至野山村；“万博·东山家园”，范围为：东至万博花苑、南至香江小学、西至仪仪征化纤东山村、北至仪征化纤东山村；“蓝爵世家”，东至刘集镇刘集村、南至刘集镇华联路、西至刘集镇刘集村农田、北至刘集镇刘集村联盟组；"滨城·春江花月小区"，位于刘集镇东至经一路、南至民房、西至西郊花园、北至新景苑境内。命名新建道路1条，为"浦西东路"，位于市内东起石碑路，西至浦西西路。

2011年，市政府办公室印发《关于进一步加强地名管理工作意见》。市民政局、地名办印发《关于加强住宅区、大型建筑物及道路桥梁等标准地名命名管理的意见》。当年，命名道路地名3条，分别是：江南路，南至七桥村中心路，北至沿江高等级公路；十二圩路，西起仪圩曹线，东至尾帮路；舜天大道，北起沿江高等级公路，南至滨江路。

2012年，命名住宅小区名3个，分别是：翡翠湾，位于闽泰花园北侧，沙河路西侧；万年新村金色家园，位于万年大道以西、万年新村安置房小区以东、华兴生活区以南、万年大罗组以北；滨江二村，位于扬子西路北侧、金斗河东侧、弘桥路南侧、新都河西侧。

三、标志

地名标志的设置是地名工作的组成部分。历史上仪征城区就已经设有地名标志。

解放后至20世纪70年代末，仪征城镇路、街、巷地名标志均由城建部门设置；公路地名标志，由交通部门设置；其他地名标志，因没有明确管理机构，基本很少设置。

80年代初，县地名普查工作结束后，仪征民政局地名办公室陆续在城区和农村主要集镇设置新的路名牌，路名牌框架开始为木质，后更换为水泥，再后又改用不锈钢。2006年，全市开展乡镇地名设标工作，当年完成大仪镇、陈集镇、新集镇、马集镇、青山镇、新城镇53条道路地名标志牌的设置。2008年，全市所有乡镇、办事处地名设标任务基本完成。至2012年年末，全市共设置地名标志9202个，其中，路名标志7398个，街名标志122个，巷名标志98个，桥名标志325个，住宅小区等标志1259个。

第五节　地名档案

1980~1982年，仪征地名普查形成大量的调查统计和文字材料。为使这些地名工作的真实记录和历史数据不致散失，1984年，县地名办公室依据《全国地名档案管理暂行办法》和省地名委员会《江苏省地名档案管理细则》以及有关会议精神，对1980年以来形成的各类地名档案进行清理建档，经整理后，共建立各类地名档案74卷，按其特点和性质，共分为四类：即文书类、地名调查成果类、编辑出版类、科研资料类。其中，文书类39卷，地名调查成果类26卷，另有地名卡片3012张，地名图32幅。各类档案和图都装订成册，编制索引，并制定《地名档案资料管理制度》和《地名档案资料借阅制度》，加强管理。

1991年和1992年，地名补查和资料更新工作中形成的一些新的地名成果材料，市地名办于1993年整理档案11卷，予以归档。

2004~2005年，根据省民政厅要求，市地名办对全市行政区、群众自治组织、居民点、单位、建筑物、道路、河流、湖泊、旅游景点、山峰、山脉等地名信息资料进行收集、整理、录入，完善地名数据信息系统，充实地名数据库，并印制"仪征地名信息报表"。2006年，整理和归档地名档案材料2卷。2007年起，仪征地名办公室明确专人负责地名档案管理工作，及时提供咨询服务，并不断充实地名档案资料。

第六节　地名实录

一、1983年《仪征县地名录》

1983年，仪征县地名办公室以地名普查资料为基础，通过对地名标准化和规范化处理后，编辑出版发行《仪征县地名录》。这是一本以“录”为主的标准地名资料工具书，内容收录分为“仪征县地名图”“仪征县概况”“标准地名录”（包括以镇、公社、矿区、场为单位的概况及其城镇居民地和各大队的自然村的标准名称，有地名意义的专业部门和企业单位名称，古迹、革命纪念地和人工建筑物名称，自然地理实体名称等4个方面的标准地名）“图片”“标准化地名命名、更名通知和有关文件”“地名汉字首字笔画索引”等6大部分，共编入各类地名4199条，其中：路12条，街7条，巷14条，自然村3675条，公路23条，桥46条，山18条，江河、沟渠18条，其他地名386条。

二、2012年《仪征市地名录》

2011年，市民政局组织文史工作者对仪征现存和消失的地名进行调查、研究和梳理，探讨地名的来源，追溯地名形成的历史故事，搜集流传于民间的地名传说，挖掘淹没在地方志书中一些历史文化遗迹、园林、街巷、路桥等具有深厚历史文化内涵的地物名称，并将行政区划内的镇、村、村民小组和办事处的名称全部搜齐，于2012年年底，编辑出版《仪征地名文化》一书。该书分地名探源、地名史话、地名传说、地名拾趣、地名词典和地名实录6辑。地名实录部分包括所辖9个镇、2个办事处，53个社区、137个村、5个场圃，48个居民小组、3560个村民小组，以及全市15座山、19条河流、32条公路、12座桥梁、13个水库、19道涵闸，城区28条道路、20座桥梁、116条巷的地名实录，分类记录如下：

（一）政区地名

1.真州镇

社区名称　城北社区、红叶社区、鼓楼社区、大市社区、天宁社区、勤丰社区、阳光社区、梓橦社区、东园社区、弘桥社区、奎楼社区、城南社区、万博社区、嘉禾社区、沿河社区、东山社区、浦西社区、浦东社区、白沙社区、迎江社区、新村社区、佐安社区、三八社区、万年社区、先进社区。

村、村民小组名称　五一村：陈庄组、新河组、城东组、奎楼组、佘庄组、三元组、罗元组、马元组、联合组、文墩组、五星组、合兴组、五一组。

茶蓬村：韩庄组、杨庄组、金庄组、双合组、王北组、孟北组、王南组、包庄组、前王组、后王组、对过组、东头组、孙营组、上包组、袁营组、近楼组、大耿组、小耿组、聂巷组、三合组、永华组、永楼组、周西组、周东组、长山头组、陈庄组、樊东组、樊西组、葛庄组、后费组、牌北组、牌楼组、牌南组、前费组、上庄组、谈庄组、洼东组、洼西组、湘北组、湘南组、徐营组、上张组、下张组、霍营组、张庄组、孟南组、严庄组、忠营组、赵营组。

永庆村：菜湖池组、祠堂组、冯营组、光明组、花园组、利民组、联合组、钱营组、秦庄组、童子桥组、下营组、红叶组、永和组、永久组、中营组、陈营、大桥、龙王塘、一心、大赵、小赵、李洼、小庄

三八村：长尹组、金庄组、钱湾组、上周组、先进组、陈庄组、李营组、秦营组、上庄组、杨营组、裘庄组、单庄组、林庄组、谈营组、跃进组、范庄组、刘庄组、三八组、张营组、王庄组、高照组、路北组、三棵组、吴洼组、中周组、高庄组、周庄组、路南组、山南组、吴庄组、郭营组、农科组、山西组、下周组、农林组；先锋、工农、戴营。

万年村：曹庄组、王庄组、大罗组、五龙组、五星组、前扬组；桥头、欧庄、杜庄、陈庄、时庄、年庄、郭庄、梅套、蒋庄、中心、万年、张庄、侯庄。

先进村：车庄组、钱庄组、荷叶组、唐庄组、后徐组、中徐组、立新组、马营组、毛桥组、前徐组；浦西一组，浦西二组、新园小区、钱庄小街道。

佐安村：杜陈组、十东组、张营组、时营组、杜营组、赵墩组、杜庄组、先锋组、周庄组、廿里组、严徐组、张东组、高桥组、严庄组、贾冲组、孔庄组、张西组；宋庄、戴庄、十西、邹庄、柳庄、马陶、杜一、曹巷。

长江村：西红旗组、杜庄组、先进组、东红旗组、中心组、方庄组、金庄组、郭庄组、东柳组、红星组、帅庄组、德庄组、金斗组、古新组、王庄组、孟庄组、跃进组、西柳组、太兴组、长江组、新都组、新元组、

同心组、林业组、潘庄组、友谊组、桃元组、边江组、新桥组。

2.青山镇

社区名称 龙山社区、中兴社区、河口社区、沿江社区、中桥社区、巴庄社区、甘草社区。其中，中桥社区有12个组：中桥、高塘、杜二、杜庄、姜林、魏庄、彭庄、喻庄、牛营、王庄、沈庄、娄庄；巴庄社区有12个组：前陈、南徐、吴庄、赵庄、朱营、佘营、黄泥、后陈、陈营、张庄、王庄、巴庄；甘草社区有14个组：黄庄、周庄、贺营、赵山、左山、陈冲、刘陈、谈营、七星、西王、半部、李山、徐一、徐二。

场圃名称 蚕种场。

居民小组名称 一组、二组、三组、毛竹队。

村、村民小组名称 肖山村：胡庄组、蔡庄组、彭庄组、赵庄组、山西组、小彭组、肖南组、肖北组、高庄组、大塘组、李庄组、张庄组、上刘组、宋庄组、侯东组、侯西组、柳东组、柳西组、邹庄组。

农歌村：黄庄组、农歌组、后刘组、刘东组、刘西组、潘庄组、邹营组、王庄组、陆庄组、朱庄组、大彭组、小彭组、文庄组、刘组庄、果园组、秦场组、高扬组、金庄组、一心组、合心组、白果组、新联组、同心组、新洲组、新安组。

滨江村：陆庄组、高庄组、邓庄组、孙庄组、陶庄组、陈圩组、港口组、支庄组、张庄组、谢庄组、邵庄组、李营组、大圩组。

沙洲村：汪庄组、徐林组、李林组、邹林组、新庄组、曹庄组、高庄组、宋庄组、沙洲组。

沙窝村：东风组、陈营组、周庄组、李庄组、长江组、支湾组、沈集组、中庄组、赵庄组、玉丰组、时庄组。

团结村：红旗组、陡山组、陈庄组、吴庄组、衙门组、马场组、东庄组、下余组、上余组、西庄组、六圩组、青山组、王庄组。

砖井村：周庄组、井西组、陶庄组、丁庄组、杨庄组、赵跳组、殷庄组、赵庄组、大王组、柏树组、先进组、潘庄组、中庄组、团结组、一组组、二组组、三组组、四组组、五组组。

官山村：张营组、大兴组、陈营组、大罗田组、李家组、上张组、小罗田组、朱洼组、联盟组、联合组、支田组、小口组、秦庄组。

跃进村：周洼组、周庄组、金庄组、刘洼组、跃进组、姑田组、黄庄组、许洼组、赵一组、赵二组、王洼组、支田组、经洼组、大营组、小营组、侯营组、侯庄组。

3.新集镇

社区名称 新集街道社区。

村、村民小组名称 八桥村：蔡桥组、新村组、杭庄组、缪庄组、和平组、董庄组、丰产组、邱庄组、团结组、徐马组、裴庄组、友好组、古北组、北农科组、南农科组、新丰组、沈庄组、东风组、许庄组、新河组、前进组、红旗组、冯庄组、朱庄组、丁巷组、立新组、张庄组、陈庄组、金庄组、邗头组、勤丰组、宋庄组、周庄组、钟庄组、跃进组。

方桥村：居庄组、联合组、大王庄组、五星组、和平组、洪沟组、蔡巷组、王庄组、阚庄组、阚桥组、蒋庄组、徐庄组、千斤组、洪桥组、王桥组、包庄组、小王庄组、刘庄组、郭桥组、李庄组、花园组、洪庄组、鸦圩组、戴圩组、勤丰组、联爱组、高庄组、周庄组、管庄组、鸦庄组、小高庄组。

光明村：周巷组、龙华组、阚桥组、新华组、裴巷组、高巷组、沙田组、周庄组、新龙组、安庄组、余庄组、龙民组、汪庄组、牌楼组、红星组、新村组、张坝组、炕坊组、东先锋组、王庄组、西先锋组、钟庄组、龙飞组、史巷组、陆桥组、碾坊组、农科组、永红组、新民组、龙中组、龙星组。

花园村：花园组、扣庄组、徐庄组、四新组、李庄组、跃进组、东风组、利华组、张庄组、高二组、娄庄组、高三组、唐庄组、大马组、高一组、先进组、阚庄组、谢庄组。

新集村：邱庄组、蔡桥组、徐庄组、联合组、农科组、陆庄组、后营组、胜利组、东新组、王庄组、冯庄组、陈庄组、毛营组、先锋组、樟木组、洪圩组、秦庄组、新集组、孙庄组、联盟组、光明组、建设组、高峰组、团结组。

天安村:印庄组、青年组、马庄组、农科组、土坊组、团结组、毛圩组、刘庄组、向阳组、金庄组、和平组、蔡庄组、张庄组、金桥组、高冯组、联合组、洪庄组、聂桥组、陈庄组、南炕坊组、汪庄组、周庄组、夏庄组、北炕坊组、友谊组、刁庄组、耿庄组。

联盟村:管桥组、民主组、高庄组、跃进组、东庄组、团西组、竹园组、大圩组、友爱组、四民组、增产组、先进组、许巷组、陈庄组、万庄组、益民组、徐庄组 、一组、红旗组、蔡庄组、四联组、先锋组。

李营村:孙庄组、陶庄组、中心组、戴庄组、东营组、陆庄组、丰产组、赵庄组、合兴组、西营组、孙东组、潘庄组、朱东组、郭庄组、王庄组、潘营组、李西组、潘东组、刘庄组、张庄组、李庄组、增产组、朱庄组、青年组、姜庄组、朱营组、前进组、杨圩组、曹庄组、农科组、孙西组、和平组、鸦巷组、光荣组、红旗组。

江宁村:江宁组、下贾组、林业组、周庄组、八西组、江庄组、翰林组、黄巷组、梅庄组、八东组、谢南组、王坝组、林巷组、郭山组、黄庄组、谢北组、友爱组、凌塘组、碾坊组、杭庄组、胡庄组、庙东组、新桥组、刘庄组、小羊组、冯庄组、庙西组、金田组、邢庄组、江南组、上贾组、和平组、潘庄组、龙山组、江北组。

庙山村:张集组、邱庄组、赵庄组、秦北组、秦营组、后组、谈庄组、李庄组、肖庄组、刘南组、上营组、刘庄组、王庄组、杨庄组、刘北组、下营组、高庄组、过庄组、庙山组、上西组、林业组、团山组、赵庄组、韩坝组、上东组、杨南组、上洼组、张庄组、下庙组、下东组、杨北组、下洼组、朱庄组、秦南组、下西组、前组。

国庆村:西营组、前庄组、阚巷组、北庄组、秦庄组、螃蟹组、金联组、凌山组、幸福组、庙庄组、胡庄组、许庄组、龙王组、张庄组、东庄组、李庄组、陈营组、赵庄组、李营组、仓房组、青年组、孔庄组、卞庄组。

长春村:秦庄组、东营组、西山组、夏北组、西一组、许庄组、刘营组、东梁组、夏南组、阚庄组、双塘组、兰桥组、高庄组、团结组、东庄组、金冲组、李庄组、农科组、马庄组、郑北组、史庄组、前西组、高西组、牛西组、郑南组、中营组、前东组、高东组、牛东组、山头组、西营组、后营组、杨庄组、西二组。

凌东村:前庄组、桥南组、林坎组、李山组、梁庄组、凌桥组、黄庄组、牛西组、西一组、林业组、张庄组、牛东组、西二组、上营组、任庄组、丰收组、张营组、下营组、徐庄组、高山组、上周组、小任组、大任组、张东组、下周组。

4.新城镇

社区名称 新城街道社区、太平社区。

村、村民小组名称 桃坞村:七一组、东周组、孔庄组、常庄组、杨庄组、龙窝组、联盟组、曹庄组、戴庄组、丁庄组、庆庄组、姜庄组、薛庄组、元庄组、李庄组、永庄组、小于组、麻庄组、小营组、新民组、唐庄组、大于组、赵庄组、黄营组、黄庄组、西周组、陈庄组、农科组、凡庄组、睢庄组、荷花组、蔡庄组、徐庄组、童庄组、夏庄组。

新北村:河边组、后双组、金庄组、居一组、双塘组、董庄组、宝塔组、前双组、章庄组、孙庄组、唐庄组、老薛组、姜庄组、顾庄组、联合组、周庄组、陈庄组、方庄组、居二组、赵庄组、小薛组。

林果村:朱庄组、吴庄组、东营组、张营组、王庄组、李庄组、大吴组、张塘组、金庄组、大圩组、一心组、同心组、金圩组、大刘组、新沟组、陶庄组、贾营组、长沟组、团结组、龙河组、先进组、宋营组、和平组、北山组、赵庄组、西营组、胜利组、韩塘组、张庄组。

新华村:周庄组、劳动组、张庄组、姜西组、余营组、姜东组、徐庄组、后庄组、松柏组、郭庄组、陈庄组、前庄组、毛庄组、包庄组。

郁桥村：郁庄组、刘庄组、万庄组、薛庄组、尚庄组、小庄组、姚庄组、屠庄组、乔营组、吕庄组、周庄组、郑东组、史营组、范庄组、郑西组、李营组、张文组、汪庄组、高庄组。

三将村：太平组、邓营组、沿河组、董庄组、石桥组、绣花组、陈庄组、刘河组、尤庄组、严庄组、蔡庄组、甘露组、张庄组、居庄组、蒋营组、磨坊组、徐庄组、汪庄组、农科组、杨庄组、中庄组、马庄组、林业组、花园组、砖桥组、本庄组、曹庄组、王洼组、杨沟组、王庄组、亭庄组。

冷红村：竹园组、小王组、罗庄组、花二组、董庄组、周庄组、小楼组、楼庄组、侯马组、大朱组、周纪组、小成组、睢庄组、桂一组、大王组、张尹组、汪庄组、旧港组、桂二组、大楼组、杨庄组、陶庄组、黄庄组、高涵组、大成组、徐马组、石庄组、花园组、方庄组、北海组、肖庄组、碾坊组、花一组、二尤组。

三茅村：上营组、永三组、孙庄组、秦南组、秦北组、猪场组、永二组、三茅组、北梁组、朱庄组、肖庄组、人一组、丁庄组、中组、小营组、人五组、和平组、赵庄组、下营组、人四组、后组、占庄组、王庄组、人三组、基庄组、永一组、团结组、人二组、农科组。

官胜村：胜利组、吴庄组、李山组、下庄组、大王组、南头组、许井组、秦庄组、上营组、北头组、徐庄组、官塘组、中营组、胡营组、前进组、刘庄组、利民组、下营组、赵庄组、郭庄组、先锋组、韩庄组、青年组、高庄组、潘庄组、张庄组、范庄组。

凌桥村：友一组、对过组、东组、东营组、曹山组、沙田组、友二组、前朱组、西组、先进组、松元组、潘东组、友三组、郭庄组、胡墩组、赵庄组、曹庄组、潘西组、友四组、山头组、胡庄组、陈庄组、柳沟组、小任组、后朱组、张东组、河北组、陆庄组、孔庄组、刘庄组、张西组、洪庄组、团结组、姜庄组、小庄组、南庄组、夏营组、西营组。

丁冲村：赵一组、西营二组、前营组、东街组、赵二组、西街组、后营组、丁冲组、张庄组、王一组、红旗组、长塘组、夏西组、王二组、河西组、北沙田组、夏东组、山西组、河南组、西营一组、东营组、山东组、高场组、西营三组、沙田组。

马坝村：庞营组、王西组、顾周组、糜营组、三官组、百姓组、夏西组、田营组、王东组、马下组、赵山组、庙一组、百二组、夏东组、周庄组、刘一组、马上组、臧西组、庙二组、坝南组、孔庄组、周一组、刘二组、马营组、臧东组、红旗组、朱庄组、周二组、金一组、戚三组、王庄组、朱山组、河坝组、徐营组、金三组、戚二组、瓦房组、高庄组、余营组、魏庄组、金二组、戚一组、孙庄组、百一组、碾坊组。

周营村：下王组、一组、塘田组、河西组、金莲组、鸭赵组、水竹组、高庄组、顾庄组、小基营组、潘庄组、二组、祝庄组、王西组、龙埂组、曹庄组、周营组、王东组、联合组、赵庄组、汪庄组、老营组、上王组、团结组、老基营组。

5.马集镇

社区名称　马集街道社区。

居民小组名称　马集组、跃进组、刘广组、贾庄组、胡庄组。

村、村民小组名称　岔镇村：老虎组、陈庄组、大姜营组、王庄组、草房组、光明组、李庄组、齐营组、臧营组、李庄组、前进组、周营组、上庄组、赵庄组、西营组、解营组、联合组、谢营组、八里组、大营组、赵庄组、联盟组、华北组、九里组、兴一组、农科组、中营组、华南组、农科组、兴二组、岔镇组、烟炕组、张庄组、小姜营组、解庄组、团结组、顺兴组。

合心村：林业组、陈庄组、三塘组、前进组、下庄组、瓦屋组、丁营组、华岗组、西桥组、魏洼组、铜山组、夏营组、农科组、伏西组、刘营组、伏中组、塘西组、魏营组、中心组、工农组、石山组、桥东组、魏庄组、跃进组、草房组、伏东组、先进组。

蔡湖村：和平组、瓦东组、刘岗组、板南组、牌楼组、瓦西组、关塘组、板北组、中心组、蒋东组、卞东组、板桥组、高营组、蒋西组、卞西组、义和组、陈庄组、合心组、关心组、农科组、蔡一组、老营组、朱庄组、蔡二组、新庄组、小营组。

爱国村：爱国组、邱营组、西洼组、山头组、冯庄组、康营组、赵庄组、江塘组、余兴组、前康组、上洼组、下洼组、赵营组、赵东组、王庄组、潘庄组、团结组、老虎组、农科组、刘庄组、周庄组、东洼组、先进组、刘营组、蔡庄组。

新民村：关刀组、吴庄组、薛庄组、孙营组、上余组、杨庄组、太平组、联合组、杨巷组、后营组、下余组、夏庄组、叶庄组、涂庄组、桥北组、前营组、梁庄组、赵一组、宣庄组、赵洪组、杜庄组、曹山组、赵二组、费营组、张营组、蔡庄组、黄营组、苏庄组、青年组、蔡西组、后庄组、开明组 、姚东组、街道。

秦桥村：桥中组、阚庄组、韩庄组、基庄组、余营组、周庄组、姚南组、团结组、邱营组、曹营组、周营组、光明组、杜营组、孔庄二组、邱庄组、周南组、马营组、洪庄组、周北组、王庄组、塘田组、赵庄一组、吕庄组、合心组、孔庄一组、秦东组、中心组、华庄组、姚中组、秦西组、李营组、赵庄二组。

恒华村：新一组、万庄组、联合组、汪庄组、同意组、夏营组、新二组、沟南组、陈庄组、朱西组、中心组、新三组、沟北组、上庄组、朱庄组、孙庄组、新四组、张一组、胡庄组、赵西组、王营组、山头组、张二组、万营组、夏营组、张庄组、革命组、张一组、孙营组、秦营组、山坎组、潘桥组、焦营组、杨营组、基庄组、薛庄组。

金营村：金桥组、孔庄组、赵庄组、新胜组、卢营组、焦东组、胥营组、周巷组、周庄组、李庄组、四一组、胜利组、朱赵庄组、朱洼组、华塝组、孙庄组、朱庄组、跃进组、焦西组、夏营组。

方营村：方营组、韩营组、大鲍组、合兴组、董庄组、团结组、林业组、万庄组、卢庄组、改营组、余庄组、建设组、陈营组、殷庄组、联合组、陶庄组、李庄组、王营组、马庄组、吴庄组。

6.刘集镇

社区名称 刘集街道社区、古井街道社区。

村、村民小组名称 刘集村：汤庄组、同心组、太平组、红旗组、劳动组、唐庄组、胡营组、刘营组、联盟组、新华组、码头组、李庄组、双竹组、冯庄组、谢庄组、北庄组、下庄组、徐庄组、占庄组、孔庄组、吴庄组、上巷组、下巷组、小李组、先锋组、跃进组、赵庄组、陈庄组、骆庄组、胜利组、青年组。

建军村：东庄组、陶庄组、前一组、前二组、五条组、北巷组、翁庄组、同心组、后队组、碾坊组、李窑组、张洼组、王庄组、陈庄组、洪庄组、汤窑组、李庄组、杨巷组、小杨组、朱井组、松元组、江庄组、杨洼组、梅庄组、何营组、荷叶组、谢庙组、束庄组、贾庄组。

联营村：肖营组、尚庄组、碾头组、詹营组、全心组、全东组、银珠组、联合组、赵营组、四新组、军田组、杨池组、联营组、魏庄组、八一组、中心组、光明组、光华组、前进组、仓房组、俞桥组、经庄组、徐桥组。

盘古村：何庄组、李庄组、徐庄组、卞庄组、娄庄组、凌庄组、郭庄组、高庄组、尹庄组、黄楝组、关塘组、丁巷组、代巷组、盘古组、下庄组、团结组、户庄组、王巷组、南庄组、专业组、耿庄组。

黄营村：黄营组、魏东组、魏西组、国甫组、小陶庄组、菜场组、下庄组、上庄组、大山组、坝北组、坝南组、安平组、瓦屋组、南庄组、桑庄组、祁庄组、街西组、岗庙组、孔庄组、甫营组、五星组、陆庄组。

联合村：旗杆组、小卞组、葫芦组、武庄组、姚山组、埂姚组、师菇田组、团南组、姚庄组、光荣组、吕东组、联合组、上邬组、下邬组、十房组、东风组、上李组、下李组、大卞组、洪庄组、仓房组、吕庄组、中心组、林业组、汤巷组、梅庄组。

夏窑村：刘一组、刘二组、刘四组、史庄组、洪庄组、支洼组、徐庄组、前窑组、窑东组、窑西组、夏窑组、秦庄组、宣湾组、束庄组、陈庄组、马鞍组、村下组、村上组、潘庄组、林庄组、林洼组、季庄组、陡山组、林叶组。

白羊村：光华组、团结组、周庄组、红旗组、先锋组、胜利组、邱庄组、联盟组、工农组、友好组、友爱组、和平组、先进组、跃进组、光明组、光荣组、斗山组、红星组、刘庄组、兰桥组、阚庄组、村庄组、粉坊组、上营组、徐庄组、张庄组、任庄组、洪巷组、朱庄组、谈庄组、窦庄组、高庄组、王巷组、潘庄组、巷南组、巷北组、灯庄组。

古井村：朱庄组、菜队组、元井组、曹庄组、东冲组、余岗组、徐庄组、顾庄组、段庄组、汪庄组、南吴庄组、卜庄组、下束组、上束组、李庄组、高庄组、北殷庄组、南王庄组、周庄组、尚庄组、西冲组、北吴庄组、许庄组、农科组、窑庄组、强庄组、罗庄组、郑庄组、胡庄组、太平组、巫庄组、陈庄组、詹庄组、杜庄组、仓墩组、南殷庄组、束庄组、元巷组、古井组、北王庄组。

利民村：九间组、林东组、林西组、上林组、林庄组、利民组、连心组、刘庄组、花园组、塘坝组、新村组、赵庄组、牌坊组、南营组、吉利组、同心组、吉农组、焦庄组、东头组、光明组、义星组、殷巷组、厉庄组、西瓦组、杨庄组、长春组、民建组、红星组、坝边组、丰产组、陈庄组、庙庄组、先进组。

中心村：高庄组、邱庄组、赵庄组、东庄组、西庄组、王庄组、洪庄组、巫庄组、罗庄组、龙埂组、花元组、邵庄组、李庄组、吴庄组、殷庄组、束庄组、朱庄组、人民组。

仓房村：仓房组、李庄组、高庄组、杨庄组、马庄组、殷庄组、小谢组、大谢组、公场组、杨集组、红色组、南巷组、北巷组、树留组、东队组、杨巷组、西队组、和平组、余庄组、梅桥组、团结组、彭庄组、詹庄组、西马组、西阳组、陈庄组。

百寿村：许庄组、汤庄组、方庄组、公路组、周庄组、科城组、胡冲组、百寿组、小曹组、胜利组、俞庄组、许姚组、赵庄组、王庄组、瓦屋组、邵庄组、卞庄组、邬庄组、丁庄组、大徐组、小徐组、南曹组。

六巷村：罗桥组、张庄组、下陈组、上陈组、马庄组、吴庄组、许庄组、周庄组、刘庄组、丁庄组、李庄组、中兴组、苏庄组、赵庄组、於庄组、陈庄组、下冲组、尹庄组、王庄组、灯刘组、小杨组、大杨组、朱庄组、潘庄组、肖庄组、下巷组、上巷组、车巷组、薛塘组。

高彭村：上彭组、下彭组、西洋组、丁吴组、胡庄组、凹岗组、五一组、郭庄组、巫桥组、西许组、干西组、东许组、七巷组、跃进组、高庄组、唐庄组、束庄组、陈庄组。

铁牌村：铁牌组、仓房组、孙庄组、池塘组、谢巷组、周庄组、东田组、公路组、西田组、吴庄组、联合组、东庄组、安民组、路北组、东姚组、大殷组、韩庄组、农科组、余庄组、太平组、梅庄组、薛岗组、互爱组、丁圩组、楼冲组、联盟组、王庄组。

陈巷村：张竹组、刘庄组、大塘组、张庄组、王庄组、姚庄组、周庄组、前进组、勤劳组、二房组、光明组、小殷组、殷行组、杜庄组、太平组、大沈组、岑庄组、翁庄组、小沈组、北庄组、上陈组、下陈组、赵庄组。

7.陈集镇

社区名称 陈集街道社区、高集街道社区、御史街社区、东升街社区。

村、村民小组名称 杨庄村：祁庄组、祠堂组、碾坊组、丁营组、和平组、曾一组、曾二组、南王组、工二组、曹庄组、下李组、杨庄组、工一组、新营组、下康组、仓库组、三房组、王营组、邵庄组、上李组、太平组、机房组、蒋庄组、四房组、林庄组、水库组、余庄组、詹庄组、后姚组。

汪营村：卢坝组、东余组、西窑组、灯塘组、房庄组、蔡庄组、周庄组、和平组、太平组、同兴组、同建组、果场组、平安组、官塘组、魏庄组、王北组、郭庄组、糜庄组、三里组、龚庄组、余东组、荷花组、西陆组、戴庄组、王南组、汪营组、新庄组、余西组、西余组、东陆组、山塘组、徐庄组、顾庄组、丁庄组、下高组、高庄组、西庄组、姜庄组。

沙集村：张庄组、曹庄组、潘庄组、惠庄组、南井组、洪庄组、兴庄组、友谊组、朱庄组、姚庄组、金庄组、武庄组、高庄组、碾房组、幸福组、吴庄组、东联组、西联组、北庄组、高峰组、沙集组、桑营组、强庄组。

开建村：五嘴组、夏庄组、界墩组、先进组、小徐组、友好组、联盟组、草房组、八房组、共同组、友爱组、余庄组、墩塘组、王庄组、白水组、安乐组、渔沃组、坝西组、团结组、同心组、金庄组、联合组、刘庄组。

立新村：冯庄组、金庄组、官塘组、新庄组、东太平组、五嘴组、上甲组、太平组、杨庄组、张庄组、黄桥组、梅庄组、沈庄组、下甲组、灯塘组、薛庄组、江庄组、吴庄组、刘庄组、马庄组、白水组、大庄组、陈庄组、殷庄组、詹庄组、荷花组、常庄组、花营组、松埂组、刘桥组、农场组。

青年村：大薛组、公路组、陈庄组、窑庄组、同心组、惠庄组、太平组、施庄组、龚东组、向阳组、李窑组、大糜组、湖塘组、小桥组、新塘组、北陆组、龚西组、中心组、糜桥组、团结组、周庄组、何庄组、草案组、倪庄组、香国组、王庄组、冶庄组、大靴组、刘庄组、后庄组、阚坝组、张庄组、小薛组、灯塘组、小靴组、梅庄组、江庄组、桥头组、西陆组。

五星村：光明组、杨庄组、五星组、王庄组、农科组、糜窑组、同意组、张庄组、吴二组、段庄组、陈庄组、河北组、联合组、光华组、光荣组。

双圩村：友爱组、蒋庄组、双圩组、韩庄组、大糜组、河西组、农科组、吴巷组、团结组、共和组、河东组、太平组、青年组、束巷组、红旗组、桥头组。

红星村：梅湾组、联合组、乔庄组、李庄组、周庄组、张庄组、徐东组、埂塘组、单庄组、吴庄组、惠庄组、巷口组、田庄组、徐西组、陈庄组、吕庄组、西马庄组、翁庄组、潘庄组、中心组、郭庄组、曹庄组、红星组、七碗组、薛庄组、东马庄组、西庄组、枣核组、西河组、蒲塘组、湾塘组、徐庄组。

丁桥村：卞庄组、官塘组、新桥组、新塘组、友爱组、义和组、营太平、背塘组、大桥组、丁庄组、浦塘组、大塘组、束庄组、万庄组、太平组、张庄组、南窑组、营桥组、项桥组、中心组、联盟组、高塘组、下关组、景庄组、上关组、农科组、草房组、灯塘组、金华组、团结组。

友好村：苏北组、卞庄组、旗一组、太平组、刘庄组、小梅组、丁庄组、苏南组、王二组、郭庄组、高庄组、李庄组、大梅组、林二组、周庄组、李二组、陈庄组、丁营组、陶庄组、新二组、谢庄组、赵庄组、高二组、杨二组、金庄组、林庄组、新一组、王庄组、丁二组、高一组、联明组、杨庄组、团结组、刘二组、马庄组、高塘组、旗三组、上中组、潘庄组、旗二组。

高集村：下中组、瓦东组、杨庄组、吴庄组、洪庄组、宣营组、篆沟组、陈庄组、潘庄组、王庄组、高营组、和平组、上赵组、秦庄组、瓦西组、前进组、窦庄组、北高组、幸福组、下赵组、上苏组、下苏组。

刘营村：武营组、沈桥组、王庄组、朱庄组、刘庄组、下营组、联盟组、姚庄组、荷花组、巫庄组、胜利组、塘庄组、刘营组、周庄组、陶营组、潘庄组、冯庄组、中心组、张庄组。

大房村：李庄组、左庄组、红旗组、汤庄组、上巫组、草西组、洪庄组、殷庄组、陈庄组、蒋庄组、巫营组、大塘组、湖南组、杜庄组、王庄组、黄庄组、小黄组、詹庄组、下巫组、湖田组、巫庄组、叶庄组、大黄组、郑营组、桑园组、草东组、湖北组、太平组、顾庄组、阚庄组。

8.大仪镇

社区名称 大仪社区、大巷社区、香沟社区。

村、村民小组名称 路南村：汤庄组、朱庄组、联盟组、凤岭组、花庄组、段庄组、陈庄组、万庄组、和平组、小郑组、糜庄组、邵庄组、周巷组、杨庄组、崇庄组、曹庄组、北罗组、东军组、西吴组、下朱组、南罗组、王庄组、红星组、街道组、西军组、东吴组、上朱组、贾庄组、新唐组、模范组、官塘组、南王组、夏庄组、乔唐组、山塘组、燕塘组、劳动组、余庄组、戴庄组、南塘组、青年组、周庄组、唐庄组、丁庄组。

路北村：曹庄组、友爱组、灯头组、联合组、姚塘组、胡东组、小郑组、李庄组、太平组、沙塘组、联盟组、殷巷组、胡中组、袁庄组、金王组、马庄组、红旗组、农科组、高庄组、胡西组、余庄组、王庄组、邵庄组、熊庄组、胜利组、大郑组、良南组、广塘组、永安组、西魏组、和平组、虾塘组、灯塘组、良北组、团结组、东魏组、黄庄组、董冲组、佘庄组。

路东村：田塘组、罗庄组、光明组、崇庄组、吴庄组、太平组、赵庄组、双塘组、刘庄组、高庄组、陈庄组、王庄组、朱西组、永安组、胜利组、联塘组、翻下组、草庙组、万庄组、朱东组、幸福组、勤丰组、联明组、翻上组、北庙组、团结组、中心组、姚塘组、前庄组、江庄组、丁庄组、安庄组、汤庄组、新建组、张庄组、新刘组。

高田村：周庄组、友爱组、小桥组、汪庄组、农科组、高田组、大桥组、公路组、薛塘组、武庄组、团结组、南庄组、圣庄组、陈庄组、周伙组、许南组、巫庄组、太平组、联塘组、方庄组、车桥组、张庄组、许北组、王庄组、双塘组、郭庄组、东庄组。

泗涧村：赵庄组、郭庄组、大东组、殷庄组、汪庄组、上乔组、联盟组、中心组、大西组、陈庄组、下乔组、团结组、上潘组、何庄组、李庄组、大房组、友爱组、下潘组、汤庄组、梁庄组、李西组。

万集村：王庄组、郑庄组、太平组、田庄组、花庄组、龚庄组、陈庄组、孙庄组、万集组、时庄组、娄庄组、军田组、公路组、樊庄组、周庄组、石桥组、彭庄组、联盟组、和平组、郭庄组、柏庄组。

双涧村：柴庄组、杨庄组、友爱组、山头组、潘庄组、李庄组、郭庄组、张庄组、团结组、郑庄组、庆丰组、刘庄组、吉坝组、佘庄组、红星组、孙庄组、赵庄组、戚庄组、林庄组。

河北村：小店组、前进组、吕庄组、联合组、胡庄组、周庄组、吴庄组、明庄组、刘庄组、李庄组、红卫组、成庄组、张庄组、胜利组、毛庄组、林庄组、贾庄组、顾庄组、槽坊组、钱庄组、红光组。

老坝村：马庄组、纪庄组、东刘组、王庄组、徐庄组、西刘组、赵庄组、刘庄组、顾庄组、曹庄组、洼子组、夏庄组、巫庄组、叶庄组、老坝组、冯庄组、仓房组、双涧组、沟圈组。

香沟村：王庄组、小王组、学校组、姜庄组、孟庄组、任庄组、大良组、孙庄组、熊坝组、高庄组、黄庄组、钱庄组、团结组、丁庄组、夏庄组、新王组、友爱组、林庄组、南刘组、双塘组、大王组、小良组、薛庄组、光明组、连塘组、胜利组、北刘组、范庄组、香沟组、熊庄组、沟圈组、明塘组、方庄组。

张家村：周山组、胜利组、胡庄组、西王组、刘庄组、川刘组、东风组、张家组、前庄组、葛庄组、西塘组、林业组、夏庄组、南塘组、徐庄组、前进组、饭店组、汪庄组、梁庄组。

朱桥村：戚塘组、团结组、新房组、严庄组、中心组、高坝组、顾庄组、人民组、万庄组、新桥组、友爱组、朱庄组、陈庄组、倪庄组、邵庄组、王庄组、徐庄组、杨庄组、朱桥组、建桥组、孔桥组、沈庄组、下庄组、周庄组。

何巷村：马庄组、陈和组、潘庄组、青年组、陶庄组、胡庄组、宰庄组、肖庄组、方庄组、车棚组、吴庄组、张庄组、兴隆组、田庄组、南吴组、周庄组、徐庄组、代庄组、梁庄组、常庄组、大兴组、付庄组、李庄组、陈庄组、金庄组、颜庄组、林庄组、永兴组、上塘组。

大巷村：方庄组、光明组、马庄组、唐庄组、徐庄组、余庄组、赵庄组、陈庄组、韩庄组、农科组、团结组、一西组、张尧组、中心组、房庄组、火桥组、三松组、王庄组、一心组、张营组、朱西组、高庙组、纪山组、上庄组、吴庄组、友爱组、张庄组、朱庄组、小巷组。

杭集村：张庄组、方庄组、朱庄组、杭集组、东徐组、同心组、青年组、赵庄组、东庄组、冯庄组、周庄组、中营组、中心组、石桥组、刘庄组、陈庄组、阚庄组、邵庄组、西徐组、合意组、林业组、康营组。

公路村：中心组、杨庄组、吴庄组、太平组、六房组、公路组、范庄组、袁庄组、新王组、韦庄组、上庄组、林庄组、冯庄组、东王组、友爱组、新塘组、李庄组、鸡塘组、联盟组。

盛棠村：朱庄组、盛棠组、南徐组、后王组、北徐组、农科组、中徐组、前王组、胜利组、林庄组、红旗组、柏林组、卞庄组、中林组、下陈组、上陈组、联盟组、和平组、殷庄组、太平组、宰庄组、湾塘组、乔庄组、联合组。

千棵村：柏庄组、郝庄组、前王组、陆庄组、周庄组、余庄组、熊庄组、北胡组、同心组、千棵组、厉庄组、中心组、姚塘组、新王组、龚庄组、唐庄组、农科组、胡庄组、赵庄组、杨庄组、王庄组、后王组、人民组、牛庄组、后余组。

9.月塘镇

社区名称　月塘街道社区、移居街道社区、谢集街道社区。

居民小组名称　街东、街南、街道。

村、村民小组名称　长兴村：叶东组、叶西组、耿北组、徐王组、菜林组、江洼组、王一组、陈洼组、王二组、童东组、小洼组、童西组、吴南组、吴北组、吴东组、吴西组、菜洼组、竹园组、王岗组、郑东组、郑西组、后营组、前营组、徐巷组、童庄组、余西组、余东组、农科组、张洼组、耿南组。

山郑村:河二组、庄东组、张营组、大营组、赵西组、李洼组、郑西组、河一组、庄西组、钟平组、孟张组、赵东组、郑东组、郑南组、巷东组、巷西组、巷中组、巷南组、杨岗组。

四庄村:姚庄组、北队组、曹庄组、肖元组、姜庄组、崔营组、四新组、魏庄组、东队组、刘庄组、团结组、豆庄组、先进组、汪庄组、四庄组、中心组、薛营组、叶庄组、王营组、鲍庄组、红旗组、西队组、仓房组、山头组。

魏井村:黄二组、娄庄组、排娄组、周庄组、张洼组、湾北组、魏井组、黄一组、胡庄组、友爱组、殷洼组、友谊组、湾南组、刘庄组、漫河组、团结组、张巷组、吴洼组、线洼组。

东风村:青年组、同心组、后营组、曹东组、农科组、顺兴组、公路组、山根组、小东组、下营组、曹西组、曹庄组、马庄组、北林组、洪庄组、联心组、上营组、合义组、高庄组、桂花组、下经组、诚心组、联合组、砖井组、上经组。

郑营村:吴庄组、新庄组、五星组、张庄组、徐庄组、蒋庄组、邵庄组、周庄组、胡营组、向阳组、杜庄组、学校组、于庄组、糜庄组、顾庄组、丁营组、赵庄组、东赵组、尚庄组、王庄组、郑营组。

赵桥村:岗肚组、农科组、李四组、曹庄组、补锅组、八组、赵营组、合兴组、重阳组、周七组、小洪组、山头组、联合组、农科组、赵庄组、东小组、前组、胜利组、周岗组、赵东组、陈四组、大姚组、长庄组、中营组、大洪组、赵西组、刘庄组、戴营组、任营组、丁庄组、螃蟹组、街西组、李庄组、洪桥组。

捺山村:枣营组、许庄组、山头组、李庄组、卢塘组、任庄组、捺山组、三里组、张营组、冬营组、高营组、郑营组、金庄组、张庄组、山头组、下庄组、仓房组、朱庄组、苏珍组、左庄组、王庄组、小营组、中心组、上庄组、王营组、下洼组、冬庄组、陈庄组、上洼组、徐营组、祁庄组、新塘组。

龙山村:小洼组、凤凰组、东头组、车山组、上杨营组、林业组、李庄组、青年组、王庄组、张岗组、转沟组、下杨营组、祠堂组、任岗组、倪洼组、花园组、桥东组、船塘组、山暴组、包庄组、余庄组、蒋洼组、姚庄组、塘头组、祁营组、桥头组、米岗组、团结组。

曹营村:陈营组、东一组、后营组、张庄组、汪庄组、徐北组、仓房组、柳庄组、李庄组、东二组、强庄组、桥安组、小包组、农科组、曹集组、康庄组、邹庄组、金营组、南营组、曹营组、瓦房组、丁庄组、寿灯组、马庄组、徐南组、王庄组、杨庄组、包营组。

山北村:赵庄组、赵营组、军西组、坝外组、李庄组、西庄组、立新组、鲍庄组、路北组、杨庄组、下营组、彭山组、上营组、街北组、联下组、联上组、山根组、军东组、捺山组、农科组、尹庄组。

丁公村:学校组、姚庄组、罗塘组、余庄组、塔山组、高罗组、山洼组、曹庄组、仓房组、田营组、秦庄组、赵营组、张庄组、瞿庄组、古塘组、魏墩组、山河组、关巷组、西庄组、唐庄组、赵庄组、裘庄组、王庄组、跃进组、花园组、上罗组、金兆组、王营组、碾房组、李庄组、甘庄组。

移居村:西曹组、大洼组、胡庄组、大塘组、汪西组、翁岗组、项岗组、扬岗组、砚塘组、农科组、大兴组、汪东组、大地组、王庄组、东湖组、石桥组、大桥组、戴巷组、陆营组。

桃园村:街西组、街队组、新庄组、砚塘组、黄竹组、双巷组、街东组、端阳组、陈营组、叶营组、三房组、二房组、泉水组、元桥组、张湾组、农科组、大房组、桃花组、英和组。

尹山村:谢集组、豆巷组、圩城组、林庄组、张良组、山头组、谢营组、前巷组、洪营组、赵庄组、河西组、金阳组、马塘组、上巷组、圩营组、太平组、梅庄组、团结组、建筑组、下巷组、碾房组、唐庄组、小洼组。

乌山村:路殷组、吴营组、金华组、陆东组、联盟组、孙岗组、余营组、明星组、大地组、陆西组、长庄组、河东组、中营组、殷庄组、下庄组、许营组。

大营村:一组、后组、瓦房组、小营南组、桥东组、满首组、跃进组、林业组、二组、桥西组、小尹组、包西组、汪营组、小营北组、小建组、郑槽组、联营组、包中组、马西组、中间组、建南组、蒋庄组、农科组、苏木城组、马东组、包东组、前组、建北组、三组、潘营组。

六松村：下余组、前三组、汗洼组、同合组、曹庄组、木洼组、余营组、新建组、前余组、三里组、永和组、高庄组、山头组、上余组、同心组、杨营组、铁牛组、后营组、强庄组、周营组、高营组、后三组、姚塘组、刘娄组、徐营组、中心组、同和组、太平组、六松组。

铁钡村：铁坝组、小也组、大扬组、兴北组、祠堂组、胡庄组、大也组、高坝组、柳庄组、高山组、施庄组、陈庄组、扬营组、山赵组、砚塘组、樊公组、孙岗组、兴南组、立新组、金牛组、扬岗组、倪庄组、甲板组、井塘组。

夏营村：潘庄组、丘庄组、赵庄组、夏营组、娄庄组、余庄组、桥南组、李庄组、秦庄组、卢庄组、石山组、中兴组、卢营组、东风组、高庄组、陈庄组、高西组、和平组、洪庄、团结组、花园组、高东组、花庄组、新桥组、吴庄组、陆庄组、东庄组、联合组。

捺山茶叶试验场：一队组、二队组、三队组、四队组、五队组、前进组、果园组。

10.十二圩办事处

社区名称　东风社区、胜利社区、工农社区、蒲新社区。

村、村民小组名称　沿江村：四合组、先锋组、友谊组、中秋组、槽坊组、大旗组、陆庄组、同心组、徐庄组、友庄组、周冯庄组、朝阳组、冯庄组、吕庄组、团结组、许庄组、跃进组、汴河组、陈庄组、高庄组、潘庄组、圩庄组、勇敢组、赵庄组、蔡庄组、崔庄组、黄泥组、三联组、张庄组。

越江村：鲍庄组、陈庄组、大会组、何庄组、农科组、杨庄组、增庄组、菜场组、褚庄组、二闸组、红星组、王庄组、姚庄组、辛庄组、曹庄组、大一组、丰林组、焦庄组、辛四组、越东组、李塘组、常庄组、桂庄组、大二组。

东升村：爱国组、东风组、花园组、李庄组、四新组、五星组、移风组、柏庄组、丰庄组、黄庄组、钱庄组、孙庄组、徐庄组、金庄组、尹庄组、蔡杭组、高庄组、邵庄组、红星组、太平组、杨庄组、赵庄组、张庄组、陈庄组、老庄组、胜庄组、崔庄组、唐庄组、叶庄组、农科组、桂花组。

红旗村：一组、五组、九组、永一组、吴一组、合二组、光明组、二组、六组、十组、永二组、吴二组、联一组、国庆组、三组、七组、合一组、十二组、十一组、红光组、八组、四组、永三组、联二组。

沙河村：一组、五组、九组、十二组、十七组、二十组、二十三组、二组、六组、十组、十三组、十八组、二十一组、二十四组、三组、七组、十一组、十四组、十六组、十九组、二十二组、四组、八组、十五组。

蒲新村：二圩组、九圩组、前圩组、顾庄组、先锋组、小庄组、新四组、三圩组、十圩组、中圩组、光华组、尾帮组、新生组、光明组、四圩组、新圩组、头圩组、后圩组、河东组。

弓尾村：一组、五组、八组、十一组、十四组、十七组、二十组、二组、六组、九组、十二组、十五组、十八组、十九组、四组、三组、十三组、十六组、七组、十组。

土桥村：芦庄组、蔡庄组、土桥组、曾庄组、窦庄组、陶庄组、杨桥组、联盟组、汤庄组、魏庄组、鸦庄组、郭庄组、六房组、大圣组、吕庄组、沿岸组、外圩组、小王庄组、小圣组、木桥组、马桥组、沿江组、红旗组、东黄庄组。

场圃名称　仪征市水产试验场、仪征市原种场。

11、铜山办事处

社区名称　铜山街道社区、三十里铺社区。

场圃名称　试验林场、园艺试验场。

居民小组名称　茶叶一队、茶叶二队、果园队、河湾队、三林队、青年队、苗圃队。

村、村民小组名称　程营村：程营组、联合组、祁营组、孙营组、王庄组、赵洼组、上营组、合心组、刘营组、钱庄组、团结组、小营组、中营组、拾庄组、九里组、柳庄组、同心组、汪塘组、友爱组。

枣林村：枣林村水湾组、西庄组、八一组、墩马组、军东组、李庄组、山后组、孙庄组、小集组、大集组、墩塘组、军西组、马庄组、山头组、王岗组、枣林组、大庄组、丰收组、劳动组、彭庄组、时湾组、王营组、河边组、葛庄组。

前进村：北塘组、赖方组、邵庄组、西塘组、张营组、周洼组、姚庄组、东塘组、田岗组、七星组、下俞组、中塘组、周庄组、张田组、胡庄组、上塘组、万庄组、贾庄组、上俞组、吴营组。

红光村：曹庄组、贾东组、良营组、倪庄组、时营组、王营组、下庄组、邓庄组、贾西组、罗营组、潘冲组、万营组、王庄组、肖北组、河边组、建设组、马营组、青年组、万庄组、下湾组、肖南组、胡营组、李营组、郑北组、郑南组。

野山村：大冲组、顾庄组、马庄组、沈周组、小遇组、上营组、田营组、大遇组、郭庄组、人洼组、胜利组、张庄组、顾岗组、马营组、陡坎组、马桥组、山坎组、塔州组、周庄组。

铜山村：山头组、山南组、车篷组、河边组、仕营组、军民组、军东组、铜山组、王东组、邢岗组、周庄组、团结组、山北组、人民组、先进组、王西组、仓浦组、贺营组、二队组、倪庄组、姚庄组、王营组、唐营组、王庄组、虎石组、山坎组、田营组、钱庄组、薛庄组、护林组、河东组、和平组、联合组、蒋庄组。

长山村：姚庄组、西大组、芦西组、下一组、于东组、小西组、王庄组、顾一组、西中组、后一组、下二组、于西组、大东组、石山组、顾二组、西上组、后二组、沙东组、钱上组、大西组、李庄组、东王东组、芦东组、头一组、沙西组、小红山组、叶山组、林业组、东王西组、头三组、头二组。

安墩村：戴洼组、胡洼组、林洼组、唐营组、王岗组、烟灯山组、老庄组、郭营组、黄洼组、农科组、陶营组、吴二组、颜岗组、史家组、郭庄组、金王组、三王组、滕一组、吴一组、张二组、团结组、红星组、老洼组、胜利组、铁营组、小吴组、张一组、徐岗组。

（二）城市居民地地名

城市居民地地名，是指与居民在城市中的住、行密切相关的一类地名，主要包括城市中的居民区、区片、路街巷以及附于路街巷的桥梁等实体的名称。城市居民地地名的通名，有其特定的内涵。"路"，特指城区的道路；"街"，多为城市内商业和居民集中地；"巷"，是街的支脉，小于街的屋间道，与路街相比较而言，主要为非机动车和步行交通道及城市居民传统的聚居地。城市居民地地名，带有时代印迹的专名，所占比例不小。如许多冠以工农、解放、向阳、大庆等等，反映出明显的时代特色。很多城市居民地地名，富含文化色彩，从某种意义上说，是城市发展的历史见证，也是仪征独特的城市文化。

1.市区道路地名

大庆南路、大庆北路、工农南路、工农北路、国庆路、东园南路、东园北路、渡江路、扬子东路、扬子西路、解放东路、解放西路、真州东路、真州西路、弘桥路、北城河东路、北城河西路、沿山河东路、沿山河西路、新河西路、石桥河西路、电大路、万年大道、永庆路、花园路、石碑路、前进路、秦庄路、西园路、鼓楼东路、鼓楼西路。

2.市区巷道地名

奎光巷、东园小区巷、哨口北巷、哨口南巷、奎光巷支巷、天宁东巷、天宁支巷、天宁西巷、资福西巷、八一巷、八一巷支巷、沙巷、供电局仓库巷、车站南巷、国庆路二巷、马驿巷、新仪巷、北门小街巷、弘桥路西巷、弘桥巷、弘桥路东巷、弘桥路支一巷、弘桥路支二巷、桑园巷、桑园南村巷、七一巷、影视厅南巷、五龙巷、弯巷、河东巷、仪建公司巷、跃进路东巷、糙石巷、前进路清真寺支巷、解放东路北支巷、健康巷、资福巷、市场巷、育才巷、立新巷、桑园新村巷、向阳巷、浴堂巷、园林巷、光明巷、中信银行东巷、勤丰组出庄巷、黎明大酒店西围墙巷、沿河南路南巷、奎光巷南支巷、华侨新村北巷、东园小区南延巷、东园小区北支巷、五环巷、东园北路北巷、蚕桑场东段巷、农业局巷、八一巷东巷、环卫处南巷、扬建校北巷、天宁东巷、国税局南侧巷、沙巷、供电局北巷、菜糊池巷、和平饭店北巷、仓巷、马驿巷支巷、卫东新村南巷、太平巷、染坊巷、北门小街西巷、活塞环厂南巷、弘桥巷南支巷、弘桥巷东支巷、弘桥巷西支巷、前进路西延巷、公检法宿舍巷、大庆北路公侧巷、桑园巷南支巷、桑园巷北支巷、桑园小区北巷、城西巷、荧光灯厂北巷、司法局北巷、永庆路南巷、移动公司北侧巷、万年车木厂南巷、西园北路北支巷、土产公司宿舍巷、铝器厂宿舍巷、弯巷西支巷、弯巷东支巷、都会后街支巷、九龙巷、前进路南支一巷、前进路南支二巷、新东巷、资福巷北延巷、资福东巷、解放旅馆巷、审计局西侧巷、育才巷北延巷、城西巷南巷、真州卫生院西巷、石桥农贸市场东巷、石桥农贸市场西巷、汽车运输公司东巷、国税分局西巷、城北水果批发市场西巷、多管局巷、水务局巷、服装厂北巷、沿山河路东巷、沿山河路别墅区巷、勤丰小区工地巷。

3.市区桥梁名称

健康桥、工农桥、鼓楼桥、大庆桥、万年桥、西园路桥、解放东路桥、石桥、立交桥、泗源沟大桥、闽泰大道中心沟桥、闽泰大道泗河桥、科研二路中心沟桥、科研二路仪泗河桥、科研三路仪泗河桥、科研五路中心沟桥、科研五路仪泗河桥、万年大道跨仪城河桥、仪城河石拱桥、沿山河东路跨石桥河桥。

（三）专业地名

专业地名是各专业部门经常使用的一些地理实体名称，在社会交往中具有表示位置的作用。这些地名实体，有的是交通地名，有的是水利地名，有的是名胜古迹纪念地地名等。

1.公路地名

宁启公路（G328）、天扬公路（S244）、曹仪公路（S333）、宁扬线北辅道、宁扬线南辅道、扬六公路、仪圩曹公路、岔林公路、谢樊公路、油港公路、扬冶公路、沿江公路、圩军路、朱公路、何干路、岔华路、岔七路、古十路、土瓜路、安宗路、马龙路、恒新路、三张路、刘瑜路、樟土路、长青路、泗朴路、铜红路、三移路、大铁路、双庙路、汉金路。

2.桥梁名称

新城桥、赵桥、大铁桥、东升桥、朱林桥、李桥、胥浦河双环桥、朱庄桥、邹林桥、沙洲桥、胥浦河南桥、胥浦河北桥。

3.水库地名

月塘水库、邵冲水库、枣林水库、凤岭水库、大鲍水库、桥头水库、芦坝水库、铁坝水库、六松水库、达天冈水库、沙河徐水库、光华水库、塔山水库。

4.闸涵地名

泗源沟节制闸、仪征船闸、胥浦河节制闸、葫芦套闸、十二圩翻水站引江闸、十二圩翻水站出水闸、沙河闸、烟灯闸、潘家河闸、十二圩翻水站灌溉闸、十二圩翻水站排涝进水闸、卧虎闸、旧港闸、土桥闸、朴席套闸、仪城河西闸、小龙涧闸、军桥涵、土桥涵、旧港地涵。

5.名胜古迹地名

神墩商周遗址、庙山汉墓、郭山古文化遗址、鼓楼、天宁寺塔、慧日泉、状元井、周太谷墓、盛氏故居、盛成母子墓；月塘烈士陵园、盛白沙纪念碑、马集国防教育基地；市府广场、盛成广场、扬子江广场、“两馆”广场；白沙公园、扬子江公园、北城河西路绿化小游园、黎明小游园、五环小游园、红山体育公园、鼓楼景观区、滨江景观区、大蒲塘景观区、龙山风景区、登月湖景观区、白洋山风景区、枣林湾生态园，船田庵、准提庵、胡老庵、大竹园、二郎庙、恭爱庙、柳永墓。

（四）自然地名

自然地名，用以指代自然地理实体，主要是指山体、河流、湖泊等。

1.河流地名

仪扬河、龙河、胥浦河、仪城河、沿山河、香沟河、杨寿河、朱桥河，矿区小河、潘家河、烟灯河、沙河、盐河、大寨河、仪刊界河、大樟沟河、小龙涧河、梅家沟河、石桥河。

2.山体地名

铜山、破山、烟台山、十里长山、峨嵋山、青山、凤凰山、乌山、桃花山、白羊山、蚂蚁山、塔山、捺山、蜀冈山、城子山。

第七节　仪征之名溯源

仪征历史悠久。据史籍和县志记载，仪征地名见诸文字最早的是三千年前的鄹。“仪征”之名则始于宋，至今已有一千余年。宋真宗大中祥符六年（1013年），信奉道教的真宗诏令在建安军（今仪征）设冶炉铸玉皇、圣祖、太祖、太宗四座金像（玉皇、圣祖传说是道教祖师，太祖、太宗是宋朝的开国皇帝）。像成以后，派相当于副首相的高级官员为迎奉圣像使，将金像奉迎到京城。金像到京城以后，皇帝亲自率文武百官迎接，护送到新建的玉清昭宫供奉。因为四座金像仪容逼真，皇帝很高兴，便下诏将建安军升为真州，并赐名“仪真郡”。清雍正元年（1723年）避皇帝胤禛之讳，改“仪真”为“仪征”，“仪征”之名一直沿用到今天。

第十章　残疾人事业

在旧社会,残疾人广受歧视,大部分被剥夺受教育和工作权利,不少残疾人为生计所迫,以算命、卖唱、乞讨为生,长期生活在社会最底层。解放后,残疾人和健全人一样,成为国家的主人。《中华人民共和国宪法》规定:国家和社会帮助安排盲、聋、哑和其他有残疾的公民的劳动、生活和教育。残疾人受到各级党组织、人民政府以及社会的关怀和帮助,特别是1991年5月《中华人民共和国残疾人保障法》的颁布实施,残疾人事业得到不断深入发展。1991年12月,经市政府批准,仪征市残疾人联合会正式成立。二级局建制,性质为事业团体,由市民政局代管。1993年各乡镇先后成立残疾人联合会。村(居)委会、社会事业单位设立残疾人协会和残疾人专职委员。1999年5月,市残联升格为市政府直属局级事业团体。至此,市民政局不再代管残联工作,但特殊困难残疾人救助工作仍由民政局负责。市残联成立后,仪征市先后出台了《农村残疾人税费减免规定》《按比例安排残疾人就业实施细则》《残疾人及残疾人子女考学奖励办法》《重度残疾人生活救助实施办法》《重度残疾人护理补贴发放办法》等一系列文件,完善残疾人社会保险制度,落实残疾人生活救助、助学救助制度,开展居家安养服务,初步构建起残疾人社会保障和服务体系。在残疾人康复、教育培训、劳动就业、救助扶贫、文化体育等方面做了大量的工作,残疾人的权益得到保障,残疾人的生活明显改善。2006年,仪征市获江苏省“十五”残疾人工作先进市称号。2009年被国家残联、省残联分别表彰为“全国白内障无障碍市”、“全省社区康复示范市”。2011年获江苏省“十一五”残疾人工作先进市,仪征市政府受到省政府的通报表彰。

第一节　残疾人状况

一、残疾人现状

残疾人类别分为视力残疾、听力残疾、言语残疾、肢体残疾、智力残疾、精神残疾、多重残疾和其他残疾。解放前至解放后相当一段时期,仪征没有专门的残疾人服务管理机构,只是作为当时政府和社会救助的一般对象。1987年4月开始,民政部在全国范围内组织第一次残疾人抽样调查。江苏省西、南部丘陵山区15个县(市)中,仪征被抽中作为调查县(市)之一。1987年12月调查告一段落,调查数据显示,仪征市当年总人口55.24万人,其中残疾人2.65万人,占总人口的4.8%。残疾人中,视力残疾4447人,听力语言残疾11262人,智力残疾3662人,肢体残疾2983人,精神残疾608人,多重残疾3557人。

2006年4月~11月,开展第二次全国残疾人抽样调查。调查结果显示,仪征共有残疾人3.78万人,占当年仪征总人口的6.34%。根据国家规定,各类残疾人的残疾程度达到1~4级才能申领“残疾人证”。截至2012年年底,全市共有残疾人3.56万人,其中持证残疾人为9884人,占27.8%。

二、残疾人服务与安置

1999年5月市残联升格为市政府直属局级事业团体以后,内设机构不断调整完善。2008年,中共中央、国务院《关于促进残疾人事业发展的意见》下发后,仪征残疾人康复、教育、培训、就业、扶贫、救助、文化、体育、信访维权等工作得到全面开展,为残疾人服务工作迈上一个新的台阶。2010年,市政府批准建设市残疾人综合服务中心。2011年9月开工,占地面积20亩,总建筑面积11118平方米,总投资4050万元。综合服务中心内设康复中心、托养中心、技能培训中心、文体活动中心,可同时对300多名残疾人进行康复训练、技能培训、托养服务等。2013年5月已投入使用。

2012年年底，全市除105家福利企业集中安置2203名残疾人就业外，还有858名残疾人实现自主创业和其他就业；先后建成残疾人扶贫基地、残疾人创业基地12个，直接扶持残疾人362名，辐射带动残疾人及其家庭616户；年实施重残救助4684人，教育救助101人，生活救助2884人，得到临时困难救助和安排慰问的困难残疾人有15000多人次。

第二节　残疾人康复

仪征市残联坚持开展包括残疾儿童抢救性康复、辅助器具适配、残疾预防、白内障免费复明手术和精神病防治等方面的工作，并取得显著成效。

一、三项康复工作

1989年，仪征市成立“三康”领导小组，开展白内障复明、小儿麻痹后遗症矫治和聋儿语言训练三项康复工作。1991年仪征将“仪征市三项康复工作领导小组”提升为“仪征市残疾人事业领导小组”，下设“康复办公室”及“残疾人康复资源中心”，明确专人专职负责残疾人三项康复工作。至1991年年底，全市完成白内障复明手术319例，儿麻后遗症矫治15例。

1993年年初，市残联对儿麻患者开展摸底调查，全市共查出儿麻患者300多人。同年6月，中国残联和全国“三康办”组织的国家医疗队，到仪征帮助手术矫治小儿麻痹后遗症。至1995年年底，全市完成儿麻矫治118例，达任务数的100.85%；同时完成白内障复明618例，达任务数的118.8%；聋儿语训18例，达任务数的112.15%。全面完成“八五”（1991~1995年）计划规定的康复任务。

1996年，仪征为5名聋儿实施语言训练。月塘中心小学、大仪中心小学分别开办培智班，共有16名弱智儿童进班学习。截至2000年9月底，全市“九五”期间，累计完成白内障复明手术725例，达任务数的109.8%，验配助视器26人，达任务数的130%，肢体训练70人，达任务数的116%，肢体手术84例，达任务数280%，智残儿童康复训练42人，聋儿语训35人，装配矫形器贫补34人，残疾人用品用具供应1941件。全面完成了“九五”（1996~2000年）规划规定的康复任务。

“十五”（2001~2005年）期间，全市共完成白内障复明手术1061例，语训聋儿94人次，培训聋儿家长265人次。小儿麻痹后遗症手术矫治工作已不作为硬性任务，改由地方残联自行组织实施。

“十一五”（2006~2010年）期间全市累计为2508名白内障患者做了复明手术，达任务数的157%，其中1380名贫困白内障患者实施了免费手术。语训聋儿52名，达任务数的208%，培训聋儿家长44名，达任务数的176%，聋儿康复训练率达90.5%。在加强聋儿进行听力语言康复训练的同时，对符合条件的有需求的132名听力残疾人发放了助听器，完成贫困肢体残疾儿童矫治手术11例。

二、社区康复工作

1997年起，仪征开展残疾人社区康复工作。1998年，成立“仪征市残疾人康复指导部”替代“仪征市残疾人康复工作办公室”，负责组织、协调、实施全市的残疾人社区康复工作。先后投入200多万元为社区（村）的康复室配备康复器材。举办以社区康复、精防康复为重点的培训班，有465名残疾人康复工作技术指导员和康复工作协调员参加培训。组织开展残疾人康复需求调查，为全市有康复需求的11925名残疾人建立了信息资料。安排其中1995名残疾人进行康复医疗；同时，训练指导1093名，心理支持9882名，知识普及5849名，发放用品用具3620名，转介服务1869名。组织医务工作者，深入社区为残疾人进行康复知识讲座和康复咨询指导服务。对有康复需求又不能到康复室训练的残疾人，社区康复员主动上门协助残疾人家属一起对残疾人进行康复训练，帮助填写康复记录，作康复总结。当年，有11876名残疾人得到康复训练与服务。真州镇和新城镇卫生院被评为市残疾人社区康复工作示范窗口。

2003年起，仪征开始实施康复救助。3月成立残疾人用品用具供应站，当年发给家庭困难无力购买辅助用具的残疾人手摇车70辆、轮椅85辆、拐杖100付、助听器15只、盲杖200根。同年下拨乡镇残联残疾人康复补助款9.6万元，400多名残疾人得到及时康复救助。免费为6名白内障患者做了囊外加人工晶体植入手术，为5位下肢残疾人安装假肢。

2004年，省残联提出到2012年实现“人人享有康复服务”的目标并开始实施“三个一千”的实事工程。仪征市借助正在推行的集预防、医疗、保健、康复、健康教育、计划生育“六位一体”的社区卫生综合服务模式，进一步完善社会化康复训练和服务体系，使康复服务水平和质量有较大提高，为3200多位残疾人进行社区康复服务。

2006年，以全国残疾人社区康复示范区培育活动为契机，仪征市大力推进“康复进社区、服务到家庭”工作。2007年，组织开展省级“残疾人社区康复示范市”创建活动。成立创建工作领导小组和视力、听力、语言、智力、精神、肢体残疾康复工作技术指导小组。在市区工农路康明眼镜店设立低视力康复配镜点，并在市中医院设立白内障复明和低视力康复医疗点和肢体康复、脑瘫儿童康复训练点，为5个社区（村）配备康复训练器材，完善康复档案。

2008年，按照创建要求，全市举办3期以社区康复、精防康复为重点的培训班，提高全市康复技术人员的业务知识水平。同时，加强康复室、康复资料、康复组织和康复体系建设。全市12个乡镇（办事处）、189个村（社区）均建立康复工作组织网络和技术服务网络，投入近20万元为15个社区（村）的康复室配备康复器材。同时，还组织全市残疾人工作者深入社区、村组开展残疾人康复需求调查，残疾人康复需求率达61%。扬州市人大对仪征残疾人社区康复工作给予充分肯定。

2009年，在全市开展残疾人康复服务“四进”（残疾预防、康复指导、康复医疗、康复器具配备）活动。进一步开展残疾人康复需求调查，为全面实施康复服务进家庭提供依据。当年，仪征创建社区康复示范市获得成功，被省残联表彰为“全省社区康复示范市”。

2010年，为巩固“社区康复示范市”创建成果，仪征市筹措资金，建成乡镇示范康复室6个，印发康复宣传手册3000册，培训康复员316人次，10792名残疾人得到康复服务。至当年末，仪征市189个社区中，有162个社区建成面积不少于30平方米的残疾人康复站，每个康复站均配备价值近1.5万元的既便于残疾人到社区训练又可供家庭租借的康复器材、辅助器具和康复知识普及读物。

2011年，组织市、乡、村残疾人工作者、康复协调员、康复指导员深入村组、社区，开展残疾人康复需求调查。为3个具备条件的社区（村）配置康复器材，为123名残疾人提供简易、实用、经济的家庭训练设备，印发康复宣传手册3500册，分批培训康复员320名。15600多名残疾人得到了康复服务。

2012年，在陈集、马集等地的社区卫生服务中心、社区卫生站建立9个残疾人康复训练室、32个康复训练站，方便残疾人就近就便康复训练。还为贫困残疾人提供轮椅90辆、拐杖80付、盲杖120根、助听器9只、安装假肢12条、印发残疾预防与康复知识宣传材料2000多份。至年末，全市建立起一支有3000余人参加的社区康复服务志愿者队伍，每个社区都有志愿者组织。康复助残由临时变为经常，由松散变为组织有序。全市肢体残疾人康复训练率达92.2%，残疾人康复服务满意率达91%。

三、残疾儿童康复训练

仪征市残联从成立后就极其重视0~6岁残疾儿童康复训练，会同教育、民政、财政、卫生和计生等部门，定期为新生儿童进行筛查，对查出的0~6岁疑似残疾儿童，分别委托南京市明心儿童康复中心、扬州市聋儿语训中心、扬州市雏鹰儿童发展中心确认后进行康复训练。

2001年，仪征市被中国残联、卫生部、公安部定为六省十二市县“全国0~6岁健康儿童抽样调查”单位之一。市残联与民政、卫生、公安等部门抽调人员，历时一个月，共抽查5000名儿童。经确诊，残疾儿童有42名，其中7岁以下聋儿11人，残疾发生率0.85%，筛查率和确诊率基本达标。

“十五”期间，全市在完成聋儿语训94人次的同时，还训练脑瘫儿童102人次，康复训练智残儿童255人次。

“十一五”期间，仪征市认真贯彻落实《中共中央国务院关于促进残疾人事业发展的意见》和省委、省政府《关于加快残疾人事业发展的意见》，以及国办转发的《关于加快推进残疾人社会保障体系和服务体系建设的指导意见》，制订相关政策，采取有效措施，为残疾人康复工作提供政策保障。这期间，共培训智残儿童家长104名，任务完成率231%；训练智残儿童77名，任务完成率102%；智残儿童康复训练率达91%，康复有效率达95%。肢体残疾儿童康复训练（含抢救性康复项目）48名，任务完成率135%，康复训练有效率95%，完成贫困肢体残疾儿童矫治手术11例。孤独症儿童康复训练19人次。

四、开展"三助一给"活动

为使有康复需求的贫困残疾人都能得到康复服务，实现"人人享有康复服务"的目标，根据2002年全省残疾人帮扶工作会议的要求，从2003年起，仪征市残联持续开展"三助一给"活动：为贫困视残人助明、为贫困听残人助听、为贫困肢残人助行和给贫困精神病患者免费供药。

为做好贫困精神病患者免费服药的救助工作，市残联定期组织精神病治疗专家，对全市151名享受救助的贫困精神病患者，实施分类治疗，服务上门。受助的精神病患者凭医疗救助卡定期到市第二人民医院就诊，免收挂号费、诊疗费。对长期固定用药且行动不便的患者，由市第二人民医院确定专人定期上门服务，根据病情需要为免费服药对象发放药品，并做好病情监测工作，严格管理救助药物，保证药品质量。

香港著名企业家、慈善家余彭年先生倡导和资助的"彭年光明行动"，是为贫困白内障患者实施免费手术的大型公益项目。2006年5月，市残联配套解决近20万元经费，在我市开展"彭年光明行动"，发动乡镇、社区残疾人工作者将患者送到指定医院集中进行术前检查，对符合手术条件的白内障患者进行免费复明手术。2006~2007年"彭年光明行动"中，全市1010名符合手术条件的患者接受免费手术。

2007年8月，市政府出台《仪征市创建白内障无障碍市实施方案》，要求在实施白内障复明工作中，做好"政府组织领导无障碍，白内障知识无障碍，筛查、复查、输送、手术无障碍，患者承受手术费用无障碍，医疗服务能力和服务水平无障碍，白内障服务工作机制运行无障碍"的六个"无障碍"。2009年，仪征市被全国残疾人康复工作办公室授予第一批"全国白内障无障碍市"称号。

1989至2012年年末，全市先后完成白内障复明手术5320例（其中免费手术2610例），配用助视器1870例；语训聋儿212人次，培训聋儿家长272人次，为65名贫困聋儿配送助听器72只；脑瘫儿童康复训练210人次；智残儿童康复训练805人次；肢残康复训练1574人次。为残疾人提供康复训练器具4468件。其中，免费送给贫困残疾人轮椅、手摇车1550辆、盲杖1600根、拐杖1120付，免费为110名适宜安装假肢的贫困残疾人安装126条假肢。每年为150多名精神残疾患者实行免费给药。

第三节　教育与培训

为了让残疾人平等地享受教育的权利，从而改变残疾人的生活状况，仪征残联从残保金中优先安排经费，坚持实用和实效的原则，以残疾学生入学教育为基础，以残疾人技能培训为重点，依托残疾人培训基地开展职业技能培训，让残疾人掌握就业技能，增强自我生存能力。

一、残疾人技能培训

2000年起，仪征市残联按照上级残联的指导意见，联系本地实际，开展残疾人求职登记和职业技能培训。先后培训视残人120多人次，有2人获得盲人医疗按摩师资质；培训肢体、听力、言语类残疾人1460多人次，实用致富技术培训6950多人次，并帮助、指导他们扬长避短，实现就业。

2003年，全市有11名城镇残疾人、352名农村残疾人得到技能培训。培训项目有焊接、服装、鞋类修理等。选送4名盲人到扬州盲校参加盲人按摩培训，其中2名盲人被扬州市盲人按摩中心留用。此后，每年为城镇有就业能力的残疾人举办职业技能培训不少于1期；为农村残疾人举办实用技术培训不少于2期；并选送基础条件好的残疾人参加省、市残联举办的职业技能培训。

2008年，为培养、选拔残疾人职业技能优秀选手，提高仪征市残疾人职业技能水平，市残联在扬州市特殊教育学校和扬州亚星技术学校，举办全市残疾人职业技能选拔比赛。比赛共设5个项目：计算机组装、www网页设计、英文排版、玉器加工、电焊。扬州市残联与扬州市委党校联合举办残疾人初级烹调师培训班时，仪征共选送26名残疾人参加为期25天的培训。

2009年，仪征残联在市捺山茶叶试验场茶农村举办全市残疾人茶叶栽培技术培训班，组织农村种植茶叶的残疾人家庭参加培训，提高科学管理茶田的技术水平。2010年，举办茶叶种植、玩具加工等技能培训班3期，集中培训166名残疾人，还选送6名残疾人赴扬州、南京学习盲人按摩推拿、计算机应用等。

2011年，仪征残联先后2次聘请专家对新城镇润扬机械厂92名残疾人进行岗前技能培训。真州镇采取集中培训与分散培训相结合的方式培训32名残疾人，并安排就业。当年，全市共对312名残疾人进行了技能培训。

二、扶持特教事业

1988年，仪征市民政局与市教育局在铜山乡中心小学创办全市第一个特殊教育班，共招收8名残疾学龄儿童入学。在一些普通学校和幼儿园也相继招收一些弱智儿童入学，对他们进行特殊的抚育与培智。为此，还于1992年为盲人聋哑人协会和聋哑人企事业单位的手语教师和翻译人员，发放相当于本人标准工资15%的特教津贴。

1992年和1994年分别为2名高考达录取分数线因残疾未被录取的残疾人奔走呼吁，使他们跨进高等学府，得到继续深造的机会。1995年，全市有227名智残儿童跨进普通小学的大门，有18名聋儿接受语言训练。1997年完成10名聋儿语言和8名盲人盲文培训任务。

1999年起，建立残疾儿童入学情况调查统计上报制度，连续3年对当年未入学适龄残疾儿童进行入户调查。2000年，全市未入学适龄残疾儿童有131人，其中有就学能力未入学的32人。市残联通过各种渠道开展工作，帮助他们顺利入学。

2001年，国家实施“两免一补”助学政策，对农村义务教育阶段贫困家庭学生和残疾儿童进特殊教育学校，免费提供教科书、免学杂费，对其中的寄宿生给予生活费补助。除中央财政提供免费教科书之外，地方财政负责免杂费和补助寄宿生生活费。

2004年8月，残疾人成人教育本科班和扬州特殊教育学校在仪征招生。2008年，仪征市特殊教育学校成立后，市残联每年都安排资金资助特殊教育学校的教育工作，帮助解决各种实际困难。

三、实施教育奖励政策

为激励残疾人学生勤奋学习，鼓励更多的残疾人接受中、高等以上教育，市残联从2004年起，对考入国家认可的中等以上院校的残疾人和贫困残疾人子女给予一次性奖励。标准是大学本科奖励4000元，大学专科奖励2000元，中专、高中奖励1000元。于每年7月至9月按时发放。2009年市政府印发《关于残疾人和贫困残疾人家庭子女继续教育奖励办法》，当年奖励残疾学子5人，贫困残疾人家庭子女44人，共发放助学奖金14.8万元。

2012年，市残联对143名存在就学困难的残疾学生给予资助，向考上中等以上院校的9名残疾学生、63名贫困残疾人家庭子女，按规定发放考学奖励金、教育专项补贴。共16.3万元。

2009~2012年仪征市残联教育奖励情况表

表10-1

年　度	残疾学生（人）	贫困残疾人家庭子女（人）	发放助学奖励金额（万元）
2009	5	44	14.8
2010	4	48	19.3
2011	5	46	16.2
2012	9	63	16.3

第四节 残疾人就业

就业是改变残疾人生活状况最根本最有效的措施。仪征市残联除自办培训班和组织参加省市各类培训班，提高残疾人就业能力以外，还采取推进福利企业集中就业，按比例分散就业和扶持自主创业等渠道，实现残疾人就业的多元化，帮助更多的残疾人就业。

一、兴办福企集中就业

从20世纪70年代中期起，仪征开始兴办社会福利企业，集中安置残疾人就业。到1986年，全县已有社会福利企业25家。此后，逐年有所发展。至1991年各级各类福利企业增加到48家，所有乡镇都有福利企业，当年安排955名残疾人就业。市残联重视发挥福利企业集中安置残疾人的作用，积极向福利企业推荐具备劳动能力和一技之长的残疾人。1992年，市残联向黎明汽车制造厂推荐城镇残疾待业青年就有30多人。为拓宽残疾人就业门路，市残联与有关部门配合，积极扶持福利企业发展。1996年，全市社会福利企业达到126家，比1986年增加4倍。2007年，由于政策调整，社会福利企业的发展受到制约，至2012年年底，全市有各类社会福利企业105家，比1996年减少16.6%；安排2203名残疾人就业，比1991年增加1.3倍。残疾人职工平均月收入1150元。

市残联切实加强福利企业的管理工作，每年5月，结合福利企业年检换证工作，残联安排专人对全市福利企业安排残疾人就业情况专项督查，防止福利企业出现空挂名和工资待遇不落实的情况。

二、交纳资金保障就业

1999年，仪征市政府出台的《关于按比例安排残疾人就业实施细则》规定，仪征市行政区域内的机关、团体、企事业单位应当按照不低于本单位城镇从业人员总数1.5%的比例安排残疾人就业，达不到规定比例的单位，每年度必须向残疾人劳动就业服务机构交纳残疾人就业保障金。企业保障金由地税代征，机关团体和事业单位保障金由财政代扣。该《细则》出台的当年，全市机关企事业单位增加近400名残疾人就业。

2001年征收残疾人就业保障金30余万元，确认126个单位分散安置残疾人就业880人。2002年征收残疾人就业保障金36.5万元，确认160个单位分散安置残疾人805人，稳定残疾人就业岗位3560余个。2003年征收残疾人就业保障金45.5万元，确认230个单位分散安置残疾人805人，稳定残疾人就业岗位3560余人。

2008年征收残疾人就业保障金283万元，全市分散安置残疾人就业1980名。2009年征收残疾人就业保障金350万元，全市分散安置残疾人就业2420名。

2010年征收残疾人就业保障金470万元，全市分散安置残疾人就业2652人。2011年征收残疾人就业保障金569万元，全市分散安置残疾人就业2870人。2012年征收残疾人就业保障金707万元，全市分散安置残疾人就业3046人。

三、整合资源扶持创业

为促进残疾人个体创业，仪征市残联在举办各种技能培训，提高残疾人劳动技能的基础上，协调工商、税务及相关部门和单位，营造良好的残疾人创业环境。每年安排资金鼓励、扶持有创业愿望，并基本具备创业条件的残疾人创业。2003年，扶持16名残疾人个体创业就业。其中，肢残人成明祥创办小农场，张建海开办海红服饰有限公司，王锦东、李芳等视残人开办6个盲人按摩店。有些自主创业的残疾人成了行业中技术能手和先进模范人物。真州镇听残人余燕2006年参加省残疾人技能比赛，获得服装裁剪第二名，2007年8月代表江苏参加中国残联在西安举办的第三届全国残疾人职业技能比赛，名列服装裁剪前八强。肢残人成明祥创办灵宣园艺场取得成功，2008年被评为扬州市“十佳残疾人创业之星”。残疾人缪明安、钱恩荣先后荣获扬州市残疾人自强模范称号。为此，2009年扬州市残联在仪征召开了残疾人个体创业现场会。当年，市残联在市劳动就业大厅举办阳光助残就业招聘会，除招聘残疾人就业外，还为有创业愿望的残疾人提供信息和资金服务。新集镇帮助聋哑夫妻杭春林买来绞肉机从事经营服务，使其逐步摆脱了贫困。

2008年，市残联同谢集绿扬制茶二厂共建残疾人扶贫基地，经基地扶持的52名残疾人，人均收入比上年度增长62%，最高家庭收入比扶持前增收6000元。2009年，市残联深入有关乡镇对2008年建立的基地进行走访调查，保证扶贫基地安置就业的残疾人月工资不低于当地最低工资标准。受辐射、帮扶的残疾人年收入不低于4500元，被扶持的残困户脱贫率在85%以上。

2011年，"仪征市海红服饰有限公司"确定为扬州市二星级残疾人创业基地。该公司先后与30名残疾人签订劳动合同，与40多名残疾人达成结对帮扶和实习协议。确定"仪征市尚林日杂门市部""余记修鞋店""晓燕干洗店""会标复印室""十二圩正荣日杂商店""足三里盲人按摩中心"等为年度残疾人创业点，吸收其他残疾人共同创业。同时针对全市农村残疾人较多的现状，建立能直接安置或辐射带动残疾人就业的种养业、服装玩具加工类残疾人扶贫基地10个，辐射带动残疾人家庭440户。

2012年新城镇桃坞绿海生态园采取"公司+基地+残疾户"的方式，无偿为残疾人提供信息咨询、技术指导、产品销售等服务，带动残疾户达40多户，使残疾家庭户人均收入达万元以上。三茅生态农业生产示范基地，通过采取以土地代替资金入股、年终分红的方式，主动与当地60名残疾人签订帮扶协议，使残疾人年均收入较扶持前增长60%以上。

当年，仪征市残联会同市人力资源和社会保障局共举办残疾人就业招聘会4场，262名残疾人得以就业。建成"无声汽车装潢"残疾人创业示范基地，该基地共吸收6名残疾人就业。全市新建创业点21个，36名残疾人实现个体就业。

第五节 残疾人救助

仪征市残联对残疾人救助主要方式有：生活救助、扶贫救助、重残救助、康复救助、教育救助、医疗救助、住房救助、法律救助等。生活救助主要有困难救助、重残补贴、护理补贴、燃油补贴等；医疗救助主要有大病救助、医保救助；住房救助主要有安排廉租房、经济适用房和危房改造。

一、生活救助

2006年以来，仪征市全面推行残疾人分类施保，低保对象中的重度残疾人全额发放低保金；低保对象外、无固定收入的重度残疾人按当地低保标准全额发放生活救助金；低保家庭中的残疾人低保标准提高20%；家庭人均收入在低保标准以下，且一户多残、依老养残等特殊困难家庭中的残疾人，按照不低于当地城乡低保标准的60%发放生活救助金。

农村贫困残疾人家庭危房改造、城镇经济适用房和廉租住房，优先安排符合条件的残疾人家庭。为解决家庭无力承担的重度残疾人生活照料和康复托养问题，对符合农村"五保"条件残疾人、城市"三无"残疾人，优先纳入城乡社会福利机构集中供养。

1993年春节期间，市残联从有限的经费中拿出8000元用于残疾人慰问。从1994年起，残联每年安排专项资金，对特困残疾人进行生活救助，标准逐年提高，范围逐年扩大。各镇、村为特困残疾人家庭实行定期救济补助。1995年通过对残疾人特困户的调查，基本上弄清全市500多个残困户的生活状况，市残联筹资10万元救济处于绝对贫困状态的残困户。

2000年，走访148户贫困残疾人家庭，送慰问金近6万元；为1560名残疾人落实了低保，年内新增低保残疾人348名。

2003年新增残疾人低保128名。下拨特困残疾人生活补助款6万元，使400多位残疾人得到了实惠。共走访248户贫困残疾人家庭，送慰问金11万元。

2005年走访慰问345户贫困残疾人家庭、发送慰问金和慰问品共计价值8.3万元，新增低保残疾人85名，发放残疾人临时救济金12.5万元。

2012年，全年慰问困难残疾人家庭共1686户，累计发送慰问金、慰问品价值83.2万元，下拨镇（办事处）残联残疾人生活补助款19.6万元，使600多名残疾人受益。当年9月起，为残疾人机动轮椅车发放燃油补贴，每辆车每年补贴260元。

二、扶贫救助

残疾人扶贫救助工作，是在解决贫困残疾人温饱问题的基础上，帮助他们稳定提高经济收入，逐步缩小与社会收入平均水平之间的差距。残疾人扶贫救助工作，采取开发式扶贫、扶贫到户到人的方针。1993年陈集乡为特困残疾人杨勇解决手摇轮椅和补鞋机，帮助其自食其力。1995年在乡村开展为残疾人特困户家庭帮耕帮种，免费赠送化肥、农药等。市民政局帮助全市300多户残疾人特困户家庭补助修建危房610间，解决发展生产资金近10万元。

2000年，无偿提供残困户优质果树苗10000株，并将栽培管理技术要点打印数千份资料发到残困户。2001年，仪征市残联向上争取100万元残疾人康复扶贫低息贷款和30万元残疾人“庭院经济”贴息贷款。所扶持的马集蔡湖农业观光园培植1.25万株优质桃树苗分派到8个乡镇的残疾人家中，并给予指导种植管理，确保成活率。

2005年，视残人王锦东按摩业务扩大，添置设备困难，市残联资助1万多元为其购买电动牵引蒸疗床一台。为肢残人钱恩荣开办的铁艺焊接门市部解决焊接工具经费。当年帮助26户残困户建房。

三、重残救助

2007年年底，仪征市在扬州地区率先出台《关于对无固定收入重残人员给予生活救助的实施办法》。从2008年1月起，对无固定收入重残人员按低保标准给予生活救助。至2012年12月底，全市共有4000名重残人员享受生活救助，其中城镇549人，农村3451人，救助标准为城镇每人每月390元，农村每人每月250元。

2010年11月，仪征市民政局和仪征市残疾人联合会联合下发《关于开展全市生活困难残疾人调查登记工作的通知》。调查登记对象包括：已纳入低保的残疾人；一户多残、依老养残家庭中的残疾人；无固定收入、无生活自理能力的残疾人。此项工作已于当年完成。

2011年起，仪征市对生活不能自理的残疾人实施发放护理补贴。2012年，全市新增重残护理补贴431名残疾人，同时对低保中的59名重残人员实施了救助。截至2012年12月底，共有1203名残疾人享受护理补贴。

1992~2012年部分年份仪征市残疾人事业资金投入情况一览表

表10-2

年　度	1992	1997	2002	2007	2012
投入资金（万元）	2	30	190	620	2300

第六节　残疾人证发放与管理

1996年8月，仪征市残联成立仪征市残疾评定委员会（简称残评委），开始发放残疾人证。当年发放残疾人证100多份，领证率很低，领证手续简单，证件管理也不很严格。2009年4月，国务院通知换发“残疾人证”。原“残疾人证”从2010年1月停止使用。全市于当年开始换发和新发“残疾人证”。至2012年末，全市持证残疾人9884人，占残疾人总数的27.8%。

一、成立残疾评定委员会

仪征市残疾评定委员会是县市级残联发放管理“残疾人证”的组织领导机构，由政府办、残联、卫生、财政、民政、劳动人事等部门负责人和指定鉴定医院负责人及鉴定组医师、复审组医师组成。市残疾评定委员会予2002年成立，残疾评定委员会下设办公室，设在市残联，负责残疾评定日常工作。

残疾评定委员会的职责是，组织领导残疾评定工作，对残疾评定过程实施监督；及时研究解决残疾评定工作中出现的各类问题；建立残疾评定专家库，组织鉴定医师、复审医师进行业务交流和培训；对残疾评定中出现的残疾等级等争议，组织复评与裁定。

二、换发二代残疾人证

2009年4月，国务院通知从2010年1月1日起，停止使用原“中华人民共和国残疾人证”（简称一代证），换发第二代“中华人民共和国残疾人证”（简称二代证）。凡有本市户籍和身份证，持有一代证，市残联有一代证评定资料，公示无异议的残疾人，可直接申请换发二代证。市残联组成工作小组，深入到村（居）民小组为残疾人办理换证和领证；对瘫痪在床，申领、换发残疾人证确有困难的由工作人员上门服务，帮助办理领证手续。至2009年底，全市共有7000多残疾人换领了第二代残疾人证，圆满完成了二代证换发任务。

三、印发残疾人证管理办法

为维护残疾人合法权益和残疾人证的权威性，加强“残疾人证”的核发与管理，2009年8月，市政府印发《仪征市〈残疾人证〉管理实施办法》。办法规定的办证程序是：

1、残疾人申请　申请人（或法定监护人）向户口所在地村（居）民委会提出办证申请，填写《申请表》和《残疾人基础信息调查表》。未成年残疾人和智力残疾人、精神残疾人需填写法定监护人姓名和联系电话。村（居）民委员会在《申请表》中签署意见并盖章。办理“残疾人证”的申请人（或法定监护人）需要带申请人的身份证、户口本、五张二寸免冠彩色照片、本人的办证《申请表》以及有助于残疾等级认定的“治疗结论”、“事故鉴定报告”等材料。

2、乡镇把关　乡镇（办事处）残联对申请人进行目测把关后，在《申请表》中签署意见并盖章。并将《残疾人基础信息调查表》相关信息录入残疾人基础信息数据库。对明显不够办证条件的，做好解释工作。

3、残联受理　申请人（或法定监护人）将相关办证材料提交市残联，办证人员对《申请表》、照片、身份证、户口本进行核对后，填写《评定表》相关信息，贴上申请人的相片，并加盖“仪征市残疾评定委员会办公室”印章。

4、医院鉴定　申请人凭盖有印章的《评定表》，到指定的医疗单位进行残疾类别和等级的评定。评定人员将结论填入《评定表》，明确残疾类别、残疾等级，有两名评定医生同时签字后，由医院医务科加盖该医院公章。

5、残联初审　医疗单位鉴定后，将《评定表》等材料送交市残联初审。初审时申请人本人要到现场，残联对申请人的残疾情况、残疾评定结论以及相关材料进行核对。

残疾情况和残疾评定结论基本符合、不需要参加专家复审的，由残联上报办理。

被评定为重残的、残疾评定结论有明显误差的、发现信息虚假的，安排参加市残疾评定委员会专家复审，以专家复审的结论为准。

需参加专家复审的，工作人员应将有关复审事项告知申请人（或法定监护人），并留有家庭住址和联系方式。

6、专家复审　参加专家复审的，申请人本人要到现场。若本人确实不能前来的，由法定监护人提供相关证明，并持乡镇（办事处）残联理事长出具的（说明致残原因，医疗过程，残情现状）核实意见。专家复审定期、集中进行，由市评残委员会办公室视情确定具体的时间、地点（通常每半年一次）。专家复审不影响重残救助的正常申报审批。

7、上报审核　初审通过和参加复审做出结论的，由残联按程序上报办理。

8、乡镇发证　市残联将办好的“残疾人证”发送乡镇（办事处）残联，申请人到乡镇（办事处）残联领取“残疾人证”，乡镇（办事处）残联也可送证上门。

有下列三种情况之一者，不能申领“残疾人证”：①伤残程度达不到残疾评定标准的（最低四级）；②伤残不在残疾评定范围的；③因病或事故致伤、致残，还在治疗或康复期的。

2009~2012年仪征市残疾人证发放情况统计表

表10-3　　单位：人

年度	发证数	其中	各类别残疾人数						
		重残	视力	听力	言语	肢体	智力	精神	多重
2009	7276	3438	1185	729	17	3544	1155	563	83
2010	839	369	195	54	3	395	89	79	24
2011	794	292	139	62	2	414	118	58	1
2012	975	622	223	45	3	465	98	139	2
合计	9884	4721	1742	890	25	4818	1460	839	110

第七节　助残日、维权和文体活动

一、组织助残日活动

1990年12月28日审议通过的《中华人民共和国残疾人保障法》第48条规定：“每年五月第三个星期日，为全国助残日。”

1991年5月19日，为全国第一个“助残日”，仪征市委、市人大、市政府、市政协领导专程看望市属社会福利厂和胥浦、月塘等乡镇福利厂的残疾职工。此后，每年“全国助残日”，市残联都组织安排活动。请市领导发表电视讲话、宣讲《中华人民共和国残疾人保障法》，走访慰问贫困残疾人和残疾职工；开展“办实事、送温暖”活动，举办“自强不息”报告会和残疾人文艺演出活动。组织社会各界人士和助残志愿者，开展广场助残、社区助残和家庭助残等活动。

2008年5月18日“助残日”，全市围绕“牵手残疾人，走进残奥会”这个主题，开展以“送温暖、送健康、送岗位、送快乐、送文化”为主要内容的“访残问残帮残”系列活动。市残联组织康复残疾人代表外出参观。“助残日”当天，由市人民政府残疾人工作委员会主办，市委办、政府办、市委宣传部、市民政局、劳动社会保障局和卫生局以及真州镇等15个单位协办，在鼓楼广场举办盛大助残宣传、康复服务、维护权益、助残展示、助残志愿者广场签名等活动，营造理解、尊重、关心、帮助残疾人的良好氛围。

二、执行残疾人保障法

《中华人民共和国残疾人保障法》（以下简称《保障法》）颁布后，市残联除利用“全国助残日”等活动，宣传《中华人民共和国保障法》外，还与司法部门协调于2000年成立“仪征市残疾人法律援助站”，开展涉残法律法规执法检查10余次，对残疾人的合理、合法要求，予以无偿援助。2011年6月，为进一步端正福利企业办厂方向，切实维护福利企业残疾职工的合法权益，仪征市民政局、市残联、市福利企业协会联合下发《关于切实维护福利企业残疾职工合法权益的通知》，并成立仪征市残疾人法律救助工作协调组，贯彻《信访条例》，畅通残疾人信访渠道，健全信访处理，做到事事有答复，件件有交待。对残疾人提出的一时不能或无法解决的问题，按照“善待有理访，劝导无理访”的原则，对其耐心劝导，维护社会稳定。同时，建立残疾人法律维权中心、维权岗，加大残疾人法律救助工作协调机制建设，不断拓展残疾人法律服务工作领域。遇有涉残案件，市残联主动与司法局、法院对接，在司法公正的前提下，维护好残疾人的合法权益。

三、开展残疾人文体活动

市残联十分重视残疾人文化体育活动以及残疾人运动员的选拔与培养，注重发展残疾人特殊艺术和竞技体育。2001年10月，全市选拔12名残疾人运动员参加扬州市首届残运会，获得4金、1银、1铜的好成绩。2005年5月26日，省、市残联到仪征筛选残疾人运动员。2011年3月，为备战江苏省第八届残疾人运动会，做好残疾人运动员后备人才的储备工作，在全市范围内选拔残疾人运动员。市残联全力帮助残疾人运动员解决各种实际困难，对做出成绩、争得荣誉的残疾人运动员，进行奖励和慰问。

缪明安是仪征的一位听力残疾人。1999~2011年他先后参加14次国内外残疾人运动会的田径比赛，获得31项奖项（前3名），打破男子F60级跳远全国纪录一次，将7.08米的全国纪录提高到7.10米。八次被评为“体育道德风尚奖”先进个人。2009年，被中央电视台列为中国体坛年度风云人物，2011年获得江苏省残疾人自强模范荣誉称号。

自2008年以来，市残联除四次承办“月月喜相逢”助残专场文艺晚会外，每年还在社区组织1–2次残疾人文艺晚会或助残晚会，并经常组织小规模的棋牌类、小球类竞赛。同时积极组织残疾人参加省、市的演讲比赛、卡拉OK比赛、技能比赛、艺术品展览、工艺品展览等活动，先后有10多名残疾人选手获奖。

第十一章　老龄工作

仪征自古以来就有尊老、爱老、孝老的优良传统。由明至清道光年间，仪征县志记载的1215位烈女中，大部分都是孝老的典范。清至民国时期，仪征不少爱心人士捐资成立包括养老所在内的救济院，收养部分孤老人员。解放后，仪征县政府民政部门接收救济院，继续做好孤老人员收养工作。

改革开放以后，随着经济社会的快速发展，人民生活水平普遍提高，医疗卫生事业迅速发展，全市人口的预期寿命不断延长，人口老龄化问题逐步显现。仪征市委、市政府根据上级部署，于1986年6月成立仪征市老龄问题委员会，以应对人口老龄化的挑战。2004年6月，撤销老龄问题委员会，成立老龄工作委员会，下设老龄工作办公室。2010年，撤销老龄工作办公室，设立老龄工作科。从1986年至2012年，仪征市老龄工作委员会和民政部门，积极做好老龄社会保障和养老服务工作，逐步建立健全政府、社会、家庭和个人相结合的养老保障体系，组织开展"尊老、敬老、孝老"各项活动，确保老年人分享到改革发展带来的成果。一个以"老有所养、老有所医、老有所学、老有所为、老有所乐"为主要内容的老龄事业，在仪征迅速发展。

第一节　老龄人口

一、老年人口变化

1990年，人口普查统计，全市60岁以上老年人口52388人，占全市总人口的9.17%。

2000年，人口普查统计，全市60岁以上老年人口75715人，占全市总人口的12.4%。按照国际上通常把60岁以上的人口占总人口比例达到10%，作为国家或地区进入老龄化社会的标准，仪征已经进入老龄化社会。

2005年，人口普查统计，全市60岁以上老年人口95170人，占全市总人口的15.94%。与1990年相比，60岁以上老人增长81.66%。2010年，人口普查统计，全市60岁以上老年人口96797人，占全市总人口的17.2%。2012年，全市60岁以上老年人口10.82万人，占全市总人口的19.25%。在老年人口中，农村老年人5.7万人，城镇老年人达5.1万人。

二、百岁老人

解放前，由于经济社会落后、人民生活贫困和医疗卫生条件差等原因，仪征百岁老人极少。解放后，特别是进入21世纪后，仪征经济社会持续发展，人民生活水平逐步提高，健康状况明显改善，预期寿命显著提升。"人生七十古来稀"已变成"人生七十多来兮，八十一大批，活到百岁不稀奇"。至2000年，仪征已有百岁老人5人，以后逐年有所增加，到2012年，仪征的百岁老人已有15人。

2000~2012年仪征市百岁老人名录

表11-1

年　份	姓　名	性　别	出生时间	家庭住址	合　计
2000	吴杜氏	女	1897年	真州镇人民街30号	4
	盛印氏	女	1897年	新城镇大楼村花二组	
	杨连英	女	1897年	陈集镇光荣村桥头组	

续表 11-1

年　份	姓　名	性　别	出生时间	家庭住址	合　计
2000	应文元	男	1897年	陈集镇沙集村友谊组	4
2001	吴杜氏	女	1897年	真州镇人民街30号	5
	盛印氏	女	1897年	新城镇大楼村花二组	
	朱淑媛	女	1902年	仪征市中学宿舍	
	翟吴氏	女	1902年	真州镇糙石巷	
	孙沈氏	女	1902年	陈集镇街道	
2002	朱淑媛	女	1901年	仪征市花园小区7幢102室	8
	吴杜氏	女	1899年	仪征市人民路30号	
	孙沈氏	女	1901年	陈集镇街道	
	翟吴氏	女	1901年	仪征市太平巷28号	
	陈宝云	女	1902年	新集镇方桥村花园组	
	盛印氏	女	1899年	新集镇大楼村	
	娄明清	男	1902年	大仪镇双涧村	
	陈德本	男	1902年	陈集镇丁桥村	
2003	朱淑媛	女	1901年	市前进路111号4幢2－302室	8
	孙沈氏	女	1901年	陈集镇街道	
	陈宝云	女	1902年	新集镇方桥村花园组	
	陈德本	男	1902年	陈集镇丁桥村	
	娄明清	男	1903年	大仪镇双涧村	
	刘丁氏	女	1903年	大仪镇路东村刘庄组	
	姚宗文	男	1904年	马集镇军民村	
	邱素清	女	1904年	市实验小学宿舍	
2004	朱淑媛	女	1901年	市前进路111号4幢2－302室	9
	孙沈氏	女	1901年	陈集镇街道	
	陈宝云	女	1902年	新集镇方桥村花园组	
	陈德本	女	1902年	陈集镇丁桥村	
	娄明清	男	1903年	大仪镇双涧村刘庄组	
	刘丁氏	女	1903年	大仪镇路东村刘庄组	
	邱素清	女	1904年	市实验小学	
	孙李氏	女	1904年	马集镇墩塘村八一组	
	余金兰	女	1904年	谢集乡茶农村捺山组	
2005	孙沈氏	女	1901年	陈集镇街道	9
	陈宝云	女	1902年	新集镇方桥村花园组	
	陈德本	男	1902年	陈集镇丁桥村	
	刘丁氏	女	1903年	大仪镇路东村刘庄组	
	邱素清	女	1904年	市实验小学	
	孙李氏	女	1904年	马集镇墩塘村八一组	
	张继和	男	1905年	青山镇官山村大兴组	

续表 11-1

年 份	姓 名	性 别	出生时间	家庭住址	合 计
2005	鲍九皋	女	1905年	真州镇天宁巷110－1号	9
	周庆英	女	1905年	新集镇紫竹村先锋组	
2006	孙沈氏	女	1901年	陈集镇街道	9
	陈德本	男	1902年	陈集镇丁桥村	
	刘丁氏	女	1903年	大仪镇 路东村	
	孙李氏	女	1904年	马集镇墩塘村	
	张继和	男	1905年	青山镇官山村	
	鲍九皋	女	1905年	真州镇天宁巷110－1号	
	杨二老太	女	1906年	大仪镇	
	孟束氏	女	1906年	刘集镇	
	徐老太	女	1906年	新集镇紫竹村	
2007	孙沈氏	女	1901年	陈集镇街道	11
	刘丁氏	女	1903年	大仪镇路东村	
	孙李氏	女	1904年	铜山办事处	
	鲍九皋	女	1905年	真州镇天宁社区	
	杨二老太	女	1906年	大仪镇河北村	
	孟束氏	女	1906年	刘集镇	
	徐老太	女	1906年	新集镇紫竹村	
	李桂英	女	1907年	刘集镇古井村元井组	
	孙天成	男	1907年	十二圩办事处弓尾村	
	谢陈氏	女	1907年	刘集镇刘集村	
	刘素华	女	1908年	陈集镇立新村	
2008	何明余	男	1904年	刘集镇铁牌村韩庄组	11
	林永珍	女	1905年	新集镇国庆村陈云组	
	孙天成	男	1907年	十二圩办事处弓尾村	
	李桂英	女	1907年	刘集镇古井村元井组	
	王家凤	女	1909年	十二圩办事处浦新村	
	孙姜氏	女	1909年	十二圩办事处弓尾村	
	钱永珍	女	1909年	青山镇肖山村上刘组	
	马徐氏	女	1909年	新城镇冷红村大朱组	
	张德才	男	1909年	新城镇桃坞村联盟组	
	戴春英	女	1909年	新集镇凌东村林业组	
	周世英	女	1909年	月塘乡赵桥村合心组	
2009	何明余	男	1904年	刘集镇铁牌村韩庄组	13
	林永珍	女	1905年	新集镇国庆村陈云组	
	李桂英	女	1907年	刘集镇古井村元井组	
	周世英	女	1909年	月塘乡赵桥村合心组	
	张德才	男	1909年	新城镇桃坞村联盟组	

续表 11-1

年　份	姓　名	性　别	出生时间	家庭住址	合　计
2009	钱永珍	女	1909年	青山镇肖山村上刘组	13
	王家凤	女	1909年	十二圩办事处浦新村	
	吴桂英	女	1910年	陈集镇五星村陈庄组	
	何翠梅	女	1910年	青山镇滨江村高庄组	
	顾长芳	女	1910年	大仪镇奋盛堂村联盟组	
	孙李氏	女	1910年	铜山办事处枣林村枣一组	
	钱长发	男	1910年	真州镇真州东路36－2号	
	孙厚伏	男	1910年	大仪镇大巷村光明组	
2010	林永珍	女	1905年	新集镇国庆村陈云组	11
	张德才	男	1909年	新城镇桃坞村联盟组	
	吴桂英	女	1910年	陈集镇五星村陈庄组	
	何翠梅	女	1910年	青山镇滨江村高庄组	
	钱长发	男	1910年	真州镇真州东路36－2号	
	孙厚伏	男	1910年	大仪镇大巷村光明组	
	吴善符	男	1911年	真州镇桑园小区5－106室	
	杨兰英	女	1911年	真州镇迎江二村19－105	
	戴桂馨	女	1911年	商会街44－1－101	
	钟王氏	女	1911年	新集镇光明村钟庄组	
	王桂芳	女	1911年	大仪镇盛棠村宰庄组	
2011	王瑞珍	女	1912年	新城镇三将村董庄组	13
	张德才	男	1909年	新城镇桃坞村联盟组	
	洪正英	女	1912年	新城镇三茅村赵庄组	
	孙厚伏	男	1910年	大仪镇大巷村光明组	
	王桂芳	女	1911年	大仪镇盛棠村宰庄组	
	顾大祥	男	1912年	月塘镇捺山村捺山组	
	钮发兰	女	1912年	月塘镇长兴村菜洼组	
	林永珍	女	1905年	新集镇国庆村陈云组	
	钟王氏	女	1911年	新集镇光明村钟庄组	
	何翠梅	女	1910年	青山镇滨江村高庄组	
	杨兰英	女	1911年	真州镇迎江二村19－105	
	戴桂馨	女	1911年	商会街44－1－101	
	钱长发	男	1910年	真州镇真州东路36－2号	
2012	姜素珍	女	1913年	大仪镇双涧村赵庄组	14
	钟王氏	女	1911年	新集镇光明村钟庄组	
	林永珍	女	1905年	新集镇国庆村陈云组	
	王秀英	女	1913年	新集镇新集村新集组200号	
	丁年英	女	1913年	仪征市鼓楼东路288－12－101	

续表 11-1

年 份	姓 名	性 别	出生时间	家庭住址	合 计
2012	杨兰英	女	1911年	迎江二村19栋105室	14
	候德英	女	1913年	青山镇跃进村经洼组	
	钮发兰	女	1912年	月塘镇长兴村菜洼组	
	张德才	男	1909年	新城镇桃坞村联盟组	
	王瑞珍	女	1912年	新城镇三将村黄江组	
	钱长发	男	1910年	真州东路36－2号	
	徐孝芳	女	1913年	市花园巷30号	
	何翠梅	女	1910年	青山镇滨江村高庄组	
	叶玉茂	男	1913年	十二圩办事处东升村叶庄组	

第二节 老年教育与敬老活动

一、老年教育

1991年9月，市委、市政府贯彻执行老龄工作政策，创办“仪征市老年大学”，让老年人“老有所学，老有所乐”。当年开设3个专业3个班，学员有60多人。为扩大老年大学的教学规模，2007年，市政府投入139.88万元，对市老年大学活动中心楼进行维修改造，改善办学条件。2008年，市老年大学开设16个专业20个班，学员达637人。2012年，全市老年大学有25个班，学员 832 人。市老年大学已成为扬州市领先的老年教育阵地。

二、敬老活动

1988年重阳节，市老龄办组织开展第一个“敬老日”活动，举办老年人体育运动会，开展棋牌、门球、乒乓球、钓鱼等比赛，1000多名老年人参加攀登铜山和“环城一周万步行”活动。1993年和2006年，市政府两次成功承办省老年门球联谊赛，市老年队获得体育道德风尚奖。

1996~2005年，每年元旦和春节期间，市、镇两级领导都带队慰问和看望90岁以上高龄老年人，共送慰问金37多万元。市老龄办每年组织老人开展书画、书法、象棋、京剧、摄影比赛，并先后三次组织参加全国、省、扬州市比赛，均取得较好成绩。其中1999年，市老龄办推荐8对金婚夫妇和敬老新婚夫妇，参加省2000对模范金婚和敬老新婚夫妇表彰活动。当年“敬老日”这天，市老龄办举办庆祝国际老人节京剧演唱会，邀请省著名京剧演员到仪征演出；在扬子公园举办有4000多名老年人参加的游园活动；市直机关单位还举办老年人门球、麻将、象棋比赛和书画展、雨花石展览等。

为使敬老工作落到实处，2008年市政府把新建市老年活动中心列为当年城建10大重点工程之一，将原市劳动保障局1000平方米办公楼改建为市老年活动中心，并投入150万元进行维修和装饰。12月，市老年活动中心竣工验收并交付使用，基本形成健身、娱乐为一体的市老年活动中心。同年，市政府专门下发文件，动员和部署走访慰问涉老对象，对残疾老人、高龄老人、特困老人全面进行走访慰问；9月底，市政府办公室转发市老龄办《关于组织开展“国际老人节”和“江苏省敬老日”活动的意见》；市老龄办组织动态养老港澳、海南、桂林、广东旅游2次，29人参加；韩国游1次，10人参加。市民政局、交通局、档案局等单位组织老同志赴西安、苏州、南京、扬州参观旅游；市劳动和社会保障局举办退休老年职工第二届“银湖杯”象棋比赛，18个社区近百名退休老人参加比赛。

2010年起，市文明办、市民政局、市妇联联合组织开展“孝老文明好儿女”评选活动，每年评选一批“孝老文明好儿女”，在重阳节前召开全市“孝老文明好儿女”表彰大会，由市政府领导为受表彰对象颁奖。至2012年,全市已评选出38位“孝老文明好儿女”。

2011年9月,市政府办公室转发市民政局《关于开展“敬老月”活动的实施方案》,要求各机关单位、乡镇以“尊老让美产生,敬老让爱传承”为主题,开展“尊老敬老助老”系列活动。通过组织参观、外出旅游、召开座谈会、开展自娱自乐的文体活动等多种形式,让广大老年人在欢乐祥和的氛围中度过佳节。2012年1月,市政府办公室印发《关于老年人免费乘坐市区公交车的通知》,规定70周岁以上老年人,可凭老年证免费乘坐市内公交汽车,免费进入政府投资主办的各类公园、旅游景点、公益性文化设施和公共体育健身场所。当年,“敬老月”期间,市义工联、市退休工人管理中心夕阳红艺术团到真州镇敬老院,为五保老人送去可口的点心和精彩的演出。市宗教局联合基督教会,为青山镇敬老院的五保老人包饺子、打扫卫生,与老人聊家常,一起观看他们自编自排的节目。

2010~2012年仪征市“孝老文明好儿女”名录

表11-2

年份	姓名	职务	单位	合计
2010	忠翠萍	村民	十二圩办事处红旗村	12
	李子英	村民	铜山办事处程营村	
	杨　宁	办事员	真州镇敬老院	
	许宏江	村民	青山镇跃进村	
	韩恩霞	村民	新城镇郁桥村	
	孙有珍	村民	新集镇长春村	
	薛　燕	村民	马集镇金营村	
	苏道萍	村民	大仪镇路南村	
	王巧云	院长	陈集镇敬老院	
	许生英	妇女主任	刘集镇百寿村	
	张德林	互联工程师	上海华为技术有限公司	
	周继萍	村民	月塘乡曹营村	
2011	黄家顺	职工	华兴公司	11
	王小红	业务代表	中国人寿保险公司	
	王玉玲	计生干部	新城镇计生办	
	徐安莲	村民	新集镇新集村	
	包贵琴	村民	马集镇岔镇村	
	张玉杏	村民	大仪镇大巷村	
	殷明珍	村民	陈集镇青年村村民	
	姚业梅	村民	刘集镇刘集村村民	
	陈广才	村民	月塘镇尹山村村民	
	束素萍	村民	十二圩蒲新村村民	
	周爱华	仓管员	枣林湾老年公寓仓管员	
2012	何　芳	居民	真州镇梓橦社区居民	15
	张跃年	民政干部	青山镇敬老院负责人	
	王金美	工人	仪征电瓷电器有限公司职工	
	刘桂琴	护理员	新城镇敬老院护理员	

续表 11-2

年份	姓名	职务	单位	合计
2012	金学琴	村民	新集镇方桥村村民	15
	殷翠华	村民	马集镇方营村村民	
	王金昌	私企老板	大仪镇飞鸽工艺品有限公司负责人	
	宋红兵	村民	大仪镇路南村村民	
	郭士华	村民	陈集镇红星村村民	
	赵宏秀	个体	刘集镇个体工商户	
	胡礼琴	村民	刘集镇黄营村村民	
	张红梅	村民	月塘镇长兴村村民	
	潘其玉	村民	月塘镇铁坝村村民	
	曹梅琴	村民	十二圩办事处弓尾村村民	
	李芳梅	护理员	铜山办事处枣林湾老年公寓护理员	

第三节　老年权益保障

一、宣传《中华人民共和国老年法》

1996年9月,《中华人民共和国老年人权益保障法》(以下简称《老年法》)正式颁布实施。市老龄办及时翻印2万册单行本,发送到各乡镇部门。10月,市老龄委组织开展宣传贯彻老年法的系列活动:在市区主要道路悬挂横幅20多条,在城区鼓楼广场举办老年法街头宣传咨询活动,散发宣传材料2000多份,接受咨询300多人。同时,召开学习老年法座谈会,乡镇和部门分管老龄工作的领导交流学习老年法心得体会。

1998年,为庆祝老年法颁布实施两周年,市老龄办又在城区鼓楼广场举办老年法宣传咨询活动,发放《老年法》宣传材料1100多份,接受咨询200多人次。1999年,是联合国确定的国际老人年,市老龄办紧紧抓住大好时机,围绕"建立不同年龄人人共享的社会"这一国际老人年的主题,在城区鼓楼广场举行"庆祝国际老人年"及老年法颁布实施三周年大型街头宣传咨询活动。

2004年,市老龄工作委员会、市委宣传部、市教育局、共青团仪征市委员会、市妇女联合会联合印发《在全市青少年中广泛开展敬老爱老助老主题教育活动的通知》,进一步加强青少年的思想道德教育,大力弘扬中华民族敬老爱老助老的传统美德,鼓励广大青少年读敬老书,做敬老事,写孝老文章,在青少年中增强敬老爱老助老的意识,在全社会形成良好的道德风尚。

为活跃老年法的宣传形式,2006年9月,市老龄办举办"九九艳阳天"文艺晚会,以说唱、小品等形式宣讲老年人法律法规。敬老院老年人、驻仪部队官兵、市民代表4000多人观看演出。2008年,市老龄办商请市电视台开设四期《和谐大地》专题栏目,播放反映全社会学习老年法的典型事迹。

2012年,市老龄办通过设立宣传橱窗等形式,宣传"尊老、敬老、助老"的中华民族传统美德,在《仪征信息》刊登宣传老年法和市老年权益维护工作情况两个专版。

二、城镇老人养老保障

解放前,仪征城镇老人生活没有保障,人老以后,只能依靠其子女生活;没有子女可依靠的,晚景凄凉,有的甚至老死街头。

解放后,政府关心老年人养老的问题。1951年2月,政务院颁布《中华人民共和国劳动保险条例》

（以下简称《条例》），对城镇职工退休待遇作出规定（当时称退职养老）。仪征按照条例规定，根据老人工龄长短，按月分别发放本人工资的50%~70%的养老补助费。

1955年年底，国务院颁布《国家机关工作人员退休处理暂行办法》。仪征县政府贯彻执行国务院颁布的这一办法，为仪征县机关工作人员办理退休手续并领取退休金。

1980年10月，国务院发布《关于老干部离职休养的暂行规定》，规定中华人民共和国成立前（1949年10月1日）参加革命的老干部离休后享受在职时的全部工资，以及多种补贴。与老干部相同的老工人，享受与离休干部相似的待遇。从1983年起，除照发本人原工资外，另外增发本人原标准工资一个月、一个半月或两个月的生活补贴。

为落实城镇老人的养老保障，1984年，仪征按照国家劳动部的规定，开始实行养老保险制度改革，实行社会统筹与个人账户相结合的基本养老保险制度。基本养老保险费由企业和职工共同负担。截至1986年，仪征有5678名城镇老人参加养老保险。

2000年起，仪征积极发展补充性养老保险，鼓励开展个人储蓄性养老保险，多渠道加强城镇老年人的生活保障。

2005年起，仪征按照国家规定，每年调整企业退休人员基本养老金水平，增幅均为本人退休金的10%。2007年，全市城镇退休老人约2万人，全年发放养老金约3千万元。2008年，全市城镇退休老人28392人，人均月增资106元，人均月养老金为1102元。2010年，全市城镇退休老人为32381人，人均月增资145.1元，人均月养老金为1381.5元。2012年，全市城镇退休老人36640人，人均月增资194.8元，人均月养老金为1654.9元。

三、医疗卫生保障

20世纪80年代前，仪征老人的医疗保障情况是：城镇离休、退休老人实行公费医疗的保障制度，其他老年人由家庭负担医疗费；农村绝大多数老年人的医疗费依靠家庭负担。

改革开放后，从20世纪80年代开始，仪征按照国家政策规定，逐步改革由国家包揽医疗费用的办法，建立社会统筹与个人账户相结合的城镇职工基本医疗保险制度，规定老人退休后个人不缴纳基本医疗保险费，对个人账户计入金额和个人负担医疗费的比例给予适当照顾。并将老年常见病、慢性病等大额医疗费用纳入社会统筹基金支付范围，减少退休老人个人的支付比例。

2005年起，市政府每年组织市级医疗机构专家、社区医生在社区开展党员义诊、专家义诊等义诊服务，免费为城乡老人进行体检，开展老年常见病与多发病的防治及咨询。2007年，市政府加大投入，加快社区卫生服务体系建设，全市建成社区卫生服务中心14个，城乡社区卫生服务站147个。社区卫生服务中心对70岁以上持有老年证的老人免除普通门诊挂号费，按规定比例减收有关检查费；对低保老龄人员免收门诊挂号费、诊疗费，减半收取住院诊疗费、护理费，B超费、透视费、心电图费，三大常规检查费减免30%。市人民医院、市中医院分别开设老干部病房、老年门诊，对60周岁以上老人凭老年证免挂普通号费就诊。对在农村的老人，全面实施农村合作医疗，全市农村60岁以上老人参加合作医疗的有62783人，当年累计为8751名老年人报销医药费用，兑现补偿资金722万元。2008年，市社区卫生服务中心为老人提供上门服务，只要老年人有需求，社区卫生服务中心、服务站可为服务范围内的老年人提供24小时上门服务。服务内容包括预防、保健、健康教育、基本医疗、康复和健康咨询等。除极个别居住偏远的居民外，社区老人可在15分钟内得到及时救助，基本能够实现小病不出社区。 2009年，市民政局协助卫生医疗机构 通过上门登记调查、组织老年人健康体检等方式，为60岁以上城镇居民建立健康档案，至年底，全市城镇60岁以上老年人健康档案建档率达80%。通过这一途径，老年人基本能够在社区解决常见病、慢性病的基本医疗和预防保健的问题。

2012年，为更好地发挥商业保险在养老保障体系建设中的作用，市民政局向全市入住在各类养老机构符合条件的社会寄养老人每人赠送一份最高保障额为32800元的“爱老无忧”意外伤害综合保险，提高老年人的抗风险能力。

四、尊老金保障

尊老金保障，是政府对长寿老人的生活给予一定的经济补助。2002年起，市政府开始对百岁以上高龄老人发放尊老金，每人每月50元。当年有8位老人领到尊老金。每位老人百岁生日的这一天，市政府领导或民政局及老龄办的领导均上门慰问，现场发放尊老金。2004 年，省民政厅文件规定百岁老人尊老金补助标准调整为每人每月 100元。

为使更多的老人享受改革发展的成果，2008年，仪征市委常委会研究决定，扩大发放尊老金的人群，对全市90~99周岁以上高龄老年人，每人每月发放50元。当年10月，市政府第8次常务会议，又研究通过市老龄办关于《仪征市尊老金发放实施办法》，确定所需资金由市财政追加专项预算。12月底，当年发放的45万元尊老金全部发放到位。

此后，根据省民政厅文件要求，尊老金发放范围和标准几次进行调整。2009年，百岁老人的尊老金由每人每月100元增加到150元。同年，市政府还给每位百岁老人一次性增发慰问金500元。2010年，百岁老人的尊老金增加到每人每月300元。当年，全市有100周岁以上老人11人，90~99周岁老年人927人，共发放尊老金60.13万元。

2011年，市民政局积极向市政府报告，要求扩大尊老金发放范围和提高尊老金标准。6月，市民政局、市财政局联合印发《仪征市80周岁及以上老年人尊老金发放实施办法》。办法规定：从当年3月1日起，市尊老金发放对象扩大到80周岁以上老年人，每人每月50元；90~99周岁老年人尊老金，从7月1日起，由原来的每人每月50元提高到80元。全市 13500余名80周岁以上老年人，全部按新规定标准领到尊老金。全年共发放尊老金715.01万元。

2012年，全市享受尊老金待遇的老年人共有14282人。其中，80~89周岁的13140人，90~99周岁的1128 人，100岁及以上的15人，全年共发放尊老金925.67 万元，比2011年增长29.5%。同时，在当年“敬老月”期间，市民政局首次向全市15位健在百岁老人的家庭每户发放5000元“家庭孝老奖励金”，鼓励社会各界孝敬老人、善待老人。

五、维权保障

1996年，市政府成立老年人维权工作领导小组，建立市、乡（镇）、村（居委会）三级老年人维权网络。市民政局协同司法局共同负责老年人权益维护工作。2006年，全市11个乡镇（办事处）设立法律援助工作站，接待老年人上访300多人次、诉求信120多件。对于老年人的信访，法律援助工作站热情接待、耐心解释、认真答复，能够办理的立即办理，不能立即办理的限期办结。2007年，市法律援助工作站共为老年人提供法律援助40件（次），市财政补助涉老法律援助资金32000元。1997~2007年，全市每年发生老年纠纷平均有60余起，绝大部分都在基层得到调解，调处率达98%。

2011年6月，扬州市人大调研组对仪征执行《老年法》、保障老年人权益的情况进行调研，通过实地查看和听取汇报，对仪征老龄权益工作给予充分肯定。当年，市民政局为1730多名老年人办理扬州市“老年人优待证”和“敬老优待证”，保障他们享受到应有的权益。

2012年，市民政局积极协调市法院，维护老人合法权益。市法院以《老年法》为依据，采取上门沟通、法律援助、定期回访、巡回审判等形式，积极审理和协调涉老案件、纠纷，不断提高对涉老案件的审结和案件执行效率。当年，市法院共受理涉老案件76件，其中庭外处理65件，占涉老案件总数的85%。

第四节　养老服务

一、机构养老

（一）公办养老机构

2001年，市政府公办养老机构——仪征市社会福利中心（以下简称“市社会福利中心”）老年寄养中心建成。老年寄养中心位于大庆北路花园巷（现勤丰路）市社会福利中心三楼，属市民政局下属自收自支事业单位。当年，老年寄养中心入住寄养老人21人，收费标准是每人每月500~550元，包括食宿费和所有服务费用。

老年寄养中心不断创新服务形式，提高服务能力。2003年，举办入住老人年夜饭和"重阳家年华"游园活动，邀请入住的老人亲属到寄养中心与老人一起团聚吃年夜饭，参加游园互动活动，共享天伦之乐。2005年，市民政局积极与市电大联系，开展敬老服务活动，营造"尊老、爱老、敬老"的为老服务社会氛围，3月23日下午，市电大青年志愿者到老年寄养中心为老人们打扫房间，表演自编自演的精彩节目，并给老人送水果等慰问品。

2012年，经市政府同意，市民政局将老年寄养中心改建成市老年公寓。改建后的市老年公寓面积近7000平方米，拥有床位153张，配有餐厅、康复训练室、阅览室、老年活动室、接待室、谈心室、会议室等，以及空调、电视、热水器、紧急呼叫系统等设备，所有服务人员均经过专业培训并取得养老护理员资格，为老年人提供专业化、规范化服务，形成集休闲、健身、文化娱乐、供给保障于一体的多功能公办老年公寓。当年，老年公寓入住老人32人。

（二）民办养老机构

1.仪征市华康老年康复中心

2007年1月，中国石化集团资产经营管理有限公司仪征分公司批复，同意南京医科大学第三附属医院（以下简称南医大三附院）投资500多万元新建"仪征市华康老年康复中心"（以下简称华康康复中心）。2008年3月，华康康复中心建成。位于市仪化生活区环南路1号，建筑面积3788平方米，有床位101张；设内科、外科、康复科、急诊科等临床科室和医技科室。当年，入住老人41人。华康老年康复中心采取医养结合的模式，使医院和康复中心融为一体，老人生病可以马上就医，实现"养中有医"，为住养老人提供健康体检、生活自理能力评估，建立健康档案，健康管理等服务，全方位保障老年人的身体健康，解决入住老人的后顾之忧，让老人健康、快乐地安享老年生活。因而入住老人逐年增加，2009年，入住老人49人；2010年增加到57人；2011年72人；2012年达79人。除仪征、华兴公司及仪化生活区老人外，还有子女在仪征工作的扬州、宝应、六合、南京和上海等地老人来入住。

2.紫霞老年公寓

2008年，仪征市第二中学退休女教师朱声荣自筹资金90多万元，在市铜山办事处野山村，租用当地一所撤并后的小学，将其改建成紫霞老年公寓。公寓毗邻枣林湾生态园风景旅游区，紧靠枣林水库和光华水库，地理位置优越，交通便利，四周环绕绿色茶园，空气清新。公寓内设置单人、双人标准间及无障碍房间，室内配有全套家具、餐桌、写字台、空调、暖气、有线电视、电话、无线网络及呼叫系统，有独立卫生间。公寓设有符合老年人体能心态特征的康复室、娱乐室、卡拉OK、棋牌室、书画室、图书室、健身房、理发室、人工按摩室（配有电动按摩器免费使用）、谈心聊天室、医疗保健诊所及室外各种供老人锻炼身体的健身器材。公寓有床位30张，常年入住老人10~20人，紫霞老年公寓，主要为农村老年人提供价格低廉、细心周到的养老服务，费用每人每月仅交费600元。

二、居家养老服务

2010年，市政府印发《关于加快推进居家养老服务的意见》。市民政局制订全市32个居家养老服务中心（站）的建设规划。当年，争取市财政配套资金17万多元，按照省级示范性居家养老服务中心建设标准，建成第一家居家养老服务中心，即真州镇迎江社区居家养老服务中心，为全市居家养老服务建设提供良好的示范作用。

2011年，市民政局按照省居家养老服务中心建设2A级标准（面积在80平方米左右，环境布置符合老年人生理特征），着力抓好真州镇万年社区、奎楼社区等46家居家养老服务中心（站）建设，建成46个2A级居家养老服务中心。当年10月18日，省老龄办副主任牛飚一行到仪征视察老龄工作，对市政府争创“省尊老爱老先进单位”进行测评，检查验收2011年全市新建居家养老服务中心（站）建设情况，先后抽查真州镇万年社区、新集镇八桥村居家养老服务站，对居家养老服务建设情况进行实地考察和现场指导，认为仪征市居家养老服务工作思路明确、发展较快。

2012年，市民政局继续推进居家养老项目建设工作。在农村，新建居家养老服务站16个，建成农村“老年关爱之家”6个。在城区，按照省示范（3A级）的标准，对2个（梓橦社区和万年社区）原有的居家养老服务中心进行升级改造。在整合现有资源的基础上，新建1个城市小型托老所。当年9月，扬州市民政局委托扬州大学对初级养老护理员进行培训。市民政局组织3期共31人参加，主要是敬老院护理员和部分参与居家养老服务的人员。参加培训的人员理论和技能考试合格，均获得由国家人力资源和社会保障部统一印制、全国通用的国家职业资格证书（五级）。10月，省民政厅、扬州市民政局对仪征市居家养老项目建设情况进行检查验收，省拨给仪征“以奖代补”资金74万元。12月，市民政局对新建的所有居家养老服务中心（站）及“老年关爱之家”建设及运营情况进行全面评估验收后，将省及市居家养老服务资金全部下拨。各居家养老服务中心（站），积极创新服务模式，提升服务质量，在提供短期托养、日间照料以及助餐、助洁、助浴、助医、助行、助购等生活服务的同时，兼顾老年人多种需求，提供文化娱乐、学习教育、心理关爱等服务。

第十二章　双拥和国防教育

仪征素有拥军优属、拥政爱民（以下简称“双拥”）的光荣传统。早在抗日战争时期，仪征就在各敌后抗日根据地内广泛开展“双拥”工作。根据地广大人民群众冒着生命危险为抗日武装提供情报，积极送子参军、送夫入伍，以各种方式拥护人民军队。新中国成立后，仪征“双拥”优良传统继续发扬，从1993年起，开展创建“双拥模范城”活动，“拥军优属”“拥政爱民”工作成为各级党委、政府、涉军单位的重要工作内容。2002年，仪征市被省政府、省军区授予“双拥模范城”称号。2012年，在创成“双拥”四连冠的基础上，以深化“五创”为抓手，进一步丰富“双拥”内容，创新“双拥”活动形式，抓好“双拥”进基层工作，推进“双拥模范城”建设深入开展。

新中国成立后，仪征把国防教育工作作为一项重要工作开展。根据不同时期的需要，建立有关机构，对全民进行国防教育，并将其渗透到各个领域、各个部门，增强全体公民的国防意识，同时加强国防基地的建设。全市（县）国防教育和国防潜力调查工作，多次受到上级表彰。

第一节　双拥工作

一、拥军优属

（一）拥军

抗日战争时期　民国28年（1939年）11月，以陈毅为首的新四军江南指挥部组织以陶勇、卢胜率领的苏皖支队渡江北上，向扬（州）、仪（征）、天（长）、六（合）地区发展，开辟敌后抗日根据地。许多年轻的热血男女踊跃参加中共仪征县委组织的青年抗敌协会和妇女抗敌协会，从事各项抗日和拥军工作。不少青年还积极参加民兵、新四军，仅民国29年（1940年）春节前后就有300多青年被编入苏皖支队。陈集知名人士李梦甲帮助部队筹粮筹款，联系一些乡保长出人出枪，建立地方武装，为支持苏皖支队抗日做了大量工作。地方士绅陈海平捐献200银元给部队补充军需。张筱川将收藏的几十件武器献给苏皖支队。新民集中医程慎之，为部队伤病员治病疗伤，利用职业便利作掩护，帮助部队购买药品、布匹等军需物资10多次。他还通过关系，将在扬州购得的数百匹白布，用20多辆独轮车推送到月塘交给新四军某部。他家也成为地下交通站。茶蓬小学校长赵坚，年过花甲参加青训班，为抗日效力。他先后被推举为仪征县参议会和津浦路东参议会副议长。

民国28年（1939年）12月，苏皖支队在月塘集击退日伪军800余人的进攻，毙、伤敌人近百人。月塘附近村庄许多老百姓慰问子弟兵，有的抬猪肉，有的挑鸡鹅，还有的担来年糕。

民国30年（1941年）4月，日伪军占领仪征抗日中心区的谢集和十二里岔。各据点的日军、伪军频繁出动，对根据地进行“扫荡”、蚕食。根据地的群众配合新四军第二师及地方武装，投入反“蚕食”反“伪化”斗争。光华乡雇工出身的葛良兴等，串联贫苦农民成立民兵组织，开展武装斗争，全乡民兵发展到50多人。

民国33年（1944年）3月，仪征日伪军300余人，分数路到胥浦区边境佐安、永安等乡，将杜家窑、大侯营一些大村庄重重包围，搜捕壮丁，大肆抢掠。地方部队某部与敌人展开战斗，日伪军被全部击溃。这次战斗中，战场附近的民众自动烧茶煮饭，准备担架，不顾危险送到前线。

民国33年（1944年），淮南抗日根据地与全国各抗日根据地一样，转入局部反攻，根据地掀起参军热潮。甘泉县有1000多名青年报名参军，其中600人被输送到主力部队。全县地方武装发展到1500多人。冶山县平均每个区有100人左右被批准入伍，为主力部队输送一批新兵。

解放战争时期 民国35年（1946年）6月，国民党发动全面内战。7月，淮南党政军领导机关及主力部队奉命撤出淮南，9月，仪征、甘泉两县党政军人员奉命北撤。在此期间，中共古井、三河区区委书记朱德仁等人未能及时随新四军主力部队北撤而滞留当地。国民党军队与地主武装还乡团一起搜捕，企图杀害没有撤走人员。天扬公路被国民党军队封锁。朱德仁等一时无法撤出，来到古井爱国塾师李国华家。李不避凶险，将他们掩护在家里，并以自己在当地的声望，逐门逐户打招呼，要大家不要走漏风声，同时每天外出探听消息，寻找朱德仁等人脱离险境的机会。三天后的一个夜晚，李国华带朱德仁等昼伏夜行，冲过天扬公路，安全北撤。

民国37年（1948年）4月，中共东南县委、县政府成立，淮南支队第三营改编为东南支队，渡过高邮湖，向天（长）、六（合）、仪（征）、扬（州）地区挺进。仪征人民以各种方式支援东南支队，配合部队和民主政府打击到解放区骚扰的国民党军队和地主武装还乡团，巩固和发展解放区。当年，全县夏季征收粮食1.2万石，秋季征收粮食16万石，除供给当地的部队及党政机关外，还运送部分粮食到淮宝地区支援华东野战军。淮海战役打响后，全县有1000多青年报名参军。各个区都组织支前队伍，百里行军，驴驮人挑，将粮食运送到古城、明光等地供应军需，沿途几次遭到国民党飞机轰炸，一些民工献出生命。

民国38年（1949年）4月21日仪征全境解放，仪征人民掀起支援解放军向全国进军的热潮。在100天中，出动支前民工8.4万人，占全县总人口的30%，共运输军用粮食42万石，柴草200万斤，以及木料等军需物资；新修和补修公路215公里，架设电话线135公里，转运伤员260人。仪征近3000民工参加渡江战役，有200多人被评为支前功臣，1600多名青年报名参加中国人民解放军。

新中国成立后 全县人民继续发扬战争年代拥军的优良传统，在春节和“八一”建军节前，县有关部门坚持做好部队节日食品供应工作。县直机关和各人民团体经常组织慰问团慰问驻仪征的解放军官兵。全县人民响应抗美援朝总会发出的《关于推行爱国公约》的号召，掀起捐献飞机大炮和优待烈军属的热潮。1951年，全县人民捐献人民币12.2亿元（旧币），购买飞机大炮，支援志愿军作战。在整个抗美援朝期间，全县有数千适龄青年应征，924名青年入伍，参加志愿军。

在社会主义建设时期特别是改革开放后，仪征每年都召开庆“八一”座谈会，开展春节慰问驻仪部队活动。进入21世纪，仪征市开展创建“双拥模范城”活动，将拥军工作推向新阶段。2000年4月，仪征市委、市政府办公室下发《关于在全市开展科技拥军活动的通知》，要求在全市开展科技拥军宣传，扎实开展科技拥军活动。市广电局、新城镇、马集镇无偿为驻仪部队安装11台有线电视，免收电视费。上汽集团仪征分公司向人武部赠送一辆8万多元的战备指挥车。9月，新城镇政府、市建委和自来水公司为驻仪94987部队铺设自来水管道，解决驻军饮水难问题。市蔬菜办和市蔬菜研究所为驻军无偿提供技术服务、技术培训和物资支持，定期派技术人员上门为驻仪部队官兵现场指导种植、养殖，为部队培训一批种植、养殖技术骨干，发放技术资料500余份，赠送价值2.5万元的薄膜、防虫网、遮阳网、菜种菜苗、大棚架等。市教育局、电大仪征市分校免费为驻仪部队官兵举办4期电脑中级培训班，为驻仪部队25名官兵提升学历教育。市科技局先后5次为驻仪部队举办科普培训班。

2001年1月，仪征市举行科技拥军物品赠送仪式。全市机关党员干部向驻仪部队捐赠2000多册图书。市双拥工作领导小组成员单位和金融系统等20多个部门向驻仪部队捐赠电脑、彩电、VCD、书橱、文体器材等物品，总价值11.2万元。同年7月，为纪念中国人民解放军建军74周年，市领导慰问省军区舟桥旅和驻仪部队，送去4万多元的慰问品，举办“鱼水情”军民联欢文艺晚会。

2004年5月，市双拥（国教）工作领导小组组织市四套班子领导和双拥工作领导小组成员单位负责同志以及市国防动员委员会成员单位负责同志共100人赴省军区舟桥旅参加“军营一日”活动。在长期的拥军活动中，仪征涌现出许多的优秀人物，其中“兵妈妈”周宏英是突出代表。

为持久深入地开展“双拥”工作，仪征于1993年开始，开展创建“双拥模范城”活动，1998年和2002年两次创成“双拥模范城”。2005年是仪征市争创省级“双拥模范城”三连冠之年，市双拥工作领导小组重点在基层创建上下功夫。“八一”期间，市委、市政府除召开“八一”军政座谈会，举办“连心颂”军民联欢文艺晚会外，市领导和全市60多个单位及乡镇组织慰问驻仪部队官兵，抗战老兵、企业军转干和残废军人，各种慰金计66万元。2009年8月，市委副书记宗金林率领相关单位代表赴甘肃省某地，慰问在那里参演的驻仪部队某部官兵，展示仪征市“驻军演练到哪里，地方慰问和保障就到那里”的拥军特色。宗金林代表市委、市政府和全市人民赠送慰问金4万元。

市图书馆开展智力拥军活动。在某驻军单位设立阅读点。2012年3月，首批投放军事、法律、经济、文学等10大类450册图书及《中国国防报》等10种军内外报刊。

（二）优属　抗日解放战争时期，仪征县敌后抗日根据地和解放区以乡为单位，成立抗属协会，对缺乏劳动力的烈、军属实行代耕代种，采取拨拥军田、优抗稻等形式开展优抚。1944年，东南县所属胥浦、谢集等10个区中，有737户抗属得到政府所拨的公田705石种（每石种折合6.3亩），950户抗属得到稻种1899担，分别占缺田、缺种抗属总数的85%和96%。每逢春节，各级民主政府干部到抗属家拜年，并组织宣传队慰问演出。渡江战役前，全县有3800多户烈、军、工属和出征民工家属得到各方面照顾。

新中国成立后，尊重、优待革命军人家属成为制度。1950年和1951年，全县为烈军属悬挂光荣牌2915块。1951年至1955年，全县累计组织1381个慰问团和拜年小组、1884个演出队，参加的干部群众4.7万人。

土地改革中，全县优先分配给烈军属土地8967亩、房屋561间、粮食36万公斤。1949年至1955年，全县享受代耕的烈军属累计有1276户，代耕土地87139亩。在此期间，各界人士资助烈军属大米18.8万公斤，稻种14万公斤，帮助修理房屋1437间。农业合作化后，改为优待劳动工日，1956年至1965年，累计优待烈军属13673户、61.55万个劳动工日，另发优待金15.3万元。1983年起，普遍实行优待金办法，至1987年，累计优待烈军属9083户，发放现金148万元。除此还帮助解决户口、住房、医疗等问题。1985年，12名在中越边境自卫反击战中牺牲的烈士的家属被安排到全民或集体单位工作，户口亦随之迁入城镇。

1997~1998年，为烈士家属、因公牺牲军人家属、病故军人家属、老复员军人、残疾军人优惠安装住宅电话和实行医疗优待。特、一等残疾军人和大军区以上单位授予称号的“三属”安装住宅电话初装费全免；烈士家属、因公牺牲军人家属、已故军人家属、老复员军人、二三等残疾军人安装住宅电话的初装费减免50%。烈士家属、因公牺牲军人家属、病故军人家属、老复员军人、残疾军人凭民政局和卫生局签发的医疗优待证，在指定的市直医院、乡镇卫生院就诊时享受“三优四免八减半”（三优：优先挂号、优先就诊、优先取药；四免：免挂号费、免注射费、免出诊费、免观察费；八减半：针灸费、普通注射费、化验费、透视费、B超费、推拿费、心电图费、住院费减半收取）。

1999年11月，仪征市被全国双拥工作领导小组、国家民政部表彰为爱心献功臣先进市。

2005年，中国人民抗日战争暨世界反法西斯战争胜利60周年，8月，市委书记卜宇，市委常委、组织部长高云慰问市内部分抗日离休干部，送去抗日战争胜利60周年纪念章和慰问信、慰问金。

2006年1月，副市长韩兰芬赴扬州看望患重病的仪征市人武部军事科参谋范兴荣的妻子，送上慰问金，鼓励她与病痛作斗争。

仪征市加强涉军维权管理，建立涉军维权机构，至2012年，先后为500多名仪征籍官兵与家属提供法律咨询和援助。

二、拥政爱民

（一）执行抗日民族统一战线政策　民国38年（1939年）11月，新四军苏皖支队到达仪征后，广泛宣传和执行党的抗日救国纲领和抗日民族统一战线政策，开展减租减息，动员人民团结一致共同抗日，协助地方成立青年抗敌协会和妇女抗敌协会，组织青年和妇女参加抗日斗争，培训一批青年骨干。

在发动群众同时，苏皖支队重视团结争取社会各界人士，动员他们参加抗日行列，建立广泛的统一战线。陈集镇爱国人士李梦甲，被委派为陈集镇镇长和陈集各界抗敌协会理事，以后又担任湖西办事处主任。民国29年（1940年）4月，仪征抗日民主政府成立时，县参议会和县、区政府都按照"三三制"的原则，安排一批爱国民主人士、开明士绅担任参议长、参议员、政府科长、副区长等职务。

苏皖支队还配合仪征县委积极采取措施，团结、扶助各地自发组织起来的游击队，发展壮大抗日武装力量，将一批干部派到游击队，帮助整顿队伍，加强政治工作，使抗日武装力量得到发展。仪征县抗日民主政府成立后，苏皖支队协助抗日民主政府组织地方武装，派出军事干部帮助培训，区乡武装迅速发展。当年秋，成立仪征县模范营，最多时有3个连，300多人。

（二）维护人民群众利益 由于日伪军的进攻和封锁，民国33年（1944年）春，根据地军民生活遇到严重困难。为减轻人民负担，新四军干部战士拿起锄头，到驻地荒山野地开荒种粮种菜种树种烟，饲养猪羊鸡鹅，争取部队蔬菜和食用油自给。部队规定干部战士每人每年帮助群众生产劳动3天以上。东南支队、甘泉支队办起被服厂，各有10多部缝纫机，为部队缝制衣服，减轻人民群众负担。在抗日斗争的严峻形势下，部队千方百计保护人民群众。仪征四区区队经常打击据点出扰的敌人，夺下被敌人抢走的财物，发还给群众。四区西边东沟镇、东边胥浦镇和仪征县城，都被日伪控制，群众到这些地方卖点土产、粮食、家禽，用以换取日用品，经常受到骚扰，甚至有的被抓。四区特地在三十里铺兴办露天贸易市场。每逢集日，区队都派人到四周担任警戒，设立瞭望哨，发现敌人出动，坚决打击，确保人民群众生命安全。

民国37年（1948年）4月，东南支队向天六仪扬地区挺进，收复一个地方，发现有存粮的，开仓放粮接济贫苦群众，有时干部战士夜里扛着粮食挨家挨户送上门，仅在官桥、草庙一带就发放粮食2000多石，接济近3000户。

新中国成立后，仪征县（市）人武部、武警仪征中队和驻仪部队继承拥政爱民优良传统。武警仪征中队从1978年开始照顾熊秀英孤残母女，29年爱心接力不断。

1994年，仪征遭遇大旱，武警仪征中队领导带领全体干部战士，平均每天工作12小时，连续7天行车2000公里为仪征中后山区送去急需饮用水224吨，老百姓称这是部队送来的救命水。1997年，扬州市双拥办、扬州军分区和仪征人武部在陈集镇沙集村资助创办八一希望小学，并与贫困学生进行结对助学，解决他们学杂费困难。2004年1月，驻扬部队官兵派出慰问团带着2万多元现金和物品，到月塘老区走访慰问45户优抚对象贫困户，为每户送去300元现金和价值200元的物品。2005年1月，江苏省某预备役师和扬州、仪征市人武部等8个驻扬部队，集中到革命老区陈集镇、谢集乡和月塘乡，向70户老区贫困家庭发放慰问金1.4万元。2006年，市人武部帮扶陈集镇杨庄村，组织干部职工和基层专武干部及基层民兵班排，结对帮扶110户，结队助学140人，建立"双带双扶"示范点22个。2009年，武警仪征市消防中队指导员带领新战士和慰问品到居住在原电大宿舍的79岁老人陈凤履，连续第11年"兵儿子"给"兵妈妈"拜年。2010年，市人武部在"两节"期间集中慰问陈集镇、十二圩办事处等40多户烈军属、贫困家庭和帮扶学生，送上慰问金3万元，同时组织干部职工参加"慈善一日捐"活动，捐款6000余元。玉树地震发生后，市人武部先后两次组织干部职工捐资1万元。同年，市人武部与地方相关部门信息互通，认真处理来信来访，帮助地方解决军属拆迁问题2起。

（三）支持地方革命与建设 人民军队在支持仪征社会主义革命和社会主义建设中发挥了重大作用。解放初期，县人民武装部配合公安部门剿匪镇反，维护社会治安。1956年，协助地方宣传贯彻"八大"会议精神和《农业发展纲要》；在"公社化"运动中，深入农村，帮助抢收抢种。1962年，协助地方加强战备，对船闸、节制闸，重要桥梁加强警戒，以防止敌特破坏。

"文化大革命"初期，仪征县人武部奉命执行仪征境内"三支两军"任务，为稳定局势发挥作用。1968年2月，中国人民解放军6453部队"支左"人员进驻仪征，执行"三支两军"任务。3月5日，经六十军党委批准，六合专区军事管制委员会决定成立仪征县革命委员会。1968年8月28日~9月21日，县革委会和驻军“支左”领导小组联合举办由原两大造反派骨干参加的专题学习班，促进两派“革命大联合”。1976年，县人武部组织民兵认真学习中央文件，深入揭批“江青反革命集团”罪行，清除“左”的影响。

从1983年起，仪征县开展严打斗争。县人武部率领民兵配合公安部门打了“三大战役”，至1986年10月，公安部门共依法逮捕各类犯罪分子771人，摧毁各类犯罪团伙20个，扭转治安的非正常状况，市人武部为维护仪征地区安定团结发挥作用。

1991年，连降大雨，市石桥以南2公里处的石桥河缺堤10多米，驻仪部队100多名官兵夜以继日运送沙石，打桩拦堤，经过7天奋战，圆满完成抢修任务。1998年7月，长江发生百年一遇的洪水，多次出现洪峰，造成仪征化纤古湄河堤出现管涌，驻仪86651部队每天出动80人、车辆10台次，堵管涌11处，随后又参加巡堤，历时一个月。2003年7月5日，仪征市区入江河道临江港堤因水位猛涨，近300多米长的堤岸即将漫堤，严重威胁城区居民的生命财产安全。市人武部接到险情后，立即组织94987部队50多名官兵和真州镇60多名民兵进行紧急抢险，经过8小时的奋战，官兵们用5000多袋泥包，加固河堤，取得抢险战斗的胜利。2008年1月，仪征发生雪灾，市人武部组织民兵预备役人员和驻仪部队官兵600多人，投入抗雪灾第一线，完成扫雪任务。在此期间，市人武部先后组织民兵预备役人员、驻仪部队官兵5000多人与驻地干部群众一起清扫积雪，保证道路畅通与行人车辆安全。

（四）“双拥模范城”创建

1993年，仪征市为推动全市双拥工作向经常化、社会化、规范化方向发展，开展创建“双拥模范城”活动。当年成立领导小组，制定并下发《仪征市创建双拥模范市工作实施办法》。1997年又制定下发《仪征市创建省级双拥模范城工作方案》，成立正科级建制的仪征市双拥办公室，具体负责“双创”工作，同时设立100万元的双拥基金，从组织和经费两方面保证双拥活动正常开展。通过5年时间努力，1998年，仪征市被省政府、省军区命名为双拥模范城。

2001年4月，仪征市召开创建省级双拥模范城“二连冠”动员大会，市主要领导出席会议。扬州市军分区和扬州市双拥办负责人到会指导。各乡镇、场圃，市各部、委、办局（公司）、院、行、社、校、群团，市属总支建制以上企业，驻仪单位，驻仪部队200多人参加会议。新城镇、教委、化纤纺织厂、驻仪73198部队在会上作表态发言。5月14~16日，市双拥工作领导小组组织人武部、宣传部、市委办、政府办、双拥办、教委、民政局、文化局、劳动局、卫生局、交通局、广电局、仪征报社等16个部门的负责人，组成两个检查组，对全市14个乡镇20个单位的双拥创建工作进行抽查，推动“双创”工作深入开展。2002年1月，仪征市第二次被省政府、省军区命名为双拥模范城。7月，仪征市召开“双拥”创建总结表彰暨“三创”动员大会，总结“二创”工作，表彰为双拥创建工作做出贡献的先进单位和先进个人，动员全市上下扎实工作，争取第三次创成省级双拥模范城。

2003年4月，仪征市在扬州首家成立以新型经济组织（各类非公有制企业）、新型社会组织（社团、中介机构、民办非企业等）法人代表为主体，社会各界双拥工作热心人参与的双拥协会。协会下设12家分会，吸纳单位会员57家、个人会员487人。协会成立后，宣传新时期双拥工作的地位和作用，开展各种形式的国防教育，组织开展双拥活动：“八一”、春节等重大节日慰问驻军和重点优抚对象，承办科技拥军实事，与驻地部队结对共建，为现役军人家庭分忧解难等。7月，市委召开庆“八一”双拥座谈会，市领导向省军区舟桥旅和驻仪部队赠送慰问金和慰问品。10月，市政府常务副市长费高云率领有关部门负责人，专程赴安徽三界慰问仪征市参加扬州预备役师组织的实弹演习的30名官兵，向参演官兵赠送慰问品和慰问金。

2004年春节前，市双拥协会会员主动捐款购买物品慰问驻仪部队，主动帮助烈军属解决家庭困难。双拥协会会员、太平洋百货商店老板捐出近万元物品慰问陈集镇、月塘乡“三老”重点优抚对象。4月，市双拥协会被省政府、省军区表彰为双拥先进单位。

2005年4月，市双拥办在真州镇召开社区双拥工作现场会。“八一”建军节期间，市财政拨款25万元专门慰问企业军转干部、军队离退休干部、在职伤残军人和驻仪部队和舟桥旅官兵。各乡镇共拿出20多万元慰问抗日老兵和重点优抚对象。拥军模范周宏英购买价值3万多元的毛巾、汗衫、背心慰问守卫西气东输重点工程的省武警总队二支队十八中队等4个驻军单位官兵。当年，市人武部与弘桥社区结对共建，协助社区开展“双拥进社区”活动，为社区协调落实办公经费、办公用房。市人武部参与扬州军分区统一组织的对陈集镇杨庄村帮带活动，先后投入资金8万元，用于该村道路和水利设施建设，帮助2户特困户进行危房改造，为3户帮扶对象和6名在校特困生送去帮扶资金，协调驻地部队为地方经济建设提供支持，解决军地建设中遇到的矛盾和问题。市双拥办牵头，在市民政局、劳动和社会保障局的参与与指导下，仪征市于2008年5月成立双拥优待对象就业服务中心，为优待对象免费提供政策咨询、就业信息，就业岗位、技能培训一条龙就业服务。同年7月，市双拥办还与市妇联联合开展“五好四自”模范家庭评选活动，进一步营造争创省级“双拥模范城”四连冠的良好氛围，服务双拥优待对象，为双拥创建、国防建设和全市三个文明建设作贡献。2010年5月，仪征市第四次被评为省级“双拥模范城”，市政府秘书长、双拥办主任梁尚晋被表彰为双拥先进个人。2010年12月，仪征市召开双拥“四连冠”总结表彰暨五创动员大会，确保胜利夺取双拥模范城“五连冠”。2012年，市四套班子分4组赴省军区舟桥旅、驻仪94987部队、73198部队、消防大队、武警中队、边检站、仪化消防、人武部、双37高炮营、军干所进行走访慰问。

第二节 国防教育

一、组织机构

1951年，仪征县成立“中国人民保卫世界和平反对美国侵略委员会”仪征分会(简称仪征县抗美援朝分会)，领导全县的抗美援朝运动。1955年1月，县人民武装委员会成立，在群众中大力开展国防动员和国防教育工作。“文化大革命”期间，国防动员教育工作受到一定的影响。1979年5月，重新恢复中共仪征县人民武装委员会。为推进国防事业发展，1997年4月，仪征市成立国防动员委员会，共有23人组成，市委书记陈明兼任第一主任，另有主任1人、副主任3人、委员18人，下设1组4室，即秘书组、武装动员办公室、经济动员办公室、人民防空办公室和交通战备办公室。2002年，仪征市委、市政府坚持经济建设与国防后备力量建设同频共振，协调发展，调整充实市国防动员委员会及其职能机构，成立国防动员潜力调查统计工作领导小组，下设办公室。2004年11月，市国防动员委员会召开全体成员会议，贯彻扬州市国防动员委员会会议精神，部署国防教育动员工作任务。2005年3月，扬州市国动委在仪征市人武部召开国动委工作机构规范化建设现场会，推广仪征做法。6月，省军区司令员陈一远到仪征市检查国防动员委员会工作机构规范化建设。7月，南京军区在上海市召开华东五省市“国防动员工作会议”，仪征市被表彰为“国防动员工作先进单位”。2006年，仪征市在真州镇成立国防动员委员会，根据人事变化对市国动委机构进行调整补充。2007年，实现区域视频会议系统互联互通，形成“纵向互通、横向互联”的信息指挥网络。2008年1月，仪征市国动委信息指挥电视电话会议系统正式开通，该系统上联省军区，下达全市11个乡镇。

二、教育活动与教育基地

(一)教育活动 1979年，仪征县人民武装委员会恢复，把学习、宣传、贯彻《中华人民共和国国防法》和国防教育作为各级干部政治教育内容之一，纳入社会主义精神文明建设的范畴。

20世纪80年代，先后在仪征市中学、仪征市第二中学、陈集中学、中共仪征市委党校等教育、教学单位，编写国防教育教材对学生进行国防教育。在乡镇举办国防教育知识讲座，有5万人参加。1988年，市委下发开展全民国防教育的通知，在市委党校设立国防教育学校，召开全市国防教育动员大会，对国防教育作出具体部署，提出明确要求。各乡镇、企事业单位、部门和驻仪各单位，把国防教育纳入干部职工培训计划，并采取多种形式抓好落实。市相关新闻单位对全市国防教育工作作报道，受到社会的好评。

1990年，仪征市在民兵中继续开展三年一个周期的国防教育，编印下发《我国国防建设的指导思想》《我国的国防战略》《我国国防的精神建设》和《我国战时的兵员动员》4课教材，保障基层开展国防教育的需要，并派人协助市教育局编写和完善中小学生国防教育教材。

各基层单位在国防教育中采取当面授课、出卷考试，利用广播、黑板报和收看录像等多种形式，教育效果明显提高。同时，市乡充分利用《中国国防报》《中国民兵》《人民前线报》和《东海民兵》等教材，宣传国防教育，收到较好效果。1997年市国防动员委员会成立后，依托国防教育基地等教育场所，结合创建省双拥模范城和民兵工作调整改革等重大活动，广泛开展全民国防教育。当年12月，江苏省政协部分委员、省军区国防教育办有关领导到仪征市十二圩预备役军人学校、市化纤纺织厂调查了解国防教育开展情况，对仪征市形式多样、生动活泼的国防教育给予好评。

1999年年初，市人武部协助市教委抓好“三班一队”的建设，在中学生中开展国防教育。6月，扬州市在仪征召开青少年国防教育“三班一队”现场会，军地领导对仪征市青少年学生国防教育工作给予高度评价。国庆节前夕，市人武部派员协助市教委组织由10所中小学生参加的“升国旗竞赛”活动，学生普遍受到一次深刻的爱国主义教育。当年全市接受国防教育的有上万人次。

2000年，组织开展“国防日”活动，利用市民兵训练基地、军营等载体，分期分批组织安排地方党政领导、企事业单位负责人和中小学生参观基地、军营，听讲武、看练武，参加习武，过“军事一日”生活，提高全民国防教育的普及率。是年，仪征市四套班子领导成员全部参加“国防日”活动。

2001年2月，在省全民国防教育总结表彰大会上，仪征市被评为全民国防教育先进单位，受到省政府、省军区的通报表彰。9月，在全国第一个“国防教育日”当天，市人武部和双拥办围绕《国防教育法》，特制50多块展牌，在城区鼓楼广场进行展览宣传，印制宣传资料5000多份。全市各机关、企事业单位，采取多种形式，开展一系列有影响、有意义的国防教育活动。各中小学举办升国旗仪式，开展国旗下讲话、队列训练、擒敌拳表演、小火箭放飞表演和以“增强国防观念，履行国防义务”为主题的签名活动。10月，市政府办公室组织中层干部到驻仪94987部队营区参加“国防日”活动，接受国防教育。

2002年，以第二个“全民国防教育日”为契机，开展以“国家安全是全社会的共同责任”为主题的教育活动，散发宣传提纲千余份，扩大全民国防教育覆盖面。9月，扬州市举行“国防四法”知识竞赛，仪征市由机关干部、专武干部、学生、现役军官组成的代表队参加，获得第三名。

2003年9月，全市开展第三个“全民国防教育日”活动。市委组织部、宣传部和市双拥（国教）办组织党政干部国防教育知识测试，全市16家单位参加扬州市“筑起心中的长城”国防教育征文活动，各中、小学校组织学生军训，青少年军（警）校进行“三班一队”（国旗班、拥军优属服务班、国防小武术班和国防文艺宣传队）建设成果汇演。是年，国防知识教育在市直中学开课率100%，接受教育学生2880名，普及率100%。年末，市人武部联合教育局开展国防知识竞赛活动。

2004年9月，市人武部会同市双拥（国教）办公室和市委宣传部、教育局、文体局、机关工委、团市委、工业总公司、仪化公司、华兴公司及各乡镇联合举办“爱中华、奔小康、强国防”的系列活动。活动内容有3项：征文、知识竞赛和万人签名。全市党政机关干部、老干部、驻仪部队官兵、民兵预备役人员、企事业单位职工、社区居民、团员青年、学校师生和农民共2000多人参加“爱中华、奔小康、强国防”万人签名活动。

2005年，在党校、中小学开设国防教育课，组织党政领导和学生学军习武。9月，全市开展第五个全民国防教育日活动，各单位和各部门充分利用宣传栏、黑板报、标语、展板等基层文化阵地，大力宣传《中华人民共和国国防法》《中华人民共和国兵役法》《中华人民共和国人民防空法》《中华人民共和国军事设施保护法》《中华人民共和国国防教育法》等法律法规，开展送法到基层、送法到家庭等活动。

在国防教育日期间，人武部部长为市四套班子和全市正局级以上干部作台海形势报告。1~12月，电台开播12个专题，计180分钟，电视台播出22档节目，计110分钟，丰富国防教育形式，拓展国防教育的范围和覆盖面。2007年国防教育日前，仪征市邀请陆军指挥学院张政远教授作形势报告，1200人参加报告会，2009年5月，市国教办和市教育局联合在真州小学召开国防教育"三进"现场会，全市57所中小学分管国防教育的负责人观摩真州小学三年级学生《祖国的生日》国防教育演示，现场会上还确定市实验小学、新城中学、第三、四中学、实验中学，金升外国语学校等12所中小学为国防教育示范学校。2010年，在全国第10个国防教育日前，市国教办举行知识竞赛活动，共收到答题卡2100多份。2012年9月，市国教办和教育局联合举办全市中小学生国防教育知识竞赛。竞赛通过分片预赛产生参加决赛的小学、中学组共13个代表队。经过必答题和抢答题两个环节的竞争，仪化二小和陈集二中分别获得小学组和初中组第1名。2010~2012年，仪征市广泛开展国防教育进村组（社区）、进家庭、进课堂等活动，使国防观念和国防意识深入人心。在国防教育进家庭方面，坚持以基层村和社区为主阵地，通过街道居委会、村委会形成城乡一体化的国防教育网络。2010年9月结束的全民国防知识竞赛，有5000多个家庭参与，收到竞赛答题卡2000多张。

（二）**教育基地** 仪征市（县）充分利用预备役军人学校、中小学校、烈士园陵、民兵训练基地、人防工程、驻军兵营等作为国防教育基地，完善基础设施建设，提升国防教育基地功能，促进全民国防意识提高。1994年5月，仪征市第一所预备役军人学校在扬子中学挂牌成立。到1998年，全市先后创办31所青少年（警）校和1所预备役军人学校（十二圩预备役军人学校），国防教育基地遍及全市。2000年3月，仪征市新建烈士陵园落成。4月，具有多功能、全天候仪征国防教育射击场建成启用。2001年4月，仪征市国防园落成启用。2006~2012年，市委党校、双拥办等单位，开设仪征市国防教育学校，每年依托国防教育学校对1000多人次干部、学生进行爱国主义和国防法律教育。

三、国防潜力调查

1998年，仪征开始在全市开展国防潜力调查，摸清全市国防动员潜力对象、数据和质量，完善动员资料，充实数据库内容，并实现软件资料微机化管理，为省、市、县三级微机联网管理奠定基础。

2001年，仪征市召开科技动员会议，明确全市科技动员工作任务，下发各类科技潜力调查表格。成立科技动员办公室，抽调人员进行数据统计。对有关统计的内容，采取直接赋予有关部门任务的形式，由办公室具体组织实施，保证有分有合，任务明确，责任到位。人武部对各单位统计上报的数据资料，采取普查与抽查相结合的办法，认真核对数据的准确性，并做好汇报梳理和分析研究，确保质量，为下一步制订科技动员预案打好基础。

2003年，按照上级部署，仪征着力抓好国防潜力核对工作，认真进行潜力评估，建立数据库，为制订仪征市国防动员基本预案和保障计划提供依据。以未来可能担负的任务为牵引，组织力量进行科技、信息动员、支前保障的课题研讨，探索战时国防动员实施的方法和路子。依托城区高新技术产业发展优势，挖掘社会科技潜力，抓好科技动员试点，摸索和实践人员编组、支前保障的办法途径。2006年，仪征市通过自下而上的调查摸底，摸清适龄青年质量底数，建立兵役登记数据库，按时完成各年度兵役登记普查工作。

第十三章　社会组织管理

社会组织是社会团体和民办非企业单位的总称。民国初期，县内社会团体很少，并且是立体式组织，上下一条线，不受政府指导、监督和管理。

民国18年（1929年）5月，国民政府颁布《民法总则》，将社会团体分为盈利性和公益性两类，明确规定由各级政府核批，并负责监督和指导工作。

新中国成立后，按照政务院1950年公布的《社会团体登记暂行办法》规定，仪征县对旧有社团进行审查，非法的、反动的社团予以取缔；合法社团予以承认。随着国民经济的恢复和社会事业的发展，20世纪50年代仪征的社会团体有了一定的发展。"文化大革命"期间社会团体基本停止活动。中共十一届三中全会后，仪征的社会组织逐步恢复。特别是20世纪80年代后，全市社会组织迅速发展。

1988年以后，根据上级要求，仪征市民政局对社会团体进行清理整顿和登记发证工作。并从1995年起首次开展社会团体年检。2001年，仪征启动民办非企业单位登记工作，并于2002年首次开展民办非企业单位年检。

此后，除坚持社会组织的年检以外，市民政局进一步规范对社会组织的管理，加强制度建设，完善组织体制，在社会组织中开展创先争优和评估活动，促进社会组织健康发展。2004年，市民政局被评为"江苏省民间组织管理先进单位"。2011年，市民政局被评为"2010年度扬州市社会组织规范管理工作先进单位"。

第一节　社会组织登记

一、社团登记

社会团体，是中国公民自愿组成，为实现会员共同意愿，按照其章程开展活动的非营利性社会组织。清光绪三十二年（1906年），仪征县商会成立，是仪征最早的社会团体。民国元年（1912年）7月，中华民国红十字会仪征分会和十二圩分会成立。民国9年（1920年）和民国28年（1939年），仪征县中医师公会和仪征县医师公会先后成立。仪征解放后，这些社会团体基本停止活动。1949年4月，仪征全境解放，同年9月，仪征县成立第一个社会团体，即城区工商业联合会。1950年，政务院颁布《社会团体登记暂行办法》，仪征除工商团体外，于1951年分别登记成立抗美援朝分会和中苏友好协会仪征分会。1955年，同时成立仪征农学会、仪征畜牧兽医学会、仪征医药卫生学会和仪征教育学会。此后，除工会、共青团、妇联、工商联、贫下中农协会等之外，仪征其他社会团体的发展几乎处于停滞状态。"文化大革命"以后，特别是20世纪80年代，仪征社会团体得到长足发展，1982年至1989年，每年都有新的社会团体成立，先后登记的社会团体有16个。但社会团体一度出现多头审批、管理混乱的现象。

1989年10月，国务院颁布《社会团体登记管理条例》，进一步明确国务院民政部门和县级以上地方各级人民政府民政部门是同级人民政府社会团体登记管理机关。1990年，国务院办公厅转发民政部《关于清理整顿社会团体的请示》，进一步明确对社团清理整顿的有关政策。当年，仪征市成立社会团体清理整顿领导小组，并设办公室。市民政局建立社团登记股，并配备人员，对全市社团进行调查摸底。经调查统计，至当年底，全市共有社会团体107个，其中市级62个，乡镇级45个。在此基础上，按照《社会团体登记管理条例》进行清理整顿。先进行试点，然后全面推开。至1991年12月，基本完成市级社团登记发证工作。至1992年12月，全部完成市级社团的复查登记和乡镇级社团的登记发证工作。在清理整顿的107个社团中，符合条件同意保留的社团104个（其中市级社团57个），注销的3个。保留的社会团体登记发证后，全部建立档案。至此，社团由业务主管部门和市民政局双重管理体制基本形成。

在对社会团体清理整顿、登记发证的同时，从1991年起，市民政局还对现职党政干部在社团任职情况进行排查，符合规定的履行申报制度，不符合规定要求的进行调整。1992年开始，制定并实施社团登记业务审批程序网络图。1993年，在全市开展社团代码标识赋码工作，换发社团登记证书，启用社会团体登记证（非法人）和社会团体法人登记证。

1997年，针对社团发展和管理中存在的一些问题，仪征市再次开展社团清理整顿工作。在自查的基础上，复检各类社团77个，新批社团3个，并聘请市审计事务所首次对社团的财务进行审计，清理整顿合格者予以重新登记换证。

1998年10月，国务院颁布新的《社会团体登记管理条例》，中共中央办公厅印发《中共中央办公厅、国务院办公厅关于党政干部不兼任社会团体领导职务的通知》，中共中央组织部、民政部联合印发《关于在社会团体中建立党组织有关问题的通知》。根据新《条例》和两个通知要求，全市再次对社团进行清理整顿和重新审定。对党政机关领导干部兼任社团领导职务或社团负责人年龄超过规定的，按规定履行审批手续或予以调整；对业务范围宽泛或相同相似的社团进行调整合并；对违法违纪的社团依法进行处理；对非法社团坚决予以取缔。并明确重新登记的社会团体必须具备以下6项条件：有50个以上个人会员或者30个以上的单位会员，个人会员和单位会员混合组成的，会员总数不得少于50个；有规范的名称和相应的组织机构；有固定的住所；有与其业务活动相适应的专职工作人员；有合法的资产和经费来源，有3万元以上活动资金；有独立承担民事责任的能力。同时，社会团体的名称应当符合法律、法规的规定，不得违背社会道德风尚。

经过清理、整顿，1998年全市84个社会团体中，重新登记和换发证的28个，限期整改的14个，被注销的42个，并在《仪征报》上予以公告。2000年8月，仪征还对气功类社团进行专项清理整顿，依法注销2个气功类社团，即香功健身协会和气功科学研究会。这次清理整顿后，各类社团均按照民政部制定的《社会团体章程示范文本》，修订各自章程，市民政局对各社团修订后的章程进行核准。社团从此走上健康有序的发展轨道。

至2001年，全市重新登记工作基本结束，重新核准登记的社团46个，注销社团26个，限期整改15个。注销的社团约占参加清理整顿社团总数的30%。通过清理整顿和重新登记，各类社团逐步建立健全以《章程》为主要内容的自律机制，自身建设得到加强，基本上达到了控制数量，优化结构，提高质量的目的。

2003年，全市正式启用新版社会团体法人登记证书，当年，结合年检，全市社会团体都换发新版登记证书。

至2012年年末，全市共有社会团体180个（包括农村经济协会53个），其中市级社会团体127个。社会团体中，行业性团体40个，专业性89个，学术性25个、联合性26个。

1990—2012年仪征市社会团体登记情况统计表

表13-1　　单位：个

年份	社会团体数			年份	社会团体数		
	总数	市级	基层		总数	市级	基层
1990	107	62	45	1993	112	65	47
1991	107	62	45	1994	117	70	47
1992	104	57	47	1995	125	78	47

续表 13-1

年份	社会团体数			年份	社会团体数		
	总数	市级	基层		总数	市级	基层
1996	95	94	1	2005	155	80	75
1997	80	79	1	2006	210	94	116
1998	84	83	1	2007	213	97	116
1999	45	44	1	2008	219	124	95
2000	45	44	1	2009	215	119	96
2001	48	46	2	2010	160	119	41
2002	91	50	41	2011	170	124	46
2003	147	63	84	2012	180	127	53
2004	156	72	84				

2012年仪征市市级社会团体名录

表 13-2

名称	会员数	成立年份	主管部门	类别
仪征市信鸽协会	215	1982	市体育局	专业性
仪征市集邮协会	1066	1986	市邮政局	专业性
仪征市文学艺术界联合会	483	1986	市委	联合性
仪征市烹饪行业协会	128	1988	市商务局	行业性
仪征市台湾同胞亲属联谊会	50	1988	市台办	联合性
仪征市消费者协会	161	1988	市工商局	专业性
仪征市天宁书画协会	68	1989	市文联	专业性
仪征市围棋协会	54	1989	市体育局	专业性
仪征市农机安全互济协会	1500	1991	市农林局	专业性
仪征市老干部诗词协会	94	1991	市老干部局	专业性
仪征市计划生育协会	44545	1992	市计生委	专业性
仪征市外商投资企业协会	52	1993	市商务局	专业性
仪征市法院离退休工作者协会	50	1994	市法院	专业性
仪征市钱币学会	100	1994	市人行	学术性
仪征市老区经济开发促进会	1720	1994	市农工办	专业性
仪征市节能协会	41	1994	市科协	行业性
仪征市拥军协会	180	1995	市双拥办	专业性
仪征市木兰拳协会	83	1997	市体育局	专业性
仪征市门球协会	180	1997	市老干部局	专业性
仪征市绿杨春茶叶行业协会	50	1998	市农委	行业性
仪征市技术监督学会	102	1999	市质监局	学术性
仪征市水利学会	200	1982	市水务局	学术性
仪征市教育学会	556	1955	市教育局	学术性
仪征市农村金融学会	162	1989	市农行	学术性

续表 13-2

名　称	会员数	成立年份	主管部门	类　别
仪征市畜牧兽医学会	144	1955	市农林局	学术性
仪征市农业机械学会	50	1985	市农林局	学术性
仪征市商业经济学会	70	1983	市商贸局	学术性
仪征市家庭教育理论研究会	50	1999	市妇联	学术性
仪征市机动车驾驶员协会	151	1999	市交警大队	行业性
仪征市价格协会	50	1999	市物价局	行业性
仪征市企业信用管理协会	118	1999	市工商局	行业性
仪征市税务学会	60	1999	市税务局	学术性
仪征市汽车维修行业协会	120	1999	市交通局	行业性
仪征市医药卫生学会	1651	1955	市卫生局	学术性
仪征市职工技术协会	122	1999	市总工会	行业性
仪征市青少年科技辅导员协会	137	1984	市教育局	学术性
仪征市蚕桑学会	60	1985	市农林局	学术性
仪征市林学会	69	1985	市农林局	学术性
仪征市农学会	166	1955	市农林局	学术性
仪征市个体私营经济协会	12938	1999	市工商局	行业性
仪征市京剧联谊会	62	1999	市老龄委	联合性
仪征市经纪人协会	558	1999	市工商局	行业性
仪征市慈善总会	50	2002	市民政局	联合性
仪征市行业治安管理协会	580	2003	市公安局	行业性
仪征市危险物品治安管理协会	50	2003	市公安局	行业性
仪征市双拥和国防教育协会	330	2003	市民政局	专业性
仪征市农机行业协会	317	2003	市农委	行业性
仪征市地方人大工作研究会	81	2003	市人大	学术性
仪征市老科技工作者协会	50	2003	市科协	专业性
仪征市果业行业协会	222	2003	市农开局	专业性
仪征市弱筋麦产业协会	174	2003	市农委	专业性
仪征市非织造行业协会	30	2003	市工商联	行业性
仪征市市场管理协会	30	2003	市工商局	行业性
仪征市语言学会	61	2003	市社科联	学术性
仪征市药品医疗器械行业协会	81	2004	市药监局	行业性
仪征市餐饮商会	40	2004	市工商联	行业性
仪征市玩具商会	49	2004	市工商联	行业性
仪征市钓鱼协会	50	2004	市文体局	专业性
仪征市民间艺人协会	471	2004	市文广新局	专业性
仪征市再生资源行业协会	51	2004	市供销社	行业性
仪征市农业生产资料行业协会	61	2004	市供销社	行业性
仪征市信息协会	70	2005	市电子政务中心	专业性

续表 13-2

名　称	会员数	成立年份	主管部门	类　别
仪征市新闻出版娱乐行业协会	235	2005	市文广新局	行业性
仪征市煤炭流通行业协会	50	2005	市商务局	行业性
仪征市财政学会	58	2005	市财政局	学术性
仪征市会计学会	56	2005	市财政局	学术性
仪征市食品行业商会	51	2005	市药监局	行业性
仪征市内部审计协会	65	2005	市审计局	专业性
仪征市安全生产管理协会	141	2006	市安监局	专业性
仪征市福利企业协会	80	2006	市民政局	行业性
仪征市中小企业信用促进会	40	2006	市经信委	专业性
仪征市酒类流通行业协会	65	2006	市商务局	行业性
仪征市扶贫开发协会	1720	2006	市农工办	专业性
仪征市个体出租车经营者协会	321	2006	市交通局	专业性
仪征市体育总会	806	2006	市体育局	联合性
仪征市美术教育联合会	240	2006	市文化局	联合性
仪征市船舶工业行业协会	33	2006	市船舶工业办公室	行业性
仪征市蔬菜行业协会	54	2007	市农委	行业性
仪征市无党派知识分子联谊会	50	2007	市委统战部	联合性
仪征市琴筝协会	96	2007	市文化局	专业性
仪征市国际经济技术合作协会	56	2008	市商贸局	联合性
仪征市义工联合会	1404	2008	市团市委	联合性
仪征市长跑协会	90	2008	市体育局	专业性
仪征市总商会	710	2008	市工商联	联合性
仪征市国际税收研究会	74	2008	市地税局	学术性
仪征市腰鼓协会	80	2008	市体育局	专业性
仪征市珠算协会	53	2008	市财政局	专业性
仪征市武术协会	400	2008	市体育局	专业性
仪征市政协离任委员联谊会	50	2009	市政协	联合性
仪征市雨花石行业协会	80	2009	市文广新局	行业性
仪征市太极拳协会	354	2009	市体育局	专业性
仪征市象棋协会	53	2009	市体育局	专业性
仪征市反邪教协会	54	2009	市人防办	联合性
仪征市大学生村官联谊会	120	2009	市团市委	联合性
仪征市冬泳协会	65	2009	市体育局	专业性
仪征市金融学会	148	2009	市人行	学术性
仪征市大中型商贸流通零售业行业协会	30	2009	市商务局	行业性
仪征市摄影家协会	90	2009	市文联	专业性
仪征市乒乓球协会	56	2010	市体育局	专业性
仪征市作家协会	153	2010	市文联	专业性

续表 13-2

名　称	会员数	成立年份	主管部门	类　别
仪化反邪教协会	31	2010	仪化610	联合性
仪征市平安协会	30	2010	市公安局	专业性
仪征市羽毛球协会	230	2010	市体育局	专业性
仪征市城建行业协会	258	2010	市城建局	行业性
仪征市土地学会	159	2010	市国土局	学术性
仪征市防震减灾学会	50	2010	市地震局	学术性
仪征市新四军研究会	76	2010	市党史办	学术性
扬州化学工业园区安全生产管理协会	30	2010	化工园	行业性
仪征市食用菌行业协会	51	2010	市农委	行业性
仪征市石锁协会	104	2010	市体育局	专业性
仪征市粮食行业协会	93	2011	市粮食局	行业性
仪征市志愿者协会	128	2011	市文明办	专业性
仪征市对外贸易协会	30	2011	市商务局	行业性
中老年健身协会	84	2011	市体育局	专业性
仪征市足球协会	255	2011	市体育局	专业性
仪征市交通运输协会	65	2012	市交通局	行业性
仪征市柔力球协会	200	2012	市体育局	专业性
扬州化学工业园区消防协会	30	2012	化工园	行业性
仪征市户外徒步运动协会	52	2012	市体育局	专业性
扬州化工园区环境科学协会	30	2012	化工园	专业性
仪征市浙江商会	74	2012	市工商联	行业性
仪征市自行车运动协会	120	2012	市体育局	专业性
仪征市体育舞蹈协会	50	2012	市体育局	专业性
仪征市供销合作经济组织联合会	75	2012	市供销社	行业性
仪征市广播电视学会	272	2012	市广电台	学术性
仪征市芍药花巾帼志愿者协会	50	2012	市妇联	专业性
仪征市食品流通行业经营者自律协会	68	2012	市工商局	行业性

二、民办非企业单位复查登记

（一）民办非企业单位复查

民办非企业单位，是企业事业单位、社会团体和其他社会力量以及公民个人利用非国有资产举办的，从事非营利性社会服务活动的社会组织。1998年10月，国务院颁布修订后的《民办非企业单位登记管理暂行条例》，明确国务院民政部门和县级以上地方各级人民政府民政部门是同级人民政府的民办非企业单位登记管理机关。登记管理机关负责同级业务主管单位审查同意的民办非企业单位的登记管理。

2001年以前，仪征市民办非企业单位没有由市民政部门登记管理，而是由行业主管部门代管。2001年4月，仪征市成立由市委副书记刘本义任组长，副市长朱春平任副组长，政府办公室、民政局、组织部和宣传部等22个部、委、办、局为成员单位的民间组织管理工作领导小组，在领导小组领导下开展民办非企业单位复查登记工作。并由市政府办公室印发《关于开展仪征市民办非企业单位复查登记工作的实施方案》，全面开展全市民办非企业单位复查登记工作。当年，全市共有407家民办非企业单位，其中有299家不属复查登记范围；属复查登记范围已在工商部门登记不需要民政部门重新登记的93家；没有登记需要复查的15家，其中，属扬州市复查登记的1家，属仪征市民政局复查登记的14家。经过复查，同意批准登记的11家（其中教育类10家、劳动类1家），暂缓登记的3家。

2001年仪征市民政局复查核准登记民办非企业单位一览表

表13-3

名　称	负责人	地　址
仪征市朴席镇中心幼儿园	经恒玉	仪征市朴席镇街道东首
仪征市新集镇中心幼儿园	杜森杰	仪征市新集镇街道
仪征市宝宝艺术园	张　昀	仪征市北城河路100号
仪征市陈集镇第二中心幼儿园	陈　霞	仪征市陈集镇高集街道
仪征市陈集镇中心幼儿园	卞双萍	仪征市陈集镇新建街27号
仪征市青山镇中心幼儿园	周笃玉	仪征市青山镇沿江路20号
仪征市白斯特文化培训中心	张如奎	仪征市仪化文化宫
仪征市新东方职业培训学校	刘国平	仪征市鼓楼东路356#
仪征市新集镇张集幼儿园	罗德发	仪征市新集镇张集街道
仪征金升外国语实验学校	金学民	仪征市青山镇中街26号
仪征市新城镇十二圩斌斌幼儿园	张荣华	仪征市新城镇十二圩街道

（二）民办非企业单位登记

2001年，仪征市民办非企业单位复查登记工作结束。2002年起，市民政局正常受理民办非企业单位登记。

申请登记民办非企业单位，必须具备下列5项条件：经业务主管单位审查同意；有规范的名称和必要的组织机构；有与其业务活动相适应的从业人员；有与其业务活动相适应的合法财产；有必要的场所。同时要求，民办非企业单位的名称应当符合国务院民政部门的规定，不得冠以“中国”、“全国”、“中华”等字样。

2002年后，仪征民办非企业单位数量逐年增加，至2012年末，全市登记的民办非企业单位有82家，比2002年增加4.8倍。其中教育类50家（幼儿园29所、中小学4所、培训中心17个）、卫生类1家、劳动保障类2家、文体类12家、民政类10家、其他类7家。

2002–2012年仪征市民政局核准登记民办非企业单位统计表

表13-4　　单位：个

年　度	总　数	其中		注　销	年　度	总　数	其中		注　销
		新　增	变　更				新　增	变　更	
2002	17	6		0	2006	49	11	18	1
2003	20	3		0	2007	56	7	4	0
2004	32	12	1	0	2008	63	7	8	0
2005	39	7	2	0	2009	70	7	3	0

续表 13-4

年度	总数	其中		注销	年度	总数	其中		注销
		新增	变更				新增	变更	
2010	76	9	3	3	2012	82	2	4	0
2011	80	4	4	0					

2012年仪征市市级民办非企业单位一览表

表 13-5

单位名称	登记时间	业务主管单位	类别
仪征市新集镇中心幼儿园	2001	教育局	教育
仪征市宝宝艺术园	2001	教育局	教育
仪征市陈集镇第二中心幼儿园	2001	教育局	教育
仪征市金榜教育培训中心	2001	教育局	教育
仪征市新东方职业培训学校	2001	人社局	劳动保障
仪征市新集镇张集幼儿园	2001	教育局	教育
仪征金升外国语实验学校	2001	教育局	教育
仪征市陈集镇中心幼儿园	2001	教育局	教育
仪征市青山镇中心幼儿园	2001	教育局	教育
仪征市铜山中心幼儿园	2002	教育局	教育
仪征市真州镇夕阳红社区活动站	2002	民政局	民政
仪征市陈集镇社区服务中心	2002	民政局	民政
仪征市刘集镇中心幼儿园	2002	教育局	教育
仪征市刘集镇古井幼儿园	2002	教育局	教育
仪征市新城镇爱心幼儿园	2003	教育局	教育
仪征棋院	2003	文体局	文体
仪征市飞腾青少年体育俱乐部	2004	体育局	文体
南京医科大学第三附属医院	2004	卫生局	卫生
仪征市成才教育培训中心	2004	教育局	教育
仪征市百花园教育发展中心	2004	教育局	教育
仪征市香江学校	2004	教育局	教育
仪征市星河文化艺术培训中心	2004	教育局	教育
仪征市小油花文化艺术培训中心	2004	教育局	教育
仪征市真明少儿棋类培训中心	2004	体育局	文体
仪征市新城镇中心幼儿园	2004	教育局	教育
仪征市点石国际人才交流培训中心	2004	人社局	劳动保障
仪征市滨江教育培训中心	2004	教育局	教育
仪征市艺华教育培训中心	2004	教育局	教育

续表 13-5

单位名称	登记时间	业务主管单位	类别
仪征市新集镇扁松幼儿园	2005	教育局	教育
仪征市华兴幼儿园	2005	教育局	教育
仪征市新世纪幼儿园	2005	教育局	教育
仪征市牛津文化教育培训中心	2005	教育局	教育
仪征市小太阳围棋培训中心	2005	文体局	文体
仪征市福龙日语教育中心	2005	教育局	教育
仪征市先锋青少年服务中心	2005	团市委	教育
仪征市天地幼儿园	2006	教育局	教育
仪征市实验初中	2006	教育局	教育
仪征市万博幼儿园	2006	教育局	教育
仪征市真州镇胥浦中心幼儿园	2006	教育局	教育
仪征市天宁小学	2006	教育局	教育
仪征市百卉园教育培训中心	2006	教育局	教育
仪征市刘集镇盘古幼儿园	2006	教育局	教育
仪征市刘集镇铁牌幼儿园	2006	教育局	教育
仪征市英才文化教育培训中心	2006	教育局	教育
仪征市青少年教育培训中心	2006	教育局	教育
仪征爱心慈善服务中心	2006	民政局	民政
仪征市新城镇龙河幼儿园	2007	教育局	教育
仪征市神武跆拳道馆	2007	体育局	文体
仪征市十二圩沿江幼儿园	2007	教育局	教育
仪征市镜湖幼儿园	2007	教育局	教育
仪征市阳光青年中心	2007	团市委	其他
仪征市红叶幼儿园	2007	教育局	教育
仪征市大风车幼儿园	2007	教育局	教育
仪征市金升幼儿园	2008	教育局	教育
仪征市华康老年康复中心	2008	民政局	民政
仪征市月塘乡文化体育中心体育俱乐部	2008	月塘镇政府	文体
仪征市紫霞老年公寓	2008	民政局	民政
仪征市超能幼儿园	2008	教育局	教育
仪征市鲁清围棋培训中心	2008	体育局	文体
仪征市精诚教育培训中心	2008	教育局	教育
仪征市青山镇文化体育中心体育健身俱乐部	2009	青山镇政府	文体
仪征市东方艺术幼儿园	2009	教育局	教育
仪征市李玲书画艺术培训中心	2009	教育局	教育

续表 13-5

单位名称	登记时间	业务主管单位	类别
仪征市蓝天资金互助专业合作社	2009	农工办	其他
仪征市残疾人安养庇护所	2009	残联	其他
仪征市天乐乒乓球俱乐部	2009	体育局	文体
仪征市新城镇新华村居家养老服务站	2009	新城镇政府	民政
仪征市真州镇新村社区居家养老服务站	2010	真州镇政府	民政
仪征市真州镇迎江社区居家养老服务站	2010	真州镇政府	民政
仪征市泮池青少年棒垒球俱乐部	2010	体育局	文体
仪征市腾飞武馆	2010	体育局	文体
仪征市助农资金互助专业合作社	2010	农工办	其他
仪征市新柳青少年奥林匹克体育俱乐部	2010	体育局	文体
仪征市新城镇街道社区居家养老服务中心	2010	新城镇政府	民政
仪征市陈集祥和菜油资金互助专业合作社	2010	农工办	其他
仪征市马集镇平安资金互助专业合作社	2010	农工办	其他
仪征市刘集镇双竹幼儿园	2011	教育局	教育
仪征市陈集镇惠民农民资金互助合作社	2011	农工办	其他
仪征市智渊教育培训中心	2011	教育局	教育
仪征市儿童福利指导中心	2011	民政局	民政
仪征市铭扬文化教育培训中心	2012	教育局	教育
仪征市哆来咪幼儿园	2012	教育局	教育

三、社会组织变更登记

社会组织登记、备案事项需要变更的，应当自业务主管单位审查同意之日起30日内，向登记管理机关申请变更登记、变更备案。20世纪90年代以前，仪征社会组织变更登记很少，只有1992年4月，市出口玩具协调委员会要求更名为仪征市出口玩具协会，市民政局审查后同意更名。21世纪以来，社会组织变更登记的较多。截至2012年12月，先后有24个社会组织经市民政局核准变更登记。

2002~2012年仪征市民政局核准社会组织变更登记表

表 13-6

年　月	原单位名称	变更后单位名称
2002.11	新集镇扶贫开发协会	新集镇老区扶贫开发协会
2002.12	大仪镇扶贫开发协会	大仪镇老区扶贫开发协会
2002.12	月塘乡扶贫开发协会	月塘镇老区扶贫开发协会
2002.12	刘集镇扶贫开发协会	刘集镇老区扶贫开发协会
2002.12	马集镇扶贫开发协会	马集镇老区扶贫开发协会
2002.12	朴席镇扶贫开发协会	朴席镇老区扶贫开发协会
2002.12	谢集乡扶贫开发协会	谢集乡老区扶贫开发协会
2002.12	青山镇扶贫开发协会	青山镇老区扶贫开发协会

续表13-6

年　月	原单位名称	变更后单位名称
2002.12	新城镇扶贫开发协会	新城镇老区扶贫开发协会
2002.12	陈集镇扶贫开发协会	陈集镇老区扶贫开发协会
2003.1	真州镇扶贫开发协会	真州镇老区扶贫开发协会
2003.4	仪征市革命老区经济开发促进会	仪征市老区经济开发促进会
2007.1	市新东方计算机培训中心	市新东方职业培训学校
2007.4	仪征市双拥协会	仪征市双拥和国防教育协会
2007.7	仪征市中学教育集团实验学校飞腾青少年体育俱乐部	仪征市飞腾青少年体育俱乐部
2008.4	市实验小学教育集团天宁小学	市天宁小学
2008.8	市马集镇铜山民办幼儿园	市铜山中心幼儿园
2009.11	仪征市行业价格协会	仪征市价格协会
2010.4	仪征市商会	仪征市总商会
2010.6	仪征市果业协会	仪征市果业行业协会
2010.7	仪征市雨花石协会	仪征市雨花石行业协会
2010.9	仪征市农机协会	仪征市农机行业协会
2010.12	仪征市绿杨春茶叶协会	仪征市绿杨春茶叶行业协会
2012.5	市白斯特文化培训中心	市金榜教育培训中心

第二节　社会组织年检

一、社会团体年检

1995年，仪征市民政局首次开展社会团体年检工作，4月12日下发《关于对社会团体进行一九九四年度年检的通知》。通知要求，凡是在1994年12月31日前经市民政局核准登记的各类社会团体都需依法参加年检。当月，市民政局召开全市社团年检工作会议，社团法人代表出席，并邀请市工商、劳动等相关部门参加会议。会议学习国务院颁布的《社会团体登记管理条例》有关内容，传达扬州市民政局关于社团年检的会议精神，对年检作出具体安排。全市社团年检工作从当年4月份开始至7月份结束。全市应参加年检的70个市属社团，有61个参加了年检，年检率达87%；有8个社团未参加年检，占11%。对照标准，年检合格的61个，不合格的8个（警告一次），撤销一个。此后，每年对社团进行年检。1995年至2012年，应参加年检的社会团体累计1941个，占全市累计社会团体总数2438的80%。通过年检，合格的1042个，占应检社会团体的53.6%；暂缓登记或注销的48个，占2.5%；不合格的851个，占43.9%。

二、民办非企业单位年检

2002年，首次开展民办非企业单位年检工作。事先召开全市民办非企业单位年检工作会议，邀请市教育、劳动保障等相关部门参会。会议学习年检暂行规定，明确年检内容，确定年检程序，并请市教育、劳动保障等部门的负责同志就具体的业务工作作有关解释和说明。此外，还组织学习扬州市财政局《转发关于民办非企业单位使用票据等问题的通知》。自此，民办非企业单位年检制度建立，年年进行检查。

三、社会组织年检内容与要求

社会组织年检，主要检查的内容是：（1）是否按照核准的章程开展活动，年度内开展业务活动情况及取得的成绩；（2）内部各项规章制度的建立和执行情况；（3）财务管理和经费支出情况；（4）重大活动事先报告制度；（5）开展经营活动情况；（6）本年度登记事项变更情况；（7）自成立以来按照章程规定换届情况；（8）有无违法违规的其他情况等。

社会组织年检的程序是：（1）社会组织接到年检通知后，认真进行自查，按照要求如实填写年检报告书；（2）将年检报告书及财务审计报告等有关材料，一并报送业务主管单位初审；（3）将由业务主管单位签署初审意见的年检报告书连同社会组织登记证书（副本）及财务审计报告等有关材料，报送仪征市民政局申请年检。（4）仪征市民政局审核有关材料，做出年检结论，并在《社会团体法人登记证书》（副本）上加盖合格或不合格印记。

社会组织在接受年检时提交的材料：（1）社会审计机构出具的财务审计报告；（2）经业务主管单位初审盖章的年度检查报告书（3）《社会团体法人登记证》副本及复印件或《民办非企业单位法人登记证》副本及复印件;（4）其他需报送的有关材料。

社会组织遵守社会团体、民办非企业单位登记管理法规，按照章程开展活动，无违法行为的，年检结论确定为合格。有下列情形之一的，由登记管理机关责令改正，情节轻微的，确定为年检基本合格；情节严重的，确定为年检不合格：（1）违反国家法律、法规和有关政策规定的；（2）违反规定使用登记证书、印章或者财务凭证的；（3）本年度未开展业务活动，或者不按照章程的规定进行活动的；（4）无固定住所或必要的活动场所的；（5）内部管理混乱，不能正常开展活动的；（6）拒不接受或者不按照规定接受登记管理机关监督检查或年检的；（7）不按照规定办理变更登记，修改章程未按规定核准备案的；（8）擅自设立分支机构的；（9）财务制度不健全，资金来源和使用违反有关规定的；（10）现有净资产低于国家有关行业主管部门规定的最低标准的；（11）侵占、私分、挪用社会团体、民办非企业单位的资产或者所接受捐赠、资助的；（12）违反国家有关规定收取费用、筹集资金或者接受使用捐赠、资助的；（13）年检中隐瞒真实情况，弄虚作假的。

1995—2012年仪征市社会团体年检情况表

表13-7　　单位：个

年　份	社团总数	应参加年检数	年检结果		
			合格数	暂缓登记数	不合格数
1995	125	70	61	–	9
1996	95	61	53	–	8
1997	80	80	80	–	–
1998	84	84	28	42（注销）	14
1999	45	45	43	–	2
2000	45	45	40	–	5
2001	48	46	23	–	23
2002	91	47	35	4	8
2003	147	102	64	–	38
2004	156	144	64	–	80
2005	155	149	65	–	84
2006	210	160	37	–	123
2007	213	97	78	2	17

续表 13-7

年　份	社团总数	应参加年检数	年检结果		
			合格数	暂缓登记数	不合格数
2008	219	198	75	–	123
2009	215	133	54	–	79
2010	160	151	79	–	72
2011	170	164	72	–	92
2012	180	165	91	–	74

2002–2012年仪征市民办非企业单位年检情况表

表 13-8　单位：个

年　份	企业总数	应参加年检数	年检结果		
			合格数	基本合格数	不合格数
2002	17	17	16	1	–
2003	20	18	15	–	3
2004	32	23	20	–	3
2005	39	35	20	–	15
2006	49	41	38	–	3
2007	56	53	46	–	7
2008	63	58	41	–	17
2009	70	64	39	–	25
2010	76	74	39	–	35
2011	80	80	47	–	33
2012	82	77	55	–	22

第三节　经常性管理

一、建立制度

1992年，仪征市开始对社团管理实行印章、刊物和分支机构备案制度及财务收支审计制度。1993年，实行新建法人社团民事责任保证金和验资制度。

2001年3月，为进一步加大对社团的管理力度，促进社团的健康发展和社会政治稳定，市民政局制定下发《仪征市社会团体管理制度》，明确社会团体必须制定和执行计划总结报告制度、重大活动和重要会议审批制度、年度检查制度、经费资产管理制度和创办报纸杂志报送等五项社团管理制度。

进入21世纪，市民政局坚持社会组织管理工作年度会议制度。每年上半年召开全市社会组织管理工作会议，各乡镇、办事处民政助理、农经助理、各业务主管单位和民间组织负责人参加会议。会议主要学习、宣传、贯彻上级民政部门对民间组织管理方面的文件和新规定，回顾总结上一年度全市民间组织工作情况，研究部署当年民间组织工作，布置社团、民办非企业单位年检工作。同时安排工作做得好的社会组织在会上交流发言，互相取长补短，促进共同发展。

二、完善体制

2006年5月，根据《中华人民共和国民办教育促进法》第九条“民办学校应当具备法人条件”的规定，仪征市民政局下发《关于做好全市民办学校民事主体资格变更有关问题的通知》，开展全市民办学校民事主体资格变更工作。当年朴席镇中心幼儿园等17家民办学校变更主体资格。

2010年4月，为进一步贯彻《中共中央办公厅、国务院办公厅关于党政干部不兼任社会团体领导职务的通知》精神和扬州市《关于加快推进行业协会与行政机关脱钩的实施意见》文件要求，仪征市开展社会团体、行业协会与行政机关脱钩工作。经调查，当年全市共有205个社会团体和行业协会需要与行政机关脱钩，其中行业性社团34个，专业性社团138个（其中农村专业经济组织102个），学术性社团23个，联合性社团10个。5月，仪征市政府下发《关于转发市发改委、纠风办、民政局〈关于行业协会与行政机关脱钩工作的实施方案〉的通知》，要求行业协会从机构、工作人员、财务、职能等方面与政府及其部门彻底分开。当年确定25个行业性社团需要脱钩，涉及机关部门14个，完成脱钩变更的22个。

三、规范财务管理

1995年4月12日，仪征市民政局联合市财政局下发《关于社会团体使用"江苏省行政事业性收费票据"有关事项的通知》，规定所有社会团体一律购领和使用"江苏省行政事业性收费票据"。1997年，结合社团清理整顿工作，聘请仪征市审计事务所首次对社团的财务进行审计。2001年3月，转发扬州市民政局、财政局、物价局、税务局《关于印发〈扬州市社会团体经费管理暂行规定〉的通知》，规范社团经费管理。2005年8月，仪征市民政局与市财政局联合举办《民间非营利组织会计制度》培训班，对社会团体、民办非企业单位的总账、现金会计进行业务培训。

2010年8月，成立仪征市治理"小金库"工作领导小组，印发《仪征市社会团体"小金库"专项治理实施方案》的通知，由市民政局负责牵头，制定具体实施办法，对全市社会团体和公募基金会"小金库"进行专项治理，查出的"小金库"由主管部门负责处理。并建立和完善社会团体和公募基金会防治"小金库"的长效机制，切断"小金库"资金来源。2011年，进一步开展社会团体清理"小金库"专项治理复查工作，对重点社会团体单位进行全面复查，共复查了3家。主要检查隐匿会费收入、截留行政事业性收费、截留捐赠收入以及虚列其他支出设立"小金库"等行为。

2012年6月，仪征市民政局联合市财政局下发《关于转发扬州市民政局、财政局〈关于进一步加强和规范社会团体财务管理工作的通知〉的通知》，进一步规范我市社团财务管理，并先后对近26家社会团体财务进行重点检查、落实整改措施、规范管理。

四、创先争优活动

2005年后，根据上级要求，仪征市民政局在全市社会组织中开展多种形式的"创先进集体，争当优秀个人"活动，取得较好的成绩。

自律与诚信建设活动　2005年，根据民政部《关于开展民办非企业单位自律与诚信建设活动的通知》，仪征市民政局、市财政局及各业务主管部门联合组织开展民办非企业单位自律与诚信建设活动。6月，转发《扬州市〈关于开展全市民办非企业单位开展自律与诚信建设活动的实施意见〉的通知》，召开全市民办非企业单位开展自律与诚信建设活动动员大会，要求规范民办非企业单位章程，建立公开、透明的信息披露制度，完善自律机制。同时举办民间非营利组织会计制度培训班，组织开展多种形式的主题公益活动。仪征市金升外国语实验学校、仪征市宝宝艺术园、南京医科大学第三附属医院、仪征棋院、仪征市新东方计算机培训中心5家单位，共同发出《仪征市开展民办非企业单位自律与诚信建设活动的倡议书》。仪征市绿扬春茶叶协会、仪征市弱筋麦产业协会、仪征市餐饮业商会、仪征市玩具商会、仪征陈集镇鹅业协会等5家社会团体，南京医科大学第三附属医院、仪征棋院等2家民办非企业单位被表彰为"仪征市2005年度民间组织工作先进单位"。

2006年，仪征市金升外国语实验学校被表彰为"全省民办非企业单位自律与诚信建设先进单位"。仪征市新东方计算机培训中心被表彰为"扬州市民办非企业单位自律与诚信建设先进单位"。

2007年，仪征市餐饮商会被表彰为"江苏省百强行业协会"。

服务新农村建设活动　2009年，根据扬州市民政局《关于开展“百家社会组织服务新农村建设行动”的通知》精神，仪征市开展“百家社会组织服务新农村建设行动”，市民政局下发《关于开展“社会组织服务新农村建设行动”的通知》，筛选了10家社会组织参加这次活动。主要采取送服务下乡和结对帮扶等形式，以结对帮扶为主，鼓励社会组织为新农村建设出资、出智、出力。

2010年，仪征市玩具商会、仪征市青年阳光中心、仪征市个体私营经济协会、仪征市老区经济开发促进会和市慈善总会被扬州市民政局表彰为“百家社会组织服务新农村建设行动先进单位”。

学习实践科学发展观活动　2010年，扬州市开展社会组织深入学习实践科学发展观活动，仪征市民政局召开全市社会组织“深入学习实践科学发展观活动”专题会议，并认真组织实施。当年，仪征市民政局被扬州评为深入学习实践科学发展观活动指导工作先进单位。南京医科大学第三附属医院、仪征市实验中学、市精诚高级中学和市金升外国语学校被评为深入学习实践科学发展观活动先进单位。

社会组织评估活动　2012年9月，仪征市开始实施社会组织评估工作，市民政局下发《关于开展社会组织评估工作的通知》，成立仪征市社会组织评估工作领导小组。经过自评、申报、专家考察初评、终评、公示等程序，仪征市慈善总会、仪征市武术协会和仪征市义工联合会、仪征市华康老年康复中心、仪征市金升外国语学校和仪征市新城中心幼儿园被评为3A级社会组织，仪征市金榜教育培训中心被评为2A级社会组织。仪征市武术协会被扬州市民政局评为4A级社会组织，成为扬州市首批被评为4A级社会组织的体育社团，也是仪征唯一一家被评为4A级的社会团体。

第十四章 社会事务管理

民国时期，国民党仪征县政府虽设有民政机构，但基本不管理社会事务。而抗日民主政府，不仅开展拥军优属，而且还开展禁烟禁赌等工作。新中国成立后，仪征民政部门按照国家社会事务管理的法律法规，开展禁烟禁赌，落实侨务政策，加强婚姻登记、收养登记、收容遣送与救助管理，积极推行殡葬改革，一度时期，还承担选举和华侨事务等，为方便群众生活、促进社会和谐起到了积极的作用。

第一节 禁烟禁赌

一、禁烟

仪征历史上虽无种植鸦片的习惯，但吸毒贩毒者较多，尤以城镇为甚，且屡禁不止。民国19年（1930年），省政府民风调查时认定，仪征民风中最坏的是烟毒、赌和娼。民国29年（1940年）调查统计，全县共有吸毒贩毒人员664人。其中，第四区128人，第五区156人，其余三个区380人。

民国36年（1947年），县政府成立仪征县戒烟协会，并于3月22日召开第一次会议，讨论禁烟事宜。会议决定，从3月24日至31日，为肃清烟毒宣传周。一周内，仪征各中小学校、社团机关及各区公所，组织15个宣传队，绘制标语、漫画，张贴于乡镇、街道醒目之处，宣传烟毒危害。县民众教育馆还举办肃毒禁毒宣传竞赛演讲会，参加竞赛演说的15人，听众300余人。3月29日，县政府成立临时戒烟所，县卫生院院长蔡寿恒兼任所长，配医师、护师、助理、事务员各1人，勤务员3人（男2、女1）。临时戒烟所设在天宁寺，4月初开始收容吸毒人员强制戒毒。第一期收容66人，其中男61人，女5人。第二期收容59人，其中男54人，女5人。经过15天强制戒毒，月底检测时，已戒断出所的95人，占进所戒毒人员的76%。后又陆续收容118人。全县先后收容入戒烟所施戒的烟民共243人，其中男213人，女30人。除强制收戒者外，还有自行进所戒烟的64人，其中男49人，女15人。此外，不听教育逃避戒毒的有73人。当年7月底，临时戒烟所撤销。不久，大部分人又重新吸毒、贩毒，不少政府官员及地方绅士也参与吸食烟毒。

抗日战争时期，仪征抗日民主政府在根据地内大力开展禁烟工作。民国30年（1941年），民主政府设专门禁烟机构，颁布法令，限期关闭所有鸦片烟馆，禁绝贩卖、吸食毒品，并封闭烟土店，取消烟馆，严禁吸食烟毒。同时，对烟民逐个登记，分期送到半塔集淮南行署禁烟训练所，集中教育，强制戒毒。对屡教不改、坚持吸食毒品的人，处以数日到几个月强迫劳役，在劳役中继续戒毒。对贩卖白面、红丸、海洛因的人，一经缉获，从严惩处。经过一段时期的工作，仪征革命根据地内基本清除公开贩卖、吸食鸦片的现象。

1950年2月，国务院颁布《关于严禁鸦片烟毒的通告》，仪征县政府十分重视禁烟肃毒工作，公布《禁烟禁毒布告》。1952年7月，县政府成立肃毒指挥部，县委书记严超兼任总指挥，下设办公室，代理县长尤振东兼任办公室主任。同时抽调12名机关干部组成侦察、审讯、材料三个组，负责具体工作。经过调查统计，当时全县吸食鸦片的有360人，贩卖毒品的有122人，大多分布在各个集镇。陈集区高集乡，不足百户，有32户吸食毒品。为进一步震慑毒犯，弄清毒情，挖掘毒根，追缴“现货”，警示贩卖者和吸食者，并让群众受到教育，肃毒指挥部通过各种会议，广泛进行宣传，教育群众投入禁烟运动。

全县共召开大小会议121次，直接接受教育者3万余人（次）。通过宣传教育，群众中涌现出许多禁毒的模范人物和积极分子。真州镇桑园坊学生黄某从马桶底下找到母亲不肯交出的烟具，将其交给政府。青年团员李学玲、民兵朱春林、工商业户郑宏月、街道妇女积极分子盛祥等人，积极动员和教育烟民、毒贩主动上缴烟具40余件，向政府悔过自新。各级政府认真贯彻"坦白从宽，抗拒从严"的政策，给吸毒、贩毒分子以悔改的机会。对吸毒时间较短，愿意悔改的312人，给予训诫教育，并要求个人写出保证书。对吸毒时间较长，悔改态度不积极的138人，以乡为单位，短期集训，上交烟具，限期戒绝，并要求写悔改保证书。极少数拒不悔改者，被送游民改造所，强迫劳动改造。其中屡教不改，态度顽固的32人，分别给予判刑或群众管制处理。通过禁烟肃毒运动，全县共收缴鸦片57两，白面1两，面料2075厘，烟具505件。

此后，县委、县政府又结合"三反"（"反贪污、反浪费、反官僚主义"）和"五反"（"反行贿、反偷税漏税、反盗骗国家财产、反偷工减料、反盗窃国家经济情报"）运动，持续开展3次大张旗鼓的群众肃烟肃毒斗争。至1956年年底，仪征基本清除旧社会遗留下来的毒害，制造、运送、贩卖和吸食烟毒的现象基本清灭。此后，禁毒工作由公安部门负责。

二、禁赌

仪征解放以前，赌博种类很多，五花八门，常见的有：打麻将、推牌九、斗纸牌、押宝、抽签、掷骰子等，以钱、财、物争输赢。城镇乡村，赌场较多，聚赌成风。有的赌徒输光家产后，典妻卖子，或沦为盗贼，杀人抢劫。官府和警察虽明言禁赌，但暗中操纵赌场，勾结赌徒，从中渔利，致使赌风一再蔓延，成为仪征的一大公害。赌博不仅腐蚀 人的思想、灵魂，还严重影响社会秩序，诱发各种犯罪。

解放初期，赌博之风仍然在仪征部分旅馆、商号、饭店以及窝主、赌户家中流行，时常发生赌徒为断输赢而发生的打架斗殴现象。1950年，县委、县政府发布关于严禁赌博、上缴赌具及其赌款处理的布告、通告，取缔赌场，禁止制造贩卖赌具，对经常聚赌和以赌博为生的流氓赌棍，处以罚金或劳役。

1951年和1952年，县政府继续加强禁赌工作，发动群众监视举报赌博行为，要求地方干部，有对象、有目标地加强对经常参与赌博的落后群众的教育，查处聚众赌博的事件和人员。县政府结合生产救灾、改造"二流子"等工作，不懈地查禁赌博。1953年，县政府组织民政、公安等部门，开展集中查禁赌博活动，取缔赌场，封闭赌馆，查禁制造、贩卖赌具场所。对聚众赌博的不法之徒，分别给予严厉惩处。对于一般商人、群众赌博的，采取亲属规劝、说服批评教育、立字悔过、警告等方式，以期自觉改正。对经常聚赌和以赌博为生的流氓赌棍，处以罚金或劳役，情节严重者送交法院判处徒刑，达到教育与惩治相结合的目的。由于教育和处理比较到位，禁赌工作收到一定的成效。据不完全统计，1950~1954年，全县共查获赌案97起，涉及人员347人，没收麻将、牌九、纸牌等赌具134副，一次销毁261袋赌具。至1954年年底，仪征城乡很少有赌博的现象。此后，禁赌由公安部门负责。

第二节　侨　务

仪征是江苏省侨乡之一。新中国成立后，县民政部门开展侨情调查，管理侨汇，落实侨务政策，接待侨属，协助侨眷援乡等。"文化大革命"期间，侨务工作一度停顿。1971年起，侨务工作逐步恢复。1979年6月，仪征根据省委52号文件精神，成立县革命委员会外事侨务组（后改称侨务办公室），将县委民政科兼管的侨务工作划归县人民委员会外事侨务组管理。

一、侨情

仪征人旅居海外有较长历史。在半殖民地半封建社会时期，他们有的迫于生计而背井离乡到海外谋生，有的外出经商，有的在仪征解放前夕去台湾，后辗转海外。新中国建立后，出国定居的主要是华侨的亲属，有的到海外继承家产、打工，有的出国留学后在国外定居等。他们在海外有的开店办厂，以经营零售业、娱乐业、服务业、饮食业为多，也有的经营房地产业、进出口贸易、工商业和金融业。侨胞的文化水平也有提高。尤其是第二代、第三代华侨，出现一批专业人才、工商企业家和社会名流。据1963年侨情调查，全县旅居海外华侨有560多户，分布在亚洲、欧洲、南北美洲等国。1979年侨情调查，全县有侨居境外的华侨有800多户，分布在亚洲、欧洲、南北美洲的19个国家和地区，尤以东南亚国家为最多。侨居亚洲的有9个国家，其中旅日华侨有364户。全县在国外的知名学者、博士、教授等高级知识分子华侨有10多人。

二、侨汇

仪征旅外侨胞通过邮政，从海外汇入国内的外国汇币，一直是海外侨胞赡养亲属、保持与家人经济联系的重要途径和方式，也是仪征非贸易外汇收入的组成部分。

仪征解放后，起初侨汇较少，侨汇主要用于侨眷养家糊口，后来在经济发展中的作用越来越大。县政府按照中央和省政府要求，积极争取外汇，在国家实行对粮、棉、油等物资统购统销和计划供应的情况下，仪征较好地贯彻执行国家的侨汇政策，及时查处侵犯侨汇的案件，保持侨汇商品物资的正常供应，从而维护侨汇户的合法权益，促使全县侨汇收入稳定增长。

1963年，县政府主动调剂货源，开设侨汇专柜。县百货公司将质量好的毛线等高档商品，拿出来设立侨汇专柜，供应侨眷。为满足侨属修建房屋需求，增加侨汇收入，县计委与物资局积极安排垫付供应建筑木材58个立方米。县商业局、物资局等单位，除按国家规定平价供应粮、糖、油、肉、布、烟、肥皂等物资外，还平价供应手表、自行车、缝纫机等紧俏计划商品，销售的外汇收入折合人民币达1.35万元。侨眷、侨属比较集中的朴席公社离县城距离较远，侨眷购买侨汇物品，到县城侨汇物资专柜很不方便。朴席公社供销社专设侨汇物资供应专柜，方便侨眷购物。是年，省下达仪征侨汇任务8800美元，年终实际完成1.89万美元，超过省下达任务的114%。

1979年，县银行为做好侨汇工作，单独设立侨汇接待室，保证华侨及其眷属汇款存取方便及时和安全保密。基层银行营业所对侨汇还采取送上门的方法，消除侨眷怕外人借款的顾虑。朴席公社营业所，直接将侨汇送上门，受到侨眷的欢迎。当年，全县侨汇款总数达到29.80万元，比1963年增长15倍。其中，建筑侨汇（用于购买建筑材料）有412户，汇款19.90万元，占侨汇总数的66.9%。

三、落实政策

新中国成立后，中共中央、国务院曾制定和实施许多侨务政策，体现为侨服务，维护侨众权益和对归侨侨眷照顾的原则。但是，在执行过程中出现偏差，仪征和全国许多地方一样，留下不少的历史遗案。诸如：土地改革中将归侨侨眷错划为地主富农，将业主不在家的城镇华侨房屋实行接管、代管，将已经按政策提前改变成份的侨属家庭又重新戴上地主、富农的帽子，在城镇私房改造中错误改造华侨房屋，在私营工商业社会主义改造中侵犯华侨工商业者利益等。

“文化大革命”后，1976年下半年，县委结合召开三级干部会议，领导在总结部署工作时，传达贯彻全国、省侨务工作会议精神，要求落实党的侨务政策。从此，仪征开展侨务领域的拨乱反正和落实政策工作。朴席公社有两个预备党员，“文化大革命”中因海外关系影响，被取消预备党员资格。1977年6月，县委组织部会同朴席公社党委，对其进行复议，实事求是的给予纠错，按照党章规定，使其按期转为中共正式党员。十二圩公社美籍华人范章云的哥哥范章典，“文化大革命”期间，私人房产被作私房改造处理。1977年9月，县民政科会同房管部门讨论决定，将改造的房屋归还原主范章典。日本华侨、江苏大阪同乡会会长许朝坤的堂弟许朝金，原是公社干部，后因海外关系被下放到大队。1977年11月，许朝金得到纠正，并被调任公社革委会任副主任。县农机二厂归侨潘正兴，对技术有钻研，工作积极，1978年，被选为省人民代表大会代表。

四、接待服务

仪征解放后，广大海外侨胞回国探亲访友、参观游览、祭祖扫墓、洽谈贸易、进行科技文化交流的人员日益增多。在接待服务中，根据“一视同仁，重点照顾，全面争取”和“政治挂帅，热情接待，多做工作”的方针，采取多种形式，根据不同对象进行接待，对一些有社团身份、经济实力、科技专长的，以及多年未回过国的老华侨，由县革命委员会负责人出面接待。一般的归侨人士，由县革命委员会民政部门负责接待。主要是通过邀请座谈、组织参观、上门个别访问等形式，宣传党的侨务政策，观看家乡的新貌，畅谈家乡发展的大好形势等，使他们来时愉快，走时高兴。

1963年，县领导热情接待柬铺寨回国探亲的华侨林忠喜，陪同他参观访问，向他介绍家乡建设成就，并指示教育局帮助他解决子女入学、物资局帮助他解决物资供应问题。

1979年3月，日本华侨许朝坤母亲去世，他回家乡办理丧事，县革命委员会、朴席公社革命委员会帮助他妥善安排丧事，并送花圈。回日本前，县革命委员会负责人又热情宴请他，使他深受感动，他表示家乡政府和人民对他无比关怀，他一定要为家乡“四化”建设作贡献。

五、侨胞援乡

仪征解放前，海外侨胞对家乡仪征的捐赠情况已难以全面查考。新中国建立后，因受西方国家封锁遏制等诸多因素影响，仪征海外侨胞与家乡长期处于隔绝状态，包括捐赠在内的社会经济交往长期停顿。

20世纪60年代，国内处于经济困难之际，一些海外同胞和旅日华侨曾陆续捐赠款物，支援家乡恢复发展工农业生产。1963年，原家住胥浦公社滨江大队徐二生产队的旅日华侨唐恩佐（又名赵恩佐），曾寄过6万元日币给胥浦公社，以作为救灾之用。70年代初，有少数侨胞主动提出捐助家乡的公益事业。至70年代后期，随着国家政治稳定、经济发展和改革开放政策的实施，有的海外侨胞对仪征的捐赠日渐增多。1979年，海外华侨积极支持家乡建设，自愿向家乡捐赠彩色电视机、电子计算机、汽车、手扶拖拉机等。美籍华人圣碧西、范章云回国探亲时，主动提出要求讲学，介绍国外科技成果，传递国外科技信息。

第三节　婚姻管理

解放前，仪征境内的婚姻基本都是封建主义的包办婚姻，结婚和离婚无需进行登记。新中国成立后，1950年5月1日，中央人民政府颁布《中华人民共和国婚姻法》，仪征民政部门宣传贯彻婚姻法，改革旧的婚姻制度，指导基层加强婚姻登记和管理。2004年，婚姻登记统一归口于市民政局婚姻登记处。市民政局婚姻登记处严格依法办事，加强自身建设，完善服务流程，树立窗口单位形象，不断提高服务水平和质量，多次受到上级表彰。2008年，被民政部授予“2007——2008年度全国婚姻登记规范化单位”称号；2012年，被省民政厅授予全省民政系统创先争优先进集体，同时被民政部授予国家3A级婚姻登记机关。

一、《婚姻法》宣传贯彻

1950年5月1日，中央人民政府颁布《中华人民共和国婚姻法》。仪征县委、县政府有计划、有步骤地进行婚姻法的宣传教育工作。各地通过报告会、举办婚姻图片展览、放幻灯、出墙报等方式，广泛宣传婚姻法，并组织昔日的童养媳在群众大会上揭发、控诉封建婚姻制度的危害以及对自己的人身摧残。

1951年11月，县委组织6人婚姻法宣传教育检查组，对全县婚姻法的宣传教育工作进行专项检查。1953年3月，成立仪征县贯彻婚姻法运动委员会，从当年4月1日起，在县城及3个圩区、16个乡、5个镇开展“贯彻婚姻法运动月”活动。运动月活动历时46天，分3个阶段：第一个阶段（4月1日至15日），培训干部和婚姻法宣传员，县委领导在400多人互助组长大会上，做婚姻法的专题宣传报告，并举办婚姻法图片展览。各区、乡、镇也召开会议，集训区、乡、镇主要干部，以及村干部和党团员。第二个阶段（4月16日至5月5日），向群众开展大张旗鼓的宣传教育，县委从机关抽调15人组成婚姻法宣传队，编写婚姻法宣传提纲十问十答，利用幻灯、图片展览、文娱晚会等进行宣传，受到宣传教育的人数占全县成年人口总数的50%以上。县人民法院对月塘区长兴乡杨××、陈集区丁桥乡薛××虐待其妻致死案进行公开宣判，县有关部门处理干涉婚姻自由的12名乡村干部，使群众从“反面教材”中受到教育，从而推动婚姻法的顺利贯彻执行。第三个阶段（5月6日至5月15日），按区、乡、镇召开党团员、干部大会，肯定成绩，查找不足。宣传月活动的开展，推动了婚姻法的贯彻，促进了婚姻登记工作的开展。

1981年1月1日新婚姻法颁布施行。县政府持续开展新婚姻法宣传贯彻活动，民政、司法、妇联、共青团、工会、卫生、计划生育等部门密切配合，利用各种形式和典型事例进行宣传。同时举办各类培训班，组织婚姻登记人员学习新婚姻法。通过宣传，全县广大干部群众提高对实施新婚姻法的认识，增强了抵制和反对封建包办、买卖婚姻和残害妇女儿童违法行为的能力。

2001年4月28日，第九届全国人民代表大会常务委员会第二十一次会议通过《关于修改〈中华人民共和国婚姻法〉的决定》。当年，市民政部门组织学习贯彻修正后的婚姻法。

二、婚姻登记

（一）登记制度 1950年，婚姻法颁布后，按照其第六条规定，仪征县凡结婚、离婚和复婚，均需要到区政府履行登记手续，由区民政助理办理登记工作。1951年，全县办理结婚登记300对，离婚登记320对。1954年，全县办理结婚登记796对，离婚登记146对，复婚登记10对。

1955年，内务部婚姻登记办法公布后，县政府规定全县离婚登记由县民政科办理。“文化大革命”期间，婚姻登记处于混乱状态，很多结婚、离婚不履行登记手续，出现变相买卖婚姻、换亲的不良风气。

1980年后，修改的婚姻法、婚姻登记办法颁布后，仪征加强婚姻登记制度的管理。1985年4月，县民政局举办婚姻登记员培训班，培训乡镇婚姻登记员22人，培训考核合格的，发给婚姻登记员合格证书，实行凭证依法进行婚姻登记制度。

1986年，全市开展《中华人民共和国婚姻登记法》执法情况大检查，对结婚不登记或未到法定婚龄结婚的行为进行批评教育。

2000 年 5月，市政府办公室印发《关于规范婚前医学检查的通知》，明确市妇幼保健所、仪化公司职工医院（服务范围限于仪化公司职工）、华兴公司职工医院（服务范围限于华兴公司职工）为全市婚前医学检查的职能单位，一律凭这 3 家单位出具的“婚前体检证明”办理结婚登记。2003年10月，国务院颁布《婚姻登记条例》，未将婚前医学检查列为结婚登记的要件。从此，仪征不再要求进行婚前医学检查，检查与否由当事人自己决定。

（二）登记机关 新中国建立初期，仪征婚姻登记由县所属区公所、镇人民委员会办公室负责办理。1955年6月，内务部《婚姻登记办法》公布后，仪征办理结婚登记机关，在城镇由街道办事处和区公所办理，在农村由乡、镇人民委员会办理。离婚登记由县民政科办理。1958年，省人民委员会为适应农村公社化的新情况，于同年11月21日发出通知，规定婚姻登记工作原则上应由公社统一办理。仪征按其通知精神，规定由各人民公社办公室负责办理婚姻登记。

1981年7月，离婚登记由县民政科下放给基层政权机关办理，县民政部门只办理华侨与国内公民、港澳同胞与内地公民的婚姻登记的工作。

1985年，办理婚姻登记的机关，在城市是街道办事处，在农村是乡、镇人民政府。2004年9月以后，办理婚姻登记的机关，一律为仪征市民政局婚姻登记处。至2012年年底未变。

（三）登记程序 婚姻登记程序分申请、审查、登记3项。2006年1月起，登记程序分初审、受理、审查、登记（发证）4项。

1、申请：男女双方自愿结婚或离婚，必须同到一方户口所在地的婚姻登记机关，提出申请，填写结婚或离婚申请书。申请结婚要携带户口簿，婚姻状况证明、健康检查证明和合影相片两张。申请离婚登记要携带户口簿、身份证和离婚协议。申请复婚登记的要持离婚证件，并在申请书上注明“复婚”。

2、审查：对申请结婚的主要审查是否完全自愿，是否达到法定婚龄，是否符合一夫一妻制度，有无属于禁止结婚的血缘关系，有无不准结婚的疾病以及其他不符合婚姻法的情况。对申请离婚的主要审查是否确实因感情破裂自愿离婚，有无草率、威胁、欺骗等行为。对子女抚养、财产等问题，是否经过协商作出妥善处理。离婚理由是否正当，是否符合事实，有无调解和好的可能。但是，办理离婚登记的要坚持调解为主，说服重归于好。如经反复调解，双方仍坚持离婚，则给予办理离婚。如果一方坚决要离婚，一方坚决不愿离婚，或因对子女抚养、财产处理，双方矛盾重重，调解无效，转交法院诉讼。

3、登记：对于符合《中华人民共和国婚姻法》规定条件的，给予办理结婚、离婚登记，并发给结婚证、离婚证。对离婚后复婚登记，在发给结婚证书时，收回离婚证件并注销。

1951~1985年部分年份仪征县婚姻登记统计表

表14-1　　单位：对

年　份	结　婚	复　婚	离　婚	涉外婚姻
1951	300		320	
1954	796	10	146	
1959	979		177	
1961	3500		713	
1962	1814		657	
1963	2185		114	
1966			58	
1978	1471		7	
1979	1724	2	13	
1980	1854	3	11	
1981	2453		31	
1982	2309	3	30	
1983	1518	4	17	1
1984	1699	13	26	1
1985	1925	3	11	

说明：未列入统计年份资料缺

1986~2012年部分年份仪征市婚姻登记统计表

表14-2　　单位：对

年　度	结　婚	复　婚	离　婚	涉外婚姻	备　注
1986	5378	2	26	1	含检查后补登3100对
1987	2936				
1988	3893				
1989	4476	18	63	2	
1990	4122	11	41	2	
1991	3601			2	
1992	3901	20	94		

续表 14-2

年　度	结　婚	复　婚	离　婚	涉外婚姻	备　注
1993	3969	30	98		
1994	4374				补领证990对
1995	4624	2	160		
2005	4588		597		
2006	5276		586		
2007	5117		680		
2008	5145		738		
2009	5595		797		
2010	6298		859		
2011	6720		1079		
2012	6892		1113		

说明：未列入统计年份资料缺

（四）登记收费　1951年，仪征实行婚姻登记以后，县政府对婚姻登记收费没有作出统一规定，因而各地婚姻登记的收费标准不尽相同。这种情况一直延续到20世纪80年代。

1987年11月，仪征市民政局根据扬州市民政局〔1987〕76号文件精神发出通知，规定从1988年1月1日起，收取婚姻登记收费的标准是：结婚登记每对收费3元；出具《夫妻关系证明书》《解除夫妻关系证明书》每对收费5元；离婚登记每对收费10元。以上收费除工本费外，按以下比例处理：20%上缴扬州市民政局；20%上缴市民政局；60%留乡、镇、街道办事处。乡、镇、街道、办事处留成费用，主要用于建立婚姻档案、加强婚姻档案管理、补助聘用民政会计（婚姻登记员）。市民政局留成费用，主要用于奖励、培训婚姻登记员、印制婚姻法制宣传材料等。

2004年7月1日，根据省物价局、省民政厅文件规定，结婚、夫妻关系证明书，离婚、解除夫妻关系证明书的费用，统一合并为婚姻登记费（含证书工本费），其收费标准调整为，每对收费9元。同时，取消国内公民离婚登记手续费，涉外结婚或复婚登记手续费，内地公民同港、澳、台、华侨结婚或复婚登记手续费以及离婚登记手续费。

2012年，市民政局婚姻登记处实行免费婚姻登记（主要指证书和工本费）。

三、特殊婚姻管理

（一）军人婚姻管理　1981年，民政部转发《关于现役军人办理婚姻登记的规定》，对超期服役的战士和志愿兵提出结婚，可准其利用探亲假期回原籍结婚。现役军人一律不准与外国人或居住在中国香港、澳门地区的人员结婚。军队营以下干部申请结婚由团级政治机关审查同意；团级以上干部申请结婚，由上一级政治机关审查同意，然后由所在单位的团以上政治机关出具本人出生年月、民族、婚姻状况的证明，到地方婚姻登记机关办理结婚登记手续。超期服役的战士、志愿兵申请结婚一般由所在单位的团以上政治机关出具本人出生年月、民族、婚姻状况的证明方可到地方婚姻登记机关办理结婚登记手续。现役军人妻子提出离婚，必须得到军人同意。对破坏军婚的要依法处理。对利用探亲回乡结婚、离婚的军人，只要符合政策规定，并持有相关证明手续的，均给予办理结婚和离婚登记。至2009年，共为60多名符合规定条件的军人办理婚姻登记。

2010年，民政部、总政治部《关于军队人员婚姻管理有关问题的通知》规定：军人到婚姻登记机关办理婚姻登记手续，应出具下列证明和证件：所在单位团以上政治机关出具的军人婚姻登记证明；军官证或文职干部证、学员证、士兵证、离休证、退休证等军人身份证件；居民身份证。政治机关出具的证明与军人持有证件填写项目如有出入，不予办理。政治机关出具证明必须符合关于出证单位级别、驻地等问题的规定，婚姻登记机关办理婚姻登记以部队出具的证明为准。至2012年，市民政局婚姻登记处为符合政策规定的10多名驻地官兵及回乡探亲的军人办理婚姻登记。

（二）**涉外、华侨、港澳婚姻管理**　改革开放前，仪征涉外、港澳、华侨婚姻较少。

1980年后，仪征涉外、中国港澳地区婚姻逐渐增多。此类婚姻按照《中华人民共和国婚姻法》和民政部发布的《华侨同国内公民、港澳同胞同内地公民之间办理婚姻登记的几项规定》，由民政部门直接审查办理登记。在办理登记的过程中，按照省文件规定进行，对华侨同国内公民，港澳同胞同内地公民之间结婚，男女双方均应持有省辖市指定的医院出具的婚前体检证明，经检查 婚姻当事人若患麻风病未经治愈或患有其他医学上认为不应当结婚的疾病，婚姻登记机构不得给予办理婚姻登记手续。1986~1991年，仪征市民政局婚姻登记处先后办理涉港、澳、台结婚登记7对。

1992年起，涉港、澳、台婚姻登记由地级市及以上民政部门负责办理，仪征民政部门不再办理。

第四节　收容遣送与救助管理

一、收容遣送

（一）**弃婴、孤残收容教养**　仪征历史上就有抚孤育婴机构，收容流落街头的孤残和弃婴。清光绪年间，十二圩、陈集等地天主教堂附设育婴堂，收容弃婴。民国初年，仪征县城也建有育婴堂。民国17年（1928年），县政府将崇节堂、育婴堂和邑庙等产业合并组建，成立仪征县救济院，院址设在万寿宫（原县政府招待所北院，现解放西路）。救济院设安老、扶孤、育婴、施医、残疾人教养和小本贷款6所，共有房屋9进80余间，土地4918亩，内有花圃、桃园，当年收养老、幼、残疾人70人。

民国32~37年（1943~1948年），救济院共收容孤老、弃婴、残疾人607人。其中，孤寡老人183人，残疾人174人，孤儿186人，弃婴64人。每年，救济院还固定补助社会上孤、残人员100~300人。经费来源，主要靠土地、房屋出租收入。由于土地房产逐年减少，经济来源不足，至解放前夕，救济院收容的弃婴及孤残人员，每天只能供给大米6合（约7市两）。

解放初，仪征县人民政府接收救济院时，救济院有员工12人，房屋36间，收容的弃婴及孤残人员有151人。1949年8月，县政府对救济院进行整顿，裁减多余员工，动员不符合收容条件的人员离开救济院，回家自谋职业。经过整顿，救济院收容人员减少到100人。当时，救济院仍靠土地、房屋出租维持生计。土地改革后，经费由地方财政支付，并更名为仪征县生产教养院。教养院组织其中有生产能力的人，参加编织、种菜等农副业生产。初时实行供给制，每人每月供应大米12.5~15公斤。

1953年，教养院弃婴、孤残人员的生活由供给制改为工分制。以后，又分等级供应粮食计划，定期发放被服，保证吃、住、穿、用和疾病治疗。从事副业生产的，每月还发给1.5~3元钱的奖励。当年，进一步明确收养对象必须是社会“三无”（无依无靠、无劳动能力、无生活来源）人员和弃婴。

1959~1960年，仪征连续遭受严重自然灾害，弃婴持续增多。1960年春节前后，仪征弃婴现象不仅发生在农村，而且县属厂矿企业职工也有个别人弃婴。 为扼制弃婴增多的问题，县委在弃婴现象严重的青山公社水利工地上召开2000多名民工大会，当众拘留个别屡教不改的弃婴人员，对制止弃婴起到积极的作用。

1961年，仪征县生产教养院更名为仪征县社会福利院。同年，按照省民政厅要求，对收容的儿童进行鉴别，要求必须是城镇中无家可归、无依无靠、生活不能自理的孤儿，有家的残疾儿童和顽劣儿童一律不收。对在院婴幼儿的保育，主要解决1周岁以内的婴儿营养不良、发育不正常和死亡率高的问题。 对收容儿童的教育，贯彻“教育与劳动生产相结合”的方针，将他们培养成为有社会主义觉悟，有一定文化和身体健康的劳动者。对年龄大的进行职业教育，授以生产知识和技能。对烈士遗孤和成绩好、身体好、有培养前途的孤儿，重点培养，并享受助学金待遇。

1965年5月，仪征根据内务部关于对社会福利单位的设置进行合理调整的通知，撤销仪征县社会福利院。社会福利院收养的弃婴和孤残人员59人，分别送往扬州湾头教养院、高邮县儿童教养院、宝应县残疾儿童教养院。县社会福利院撤销以后，由县民政部门负责收容社会弃婴和孤残人员。至1987年，仪征民政部门共收养社会弃婴及孤残人员72人（男7人，均为残疾；女65人）。收容后，由民政部门面向社会进行处理。其中，由社会领养39人，送往高邮儿童教养院20人，死亡13人。

1988~2012年，市民政局妥善处置弃婴38名，其中组织社会领养27名，送扬州市儿童福利院10名，为弃婴查到父母并教育抱回的1名，帮助社会领养户解决弃婴户口和粮油供给16户。

1949~1965年仪征县弃婴和孤残收容教养情况统计表

表14-3 单位：人

年份	上年实有数	本年收养情况			处理情况					年终实有人数			备注
		孤残	弃婴	小计	动员回家	社会领养	介绍就业	死亡	小计	孤残	弃婴	小计	
1949	151				45			6	51			100	
1950	100						10		10			90	
1951	90	3		3								93	
1952	93	8		8								101	
1953	101	12	6	18	10			7	17	82	20	102	
1954	102	4	5	9						86	25	111	
1955	111				5	3	7	2	17	74	20	94	
1956	94	27	15	42	23	9	6	9	47	72	17	89	
1957	89	43	22	65	35	15		6	56	65	33	98	
1958	98	143	40	183	144	14	3	12	173	77	31	108	
1959	108	91	54	145	84	42			126	84	43	127	
1960	127		381	381	195	134	13	72	414	36	58	94	送河南郏县领养86人。
1961	94	22	96	118	66	16		29	111	47	54	101	
1962	101	8		8	8	22	1	6	37	41	31	72	
1963	72	4	54	58	11	27	1	27	66	45	19	64	
1964	64	5	1	6	2	4	2	2	10	46	14	60	
1965	60		2	2	2			1	3	43	16	59	

（二）游民和流浪人员收容安置

游民收容安置 1949年4月，仪征县城解放后，县政府民政科组建“仪征县游民改造所”，负责收容社会上不务正业、小偷小摸、吸毒贩毒、二流子懒汉、拐骗乞丐等游民，对其进行教育改造，组织他们从事扫大街、修马路、种菜、搓绳等劳动，使其自食其力，安定生活。当年收容游民12人。

1952~1956年，县游民改造所对收容的游民，按照“实施思想教育与劳动改造相结合”的方针，对收容的游民进行改造，每天组织他们进行早操锻炼，白天读报纸、上课学习和劳动，晚上识字、讨论等。重点是组织他们进行种菜、种小麦、种黄豆等劳动。通过劳动，使他们自食其力。

1957年6月，根据省民政厅《关于1957年安置改造游民工作方案》的规定，仪征停止收容游民。1959年，县游民改造所完成游民改造任务。

流浪乞讨人员收容安置　1982年，仪征根据国务院《关于发布〈城市流浪乞讨人员收容遣送办法〉的通知》和民政部、公安部《关于印发〈城市流浪乞讨人员收容遣送办法实施细则〉（试行）的通知》，成立仪征县收容遣送站，集中收容沿街乞讨人员。收容对象主要是家居农村流入城市乞讨、城市居民流浪街头乞讨和其他露宿街头生活无着的流浪人员。收容后，遣送他们回乡。当年遣送59名流浪乞讨人员回乡。收容遣送站对收容流浪乞讨人员逐人进行登记、审查、教育和处理，弄清住址及外流原因，发现疑点及时与公安机关取得联系，不让一个犯罪分子漏网。对一些精神病患者区别不同情况处理；对家住本地的，专人遣送到家，并与乡村组织研究，落实安置措施，防止继续外流，以维护城镇街道和公共场所的治安秩序。至2002年底，仪征民政部门共收容遣送410多名流浪乞讨人员回乡。

1982~1993年部分年份仪征流浪乞讨人员收容遣送安置统计表

表14-4　　单位：人

年　份	收容情况			安置处理情况			死亡情况
	收容人数	直接入站	其他站转入	处理人数	遣送还乡	转其他部门	
1982	131			131	59	72	
1984	168			93	93		
1987	52	16	36	50	36	14	3
1988	17	12	5	17	17		
1989	6		6	6	6		
1991	7			7	7		
1992	6			6	6		
1993	8			8	8		

说明：未列入统计年份资料缺

二、救助管理

2003年7月，仪征根据民政部要求，将收容遣送站更名为救助管理站。救助管理站更名后，民政局组织工作人员学习新的救助管理方法，重新制定《工作人员岗位职责》《行为规范》，转变救助管理思路，实现由管理者向服务者的角色转变，由行政管理为主向社会救助转变，由约束封闭和严肃管理转变为分类、开放和文明管理。当年，为154名流浪乞讨人员提供救助和服务。

2011年，经市机构编制委员会批准，正式挂牌建立“仪征市社会救助站”。市民政局落实市社会救助站的领导班子及工作人员，以及近400平方米的救助场所和20余张床位。救助场所分别设立男女救助点和未成年人保护点，建有救助制度，确保受助人全方位得到救助。特别是加强对生活无着的流浪、乞讨人员实施救助，以及对流浪未成年人救助保护，为被救助人提供食宿、临时住宿及返乡等帮助。2012年，救助流浪乞讨人员63人次。

2003~2012年仪征市社会救助流浪乞讨人员统计表

表14-5　　单位：人次

年　份	救助人次	年　份	救助人次
2003	154	2008	175
2004	148	2009	136
2005	132	2010	106
2006	113	2011	92
2007	67	2012	63

第五节 收养登记

从解放前至新中国成立后的相当长时期内，仪征群众在收养他人子女为自己的子女过程中，基本是沿用传统习惯，没有履行收养登记手续。1992年4月，《中华人民共和国收养法》颁布实施后，仪征市民政部门承担收养登记管理任务。市民政部门组织收养登记工作人员学习《中华人民共和国收养法》，民政部《中国公民收养子女登记办法》以及《外国人在中华人民共和国收养子女登记办法》，明确收养条件，弄清收养的程序和具体做法。收养的条件是：收养人应该是年满35周岁，无子女，未患有医学上认为不应当收养子女的疾病，有抚养、教育被收养人能力的公民。申请收养当事人，需向民政部门提供收养申请书、户口簿、身份证、结婚证，以及收养人所在单位或村（居）委会出具的有关证明，经县级以上医院检查后出具的身体健康状况证明；县级计划生育部门出具的无子女证明和公安机关出具的接出警登记表。被收养者必须是父母双亡或找不到生身父母的弃婴和儿童，并在省级报刊发布弃婴情况公告，没有生身父母信息时，才可以办理手续，进行收养登记。仪征从1994年开始依法办理收养登记，当年办理收养登记3件。

1999年4月，根据全国人大《关于修改〈中华人民共和国收养法〉的决定》，收养人的年龄由年满35周岁放宽到30周岁。

2006年8月，扬州市民政局、公安局、计生委、司法局、财政局、卫生局、教育局转发省民政厅等七部门《关于解决我省公民事实收养登记问题的意见》，对收养法实施前形成的事实收养关系处理作出相关规定。当年，市民政局对未办理收养登记形成事实收养关系的情况进行调查，全市共有未办理收养登记而已经事实收养的对象35对，均补办收养登记手续。

随着收养法实施，公民收养子女的法律意识逐步增强，收养登记工作进入法制化轨道。1994~2012年，全市办理收养登记（含补办）的共459件，其中2012年14件。

1994~2012年仪征市收养登记情况统计表

表14-6 单位：件

年份	收养登记	年份	收养登记
1994	3	2004	33
1995	4	2005	19
1996	4	2006	35
1997	3	2007	40
1998	20	2008	27
1999	26	2009	31
2000	69	2010	15
2001	26	2011	21
2002	30	2012	14
2003	39		

第六节　殡葬管理

一、殡葬改革

(一)推行火葬　民国28年8月(1939年8月),道教信徒孙海在陈集汪营周庄(原高集乡工农村张庄),自费砌12平方米化身砖窑一座,高约4米,用于死后愿意火葬的教徒火化。后因旱灾,群众迷信认为是化身窑影响所致,将其捣毁。民国35年9月,得以重建。当时,除刘集、古井、谢集、高集、大仪等乡镇外,安徽天长县谕兴等地也有送尸体到此进行火化的。到1949年,共火化尸体200余具。除此,直到新中国建立后的一段时间,仪征仍然是沿用土葬,直到20世纪60年代,才提倡殡葬改革,推行火葬。1964年2月,仪征县人民委员会发出《关于动员群众逐步废除衣棺土葬推行火葬的通知》,动员全县人民改革旧的丧葬习俗,逐步废除衣棺土葬,推行火葬。由于受几千年封建旧习俗的影响,人们普遍对火葬有恐惧心理和抵触情绪。因此,火葬场建成初期,火化的甚少。针对这个情况,县民政科一方面大量印发火化好处的宣传材料,宣传党和政府的号召;另一方面,把各公社、镇的火化率列表上报。县委经常结合各种会议,在基层干部中宣传殡葬改革的好处,并对火化率高的地方给予表扬。县领导在各公社的三级干部会议上,还作出殡葬改革的三项规定:1.改革旧丧葬习俗,取缔棺材,一律火葬;2.不搞披麻戴孝,不搞封建迷信活动;3.勤俭办丧事,不准铺张浪费。1964~1980年,县委、县政府先后7次发出殡葬改革的通知、通告。殡葬改革在全县逐步得到推行,死亡人数的火化率,由1964年的0.5%,提高到1970年的36.2%。1975年4月,省革命委员会转发《仪征关于破除千年陈规积极推行火葬的经验》,号召"全省各地都要像仪征那样,破除千年陈规,积极推行火葬"。1978年,仪征县火葬场被评为全国殡改先进单位,受到国家民政部的表彰。1980年,仪征死亡火化率达到91.06%。此后两年,火化率有所下降。1982年6月,县政府针对1981年仪征火化率有所下降的情况,发布《关于实行殡葬改革》通告。公安、交通、民政、人事、劳动等单位还联合发出通知,明确规定:各机关、学校、工厂、企事业单位的干部、职工及直系亲属、人民公社社员,因病因公死亡后,都要坚持实行火化,按新的习俗办丧事,凡搞棺木土葬、封建迷信的,一律不发给丧葬补助费,也不得以任何名义给予丧葬救济,有关单位不得为搞土葬的私人出车,违者将根据情节轻重给予批评、教育和经济上处理,直至行政处分。不接受教育、劝阻甚至无理取闹的将以危害社会秩序论处。

1983~1988年,民政部《关于殡葬事业管理暂行办法》和国务院《关于殡葬管理暂行规定》颁布后,仪征在城乡放映宣传殡葬改革的影片《生命结束之后》43场次,观众达2.09万人,殡葬改革逐步走上法制轨道,全市死亡火化率回升,稳定在百分之九十以上,受到中央和省、扬州市的表彰。

1993~1995年,全市火化率又出现下降。其中1993年,火化率仅为88%。青山乡官山村支书罗家惠之妻彭翠苹病故后,偷偷将其土葬。乡党委书记亲自上门做工作,在市民政局殡仪馆配合下,组织30多人将入土安葬11天的遗体起棺火化,同时给予经济处罚,使全市群众受到很大的震动,土葬回潮的局面得到控制。1994年,市民政局向市人大常委会主任会议专题汇报殡改工作的情况,在《仪征情况内参》上介绍移居、青山两乡党政领导亲自挂帅,积极扭转殡改工作落后局面的措施和做法。1999年,全市城乡居民死亡火化率达到100%。

2011年,市政府出台《仪征市免除城乡困难群众、重点优抚对象基本丧葬服务费实施办法》,免除252人基本丧葬服务费22.7万元。此后,市政府又出台《仪征市减免殡葬基本服务费用实施办法》(试行),对具有仪征户籍的城乡死亡居民免除基本殡葬服务费。从1999年至2012年,仪征城乡居民死亡火化率一直保持在100%。

1964~1985年仪征县死亡者遗体火化情况统计表

表 14-7

年　份	死亡人数（人）	火化遗体数（具）	火化率（%）
1964	2991	15	0.5
1965	2597	51	1.96
1966		95	
1967	2328	69	2.96
1968	2544	89	3.50
1969		155	
1970	2578	935	36.27
1971	2596	1422	54.78
1972	2719	1577	58.00
1973	2565	1438	56.06
1974	2760	1681	60.91
1975	2684	1906	71.01
1976	2652	2126	80.17
1977	2725	2216	81.32
1978	2731	2143	78.46
1979	2573	1963	76.29
1980	2260	2058	91.06
1981	2784	1983	71.22
1982	2015	1855	92.05
1983	2875	2414	83.96
1984	2719	2583	95.00
1985	2876	2758	95.90

1986~2012年仪征市死亡者遗体火化情况统计表

表 14-8

年　份	死亡人数（人）	火化遗体（具）	火化率（%）
1986	3103	2853	91.94
1987	3052	2830	92.73
1988	3101	2856	92.10
1989	3124	2862	91.61
1990	3205	2901	90.51
1991	3143	2895	92.11
1992	3181	2914	91.61
1993	3337	2937	88.01
1994	3361	2955	87.92
1995	3277	2914	88.92
1996	3295	3009	91.32

续表 14-8

年　份	死亡人数(人)	火化遗体(具)	火化率(%)
1997	3273	3028	92.51
1998	3096	3062	98.90
1999	3123	3123	100
2000	3087	3087	100
2001	3072	3072	100
2002	3036	3036	100
2003	3228	3228	100
2004	3138	3138	100
2005	3256	3256	100
2006	3072	3072	100
2007	3166	3166	100
2008	3146	3146	100
2009	3461	3461	100
2010	3414	3414	100
2011	3435	3435	100
2012	3492	3492	100

(二)倡导丧葬新风　20世纪50年代，仪征按照中央和省的要求，就开始在群众中倡导殡葬新风，改革旧的丧葬礼俗，实行棺柩深埋，不留坟头。同时还对棺材店、寿衣铺、扎纸店等行业进行社会主义改造，取缔吹打、看风水等封建迷信职业。

由于仪征历史上都是实行土葬，短时期内难以改变这种现象。1958年，根据第四次全国民政会议关于移风易俗、实行殡葬改革的精神，仪征推行土葬改革，采取平旧坟和深埋等措施，并在人民公社化过程中，以生产队、大队为单位，划出一些荒地，将一些分散埋藏的棺材集中深埋。1966年，“红卫兵”掀起破“四旧”(旧思想、旧文化、旧风俗、旧习惯)运动，平坟捣碑，取缔、销毁旧丧葬用具，冲击旧的丧葬习俗，但没有达到移风易俗的目的。不久，旧的丧葬习俗仍然盛行。特别是火化以后继续土葬之风愈演愈烈，坟头乱建，不仅浪费耕地，更影响环境。1985年，根据第四次全国民政会议关于移风易俗、实行殡葬改革的精神，仪征要求干部群众破除旧的丧葬习俗，从“重殓厚葬”的传统观念中解放出来，抵制披麻戴孝、僧徒诵经等殡葬习俗，提倡节俭文明办丧事。是年4月，贯彻中共江苏省委组织部印发的《关于党员、干部应从简办丧事等问题的通知》，规定党员、干部应带头实行火葬，节俭办丧事。共产党员逝世后，一般不成立治丧机构，不举行向遗体告别仪式，不开追悼会。如因特殊情况，确属必须开追悼会的，规模要加以控制，以不超过二三百人为宜，追悼会的会场力求简朴。8月，江苏省人民政府发布关于殡葬管理实施办法，要求破除封建迷信的丧葬习俗，节俭、文明办丧事，并将以此列为创建文明单位活动的内容。是年年底，仪征开始出现简朴节约办丧事现象，用开追悼会代替发丧送葬，用献花圈代替焚香摆供，用戴黑纱、白花代替披麻戴孝，用哀乐代替吹打，来对死者进行悼念，寄托哀思。

1997年，市政府成立深化殡葬改革、清理墓葬用地工作领导小组，将公墓建设与迁坟结合起来，节约土地，美化环境。至1998年4月，全市清除土地庙1806座和坟头若干，复垦土地794亩，绿化山林1596亩。

2005~2012年，为防止出现“反弹”现象，市民政局先后两次组织铁路沿线5个乡镇民政助理乘火车对铁路沿线墓葬清理工作组织一次“回头看”，发现问题及时处理，确保境内宁启铁路沿线、宁通高速公路、沿江高等级公路两侧和润扬长江大桥附近等重点地域无暴露性坟头。

二、殡葬机构、设施和服务

(一)殡仪馆(火葬场)

规模与设施 1963年7月11日,仪征县人民委员会向省民政厅报告,请示兴建仪征县火葬场。1963年8月5日,省民政厅批复,同意仪征兴建火葬场一座,并对设计、规模与投资作出具体规定。按照省民政厅批复,1963年11月,仪征民政局在真州公社蚕桑场(万年桥北面)建成仪征县火葬场。火葬场占地11亩,有房24间约680平方米。建厂初期只有职工3 人,设备简陋,没有机动殡葬车辆,用小板车、三轮车跑遍全县各地,接运尸体2000多具。

1984年11月,因仪征化纤工业联合公司建设需要,将仪征火葬场迁至曹山乡永丰村境内重建,占地从11亩扩大到39亩,建筑面积由680平方米扩大到2200多平方米,工作人员由3 人增加到14人。1985年,按照省民政厅要求,将县火葬场更名为县殡仪馆,属民政局下属全民事业单位。殡仪馆分火化、殡葬业务和生活三大区,绿化面积7000多平方米,设备全部更新,有三火型反射炉一组两口,机动车、殡葬车各一辆,还备有鼓风机、柴油机等。1992年,投资18万元建成一座二层楼320平方米的"寝园",供骨灰存放。2012年,殡仪馆下设业务部、司炉部、综合部行政等科室。馆内基础设施完备,火化设备齐全,服务设施周全,设有接尸车2辆、火化机4台,有悼念厅、告别厅、守灵室、丧户休息室、停尸冷冻室、遗体整容室。此外还有职工办公和生活用房,水电设施齐全。

服务与收费 1964年,仪征火葬厂刚建成后,服务项目仅有接尸、火化、代售骨灰盒(坛)和寄存骨灰4项。每具尸体火化费12元(烈军属酌情减免),接尸费3元,平均每具尸体火化费用国家需补贴4元。

1985年,仪征贯彻民政部、省民政厅制定的《殡葬事业单位管理暂行办法》《殡葬职工守则》,实行馆长负责制。为扭转靠财政拨款,吃国家"大锅饭"的经营格局,改革旧的经营体制,殡仪馆实行"经济承包责任制"。以接运组、行政组、大炉组为单位试行经济承包。建立健全各个岗位责任制与规章制度、奖惩制度,改善经营管理,降低煤、油消耗。殡仪馆实行从接尸、化装、整容、冷藏、防腐到火化一条龙服务,开展出租花圈、黑纱,提供悼念、告别仪式场所,以及骨灰盒出售、存放等业务,并开设小卖部,经营小百货、烟酒糖、鞭炮、烛等,不仅方便丧户,而且扩大社会效益和提高经济效益。殡仪馆从1976年至1987年,实行单独经济核算的12年中,前9 年累计亏损1.71万元。1985年起,实行经济承包责任制,3年盈余4.7万元。1988年,殡仪馆经济效益显著提高,全年赢利3.5万元,是历史上经济效益最好的一年。

2012年,殡仪馆当年业务总收入达510万元,利润52万元。

(二)公墓

公益性公墓 公益性公墓,是为农村村民提供骨灰(早期为遗体)安葬的公共墓地,是不以营利为目的的社会福利设施。1964年,仪征殡葬改革实行火化后,骨灰盒的安葬逐年增加,公墓随之扩地新建,不断发展。"文化大革命"期间,公墓被列为"四旧"之列被砸毁,业务停顿。1987年,十二圩镇黄泥村率先建立骨灰存放室,动员群众存放死者骨灰,不再埋葬入土,既节约土地,又便于祭奠。1988年,朴席乡李桥村、新集乡毛桥村、新城乡新北村、大巷乡何巷村等陆续建起人民公祠、骨灰塔或骨灰存放室。

1989年起,继陈集、十二圩、朴席之后,新集、大巷骨灰堂也相继建成。至1991年,全市乡镇共新建骨灰堂9个。1997 年,市民政局开会并发出通知,推进乡镇骨灰存放室和公益性墓地建设。2002年,根据民政部《关于进一步加强公墓管理意见的通知》,市民政局对乡镇公益性公墓、骨灰存放室进行清理整顿,取缔无证经营的公墓和骨灰存放室,规范公益性公墓和骨灰存放室建设,严格审批程序。至 2006年年底,全市有乡镇公益性公墓 86 座,骨灰存放室 18 间。2007年,有关乡镇又新建骨灰存放室3间、村级公益性公墓2座。2010年,市民政局在继续整顿公墓的基础上,新批公益性公墓3座。至2012年,全市共有骨灰存放室3处,公益性公墓52座。

经营性公墓　1993年，仪征化纤、华兴公司部分职工提出丧户骨灰无处安放。为解决这一问题，市民政局经报批后，于1994年9月，在殡仪馆后面北侧建成40余墓穴的经营性公墓，并开展对外服务。市物价局、民政局文件规定，普通墓穴每穴1200元，高档墓穴每穴6000元。1994~1998年，该公墓共销售墓穴20余穴。1999年，此公墓停止对外服务和销售。1999年后，先后有部分墓主将公墓外迁。至2012年年底，该公墓仅存墓穴10余穴。

1994年，经市政府同意，仪征市房屋拆迁管理办公室成立公墓选址小组，赴南京、镇江、扬中、六合等地，就公墓建设进行参观考察，后选定真州镇永兴村严庄组为北郊墓园公墓建设地址。同年，公墓开始建设，工程占地 1.67 万平方米，投入资金30万元，共建有墓穴1680穴。公墓建成后，隶属市建设委员会，由市建委房屋拆迁管理办公室兼管。该墓是为仪征城区群众和海外侨胞、港澳台胞提供安葬先人骨灰的经营性公墓。经营范围：墓穴安装、销售；兼营鲜花、香炉零售。

2003年10月，因扬州（仪征）汽车工业园建设用地需要，市北郊墓园整体搬迁到马集镇爱国村境内，共搬迁墓穴1362穴，补贴墓主每穴搬迁交通费50元。同年，因市政府机构改革，市北郊墓园隶属市房产管理局房屋拆迁管理办公室，并更名为仪征市北郊墓园管理处。2010年8月，市北郊墓园管理处改属市民政局管辖。2012年，市民政局投资40万元，实施公墓绿化工程，新建和完善新老墓区绿化6000平方米，墓区绿化率达 25%，2006年至2012年，北郊墓园共建有墓穴2505个，销售墓穴1977穴。

2006~2012年仪征市北郊墓园墓穴销售统计表

表 14-9

年　份	建墓穴数（穴）	销售墓穴数（穴）	墓穴均价（元）
2006	296	235	6600
2007	315	253	7500
2008	324	265	9000
2009	338	269	11300
2010	426	354	13636
2011	418	287	17186
2012	388	314	18536

第十五章 机关建设与管理

仪征市民政局长期以来十分注重加强机关建设和管理。在加强基础设施建设的同时，不断加强机关的制度建设、作风建设、廉政建设、信息化建设、档案管理和财务管理。努力打造一支高素质的民政干部队伍，不断扩展服务功能，提升服务水平。

第一节 机关建设

一、设施建设

新中国成立后，县民政科的办公地点随着县政府的办公地址变动而变动。一切办公设施由政府统一配置。办公用房初期只有2间，后来增加到6间。1978年5月，恢复建立仪征县民政局。直到2001年，民政局的办公地点一直在市（县）政府大院内，没有独立的办公处所。

1998年，市政府批准，市民政局迁址真州镇勤丰路北侧（原真州镇永庆村国庆组）办公，并规划建设办公和服务设施，至2012年，先后建成3幢大楼，逐步改善民政办公和服务条件，提升民政工作的服务水平。

一号楼于1998年3月开始规划，民政局和市社会福利有奖募捐委员会联合向市政府计划委员会报告，要求兴建仪征市社区服务中心，集老人、残疾人、优抚对象的医疗、康复、娱乐、服务于一体。市政府批准同意后，大楼于1999年10月开工，2001年11月交付使用。占地面积6440.2平方米，总建筑面积5757平方米，决算总投资749.3万元。开始投入使用时，主要收养孤儿、弃婴、“三无”老人等人员，并为其提供相关服务。2001年11月，市政府批准成立仪征市社会福利中心。2012年5月，市政府批准对市社会福利中心所在一号楼进行改造，建设仪征市老年公寓。面向社会为老年人提供寄养服务，使之成为托老、养老、娱乐和心理关怀为一体的综合性养老服务机构。

二号楼（含服务楼）于2000年6月申请批准立项。于2000年8月开工，2001年11月交付使用。占地面积3037.3平方米，总建筑面积3494平方米，决算总投资304.1万元。这幢楼现为市民政局及其他相关机关办公楼，除民政局机关工作人员办公室、小型会议室、群众信访接待室、档案资料室以外，还是“市双拥和国防教育工作领导小组办公室”“市老龄工作委员会办公室”的办公场所。

上述一、二号楼总投资（含装潢费用），加附属项目投资68.799万元，合计总投资1122.16万元。

三号楼为市民政局婚姻登记与社区服务综合楼。于2011年1月申请建设，经市发展和改革委员会批准于2011年7月开工，2012年5月竣工交付使用。占地面积2514平方米，总建筑面积1700平方米，决算总投资814.6万元。该楼一层为市婚姻登记处，二层为真州镇勤丰社区办公室，三层为慈善总会、民政机关党员活动室，四层为道德讲堂兼大会议室和接待室等。

3幢大楼占地总面积11991.5平方米，建筑总面积10951平方米，建设总投资1936.8万元。

二、制度建设

仪征民政局长期以来坚持民政工作的制度化建设。根据上级要求，结合本部门工作实际，至2012年年末，先后制定28项各类规章制度，大体可分为六个方面。有规范公务人员行为制度，如工作人员守则、领导干部述职述廉述学述法制度和领导干部个人重大事项报告制度；有学习会议制度，如会议制度和办公制度、学习制度，民政业务讲坛制度；有工作管理制度，如考勤和请假制度，公文处理制度，文印制度，印鉴使用和管理制度，信息报送制度，档案管理制度，财务管理制度，固定资产管理制度，办公用品采购及管理制度，车辆使用制度，公勤制度和抗灾救灾值班制度；有党务、廉政建设制度，如党务公开制度，党风廉政建设责任制，领导干部廉洁从政工作规定，信访工作制度和接待工作制度；有安全保卫制度，如消防安全管理制度，网络与信息安全管理制度；有环境卫生制度，即机关环境卫生管理制度。

三、作风建设

仪征民政局党组织和行政领导长期以来加强思想教育，坚持以党风促政风带民风，密切联系群众，以提高民政服务水平为目标，以创建活动为载体，不断加强民政干部的能力建设。同时，认真做好民政信访工作，帮助群众排忧解难。

（一）加强思想教育

1998年4月，市民政局在全市民政系统集中开展“三讲”（讲学习、讲政治、讲正气）、“三观”（世界观、人生观、价值观）、“三德”（职业道德、社会公德、家庭美德）、“三业”（勤业、敬业、创业）、“三为”（为基层服务、为民政对象服务、为民政事业发展服务）的主题教育活动，同时开展争创“十佳基层民政干部职工”活动。

2001年6月，民政局机关党组制定《机关作风建设集中教育的实施计划》。围绕全市“解放思想、推进发展”的主题，按照“三个代表”重要思想的要求，使广大民政工作者牢固树立服务群众、服务基层的观念，进一步振奋精神，改进作风，扎实工作。

2004年6月，市民政局机关开展“转变作风、重塑形象”的主题教育活动。组织党员干部认真学习《中国共产党党内监督条例（试行）》《中国共产党纪律处分条例》和《行政许可法》，进一步规范行政行为。在认真反思、排查问题的基础上，建立健全机关作风的长效管理机制、工作督查机制、民主监督机制和责任追究机制。当年，在民政系统还开展“公正执法树形象集中教育活动”。

2008年4月，市民政局制定《民政干部队伍能力作风建设工作意见》。要求深入学习科学发展观，牢固树立“以民为本、为民解困、为民服务”思想，着力增强干部队伍驾驭全局、科学发展、开拓创新、执行落实、沟通协调五个方面能力。大兴刻苦学习，争先创优、求真务实、联系群众、清正廉洁“五种优良作风”，努力打造一支素质高、能力强、作风好、群众公认的民政干部队伍。

2011年3月，根据仪征市委《关于加强干部队伍能力作风建设的意见》，市民政局制订新的《民政干部队伍能力作风建设工作意见》。提出加强干部队伍能力作风建设的主要任务和措施，着重提升五种能力：学习能力、创新能力、执行能力、服务能力和协调能力；弘扬五种作风：真抓实干之风、创先争优之风、亲民爱民之风、艰苦奋斗之风和清正廉洁之风；做到五个严格:严格教育，提升党员干部修养；严格管理，规范干部队伍依法行政行为；严格执行，不断拓展联系群众渠道；严格监督，促进干部廉洁从政；严格考核，探索建立考评问责奖勤机制。

（二）密切联系群众

1997年，市民政局在全系统开展争当“十佳基层民政干部、职工活动”。在干部职工中开展“三讲、三德、三业、三为”教育，引导干部职工树立正确的世界观、人生观、价值观和群众观，进一步提升民政工作服务水平。

2004年，市民政局开展“公正执法树形象”集中教育活动，重点解决理想信念弱化，宗旨意识淡薄，侵害群众利益，“门难进、脸难看、话难听、事难办”，以及业务素质不高，执法水平低的问题。

2006年，市民政局开展“服务型机关”创新活动。以基层满意、群众满意、服务对象满意为标准，切实转变职能，改进工作作风，内强素质，外树形象。努力创建成为行为规范、运转协调、公正透明、人民满意的服务型机关，为全面完成各项工作任务提供有力的精神动力和组织保证。

2011年，市民政局开展争创市级机关作风建设“示范科室”“示范岗”活动。以内强素质，外树形象为目标，以群众满意为标准，全面落实科学发展观，增强机关工作人员创先争优意识，充分发挥机关科室在服务经济社会发展中的“第一窗口”作用，进一步优化经济发展环境。

（三）认真做好民政信访工作

认真做好民政信访工作是帮助群众解决切身利益，改善干群关系，维护社会稳定的一项重要工作。市民政局坚持领导带头，部门负责，全员参与，做好民政信访工作，逐步形成制度化机制。

2002年2月，中共仪征市民政局党组制定《关于进一步加强和完善局领导信访接待日制度的通知》，在市民政局设信访接待室。要求局党组成员定期接待群众信访，明确每周星期五为接访日，公开接待群众来访，并实行首问负责制，努力把矛盾解决在基层，解决在萌芽状态。

2006年，市民政局开展局党组成员及科室下访工作活动，要求局党组成员每两个月率队赴乡镇、办事处下访至少1次，每次下访至少走访6~8户农户或社区居民，并认真填写下访记录。要求党组成员和责任科室围绕基层所反映的问题，带着问题下访，增强下访解决问题的针对性和实效性。坚持接访领导包案制度，即谁接待信访，谁协调会办、谁负责到底，防止走过场和反复上访。

四、廉政建设

2001和2002年连续两年，中共仪征市民政局党组均以"1号文件"形式制订印发《党风廉政建设工作计划》。认真落实一把手负总责，分管领导具体负责的党风廉政责任制，自觉把党风廉政建设、反腐败工作与部门工作紧密结合起来，做到同部署、同检查、同考核、同总结。

2003~2008年，中共仪征市民政局党组连续数年印发《党风廉政建设和反腐败工作任务分解落实的意见》，将局机关党风廉政建设、反腐败工作分解成16项工作目标，每项目标提出具体要求，明确分管领导和承办科室、承办人。年终进行检查考核。2006年，市民政局在全系统开展"廉政格言警句征集活动"，要求全系统干部职工人人参与，每人撰写和推荐廉政格言警句不少于1条，其中乡镇民政助理和机关中层正职以上干部2~3条，且至少有一条为自己原创。活动中，全局共收集廉政格言警句58条。

除进行廉政教育以外，市民政局还按照"把权力关在制度的笼子里"的要求，坚持不断完善党风廉政建设的各项规章制度。先后制定《党风廉政建设责任制》《领导干部述职述廉述学述法制度》《领导干部廉洁从政工作规定》《领导干部个人重大事项报告制度》《接待工作制度》《车辆管理制度》等。这些规章制度进一步明确党风廉政建设的责任主体，规范党员领导干部和民政工作者的行政行为，有效地遏制公款吃喝、公车私用、公款旅游、以权谋私等不正之风。

2010年，市民政局在机关开展廉洁从政"七个正确对待"主题教育活动。其主要内容是：一是正确对待信念，践行党的宗旨；二是正确对待权力，牢记执政为民；三是正确对待利益，保持清正自律；四是正确对待监督，切忌忘乎所以；五是正确对待家人，避免因爱生害；六是正确对待社交，做到谨慎交友；七是正确对待生活，培养健康情趣。主题教育活动分层次施教，分阶段推进，起到预期的效果。

五、信息化建设

（一）基础设施建设

1994年8月，市民政局向扬州市民政局申请配备一部用于财务核算的微机。1998年6月，市民政局向市财政局报送《财务工作实行会计电算化的报告》，为财务科添置2台电子计算机，使财务会计实行电算化，财会人员从繁重的手工劳动中解脱出来，并使民政财务工作从核算型向管理型转变。2003年3月，仪征市民政局向扬州市民政局报告，要求对建立仪征市民政局局域网（与仪征市政府网站和乡镇联网）给予经费补助。在仪征市政府和扬州市民政局的大力支持下，当年投资30多万元建成局域网。为仪征民政系统信息化工作打下了坚实的物质基础。到2012年年末，仪征市民政局机关共有微机31台，基本满足办公自动化的需求。

（二）加强人员培训

从20世纪90年代中期以来，仪征市民政局不断派出财务、办公室的工作人员参加扬州市民政局和仪征市有关部门举办的计算机培训班，在学习计算机基础理论的同时，着重熟悉微机操作技能。到

2012年年末，市民政局机关在职在岗人员中共有19人持有微机培训合格证书，为民政信息化工作提供人才支撑。

（三）完善管理制度

2003年以来，市民政局先后制定网站信息、计算机配备管理、网络与信息安全管理和网站管理等制度。同时对每台办公用计算机安装办公软件和杀毒软件。2009年，市民政局成立由局主要领导任组长、分管领导任副组长的信息化工作领导小组，明确由局办公室具体负责全局信息化建设和管理，从组织上保证信息化工作的正常开展，如及时参加上级民政部门召开的电视电话会议和培训活动，办理网上接收、传送的公文；反馈市长信箱和政府公开电话交办的事项，完善民政系统台账数据库等，基本实现统计信息处理微机化和传输网络化。同时，还积极参与网上在线交流活动，针对网民提出的有关慈善捐赠、救灾救济、优抚安置、低保和婚姻登记等方面的问题，一一作出答复，并在市民政局网站公开局机关机构职责、办事程序、民政法规、服务指南、民政动态等相关事项，进一步推进政务公开。

六、档案管理

仪征市（县）民政局（科）历来重视档案的搜集、整理、归档、保管、移交和利用工作。1949年到1995年的档案已全部移交给市（县）档案管理部门保管。1996~2012年档案在市民政局保管。档案管理工作基本做到“四有”：有档案设施、有部门负责、有专业人员、有管理制度。2000年后，局机关建立面积56平方米的档案室，配有17个组合的标准档案橱柜和供档案管理、查阅资料的办公桌椅等设施。安排专人管理档案。2008年，制定《民政工作档案资料规范化建设意见》。进一步明确民政档案资料工作“服务当前工作、服务广大群众”的指导思想。规定档案资料搜集、归档的内容，责任科室和具体的方法步骤。并提出对档案工作“三到位”的要求，即思想认识到位，组织领导到位，工作措施到位。从而进一步提升民政档案工作规范化水平。档案资料保管做到安全、保密、防火、防盗、防虫、防霉。按照民政工作实际，档案大致分为文书类、科技类、财会类、声像类、电子类、实物类及资料等7类。纸质文件材料与特殊载体材料分别编目存放，存放时限分永久、长期（10~30年）和短期（10年内）三个类型。至2012年年末，仪征市民政档案计有永久类492卷，长期类878卷，短期类289卷。婚姻登记、低保、收养等各类档案保管期限按相关要求确定。

第二节　财务管理

抗日战争时期，仪征县抗日民主政府民政科不管财务，少量的伤残军人保健费、烈士安葬费由财务部门代管。解放后，由于民政工作任务扩大和民政事业费增加，从1950年起正式建立县一级民政财务，民政事业各项经费列入地方财政预算，垂直于省民政厅领导和地方指导。

一、财务项目

民政财务项目是随着社会经济和民政事业的发展而不断增加、逐步细化的。解放初期，民政事业费分为优抚、社会救济两大类。1956年后，增加离退休费科目。自然灾害救济由国库专项拨款，统属民政部门管理。四项经费都有明确的开支范围和用途。至2012年年末，民政经费项目共有11项，分别是：民政管理事务、抚恤、退役安置、社会福利、城市居民最低生活保障、其他城市生活救助、自然灾害社会救助、农村最低生活保障、其他农村社会救助、行政事业单位离退休、医疗保障。

（一）民政管理事务　主要是，（1）行政运行，反映行政单位的基本支出；（2）一般行政管理事务，反映行政单位未单独设置项级科目的其他项目支出；（3）拥军优属，反映开展拥军优属活动的支出；（4）老龄事务，反映老龄事务方面的支出；（5）民间组织管理，反映民间组织管理方面的支出；（6）行政区划和地名管理，反映行政区划界线勘定、维护，以及行政区划和地名管理支出；（7）基层政权和社区建设，反映开展村民自治、村务公开等基层政权和社区建设工作的支出；(8)其他民政管理事务支出，反映民政部门接待来访、法制建设、政策宣传方面的支出，以及开展优抚安置、救灾减灾、社会救助、社会福利、婚姻登记、社会事务、信息化建设等专项业务的支出。

(二)抚恤 反映用于各类优抚对象和优抚事业单位的支出。包括死亡抚恤、伤残抚恤、在乡复原、退伍军人生活补助、优抚事业单位支出、义务兵优待、农村籍退役士兵老年生活补助、其他优抚支出。

(三)退役安置 反映用于退役士兵的安置和军队移交政府的离退休人员安置及管理机构的支出。

(四)社会福利 反映社会福利事务的支出。包括儿童福利、老年福利、殡葬、社会福利事业单位和其他社会福利支出等。

(五)城市居民最低生活保障 反映对城市居民最低生活保障对象的救助支出。包括城市居民最低生活保障金支出、城市居民最低生活保障对象临时补助。

(六)其他城市生活救助 反映除城市居民最低生活保障之外，用于城市贫困人员基本生活救助的其他支出。包括流浪乞讨人员救助，城镇三无老人救助等。

(七)自然灾害生活救助 反映用于自然灾害生活救助方面的支出。

(八)农村最低生活保障 反映对农村最低生活保障对象的救助支出。包括农村最低生活保障金支出、农村最低生活保障对象临时补助。

(九)其他农村生活救助 反映农村五保供养对象及其他用于农村生活救助方面的支出。

(十)医疗保障 反映用于医疗保障方面的支出。包括优抚对象医疗补助、城乡医疗救助等。

(十一)行政事业单位离退休 反映用于行政事业单位离退休方面的支出。

二、经费预算与拨付

1950年仪征建立县一级民政财务，将民政事业各项经费列入地方财政预算，通常由县民政科根据上年全县民政经费支出情况结合当年民政经费增长需求编制经费预算，报县财政部门审核，由县民政部门报扬州专署民政局统一汇总后报省民政厅，由民政厅综合平衡各地、县民政经费指标。拨付的方法是：由省民政厅统一下达当年民政经费到扬州专署民政局，再由扬州专署民政局拨付给县财政部门，由县财政部门拨付给县民政部门专款专用。县民政部门将民政事业经费使用情况直接向扬州专署民政局财务处报结。这一预算与拨付方法一直延续到1966年。

“文化大革命”期间，1967年县民政科撤销，县级民政事业费由财政局直接管理。

1978年，县民政机构恢复，民政事业费由民政局安排使用和管理。经费由预算内和预算外两部分组成。经费来源主要是上级拨付、县级财政安排和其他收入三部分构成。预算由县民政局编制，经县财政局审核后报扬州市民政局统一汇总上报。拨付方法是：由省民政厅、财政厅联合发文下达民政经费指标至扬州市民政局、财政局。再由扬州市民政局、财政局发文下达至仪征县民政局、财政局。由县民政局安排使用和管理民政事业费，并将年度使用情况向县财政局和扬州市民政局同时上报。

1988~1995年，民政预算资金采用基数加因数增长的方法编制，预算形式分为经常性预算和建设预算。民政部门在上年度实际支出数的基础上加上当年刚性支出拟定预算。市财政局根据部门编制的预算初稿进行审核，核定全年预算指标数。1996年开始实行零基预算法，在确保人员经费的前提下，公用经费实行“定额包干、超支不补、结余留归单位”办法，编制的形式为一般预算收支和基金预算收支。1998年，将预算外资金纳入财政预算，编制综合财政预算。2001年，民政局参加部门综合预算编制试点改革，2002年起，全市一、二、三级预算单位全面实行部门预算编制改革，市民政局全面实现部门综合预算。

2007年省直管县后，仪征市民政局每年10月编制下一年度民政事业费预算方案，报市财政局审核确定。同时编制民政重点补助对象经费预算和民政项目建设规划方案报扬州市民政局和省民政厅相关处室。拨付方法是：省以上民政事业费直接由省民政厅、财政厅下达到仪征市民政局、财政局。县级安排的民政事业费由县财政局分批拨付给县民政局安排使用和管理。年终事业经费决算报表报县财政局和上级民政部门。

民政资金拨付方式：乡镇民政经费的拨付，每季度由民政局职能科室拟文，会同财政局相关科室报两部门分管领导会签，共同签发后将经费指标文件寄发乡镇民政科室，由乡镇民政会计凭文件到乡镇财政所申请、拨付经费。城区民政经费的拨付，局本级和直属事业单位，分别根据年初预算分款项按月拨付相关经费。从2000年起，全额拨款事业单位在职职工和离退休人员工资发放实行由市财政直接打卡发放。2006年起对全市优抚对象定补实行打卡发放，并对全市民政涉农定补对象全面实行财政直接支付并且打卡发放。

1986~2001年，市民政局由规划财务科财务人员负责民政资金的财务核算。2001年年底，仪征市实行市直机关会计委派制度，从2002年1月起，由市财政局委派会计人员负责市民政局的会计核算工作。2003年，实行财政会计核算中心统一集中代理记账。2006年1月起，市民政局在市财政局国库集中收付中心统一集中收付，代理记账。

三、经费使用与管理

（一）使用原则

仪征市（县）、乡镇民政部门在安排使用民政经费的过程中，坚持“专款专用”的原则。各项补助、救灾救助款的使用，贯彻执行“思想教育、扶持生产、群众优待、国家抚恤”的方针，保证“重点使用”，使之发挥更大的作用。并防止平均分配。解决发放中优亲厚友，干部多占等不良现象。民政事业费的使用，除严格遵守国家规定的财经纪律、使用原则和范围开支外，还明确规定四个“不许”，即：不许个人和单位私自借占民政事业费。不许机关工作人员向下属民政部门或基层组织，为自己或指名给亲友索要救济、补助款、物。不许基层组织未经群众评议，直接给不脱产干部特殊救济或补助。不许任何单位和个人用不正当方式，索取民政事业费，用作民政事业以外的开支。

民政事业单位经费使用，贯彻勤俭办事的方针，厉行节约，反对浪费，提高使用效果。1996年，全额预算事业单位采取定员、定额、包干指标、结余留用、超支不补的改革措施；差额预算事业单位采取定收、定支、定补、超支不补、结余留用的办法；独立核算的福利企业采取独立核算、自负盈亏的办法。

（二）管理办法

1957年以前，除定员、定额经费外，其他优抚社会救济和自然灾害救济费，由县按期将指标分配到区，由区负责安排使用。一般由区民政助理员负责审批，数字较大的经区长批准。

1958年以后，民政经费逐步调整增加，开支范围扩大，为了保证使用合理，县原则规定50元以下临时性抚恤和社会救济费由公社批准。人头定额经费、残废金、抚恤金、享受原工资40%退职老职工救济费和51元以上临时性补助和社会救济费，由县民政部门审批。自然灾害救济费的发放，首先核实灾情，然后由本人申请，群众评议，大队（村）审查，公社（乡）审批，张榜公布，落实到户。

1982年1月1日起，民政事业费由农业银行监督拨付。根据省民、财两厅及人行、农行联合转发中央“两部两行”通知精神，监拨范围包括：抚恤事业费、退休费、社会救济福利事业费和自然灾害救济费等。其方法：民政部门将上述事业经费统一拨交同级农业银行，农行及其所属机构根据民政事业费使用原则、范围发放，按国家预算收支科目编制的月（季）用款计划，以及各种发放证件、凭证、名册等，逐乡、逐户监督发放。县、乡除负责检查督促使用政策及财务年报汇总与单据保管外，不承担具体财务收支。1985年起，根据新的财政体制，民政事业费列入各级财政包干基数，经费包干使用办法是：以上年财务决算加本年度1~6月份增减数，核定本年支出基数，划给乡（镇）财政直接管理。定员定额、定包干指标，节余留用，超支不补。市民政局只负责编列计划，监督民政事业费使用政策及财务年度汇总等，不再管理基层乡（镇）现金支付、单据审批和保管等事务。

1985年全县实行民政财务统计卡片、台账制，民政事业费走上科学管理的轨道。其方法是由民政局制定卡片册，内设若干卡床，每张卡床正反两面可装卡片40张。凡属于民政部门定额开支人员，每人填写卡片一张，以乡（镇）为单位，分别编号置入卡片册。根据卡片类别，编号填入人员台账，一式三套，两套由民政分管股和财会保管，一套由乡（镇）民政助理员使用。增加人员由民政局及时填制“卡片”和“卡片传递单”；人员减少由乡（镇）填制“卡片注销单”。“传递单”和“注销单”均为一式三份，民政局二份，乡（镇）民政助理员一份，作为卡册变更依据。

（三）强化管理

为了保证民政事业费发挥其应有作用，实行有效管理，1949年~1987年先后对民政事业费进行过三次大清理。

1952年，根据中央内务部指示，结合“三反”运动彻底清查民政事业费使用情况。在县委、县政府领导下，全体民政干部投入反贪污、反浪费、反官僚主义的“三反”运动，并组织一定力量，专项清理民政事业费管理使用情况。由于当时民政事业费管理制度不严，账据不全，专款不专用，县民政科、区、乡干部中少数人累计贪污救济款132.33元，大米1707公斤，挪用大米4124.5公斤，稻谷4200公斤。错发烈士抚恤大米3户计900公斤。通过运动，纠正少数领导对民政财、物管理监督不严的状况，建立健全会计、审核、批报等规章制度。

1979年12月，县民政局组织7人会同各公社财务会计和民政（调）科长，对全县民政经费及社（镇）知青办公室财务进行清理。主要检查各单位民政经费收支余额是否相符，开支是否合理，手续是否齐全。清查结果，马集、谢集、月塘3公社下拨经费数字与民政局不符，全县有34204.45元属开支不合理和少量贪污挪用。面上清查结束后，留3名专业人员处理遗留问题。根据职权范围及实事求是的精神，由民政局审核批报2936.94元，县财政局核销19902.42元，单位、个人还款、退赔11365.09元。通过清理，进一步严格专户储存、专款专用、专人审批、专账记载的“四专”制度。

1982年，根据民政部《关于进一步抓紧民政事业费使用情况检查，打击经济领域违法犯罪活动的通知》和胡耀邦同志对民政事业费管理混乱情况的批示，县民政局以复查1979年清理、整顿落实情况入手，重点检查3年来民政经费实际支付情况，以“三清”（即上下款额对清，用途搞清，问题查清）为目标，要求各公社（镇）张榜公布3年中民政经费发放情况。同时制定每年一次民政财务互审评比制度。1986年后，规定每月6日为民政会计活动日。活动内容除业务辅导外，主要检查重点乡（镇）民政财务账册、台卡、凭证、报表等是否符合标准，提出改进意见。从当年起，民政事业费正式列入国家审计项目，由市审计局一年二次定期审计，保证民政事业费专款专用，合理使用。

加强内部管理 民政事业经费实行专账管理，单独核算。自2002年1月起，市民政局、市烈士陵园管理处、市军队离退休干部休养所由财政国库集中收付中心代理记账。社会福利中心、殡仪馆、福利厂由单位自行单独记账。镇（办事处）民政办按民政事业经费收支情况单独记账。实行账、钱、物分人管理。民政事业经费必须履行规定的审批程序、发放办法和报销手续，严禁徇私舞弊、优亲厚友等。城乡低保、农村“五保”、尊老金、优抚对象等民政事业人员经费全部由镇（办事处）按核定的标准和人员上报民政局相关业务科室，由业务科室审核通过后报市财政部门，财政审核通过后通过“涉农一折通”和社会化形式发放。临时救灾救助款，由民政局联合财政局共同发文下达镇（办事处）。各镇（办事处）按照规定的审批手续审核无误后，开具救济款物发放三联单交领款人，领款人凭签发的临时救济发放单盖章（签字）通过银行领取现金，以减少直接发放现金。各种补助、救助款物必须及时直接发给享受补助救助者本人或代理人。任何单位、个人都不得冒领侵占，不得将享受补助、救助者应得的补助、救助款物扣抵其借款、贷款、罚款等。不得把定期定量补助，离、退休费，救助费等，分配到片村发放。对享受“定补”的人员实行动态管理，对迁出或死亡的人员，及时注销，停发定期补助。

强化监督检查 从1984年开始，局规划财务科每季度召开一次乡镇（办事处）财务互审会议，由乡镇（办事处）采取推磨式互审形式相互查找不足和交流好的经验和做法，互学互帮，不断促进全市

（县）民政财务管理水平上台阶。每年年初市民政局监察室联合相关业务科室对乡镇（办事处）上年度财务收支情况进行监督检查，并根据检查情况及时作出通报，提出整改意见，督促加强管理。加强局直属企事业单位财务收支情况管理和监督，实行年度定期检查或将直属企事业单位账务交由会计师事务所进行财务审计，并出具审计报告。各直属事业单位根据审计反馈情况，对审计中发现的问题和不足及时加以整改。

（四）管理制度

为了加强民政事业经费的管理，充分发挥民政经费的经济效益和社会效益，长期以来，仪征市民政部门不断完善民政经费管理制度，坚持用制度管好、用好民政经费。

1.坚持集体领导。对经费管理、使用上的大事，如分配救灾救助、扶贫、优抚对象修建房屋补助等，分别由县民政局或乡镇领导集体研究、决定。

2.实行分工负责。县（市）民政局和乡（镇）都明确一位负责人分管民政财务。加强经费的经常性使用和管理工作。

3.坚持群众路线。对救灾救助、城乡低保、扶贫、建房等专项经费的发放，坚持走群众路线，做到个人申请、民主评议、张榜公示、逐级审批，各方满意。

4.严密手续程序。按规定程序拨付经费，各基层单位对经费的存、付、批制度健全，手续合规，印章齐全。

5.坚持“四专”原则。即“专户储存”“专款使用”“专账记载”“专人审批”。

6.加强审计监督。乡镇民政会计离任前由县（市）民政局财务负责人和会计参加监交，并实行离任审计制度。

同时还建立、健全了一系列经费管理规章制度，如《关于进一步加强乡镇民政事业经费管理工作的意见》《仪征市镇（办）民政事业经费使用管理办法》，并及时转发了《扬州市福利彩票公益金使用管理暂行办法》等。

（五）经费收支

党的十一届三中全会前的1977年，仪征县全年的民政事业经费只有56.8万元。到1987年，仪征市全年的民政事业费已增加到125万元。2001年，仪征市全年的民政事业费突破1000万元大关。2012年达1.07亿元，比1977年增加188倍，年均增加5.37倍。

1949~1987年，民政经费4项主要支出逐年提高，由1949年的3309元提高到125万元。1988~2012年，经费收入与支出，90年代有增有减，21世纪10多年中，除个别年分外，基本是增加的。2012年经费总收入1.07亿元，比2000年增加近13倍；经费总支出1.07亿元，比2000年增加13倍。

1949~1987年民政事业费支出决算表

表15-1　　单位：元

年　份	优　抚	救　灾	福利救济	离退休人员工资	合　计
1949	1912	1375	22		3309
1950	2553	1803	26		4382
1951	1795	21523	27		23345
1952	44373	170700	68993		284066
1953	44510	146500	21584		212594
1954	25415	211400	29562		266377
1955	64957	288000	45217		398174

续表 15-1

年　份	优　抚	救　灾	福利救济	离退休人员工资	合　计
1956	70111	86000	65251	118	221480
1957	60328	181967	42284	1410	285989
1958	45441	—	79900	1912	127253
1959	25848	123300	7237	2586	158971
1960	78331	720000	42650	4956	845937
1961	48295	399900	36250	5412	489857
1962	34654	477600	223788	8216	744258
1963	32777	418739	57990	9901	519407
1964	36780	212498	105468	11711	366457
1965	48295	252500	136333	14927	452055
1966	37285	468695	38202	25215	569397
1967	33392	712500	135423	25341	906656
1968	85000	—	192000	—	277000
1969	76802	—	163255	—	240057
1970	94149	—	223799	—	317948
1971	95500	—	170353	—	265853
1972	79698	87500	210189	—	377387
1973	76517	—	234384	45211	356112
1974	72389	206991	204625	51907	535912
1975	107062	105586	323338	40262	576248
1976	142000	25404	242638	38107	448149
1977	110885	69715	328593	59070	568263
1978	130225	356671	279794	57810	824500
1979	140000	305360	265000	70000	780360
1980	262700	374000	124900	96000	857600
1981	127600	846900	168100	110800	1253400
1982	244200	236900	313900	152700	947700
1983	256200	222100	371200	144000	993500
1984	332600	136000	479800	125500	1073900
1985	319000	290000	311000	137000	1057000
1986	358000	258000	238000	183000	1037000
1987	386000	414000	281000	169000	1250000
合计	42333579	8830127	6262049	1592072	20917827

说明：1955年前已折算成新币

1988~2012年民政经费收支情况表

表 15-2 单位：万元

年份	收入			支出											
	财政拨款	其他	合计	抚恤	退役安置	社会福利	城市居民最低生活保障	其他城市生活救助	自然灾害生活救助	农村最低生活保障	其他农村生活救助	医疗保障	民政管理事务	行政事业单位离退休	合计
1988	164.2	—	164.20	43.7	16.5	12.7	—	2	27.6	—	44	—	5.7	12	164.20
1989	163.1	—	163.10	50.9	19	6.6	—	2.5	32.5	—	31.1	—	7.6	12.9	163.10
1990	241.8	—	241.80	70.2	14.8	7.3	—	2.4	44.7	—	72.5	—	11	18.9	241.80
1991	381	—	381.00	60.4	16.4	45.8	—	3.1	164	—	60.2	—	14	17.1	381.00
1992	335.2	—	335.20	75.8	11.5	10.8	—	5.4	78.7	—	90.1	—	33.3	29.6	335.20
1993	293.8	—	293.80	79.7	17.1	5.9	—	4	54.5	—	66.4	—	31.5	34.7	293.80
1994	393.6	—	393.60	92.1	22.7	5.2	—	4.9	137	—	64.8	—	23.3	43.6	393.60
1995	546.7	—	546.70	119.3	37.1	8.1	—	8.5	139	—	113.6	—	55.7	65.4	546.70
1996	737.3	—	737.30	220.1	33.9	16.8	—	15.8	173	—	137.3	—	67.3	73.1	737.30
1997	686.5	—	686.50	214	59.8	15.7	3.5	13.9	87.5	10.2	128.3	—	85.3	68.3	686.50
1998	651.7	—	651.70	233.9	59.1	19.6	4.6	20.6	75.4	12	69.4	—	78.1	79	651.70
1999	761.5	3.2	764.70	227.6	55.7	32.2	5.4	23.7	77.1	11.2	92.4	—	147.4	88.8	761.50
2000	819.57	5.6	825.17	269.29	85.67	41.36	9.78	19.23	137	16.81	62.71	—	126.54	51.18	819.57
2001	1028.8	9.8	1038.60	338.4	91.5	16.5	34	23	71	18.1	86.3	—	285.7	64.3	1028.80
2002	1075.3	13.7	1089.00	299.82	102.86	20.17	67.89	28.34	47.5	26.88	135.24	—	293.42	64.07	1086.19
2003	1016.7	22.5	1039.20	255.2	137.5	6.7	85.8	22.3	75.5	27	117.5	—	211.2	74	1012.70
2004	1552.6	34.7	1587.30	466	292.7	26	237.1	20	99.7	118.8	122.4	—	98	90.7	1571.40
2005	1745.25	48.9	1794.15	563.3	289.1	19	287.8	21.5	104	167.5	85.6	—	124.2	116.8	1778.80
2006	2723.5	60.1	2783.60	768.8	398.5	5	361.1	24.6	92	209.86	612.04	—	151.4	112.5	2735.80
2007	3396.9	7.2	3404.10	758.3	489.9	170	414.3	27.5	121	186.37	764.73	—	337.5	134.5	3404.10
2008	4681.8	3.5	4685.30	1250.5	502.2	185	513.1	32.7	105	653.7	781	99	441.2	121.9	4685.30
2009	5064.5	4.2	5068.70	1293.2	445.6	231.7	510	114.7	54.2	955.2	797.9	55	492.5	118.7	5068.70
2010	5654	4.3	5658.30	1346.2	538.5	225	474.6	144	91	824.3	1060.7	221.3	607.7	125	5658.30
2011	8321.5	3.9	8325.40	1726	537.8	1888.4	561.5	250.3	106	849.7	1540.2	189.1	559	117.4	8325.40
2012	10702.4	3.8	10706.20	2267.4	899.1	1994.5	588.9	342.9	180	1130.7	2204.1	189.1	750.9	158.6	10706.20

四、民政统计工作

1988~1996年，市民政局使用的统计台账，为江苏省民政厅规定的统一格式，手工操作，主要反映优抚对象和社会救助对象定补发放的人员情况与发放标准。1997~2011年，使用民政部统一制作的“民政事业统计信息管理系统”软件操作，2012年更名为“社会服务统计信息管理系统”。市民政局及5家直属事业单位全部实行会计电算化，使用电脑记账。对全市所有民政服务对象和管理的行业单位信息全部纳入统计台账。市民政局规划财务科有专人负责民政统计工作，各镇（办事处）民政办都有专（兼）职统计员。统计台账主要由镇（办事处）负责录入和维护，民政局负责审核并汇总。台账实行动态管理，凡新增或减少人员和行业单位做到及时增减。统计月报表采取台账取数和手工填列相结合，季度报表和年度报表在月报的基础上进行汇总。

第十六章　人　物

仪征，自古以来英才辈出。政治、经济、文化、军事各方面都出现过一些杰出的代表人物。《仪征市民政志》人物章分为传略、简介、名录三节，传略均收录已故人物，共25人，其中烈士19人，与民政相关的人物6人（分别以卒年为序）；简介收录民政工作先进、模范中有影响的健在人物共5人（以生年为序）；名录列表收录各个历史时期的革命烈士632人，民政战线上受扬州市政府以上部门表彰的先进、模范人物62人次。

第一节　传　略

一、革命烈士

盛白沙

盛白沙（1894—1923年），名延祺，字白沙。仪征人。清光绪二十六年（1900年）考入南洋海军学堂，清宣统三年（1911年）5月由革命党人赵声、韩恢介绍，秘密加入同盟会，参与策动南京下关海军起义。10月10日，武昌起义胜利，清廷下令海校停办，学员均返籍待命，盛白沙遂回仪征宣传反清革命思想。仪征光复后，当选为县议员。时年17岁，是县议会中最年轻的议员。

民国2年（1913年）年初，海校在烟台复课，白沙与同学多人乘海轮北上入校继续学习。民国3年（1914年）夏，白沙加入孙中山创建的中华革命党，年底在烟台海校毕业。民国4年（1915年）年初，白沙被送往上海吴淞海军学校深造，同年12月，在上海参加中华革命党发动的夺取肇和军舰、炮击江南制造局的反袁起义。

民国5年（1916年）5月，孙中山自日本归国。白沙经韩恢引见，恭谒中山先生，汇报吴淞海校暨海军情况。是年底，白沙在吴淞海校毕业，民国6年（1917年）年初被派送南京海校见习鱼雷机炮，7月，被派往海军练习舰队肇和军舰实习。

是年夏，孙中山南下广州组织护法政府。孙中山自粤密令白沙去湖北荆州策动湖北第一师师长石星川、第九师师长黎天才脱离北洋军阀，实行“荆襄自治”。由于黎天才背叛策动未成，白沙于民国7年（1918年）1月上旬返回南京。这一年，北洋军阀段祺瑞指使亲信龙济光由海南岛攻陷雷州半岛，孙中山令李烈钧为讨龙军总司令，派白沙上肇和舰与海圻、海琛2舰同赴海南岛配合作战，一举击溃龙军，使粤局转危为安。10月7日，白沙策动欲北归之肇和舰自厦门驶抵广州，以加强护法政府力量。这时孙中山已辞去大元帅职离粤去沪，白沙不得已退守肇和舰。

民国10年（1921年）11月孙中山回粤重组军政府，民国11年（1922年）5月，就任非常大总统。孙中山南下护法，主要以海军为后盾，因此南北敌人都把矛头指向海军，力图破坏。海军中效忠革命、拥护中山先生的人，矢志护法，坚决与破坏革命的封建势力抗衡。白沙是其中的中坚分子。孙中山决心整肃海军，密令白沙收集各舰艇情况，以作行动准备。

民国12年（1923年）4月26日，白沙与温树德、田士捷、吴志馨、李毓藩等在东山通宵会议，制定次日发难夺取各舰的周密计划。27日（阴历四月初一）为海军假日，官佐多上岸度假。正午12时黄埔海面正在涨潮，白沙偕田士捷、李毓藩等率领敢死队共20人乘宝山、逢昌两小轮，乘潮势直驶海圻舰。白沙持枪纵身先登，余众一拥而上。舰上官兵正进午餐，枪战俄顷，遂武装接管海圻。肇和舰有江泽澍为内应，迅即归附。海琛处在重重包围之中被迫投降，其余各舰亦顺利接管。至下午5时，护法舰队11艘军舰均为革命派掌握。次日晚，孙中山在观音山接见立功人员，对白沙运筹帷幄和奋不顾身的精神极为嘉许，任命白沙为肇和舰副舰长。

民国12年（1923年）5月，孙中山下令北伐，粤军司令陈炯明为巩固个人势力，勾结吴佩孚与6月16日凌晨叛变，炮轰总统府。孙中山微服避走，由间道至海珠岛海军司令部，旋乘小轮至白鹅潭，登楚豫舰。楚豫舰在作战中被炮火击伤，17日晚，白沙与潘文治等又冒着猛烈炮火护送孙中山登永丰舰。中山旋召集各舰长商讨平叛之策。白沙与欧阳琳等坚决主张严惩叛军，坚予还击，但温树德态度十分暧昧。并秘密与叛军妥协，将海圻、海琛、肇和三大舰调离黄埔，使其余各舰暴露在叛军控制的鱼珠炮台射程之内。又于6月24日发表通电："驻粤海军赞同粤军请孙中山下野"。孙中山乃率舰退至白鹅潭，命令欧阳格为海军临时总指挥，吴志馨为左指挥，白沙为右指挥，随同在永丰舰上指挥诸舰，反击叛军。白沙随中山困守永丰舰50余日。及至海军陆战队叛变，形成腹背受敌之势，孙中山不得不于8月9日离穗去港。

孙中山离粤后，海军形势日益严峻，饷械又无着落，吴佩孚以"大山东主义"怂恿温树德叛孙。白沙苦谏不从，遂主移舰汕头，保存革命实力。

民国13年（1924年）1月中旬，滇、桂、粤联军将陈炯明逐出广州，白沙被推任海军代表与各界代表一同赴沪迎孙中山回粤主持大政。下旬，《孙文越飞宣言》发表，孙中山决心联俄、联共，改组国民党。2月15日，白沙随孙中山由沪返粤，孙任命白沙兼任肇和舰长。

驻粤海军司令温树德背叛孙中山投靠吴佩孚。白沙极为愤慨，3月20日，特会同田士捷与驻汕海军将士发出世电声讨温逆。世电一发表，舆论哗然，温树德乃于3月31日深夜弃职潜逃。温逆与白沙的对立也发展到顶点。乃收买、唆使在汕鲁籍士兵中阴险好利之徒，从中图叛。4月15日上午，李烈钧派代表丁国忠由厦门来汕头，到肇和舰与白沙商谈助饷事宜。一小撮温党阴谋分子乘机煽动被其收买的鲁籍水兵以索饷为名鼓噪闹事。副舰长江泽澍前来查问情况，温党阴谋分子举枪就射，江泽澍当即牺牲。白沙在舱中听到枪声，情知有变，仍临危不惧，镇定出舱，对士兵们慷慨陈词，劝其"勿受奸人利用，现正商量助饷……"话音未落，温党阴谋分子突又开枪乱放。白沙竟惨遭戕击，蹈海殉义。时年仅29岁。孙中山闻讯，非常震惊，特于民国14年（1925年）12月6日追赠白沙烈士为海军中将。

1985年江苏省人民政府追认白沙为革命烈士。

高楚城

高楚城（1902—1938年），名开方，字楚城，以字行。仪征陈集人。早年师事当地著名塾师翁书城，书法甚佳。为人正直厚道，好交友。任陈集乡乡长，以廉洁著称。后任江都县第八区自卫团团长，民国26年（1937年）参加抗日武装陈文部队，为队长，作战勇敢。翌年阴历正月初十，在扬州北龙尾田遭遇日军，因众寡悬殊，高率队退至公道桥西，与尾追来的日军作战。高楚城与班长、战士等5人在战斗中牺牲。

王　杠

王杠（1916—1940年），原名林孔帆。泰兴县广陵乡人。早年在南通读高中。抗战初期在家乡从事抗日活动。参加青抗团，组织当地青年军训，任教官。民国27年（1938年）前后参加中国共产党。民国28年（1939年）冬受苏北特委派遣随苏皖支队开辟天（长）、六（合）、仪（征）、扬（州）抗日根据地，任陈集办事处主任兼中共仪征县陈集区委书记。在陈集组织抗日游击队和各界抗敌联合会，受到仪征县委的表扬。是年农历十一月，妻子在家中生孩子，其父写信要王回家探视，腊月祖父去世，父亲又来信要王回去，他虽是家中独子和长孙，但为抗日斗争均未回去。民国29年（1940年）4月17日，陈集乡和万集乡游击队队长姚鉴、丁兆开在地方反动势力蛊惑下武装叛乱，王杠被杀害于陈集街头。

朱瑞云

朱瑞云（1921—1940年），女，仪征十二圩镇人，出生在一个小康家庭。她思想纯真，性格开朗，少年时受抗日救亡运动的影响，萌发为国家出力为真理献身的思想。15岁时冲破封建意识的束缚，参加抗日救亡宣传队，到街头、广场高唱爱国歌曲，宣传革命道理，到新城、朴席、土桥、仪征县城等地演出，还参加了救护受伤空军战士的活动，同伴们称赞她肯吃苦，懂道理，是优秀的宣传队员。日本军侵占十二圩后，她目睹侵略者的暴行，坚定抗日救国的意志。民国29年（1940年）2月，她毅然告别父母冒着危险越过日伪军的层层封锁，到月塘苏皖支队驻地参加革命。开始时分配在支队部，她请求到艰苦的地方去经受锻炼，组织上又派她到陈集办事处从事群众工作。4月17日，被新四军苏皖支队收编的陈集和万集乡游击队长姚鉴、丁兆开发动武装叛乱，煽动陈集、万集2个乡游击队部分队员杀害苏皖支队陈集办事处主任王杠和袁亮等人。朱瑞云挺身而出，谴责他们的罪行，要他们停止作恶，叛乱分子将她捆绑起来，扳动枪栓进行威胁，她誓死不屈，在生命的最后一刻还高呼“共产党万岁”，用激昂的口号表达自己的革命信念，激励人们奋勇前进。

朱　鹏

朱鹏（1922—1940年），原名朱启铭。仪征龙河人。早年就读于扬子中学，成绩优异，写作与口才尤佳，多次获演讲竞赛奖。民国27年（1938年）与同学杨再兴、费放天等赴苏南茅山地区联络新四军，参加新四军教导队短期集训后编入一支队二团政治处，在金坛、丹阳、句容等地参加抗日游击战争，还到战场前沿向日伪军进行宣传瓦解工作。民国29年（1940年）随部队渡江到苏中，参加郭村保卫战。后任苏北指挥部第二纵队政治部组织科青年干事。是年9月上旬在营溪反击顽军韩德勤部对黄桥地区进攻的战斗中，因脚负伤，染破伤风牺牲。

马义宏

马义宏（1919—1942年），原名张国荣，曾用名马义植、张宏。江都县人。母早逝，幼时寄养亲戚家，后随父到浦口、扬州居住并读书。在江都县初中读书时，秘密阅读进步书刊，到扬州南门清真寺贫民区举办民众识字班，一面传授文化知识，一面宣传抗日救亡，为声援北平学生“一二·九”示威游行，在校内参加罢课和游行。抗日战争爆发后，参加扬州“晨鸣社”和“民众宣传团”，投入当地救亡斗争。民国26年（1937年）11月，他经南京、汉口、西安到延安，进抗日军政大学三期三大队九队学习。民国30年（1941年）夏，马义宏调任中共仪征县委书记。当时日伪军在谢集、十二里岔等地建据点，“扫荡”根据地，抗日民主政权被压缩到月塘周围的少数地区，处境困难。马义宏与丁明志、陈雨田等一起，恢复农抗、工抗，领导群众开展武装斗争，并借粮互助，解决贫苦农民生产生活问题，还主持士绅座谈会，扩大统一战线，使根据地局面日趋好转。民国31年（1942年）夏，因积劳成疾、以身殉职。

汪心泰

汪心泰（1906—1943年），河南信阳人，出身农家。民国24年（1935年），在中共鄂豫边区省委负责人周骏鸣的启迪下，带头串联贫苦农民组织扁担会，抗粮抗税。当年加入共产党，担任信阳地区第一个党支部的书记，不久又任区委书记。民国25年（1936年）1月4日，一支7个人的红军游击队在汪心泰家中诞生。汪心泰等以仅有的3支枪开始天母山、吴家尖山的游击战。以后汪曾担任中共信阳县委书记（对外称大队长）。抗日战争期间，他先后在新四军四支队八团担任连长、营长、侦察队队长，随部队转战淮南津浦铁路两侧。民国31年（1942年）实行"主力部队地方化"，抽调军事骨干支援地方开展武装斗争，汪心泰主动请战，到当时最艰险的仪征县任抗日民主政府总队副。他率精干武工队袭击下乡"扫荡"、抢粮的日伪军，攻打敌哨所，分化瓦解伪方人员，同时组织新兵投入军政训练。民国32年（1943年）1月，汪和二五区负责人姚一青率1个班到敌占区新集一带活动，9日宿营于牛角山附近的陈家营，次日拂晓遭伪军200多人包围袭击，汪冒弹雨率部跃出庄外，掩护大家突围，姚一青等全部冲出重围，而汪心泰负伤顽强战斗，不幸牺牲。

刘信初

刘信初（？—1944年）安徽合肥市郊蜀山人。民国27年（1938年）参加革命，翌年加入中国共产党。民国31年（1942年）1月调淮南津浦路东工作，翌年任甘泉支队一连连长。民国33年（1944年）8月6日率一连连战士在铁牌甸（今仪征刘集境内）伏击日军，不幸中弹牺牲。

吴 萍

吴萍（1923—1946年），原名吴振霆。仪征县城人，出身菜农，少时在乐仪小学读书，因日军侵仪辍学。民国28年（1939年）到新集高德隆杂货铺当学徒。该杂货铺成为仪征县二区抗日民主政府在敌占区的联络点后，吴萍常与党的干部姚一青等接触，接受革命教育。民国29年（1940年）下半年到淮南抗日根据地中心区半塔集学习，6个月后分配在仪征县抗日民主政府任会计，翌年加入中国共产党，先后担任乡长、区委副书记等职。吴萍性格开朗，善于联系群众，他在移居乡任乡长期间，一家一户地访问烈军属，宣传抗战大好形势，帮助解决生产、生活上的实际困难。母亲几次带信要他回家看看，他只回去一次，在家里只停留半天时间，对母亲安慰一番后，就赶回工作岗位。解放战争期间，担任新城区委副书记。民国35年（1946年）国民党军队大举进攻淮南解放区，8月11日，国民党整编二十五师3个连及仪征县县长李康五率领的自卫队、还乡团共600余人，围攻新城区委、区署所在地大焦营以东的草牛王庄，吴萍率区干部和区队奋勇还击，战斗持续几个小时，吴萍射出最后一粒子弹后，将枪拆散抛进水塘，徒手与敌人搏斗，不幸被捕。反动分子嘲笑他："堂堂共产党区委书记，穿得像个要饭的，你图个什么？"吴萍横眉冷对，怒斥国民党反动派鱼肉人民的罪行，国民党军恼羞成怒，开枪将他杀害。

费放天

费放天（1922—1946年），原名费兴宝。仪征曹山乡牌楼村人。出身贫苦农家，幼年丧父，少时一边劳动一边读书。在扬子初中上学时阅读《大众生活》等进步书刊，向往革命。民国27年（1938年）秋冬，与杨再兴等同学到江南茅山地区寻找抗日队伍，受到新四军的热情接待，并在那里接受训练。第二年，费放天接受新四军“组织地方武装，开展秘密活动，做好迎接抗日武装的准备”的任务返回仪征，联合余雷、卞竞武、赵坚等人，组织仪征抗日救国青年团和救亡宣传队下乡，分头到谢集、刘集、龙河等地开展宣传活动。当年秋，费放天和余雷、卞竞武等被推为代表，前往江都县大桥镇与新四军挺进纵队梅嘉生部联系，请求派部队来仪征作战。之后，费放天带领挺进纵队先遣人员华春木等到仪征了解情况，串联各界人士。苏皖支队来仪征后，他奉命做游击队的工作。民国29年（1940年）2月加入中国共产党，先后担任抗日民主政府的乡长、科员、区员。解放战争期间任新城区区长。民国35年（1946年）8月11日，国民党整编二十五师3个连及仪征县县长李康五率领的自卫队、还乡团共600余人，围攻新城区署所在地大焦营以东的草牛王庄，区干部和区队战士奋勇还击，费放天弹尽被俘，被押送到整编二十五师师部。途中反动分子嘲笑他：“费区长，还上哪里开会去？”他大义凛然，回答：“革命烈火是扑不灭的，我不能开会，自有人来开会，发动群众把你们打倒！”敌人用铁丝穿扎他锁骨，在龙河街上“示众”，后推上轮船，拟押送外地。费放天不屈，一路怒斥反动派，被抛入江中溺死。

彭济伍

彭济伍（1901—1946年），原名继吾，又名齐武。河南商城县双河大庙（现属安徽金寨）人。民国17年（1928年）加入中国共产党地下组织。在红军、新四军中历任营、团领导职务。民国35年（1946年）7月底调任新组建的十六团团长，在盱（眙）、来（安）、嘉（山）地区阻击进攻解放区的国民党军。9月上旬奉华中军区电令北辙，11日晚撤至天（长）、六（合）边境的横山时遭袭击，与通讯排共17人同部队失去联系。辗转至大仪西北的千棵柳毛竹棵庄。翌日因地方反动人士告密，被国民党军整编二十五师一个连和还乡团200多人包围。彭率众据守村庄苦战5个多小时，打退敌人多次进攻。12日下午二时左右弹尽突围，不幸中弹牺牲。

徐恒华

徐恒华（1926—1948年），江苏射阳人，中共党员。民国37年（1948年）夏任东南县凌桥区陈塘乡（今马集镇境内）党支部书记。在大沈庄召开群众大会时，被国民党还乡团包围，徐掩护群众撤退，身中7弹牺牲。陈塘乡先后改名恒华乡、恒华公社、恒华大队。

蒋荫琪

蒋荫琪（1925—1948年），仪征市真州镇人。民国34年（1945年）1月参加人民军队，民国35年（1946年）加入中国共产党，民国37年（1948年）参加淮海战役，任华野特纵炮团四连观测员。在战斗中，他表现英勇顽强，不怕牺牲，出色地完成交给他的每一次观测任务。在12月15日围歼黄维兵团的战斗中，牺牲于双堆集东，遗体安葬在安徽省宿县罗集李大桥村。蒋荫琪牺牲后，经炮一团党委研究，追记一等功。

高　云

高云（1924—1952年），仪征新集八桥村人。民国35年（1946年）5月参加人民军队，成为三十九军卫生队战士，先后参加辽沈、淮海、平津、衡宝战役，立过大功，并光荣加入中国共产党。1950年，他作为志愿军，第一批入朝参战，担任志愿军三十九军一一六师三四八团工兵营医务班长。他曾带一班人冲在最前线，在弹雨纷飞、凝固汽油弹燃烧的火海中抢救伤员，不幸于1952年9月18日牺牲在攻打高阳堡西山敌军的战斗中。年仅28岁。

张才国

张才国（1956—1979年），仪征龙河乡长春村人，出生于贫农家庭，少年时就读于当地的小学、中学，1976年3月应征入伍。在部队，张才国认真学习，刻苦训练，处处严格要求自己，立志当一个保卫祖国的优秀军人。当越南当局背信弃义，侵犯中国领土，杀害中国边民的消息传来，他怀着对祖国对边疆同胞的热爱，经领导批准，从南京军区调到十一军九十三团二营机枪连任副班长。1979年2月17日，部队投入战斗，英勇顽强地冲向敌人阵地，敌军的机枪火力封锁我军前进道路，他毅然接过机枪，用猛烈的扫射压住敌人的火力点，掩护战友们发起冲锋。战斗在激烈地进行，张才国发现30米外的敌军正准备炮击进攻部队，他果敢地扔出手榴弹，手榴弹在敌炮兵阵地上爆炸，火光闪闪，血肉横飞，为后续部队前进扫除障碍。张才国壮烈牺牲在阵地上。

张才国牺牲后，所在部队给他记一等功。党组织追认他为中国共产党党员。烈士遗骸安葬在云南省金平县烈士陵园。

周在才

周在才（1957—1984年），仪征古井人。学生时代关心集体，重活脏活抢着干。他在作文中一再表达对刘胡兰、黄继光等英雄的仰慕，立志报国。1976年参加解放军。1979年他志愿奔赴中越边境，参加对越自卫反击战，荣立三等功，并在火线加入中国共产党。同年9月，提升为八连三排长。在周的带领下，三排从严训练，成为八连尖子排，先后代表连、营参加上级考核和比赛近10次，每次成绩都在前三名，荣立集体三等功，临战训练，成为全营的战术示范排。他在团部的骨干集训队当战术教员，从讲解战术理论到示范动作，从语言表达到组织训练，均很出色，团领导称赞为“有真本领的人”。作为“尖子排长”5年未提升，他不计较，说：“当兵不是为了当官，而是为了保卫国家。”1984年4月30日晨，上级决定收复者阴山。周在才排为营的机动分队，他请示批准提前加入战斗，猛攻2号无名高地。周带头越过铁丝网和地雷区，掩护战士排除敌火力据点。这时，敌人突然向八班战士廖顺文投来一枚手榴弹，廖未觉察，周大喊“卧倒”，同时纵身把廖按倒在地，手榴弹爆炸，廖安然无恙，周腰部负伤，鲜血直流。廖要给他包扎，被他一把推开：“没功夫，打仗哪有不碰破点皮肉的！”说着跃身冲锋，连毙2名越军，与友邻分队一起拿下2号无名高地和11号高地。随即又与九连三排协同攻打23号高地。敌炮火猛烈，周在才被炸倒，负伤七八处。一块弹片击进喉部，一块弹片钻进嘴里，牙齿被打掉几颗。廖赶紧给他包扎，他吃力地抓住廖的手，指着23号高地顶峰，催促战友们冲锋。这时4个越军迂回至部队的一个小组侧后，周强忍剧痛，艰难挪动1米多远，抓起机枪一个长点射，2个越军倒地，2个逃走。接着又用火力掩护另外2个小组进攻，终于攻占23号高地。周在才喉部伤口涌血不止，用微弱的声音断断续续对身旁的廖顺文说：“我……74元存款……10……10元交……交最后一次党费……64元给……给……”话未说完就停止呼吸。周在才在这次战斗中荣立一等功，昆明军区授予其战斗英雄称号。

顾秀宏

顾秀宏（1963—1984年），仪征陈集薛庄村人，贫农家庭出身。初中毕业后参加农业生产劳动。1983年1月应征入伍，分配在陆军一师农场二队，他工作积极认真，吃苦耐劳，努力完成领导上交代的各项任务，先后3次受到连队嘉奖。部队奉命参加中越边境自卫反击战，顾秀宏请求上前线杀敌立功，他还3次申请加入中国共产党，表示要在战斗中接受党组织的考验。1984年7月，领导上批准他的请求，调他到步兵二团一连任战士。到步兵连后他立即投入紧张的临战训练，在很短时间里，连续爬山100多次，负重越野行程320多公里，身上摔得青一块紫一块，仍然坚持不懈。白天参加野外训练，晚间又摸黑拆装武器，锻炼夜战动作。功夫不负苦练人，顾秀宏在各项科目考核中名列全连第一。不久，部队进入阵地，他担任军工保障任务，8天中往返前沿阵地48次，行程160多公里，运送物资、弹药1200多公斤，抢运伤员6人，为战斗的胜利作出贡献。1984年12月13日，他带领1个小组运送弹药至“李海欣高地”，途中遭到敌人炮击，一颗炮弹在他身边爆炸，21岁的顾秀宏倒在血泊中。

1985年5月5日，步兵二团党委根据顾秀宏生前的要求和工作表现，追认他为中国共产党党员，同年7月10日，二团政治处为他追记二等功。

金学东

金学东（1964—1985年），仪征陈集开建村金庄人，贫农家庭出身，1972年起，先后在开建小学、陈集中学上学，1982年高中毕业，在学校里两次被评为“三好”学生，1981年5月加入中国共产主义青年团。1983年应征入伍，分配在陆军一师三团六连当战士。

在部队，金学东积极工作，任劳任怨，刻苦学习，认真参加训练，钻研军事技术，先后3次受到连、营的奖励。在对越自卫反击战中，他主动请求到第一线担任潜伏哨任务。

1985年2月，金学东所在连队奉命担任攻打敌140阵地的预备队，他再三向班、排请求参加第一梯队。在战斗中，他敢打敢拼，冒着敌人密集的炮火，冲锋在前，第二个冲上140阵地，为夺取主锋阵地起了重要作用。在巩固阵地时，他又主动担任前方警戒任务，严格监视敌人反扑，及时报告敌情，并勇敢机智地击毙敌人2人，击伤3人。敌人用密集炮火向被我攻占的阵地猛攻，金学东被炮弹击中负伤很重，战友要送他离开阵地，他说：“阵地需要战斗力，我还能战斗。”继续坚守在岗位上，终因流血过多而牺牲，时年21岁。

战斗结束后，部队为金学东追记一等功，党组织追认他为中国共产党党员。

梁　飞

梁飞（1978—1998年），仪征新城镇人，1996年12月入伍，同年加入中国共产主义青年团，1997年分配到海军37711部队，上等兵军衔。

梁飞所在的是两栖侦察部队。该部队的每一项训练都具有高难、奇险、特苦的特点。梁飞刚分配到部队后，就被部队荣誉室里历代两栖兵的英雄事迹所吸引，决心向老同志学习，当一名合格的两栖兵。平时，他充分利用训练间隙和一切可以利用的时间，认真学习科学文化知识、政治理论和专业技术知识，积极参加大队、中队组织的政治教育和各项活动。自觉加强世界观、人生观的改造，不断提高自己的思想境界，并于1997年11月向所在党支部递交入党申请书。

1998年年初，部队组织转场训练。在环境恶劣、条件简陋的山区训练，梁飞从不叫苦叫累，经常虚心地向老战友学习请教，有些高难动作，一遍不行，主动要求来第二遍，直到熟练掌握。水上科目训练中，无论是万米游泳、武装泅渡，还是脚蹼或潜水训练，他都积极参加，每个科目都取得优异的成绩。尤其是3000米武装泅渡训练中，梁飞和战友们一道负重8公斤，一直坚持游在队伍的最前面。几天下来，他身上多处皮肤因背重物与衣服摩擦而破皮流血，他一声不吭，只是到卫生员那里要些红药水或碘酒自己涂一涂，又重新投入训练。

梁飞入伍一年多，经过几十个科目的摸爬滚打，无论在烈日炎炎的水泥地上练倒功，还是在荆棘丛生的灌木林中练摔打，也无论是在险象环生的悬崖峭壁上练攀登，还是在波涛汹涌的海水中练泅渡，每次他都主动请缨，积极要求参加，经常在班里第一个带头试练，逐渐锻炼成为一名合格的两栖侦察兵。梁飞尽管不是一名党员，但他却有着大海一样的宽阔胸怀。在入党申请书中他这样写道："我深知在伟大祖国的经济建设中，需要诗一般田园交响曲，需要画一样的安全祥和的环境保障；为了这浪漫悦耳之曲的流畅，为了共和国拥有一轮明净的圆月，在党和人民需要时，我将随时准备奉献一切！"他用自己的实践努力实现入党申请中的誓言。

1998年8月中旬，两栖部队按训练计划进行潜艇输送侦察兵爬管演练。这次训练是两栖侦察兵特种训练科目，要求高、危险性大，贴近实践，在未来军事斗争中具有较高的价值。并且两年才轮到一次，一个战士在服役期内只有二次机会，况且每一次也不是每个人都能参加的。为了不放弃这难得的训练机会，梁飞先后找到分队和中队的领导，主动要求参加潜艇爬管训练，并要求把他安排在危险性大、技术要求高的第一名位置。领导综合他一年多来的军事素质，经研究后，满足他的愿望。

8月22日，两栖部队侦察兵岸上干爬训练后，又进行湿爬实兵演练。梁飞作为第二组小组长，主动要求把自己安排在该组第一名位置上。在训练中，由于巨大回流造成的反推作用，梁飞光荣牺牲。他用自己的实际行动，履行自己入党申请书中所写的"甘愿吃亏，不怕吃苦，勇于献身"的誓言。

二、民政人物

金智才

金智才（1925—1984年），出身于仪征谢集一个贫苦农民家庭。1935年至1940年1月，先在家中放牛，后在本乡武家山头读了3年书。1940年8月至1941年，在仪征县湖西办事处担任通讯员。1941年，在龙河地区的一次抗击日伪军的战斗中，作战勇敢，冲锋在前，受到奖励一次。同年，在陈集地区，部队首长在一个小饭馆吃饭，守在一旁的金智才突然发现从外边闯进6个身份不明的可疑人，径直向二楼走去。警惕性很高的金智才看见其中一人屁股上露出盒子枪，赶紧示意用餐的首长离开。正当他们跨出饭店大门，那6个人也从楼上往下跑，金智才在门外向天空连发4枪示警，听到枪声，一个班的新四军战士也迅速赶了过来。当场抓住跑得慢的汉奸，其余4人仓皇逃窜。由于金智才的机警，保卫首长的安全，部队奖励金智才一件军大衣。据说金智才当时个头不高，灰色军大衣拖到脚面，他又转赠给首长。金智才1942年2月在仪征县独立营加入中国共产党，就在当月，他所在的新四军部队陷入日本侵略军的包围圈。凶残狡诈的日本军人在虚掩的稻草堆上浇上桐油，妄图一举将新四军消灭。战斗成拉锯式，日本侵略军凭着有利地形，用机枪点射，指挥作战的首长身边仅有警卫员金智才。金智才为首长挡子弹，一颗机枪子弹穿过他的大腿，伤口鲜血直流，三个战友赶来，一人背，另两人托着他的腿，将他转移到一个破旧的古庙，然后辗转，到了一个条件简陋的后方医院，叫蔡坝医院，作了简单的清创与包扎。由于没有消炎药，伤口化脓出蛆。当时最好的办法就是锯掉一条腿，一位老军医看金智才年纪轻轻，最终想方设法，给他保住了伤腿，但一条腿长，一条腿短，留下终身残疾。1943年，金智才担任东南货管局缉私队队长。1945年2月任仪征县总队部管理员。1946年9月至1948年7月，金智才任华东干校第一大队三中队党支部书记。仪征解放后，金智才任仪征县月塘区月塘乡指导员。1950年3月至1952年2月任仪征县月塘区公安股长。1952年3月至1956年2月先后任仪征县供销社保卫科长，朴席公社副主任，仪征县手工业联社副主任。1956年3月至1957年4月任仪征县民政科长。1957年5月至1959年8月任谢集公社党委书记。1961年至1980年曾先后担任大豆原种场、青山蚕桑场党总支书记、支部书记。1980年10月任仪征县民政局局长。1983年8月离休。金智才在革命战争年代作战勇敢，不怕牺牲，在社会主义革命与建设时期，继续保持革命战争年代的那么一股劲，那么一股热情，那么一种拼命精神。在农村工作期间，继续吃苦耐劳，帮助老百姓解决实际困难，有时动用自己的工资为群众办实事。在青山蚕种场陡山村调研，发现一个老百姓家唯一的一只生蛋鸡死了，断了仅有的油盐钱来源，他自掏腰包，让机关工作人员送去一窝小鸡。调民政局以后，他拖着老伤腿，坚持到乡下调查研究。尤其是灾害年头，他不分昼夜，查灾核灾，把党和政府的关怀在第一时间送到灾民身边。金智才注重廉洁自律，不用公款请客。1981年，中国人民解放军铁道兵部队原副参谋长、浙江省军区顾问，金智才的老首长兼老乡魏然来民政局看望他，他自备酒菜，在家中招待，受到老将军的赞许。1983年体制改革，金智才即将到龄，组织上找他谈话时，他二话没说，毅然决然地离开领导岗位。但他任人唯贤，积极推荐中层干部走上民政局领导岗位。金智才对老战友一往情深。在他60岁生日时，4个老战友赶来祝寿，他热情招待当年一起出生入死的战友。当战友们凑份子给他买来一段衣料时，他知道战友们家境不宽，便倾其所有，凑足60元，退还给他们。他们拒收，金智才夫妇追了很远，直到他们收下。

广田义雄

广田义雄（？—1987年），台湾省花莲县人，高山族，1946年随国民党军队到大陆，1948年在淮海战役中参加中国人民解放军。1955年复员时，因为有家难归，到仪征县工作。1957年，县里成立火葬场。当时广田义雄在县福利厂工作，为响应党的“破除迷信，移风易俗”的号召，主动要求调到火葬场工作。初到火葬场，他对火化技术一点不懂。民政部门派他到南京等地学习。他虚心向老师傅求教，并在实践中不断摸索火化的操作方法，终于掌握整个火化技术。他还根据实际情况，学习其他殡葬业务，如对遗体进行防腐、整容等。

广田义雄刚进火葬场时，场里只有三人，场地高低不平，周围一片荒草。他与其他两个工人一道利用工余时间铺场地、栽树木，美化环境。由于人手少，田广义雄既当火化工，又当接运工，当时没有接运车，他就用小板车拖。他和同事跑遍全县。有时忙得连饭都顾不上吃，有时工作到深夜才能休息。

田广义雄进场20多年，始终坚持少休息多工作，有时星期天照常工作，节日放假时，他主动承担值班任务，平时别人有事，他也主动替班。1981年，场领导为了照顾他，让他搞后勤工作。他在工作中不分场内场外，如打扫卫生，替丧户烧水送茶，帮助炊事员烧饭，帮助会计开票，保管实物等。凡是能干的事，他都主动去做，并把它做好，受到领导和各方面一致好评。1983年12月出席在北京首次召开的台湾同胞为祖国作贡献经验交流大会，并作发言。他曾担任仪征县（市）第二、三、四届政协委员。

张秀夫

张秀夫（1917—1989年），原名张俊生，江苏省涟水县灰墩乡人。1944年7月在滨海县黄圩区参加工作，1946年任涟水黄圩区民政区员，1948年任仪征县谢集区民政区员。1949年3月加入中国共产党。新中国成立后，历任副区长、代理区长、县委宣传部副部长、人民医院副院长等职务。1980年10月离休，享受处（县）级政治生活待遇。1978年张秀夫担任县民政局局长时，已经64岁，仍以旺盛的精力做好民政工作。张秀夫思想作风正派，原则性较强。1978年9月，扬州市决定仪征民政选派1名优秀基层站所负责人出席北京全国第七次民政工作会议，当时有不少同志主张局机关去人，张秀夫力排众议，坚持让基层创成优异成绩的同志代表民政局前往北京参会，以示对基层工作的支持和肯定。全国民政工作会议结束后，张秀夫捧着基层工作同志从北京发来的报喜电报，走进各个科室，表达内心的激情。张秀夫，对于自己要求严格，在公与私的问题上，泾渭分明，不贪公家便宜。有一次，他家里修建小厨房，被一个前来请示工作的基层同志发现，就对张秀夫说，张局长，砖头、水泥我们那多着呢，我去用小拖拉机拉过来，省点钱。张秀夫两手直摇，大声说：“这不行，修厨房是我家的私事，不能揩公家的油，这话你不要说了。”一席话，说得那个同志一时语塞，以后再也不敢提及此事。

傅国顺

傅国顺（1927—2005年），江苏高邮人。1943年3月参加甘泉县公道区队，后区队编入甘泉县四连。在抗击日伪军的战斗中傅国顺曾荣立三等功。傅国顺曾一度离开部队，经老首长教育后重新归队，1950年代转入地方工作。1963年9月至1968年10月任仪征县民政科会计，1974年至1984年先后任仪征县民政局办事员、优抚股股长。傅国顺在民政局工作期间，能自觉服从工作需要，不计个人名利。1980年代，仪征县社会福利厂生产不上去，连年亏损，民政局决定派他去帮助该厂扭转困局，他困难面前勇挑重担，想方设法，勇于革新，第一年就使该厂成为盈利单位。在社会福利厂帮助工作期间，他虽然年龄较大，但仍不分昼夜，起早贪黑地干活，和工人打成一片，受到干部群众的一致好评。1985年1月傅国顺被评为先进工作者，1985年12月离休，享受处（县）级生活待遇。

章　进

章进（1931—2011年），仪征新城人。曾用名章宏喜。二等甲级残废军人。1951年2月在仪征参军入伍，在廿四军七二师二一四团一营二连任战士。1952年在朝鲜前线立四等功一次。1953年6月23日晚上在上甘岭战役中负重伤，失去一只手臂。于7月11日转黑龙江佳木斯陆军卅医院疗养。同年8月伤愈后转到该省阿城县健康七团学习一个多月，10月份转江苏省苏州荣校，12月转教养院休养并参加文化学习。1954年加入中国共产党。1956年在无锡学习期间，章进被评为三好积极分子。随后到仪征县民政科工作，先任科员，1978年至1984年任民政局副局长。40多年来，章进身残志不残，不断提高文化水平，坚持为人民服务，一直积极努力做好自己所担负的各项工作。1978年他赴南京看病，坚持与其他同志一起合住普通招待所，不要补助，为国家节省费用。1978年8月章进出席仪征县第五次党代表大会。章进在筹建仪征殡仪馆期间，慧眼识珠，选好筹建具体负责人，数次登门访贤，聘用抗美援朝期间结识的老战友戴生和担任负责人。章进从各方面给予支持，戴生和坚持苦战数年，终于创成省级先进殡仪馆，受到省民政厅表彰。

强国朝

强国朝（1921—2014年），出生于仪征市大仪镇何巷村。1943年12月加入中国共产党。1944年9月参加新四军。在部队先后任班长、排长等职务。参加大小战斗数十次，多次负伤。1948年在二纵二师十三团三营九连一排时，参加淮海战役。一次在执行任务时，被敌人炮弹击中，全身中弹38处，右腿不幸被炸断，被送入后方医院治疗，伤愈后转泰州荣军学校学习，结业后复员回乡。1950年代，强国朝在村里当过一段时间的负责人，带头参加劳动，虽然只有一条腿，一点不比常人落后；强国朝担任集体粮仓保管员期间，认真把关，没有出过一点差错。中共十一届三中全会后，强国朝已年过花甲，然而身残志坚，与家人一起承包8亩责任田，他克服缺劳力、缺资金、缺技术的重重困难，拖着一条残疾的腿，用另一条腿挖田，腿上磨出了血疱，继续坚持不懈，种好责任田，平均每年上交一吨多爱国粮。1983年多雨低温，水稻作物灾害严重，秋季强国朝仍交售稻谷2600斤，人均贡献粮食434斤。强国朝还以一个老共产党的责任感主动承担全生产队放电灌水、看涵闸的任务，顺利完成放电灌水给全队24户人家适时插秧不耽误季节。老强带头移风易俗。60岁生日全家关门吃便饭，唯一的妹妹从高邮赶来祝寿，被他说服，吃个便饭回家。老强坚决执行计划生育的基本国策。1977年大儿子有了一个男孩，儿媳还想再生二胎，他召开家庭会议，多次做儿子媳妇的思想工作，最终儿子结扎并领了独生子女证书。2000年以后，强国朝年事已高，仍不忘对青少年一代进行革命传统教育，先后10多次给大仪镇多所中小学和公安民警回顾战争年代，讲述革命斗争故事，以英雄人物的业绩激励和教育下一代。1983年12月，强国朝被评为省先进优抚对象，受到南京军区和省政府通报表彰。

第二节　简　介

刘玉坤

刘玉坤，1926年6月出生于仪征刘集盘古村。1941年6月，在新四军淮南支队当通信员。在一次反扫荡中，左臂给日本鬼子的刺刀扎伤，在战友的及时支持下脱险。1943年，在新四军湖西办事处入党。刘玉坤在战火的锤炼中成长，先后担任排长、副指导员。解放战争中先后4次负伤，有一回战友们还为他开追悼会。1948年在淮海战役中被国民党军队的炮火夺去了双眼。受伤后去苏联治疗并学会盲文，后来转入哈尔滨陆军干部学校担任副指导员。1951年复员回乡，担任村党支部书记。1956年，担任盘古高级社社长；带领社员一起改变盘古的落后面貌。他创办养鸡厂，增加集体收入，他关心困难群众，社员惠长山母亲生病，他把别人送他的一对鸽子送给惠长山母亲吃。他双目失明，在高级社配备的一个小孩子搀扶下，带头参加集体劳动，与社员们一起挑塘泥，兴修水利，解决山区栽秧缺水的问题。由于他表现突出，1956年，受到仪征县委和县政府的表彰，他所在的高级社获得一头大牛的奖励。在江苏省农村工作会议上，得到省里的表彰，获得瓷盆、毛巾、水瓶的物质奖励。1956年，刘玉坤先后两次参加全国在北京召开的六种人代表大会（主要是优抚对象）以及伤残军人代表大会，在会上刘玉坤讲述自己回乡后的工作经历，他的先进事迹得到充分肯定，受到中央领导同志接见，中央领导同志还请刘玉坤吃饭，给他夹菜。1958年后，刘玉坤曾长期担任刘集公社管委会副主任、继续做好农村工作。“文化大革命”结束，刘玉坤从副主任的位置上退下来以后，被公社留用，继续发挥余热，出差到山东、山西、东北，寻找老战友，采购煤炭，解决当时刘集地区老百姓燃料困难。

刘玉坤系一等残废军人，曾担任第一届中国聋哑盲人协会委员（三年一届）。

周宏英

周宏英，女，1932年6月出生在胥浦乡高桥村一个贫苦的农民家庭。现为真州镇个体工商户，市拥军协会会长。少女时代周宏英就积极拥军支前，为新四军和参加渡江作战的解放军官兵做军鞋、缝鞋垫、织袜子。解放以后，她拥军热情不减，几十年坚持不懈。每逢春节、八一建军节等节日，她总要深入营房、哨所慰问，给亲人送上运动衣裤、鞋袜、食品、羊毛被、电热毯等物品和科技书籍、党报党刊。天安门国旗护卫队、南京路上好八连、东海边防哨所都留下她拥军的足迹。多年来她为拥军累计奉献不下200万元。特别令人感动的是，她为“稳固长城、安定军心”，不仅将自己的儿女、弟弟、小叔、侄儿、侄孙等30多位亲人送到军营，还热心当“红娘”，为部队官兵牵线，介绍对象。1960年以来经她介绍的部队官兵与地方女青年喜结连理的有280多对。为筹措拥军费用，她于1983年辞去正式工作开办“长城旅社”。凡到仪出差的现役军人住到她旅社全部免费并半价提供三餐；1997年7月又在各方支持下开通全国首辆“拥军模范车”（南京—仪征），现役军人和伤残转复军人乘车一律半价收费。为了使拥军成为更多市民的自觉行动，她在政府支持下成立市拥军协会，吸纳会员100多人。周宏英的拥军爱国行为得到了全国妇联暨省、市政府、军区（军分区）的充分肯定，1995年被扬州市政府、军分区命名为“拥军模范”。江苏省人民政府、江苏省军区联合发出《关于授予周宏英同志拥军模范荣誉称号的决定》，在全省开展向周宏英学习活动。2006年，周宏英被民政部命名为“全国十佳拥军模范”，被全国妇联命名为“中国百名优秀母亲”。2011年11月12日，周宏英在“首届军婚十大红娘”暨基层官民婚恋问题研讨会上获得“首届军婚十大红娘”称号。

戴生和

戴生和，1933年5月出生在仪征真州镇一个贫苦农民家庭。1951年5月入朝参战，在战斗中负伤，系二等乙级残废军人。复员后，先在农村搞农田基本建设，半年后担任会计、记工员。后到高邮学习废旧破布料分类加工业务，组建加工小组，然后建成综合厂，继续担任负责人兼会计。1963年民政科调他组建火葬场（仪征殡仪馆前身），他服从命令听指挥，积极投身火葬场建场工作。戴生和担任仪征殡仪馆馆长30年。30年中，他始终坚持以党的方针政策为指导，移风易俗，推行殡葬改革，破除土葬、推行火葬，仪征的死亡人员火化率一直保持在85%以上。工作中，戴生和始终坚持贯彻艰苦奋斗、勤俭办场方针，参与了火葬场初建与易地重建工程，为国家节约开支6000元。他在实践中总结摸索并制定一整套适应殡仪工作的管理制度，使殡仪馆各项工作井然有序。他还不断改善服务，增加服务项目，当时交通条件较差，为丧户提供便捷服务，解决吃住问题。他还注意降低成本和消耗，1970年起，经费自给有余，每年余额均在4000元左右。戴生和以苦为乐，不计名利，对自己的要求却十分严格，从不搞特殊，当馆长不像馆长，与殡葬工人一道推车子、搬遗体。在推行火葬最艰难的时刻，他带头从自家做起，祖母去世后，及时向局领导提出申请，要求火化，得到批准，受到领导和群众的好评。戴生和工作不分分内分外，只要是领导上要求的，他都全心全意干好，殡仪馆工作走上规范后，他还在两三年的时间里，走村串户，深入村镇，完成其他民政局交办的工作。1978年9月，他作为扬州地区先进单位代表出席全国第七次民政工作会议，受到党和国家领导人的接见。1969年10月，仪征火葬场被江苏省人民委员会授予殡葬先进单位称号。1982年县殡仪馆被省民政厅评为先进殡仪馆，同年10，戴生和代表仪征县出席省民政系统先进单位、先进个人表彰大会，受到省民政厅表彰。1991年1月戴生和被仪征市委表彰为优秀共产党员。

陆荣银

陆荣银，1954年3月出生，大专学历。1996年7月至2008年10月任陈集镇民政助理（科长），系中共党员。陆荣银担任民政助理10多年，总把情况最特殊、生活最困难、最需要救助的特殊群体放在心上，尽力做好事，办实事，解难事，先后筹集资金670多万，用于敬老院扩建、帮助“三无”人员解决生活、治病、住房困难，帮助贫困户改造危房，先后扶贫565户，帮助解决6户贫困子女部分学杂费，受到干部群众好评。2000年10月，被江苏省老龄委评为先进个人；2002年被省民政厅、人事厅评为先进工作者；2003年度被扬州市委、市政府记二等功；2006年12月被国家老龄委等单位评为“中华孝亲老楷模”。

缪明安

缪明安，1978年出生于仪征市大仪镇，中专文化，听力残疾。现为仪征市润扬机械公司职工。缪明安虽然不能像正常人那样说出自己的心声，但身残志坚，对体育运动事业有执着的追求和顽强拼搏的精神。在训练中能吃苦耐劳、不达目标不罢休。他的精神深深打动着身边的每一个人。

缪明安对体育运动有一种执着精神。1999年6月全国残疾人锦标赛缪明安参加100米、200米短跑及跳远比赛，第一次参赛就获得第七名。但他并不以此为满足，在尔后的扬州市、江苏省集训中，更加刻苦。除了集体训练外，每天上、下午共抽出2个半小时时间自行训练。有一次肌肉扭伤，稍稍休息一点时间，又投入训练。感冒发烧，用药后，又继续参加训练。

1999~2011年缪明安先后参加14次国内外残疾人运动会的田径比赛，获得31项奖项（前3名），打破男子F60级跳远全国纪录一次，将7.08米全国纪录提高到7.10米。8次被评为“体育道德风尚奖”先进个人。

第三节　名　录

一、革命烈士英名录

（一）仪征籍革命烈士英名录

表16-1

姓　名	性　别	出生年月	籍　贯	入伍时间	所在单位及职务	牺牲时间、地点、原因
盛白沙	男	1894.1	真州	1910	广州革命政府驻汕头海军指挥舰舰长	1923年4月14日在汕头与叛军斗争中牺牲，1985年5月9日省政府追认为烈士
盛如桂	男	1918	真州大码头	1941	新四军2师4旅战士	1943年在津浦路西与国民党广西军作战中牺牲
徐明熙	男	1926	真州北门	1942	东南县抗日民主政府货管局沙窝税务所所长	1944年4月16日被化装成商人的日寇抓获，杀害于胥浦十五里墩
吴　萍	男	1923	真州五一	1940	新城区委副书记	1946年8月11日在区署转移三官王庄时，与敌战斗中牺牲
顾道义	男	1924	真州五一	1945.8	16旅47团2连战士	1946年在涟水保卫战中牺牲
王造信	男	1925	真州五一	1944	仪扬大队副班长	1946年在胶东才集区因战牺牲
蒋荫齐	男	1924	真州小市口	1942	新四军2师5旅会计	1947年在山东因战牺牲
史利建	男		真州		龙河区委副书记	1948年8月在高邮送驾桥战斗中牺牲
李学桂	男	1924	真州北门	1939	华东军区某部副连长	1949年7月6日在解放李明庄战斗中牺牲
盛照富	男	1931	真州北门	1951	志愿军72师214团3营9连战士	1952年8月22日在黄浦江失足落水身亡
李献金	男	1929	真州长江	1951	志愿军24军72师214团1连战士	1953年5月24日在朝鲜因战牺牲
王家柏	男	1931	真州长江	1951	志愿军24军72师214团1连战士	1953年6月24日在朝鲜因战牺牲
陈德本	男	1933	真州大市口	1951.1	空军2353部队机械师	1957年9月在无锡因公牺牲
沈宝庆	男	1943.7	真州长江	1965.2	6538部队21分队战士	1965年8月24日在安徽省南陵县渡江抢救国家财产时牺牲
陈生科	男	1933.3	真州	1940.1	320部队科研所副主任	1969年在石家庄因公牺牲
吴　钢	男		真州		35549部队6连副班长	1981年6月25日在金平县执行任务途中牺牲
米德荣	男	1916	胥浦		六合县樊集街道	1943年被敌人抓去坐水牢致死
张富年	男	1921	胥浦高桥	1942.4	解放军某部排长	1943年在江南茅山地区因战牺牲

续表 16-1

姓名	性别	出生年月	籍贯	入伍时间	所在单位及职务	牺牲时间、地点、原因
熊邦桃	男	1916	胥浦肖南	1941	民兵	1944年在胥浦佐安因战牺牲
马思江	男		胥浦肖北	1942	六合县支队警卫营战士	失踪,1958年12月8日追认烈士
李思龙	男		胥浦肖南	1946	民兵	1946年7月12日在永安战斗中牺牲
田盛华	男	1921	胥浦佐安	1943.1	东南独立旅班长	1946年在北撤攻打六合敌人时牺牲
牛明珠	男	1921.4	胥浦中桥	1942	华东野战军二纵4师10团班长	1947年2月在山东莱芜战役中牺牲
朱宝国	男		胥浦农歌	1944.4	解放军某部排长	1948年11月在淮海战役中牺牲
陈玉玺	男	1926	胥浦农歌	1949.7	解放军21军63师189团战士	1949年10月在解放舟山群岛因战牺牲
陈宗选	男	1931.5	胥浦巴庄	1950.2	蒙自军分区基干团医务员	1951年11月25日在云南省元江县剿匪时牺牲
杜志保	男	1930	胥浦先进	1951.3	志愿军63军187师561团9连战士	1952年7月在朝鲜因战牺牲
周正林	男	1932	胥浦滨江	1951.3	志愿军24军72师214团战士	1953年4月在朝鲜因战牺牲
王维忠	男	1928.4	胥浦万年	1951.3	志愿军24军72师214团1营通讯员连战士	1953年3月18日在朝鲜因战牺牲
时永田	男	1927.3	胥浦时庄	1951.4	志愿军24军72师214团1营通讯员连战士	1953年5月25日在朝鲜因战牺牲
俞有顺	男	1926.1	胥浦陈庄	1951.4	志愿军24军72师214团通讯员战士	1953年5月22日在朝鲜因战牺牲
陈兴龙	男	1928	胥浦古湄	1951	志愿军24军72师214团3营机枪连战士	1953年3月6日在朝鲜因战牺牲
蒋官海	男	1929.7	胥浦新联	1951.3	志愿军24军72师21团侦察连战士	1953年6月28日在朝鲜因战牺牲
杜志禄	男	1927	胥浦古湄	1951	志愿军24军72师214团1营3连战士	1953年2月26日在朝鲜因战牺牲
罗高跃	男	1932	胥浦沙州	1951.3	志愿军24军72师214团1营2连战士	1952年3月25日在朝鲜因战牺牲
郑起富	男	1930	胥浦农歌	1951	志愿军24军72师214团6连战士	1953年6月23日在朝鲜因战牺牲
袁正贵	男	1932	胥浦新洲	1951	志愿军24军72师214团2连战士	1953年6月26日在朝鲜因战牺牲
侯德浩	男	1924.3	胥浦肖北	1946.1	志愿军25军73师218团8连战士	1953年6月23日在朝鲜因战牺牲
胡伯庆	男	1935	胥浦街道	1953.3	东海舰队战士	1956年6月3日在上海黄浦江训练时牺牲

续表 16-1

姓　名	性　别	出生年月	籍　贯	入伍时间	所在单位及职务	牺牲时间、地点、原因
鲍庆山	男	1965.6	山东肥城	1984.1	解放军35281部队89分队战士	1985年6月9日在对越自卫还击战中牺牲
孔德志	男	1964.3	河南鹿邑	1984.1	解放军35281部队75分队副班长	1985年6月11日在对越自卫还击战中牺牲
周长江	男	1921	曹山永华	1939.4	仪征县垦干队2连战士	1940年6月在仪征县原巴词乡康家营与日军战斗中牺牲
张坛山	男	1924	曹山青水	1943.4	新四军2师战士	1945年6月在六合县城战斗中牺牲
李洪彬	男	1924	曹山永庆	1943.4	新四军独立旅3团2营6连战士	1945年8月在安徽来安县西门外因战牺牲
费放天	男	1921	曹山牌楼	1937	新城区区长	1946年7月在龙河被捕牺牲，1953年追认烈士
赵能德	男	1925.6	曹山永丰	1942.8	新四军小分队司号员	1949年3月在攻打十二圩敌人时牺牲
秦道荣	男	1930	曹山永庆	1951	志愿军24军72师214团2连战士	1953年1月14日在朝鲜因战牺牲
王庆江	男	1930	曹山永华	1951.5	志愿军24军72师214团2营4连战士	1953年5月15日在朝鲜因战牺牲
秦道树	男	1927	曹山永丰	1951	志愿军24军72师214团战士	1953年2月24日在朝鲜因战牺牲
杨云松	男	1932	曹山永兴	1951	志愿军24军72师214团战士	1953年6月12日在朝鲜因战牺牲
孟桂元	男	1930	曹山永兴	1951	志愿军24军72师214团1连战士	1953年6月25日在朝鲜因战牺牲
张有喜	男	1923	青山团结	1940.1	东南警卫连连长	1943年6月19日在攻打谢集日伪军据点时牺牲
曹　澄	男		青山安墩	1939.3	仪征县文书	1943年1月5日病故
赵　山	男	1923	青山任岗	1942	新四军2师4旅战士	1943年在津浦路西战斗中牺牲
王立俊	男	1901.11	青山长山	1939	冶山县长山税务所税务员	1944年在外出公务时遇敌被捕杀害
孔祥甲	男	1920.11	青山蚕桑场	1943.8	新四军2师侦察排副排长	1944年在高邮县红桥作战中牺牲
蔡庭洲	男	1919	青山蚕桑场	1941	新四军2师4旅11团1营2连班长	1944年在安徽津浦路西因战牺牲
邹大洪	男	1925	青山蚕桑场		江防大队战士	1944年4月16日被化装成商人的日寇抓获杀害
耿长华	男		青山长山		冶山县长山税务所税务员	1944年外出公务时遇敌被捕杀害
胡　祥	男	1924	青山三十里铺	1942	抗日民主政府徐集税务所所长	1945年8月在与伪军作战中牺牲

续表 16-1

姓　名	性　别	出生年月	籍　贯	入伍时间	所在单位及职务	牺牲时间、地点、原因
孔令保	男	1921	青山蚕桑场	1942	侦察员	1945年7月13日在收复六合县城因战牺牲
周志家	男		青山蚕桑场		冶山支队特务连战士	1945年在六合瓜埠与日伪军作战中牺牲
陈长松	男		青山蚕桑场		仪扬大队战士	1945年在仪征县钟家集与日伪军作战中牺牲
余士银	男	1928	青山洪山	1944	新四军2师4旅10团3营8连战士	1945年在津浦路西等店车站战斗中牺牲
张庭科	男	1920	青山安灯	1943	新四军2师战士	1946年攻打滁县蒋匪军战斗中牺牲
陶长坤	男	1921	青山安灯	1942	独立4团战士	1946年在仪征马背山战斗中牺牲
胡永海	男	1894	青山西王	1941	青山乡农会主任	1946年被国民党军被捕杀害
谢殿财	男	1924	青山新山	1941	新四军2师5旅13团司令部电话员	1946年在徐州因战牺牲
徐江田	男	1926	青山新山	1942	独立旅4团战士	失踪，1957年10月追认烈士
杨有贤	男	1923	青山新山	1942	独立旅4团副排长	1946年在六合龙池战斗中牺牲
马忠良	男	1917.7		1944.1	新四军2师4旅10团1营3连炊事员	失踪，1957年10月追认烈士
刘守得	男	1925.4	青山团结	1942.9	七兵团102师5团3营机枪连副连长	1949年10月在浙江黄岩县参加剿匪时牺牲
王志荣	男	1922	青山安灯	1941	第三野战军炮兵团3营7连副连长	1950年9月在连云港剿匪牺牲
李思鲁	男	1930	青山蚕桑场	1951	志愿军24军72师214团3连战士	1953年1月18日在朝鲜因战牺牲
铁昌金	男	1954	青山新山	1975.1	59204部队14分队战士	1976年6月1日在陕西华县杏林公社因公牺牲
许成荣	男	1959	青山蚕桑场	1978.3	昆明军区战士	1979年2月27日在对越自卫还击战中牺牲
徐照东	男		新城街道	1938	新四军1师3团1营班长	1943年在南通石港镇战斗中牺牲
刘兴洲	男		新城越江	1940	抗日民主政府新城区队战士	1944年在反扫荡战斗中牺牲
朱广田	男	1917	新城桃坞	1942	新集地区游击队交通站交通员	失踪，1958年12月追认烈士
李　吉	男	1922	新城街道	1944	仪征县税务局新集税务所填票员	1945年3月在新集与日伪军作战中牺牲
郭宝义	男	1920	新城冷红	1942.8	华东野战军七纵19师55团1连排长	1948年12月7日在淮海战役小周庄战斗中牺牲
刘宝华	男		新城街道		华东野战军二纵67师200团2营战士	1949年在淮海战役中牺牲

续表 16-1

姓 名	性 别	出生年月	籍 貫	入伍时间	所在单位及职务	牺牲时间、地点、原因
邱德胜	男		新城		29军86师257团1营5连战士	1949年5月在解放上海战斗中牺牲
陈德昌	男		新城	1949	志愿军24军72师214团班长	1951年在朝鲜因战牺牲
李庆龙	男	1931	新城三将	1951	志愿军24军72师214团战士	1952年6月11日在朝鲜因战牺牲
王长科	男	1926	新城三将	1950	志愿军24军72师214团战士	1952年6月12日在朝鲜遭遇飞机轰炸牺牲
张长银	男	1926	新城冷红	1949.3	五大站13分站3连战士	1953年2月15日在朝鲜因战牺牲
冯宝金	男	1927.8	新城冷红	1951.3	志愿军24军72师214团5连战士	1953年6月1日在朝鲜因战牺牲
王朋银	男	1932	新城八一	1951	志愿军24军72师214团3机连战士	1953年6月在朝鲜因战牺牲
李连怀	男	1931	新城冷红	1951.3	志愿军24军72师214团6连战士	1953年6月24日在朝鲜因战牺牲
於学宏	男	1929.5	新城东升	1951.5	志愿军24军72师214团1营4连战士	1953年6月24日在朝鲜因战牺牲
朱在扬	男	1929	新城新北	1951	志愿军24军72师214团战士	1953年6月在朝鲜因战牺牲
李长标	男	1931	新城林果.	1951	志愿军24军72师214团战士	1953年6月12日在朝鲜因战牺牲
蔡天六	男	1932	新城三将	1951	志愿军24军72师214团战士	1953年6月24日在朝鲜因战牺牲
钱贵田	男	1928	新城三将	1950	志愿军24军72师214团战士	1953年6月16日在朝鲜因战牺牲
彭长兴	男	1933	新城越江	1951.3	志愿军24军72师214团炮连战士	1953年6月27日在朝鲜因战牺牲
李敬川	男	1924	新城	1951	志愿军24军72师214团战士	1953年7月1日在朝鲜因战牺牲
陶玉银	男	1926	新城冷红	1951	志愿军24军72师214团1营2连炊事员	1953年6月27日在朝鲜因战牺牲
曹玉贵	男	1949.3	新城越江	1970.1	空军高射炮兵任军械管理员	1971年9月在中老边境执行公务时牺牲
金福桃	男	1956	新城大兴	1976.3	11军31师92团8连战士	1979年2月28日在对越自卫还击战中牺牲
周宪进	男	1962.12	新城新北	1980.11	上海83517部队专业军士	1989年4月28日在执行军事运输任务时牺牲

续表16-1

姓　名	性　别	出生年月	籍　贯	入伍时间	所在单位及职务	牺牲时间、地点、原因
梁　飞	男	1978.9	新城东街	1996.12	海军37711部队两栖侦察中队战士	1998年8月22日在军事训练时牺牲
朱　鹏	男	1922	龙河街道	1938	新四军1师2旅政治部科长	1940年10月在黄桥战役中牺牲
李桂和	男	1918	龙河凌西	1940	仪征模范营战士	1941年1月在仪征铁坝战斗中牺牲
胡长福	男	1919	龙河凌桥	1941.6	甘泉货管局公路分局填票员	1942年10月在陈集收税时被捕,带至天长东门外杀害
赵万根	男	1920	龙河凌东	1942	仪扬大队战士	1943年3月在仪征龙河官塘战斗中牺牲
陈德兴	男	1925	龙河官胜	1943.2.7	凌桥区龙河镇民兵	1943年7月7日在反扫荡战斗中牺牲
张小宝	男	1924	龙河周云	1940.3	新四军1师3旅3团战士	1943年9月在海门海福镇因战牺牲
秦在元	男	1925	龙河人民	1945	仪扬支队3连战士	1945年4月在六合东沟战斗中牺牲
邱宏富	男	1925	龙河人民	1944	仪扬支队战士	1945年在六合东沟战斗中牺牲
李学成	男	1921	龙河街胜	1942	二分区分队战士	1944年10月在龙河东王头战斗中牺牲
马元宗	男	1919	龙河凌西	1942	仪扬支队3连战士	1944年12月在谢集战斗中牺牲
王金元	男	1918	龙河凌西	1944	仪扬大队战士	1945年10月在仪征龙河张山战斗中牺牲
李克余	男	1923	龙河三茅	1941	仪扬支队3连战士	1945年8月在安徽乌衣战斗中牺牲
卢道洪	男	1922	龙河三茅	1943	淮南津浦路东军分区13团3连战士	1945年6月在安徽定远县因战牺牲
夏永成	男	1926	龙河三官	1944	仪扬大队1连班长	1945年4月在六合东沟战斗中牺牲
王立笼	男	1917	龙河人民	1941.11	龙河三茅乡乡长	1945年8月在因战牺牲
鸦正富	男	1923	龙河凌桥	1940	仪扬支队3连战士	1945年在六合金沟战斗中牺牲
王家盛	男	1924	龙河	1943	战士	1946年4月在胥浦桥与国民党军队作战中牺牲
曹有庆	男	1923	龙河凌西	1944	仪扬支队1连战士	1946年7月在安徽天长因战牺牲
汪忠传	男	1922	龙河凌桥	1946.5	仪扬大队战士	1946年8月在六合东王庙战斗中牺牲
张开桃	男	1927	龙河凌桥	1944	华中野战军七纵队战士	1946年10月在涟水县城战斗中牺牲
王广山	男	1925	龙河胜利	1944	仪扬支队战士	1946年8月在淮南津浦路西战斗中牺牲

续表 16-1

姓　名	性　别	出生年月	籍　贯	入伍时间	所在单位及职务	牺牲时间、地点、原因
陈永义	男	1923	龙河凌桥	1944	新四军7师5团战士	1946年北撤至安徽定远县白龙塘因战牺牲
潘良才	男	1918	龙河凌桥	1944.9	华中野战军七纵队战士	1948年在山东诸城县因战牺牲
谢开义	男	1925	龙河凌桥	1944	华中野战军某部战士	1947年在山东因战牺牲
张玉海	男	1925	龙河凌桥	1944	华中野战军七纵队战士	1947年在山东新泰县因战牺牲
韩义兴	男		龙河丁胜		解放军1师3旅班长	解放战争中牺牲
徐长太	男	1919	龙河凌西	1942	苏皖支队战士	解放战争中牺牲
王长元	男	1921	龙河官胜		战士	失踪，1961年追认烈士
张有才	男	1920.12	龙河周云	1943	中原野战军六纵18师	1948年5月在安徽龙安县因战牺牲
朱德禄	男	1924	龙河	1946	解放军某部战士	1949年仪扬公路战斗中牺牲
任天录	男	1926	龙河凌桥	1946	中原野战军战士	1949年在陕西临潼县因战牺牲
张应元	男		龙河凌桥		解放军12师战士	肥河口战斗中牺牲
秦康太	男	1931	龙河街胜	1951	志愿军24军72师214团战士	1953年2月在朝鲜因战牺牲
藏桂桃	男	1936	龙河三官	1951	志愿军24军72师214团战士	1953年4月1日在朝鲜因战牺牲
王春如	男	1930.4	龙河马坝	1951.5	志愿军24军72师214团5连战士	1953年6月25日在朝鲜因战牺牲
裴广清	男	1931	龙河凌桥	1951	志愿军24军72师214团战士	1953年5月7日在朝鲜因战牺牲
潘宗才	男	1934	龙河官胜	1951.4	志愿军24军72师警备2团2连战士	1952年7月3日在朝鲜因战牺牲
严德才	男	1928	龙河凌桥	1942	志愿军12军34师102团战士	1953年2月在朝鲜因战牺牲
秦德义	男	1925	龙河丁冲	1951.5	志愿军24军72师214团1营5连战士	1953年3月3日在朝鲜因战牺牲
徐德官	男	1936.11	龙河林场	1955.3	解放军0135部队2支队1分队1区队战士	1956年7月在辽宁庄河因公牺牲
潘宗元	男	1932	龙河周云	1950	空军2049部队	1958年3月在北京因公牺牲
周　顺	男	1955	龙河街胜	1974	530工程指挥部	1976年5月在青海因公牺牲
张家荣	男	1914	新集新集	1941 04	仪扬支队3连战士	1942年8月13日在扬州因战牺牲
史兆昌	男	1923	新集光明	1943	仪扬支队3连战士	1944年3月在三茅集因战牺牲
张永堂	男	1903.2	新集八桥	1939	凌桥区扁松村村长地下交通员	为掩护群众被捕牺牲
李家云	男	1915	新集李云	1942	龙河区队战士	失踪，1957年10月追认烈士

续表 16-1

姓　名	性　别	出生年月	籍　贯	入伍时间	所在单位及职务	牺牲时间、地点、原因
高　云	男	1924	新集八桥	1946.5	志愿军39军116师348团卫生队	1952年9月在朝鲜因战牺牲
高明文	男	1927.1	新集紫竹	1951	志愿军24军72师214团战士	1953年6月24日在朝鲜因战牺牲
刘久序	男	1931	新集紫竹	1951	志愿军24军72师214团警卫营2连战士	1953年7月3日在朝鲜因战牺牲
冯巨宝	男	1932	新集蔡桥	1951.5	志愿军24军72师214团5连战士	1953年7月16日在朝鲜因战牺牲
冯生高	男	1932	新集冯庄	1951	志愿军某部战士	1953年在朝鲜因战牺牲
高清全	男	1930	新集联明	1951	志愿军某部战士	1953年在朝鲜因战牺牲
孙福康	男		新集新集		南京395部队	1969年在安庆武店游泳时牺牲
蒋庆元	男	1947. 12	新集李云	1969.3	解放军3304部队战士	1970年2月19日在吉林和龙县施工时牺牲
谢开文	男	1923	张集庙山	1942	抗日民主政府龙河区队战士	1944年在龙河三茅集战斗中牺牲
张文和	男	1920	张集庙山	1943	新四军某部战士	1944年5月在仪征高集被捕牺牲
孙吉祥	男	1918	张集江宁	1945	解放军二纵队战士	1947年7月在徐州飞机场南战斗中牺牲
李春锦	男	1925.7	张集勤丰	1940.4	新四军2师5旅15团侦察排战士	1949年1月在山东胶济铁路遭敌机轰炸牺牲
张仁义	男	1922	张集江宁	1948	志愿军24师72旅214团战士	1953年4月29日在朝鲜因战牺牲
张宏桂	男		张集建设		89134部队战士	1980年11月在北京因公牺牲
鸦正朝	男	1943	张集华丰	1965.3.	铁道兵4师18团1营1连副班长	1968年6月22日在北京市房山县十渡国防施工牺牲
刘洪仁	男	1943	张集庙山	1959.3	80师240团2营4连6313部队	1978年5月因矽肺病发作在仪征病故
张才国	男	1956.4	张集长春	1976.3	11军93团2营机枪连副班长	1979年2月27日在对越自卫还击战中牺牲
姚文信	男	1918	马集金营	1939	新四军1师3旅7团班长	1941年在南通作战中牺牲
吴在福	男	1922	马集蔡湖	1943	谢集区队	1944年在仪征九里集祁庄战斗中牺牲
朱春洲	男	1921	马集新民	1943	东南支队独立旅六连战士	1945年8月在安徽乌衣战斗中牺牲
王香桃	男	1922	马集新民	1945	淮南2师炮兵团战士	1945年7月在津浦路西黄泥岗战斗中牺牲
葛廷林	男	1918	马集岔镇	1940	苏皖支队第3营连长	1945年在黄桥战斗中牺牲
李忠月	男	1918	马集新民	1943	仪征县龙河乡乡长	1946年8月在高邮县菱塘战斗中牺牲

续表 16-1

姓　名	性　别	出生年月	籍　贯	入伍时间	所在单位及职务	牺牲时间、地点、原因
陈子山	男	1926	马集巴祠	1944.1	1师35团1营1连1班班长	1946年12月在山东赵庄与蒋匪军作战中牺牲
张在荣	男	1921	马集蔡湖	1943	华东野战军2师10团3营7连战士	1946年在山东韩庄战斗中牺牲
潘芝桂	男	1924	马集张山	1945.1	独立旅3团1营3连班长	1946年在六合东沟战斗中牺牲
张长义	男	1915	马集亭山	1939	华中野战军七纵4旅10团战士	1946年11月在宿迁宿北因战牺牲
经世龙	男	1923	马集联合	1941	新四军2师4旅战士	1946年在山东曹庄战斗中牺牲
杨大田	男	1915	马集亭山	1945	淮南2师战士	1946年在山东沂县韩庄战斗中牺牲
赵德朝	男	1903	马集恒华	1946	恒华乡农会主任	1946年在反恶霸斗争中被国民党还乡团枪杀
苏正宝	男	1921	马集新民	1943	华东野战军二纵12团战士	1947年在山东小曹庄战斗中牺牲
吴学文	男	1926	马集新民	1944	仪扬大队战士	因战牺牲
万大才	男	1922.12	马集恒华	1945.4	仪扬大队1连战士	失踪，1957年10月追认烈士
夏珠桂	男	1923	马集新民	1942	江南茅山支队战士	失踪，1957年10月追认烈士
薛明礼	男	1923	马集恒华	1945	华东野战军2师班长	1948年11月在淮海战役因战牺牲
孙良章	男	1924	马集邱云	1944	解放军某部战士	1948年在徐州因战牺牲
孙长喜	男	1910	马集新民		民工	1948年10月在仪征县姚桥被捕牺牲
靳恩良	男	1921	马集爱国	1943.5	东北军区后勤油料科部政指	1952年5月20日在辽宁省辽阳病故
赵孝官	男	1930	马集新民	1951	志愿军24军72师214团战士	1953年5月28日在朝鲜因战牺牲
许志桃	男	1931	马集新民	1951	志愿军24军72师214团战士	1953年5月25日在朝鲜因战牺牲
蒋家富	男	1927	马集合兴	1950	志愿军24军72师214团2营5连战士	1953年6月12日在朝鲜上甘岭因战牺牲
王广山	男	1925	马集和平	1951	志愿军24军72师214团3连战士	1953年7月1日在朝鲜因战牺牲
梁吉朝	男	1934.3	马集爱国	1951.3	志愿军24军72师214团战士	1952年6月28日在朝鲜因战牺牲
王在元	男	1933	马集张山	1949	志愿军某部战士	1953年在朝鲜因战牺牲
吴义银	男	1954	马集马集	1976.3	83226部队后勤修理所战士	1979年9月13日在军事训练中身负重伤牺牲
唐玉良	男	1923	大仪高田	1943	湖西办事处战士	1943年在高邮监铺集战斗中牺牲

续表16-1

姓名	性别	出生年月	籍贯	入伍时间	所在单位及职务	牺牲时间、地点、原因
赵建山	男	1925	大仪泗涧	1941.4	抗日民主政府大仪区队战士	1944年2月在大仪叹气坡被捕，惨遭日寇活埋牺牲
万宏月	男	1927.7	大仪路南	1944.3	甘泉县大队通讯员	1948年因战牺牲
吴朝国	男	1928	大仪凤岭	1943	抗日民主政府大仪区队班长	1945年3月19日在万集与日寇作战中牺牲
汤玉宝	男	1924	大仪街道	1944	大仪派出所班长	1946年8月在高邮郭集张家渡乘船北撤中弹落水牺牲
王忠元	男	1922	大仪高田	1943	新四军独立2团战士	1946年在九里集与蒋匪军作战中牺牲
冯六纯	男	1924	大仪高田	1944	二纵2师61团战士	1946年11月在沭阳县宋集因战牺牲
刘永科	男	1908	大仪高田	1944	341部队11团平射炮连战士	1947年在山东小周庄战斗中牺牲
王正山	男	1925	大仪万集	1941	警卫排排长	1948年在山东朝阳集战斗中牺牲
曹国传	男	1927	大仪高田	1941	2师1旅16团战士	失踪，1957年10月追认烈士
吴永宽	男	1927	大仪路东	1946	福州部队16大队2中队5分队战士	失踪,1959年8月追认烈士
王月平	男	1928	大仪街道	1949.4	志愿军20军60师179团担架连战士	1951年4月23日在朝鲜五次战役中牺牲
郭玉和	男	1927	大仪街道	1951	志愿军24军72师215团炮兵连战士	1953年3月5日在朝鲜上甘岭因战牺牲
崇金元	男	1929	大仪高田	1948	志愿军24军72师214团战士	1953年3月5日在朝鲜因战牺牲
刘德贵	男	1930	大仪双塘	1951.6	志愿军24军72师214团战士	1953年5月20日在朝鲜因战牺牲
林金富	男	1932	大仪路北	1951	志愿军24军72师214团战士	1953年6月24日在朝鲜因战牺牲
许正宝	男	1944.4	大仪路东	1963.1	解放军8717部队战士	1968年5月8日在北京执行国防施工中牺牲
周明来	男	1924	大巷小巷	1943	甘泉支队战士	1944年在钟家集反扫荡战斗中牺牲
刘宝仁	男	1924	大巷何巷	1944.1	新四军4旅11团班长	1945年在来安凤凰山因战牺牲
陈恩林	男	1922	大巷何巷	1944	新四军5旅15团3营班长	1946年在宿迁因战牺牲
颜德兴	男	1923	大巷何巷	1944	新四军2师4旅战士	1946年在山东小罗庄战斗中牺牲
田万良	男	1925	大巷何巷	1944	新四军2中队卫生部战士	1946年在山东诸城因战牺牲
王柏朝	男	1919.9	大巷吴庄	1943	新四军2师5旅13团战士	1946年在泗县朝阳集战斗中牺牲

续表16-1

姓　名	性　别	出生年月	籍　贯	入伍时间	所在单位及职务	牺牲时间、地点、原因
陆金山	男	1921	大巷抗集	1943	华东野战军二纵4旅11团班长	1946年在泗县朝阳集战斗中牺牲
吴业岐	男	1921	大巷吴庄	1944	华东野战军一纵2师5团战士	1947年平汉破击陇海路战役中牺牲
徐永高	男	1926	大巷大巷	1943	华东野战军2师战士	1947年在山东韩庄战斗中牺牲
吕干祥	男	1924	大巷大巷	1944	华东野战军二纵4师10团班长	1947年在山东跑马山战斗中牺牲
陈志山	男	1925	大巷抗集	1944	华东野战军二纵4旅炮兵连战士	1947年2月在山东因战牺牲
吴小山	男	1922	大巷朱桥	1944	华东野战军二纵4师11团战士	1948年在山东因战牺牲
徐保发	男	1930	大巷朱桥	1951	志愿军警卫3团1营3连战士	1953年在朝鲜因战牺牲
洪有信	男	1934.1	大巷千棵	1951.4	志愿军24军72师214团1营2连战士	1953年6月18日在朝鲜因战牺牲
张国才	男	1927	大巷抗集	1949	志愿军24军72师214团战士	1953年6月24日在朝鲜因战牺牲
江义林	男	1925.11	大巷诸公	1951	志愿军24军72师214团3连战士	1953年7月2日在朝鲜因战牺牲
范天和	男	1922	大巷抗集	1951	志愿军24军72师214团战士	1953年6月26日在朝鲜因战牺牲
冯兆安	男	1930.8	大巷公路	1951.4	志愿军24军72师214团1营3连战士	1953年6月23日在朝鲜因战牺牲
王开明	男	1938.12	大巷吴庄	1955.3	福建军区573部队班长	1957年2月12日在福州市洪山区梅峰村架设电线杆时牺牲
吕国云	男	1963.12	大巷抗集	1983.1	陆军41师2团2营1机连战士	1985年2月12日在对越自卫反击战中牺牲
朱寿云	男	1920	香沟双涧	1940	甘泉支队班长	1944年在古井六巷与日伪军作战中牺牲
林保国	男	1925	香沟河北	1944	新四军2师4旅班长	1944年在仪征货郎庙战斗中牺牲
刘元发	男	1920	香沟老坝	1944	甘泉支队班长	1945年2月在秦南柳树坝战斗中牺牲
时家禄	男	1921	香沟河东	1943	新四军某部战士	1946年12月21日在山东临沂行军遭敌机轰炸牺牲
缪长山	男	1920	香沟老坝	1941	淮南军区独立旅3营1连班长	1946年6月在六合东沟战斗中牺牲

续表 16-1

姓 名	性 别	出生年月	籍 贯	入伍时间	所在单位及职务	牺牲时间、地点、原因
沙风林	男	1926	香沟河北	1944	华东野战军某部战士	1947年7月在山东莱阳战斗中牺牲
郭少其	男	1926	香沟双涧	1944	25军75师223团通讯员	1947年7月2日在山东莱阳战斗中牺牲
刘吉刚	男	1922	香沟老坝	1942	解放军某部班长	1948年9月在济南战役中牺牲
张万春	男		香沟双涧		民兵	1948年在仪征葛家营战斗中牺牲
刘礼桃	男	1919.6	香沟河北	1944	原东南支队战士后转主力部队任炮兵班长	1948年在山东胶济路因战牺牲
张德胜	男	1925	香沟河东	1941.3	2师5旅13团1营2连 战士	失踪，1957年10月追认烈士
周汉清	男	1927	香沟双涧	1951	志愿军24军72师214团2营4连战士	1953年6月在朝鲜因战牺牲
刘洪彬	男		香沟双涧		志愿军24军72师214团2营战士	1953年6月在朝鲜红土包因战牺牲
周广云	男	1927	香沟双涧	1951	志愿军24军72师战士	1953年在朝鲜因战牺牲
陈可元	男	1928	香沟老坝	1951	志愿军24军72师215团1营3连任副班长	1954年8月6日在浙江宁波因公牺牲
徐明山	男	1925.1	陈集丁桥	1941	东南支队3连战士	1943年5月在六合东沟因战牺牲
杨正元	男	1914 05	陈集薛庄	1941.3	甘泉县河西办事处排长	1943年6月在六合东沟因战牺牲
余立和	男	1921	陈集沙集	1942	东南办事处战士	1943年在大仪因战牺牲
王正朝	男	1922	陈集薛庄	1943	湖西办事处便衣队班长	1943年春与袭击大仪区署的敌伪军作战中牺牲
李廷贵	男	1927.12	陈集红星	1944	甘泉支队4连战士	1946年在甘泉六圩田作战中牺牲
尹如祥	男	1925	陈集丁桥	1944	甘泉支队4连战士	1945年1月28日日寇袭击公道区黄栋乡余庄时被捕杀害
陆德昌	男	1927	陈集红星	1942	甘泉支队4连战士	1945年1月28日日寇袭击公道区黄栋乡余庄时被捕杀害
张仁海	男	1923	陈集	1944	新四军4师12团学兵连战士	1945年7月在津浦路西三界战斗中牺牲
薛宏有	男	1924	陈集丁桥	1943	甘泉支队侦察班战士	1945年11月在仪征龙尾田与蒋匪军战斗中牺牲
糜华松	男	1919	陈集丁桥	1942	甘泉支队6连战士	1945年在高邮公道桥战斗中牺牲
吴庆顺	男		陈集青年	1944	仪扬大队战士	1946年在六合县城战斗中牺牲
余 华	男	1918.1	陈集汪云	1942.1	甘泉支队文化教员	1946年8月北撤时在夹刘庄牺牲
卞有亮	男	1919	陈集丁桥	1944	甘泉支队6连战士	1946年在涟水打蒋军因战牺牲
徐业信	男	1926.1	陈集沙集	1944	甘泉支队6连班长	1946年在涟水因战牺牲

续表16-1

姓　名	性　别	出生年月	籍　贯	入伍时间	所在单位及职务	牺牲时间、地点、原因
陆德义	男	1919.7	陈集光荣	1942.3	甘泉支队6连战士	1946年在凌塘桥因战牺牲
秦世松	男	1924	陈集沙集	1944	华东野战军七纵2营4连副班长	1946年10月在涟水因战牺牲
单从举	男	1923	陈集丁桥	1942	陈集丁桥乡民兵中队长乡长	1946年北撤时遭蒋匪军被捕，在扬州受刑牺牲
林靠山	男	1924	陈集界墩	1944	华东野战军四纵11师31团9连战士	1947年在山东孟庄战斗中牺牲
肖士元	男	1926	陈集双塘	1943.3	华东野战军七纵20师60团战士	1947年2月在莱芜战役中牺牲
刘志红	男	1906	陈集丁桥	1948	民工	1948年12月17日在运粮至安徽古城遭敌机轰炸牺牲
周长万	男	1907.1	陈集丁桥		民工	1948年12月17日在运粮至安徽古城遭敌机轰炸牺牲
仇成田	男	1923	陈集青年	1944	解放军某部班长	1948年在山东韩庄战斗中牺牲
张定朝	男	1921	陈集青年	1946	解放军温州城驻防军战士	1949年在舟山群岛战斗中牺牲
詹玉模	男	1946.8	陈集杨庄	1965.3	解放军8217部队11分队战士	1969年12月在国防施工中牺牲
徐明杰	男	1928	陈集沙集	1949	志愿军27军81师241团3营7连战士	1951年9月在朝鲜因战牺牲
王在银	男	1929	陈集开建	1951	志愿军24军72师214团6连战士	1953年6月24日在朝鲜因战牺牲
尹如海	男	1928	陈集杨庄	1951.3	志愿军24军72师214团战士	1952年6月在朝鲜上甘岭因战牺牲
余昌元	男	1931	陈集杨庄	1951	志愿军24军72师214团战士	1953年6月在朝鲜因战牺牲
张华山	男	1938	陈集余庄	1960.3	海军航空兵1736部队军械员	1962年4月在青岛因公牺牲
顾秀宏	男	1963.5	陈集薛庄	1983.1	步兵陆军1师2团1连战士	1984年12月在对越自卫反击战中牺牲
金学东	男	1964.9	陈集开建	1983	陆军1师3团6连战士	1985年2月在对越自卫反击战中牺牲
孙万和	男	1922	高集张云	1938	仪征县模范营战士	1940年2月25日在月塘上下营周战斗中牺牲
丁维田	男	1922	高集高集	1943	甘泉支队1连战士	1944年在仪征大仪战斗中牺牲
蒋长龙	男	1904	高集大房	1941	东南河西办事处战士	失踪，1957年10月追认烈士
蒋浦清	男		高集大房	1942	甘泉支队1连战士	失踪，追认烈士
夏宏田	男	1924	高集大房	1945	甘泉支队战士	失踪，1957年10月追认烈士
束宽山	男	1924.1	高集友好	1944.11	甘泉支队战士	1945年6月在杨寿坝战斗中牺牲

续表16-1

姓　名	性　别	出生年月	籍　贯	入伍时间	所在单位及职务	牺牲时间、地点、原因
糜万桃	男	1922	高集工农村	1944	甘泉支队6连战士	1945年在高邮公路桥战斗中牺牲
卢盛来	男	1927	高集大房	1944	仪扬大队战士	1946年在仪征凌桥战斗中牺牲
唐福科	男	1925.12	高集高塘	1944	甘泉支队6连战士	1946年10月20日在涟水战斗中牺牲
张思清	男	1927	高集夏云	1945	淮南支队战士	1948年3月在盱眙县战斗中牺牲
李朝章	男	1922	高集张云	1943	第三野战军某部副排长	1948年11月16日在淮海战役碾庄战斗中牺牲
卞盛元	男	1924	高集刘云	1944	华东野战军二纵13团1连班长	1948年在山东胶济路战斗中牺牲
卞有松	男	1925	高集刘云	1944	华东野战军二纵13团3营炊事员	1948年在山东胶济路战斗中牺牲
冯禄山	男	1925	高集高塘	1943	华东野战军六纵18师52团2营5连副排长	1948年在河南淮地战斗中牺牲
李桂仁	男	1913	高集方云	1944	解放军21军61师18团3连战士	1949在安徽蚌埠战斗中牺牲
陈恩祥	男	1928	高集刘云	1951	志愿军24军72师214团1营机枪连战士	1953年6月7日在朝鲜因战牺牲
潘忠和	男	1930	高集高塘	1951	志愿军24军72师214团3连战士	1953年3月23日在朝鲜因战牺牲
高立清	男	1933	高集工农	1951.5	志愿军24军72师214团6连战士	1953年7月3日在朝鲜因战牺牲
陈可田	男	1956	高集大房	1977	广西军区54207部队77分队战士	1979年2月27日在对越自卫反击战中牺牲
武书航	男	1915	刘集白洋	1940	苏皖支队战士	1941年在江都邵伯战斗中牺牲
吴才福	男	1917	刘集司徒	1940	龙河区队战士	1943年在十二里岔战斗中牺牲
李宏和	男	1914	刘集双竹	1943	甘泉支队3连战士	1943年5月在六合东沟战斗中牺牲
周元田	男	1926	刘集丰产	1943	甘泉支队战士	1944年在邗江县战斗中牺牲
李朝成	男	1922	刘集联合	1941	甘泉支队战士	1944年在仪征大仪战斗中牺牲
孙长久	男	1919	刘集联云	1943	甘泉支队3连战士	因战牺牲
李延玉	男	1918	刘集联合	1943	甘泉支队战士	1945年4月在六合东沟战斗中牺牲
孔兆茂	男	1922	刘集双竹	1943	仪扬支队战士	1944年4月在龙河三茅集战斗中牺牲
陆长银	男	1921	刘集双竹	1943	甘泉支队侦察排副排长	1944年6月在天扬公路南小街战斗中牺牲
陈家网	男	1922	刘集双竹	1942	甘泉支队1连机枪手	1944年6月在铁牌作战中牺牲
张永发	男	1920	刘集联合	1944	仪扬大队侦察排战士	1944年在移居战斗中牺牲

续表16-1

姓 名	性 别	出生年月	籍 贯	入伍时间	所在单位及职务	牺牲时间、地点、原因
曾湘云	男	1920	刘集盘古	1944	仪扬支队战士	1944年在六合长山集战斗中牺牲
张永正	男	1920	刘集建军	1940	仪扬大队战士副连长	1945年在仪征龙河战斗中牺牲
周朝雨	男	1920	刘集联合	1944	仪扬支队3连战士	1945年在仪征新民集姚子桥战斗中牺牲
卢学朝	男	1921	刘集联合	1944	仪扬支队3连战士	1945年在朴席梁家湾战斗中牺牲
谢在山	男	1924	刘集联云	1943	甘泉支队战士	1945年8月在仪征洪门寺战斗中牺牲
胡学礼	男	1926	刘集新华	1944.11	淮南独立旅3团3连战士	1946年10月在涟水战斗中牺牲
秦士银	男	1919	刘集夏姚	1943	华东野战军1师4团战士	1946年在山东枣庄战斗中牺牲
陶正田	男	1927	刘集白洋	1943	仪扬支队3连战士	1946年在涟水庙圩战斗中牺牲
张庆元	男	1909.11	刘集盘古	1941	独立3团1营2连7班战士	1946年秋北撤至天长岔涧战斗中牺牲
张家驹	男	1925	刘集丰产	1941	淮南军区独立旅1营1连1排战士	1946年在涟水战斗中牺牲
惠能如	男	1921	刘集黄云	1943.12	华中野战军六纵53团8连班长	1946年在涟水战斗中牺牲
秦怀山	男	1925	刘集联合	1942	华中野战军七纵战士	1946年在涟水战斗中牺牲
陈家海	男	1920	刘集联云	1944	华东野战军某部班长	1946年12月在山东莱芜战役中牺牲
陈家强	男		刘集		华东野战军机枪连班长	1947年2月在山东莱芜战役中牺牲
潘志和	男	1929.11	刘集林场	1944	华东野战军7师20旅3营战士	1947年1月在山东莱芜战役中牺牲
谢在云	男	1919	刘集夏姚	1944	仪扬支队1连战士	1947年9月在龙港战斗中牺牲
高值元	男		刘集司徒		华东野战军七纵60团随军大学学员	1947年9月在山东胶东战役中牺牲
李同富	男	1924	刘集云桑	1945	原甘泉支队战士	1947年5月在山东因战牺牲
杜龙海	男		刘集联合		原甘泉支队战士	1948年在徐州大会战中牺牲
冯远龙	男	1924	刘集双竹	1943	原甘泉支队战士	1948年在淮海战役中牺牲
贾善明	男	1917	刘集建军	1943.1	华东野战军六纵警卫通讯员	1948年在淮海战役中牺牲
孔德荣	男	1926	刘集建军	1942	华野二纵4师排长	1948年11月在淮海战役中牺牲
惠永康	男	1924	刘集刘集	1944.6	原甘泉支队1连战士	1949年在安徽明光战斗中牺牲
惠国天	男	1923	刘集联云	1948	志愿军68军204师618团战士	1951年8月在朝鲜凌水洞战斗中牺牲

续表16-1

姓　名	性　别	出生年月	籍　贯	入伍时间	所在单位及职务	牺牲时间、地点、原因
孔庆金	男	1926	刘集夏姚	1948	志愿军39军351团1营战士	1952年在朝鲜因战牺牲
李万松	男	1926	刘集双竹	1951.6	志愿军24军72师214团3营4连战士	1953年2月16日在朝鲜因战牺牲
尚吉康	男	1923	刘集联云	1951	志愿军24军72师214团3连战士	1953年1月25日在朝鲜因战牺牲
洪长发	男	1931	刘集刘集	1951.2	志愿军24军72师214团侦察员	1953年7月27日在朝鲜因战牺牲
束在科	男	1925	古井六巷	1940	独立3团1营1连战士	1941年4月在仪征谢集战斗中牺牲
刘寿海	男	1915	古井仓房	1942	甘泉支队2连1排2班战士	1944年3月在仪征大仪崔家桥北战斗中牺牲
陈金宝	男	1920	古井陈巷	1941	甘泉支队战士班长	1944年8月在甘泉山附近与日寇作战中牺牲
糜家珍	男	1921	古井六巷	1943	甘泉支队4连班长	1945年1月28日日寇袭击公道区黄栋乡余庄时被捕杀害
顾长富	男	1928	古井元井	1944	甘泉支队战士	1945年3月在邗江县甘泉山巷子口战斗中牺牲
甘国民	男	1922	古井铁牌	1943	抗日民主政府汊河区七里甸乡乡长	1945年被扬州日寇军犬咬死
陈其富	男	1923	古井陈巷	1944	甘泉支队战士	1945年在仪征送驾桥战斗中牺牲
李新诚	男		古井司徒		甘泉支队6连战士	病故
殷德川	男	1916	古井陈巷	1942	甘泉县古井区副区长	1946年8月10日率部渡河，因河水暴涨牺牲
金长祺	男	1912	古井高彭	1940	古井农抗会理事长古井区区长党员	1946年在高邮县送驾桥战斗中牺牲
杨福海	男	1921	古井仓房	1945	甘泉支队班长华中野战军六纵队连长	1946年在涟水战斗中牺牲
陈学春	男	1925	古井六巷	1943	仪扬大队3连战士	1946年8月在安徽天长战斗中牺牲
吴敬学	男	1927	古井百寿	1944.1	华东军区74师战士	1946年在涟水战斗中牺牲
曹寿祥	男	1924	古井百寿	1943	新四军5旅6团战士	1946年6月13日在六合东沟战斗中牺牲
唐元山	男	1924 07	古井铁牌	1943	24军战士	1946年7月在安徽来安县司官集战斗中牺牲
薛有朝	男	1917	古井薛岗	1943.9	华中野战军六纵18师52团战士	1946年在山东赵庄战斗中牺牲
许朝元	男	1917.1	古井六巷	1943	新四军6师18旅班长	1946年在涟水战斗中牺牲

续表16-1

姓 名	性 别	出生年月	籍 贯	入伍时间	所在单位及职务	牺牲时间、地点、原因
俞恒祥	男		古井古井	1942	独立4团8连战士	在解放战争中牺牲
陈永桃	男	1919	古井百寿			失踪，1958年4月追认烈士
李淮朝	男	1917.9	古井六巷	1946	甘泉支队4连战士	1948年1月在邗江杨寿坝被捕牺牲
梅华富	男	1928	古井铁牌	1948	陈集区大队1分队战士	1948年11月21日在杨寿老虎庄战斗中牺牲
杨长仁	男	1924	古井元井	1944	华东野战军六纵某团1营2连班长	1948年11月在淮海战役中牺牲
梅在福	男	1924.5	古井高彭	1941.7	新四军某部排长	1948年在涟水战斗中牺牲
陈永恒	男	1928	古井百寿	1951	志愿军24军战士	1953年2月在朝鲜因战牺牲
吴相山	男	1927	古井元井	1951.3	志愿军24军72师214团战士	1953年2月在朝鲜因战牺牲
陈长朝	男	1929.7	古井古井	1951.3	志愿军24军72师214团战士	1953年5月在朝鲜因战牺牲
束锦山	男	1929	古井铁牌	1951.5	志愿军24军72师214团战士	1953年6月24日在朝鲜因战牺牲
武兆田	男	1922	古井铁牌	1948	志愿军24军72师214团战士	1951年在朝鲜因战牺牲
周在才	男	1957	古井仓房	1976.3	南京军区某部排长	1984年4月30日在对越自卫反击战收复者阴山战斗中牺牲
陈兆怀	男	1923	谢集塔山	1939	苏皖支队战士团员	1940年在江阴与日寇作战中牺牲
刘思源	男	1919	谢集苏营	1940	谢集区队战士	1941年4月在仪征十二里岔战斗中牺牲
余昌宝	男	1923	谢集四庙	1942	东南支队战士	1943年6月19日在攻打日伪军谢集据点时牺牲
陈兆信	男	1924	谢集塔山	1939	新四军1师3旅司号兵排长	1944年在阜宁县益林战斗中牺牲
高长文	男	1925.4	谢集六松	1943	独立旅3团战士	1945年在来安县乌龙山战斗中牺牲
顾立海	男	1924	谢集丁公	1942	新四军某部战士	1945年在山东因战牺牲
丁兆福	男	1908	谢集胡营	1940.3	月塘区队战士班长	1945年2月19日在九里集与日军作战中牺牲
丁恩华	男	1917	谢集三里	1944	新四军2师4旅侦察连战士	1945年在来安县乌龙山战斗中牺牲
刘广华	男	1927	谢集铁坝	1945	新四军2师4旅11团战士	1945年在来安县乌龙山战斗中牺牲
崔士德	男	1927	谢集铁坝	1943	新四军4旅炮兵连战士	1945年在山东韩庄战斗中牺牲
糜年富	男	1928	谢集芦云	1944	甘泉支队战士	失踪，1958年追认烈士

续表16-1

姓 名	性 别	出生年月	籍 貫	入伍时间	所在单位及职务	牺牲时间、地点、原因
丁坤芝	男	1918	谢集丁公		特务2团战士	失踪，1958年追认烈士
狄有才	男	1919	谢集丁公	1939	仪征县总队战士	失踪，1958年追认烈士
苏成兰	男	1922.2	谢集鲍庄	1942.1	新四军2师4旅12团1营2连战士	1945年4月在嘉山县长山嶺战斗中牺牲
刘有芝	男	1922	谢集铁坝	1944	甘泉支队战士	1946年8月北上在沙河黑阳渡口牺牲
赵德才	男	1926	谢集丁云	1943	新四军2师4旅12团战士	1946年6月在泗洲西门战斗中牺牲
杨义德	男	1922	谢集四庙	1939.11	新四军某部排长	1946年5月在盐城小海战斗中牺牲
蔡广发	男	1927	谢集丁公	1944	华东野战军某部侦察班长	1947年在山东诸城因战牺牲
马常信	男	1925	谢集丁公	1944	独立旅3团侦察队班长	1947年10月在山东邹县过河时溺水牺牲
穆正兴	男	1925	谢集三里	1944	华东野战军二纵4师战士	1947年10月30日在山东南马与蒋匪军作战中牺牲
徐庆国	男	1923.8	谢集六松	1949.1	新四军2师4旅11团班长	失踪，1959年8月追认烈士
徐广发	男	1926	谢集郑云	1946.8	华东野战军三纵4师12团2营机炮连战士	1948年8月在新泗洲战斗中牺牲
魏德祯	男	1927.6	谢集塔山	1944	三野21军炮兵团战士	1948年3月在解放阜宁县益林镇战斗中牺牲
曹德发	男	1921.3	谢集卢云	1943.12	华东野战军二纵4师1营战士	1948年在山东临渠被炸牺牲
杨德道	男	1925	谢集尹山	1942	华野二纵4师通讯排班长	1948年3月在滨海县东坎战斗中牺牲
王有海	男		谢集		六合支队	解放战争中牺牲
崔家宽	男	1919	谢集鲍庄		月塘区九里乡民兵武装中队长	1948年冬被国民党军被捕惨遭杀害
吴绍连	男	1921	谢集塔山	1942	华东野战军二纵4师10团1营1连战士	1949年1月在淮海战役中牺牲
周朝信	男	1920	谢集四庙	1942.1	解放军某部侦察排排长	1949年11月在浙江登步岛战斗中牺牲
朱有明	男	1917	谢集四庄	1940	解放军某部排长	1949年8月在浙江登步岛战斗中牺牲
赵先文	男	1924	谢集街道	1948	中南军区四野41军368团1连战士	1950年6月5日在广东省参战剿匪牺牲
徐道信	男	1931	谢集四庄	1951	志愿军24军72师214团2连战士	1951年6月24日在朝鲜因战牺牲

续表 16-1

姓　名	性　别	出生年月	籍　贯	入伍时间	所在单位及职务	牺牲时间、地点、原因
常志山	男	1924	谢集捺山	1951	志愿军24军72师214团6连战士	1953年6月12日在朝鲜因战牺牲
尹家华	男	1922	谢集塔山	1945	志愿军24军72师214团6连战士排长	1953年6月15日在朝鲜因战牺牲
孙业山	男	1931	谢集四庙	1951	志愿军24军72师214团6连战士副排长	1953年7月3日在朝鲜因战牺牲
张学田	男	1930	谢集郑云	1951	志愿军24军72师214团2营战士	1953年6月在朝鲜因战牺牲
邵长汉	男	1931	谢集塔山	1951	志愿军24军72师214团通讯连连战士	1953年6月在朝鲜因战牺牲
孙家禄	男	1930	谢集街道	1951	志愿军24军72师214团2连通讯员	1953年6月在朝鲜因战牺牲
周炳松	男	1963.3	谢集塔山	1983.1	陆军41师1团2机连班长	1984年12月9日在对越自卫还击战中牺牲
余益宝	男	1922	月塘未井	1939	仪征县月塘区模范营战士	1940年2月25日模范营驻上下营周遭日寇袭击牺牲
李献祥	男	1917	月塘东风	1940	月塘区模范营战士	1940年2月25日模范营驻上下营周遭日寇袭击牺牲
李献富	男	1914	月塘东风	1940	月塘区模范营战士	1940年2月25日模范营驻上下营周遭日寇袭击牺牲
赵德桃	男	1919	月塘东风	1940	月塘区模范营战士	1940年2月25日模范营驻上下营周遭日寇袭击牺牲
包义长	男	1921	月塘双井	1940	月塘区模范营战士	1940年2月25日模范营驻上下营周遭日寇袭击牺牲
吴生洲	男	1918	月塘长兴	1939	苏皖支队战士	1941年在黄泥集与日寇作战中牺牲
常志文	男	1902	月塘曹集	1941.1	淮南路东军分区独立团1连3排2班班长	1942年3月17日在六合横梁与日伪军作战中牺牲
邹士田	男	1918.4	月塘曹集	1938	淮南路东军分区独立2团1连战士	1942年春在六合横梁店战斗中牺牲
赵常发	男	1921	月塘张岗	1941	天长支队连长	1943年在仪征高集反扫荡战斗中牺牲
张隆宝	男	1927	月塘曹集	1943	淮南津浦路东独立3团战士	1944年在六合八百桥战斗中牺牲
钱明生	男	1918	月塘赵桥	1941	抗日民主政府月塘区队班长	1944年因战牺牲
梁兆元	男	1924	月塘龙山	1940	胥浦区队队员	1944年在胥浦桥战斗中牺牲
于大银	男		月塘余营	1944	新四军2师4旅10团3营战士	1945年在官店车站战斗中牺牲

续表 16-1

姓 名	性 别	出生年月	籍 贯	入伍时间	所在单位及职务	牺牲时间、地点、原因
冯尔银	男	1924	月塘东风	1945	淮南独立团3营6连8排2班战士	1945年在泉焦战斗中牺牲
陈发聚	男	1921	月塘张岗	1941	独立3团班长	1945年在来安乌龙山战斗中牺牲
陈建华	男		月塘张岗			失踪，1958年追认烈士
苏宏宝	男	1924	月塘张岗	1943.11	华中野战军七纵队战士	1946年7月在泗县朝阳集战斗中牺牲
吴时和	男	1922	月塘	1945	新四军3师4旅战士	1945年在津浦路木匠洲因战牺牲
王方雨	男	1922	月塘山郑	1943	华东野战军二纵12团战士	1947年在仪征曹集与蒋匪军战斗中牺牲
杨德义	男		月塘龙山		第三野战军二纵4师班长	1948年在六合东沟战斗中牺牲
周仁元	男	1924	月塘张岗	1941	三野10兵团3营排长	1946年在泗县朝阳集战斗中牺牲
赵修山	男	1925.2	月塘四新	1944.1	新四军二纵4师司令部战士	1946年12月因战牺牲
李春洲	男	1923.2	月塘龙山	1941.8	新四军2师12团1营2连战士	1946年6月在泗县朝阳集战斗中牺牲
曹义有	男	1925.2	月塘曹集	1944	步兵182团6连战士	1946年在泗县战役中牺牲
李令发	男	1925.3	月塘曹集	1943.9	新四军2师4旅10团1营1连战士	1946年10月在宿迁县蔡圩因战牺牲
豆成富	男	1927.5	月塘街道	1942.12	华东野战军二纵4师12团3营9连战士	1946年在山东金马车站战斗中牺牲
张在余	男	1923	月塘魏井	1944	月塘区队战士	1946年6月在六合冶山战斗中牺牲
童锦生	男	1926	月塘长兴	1945	仪征县大队战士	1946年在月塘峨嵋山战斗中牺牲
赵元金	男	1921	月塘赵桥	1938	华东野战军六纵队侦察营1连排长	1946年1月18日在山东省莱芜与蒋匪军作战中牺牲
周启明	男	1921.11	月塘东风	1944.9	新四军2师4旅10团1营3连3排战士	1946年在山东禹城县宣山战斗中牺牲
薛家同	男	1922	月塘张岗	1941	六合支队排长	1946年在野山战斗中牺牲
唐会高	男	1923	月塘长兴	1944	华东野战军二纵4师11团班长	1947年5月在孟良固战役中牺牲
王祖山	男	1925.5	月塘曹集	1944	华东野战军二纵4师11团2营机炮排战士	1947年4月在山东胶河战斗中牺牲
冯立才	男	1924	月塘东风	1941	江淮军分区任副连长	1947年5月在盱眙县新旧铺战斗中牺牲
金兆发	男	1951	月塘葛岗	1944	华野二纵4师11团副排长	1948年在阜宁县益林战役中牺牲
任明富	男	1926.3	月塘山郑		民工	1948年10月在送粮至古城被敌机炸死

续表16-1

姓　名	性　别	出生年月	籍　贯	入伍时间	所在单位及职务	牺牲时间、地点、原因
强庚兆	男	1921	月塘曹集	1946	华东野战军二纵4师11团战士	1948年在山东支店因战牺牲
戴其彭	男	1929.2	月塘街道		民工	1948年安徽古城战斗中牺牲
王有海	男	1921	月塘长兴	1944.1	六合支队战士	同蒋匪军作战中牺牲
李令太	男	1923	月塘龙山	1944	华东野战军二纵4师12团战士	1949年1月在淮海战役中牺牲
张时贵	男	1926	月塘张岗	1941	21军61师183团副连长	1949年5月在上海昆山因战牺牲
洪修清	男	1919.1	月塘赵桥	1944.1	七　纵2师5团1营3连3排班长	1949年7月在山东临沂县被敌人炮弹炸死
戴怀宝	男	1921	月塘长兴	1944	华东军区解放军某部指导员	1949年11月在浙江登步岛战斗中牺牲
余恒昌	男		月塘张岗		第七兵团战士	解放战争中牺牲
王如何	男	1928	月塘	1951	志愿军24军72师215团战士	1952年2月在朝鲜因战牺牲
周允堂	男	1931	月塘东风	1951	志愿军24军72师114团2营4连战士	1953年6月24日在朝鲜因战牺牲
刘国进	男	1929	月塘长兴	1946	志愿军24军72师215团战士	1953年7月14日在朝鲜因战牺牲
王相林	男	1923	月塘魏井	1949	志愿军39军25师344团战士	1953年在朝鲜因战牺牲
经世高	男	1939.8	月塘双井	1959.12	解放军6299部队机枪连副排长	1965年6月27日在浙江金华军训时牺牲
倪高忠	男	1948.1	月塘张岗	1965.9	解放军后字273部队排长	1973年8月在上海游泳训练中牺牲
周永华	男	1947	月塘张岗	1970.1	空军511部队司令部警通连班长	1974年10月28日在执行战备训练任务时牺牲
王德生	男	1952	月塘双井	1975.1	55228部队战士	1976年9月在山东昌乐县执行战备任务时牺牲
李　义	男	1926	移居街道	1941	铜山清水桥税务所填票员	1944年9月29日日伪军埋伏清水桥遭袭击牺牲
周业宝	男	1918	移居桃元	1941	六合支队班长	1944年在六合八百桥战斗中牺牲
陈其山	男	1925	移居移居	1942	三　野2师4旅10团1营3连战士	1945年3月在山东运河曹营村作战中牺牲
史广有	男	1920	移居乌山	1943	东南支队战士	1945年在六合县城战斗中牺牲
马思元	男	1911.11	移居移居	1944.6	东南支队战士	1947年6月在涟水因战牺牲

续表16-1

姓　名	性　别	出生年月	籍　贯	入伍时间	所在单位及职务	牺牲时间、地点、原因
彭启仁	男	1928	移居乌山	1944	新四军2师4旅11团战士	1946年7月在泗县朝阳集战斗中牺牲
李天寿	男	1923	移居乌山	1940.2	新四军某部副连长	1946年在安徽古城路西作战中牺牲
李登山	男	1926	移居乌山	1943	独立旅7连战士	1946年因战牺牲
李石洲	男		移居移居		民工	1948年在安徽古城作战中牺牲
马道信	男	1927.6	移居大云		民工	1948年10月在送粮至安徽古城被敌机炸死
杨来桂	男	1923	移居大云		仪征运输队民工	1948年在安徽古城因战牺牲
李明洲	男	1913.7	移居街道		民工	1948年10月在送粮至安徽古城被敌机炸死
尹德俊	男	1910.7	移居甘冲		民工	1948年10月在送粮至安徽古城被敌机炸死
项世发	男	1921	移居大洼	1942.8	独立团2营4连1排侦察员	1948年在山东胶河与将军作战中牺牲
尹积有	男	1926.1	移居乌山	1939.2	四纵10师1营营部医务员	1948年4月在北撤山东确山县与蒋匪军作战中牺牲
俞昌桃	男	1920.5	移居乌山	1944	华东野战军12纵34旅100团副连长	1948年在安徽古城与敌军作战中牺牲
陈庆和	男	1930	移居大凹	1948	淮南路东军分区特务连通讯员	1948年在六合马集被捕牺牲
包天道	男	1924	移居大云	1948	21军61师181团1连战士	1948年北戴河因战牺牲
张惟庭	男	1918.12	移居许云		月塘乌山乡粮委	1948年10月在安徽古城被敌机炸死
李令友	男	1928	移居乌山	1944	21军61师182团8连战士	1949年11月3日在浙江登步岛战斗中牺牲
曹宏有	男	1917	移居乌山	1940	江淮军区100团1营2连班长	1949年在解放盱眙县古城战斗中牺牲
李明松	男	1922	移居大云	1946	独立旅3团2营战士	失踪，1957年追认烈士
张长天	男	1928	移居桃元	1946	志愿军27军80师238团3连班长	1951年在朝鲜新兴里战斗中牺牲
陆秀锦	男	1931.6	移居王庄	1951	志愿军24军72师214团战士	1953年2月4日在朝鲜因战牺牲
余其禄	男	1927.2	移居甘冲	1951.2	志愿军24军72师214团警侦2连战士	1953年6月28日在朝鲜因战牺牲
朱瑞云	女	1921	十二圩	1939	新四军苏皖支队陈集办事处指导员	1940年4月17日在陈集街头被判乱分子杀害

续表 16-1

姓　名	性　别	出生年月	籍　贯	入伍时间	所在单位及职务	牺牲时间、地点、原因
杨志华	男	1921	十二圩头邦	1940	月塘八百税务部门工作	1944年在东沟因战牺牲
孙　奎	男	1929	十二圩	1943	新四军1师3旅4团炮兵连战士	1946年8月在如皋打蒋匪军牺牲
韩志友	男	1916.7	十二圩	1946	淮安县郝集区联防队员	1948年1月在淮安因战牺牲
薛定发	男		十二圩	1946	解放军某部2305团司号员	在解放山东费县战斗中牺牲
陈玉宝	男		十二圩沙河	1946	解放军11军33师97团3营4连战士	1949年在四川省潼南县因战牺牲
刘贵生	男	1918	十二圩街道	1939	志愿军27军80师238团1营3连战士	1950年11月28日在朝鲜新兴里战斗中牺牲
沈桂芳	男	1928	十二圩街道	1949.1	志愿军12军34师101团3营7连战士	1952年在朝鲜因战牺牲
张永佩	男	1922	十二圩浦新	1953.3	志愿军24军72师214团3连战士	1952年6月在朝鲜因战牺牲
吴道全	男	1928.1	十二圩浦新	1944.7	陆军175医院内三科主任军医	1967年11月18日被林彪反革命路线迫害致死
徐玉清	女		十二圩浦新	1945.11	解放军162医院医务员	1969年10月 病 故1974年12月追认烈士
李俊贵	男	1959.6	十二圩红旗	1978.3	解放军33742部队53分队战士	1979年2月17日在对越自卫还击战中牺牲
王必山	男		铜山红光		仪征县月塘模范营战士	1941年2月25日模范营驻月塘上下营周遭日寇袭击，在突围中牺牲
张福科	男		铜山枣林	1941	抗日民主政府胥浦区队战士	1944年在碾徐战斗中牺牲
吴长华	男	1924.2	铜山枣林	1944.1	甘泉支队战士	1945年9月20日在六合东沟战斗中牺牲
陈道田	男		铜山红光		抗日民主政府月塘乡民兵中队长	1945年在仪征巴祠乡战斗中牺牲
张家华	男		铜山灯塘		新四军2师10团4营战士	1945年在安徽和县周营战斗中牺牲
陈发树	男		铜山九里		某部班长	在安徽来安县同日寇作战中牺牲
蒋启发	男		铜山九里		新四军2师4旅9团10连战士	1946年7月在泗县朝阳集与蒋匪军作战中牺牲
周德发	男		铜山枣林		新四军2师某部班长	1946年在六合县城战斗中牺牲
张德根	男		铜山枣林		新四军2师4旅3营班长	1946年在六合县城战斗中牺牲
周祥海	男		铜山枣林		新四军2师14团班长	1946年11月在宿迁战斗中牺牲
冯立如	男	1927	铜山军民	1942.11	淮南支队警卫班战士	1947年冬在山东龙岗作战中牺牲

续表16-1

姓名	性别	出生年月	籍贯	入伍时间	所在单位及职务	牺牲时间、地点、原因
王兆瑞	男		铜山九里		华东野战军七纵19师57团2营机炮连副排长	1947年10月23日在山东南马战斗中牺牲
王兆生	男	1925.11	铜山枣林		华东野战军四纵11师31团电话组长	1948年11月在来安县尉楼庄战斗中牺牲
周德宏	男	1926.8	铜山周洼	1943.2	4旅10团班长	1948年在大别山战斗中牺牲
周定武	男		铜山枣林		新四军2师12团副排长	1941年在阜宁县益林战斗中牺牲
周树芝	男	1918	铜山枣林		新四军2师4旅11团1营2连战士	失踪，1959年12月追认烈士
王兆礼	男		铜山枣林		2师罗炳辉部战士	在六合龙池战斗中牺牲
徐盛山	男	1924	铜山双遇	1941	2师6旅16团排长	失踪，1959年追认烈士
周宏喜	男	1927.8	铜山野山	1944	仪扬大队战士	因战牺牲
马思金	男	1917	铜山野山	1948.1	胥浦区长山乡乡长	1949年3月28日被国民党军打伤牺牲
陈顺官	男		铜山枣林		志愿军24军72师214团战士	1953年6月24日在朝鲜因战牺牲
张胜贵	男	1931	铜山枣林	1951	志愿军24军72师214团战士	1953年6月24日在朝鲜因战牺牲
徐道德	男	1932	铜山拾村	1951	志愿军24军72师214团战士	1953年7月在朝鲜因战牺牲
沈有平	男	1953.5	铜山公坝	1978	80302部队工兵连战士	1978年12月18日在执行任务时牺牲
殷有金	男	1923	朴席土沟	1944	仪扬大队侦察员	1945在凌桥与扫荡的日伪军作战中牺牲
赵天富	男	1925	朴席土沟	1943	抗日民主政府朴席区队战士	1945年在仪征新集遭日伪军偷袭牺牲
赵玉才	男		朴席朴席		淮南军区独立旅3团1营1连战士	1946年6月13日在围攻东沟蒋匪军时牺牲
陈正明	男	1928	朴席土沟	1945	解放军某部战士员	1948年在山东南马与蒋匪军作战中牺牲
张永兴	男	1922	朴席朴席	1944	原仪扬大队战士后上主力部队	解放战争中牺牲
王鹤	男		朴席		陆军20军59师175团战士	在山东胶州作战中牺牲
张兆祥	男		朴席朴席		第三野战军68师203团2营5连战士	1949年在攻打福建金门时牺牲
李少林	男	1929	朴席街道	1949	志愿军警备团1营机炮连战士	1951年5月在朝鲜因战牺牲

续表 16-1

姓　名	性　别	出生年月	籍　贯	入伍时间	所在单位及职务	牺牲时间、地点、原因
金昌奎	男	1929	朴席街道	1949	志愿军24军72师214团战士	1952年6月24日在朝鲜因战牺牲
徐志安	男	1932	朴席卞庄	1951	志愿军24军72师214团3机连战士	1953年1月13日在朝鲜因战牺牲
殷洪山	男	1923	朴席殷桥	1950	志愿军24军72师214团战士	1953年6月24日在朝鲜因战牺牲
李昌宝	男	1933	朴席三联	1951	志愿军24军72师214团2营班长	1953年6月12日在朝鲜因战牺牲
黎家富	男	1931	朴席徐集	1951	志愿军24军72师214团5连战士	1953年6月26日在朝鲜因战牺牲
毛立国	男	1933	朴席土桥	1949	5054支队2分队	1953年8月在福建厦门因战牺牲
高家茂	男	1934	朴席土沟	1954	38军114师340团3营9连战士	1956年8月2日在宁波因公牺牲
徐振华	男	1931	朴席朴席	1957	武装民兵排长	1962年因公牺牲
朱宏余	男	1938	朴席青龙	1958	解放军驻云南永仁县8700部队汽车司机	1967年在云南永仁县因公牺牲
丁仕平	男	1963	朴席土桥	1983	步兵2团9连战士	1985年1月21日在对越自卫还击战中牺牲
陈义国	男	1964	朴席曹桥	1983	步兵2团9连通讯员	1985年2月2日在对越自卫还击战中牺牲

（二）外籍在仪征地区牺牲烈士名录

表 16-2

姓　名	性　别	出生年月	籍　贯	入伍时间	所在单位及职务	牺牲时间、地点、原因
陈击冲	男	1913	浙江		新四军2支队4团参谋	1939年8月遭仪征恶霸围攻中弹牺牲
王　杠	男	1915	泰兴广陵	1938	新四军苏皖支队陈集办事处主任	1940年4月17日在陈集街头被叛乱分子暗害
蒋明德	男	1919	上海		苏皖边区陈集办事处派驻万集乡游击队指导员	1940年4月17日在陈集街头被叛乱分子暗害
袁　亮	男	1919	扬州		苏皖边区陈集办事处派驻陈集乡指导员	1940年4月17日在陈集街头被叛乱分子暗害
张排长	男		河南		湖西办事处警卫排排长	1941年4月8日在陈集与日伪军作战中牺牲
汤德隆	男		丹阳		湖西办事处警卫排班长	1941年4月8日在陈集与日伪军作战中牺牲

续表 16-2

姓 名	性 别	出生年月	籍 贯	入伍时间	所在单位及职务	牺牲时间、地点、原因
林德科	男		天长官桥		湖西办事处警卫排战士	1941年4月8日在陈集与日伪军作战中牺牲
袁国顺	男	1928	邗江扬庙	1923.3	新四军淮分三区仪扬总队战士	1941年在仪扬县张家集大刘庄战斗中牺牲
张德焕	男		安徽		新四军2师4旅12团2营机枪班班长	1941年4月15日甘泉伪军袭击陈集我军驻地牺牲
范永昌	男		安徽		新四军2师4旅12团2营机枪班班长	1941年4月15日甘泉伪军袭击陈集我军驻地牺牲
郭有华	男		广东高鹤		新四军2师特务营1连班长	1941年4月15日在马集牵驴下坎伏击战中牺牲
柏恒富	男	1916	六合和仁	1939	仪征县货检处新集税务所所长	1941年春被新集伪自卫团杀害
施广焕	男	1922	六合冶山	1940	仪征独立模范营侦察班副班长	1941年在仪征月塘葛家岗战斗中牺牲
袁凯东	男		六合东沟			1941年7月在六合东沟战斗中牺牲
吴庆田	男	1919	六合四合	1940	淮南军分区独立旅4团3连战士	1941年在仪征十二里岔战斗中牺牲
叶富俊	男		浙江省		淮南津浦路东军分区独立4团1连副连长	1941年8月24日在攻打十二里岔日伪军时牺牲
吴庆元	男		山东省		淮南津浦路东军分区独立4团1连排长	1941年8月24日在攻打十二里岔日伪军时牺牲
李大良	男		安徽省		淮南津浦路东军分区独立4团1连班长	1941年8月24日在攻打十二里岔日伪军时牺牲
张有善	男		六合东沟			1941年7月在六合东沟战斗牺牲
赵排长	男				淮南津浦路东军分区独立2团排长	1941年秋在陈集追剿土匪时牺牲
王则民	男		山东		淮南津浦路东军分区独4团战士	1941年8月24日在攻打十二里岔日伪军作战中牺牲
赵益新	男					1941年在六合与日寇作战中牺牲
杨念善	男	1917	六合东沟	1939	新四军某部连长	1941年秋在六合东沟战斗中牺牲
徐润芝	男	1908	六合横梁	1937	仪征县第四区副区长兼江防大队长	1942年2月24日在东沟缉拿叛徒时，不幸中弹牺牲

续表16-2

姓　名	性　别	出生年月	籍　贯	入伍时间	所在单位及职务	牺牲时间、地点、原因
张大炮	男		天长金集		路东军分区独3团战士	1942年遭谢集伪军袭击枪杀身亡
马义宏	男	1919.12	江都永安	1937.7	中共仪征县委书记	1942年7月2日在仪征病故
胡　彬	男	1910	湖北麻城	1935	湖西办事处便衣指导员	1942年9月因执行任务患霍乱病故
戴夕九	男	1922	扬州	1937	邗江县黄珏区区长	1942年12月在黄珏被捕牺牲
赵长根	男	1922	六合东沟	1940	大河口税务所划子班巡察员	1942年在六合大河口遭敌暗杀
陈有洲	男	1920	六合新篁	1940	钟林区警卫员	1942年在六合仪征交界处，三家王战斗中牺牲
董兆祥	男		山东莒南		仪征县总队班长	1943年1月9日宿营牛角山遭敌袭击牺牲
汪兴泰	男	1906	河南信阳	1935.7	仪征县总队队副	1943年1月9日宿营牛角山遭敌袭击牺牲
冯永远	男		上海		杨庙区农民抗日协会	1943年在扬州被捕牺牲
黄志信	男		高邮湖西		东南支队8连1排长	1943年6月19日在攻打谢集日伪军据点时牺牲
王良堂	男		高邮湖西		东南支队1连排长	1943年6月19日在攻打谢集日伪军据点时牺牲
刘国昌	男		高邮湖西		东南支队8连1排副排长	1943年6月19日在攻打谢集日伪军据点时牺牲
曾华亭	男		句容		东南支队8连副连长	1943年6月19日在攻打谢集日伪军据点时牺牲
潘士林	男	1921	天高		甘泉支队特务连战士	1943年7月17日在铁牌伏击日寇作战中牺牲
王广金	男	1922	天高		甘泉支队特务连战士	1943年7月17日在铁牌伏击日寇作战中牺牲
严　生	男	1915	天高		甘泉支队特务连战士	1943年7月17日在铁牌伺击日寇作战中牺牲
徐义山	男	1920	六合樊集	1941.2	仪扬大队班长	1943年9月在仪征谢集战斗中牺牲
施广秋	男	1918	六合四合	1940	仪征县政府警卫	1943年在仪征耿家岗因战牺牲
胡文乘	男		天长东乡		公道区税务所税征员	1943年冬赴西兴圩征税与伪军部队遭遇被害
邵家山	男	1921	六合泉水	1940	新四军2师6旅17团班长	1943年在仪征因战牺牲

续表 16-2

姓　名	性　别	出生年月	籍　贯	入伍时间	所在单位及职务	牺牲时间、地点、原因
张作青	男	1901	皖中		甘泉支队参谋	1943年12月在邗江黄珏镇战斗中牺牲
何成贵	男		天高县		甘泉支队3连排长	1944年3月在反扫荡战斗中牺牲
李朝海	男		天高		甘泉支队3连战士	1944年3月在反扫荡战斗中牺牲
范乃有	男	1919	邗江方巷	1942	黄珏区区中队战士	1944年4月在三里奄被捕牺牲
刘信初	男	1918	合肥交区	1938	甘泉支队1连连长	1944年8月7日在铁牌伏击日寇战斗中牺牲
李进喜	男				甘泉支队战士	1944年8月7日在铁牌伏击日寇战斗中牺牲
王　岗	男		六合马集		抗日民主政府铜山清水桥税务所长	1944年8月13日在征税遭伪军袭击牺牲
耿国荣	男	1923.12	邗江	1942	区长	1944年8月在仪征县龙河集战斗中牺牲
苏广发	男	1922	六合樊集	1944	樊集区队仪扬大队班长	1944年9月在仪征九里集战斗中牺牲
崇士奇	男		天长大兴		仪征曹家铺税务局干部	1944年在曹家铺战斗中牺牲
龚发珍	男		天高		甘泉支队2连1排排长	1944年3月24日在伏击日寇作战中牺牲
张福礼	男	1920	六合樊集	1941	移居乡分队战士	1944年在仪征月塘曹集小卢营战斗中牺牲
庞杏春	男		六合东沟		南圩区队班长	1944年在三十里墩缪山洼战斗中牺牲
唐　浩	男	1921	天长王店	1942	抗日民主政府龙河税务所所长	1944年冬在龙河收税被捕，45年春被日寇杀害
施宝朝	男	1918.3	天长关塘	1940	甘泉货管局香沟税务所所长	1944年6月被日寇抓至大仪据点活埋牺牲
罗大元	男		邗江公道	1944.11	黄珏区区大队战士	1944年11月在方巷三里菴因战牺牲
许言希	男	1912.2	安徽来安	1938	甘泉县县长	1944年12月在公道区柏树乡孙庄战斗中牺牲
郑国才	男	1919	六合东王	1941	税务所所长	1945年2月在六合东沟黄摆渡战斗中牺牲
王为祥	男	1922	六合八百桥	1941.1	东南支队独立营1营班长	1945年5月在六合东沟战斗中牺牲

续表16-2

姓　名	性　别	出生年月	籍　贯	入伍时间	所在单位及职务	牺牲时间、地点、原因
高仁荣	男		上海		淮南军区独立团机炮连连长	1945年6月16日在攻打六合东沟伪军3师据点时牺牲
王　淦	男	1915	天长十八集	1943	仪征长兴税务所所长	1945年6月26日被仪征十二里岔的日寇被捕枪杀
马玉林	男	1925	六合长山	1942.3	淮南军区独立旅4团战士	1945年8月在六合东沟战斗中牺牲
梁存仁	男	1915	六合长山	1940	淮南军区独立旅3团3营战士	1945年8月在六合东沟战斗中牺牲
赵远富	男	1924	六合八百桥	1941	淮南军区独立旅4团机枪连战士	1945年8月在六合东沟战斗中牺牲
郝云书	男	1918	六合大云	1944	东南支队战士	1945年8月在六合东沟战斗中牺牲
陈寿杰	男	1922	六合四合	1944	来六支队警卫4连战士	1945年8月在六合东沟战斗中牺牲
平正兴	男	1922	六合东王	1944	淮南军区独立旅3团2营5连战士	1945年8月在六合东沟战斗中牺牲
候　威	男		六合八百桥		抗日民主政府坡山口税务所长	1945年7月日寇伪装成商人偷袭税务所时牺牲
万伏朝	男	1922.2	高邮郭集	1944	新四军甘泉支队通讯员	1945年因公牺牲
黄国平	男		天长界牌		菱塘区陆桥乡乡长党员	1945年在高邮朱家灯被捕牺牲
仇立明	男	1921	六合东沟	1945	来六支队班长	1945年在六合东沟战斗中牺牲
赵一新	男	1920	六合横梁	1944	六合方山大队战士	1945年在六合东沟战斗中牺牲
黄有福	男	1921	六合乌石	1944	新四军独立旅战士	1945年在六合东沟战斗中牺牲
郝应祥	男	1920	六合竹镇	1941	甘泉县杨庙税务所所长	1946年6月29日在杨庙遭蒋匪25军及还乡团袭击牺牲
房淑亭	男	1926.8	邗江黄珏	1941	黄珏区区长	1946年6月在方巷三里菴因战牺牲
居正才	男	1917	邗江黄珏	1943	黄珏区区队队员	1946年6月在方巷三里菴因战牺牲
叶忠林	男		湖北黄岗		甘泉大队参谋	1946年7月在仪征古井被捕牺牲

续表16-2

姓　名	性　别	出生年月	籍　贯	入伍时间	所在单位及职务	牺牲时间、地点、原因
张长功	男	1916	邗江公道	1944.1	公道镇镇长	1946年7月在扬寿坝被捕牺牲
吴　平	男		安徽定远		送桥区委书记	1946年8月10日为掩护甘泉仪扬区乡群众撤退被捕杀害
柏吉和	男		高邮湖西		仪征县大队侦察排长	1946年8月8日在龙河一带侦察敌情时，遭遇还乡团袭击被捕杀害
徐恒华	男	1926	射阳千秋	1944	东南县凌桥区陈集乡党支书	1946年8月29日在秦桥大沈庄召开群众大会，遭敌袭击牺牲
李保山	男	1926.1	高邮菱塘	1944	新四军甘泉支队战士	1946年8月在高邮县菱塘驴子巷战斗中牺牲
彭济武	男	1901	安徽金寨	1927	新四军2师6旅16团团长	1946年9月18日北撤途经大仪宿营，遭叛徒告密，在突围时牺牲
崔明芝	男		高邮菱塘		地方干部	1946年与蒋匪军遭遇被害牺牲
吴广有	男	1920	高邮送桥	1940	闵塔区区大队队长兼副政委	1946年9月18日在张柳巷因战牺牲
夏德华	男	1919.7	高邮郭集	1946	菱塘区谭桥乡指导员	1946年在送驾桥因战牺牲
余德宝	男	1921	高邮甘泉	1947	甘泉支队4连战士	1947年在仪征县朴树湾战斗中牺牲
李顺林	男	1909	安庆皖北	1942	菱塘桥税务所所长	1948年7月12日匪保安队窜扰菱塘时遭杀害
徐　斌	男		滨海		高邮湖西香沟税务所所长	1948年遭遇匪保安队伏击被捕牺牲
李　斌	男	1927	天长龙集	1940	东南县菱塘税务所所长	1948年7月12日匪保安队窜扰菱塘时遭杀害
崔玉明	男		山东滕县		解放军34军101师连长	1949年4月7日在解放仪征县城战斗中牺牲
陈大海	男		四川		解放军34军102师244团团长	1949年4月17日在解放十二圩战斗中牺牲
朱绍斌	男	1925	四洪小塘	1947	解放军34军101师244团战士	1949年4月17日在解放十二圩战斗中牺牲
李宝万	男	1926.2	邗江西湖	1943	解放军34军101师244团战士	1949年4月17日在解放十二圩战斗中牺牲

二、民政系统先进人物一览表

（一）仪征市民政系统受国家级表彰的个人一览表

表 16-3

姓　名	表彰单位	表彰名称	表彰时间
张　明	总后勤部	学雷锋先进个人	1980
陆荣银	国家老龄委	中华孝亲敬老楷模	2006

（二）仪征市民政系统受省级表彰的个人一览表

表 16-4

姓　名	表彰单位	表彰名称	表彰时间
戴生和	省民政厅	先进个人	1982
杨桂松	省民政厅	先进个人	1982
刘后培	省民政厅	先进个人	1982
强国朝	省政府、南京军区	先进优抚对象	1983
陈恒海	省民政厅	先进个人	1986
杨桂松	省民政厅	先进个人	1986
蔡宗文	省民政厅	先进个人	1986
戴生和	省民政厅	殡葬先进个人	1992
张广云	省民政厅	优抚事业先进个人	1992
丁长华	省民政厅	先进个人	1994
张国荣	省民政厅、省社会福利有奖募捐委员会	先进个人	1995
周树荣	省民政厅、省社会福利有奖募捐委员会	先进个人	1996
陆荣银	江苏省老龄委	先进个人	2000
陆荣银	省民政厅、人事厅	先进工作者	2002
余成进	省民政厅	全省“星光计划”项目先进个人	2004
蔡东风	省民政厅、省人事厅	全省勘界工作二等奖	2004
李余才	省民政厅	先进个人	2005
戴卫平	省民政厅	全省第七届村委会换届选举先进个人	2005
刘尚玉	省民政厅	先进个人	2006
姚　蕤	省民政厅	全省五保工作先进个人	2007
杨恩标	省民政厅	民政信访先进个人	2007
周在明	省民政厅	先进个人	2007
夏开云	省民政厅	《江苏政区通典》编撰先进个人	2007
姚　蕤	省民政厅	全省民政系统支援抗震救灾先进个人	2008
陆伟伟	省民政厅	全省民政政务信息工作先进个人	2008
梁尚晋	省双拥领导小组	江苏省双拥先进个人	2009.9.30
刘尚玉	省处理信访突出问题及群体性事件联席会议 省信访工作领导小组	国庆60周年期间信访稳定工作先进个人	2010.2

续表 16-5

姓　名	表彰单位	表彰名称	表彰时间
梁尚晋	省委、省政府、省军区	江苏省双拥先进个人	2010.5
艾　平	省民政厅	全省地名公共服务工程建设工作先进个人	2010.1
刘高明	省民政厅	全省五保工作先进个人	2010.11
殷有彬	省民政厅	全省殡葬改革先进个人	2010.11
孙　莲	省民政厅	全省民政工作先进个人	2010.12
陆伟伟	省民政厅	全省民政宣传工作先进个人	2010.12
杨恩标	省福利企业管理协会	《江苏福利生产信息》发行工作先进个人	2011.1
戴卫平	省民政厅	全省第九届村委会换届选举工作先进个人	2011.8
陆伟伟	省民政厅	全省民政宣传工作先进个人	2011.12
陈光辉	省老龄工作委员会	全省尊老爱老先进个人	2011.12
殷翠红 戴锦章	省老龄工作委员会	全省老有所为人物奖	2011.12
赵道海 丁仁平	省民政厅	全省退役士兵和军队离退休人员安置工作先进个人	2012.3
夏开云	省民政厅	全省民政系统创先争优先进个人	2012.10

（三）仪征市民政系统受扬州市表彰的个人一览表

表 16-5

姓　名	表彰单位	表彰名称	表彰时间
李兆其	扬州市政府	双拥先进个人	1984.5.5
洪广标	扬州市政府	先进个人	1989
鲍泽民	扬州市政府	先进烈属	1991.2.2
高保云	扬州市政府	先进军属	1991.2.2
张　明	扬州市政府	先进退伍军人	1991.2.2
成云山	扬州市政府	先进残废军人	1991.2.2
单大友	扬州市政府	拥军优属先进个人	1991.2.2
丁长华	扬州市政府	民政工作先进个人	1992.5.31
韩　灿	扬州市政府	民政工作先进个人	1992.5.31
余启全	扬州市政府	社会福利生产先进个人	1992.6.10
秦道仁	扬州市政府	社会福利生产先进个人	1992.6.10
陈宗百	扬州市政府	双拥杯知识竞赛个人优胜三等奖	1993.12.20
戴有朝	扬州市政府	双拥杯知识竞赛个人优胜三等奖	1993.12.20
洪广林	扬州市政府	民政先进工作者	1995.3.20
王明霞	中共扬州市委	优秀共产党员	1999
陆荣银	扬州市政府	二等功	2003
陆荣银	中共扬州市委	优秀党员	2004
赵道海	扬州市委、市政府	2006~2011年度社会治安综合治理先进工作者	2011.10

附 录

一、重 要 文 献

仪征县人民政府
关于印发《开展春季生产自救工作的几点意见》的通知

民政社字第16号

各区公所、仪城区人民政府：

我县救灾工作，由于各级党政的重视，及时领导与组织农民生产自救，政府主动的给予救济，已安渡春节。入春以来，雨水多，气候寒，灾区的灾民以及非灾区的社会性的困难户，目前据陈集、月塘二区统计，断炊的有589户，占3.7%，2199人，占3%，根据情况对比与季节的灾荒规律，春荒将会继续发展，本府根据省府指示及本县情况，特作如下的通知：

一、各级领导应抓紧对救灾工作的措施，将生产与救灾工作为当前中心工作，并在贯彻总路线的基础上，加强干部与群众关于救灾工作方针的教育，即："生产自救、节约渡荒、群众互助、政府辅以必要的救济"，务使这一方针成为干部灾民行动的指针，提高灾民的生产积极性，克服消极悲观和单纯依赖政府救济的思想。

二、正确的核实灾情掌握灾情，是做好生产救灾的主要环节，陈集、月塘两区能经常的典型摸底，掌握断炊户的变化，按月回报外，其他各区回报灾情是不正常的，尚希各区根据统购统销的材料，摸清灾民缺粮与断炊情况，进行排队，得出清明前、麦收前灾情变化，制订切实可行生产救灾计划，本着厉行节约、紧缩开支，又能解决灾民实际困难的原则，造具预算，立即报县。

三、大力组织灾民生产自救，积极搞好当前农业和副业生产，以缩短春荒时间，增强灾民抗灾能力。

（1）春节后阴雨连绵，气候较寒，麦苗枯黄，耕牛死亡较大（如月塘区已死去39条），如不积极措施，势必影响春耕生产与夏季丰收，各区目前应首先动员农民麦田整墒挖沟清理积水，进行追肥，对耕牛清洁牛房，保持温度，增加牛的饲料，保护耕畜。

（2）动员与组织灾民在田边屋前宅后多种春菜、瓜果及其他早熟作物，动员半劳动力多挑野菜，搜集代食品，以增加渡荒的物质力量。

（3）在不妨碍农业生产前提下，组织灾民从事副业生产活动，如编席、编竹器、打草鞋、扎扫帚、打菱角、弄鱼虾，从各方面增加收入，以减少灾民渡荒困难。副业生产的资金，除靠灾民自己以互助合作办法解决外，银行可贷给必要的生活贷款，以支持灾民生产渡荒。

四、继续开展节约渡荒的教育，主要从两方面着手，一是群众生活方面的节约，一是政府救济粮款使用方面的节约，把节约和生产结合起来，表扬积极生产厉行节约的模范，批评生产怠惰生活浪费的。政府的救济粮款要切实加以控制，有重点的使用，既要防止浪费，又要防止该救不救的偏向。

五、对于生产自救能力及依靠生产自救仍难维持的灾民，应给予必要的救济，对贫苦渔、船民及其他残老孤幼等一般社会困难户，通过生产自救生产生活仍难维持者，亦应分别给予适当的照顾，特提出如下各点，作为内部掌握的参考：

1、救济粮款用途：主要用于灾民必要的口粮，不能作其他用处。

2、救济对象可分三种：(1)无生产能力又无依靠的残老孤幼户和家庭主要劳动力长期患病生活生产极为困难者；(2)劳动力弱或劳动力少，生产收入不能解决全家最低生产者；(3)劳动力虽不缺，但遭灾严重，生产收入仍不能弥补全部缺粮者，以上三种灾民，进行救济时应分别对待，第一种灾户除帮助其进行可能的生产外，可按缺粮日期长短给予救济。第二三种灾户应依据不同的生产自救的能力，扣除其农副业生产收入及其他可靠收入后，所缺口粮也应给予救济，对二流懒汉，应加强教育，在困难时给予少量的救济，监督其生产自救，如不转变，应停止救济。

3、救济标准：在农历期间，灾民和社会困难户，每人每日大、小口平均以不超过大米六两或玉米九两为原则；在农忙时，以不超过大米十两或玉米十五两为原则。革命烈士、军人家属，残疾军人合乎救济条件者，除享受优抚待遇外，仍应给予救济，产妇在生产期间，可发给一个月的大米(每天十二两)。

4、控制救济面：为了使救济粮款使用得当，便于掌握，灾区需要救济的人数：在圩区重灾乡和部份山区重灾村，一般以不超过灾民总数的百分之四十为原则，轻灾乡村以不超过灾民总数百分之二十，(包括灾区常年困难户在内)，无灾乡村对社会性断炊户个别救济。但在实际发放中，要实事求是，基本上能达到解决问题。

七、县于3月8日拨出救灾款四千九百万元，分配：胥浦一千万(扣还预借三百万)、新城区五百万、凌桥区五百万、陈集、大仪各三百万、月塘五百五十万、朴席六百万、新民六百五十万(扣还预借一百一十万)、城区五百万，已邮汇到区，希留区掌握，应付急需，主要用于救济灾民口粮，对社会性断炊户个别救济。

八、以上各点，希各区认真研究贯彻执行。

一九五四年三月十七日

抄送：中共仪征县委、仪征银行

仪征县人民委员会民政科
关于管理和使用救灾救济款的基本情况和今后意见

各公社：

由于我县几年来连续不断的遭受不同程度的自然灾害侵袭，造成了严重的灾荒，以61年为例受灾的就有110个大队，153468人，占农村总人口48%，受灾田亩是36万亩，占56.6%，同时，由于58年以后部分地区共产风的影响，社员分配少、家底枯，衣、食、住、病存在的困难较大，国家为了帮助我县受灾地区解决灾民生活困难，单60年1月到今年3月底先后即拨了生产救灾款和社会救济款165.61万元，棉花26000斤，棉布186200尺，其中60年就有82.5万元，相等于解放以来国家拨给我县救灾款的总数，这批巨大的救济，对支持灾区，恢复生产，帮助社员渡灾荒起了很大作用，各地对救灾款的管理与使用，也是比较认真的，基本上做到了专款专用，拨款及时，用之得当，按时结报，真正把有限的资金用在刀口上，发挥应有作用。但是1960年前我们主管部门对管理与使用救济款重要意义认识不足，帮助检查督促不多，加之缺乏经验和主观能力不够，因此各地在使用时还存在很多问题，首先是从县社到队民政经费帐册不全，责任不明确，无专人管理，发放手续简单，审批制度不严，没有一套完整管理使用和领报制度，以及结报不及时，已经报来的单据也很不齐全，杂乱、涂改、挖补、章印不全，无帐册，救济款，有的记在私人笔记本上，有的记在纸条上，有的只记收入不记支出，公社向县结报也是拖拖拉拉，不催不报。62年已下来三个月了，迄今尚有大仪、陈集、月塘、谢集、马集、龙河公社未向县结报61年救济的帐款18万多元，62年拨给各公社救济款5.24万元，优抚款3000元，分文未报，严重地影响年度的决算编报和省、专的汇总，其次专款不专用的现象也较普遍，有的把救济款用于买机油、煤油、砖瓦、木料和开支打水机用费，有的还用救济款开支看犯人吃夜餐、用的手电，有的连大队干部到公社开会招待的肉、粉丝、红糖、馒头都在救济款内开支，其次，还有赔偿用款，年终会餐，年关干部救济，都在救济款中报销，再次，个别公社还把救济款买成口粮，不分有无困难和困难大小，统一发放，大家分吃救济粮，以及把救济款用于退赔，分配等方面去，至于贪污舞弊更是花样百出，贪污方法多种多样。例如，冒名顶替，多报少发，涂改单据，伪造名册，分期重报，偷盖私章，捺假指印等等，无奇不有，已经查实有谢集、龙河、真州、大仪公社，大队、医院经手人贪污挪用救济款达600元以上。总之，把救济款作为"机动款"，凡是解决不了的问题，都用救济款解决，实际上救济款，已经变为"救济后门"。

根据上述情况，我科也采取了措施，曾组织工作组，深入公社、大队进行检查和召开互审会议，全面清理陈帐，进一步发现问题并向县委、县人委作了报告，同时，也民主讨论贯彻了民政经费管理使用制度，经过一年多的共同努力，基本上改变了以往的混乱现象，成绩是很大的，单据一般较前完整，初步消灭了空白、涂改和代办条、假私章的现象，但并不是说现在民政经费管理得很好的了，从目前情况看来，还不能达到我们理想的要求那样。为了进一步共同管好民政经费，真正做到专款专用，无积压、不浪费、不挪用，结报及时，手续完备，还必需请大家认真地去抓起来。由于这项经费是面广量大，难于管理，为了管好这项经费，使它用之得当，我们意见要从这几方面做起：

第一步：应该是先发指标，内部排队，民主评议，具体是公社接到县分配的救济款时，首先要根据各大队经济条件，经过慎重研究，指导指标分到大队，并要抄告营业所、粮、供销部、医院等有关部门，大队根据公社分配的指标，先在内部进行排队，摸好底细，以后由大队分工干部到生产队召开社员会议，进行民主评议。

第二步：建立草册，初步审查，送上批准，大队根据群众评议的初报名单经支部审查，列一份草表，报公社审批。

第三步：最后定案，出榜公布，购买实物，公社根据大队报来名单由分管书记、主任审批，核定后送大队，大队再根据公社审批意见，正式列表，一式两份（报表由县统一印发），并由救济户在报表上盖章和捺指印，以小队为单位出榜公布，大队统一购买实物，按批准金额，折实分发或给救济户证明，由救济户直接到粮站、供销部、医院，购粮购物，看病，这样做的主要优点有：（1）办法上是内烦外简，便利群众在整个评议审批发放过程中，只需评议时通过群众，其他都由公社和大队及其他部门直接联系，救济户经过评议盖章以后，即可以领到实物；（2）见物不见钱，既便于现金管理，贯彻专款专用。同时也可以防止贪污浪费和循私舞弊；（3）结报及时，统计资料准确。

管好用好救济款重要的一环是领导重视，干部负责。因此，要求凡未明确专人管理的公社，迅速指定专人负责，大队也要有专人兼管，还要做到执行制度严格，不经主管人审批的条据，不开支票不发现金，单据管理完整，印章不全不报，真正做到一丝不苟。其次，是健全制度，杜塞漏洞，县早就明确规定，专票支付，专人管理等一套完整制度，现再次明确规定公社由经管民政工作的干部与财务科负责，大队由会计兼管。固定专门负责民政工作的大队长掌握审批，现金营业所监督，县对公社，公社对大队要求：（1）报表统一，一式两份；（2）印章齐全，领发人签名盖章；（3）救济项目要有附件；（4）每队一册冠以封面；（5）随发随报，有资料统计。没有以上几条，不得报销，本月帐目不清，下月不得拨款，发生问题各自追究责任。做到层层有制度，人人有责任，管而不乱，严而不难。

同时，还要加强与供销、粮食、医院等部门协作，共同管好用好救济经费。以上意见是否有当，请研究参考。

一九六二年三月二十九日

仪征县人民委员会关于
动员群众逐步废除衣棺土葬的通知

仪民字第9号文印发

各公社、镇、国营场圃、青山矿区办事处：

我国城乡群众当父母老人死亡以后，历来者习惯于衣棺土葬，这种旧有的封建丧葬礼俗，不但成为人民群众在精神上、物质上的沉重负担，而且也妨碍着农村社会主义建设。目前，我国社会主义革命和社会主义建设，正在逐步深入和发展，广大人民群众经过不断的社会主义教育，思想觉悟有了提高，有改革旧丧葬礼俗的要求。为了满足广大人民群众的要求，经省人委批准，我县火葬场已在真州公社蚕桑场（万年桥北面）建成，并正式对外开放业务。火葬的好处很多，既符合卫生，又节约土地和资金，可以减轻集体和个人负担，有利于社会主义经济建设，但是废除旧的丧葬礼俗，推行火葬，这是一种移风易俗的事情，必须逐步实行。因此，各地要向广大人民群众积极宣传火葬的好处，在群众真正自觉的基础上，逐步推行火葬。

以上通知，希认真贯彻。

一九六四年二月七日

仪征县人民委员会文件
关于转发国务院“关于精减退职的老职工生活困难问题的通知”的通知

仪民字（65）0456号

各人民公社、镇、国营场圃，青山矿区办事处：

现将国务院“关于精减退职的老职工生活困难问题的通知”转发给你们，希认真贯彻执行。

精减退职的老职工分布很广，生产生活的安置情况也各有不同，为了对应该救济的人切实按规定做好救济工作，要求各地接到本通知后，立即进行把外省、市和本县从一九六一年到国务院通知下达之日期间精减退职的一九五七年底以前参加工作并发给了一次性退职补助金的职工，全面排队摸底，对照政策，凡符合国务院通知第一条规定条件的人，由公社指派干部逐人填写登记表（式样附后），报送县人委审查批准发证，及时予以救济。在进行这项工作时遇到的问题，希与县精简办公室、民政科联系。

附：国务院通知一件，登记表式样一张。

一九六五年十一月一日

抄送：扬州专署精简办公室、民政处，县委办公室、政法党组、组织部、监委，县人委各局、科、院、行、社、室、司，总工会。

国务院关于精减
退职的老职工生活困难问题的通知

（65）国内字224号

各省、自治区、直辖市人民委员会：

在国民经济调整期间精减退职老职工的救济问题，一九六二年六月一日“国务院关于精减职工安置办法的若干规定”和中央精简小组一九六二年八月五日的电报中曾有规定。各地贯彻执行以后，解决了相当一部分退职老职工的生活问题，但目前仍有一部分人的困难没有得到很好的解决。为了切实做好退职老职工的救济工作，特作如下通知：

一、对于从一九六一年到本通知下达之日期间精减退职的一九五七年年底之前参加工作并发给了一次性退职补助金的职工，凡是现在全部或者大部丧失劳动能力，或者年老体弱，或者长期患病影响劳动较大，而家庭生活无依靠的，由当地民政部门按月发给本人原标准工资百分之四十的救济费（以下简称救济费）。

二、凡是已经按月享受本人原标准工资百分之三十救济费的退职老弱残职工，从本通知下达后的下一月起，一律改为按本人原标准工资百分之四十发给救济费。

三、退职老弱残职工所领取的救济费，除了作为本人生活费（稍高于当地一般居民）以外，所余部分，应当作为家庭收入，其家庭生活仍有困难的，再按照社会救济标准给予救济。

四、凡享受救济费的退职老弱残职工本人的医疗费用，凭医疗单位的收支凭证由民政部门补助三分之二，本人负担三分之一。

五、退职的老弱残职工，享受救济以后，他们原来所领的一次性退职补助金，一般地可以不再扣还；但对那些退职不久而所领取的退职补助金数额较大的，可以酌情扣还。

六、退职老弱残职工申请救济时，必须持有原精简机关、企业、事业单位的证明（证明内容为参加工作时间、退职时间、原标准工资数额），原单位撤销的，由原单位上级主管部门证明，经县、市以上民政部门审查批准后发给救济证，按月给以救济。

七、对于从一九六一年到本通知下达之日期间精减退职的一九五七年年底以前参加工作的职工中，凡是不符合本通知第一条规定的身体条件而生活困难的，职工本人的疾病医疗费用，如果本人负担确有困难的，民政部门可给予适当救济。

八、上述各项费用，均从退职老弱残职工救济费项目中开支。

九、各地政府，特别是县、市人民委员会，对已精减退职的职工，尤其是对那些到农村安家落户的退职职工，应当切实做好安置工作，要监督基层干部妥善安排他们的生产和生活，同时要加强他们的政治思想教育。各地还要经常对这项工作进行检查，发现问题，及时解决。

凡过去的规定与上述规定精神不符的，均以本通知为准。

中华人民共和国国务院

一九六五年六月九日

仪征县民政局
关于贯彻胡耀邦同志批示
检查纠正发放救灾、救济费中的不正之风的汇报

一九八一年十一月二十二日

扬州市民政局：

接到七月二十九日中共中央办公厅关于印发《胡耀邦同志给程子华、王炳乾同志的信》及民政部党组报告的通知以后，我局随即组织全体干部进行了认真学习，深刻领会耀邦同志批示精神，对照、分析了我县民政事业费管理使用的状况，讨论了贯彻《批示》的具体措施。

联系实际学《批示》

大家在学习中，一致认识到耀邦同志的批示非常及时，十分重要。批示中指出的问题，在民政工作上也同样存在，我县在民政事业费管理使用方面就有类似情况。一九七九年六月份，我县对民政事业费曾进行过大检查、大清理，当时我局在只有五个人的情况下，狠下决心，全力以赴，抓住重点，分期分批地对全县16个公社（镇）的民政事业费进行了检查清理，搞清了一九七五年以来的民政财务帐目，清理出不少问题，如平均使用，乱支挪用，弄虚作假，移作他用以及管理混乱，手续不严，拖延结报等等。从一九七五年一月至一九七九年五月各公社累计有三十二万零四百九十四元，余额未向县结报。清理发现其中被借支挪用三万六千六百五十九元，占总数11.4%；单据积压不报的有十七万九千八百九十四元。占56.2%，在银行十万零三千九百四十一元，占32.4%。除个别是历史遗留问题外，其他已基本得到解决。通过那次检查清理，才开始把民政事业费特别是临时救济费的管理使用拉上轨道。但是要保证救灾、救济款专款专用，合理使用，杜绝问题的发生，仅靠一两次检查是办不到的。据今年八月上旬我们对月塘公社的调查，发现这个公社除一九七九年检查清理出公社过去挪用到其他方面的一万零一百三十二元救济款迟迟没有归还入户外，在去冬今春救灾、救济款的使用中仍然出现违反专款专用的原则及弄虚作假以领代报，干部多沾等问题。这就说明，加强对救灾、救济费的检查清理是不可能一劳永逸的。从而对如何贯彻落实耀邦同志的批示，认真进行了讨论。

贯彻《批示》有措施

通过学习耀邦同志的批示，大家联系本县实际情况进行了分析，加深了对批示精神的理解，认识到批示的重要意义。有些同志说，从实质上讲，我们民政部门是管人民生活、管用钱的部门。国家每年把近百万元的巨款，交给我们使用，使用得当，能够起到“上为国家分忧，下为群众解愁”的作用。反之，则是我们工作上最大过错。因此，如何管好、用好这笔钱是民政部门的中心议题和基本任务。贯彻落实批示精神，关键要有方法和措施。在学习讨论的基础上，又分别召开了局务会，党支部委员会，进行研究，提出了三条措施：一是要求民政干部把批示学深学透，还要把批示精神传达贯彻到基层干部中去，以利纠正违犯财经纪律的不正之风。二是改进作风，深入基层，联系群众，了解情况，对临时救灾、救济费的管理使用加强经常性的检查督促，发现问题及时解决。立足民政干部下基层工作，每到一处要从检查民政事业费的使用情况入手，进一步搞好救灾、救济工作和推动其他各项民政工作。

雷厉风行抓行动

为了尽快扭转和改变民政事业费管理使用中存在的不讲政策原则的状况，必须立即付诸行动，把贯彻批示作为原动力推动救灾、救济工作和其他民政工作。我们把省委翻印下达的中央办公厅文件及时分发到各公社并向公社民政干部，提出了学习和贯彻的要求，同时，于11月2日组织五人，局长带队，先到刘集公社进行贯彻落实，主要抓了两件事：

一、向公社、大队干部传达贯彻批示的精神，提高干部认识，增强干部群众观点、政策观点和遵守法纪的自觉性。我们先和公社党委会和管委会领导成员共同学习中央办公厅文件，重点学习了耀邦同志的批示，领会批示精神，提高思想认识。学习中大家一致认为批示很有现实意义和指导意义，表示一定要遵循批示精神，加强救灾、救济工作的领导，把民政事业费管好、用好。以后又在公社召开的有公社、大队干部参加的年终分配工作会议上把批示全文作了传达贯彻，教育干部进行救灾、救济工作要坚持政策原则，发放救济款要严格手续制度，要接受群众监督。

二、对该社去年六月份以来的民政事业费，重点是今春救灾款的使用情况进行一次检查。这个公社是我县丘陵地区群众生活困难较大的公社之一，国家每年拨给救灾、救济款亦较多。一九八一年我局拨给该社临时救灾、救济款共计六万八千六百元，其中按季度下达的正常救济费六千元，扶贫款七千元，春季口粮救济款四万三千元，冰雹、风灾救济款一万元，当年退伍军人安置救济费五百元，寒衣救济费二千一百元。救济木行条二百一十根，木材一立方米，布票四千二百尺，棉花三百斤。仅春季口粮救济款四万三千元，就占临时救济费总额63%，我们就以这笔救济款为重点，对公社救济款的发放使用情况进行了全面检查核对。检查结果表明，这个公社对救灾、救济款的管理，使用情况是好的，其特点是按章办事。主要表现在：(一)公社领导重视，“四专”制度严，关口把得紧，救济费由民政科直接掌握。今年六月，公社在研究通过并打印成文的关于公社机关管理工作意见中把加强民政经费管理问题作为一项制度列入，规定救济“十元以下由民政科会同办公室处理；十元以上二十元以下，民政科和分管主任掌握；二十元以上五十元以下，民政科审查提交管委主任批准；五十元以上，民政科审查交公社管委会集体研究报县民政局批准。”还规定公社分工干部，发现需要救济的困难户，可以向民政部门反映情况提出意见，但不得写条子直接给人来公社要救济。这对坚持救急不救穷的原则，保证救济费的合理使用，重点使用起了很好作用，彻底扭转了过去几支笔批救济，造成乱发滥用救济款的现象。(二)坚持发放手续和财务制度。公社发放的救灾、救济款帐据齐全，手续完备。发放救灾款能认真执行个人申请，群众评议，大队审查，公社批准，张榜公布，一次发放到户的规定。如今春下达的口粮救济款，要求钱随粮走，非现金结算，四月底发放结束，公社基本上做到执行不走样。日常救济费公社统一掌握，不搞层层下拨，救济对象也基本符合要求。如，八、九两月共用救济费一千五百六十九元，救济对象也基本符合要求。如，八、九两月共用救济费一千五百六十九元，救济了一百二十六户，其中遭受天灾人祸的三十一户，占救济户总数24.6%，用三百九十六元；治病六十三户，占50%，用七百五十一元；帮助困难户解决吃饭、修房屋等问题三十二户，占25.4%，用四百二十二元。(三)救济不是等人上门，而多数是注意掌握情况，工作做在前头，主动救济照顾。因而，平时很少有人来公社叫苦要救济。检查中也没有发现乱支乱用、移作他用或干部优亲厚友，特殊多沾的现象。

通过在刘集公社贯彻落实批示，检查救灾、救济款的使用，不仅总结了该社管理、使用民政事业费的经验，而且还结合抓了其他各项民政工作。我们花了十天时间，先后深入到十五个大队，九十二个生产队，访问了孤老烈属等优抚对象70户，五保户118户，扶贫对象189户，其他困难户34户，了解了他们生产、生活情况，对其中吃、穿、住方面存在特殊困难的重点户，和社、队作了研究和安排。落实农业生产责任制，包干到户的生产队，对烈军属等优抚对象如何优待的问题，对五保户如何实行供给，困难户如何给予照顾，帮助常年困难户发展家庭副业有何效果以及今年社员群众经济收入、生活的安排等问题作了一些调查研究，为今后开展救灾、救济工作做到心中有数。

我们打算在年底召开公社民政科长会议，对《批示》再集中进行一次学习，充分讨论，集思广益，采取切实有效措施，贯彻落实《批示》精神，改善民政事业费的管理使用状况。明年第一季度，取得财政部门配合，集中公社财务人员对民政经费帐目进行一次互审，在此基础上，再开展民政经费的全面清理。今后，除加强经常检查督促处，每年集中搞一次，务必把救灾、救济工作做好。

一九八一年十一月二十二日

仪征县民政局
关于抚助困难户发展家庭副业生产的汇报

扬州市民政局：

我们根据上级部署和有关文件精神，为了帮助农村常年困难户发展家庭副业，使他们及早摆脱贫困，提高生活水平，以利安定团结和农业现代化建设。继去年我们在古井公社陈巷大队扶贫试点工作之后，今年春季在陈集、大队、大巷、香沟、刘集、古井、月塘、谢集、龙河九个公社全面展开。现将扶贫工作情况向会议作一回报。

我县陈集等九个公社、基本上属丘陵山区，自然条件差，经济基础薄弱，是全县二十个社、镇中困难比较大的公社，部份群众生活长期处于困难状态。近年来粮食产量虽然有所增长，但农本较高，增产不增收，分配有粮无钱。据统计，这九个公社有133个大队，1945个生产队，47167户，211137人。一九八O年人均分配在50元以下的生产队654个，占生产队总数31.9%；有困难户15116户，54029人，占生产队总数31.9%；有困难户15116户，54029人，占总农户32%，占总人口25.6%，经过深入调查，反复核实，有扶助对象的124个大队，1816个生产队，扶助对象1940户，9011人，占总农户4.1%，占困难户12.9%。扶助的项目主要扶助家庭饲养业，共买猪1739头，用款53483元；买兔9800只，用款13074元；买家禽8045只，用款3051元；合计用款69611元。我们的做法是：

一、加强领导，统一思想认识

扶助农村常年困难户发展家庭副业是我们民政部门开展救灾救济工作的一种新形式。搞好这项工作有助于困难户及早摆脱困境安排好生活。为了搞好这一项工作并取得成效，从上到下，加强了对扶贫工作的领导，层层有专人负责。县有一位副县长负责分管这项工作，公社成立了扶贫领导小组，有一名负责人担任组长，民政，银行，供销，粮站等单位参加，各大队也有一名负责干部具体抓这项工作。并统一各级领导的思想认识。扶贫是一项新的工作，不少干部和群众对它的意义认识不足，对扶助困难户自力更生，缺乏信心。例如：有的说："困难户年年救济，年年穷，再扶也无用"。困难户本身也有"越穷越光荣"的思想。对此，县首先召开有扶贫任务的公社副书记或副主任和民政科长会议，传达学习省、地有关会议和文件精神，学习兄弟县市的扶贫经验，使其认识到扶贫工作是贯彻落实党的救灾救济方针的一项有力措施，通过扶贫，集中解决农村常年困难户生活问题，从根本上改变贫困面貌，使他们增强自力更生的能力，通过自己的劳动，把死钱变活钱，把一钱变多钱，减少国家和集体负担。同时还明确做好这项工作对于进一步密切党和政府与群众的关系，促进安定团结，加速四化建设起到积极作用。在此基础上，我们还具体制定了扶贫工作的计划，明确方法，要求和扶贫对象的条件。陈集公社还专门分别召开公社分工干部、大队长及大队会议会议，认真传达了县扶贫会议精神，宣传扶贫工作重要性，提高基层干部对扶贫工作重要意义的认识，弄懂扶贫工作要求和方法，从而保证了扶贫工作的顺利进行。

二、排队摸底，确定扶贫对象

通过层层宣传贯彻扶贫工作方针政策和原则，进行深入调查研究，确定扶助对象。具体方法：大队干部排名单，公社分片干部逐户过堂核实。有的公社，采取大队先召开支委会或大队干部会议，在会上先交待扶贫对象条件，后分头下去逐户走访排名单，经过大队研究确定扶助对象的“两下两上”的方法。陈集、古井、月塘等公社还从银行、供销、粮食或社办工厂抽调人员，组成扶贫工作组，深入各队具体调查核实扶贫户。我们确定扶贫对象的条件是：(1)家庭缺少主要劳动力的；(2)人口多劳动少历年超支户；(3)主要劳力因老弱病残不能劳动的；(4)计划安排不周。造成生活困难的。在确定扶贫对象的同时，根据他们不同情况确定扶助项目，填写“扶助困难户发展家庭副业审定表”一式三份，扶贫户在表上签名盖章，经县审批后发放。落实前召开大队扶贫小组、生产队负责人、帮扶人及扶贫对象会，进行宣传教育、明确扶贫小组及帮扶人的任务、要求，并规定扶贫款不准移作他用，不发现金，不改变已定项目，不准中途变卖等。宣布副业搞得好的来年政府继续扶助，不按规定办事，中途变卖禽、畜的要收回扶贫款。这样就有力地保证了扶助项目的发放工作的落实。

三、抓好发放，迅速落实到户

扶贫对象确定后，如何做好发放工作，保证及时落实到户，这是扶贫工作重要环节，关系到扶助对象当年能不能得到效益的问题。为此，各地一般采取如下做法：(1)扶贫款控制在公社，由公社直接与交易市场、炕坊挂钩，扶贫户凭公社介绍信(两联)到上述单位选购苗猪、苗禽，以后由供应单位凭扶贫户盖过章的原介绍信和救济报销表，直接向公社结算付款。(2)公社将扶贫款指标分配到大队，由大队派人负责，组织扶贫对象自行到市场和或炕坊采购，由大队掌握付款并办理报销手续；(3)由扶贫对象自行采购，由生产队扶贫负责人或帮扶人证明，凭发票到公社或大队领取扶贫款并办理报销手续。我们认为，根据各地领导力量和具体工作均可采用，但第一种办法比较有保证，第三种办法速度快。

全县扶贫工作。从三月下旬开始，到五月上旬全部落实到户，据对重点公社检查，已购回猪、兔、禽饲养良好，预计到年底，除去成本平均每头猪可获纯收入40元左右(不包括肥料粮钱)，每只兔纯收入7元(剪毛与繁殖苗兔)，每只鸡、鹅平均收入2.5元(下蛋与出售肉禽)，共可收入15.2万元左右，扶贫户每户可增加收入78元，每人平均17元。古井公社中心大队龙埂生产队社员朱长福，长期生病医治无效去年病故，其妻带三个孩子过活，只有一个劳动力，朱生前因治病，年年透支，口粮拿不回去，副业无钱搞，家庭一无所有，这次把她家列为重点扶助对象，帮她买了一头猪。20只兔，整劳力在生产队上工，小孩在家拔草喂猪、养兔子。预计到年底养猪可得款110元，兔子可收入160元，共计可收入270元，每人平均可达67元左右，加上自己劳动，不但可以全部买回口粮，而且还有结余。她感激地说：“没有政府拉我们，哪一天才能翻身啊！”

扶贫是社会救济的一种新形式，过去社会救济强调“救急不救穷”，现在搞扶贫，主要是解决穷的问题。由于我们对扶贫经验不足，工作中还在一些问题，为扶贫对象有少数队摸得不准，个别基层干部还有徇情现象，极少数扶贫对象通过私人关系付回现款，不买实物。在扶贫项目上局限于饲养业，缺乏因地制宜搞一点其他副业生产等等。

通过工作实践，我们认为做好扶贫工作是帮助农村常年困难户解决困难的一种好办法，要做好这项工作必须：

1、领导重视。扶贫工作搞得好坏，关键是各级领导是否重视。我县这次搞了九个公社扶贫工作，从县到大队，各级都有负责人明确分管，有具体人负责，有的公社还抽调一定数量的专业干部进行广泛调查研究，层层召开会议，认真贯彻上级方针政策，领会文件精神，作出具体部置，狠抓行动。如陈集、刘集公社在春耕夏收大忙紧张期间抽出管委会副主任负责抓这项工作，并在粮站，做销社等单位和社办工厂抽调14人，深入大队小队及重点困难户家中，调查核实，在一个月的时间内就将实物落实到户，速度快，对象准，措施有力，群众反映好。

2、要有各部门的配合。扶助困难户发展家庭副业，涉及到其他方面，单靠民政部门难以搞好的，因此，必须取得有关部门的配合，协同动作。我县这次全面开展的九个公社扶贫工作，各个部门配合得比较好的。例如扶贫工作开始，县广播站就配合宣传广播养兔方法和防治家兔疾病的知识。外贸局等单位积极组织苗兔优先供应开展扶贫工作的公社，各有关公社组织大量苗猪供扶贫对象选购，粮食部门划出一定数量饲料，平价供应扶贫户，陈集公社拿出米皮糠七万多斤，每头猪供应二百斤。有的扶贫对象缺劳力，大队组织拖拉机帮他们把饲料运回家，这对保证扶贫对象养好猪起到很大作用。

3、经常检查督促。扶助农村常年困难户发展家庭副业，类似搞农业生产，春天播种，中途还要精心管理，秋天才有收获。农村常年困难户是有各种原因造成的，有的是因无劳力，有的是主要劳力长期患病，也有因生活缺乏计划，不会持家等。因此，对扶贫对象要在扶字上下功夫，要经常检查督促，教育帮助。首先大队扶贫负责人和帮扶对象要做细致的思想教育工作，鼓励他们下决心，树信心搞好副业生产，并帮助解决具体困难，不能一扶了事，半途而废，陈集公社青年大队三队扶贫户倪国杨，因无钱买口粮，准备将扶助购买的一口猪卖掉。大队扶贫负责人发现后，随时教育制止，同时帮他解决了缺粮问题。刘集公社国庆大队有十九个生产队，据对五个队调查，共有扶贫对象26户，有6户未买实物，通过关系把扶贫款162元拿回去买粮食吃了。

为了扶贫工作能够收到预期效果，真正起到上为国家减轻负担，下为群众摆脱贫困的作用，我们准备对扶贫工作组织一次互查，发现问题及时帮助解决，做好经常性的扶助工作，坚持有始有终，一扶到底，扶出成果来。

以上回报如有错误，请批评指正。

一九八一年六月二十日

仪征县人民政府关于转发县民政局《关于进一步加强殡葬改革工作的报告》的通知

仪政发（1982）106号

县政府同意县民政局《关于进一步加强殡葬改革工作的报告》，现转发给你们。实行殡葬改革，关系到破除迷信、移风易俗的大事，也是建设社会主义精神文明的大问题，既利于国家也利于人民群众。各地要切实加强对殡葬改革工作的领导，坚持殡葬改革的方向，积极宣传殡葬改革的重要意义，制定切实可行的措施，认真做好殡葬改革工作。

仪征县民政局关于进一步加强殡葬改革工作的报告

县人民政府：

在县委、县政府的领导下，我们坚持依靠群众，广泛宣传移风易俗，破除千年陈规陋习，积极推行火葬，取得了显著成绩。十多年来，共火化尸体二万三千多具，占全县死亡人数百分之八十五以上。其中：真州、曹山、谢集、陈集、十二圩等社、镇火化率达百分之九十五；胥浦、铜山、矿区等公社火化率达百分之七十发上；青山、大仪、香沟、大巷、龙河等公社火化率在百分之七十以上；火化率不到百分之二十的有月塘、刘集、古井（不包括去扬州火化数）三个公社。各地结合农田基本建设，还平整了若干旧坟堆，改变了过去到处乱葬，占耕地现象。在改革旧殡葬礼仪方面，也有明显成效。不论城镇和农村，一般都用开追悼会代替发丧送葬，用献花圈代替焚香摆供，用戴黑纱，白花代替披麻执杖。县火葬场在一九六三年建立以来，也有了很大发展，由开始单纯火化到现在已经能自己制作出售骨灰盒、整容、防腐、接尸、冷藏等多种服务项目。现有十一名职工，在各级党组织帮助教育下，大多数同志思想安定，工作不怕烦、不怕臭，长期奋斗在殡葬改革第一线。一九七八年，县火葬场还作为扬州地区殡葬改革的先进单位，出席了全国民政工作会议；今年三月，在省殡葬改革工作会议上，受到省民政厅的表彰。这为进一步做好殡葬改革工作创造了有利条件。

但是，我县殡葬改革工作，目前还存在一些急待解决的问题：一是火葬率下降。全县火化率最高的是一九七七年，火化率达百分之九十三，而一九八一年火化率比一九七七年下降了百分之十点五。二是乱埋乱葬的现象时有出现。有的已把平去多年的旧坟头现在又重新堆了起来，有的直接把棺材或骨灰盒埋在集体大田并堆起坟头，栽上树木。三是旧的丧葬习俗有所抬头。不少地方封建迷信活动相当严重。个别单位的少数干部为死者办丧事，讲排场，摆阔气，请客受礼铺张浪费，产生不良影响。

为进一步搞好殡葬改革工作，现根据全国、全省殡葬改革工作会议精神，结合我县实际情况，特提出以下意见：

一、提高认识，坚持殡葬改革方向

坚持殡葬改革方向，积极推行火葬，这是毛主席在五十年代就倡导的，许多老一辈无产阶级革命家和中央党政军领导同志都积极响应了毛主席这一倡议。敬爱的周总理身后不仅实行火化，而且不留骨灰。不少中央领导同志，生前留下遗嘱，死后要火葬，不开追悼会，简朴办丧事。为全国人民树立了榜样。在全国殡葬改革工作会议上，杨静仁副总理指出："在今天建设现代化的新形势下，如果我们在丧葬问题上不进行改革，如果我们还允许搞封建迷信活动，让社会上那些旧的丧葬习俗和不良风气自由泛滥，这不仅与我们先进的社会主义制度和建设高度的社会主义精神文明的伟大任务不相适应，而且也会对四个现代化的建设带来不利的影响。"实行火葬不仅有利于移风易俗，破除迷信，而且有利于建设社会主义精神文明，我县土地不多，人口稠密，交通方便，工农业生产也比较发达。而且，火葬在群众中已有多年思想基础，有的地方已基本形成习惯。所以，贯彻殡葬改革方针，积极推行火葬，使我县殡葬改革工作在原有基础上有一个新的发展。

二、改革土葬，破除旧的丧葬习俗

各级党组织和人民政府要大力提倡文明、简朴、节约办丧事，反对搞封建迷信和铺张浪费。要教育群众人死之后，不搞披麻执杖，不扬幡招魂，不烧钱化纸，不诵经念佛，不看风水。悼念活动以不增加国家和死者家属的负担，不影响生产和工作为前提。人死火化后的骨灰尽可能保留在家中瞻卯或平地深埋，不堆坟设墓。生产队集体耕种的土地，社员承包的耕地和分配给社员的自留地，不准葬坟。严禁集体或个人向外出售坟穴，严禁个人制作和出售棺材，严禁制作和销售迷信品，并作为乡规民约内容定下来。对少数民族的丧葬，要尊重他们的风俗习惯，不强求一律。

三、大力进行宣传教育，鼓励群众进行改革。

殡葬改革是意识形态领域里的一场革命，几千年的封建残余思想，不是一下子就能消除的。推行火葬也不可能轻易地被所有群众所接受。实践证明，要搞好殡葬改革工作，必须做好深入细致的宣传教育工作。要采取多种形式，利用各种宣传工具，大力宣传殡葬改革中的好人好事，批评在丧葬问题上的不良现象，提高群众的思想认识，自觉地实行殡葬改革。这些年来不少街道和农村社队，主动出面帮助群众料理丧事，受到群众欢迎。很多基层干部在自己的亲属死后，带头实行火葬简朴办丧事，在群众中影响很好。这些做法要提倡和表扬。

四、加强领导，切实保障殡葬改革方针贯彻执行。

殡葬改革是一项涉及面很广，在群众中影响较大的工作，各级要加强殡葬改革工作的领导，列入议事日程，作为建设社会主义精神文明的一个重要方面来抓。同时，请县劳动局、财政局、物资局、公安局、交通局、工商行政管理局等有关部门和工会、共青团、妇联等群众团体，大力支持和配合。我们做好殡葬改革工作。对从事殡葬工作的干部职工，要从政治上、思想上、生活上关心他们，尊重他们的社会地位，要造成社会舆论，调动他们的积极性，为搞好殡葬改革，建设社会主义精神文明作出新的贡献。

以上报告，如无不当，请批转各地。

一九八二年五月十九日

中共仪征县委关于转发民政局党组《关于共产党员应简办丧事、带头实行火葬的报告》的通 知

仪委（1984）第72号

现将民政局党组《关于共产党员应简办丧事、带头实行火葬的报告》，转发给你们，希向全体党员（包括离、退休的同志）传达，并认真讨论，贯彻执行。

殡葬改革是我们党一贯倡导的一项社会改革，它关系到群众的切身利益，是造福子孙后代的一件大事，也是整顿党风的一个方面。各级党委对此必须高度重视，切实加强领导，做好思想政治工作，使殡葬改革取得新的进展。全县所有的党员在这一改革中要起模范带头作用。今后，所有党员的丧事，必须坚决按中央办公厅（1983）75号文件规定办理，违反者，要给予纪律处分，同时追究所在党组织的领导责任。一切不符合文件规定的经济开支，财政上一律不予报销。

一九八四年四月七日

仪征县民政局党组关于共产党员应简办丧事、带头实行火葬的报告

县委：

中央办公厅（1983）75号文件下达后，我们就召开了党组会议，进行学习，并认真讨论。我们认为：75号文件传达了党中央对殡葬改革工作的重要指示。是今后抓好殡葬改革工作的指导性文件，必须认真贯彻执行，把我县的殡葬工作推向深入。

我县自从一九六三年建立火葬场，实行殡葬改革以来，在县委、县人民政府直接领导下，在各级党组织的重视下，坚持依靠群众，广泛宣传移风易俗，破除千年陈规习俗，积极推行火葬，取得了显著成绩。到一九八三年底止，共火化尸体二万七千多具，全县火化率已占死亡人口86%以上，许多地方结合农田基本建设，平整了若干旧坟堆，改变了过去到处乱葬，占用耕地现象；在改革旧丧葬习俗，提倡简办丧事方面也有明显改进；火葬事业也有较大发展，县火葬场除坚持勤俭办场搞好火化业务外，还想丧户之所想，思丧户之所思，热情为丧户服务，深受丧户好评，多次受到县和上级的表扬，先后出席过全国、全省殡葬改革工作先进单位会议，受到了表彰。

二十多年来的情况表明，进行殡葬改革，实行火葬，促进了“两个文明”建设，大大减少了对水源的污染、疾病的传染，也减轻了群众的经济负担。

但是，我县殡葬改革工作目前还存在一些亟待解决的问题：

1、土葬回升，火葬率下降，发展不平衡，全县去年火化率86%，比一九七七年的93%下降了7%。这项工作搞得好的（火化率达90%以上）有真州、胥浦、铜山、青山镇、新城。工作较差的月塘乡，去年

全乡死亡139人，只火化了20人，火化率仅占14.38%。

2、新堆坟头，乱埋乱葬，占用了耕地。有的把过去平掉的坟头又重新堆了起来，围了罗矿；有的把棺材或骨盒埋在大田，堆起坟头，浪费土地。

3、铺张浪费，封建迷信，旧习俗重新抬头。有的死了人，花几百元、上千元大办酒席；个别单位和少数干部在为死者办丧事时，讲排场、摆阔气，吹吹打打，鞭炮齐鸣，动用许多车辆，送葬队伍，浩浩荡荡，为群众做了一个坏样子。有的搞封建迷信活动。搭灵棚，看风水，择吉日，请道士念经，披麻戴孝，烧纸化钱等等。一些迷信职业者又重操旧业，一些木匠又帮丧户制棺材。这些都干扰和影响了殡葬改革工作的发展。

产生以上问题的主要原因是：在少数干部和部分群众中旧的丧葬习俗影响较深，他们对殡葬改革工作的重要意义认识不足。特别是工作较差的地区，领导不够重视，宣传、思想教育工作抓得不紧，措施跟不上。

我们认为，要认真扎实地贯彻执行中发（1983）75号文件，进行殡葬改革，实行火葬、简办丧事，必须由共产党员带头，从而逐步形成新的社会风气。根据中央文件精神和我县殡葬改革的实践，特提出如下意见：

1、各级党组织要利用各种机会、各种宣传工具立即向全体党员（包括已离、退休的同志）传达中央办公厅中办发（1983）75号文件，并认真讨论。通过学习、讨论，使全体党员真正明确殡葬改革是我们党一贯倡导的一项社会改革，它关系到群众的切身利益，是造福子孙后代的一件大事，也是整顿党风的一个方面，要求所有党员在这一改革中起模范带头作用，以推动殡葬改革顺利发展。

2、共产党员应带头实行火葬。今年共产党员逝世后必须实行火葬。遗体火化后，提倡不留骨灰。如家属要求保存骨灰的，要有骨灰盒装置，骨灰盒可放在骨灰存放室，也可带回深埋，不准留坟头。对过去堆起的坟头应逐步铲除。少数民族共产党员逝世后是否实行火化，可尊重其民族习惯。

3、共产党员要节简办丧事。共产党员逝世后，一般不成立治丧机构，不举行向遗体告别仪式，不开追悼会。如因保护国家、集体财产和人民生命而献身的，确属必须开的追悼会的，规模要加以控制，以不超过二、三百人为宜，追悼会的会场应力求简朴。

治丧活动，除直系亲属以外，不要邀请外地人员参加。家属或本人生前有丧事从简的要求或遗嘱的，要积极支持。

共产党员逝世后的丧事安排，应根据以上规定办理。违反者，要给予纪律处分，同时追究所在党组织的领导责任，一切不符合文件规定的经济开支，财政上一律不予报销。

共产党员干扰殡葬改革，为其亲属或他人大办丧事，搞封建迷信活动，在群众中造成影响的，应给予纪律处分。

5、各级党的纪律检查部门应把违反上述规定的党员的纪检工作列为自己的工作任务。

以上意见如无不妥，请批转各地执行。

中共仪征县委员会
关于向战斗英雄周在才烈士学习的决定

仪委（1984）第311号

各乡镇党委、场圃党总支（支部），县各部、委、办、局、院、行、社和公司党委（总支、支部）、县属各企事业单位党支部：

战斗英雄周在才烈士，生于一九五七年，是我县古井乡仓房村人。一九七六年春，他怀着强烈的报国之情，光荣地参加了中国人民解放军。一九七九年越南当局掀起反华排华恶浪，侵占我国领土，激起了周在才同志的满腔怒火，他志愿报名参加了对越自卫反击战。在战斗中，他作战勇敢，完成任务出色，在火线上入了党，荣立三等功，并被提拔为排长。今年四月，在者阴山自卫反击作战中，为了收复被越南侵占的我国领土，保卫边疆各族人民生命财产的安全，保卫祖国四化建设的顺利进行，他率领全排战士，同仇敌忾，浴血奋战。在战斗中，他既当指挥员，又当战斗员，并用身体保护战友，因身负重伤，流血过多，英勇地献出了宝贵的生命。在这次战斗中他荣立了一等功，并被昆明军区授予战斗英雄的荣誉称号。

周在才烈士的事迹闪耀着共产主义思想的光芒。他用自己的鲜血为党旗、军旗增添了光辉，不愧为党和祖国的好儿女。他是我们全县人民的骄傲和光荣，也是我们全县人民学习的好榜样。为了发扬他的革命精神，激励和鼓舞全县人民建设社会主义物质文明精神文明，县委决定：在全县范围内开展向战斗英雄周在才烈士学习的活动。

全县共产党员、共青团员、广大干部和人民，要学习周在才烈士为了祖国和人民的利益，无私无畏，英勇战斗的崇高品质，像他那样，对党对人民赤胆忠以，以服从、维护祖国的利益为最高原则；学习他压倒一切敌人，战胜一切困难的英雄气概，像他那样，在社会主义建设中，锐意进取，开拓前进；学习他听从指挥，坚硬决完成任务的优良作风，像他那样，雷厉风行，勇敢果断，增强组织纪律性。

全县各级党组织，要大力宣传周在才烈士的英雄事迹。开展向周在才烈士学习的活动，运用各种舆论工具和宣传形式，广泛介绍周在才烈士的英雄事迹，把学习活动同学习十二届三中全会文件结合起来，同党、团组织生活结合起来。各级领导干部都要做学习周在才烈士活动的带头人。

县委希望：全县共产党员、共青团员、广大干部和群众，通过向周在才同南学习，进一步提高共产主义思想觉悟，激发为社会主义建设作贡献的革命热情，在十二届三中全会精神的指引下，认真搞好各项改革，促进我县社会主义物质文明和精神文明的建设，为实现我县的经济翻番而努力奋斗。

一九八四年十一月十七日

仪征县民政局
关于做好对越自卫还击作战中
光荣牺牲的烈士善后工作的情况汇报

仪民（1985）字第21号

扬州市民政局：

我县有四百多名指战员在老山、者阴山对越自卫还击作战，他们为保卫祖国和人民利益浴血奋战，作出了巨大的贡献。目前，我们已陆续收到前线部队寄来六名战士牺牲通知书。为了做好牺牲烈士的善后工作，达到鼓舞前线的战斗士气，巩固部队建设的目的，县委、县政府专门成立了领导班子，负责处理善后工作，逐户走访烈士的家庭，初步解决了烈属的实际困难，使党的优抚政策得到了落实。现将情况汇报如下：

一、各级领导重视，层层建立班子

从八五年四月开始到五月初，我们先后收到了谢集乡塔山村李庄组周炳松、朴席乡土桥村土桥组丁仕平、朴席乡曹桥村陈庄组陈义国、大巷乡杭集村林业组吕国云、陈集乡薛庄村新庄组顾秀宏、陈集乡开建村金庄组金学东六名战士所在部队的牺牲通知书。为妥善做好烈士的善后工作，我局于五月三日会同县人武部共同研究，提出做好抚慰工作的方案，向县委、县人民政府作了汇报，领导非常重视，当即作出决定，同意按方案付于实施，组成了由分管县长挂帅，人武、民政、政府办公室等部门参加的领导班子，各有关乡也有党委书记、乡长挂帅组成的领导小组，负责全面的思想宣传和教育方面的基础工作，各村也由村长、支书、民兵营长、妇女主任等人员参加的工作小组协同工作，这样上下形成一线，具体分工负责，为进一步的做好抚慰工作打下基础。

二、深入细致的做好具体工作

做好烈士的善后工作是一项光荣的政治任务，也是艰巨和复杂的工作。各级领导班子通过认真分析研究，决定把全部工作分四步来抓，逐步递进，最终达到完善落实的目的。

第一步，由乡村两级领导班子对烈士的家属调查摸底，从侧面了解和上门谈心两个方面，摸清烈士家中目前的生产和生活状况，存在困难，哪些困难急待解决，对烈属的情况做好心中有数，有的放矢地进行工作。

第二步，耐心细致地做好思想工作。考虑到烈属在知道亲人牺牲消息时，可能会突然发生节外生枝的问题，领导班子在工作之前，认真研究了工作方法。乡领导不怕麻烦，分别上门了解烈属对亲人在前线的思想，积极向他们宣传爱国主义精神，宣传我军在还击战中取得的胜利和自卫还击的重大意义，深入细致地做思想工作。在提高思想认识的基础上，利用家属思想中比较开通的成员强化烈属的自控能力，逐步透露烈士牺牲消息。为防止意外，乡政府还请来烈属最可信赖的人来开导烈属的思想。这样做，稳定了烈属的悲观情绪，从而顺利地开展了抚慰工作。如谢集乡周炳松烈士家中父母都已年老古稀，身体不好，在这种情况下，如直接将战士牺牲情况告诉他，可能会场产生意外事故，乡领导从摸底中了解到烈士的大哥在中学当教师，抓住这个有利条件，一面派人上门进行宣传，问寒问暖；一面做烈士哥哥的思想工作，要求帮助做好父母亲的思想工作，通过细致的工作，老人逐步了解了实情后，不但没有哭闹，而且还为儿子保卫祖国而献身感到自豪。大巷乡吕国云烈士家中有许多亲戚都是革命的老同志，从抗日战争到抗美援朝参加过各种战斗，只有吕国云为革命献身，乡政府根据他家亲戚老同志多的特点，特意从邗江县扬庙乡请来一位离休老同志，协助做思想开导工作，最后他知道消息时，说："儿子是我生的，也是国家的，我儿子当兵是我儿子志愿的，也是我们父母亲同意的，他当兵是尽一个公民的义务，为国捐躯是光荣的，为家乡人民争了光。"

第三步，进行走访慰问，解决实际困难。在做好思想工作的基础上，烈属的思想境界提高了，对儿子的牺牲有了正确的态度，达到预期目的情况下，县里组织了全面走访慰问。由副县长张绩带队，人武部、民政、政府办公室等部门负责同志参加了慰问活动。在走访中，慰问团带着烈士证明书，烈属定补证，抚恤金，慰问品逐户慰问烈属。向烈属问寒问暖，安抚慰问，带去了党和政府的关怀和温暖。把抚恤金当场发到烈属手中，对烈属中符合定补条件的当场给予发证，并从烈士牺牲之日起发给定期补助。在走访中烈属们纷纷感谢党和政府对他们的关怀，烈士顾秀宏的母亲李桂兰同志拉着县长的手说："你们能亲自上门看望我们，我们非常感激，我的儿子虽然牺牲了，我们还要为国家尽自己的一切力量。"烈属陈恩海同志激动得热泪盈眶，连声感谢县委和县政府对他们关怀，他说："我儿子牺牲是光荣的，我要教育全家化悲痛为力量，继承烈士遗志，完成我儿子没有完成的事业，搞好生产，为四化建设贡献力量。"

第四步，切实解决烈属的生产和生活困难。通过调查了解和走访慰问，发现许多烈属存在各种困难。有的烈属提出了要求，为了切实解决这些问题，县计划委员会拨给十个立方米平价杉木，一吨平价元钢，十二吨水泥。县物资局大力支持，派车子送货上门。对在政策允许范围内的问题给予及时处理解决，不能解决的问题给予解释和说服，将问题解决在基层，烈属都感到满意。如谢集乡烈属周兆富家人口多，房屋已摇摇欲坠，在走访时向慰问团提出要求安排一个小儿子的工作问题，乡政府负责同志当场给予答复："要进厂，乡办企业由你们挑选"，运输砂石砖丽由乡政府帮助解决，县里负责拨给一方平价杉木一百公斤平价元钢，二吨平价水泥计划，并给予了经济的补助。这样做，烈属非常感激政府的关怀。大巷乡烈士吕国云家中人手少，责任田的耕种比较困难，乡政府为解决烈属的暂时困难，专门组织共青团员进行义务劳动，帮助收割大麦，解决了烈属的当务之急。

通过走访慰问，使烈属生产和生活中的困难初步地得到解决，目前许多烈属的住房条件还很差，需要修建。因此，我们下一步准备帮助烈属解决建房问题，初步拟定烈士家属自筹部分资金，县里给予补助，乡村出工，共同修建。目前存在的主要问题是我们的善后工作还没有结束，有的烈属有病需要治疗，有的人口多生活上还存在一定困难，六户烈属都需要建房，资金缺口较大。通过前一阶段的工作，我们深深体会到；要做好抚慰工作，一是领导要重视，二是思想工作要细致深入，三是要坚持党的政策，四是各个部门要通力协作。

以上汇报当否？请指正！

一九八五年五月二十四日

抄报：省民政厅，县委，县人民政府，县政法委员会。

抄送：县人民武装部，存档。

中共仪征市委员会
关于向“拥军模范”周宏英同志学习的决定

仪委发（1995）第2号

各乡镇党委、政府，各国营场圃，市各部、委、办、局（公司）、院、行、社、校、群团：

真州镇居民周宏英，女，现年63岁。40多年来，周宏英同志怀着对党、对军队的深厚感情，居安常思报国，幸福不忘党恩，先后把儿子、孙子、孙女等12名亲属送到部队服役，还动员了70多名社会青年应征入伍；她关心和支持国防建设，热心为部队官兵排忧解难，她的4个女儿全部嫁给了军人，同时帮助100多名官兵找到了终生伴侣；她爱国拥军，热忱为官兵服务；她致富不忘乡亲，主动给烈属送温暖，扶贫解困。近年来，在拥军工作方面所花费的资金累计达1万元，赢得了大家的尊敬和爱戴，在拥军优属工作中作出了突出的贡献。1994年12月，江苏省人民政府、江苏省军区授予她“拥军模范”荣誉称号。

为了广泛深入地宣传周宏英同志的爱国拥军事迹，在广大群众中树立爱国拥军的先进典型，在全市进一步形成爱国拥军的良好氛围，促进全市的双拥工作和两个文明建设，市委、市政府决定，在全市开展向“拥军模范”周宏英同志愿军学习的活动。学习她热爱党、热爱社会主义祖国、热爱人民军队，主动关心支持国防建设的崇高思想境界；学习她40多年如一日，持之以恒铁心拥军的优良品质；学习她热心为军队、军人和烈属服务，舍小家为大家，不怕牺牲个人利益的无私奉献精神。希望各乡镇、各部门、各单位积极响应市委、市政府的号召，采取各种切实有效的形式，认真组织广大干部群众和民兵预备役人员，投身到向“拥军模范”周宏英同志学习的活动中去。通过学习，推动全市双拥工作深入开展，努力把我市的改革开放和两个文明建设提高到一个新的水平。

一九九五年一月八日

抄送：市人大、市政协。

中共仪征市委 仪征市人民政府 仪征市人民武装部关于转发《仪征市创建省级双拥模范城工作方案》的通 知

仪委发(1997)第58号

各乡镇、场圃,市各部、委、办、局(公司)、院、行、社、校、(群团),市属企事业单位:

现将双拥领导小组制定的《仪征市创建省级双拥模范城工作方案》转发给你们,望结合实际,认真贯彻执行。

一九九七年七月二十五日

抄送:(略)

仪征市创建省级双拥模范城工作方案

近年来,经过全市军民共同努力,我市双拥创建工作已有一个良好的基础。为进一步巩固发展已有成果,落实市委、市政府、人武部提出的1998年再创省级“双拥模范城”这一目标,特制定此工作方案。

一、指导思想和奋斗目标

紧紧围绕经济建设和国防建设的实际,以邓小平建设有中国特色社会主义理论和党的十四届六中全会精神为指导,以《全国双拥模范城(县)命名管理办法》为依据,以促进社会生产力发展和部队战斗力提高为根本任务,按照江泽民总书记提出的“同呼吸、共命运、心连心”的总要求,加强军政军民团结,军地同心协力,深入国防教育,进一步落实优抚安置政策,在高起点上推进双拥活动,开展军民共建,抓基层,打基础,创特色,提高我市双拥工作整体水平,争取1998年再把我市创成省级双拥模范城。

二、创建任务

1、强化宣传教育。突出以省“拥军模范”周宏英拥军事迹宣传为重点,向高层次培植,以典型效应推动双拥宣传,坚持以爱国主义教育、国防教育为核心,以香港回归祖国,洗雪百年耻辱,建军70周年和党的十五大召开宣传为契机,认真学习贯彻《国防法》。宣传部、人武部、教委制定年度国防教育大纲,组织党政干部、民兵预备役人员,青年学生上国防教育课。教委在巩固现有青少年军警校基础上,大力普及青少年军警校,年内全市达到20所,明年三月再建6所,达到每个乡镇都有一所。在军警校建立三班一队(国旗班、拥军服务班、国防武术班、小军号队或国防文艺宣传队)。市召开创建省级双拥模范城动员暨表彰大会,表彰一批先进单位和个人。在解放西路建双拥一条街,设立100户个体拥军店、营造双拥一条街风景线。城区主要交通要道设立15块永久性双拥宣传标语牌,广播电台、电视台开辟双拥专题节目,每月一期,报道双拥创建动态和典型经验。

2、抓基层,夯实基础。坚持双拥工作向窗口单位延伸,向基层村组、学校、商店、医院、街道、居委会延伸,向个体劳动者延伸,建立基层双拥工作的运行机制,按照窗口单位建设要求,车站、医院、商店对军人优先,优惠,各项优惠措施公布上墙,汽车站落实好十项服务内容,伤残军人半票乘车。城区主要商业网点,鼓楼商场、供销商场,谷贸大厦、解放商场推行7个优待,挂牌为军人和优抚对象服务。医院设立优抚门诊、优抚对象病床,优先挂号,优先治疗,优先取药、优先住院,免收挂号费,门诊三大常规化验、透视、心电图检查、注射等费用减半收取。粮店优先、优质保证军粮供应。开展“个体户与贫困优抚户挂钩”活动,建立100户个体户帮助优抚户的对子,确保“三老”优抚对象生活水平达到小康标准。发动个体户为中后贫困山区失学儿童捐款,协同扬州军分区、市人武部在老区陈集乡建立一所“八一”希望小学。

3、加大力度落实优待政策。按照扬州市“五个一个不漏”要求，针对我市优待政策落实的现状，全面落实扬委发（1996）31号《扬州市双拥工作若干规定》文件精神，保障军人军属的合法权益。“八一”前，市民政局、邮电局、卫生局、双拥办联合行文出台《关于为部分优抚对象优惠安装住宅电话和医疗优待的规定》。10月前全部妥善安置好转业、退伍军人和军队离退休干部，同时积极落实随军家属随迁、随调、就业和军人子女上学、入托等问题。对下岗军嫂、军属努力重新安置就业，保证军嫂、军属无下岗待业。落实军嫂探亲视同上班，工资不扣，奖金照发，福利待遇不变，调级不受影响，探亲后仍回原岗位，军嫂分房享受双职工待遇，同等条件给予优先分配。义务兵优待金乡镇实行以乡统筹，城镇实行社会统筹，优待金标准按当地年度人均收入70%的标准当年兑现。城镇实行统筹，争取10月前出台实施方案，对在部队立功、评为优秀士兵的颁发军功奖，对“三老”抚恤定补年内实行自然增长机制，解决他们生活、住房、治病等方面的实际困难。

4、多形式开展军民共建。继续与南京舟桥旅和驻仪部队广泛开展军政军民共建活动，按照军地共筑思想阵地，共治社会环境，共促经济发展，共树时代新风，共育四有新人，共创模范单位的要求，突出帮助部队办1—2件有影响的实事。为武警中队修理战备执勤专用车，为消防大队购置灭火装备车1台，为86651部队官兵解决吃水难，继续抓好捺山、铜山军事设施保护。驻仪部队要集中使用义务劳动日。同时要共管共育本籍军人，各乡镇建立与军人联系和战士思想情况档案，鼓励本籍军人在部队建功立业。

5、建立百万元双拥基金。市设立双拥基金50万元，每个乡镇的双拥基金在2万元以上，全市双拥基金总数突破100万元。依托基金增值，充分做好双拥工作，开展双拥活动，扩大双拥的社会影响。

三、主要措施

1、加强宣传，营造双拥氛围。

各级党委、政府和驻仪部队要结合广大干部群众、官兵思想实际，有针对性地开展双拥宣传。宣传、教育、文化、广播电视部门要把宣传双拥工作作为义不容辞的责任，根据本部门的职责和特点，有计划、有重点地开展宣传工作。通过宣传，在全市形成创建省级“双拥模范城”的社会环境。

2、强化制度建设，纳入目标管理。

坚持党委、政府议军和双拥领导小组例会制度，定期分析创建形势，解决有关重大问题。把创建双拥模范城纳入全市经济、社会发展目标和总体规划。各乡镇、各式各样单位对市双拥领导小组布置的创建任任务要不折不扣地完成，制订措施，逐层逐项分解到基层，把创建任务落实在基层，使双拥创建变成硬任务。

3、加强法规建设，保证创建工作落到实处。

各乡镇、单位要根据新时期拥军优属出现的新情况、新问题，研究制定出符合本地实际有关军属、“三老”优待、退伍军人安置使用、优抚对象困难解决、国防教育等方面的措施和办法，因地制宜，分类指导，确保各项双拥任务按规章制度落实到实处，同时要根据本地、本行业的特点，提出不同的要求，创出本地、本单位双拥工作新特色。从基层村、厂、学校、商店、医院、街道、居委会抓起，从解决实际问题抓起，打牢双拥创建工作思想基础、组织基础、社会基础，使基层双拥工作整体水平真正做到“组织健全，政策落实、活动经常、关系融洽”。

4、加强组织领导，形成齐抓共管的整体合力。

创建双拥模范城是一项社会系统工程，需要社会的各层次、各个方面的广泛参与，要坚持党委、政府统一领导列入重要议事日程，各级领导要像重视抓经济那样重视双拥工作。一把手亲自过问，各部门相互配合，形成整体合力，要及时总结先进经验，适时调整充实力量，完善工作设施，改进工作方法和作风，培植和推广先进典型，以点带面，促进全市创建工作平衡发展，确保市委、市政府、人武部制定的1998年创上省级双拥模范城目标如期实现。

仪征市双拥领导小组

一九九七年七月十七日

仪征市人民政府
关于印发《仪征市全民国防教育实施办法》的
通　知

仪政发(1992)第32号

各乡镇人民政府、国营场圃,市各委、办、局(公司)、行、社,市各直属单位:

为加强国防教育,增强全民国防意识,现将《仪征市全民国防教育实施办法》印发给你们,望认真贯彻执行。

一九九二年三月四日

抄送:(略)

仪征市全民国防教育实施办法

第一章　总则

第一条　为加强国防教育,增强全民国防观念,根据《中华人民共和国宪法法》、《中华人民共和国兵役法》的有关规定,制定本办法。

第二条　国防教育是全体公民不可缺少的基本教育,是社会主义精神文明建设的组成部分,是社会各方面的共同任务。

第三条　国防教育应坚持以马列主义、毛泽东思想为指导,遵循党在社会主义初级阶段的基本路线,贯彻理论联系实际的原则,发扬爱国拥军传统,振奋民族精神,增强全民国防观念,为经济建设、军队建设、国防后备力量建设服务。

第四条　本市公民不分民族,信仰,职业,文化程度,都有义务接受国防教育。

第二章　组织

第五条　本市的国防教育工作,在市委,市政府领导下,由市国防教育领导小组负责。

国防教育领导小组由市政府和市宣传、人武、教育、民政、司法、广播电视等部门及工、青、妇等群众团体部门的负责人组成。

市国防教育领导小组负责制订本市全民国防教育计划,督促有关部门齐抓共管,研究解决有关实施国防教育的重要问题,不断总结经验,推广典型,把国防教育引向深入。

各单位应明确人员负责,根据市国防教育领导小组赋予的任务,积极主动地开展各种形式的国防教育宣传活动,具体抓好本单位的全民国教育工作。广播、电视等新闻单位,要开辟全民国防教育专题讲座或栏目。

电影发行部门每年“八一”前后要举办国电影周和影评活动。

文化馆(站)应在城市街口和集镇设立全民国防教育宣传橱窗,定期展出国防教育图片。

第七条　各有关部门均应按工作职责,主动配合。

第三章　内容

第八条　学习国防理论,主要学习马列主义国家学说,马列主义战争观,经济建设与国防建设的关系,人民战争思想,学习国家基本防卫政策以及战争动员的一般理论。

第九条　学习国防历史,特别是1840年鸦片战争以来我国人民反抗外来侵略的英勇斗争史,学习建国后四次卫国戍边战争史及各国防卫政策以及战争动员的一般理论。

第十条 学习国防常识，主要是国家的领土、领空、领海、国旗、国歌、国徽的由来，常规武器及现代核武器、生物武器、化学武器的发展，战地互救、“三防”等。

第十一条 学习国防法，主要是《宪法》中关于公民保卫祖国、抵抗侵略的义务，《兵役法》的基本条文，学习国家有关国防的规范性文件。

第十二条 学习国防精神，着重抓好爱国主义和革命英雄主义教育。

第十二条 发展国防体育，包括优生优育和健康教育及旨在保卫祖国、建设祖国的各种体育活动。

第四章 对象

第十四条 国防教育的重点对象是各级机关、团体、企事业单位领导和一般干部，主要学习和掌握国防理论知识。

第十五条 国防教育的主体对象是民兵、预备役人员和青年学生。

民兵、预备役人员的国防教育，在民兵组织中进行。充分利用“五四”、“八一”、春节等节日和征兵、民兵整组、训练等有利时机开展教育活动。

中、小学校要明确兼职教员，把国防教育纳入思想品德教育课，并进行必要的考核。

国防教育的一般对象是工人、农民、城镇居民和其他职业者，主要通过多种宣传方式进行经常性的教育。

仪征市人民政府文件
关于印发《仪征市军人怃恤优待办法》的
通 知

仪政发（1992）第215号

各乡镇人民政府、国营场圃，市各委、办、局（公司）、行、社，市各企事业单位：

现将《仪征市军人抚恤优待办法》印发给你们，望遵照执行。

一九九二年十二月十日

抄报：（略）

抄送：（略）

仪征市军人抚恤优待办法

第一章 总则

第一条 为做好军人的抚恤优待工作，维护和保障优抚对象的合法权益，根据国务院发布的《军人抚恤优待条例》（以下简称《条例》）、《江苏省〈军人抚恤优待条例〉实施办法》（以下简称《办法》）、《扬州市〈军人抚恤优待条例〉实施细则》（以下简称《细则》和有关规定，结合我市实际，制定本办法。

第二条 在本市范围的中国人民解放军现役军人（含由现役军官改任的文职干部、保留军籍的军人离休干部）、革命伤残军人、复员退伍军人、革命烈士家属、因公牺牲军人家属、病故军人家属、现役军人家属（统称优抚对象）均依照《条例》、《办法》、《细则》和本办法享受抚职责和义务。

第三条 本市境内的一切单位和公民都应依照《条例》、《办法》、《细则》和本办法的规定，履行各自的职责和义务。

第四条 军人抚恤优待工作，坚持国家、社会、群众三结合的制度和法制化、制度化、社会化的发展方向，切实保障军人的抚恤优待水平与全市的经济发展相适应，使抚恤优待标准与全市人民生活水平同步提高。

第五条 市民政局主管全市的军人抚恤优待工作。在抚恤优待工作中成绩显著的单位和个人，由各级人民政府给予表彰和奖励。

第二章 死亡抚恤

第六条 现役军人死亡，其家属凭《条例》规定所取得的《革命烈士通知书》、《革命军人因牺牲证明书》、《革命军人病故证明书》及有关证件，到市民政局办理抚恤登记，领取一次性抚恤金。一次性抚恤金标准按国家规定的标准执行。

第七条 立功或获荣誉称号的现役军人死亡，按《条例》规定增发一次性抚恤金，增发比例按国家规定执行。

第八条 一次性抚恤金发放的顺序是：

（一）有父母（或抚养人）无配偶的发给父母（或抚养人）；

（二）有配偶无父母（或抚养人）的发给配偶；

（三）既有父母（或抚养人）又有配偶的各发一半，也可按双方协商办法发给；

（四）无父母（或抚养人）和配偶的发给子女；

（五）无父母（或抚养人）、配偶、子女的，发给未满十八周岁以下的弟妹；

（六）无上述亲属的不发。

第九条 革命烈士、因公牺牲军人、病故军人家属，有下列情况之一的，本人申请，村（居）委会证明，乡（镇）人民政府呈报，经市民政局批准发给《定期抚恤金领取证》，凭证到所在乡（镇）政府领取定期抚恤金。定期抚恤金的标准按省民政厅、财政厅规定发给。

（一）无劳动能力无固定收入的父母、抚养人和配偶；

（二）未满十八周岁，或虽满十八周岁因伤残或在校读书，无经费来源的子女；

（三）必须依靠军人生前供养未满十周岁的弟妹；

上述对象中的孤老、孤儿增发20—50%的定期抚恤金。配偶再婚者，一般应予停发定期抚恤金。

烈属、因公牺牲军人家属、病故军人家属，已享受原标准工资40%救济或退休、退职、遗属助待遇的，其救济、补助低于定期抚恤金标准的，差额部分由市民政局从定期抚恤费中给予补足。

第十一条 领取定期抚恤金的对象户口迁移时，均由市民政局办理定期抚恤金转移手续，死亡后除发给当月应领的定期抚恤金外，另加发半年定期抚恤金作为丧葬补助费，同时注销《定期抚恤金领取证》。

第三章 伤死抚恤

第十二条 现役军人因战、因公、因病致残，由军队规定的审批机关在医疗终结后负责评定伤残性质和等级，发给《革命伤残军人证》。伤残军人退出现役后，到市民政局办理抚恤登记手续。

第十三条 伤残军人退出现役后，没有参加工作的，发给伤残抚恤金，参加工作或享受离退休待遇的，发给伤残保健金。伤残抚恤金和保健金的标准，按民政部、财政部制定的标准执行，由持证人到户口所在地的乡（镇）人民政府领取，

第十四条 参加工作领取伤残保健金的革命伤残军人。

（一）在国家机关、民主党派、人民团体有正式工作的；

（二）在全民所有制企事业单位为固定职工、劳动合同制职工的；

（三）在市集体所有制企事业单位为固定职工、劳动合同制职工的；

对参加工作的伤残军人，所在单位要根据其身体状况，安排力所能及的工作，并享受本单位因公（工）伤残职工相同的生活福利待遇，不得因其伤残而辞退或解除劳动合同。必须辞退或解除劳动合同的，应征得市民政局的同意。经同意辞退或解除的，其生活低于当地职工生活水平的，可改领伤残抚恤

金。自动辞退或停薪留职的,一般不予改领伤残抚恤金。

1988年8月1日《条例》施行前退出现役的军人因战、因公致残,本人档案有伤残情况记载,或有原始记载及其他确切证明,残情符合二等乙级以上者,本人要求评残的,可予补办评残申报手续。对《条例》施行后退出现役的军人,要求补办评残手续的,由原部队军以上卫生部门审批。

评残、被评残、调整伤残等级,由本人向所在乡镇人民政府提出书面申请报告,经市民政局审查,联系检查鉴定、评定等级,符合条件的由市民政局整理材料向上级申报。伤残等级每次一般只能调整一级。从批准之日起在两年内一般不调整等级。

为做好革命伤残人员的评残工作,市成立革命伤残人员伤残检查鉴定小组,检查鉴定小组设在市人民医院,小组成员由熟悉业务的领导和精通业务、具有主治医师以上职称的医生组成,凭市民政局的介绍信检查生效。

第十六条　革命伤残军人户口迁移时,应由市民政局办理伤残抚恤转移手续。革命伤残军人的证件遗失、被盗或其它原因需补发的,由本人提出书面申请,经村(居)委会、乡(镇)人民政府证明,登报声明作废,由市民政局办理补证手续,并报上级补发。

第十七条　退出现役实行分散供养的特、一等革命伤残军人,经上级批准由市民政局发给护理费,享受离退休待遇的,由发给离退休费的单位发给护理费。

第十八条　革命伤残军人死亡后,停发伤残抚恤金(保健金)和护理费并注销证件,留作纪念。其家属按照下列情况分别给予抚恤和享受有关待遇。

(一)原领取伤残抚恤金的,由市民政局按照国家机关工作人员的丧葬标准,发给丧葬补助费,原领取伤残保健金的,由死者所在单位按规定发给丧葬补助费。

(二)因战致残,在医疗终结评残发证一年内伤口复发死亡的,由市民政局按照革命烈士的抚恤标准,发给一次性抚恤金,其家属享受革命烈士家属待遇。

(三)因战致残,在医疗结结评残发证一年后,因伤口复发死亡,或因公致残,在医疗终结评残发证后因伤口复发死亡,原领取伤残抚恤金的,由民政部门按照因公牺牲军人的抚恤标准,发给一次性抚恤金,其家属享受因公牺牲军人家属的待遇,原领取伤残保健金的,由其所在单位按因公(工)死亡人员的规定予以抚恤。

(四)革命伤残军人因病死亡,原领取伤残抚恤金的,由市民政局另增发半年伤残抚恤金,作为一次性补助,其中因战、因公致残的特等、一等革命伤残军人的家属,享受病故军人家属的待遇;原领取伤残保健金的,其抚恤按所在单位有关病故人员的规定予以办理。

仪征市人民政府办公室
关于在全市实行集中办理婚姻登记的通知

仪政办发(2004)68号

市开发区及各园区,市行政服务中心,各乡镇人民政府,市有关部门:

为进一步贯彻落实国务院《婚姻登记条例》,规范我市婚姻登记工作,根据民政部《婚姻登记工作暂行规范》(民发[2003]127号)和扬州市政府办公室《关于婚姻登记机关设置问题的通知》(扬府办发[2004]58号)精神,结合我市实际,经市政府同意,自2004年9月25日起,实行全市集中办理婚姻登记。现将有关事项通知如下:

全市集中办理婚姻登记的机关:仪征市民政局婚姻登记处。

二、登记机关地址:大庆北路花园巷市社会福利中心。

三、办理婚姻登记时间:上午:9:00—下午5:00,双休日和国家法定假日正常办公。

四、自实行集中办理婚姻登记之日起，各乡镇停止婚姻登记的办理。

实行以县（市）为单位的婚姻集中登记是加强婚姻管理的重要措施，各乡镇、各有关部门、有关单位要配合做好本《通知》有关事项的宣传工作。

二〇〇四年九月九日

中共仪征市委办公室　仪征市人民政府办公室
转发市监察局、民政局
《关于全面推进村民监督委员会建设的意见》的通知

仪委办（2008）38号

各乡镇党委、人民政府，各园区、中心、办事处党工委（管委会），市各部、委、办、局，市各人民团体：

现将市监察局、民政局《关于全面推进村民监督委员会建设的意见》转发给你们，请认真贯彻执行。

2008年3月17日

主题词：村民监督　组织建设　意见　通知

抄送：市人大、政协办公室。

关于全面推进村民监督委员会建设的意见

市监察局、民政局

为深入贯彻落实党的十七大精神，推进基层民主政治建设，推动我市村务公开民主管理工作向更深层次发展，进一步加强农村基层党风廉政建设，根据中共中央办公厅、国务院办公厅《关于健全和完善村务公开民主管理制度的意见》（中办发〔2004〕17号）等有关文件精神和省、扬州市有关要求，现就全面推进村民监督委员会建设工作提出如下意见：

一、指导思想

以中国特色社会主义理论为指导，认真贯彻邓小平理论和“三个代表”重要思想，全面落实科学发展观，以全面推进基层民主政治建设为目标，坚持积极稳妥、村民自治和因地制宜的原则，在全市各乡镇、办事处全面推进村民监督委员会建设。

二、组织方式

1、村民监督委员会的性质。村民监督委员会是村民自己推选产生的对村级重大事务进行监督的组织。村民监督委员会由村民会议或村民代表会议推选产生，对村民会议和村民代表会议负责。

2、村民监督委员会工作关系。村民监督委员会与村党组织、村委会、村民代表会议之间的关系是：村党组织是领导核心，村民代表会议决策村级重大事和并对村委会落实情况予以监督，村委会是管理和决策的执行机构，村民监督委员会是在村党组织领导和村民代表会议授权下的监督机构。村民监督委员会根据村民会议或村民代表会议通过的章程，紧紧依靠村党组织和全体村民开展工作，享有建议权、监督权。

3、村民监督委员会的组成。村民监督委员会一般由5~7人或7~9人组成，其中主任1名。可设1名副主任，成员应从本村村民中产生，并应具备以下基本条件：

（1）思想政治素质好，政策法律意识强，真心支持村“两委”的工作；

（2）遵纪守法，坚持原则，公道正派，敢于监督；

（3）熟悉村情，热心为村民服务，群众信任，威信较高；

（4）不是村“两委”班子成员及其直系亲属。

各乡镇、办事处在章程中对村民监督委员会的成员要求可作进一步细化。

村民监督委员会要整合现有村级各个监督组织开展工作，可以下设若干小组。其中民主理财小组成员不少于5人，设组长1名。

4.村民监督委员会的职责。村民监督委员会受村民会议或村民代表会议的委托，依据章程对村级重大事务进行监督。监督委员会负责人应列席村务会议，并享有建议权，对村级财务、集体资产资金和资源的使用情况、公开情况进行监督；对村级重大事务、重点工程、重要工作实施过程进行监督；参与村部的“述询评”活动，对村干部的廉洁从政、民主决策情况进行监督；广泛联系村民，听取和处理群众意见，根据多数村民的要求，可以提议召开临时村民会议或村民代表会议，可以建议启动对不称职村干部的罢免程序。

三、实施步骤

1、推进阶段（2008年3月~5月）。2007年下半年我市已在25个总支建制村建立了纪检小组，在4个非总支建制村建立了村民监督委员会，完成了村民监督组织建设的试点工作。各乡镇、办事处要在今年3月至5月，以选择小康村、集体经济比较富裕村先行操作为基础，在未建立纪检小组和村民监督委员会的村全部建立村民监督委员会。已建立纪检小组的村，由纪检小组履行监督职责，同时要进一步完善组织形式。

2、扫尾阶段（2008年6月）。在全市大部分村建立村民监督委员会之后，各乡镇、办事处纪检监察、民政等部门要加强对经济薄弱村、内部矛盾较多村的指导和帮助，有针对性地开展工作，确保在6月底前全市所有非总支建制村都建立村民监督委员会并正常开展工作。同时，要及时研究新情况和新问题，总结成功经验，调整工作要求，使村民监督委员会建设正常化、监督工作常态化、规范化，促进和加强基层民主政治建设。

四、工作要求

建立村民监督委员会是一项创新的工作，事关社会主义新农村建设的方方面面，事关农民群众的根本利益，事关农村改革发展稳定的大局。各乡镇、办事处要切实加强对这项工作的研究和领导，保证村民监督委员会顺利建立、健康发展。

一要加强领导。各乡镇、办事处要从讲政治的高度将这项工作列入党委、政府的重要议事日程，建立党政领导责任制，成立指导小组，制定具体的实施方案。民政部门要认真做好牵头协调工作，加强对全面建设村民监督委员会工作各个关键环节的业务指导。纪检监督部门要把这项工作作为加强农村基层党风廉政建设的重要内容，集中力量抓出实效。要充分发挥农村基层党组织的领导核心作用，把坚持党的领导、充分发扬民主、依法办事有机统一起来，不断创造出更多有价值的经验。

二要订好章程。各乡镇、办事处纪检监察、民政部门要帮助村组织制订一个明晰各方关系、充分反映村民意志、能够指导村民监督委员会工作章程，章程要经村民会议或村民代表会议通过，以保证在制度的框架内实现村民监督的规范有序。同时，制订村民监督委员会各项工作制度，对村民监督委员会全面履行监督职能作出制度性的安排和程序性的规定，保证村民监督委员会真正能够放手开展工作，切实履行职责，充分发挥作用。

三要配好队伍。要选配好一支能够承担监督职责的队伍，这是决定工作成败的关键。监督委员会的负责人要能够顾全大局，善于沟通，能做到“监督不指责，支持不拆台，疏通不添乱”，一般应选择具有一定工作经验的基层党员或老干部担任。

四要依法推选。村民监督委员会和民主理财小组都要通过法定的程序组织推选。村民监督委员会成员的产生办法可以因地制宜，但应注意两点：一是要体现村党组织的核心作用。即监督委员会成员由村全体党员大会推荐。二是要体现大多数村民意愿。即必须经过村民会议或村民代表差额推选，由得票多者当选。同时，理财小组组长及成员在监督组织中产生，由村民监督委员会提名推荐，并经村民代表会议讨论通过。由于我市第八届村民委员会换届选举工作先行组织实施，各村理财小组已经确定，要注意做好衔接工作。

建立村民监督委员会是我市适应形势的又一项创新之举。各乡镇、办事处要努力探索一条适合本地特点的民主管理和民主监督路子，推动农村基层党风廉政建设，努力把我市农村基层民主政治建设提高到一个新的水平。

仪征市民政局　天长市民政局
平安边界建设协议书

为巩固勘界成果，加强界线管理，维护边界地区经济和社会稳定发展，充分发挥民政部门在创建平安边界工作中的作用，江苏省仪征市民政局与安徽省天长市民政局就共同创建平安和谐的仪征、天长行政区域界线（以下简称：苏皖线仪天线）达成以下协议。

一、认真履行职责，扎实做好界线管理工作。全面贯彻《行政区域界线管理条例》和《国务院办公厅转发民政部等部门关于加强行政区域界线管理工作意见的通知》精神，以平安边界建设为平台，以创建平安边界为契机，按照依法管界要求，做好界线管理的各项工作，确保苏皖线仪天线完整清晰，维护边界地区长期和谐稳定。

二、加强有关文件精神宣传教育，提高对平安边界建设重要性的意识，积极开展平安边界建设活动。认真学习宣传中央综治办等10部门联合下发的《关于开展平安边界建设的意见》和《民政部关于贯彻落实开展平安边界建设意见的通知》精神，充分认识平安边界建设的重要意义，进一步提高思想认识，按照10部门《意见》和民政部《通知》提出的工作目标和要求，全面提高界线管理工作水平，推动平安边界建设工作的深入开展。

三、尊重勘界成果，遵守双方勘界达成的有关协议，教育群众在各自的区域内生产经营，维护边界地区稳定，为平安和谐的苏皖线仪天线创造良好氛围。严格按照两省政府签署的苏皖线协议书、附图、界桩成果表的内容，依法治界，维护法定界线的严肃性；运用多种形式、多种渠道，宣传界线走向及其法定性，增强群众法制观念，教育基层干部群众维护法定行政区域界线权威，自觉遵守行政区域界线管理规定；引导群众依法反映合理诉求，通过法律渠道解决纠纷，为平安边界建设营造良好环境。

四、建立走访会商机制，及时妥善处理矛盾纠纷。两市之间加强联系，建立定期和不定期的会商合作机制，每年5月和11月中旬，定期走访会商，交流界线管理情况，通报和协商处理有关问题，对界线管理中的重大问题，采取不定期的会商，及时予以解决；边界地区发生纠纷时，按照有关要求，及时将情况通报相关资源管理部门，并根据勘界成果，现场指认界线，配合有关部门积极做好协调工作，立足问题解决在基层，矛盾处理在萌芽状态，确保边界地区稳定。

五、加强对基层平安边界创建活动的指导。两市民政局联合签署《关于开展苏皖平安边界创建活动的通知》，下发苏皖线仪天线各相关乡镇，在苏皖边界沿线县乡镇之间普遍签订平安边界建设协议书，建立边界地区联席会议、联谊互访、边界矛盾纠纷排查、边界纠纷部门会商和联合查处等良好工作机制，并按照协议书的内容，认真开展有关活动。

六、本协议一式六份，仪征、天长两市民政局各两份，报扬州、滁州市民政局各一份。

仪征市民政局　天长市民政局

二〇〇八年九月二十四日

仪征市人民政府
关于印发《仪征市城乡医疗救助暂行办法》的通知

仪政发（2009）第224号

各乡镇人民政府、各园区、中心、办事处，市各委、办、局，市各直属单位：

《仪征市城乡医疗救助暂行办法》经经市政府第16次常务会议研究通过，现印发给你们，望认真遵照执行。

二OO九年十一月十七日

仪征市城乡医疗救助暂行办法

第一章 总则

第一条 为进一步建立健全多层次医疗保障体系，有效缓解城乡困难群体的医疗困难，根据省政府《关于加快建立和完善城乡医疗救助制度的意见》（苏政办发〔2007〕105号）、省民政厅等四部门《关于进一步做好城乡医疗救助工作的意见》（苏民保〔2008〕8号）等文件精神，结合我市实际，制定本暂行办法。

利用新型农村合作医疗、城镇居民（职工）基本医疗保险的信息服务、监管结算平台，逐步形成制度衔接合理、信息资源共享、服务平台共用、数据互联互通、结算支付同步、监管及时有效的医疗救助运行机制。

第三条 医疗救助原则

（一）救助特困对象的原则；

（二）自救互助为主、政府救助为辅的原则；

（三）属地管理的原则；

（四）量入为出、收支平衡的原则；

（五）公开、公平、公正的原则。

第二章 医疗救助对象

第四条 具有本市户籍、参加新型农村合作医疗或城镇居民（职工）基本医疗保险的城乡居民，且具备下列条件之一的为医疗救助对象：

（一）城乡最低生活保障对象；

（二）农村五保对象；

（三）享受民政部门定期定量生活补助的60年代精减退职职工；

（四）市总工会核定的特困职工及其家庭成员（无工作单位、无收入的职工家属及未成年子女）；

（五）城乡无固定收入重度残疾人员。

第三章 医疗救助形式和救助标准

第五条 构建医疗救助与新型农村合作医疗、城镇居民（职工）基本医疗保险信息相衔接的医疗保险与救助共用平台，实现医前、医中、医后的分类、适时医疗救助。

（一）医前救助

乡镇资助农村五保对象、农村低保对象参加新型农村合作医疗，对其个人缴纳的费用，给予全额资助；市财政资助城镇低保对象、城镇无固定收入重残人员、特困职工家属参加城镇居民基本医疗保险，对其个人缴纳的费用，给予全额资助。

（二）医中救助

住院治疗期间，城乡低保对象、享受民政部门定期定量生活补助的60年代精减退职职工自付医疗费（指范围内可报销医疗费用减去已报销费用，下同）按40%救助，每人每年最高救助金额不超过2万元；农村五保对象自付医疗费按100%救助，每人每年最高救助金额不超过2万元；特困职工及其家庭成员、城乡无固定收入重度残疾人员自付医疗费按40%救助，每人每年最高救助金额不超过1万元。

（三）医后救助

慈善总会进行慈善大病救助，对医疗救助对象中住院治疗的大病患者（如尿毒症血透、白血病、癌症放化疗等），在医疗救助后自付医疗费用仍然过高已影响家庭基本生活的，可申请慈善大病救助，每年享受一次性不超过3000元的慈善爱心救助。

第六条　对国家法定传染病的救助费用，按有关规定和支付渠道给予救助。

第七条　发生下列情况的医疗费用不予救助：打架斗殴、交通事故、服毒自杀、酗酒伤害、生育、擅自就医、自购药品、康复医疗等以及新型农村合作医疗、城镇居民（职工）基本医疗保险规定不予报销补偿的其它费用。

第四章　医疗救助审核和发放程序

第八条　医疗救助资金审核发放程序为：

（一）市医疗救助经办机构根据上年实施情况编制本年度资金预算方案，报送市财政部门审核；

（二）市财政部门审核后，直接将所需资金划入市医疗救助经办机构医疗救助专户；

（三）救助对象市内住院时出示医保证及相关证卡，经治医院负责与联网的医疗救助信息平台中的救助对象信息进行核对，经确认后医疗救助与新型农村合作医疗、城镇居民（职工）基本医疗保险的报销同步进行；转市外就诊的带相关材料到医疗救助经办机构结报。

第九条　救助资金由市医疗救助经办机构于次月10日前与相关医疗机构结算一次，医疗机构向市医疗救助经办机构出具救助对象信息情况。医疗救助经办机构每季度将医疗救助发放情况报送市民政部门备案。

第五章　医疗救助资金的筹集和管理

第十条　医疗救助资金通过以下方式筹集：

（一）市财政每年安排专项资金，列入年度预算；

（二）乡镇根据当年参加新型农村合作医疗的人数，每人每年安排1元，并于每年6月底前解缴至市财政医疗救助专户；

（三）公民、法人、团体及其他社会组织的捐赠；

（四）争取上级专项补助资金。

第十一条　市财政部门负责设立医疗救助资金财政专户，筹集的医疗救助资金及时全额划入专户，实行收支两条线管理，专账核算，专项管理。

第十二条　医疗救助资金当年不足部分由市财政补足，结余部分结转下年度使用。

第十三条　跨年度享受医疗救助的医疗费用以年度累计计算，年底一次性按标准给予救助。

第六章　医疗救助组织和实施

第十四条　城乡医疗救助工作在市政府领导下，由市民政部门负责牵头，会同市财政、劳动和社会保障、卫生等相关部门制定医疗救助政策，建立医疗救助和新型农村合作医疗、城镇居民（职工）基本医疗保险“一站式”同步结算平台，共同抓好落实。救助工作由市劳动和社会保障部门负责具体实施，医疗救助经办机构设在市城镇职工医疗保险管理处。

第十五条　市民政局、总工会负责医疗救助对象的资金审查，年底向市医疗救助经办机构提供下一年度的医疗救助对象名册，并及时做好人员数据信息维护工作。

第十六条　市财政部门负责医疗救助资金的筹集、核定，会同市民政、劳动和社会保险部门制定城乡医疗救助资金管理办法；审查批准医疗救助机构报送的医疗救助资金年度预算、决算报表，加强财务监管。

第十七条 市卫生部门负责落实就医优惠政策，督促各医疗机构根据医疗救助对象的病情需要，因病施治，规范医疗服务行为，提高服务质量。

第十八条 市审计部门负责对医疗救助资金的使用情况实施审计监督，确保专款专用。

第七章 监督与处罚

第十九条 市民政、财政、劳动和社会保障、卫生部门联合对医疗救助资金的发放情况进行定期或不定期的抽查。

第二十条 城乡医疗救助管理机构、新型农村合作医疗、城镇居民（职工）基本医疗保险、医疗卫生机构和医务人员、医疗救助对象，必须接受社会和群众的监督，医疗卫生机构在收费窗口处公布医疗救助住院救助流程图及相关部门举报电话。对骗取医疗救助资金的单位和个人，要如数追回款数，并视情节轻重，依法处理。

第二十一条 新型农村合作医疗、城镇居民（职工）基本医疗保险的定点医疗卫生机构和医务人员，如在医疗救助的诊断、治疗、处方等医疗环节中，有弄虚作假、徇私舞弊等行为的，由劳动保险行政部门取消定点资格，对构成犯罪的，依法追究刑事责任。

第二十二条 对侵占、挪用、骗取城乡医疗救助资金的，要严肃追究当事人和有关责任人的责任；造成损失的，应予赔偿；构成犯罪的，依法追究刑事责任。

第二十三条 医疗救助相关部门及工作人员因玩忽职守或徇私舞弊、滥用职权造成医疗救助资金流失的，应追究有关部门和有关人员的责任；构成犯罪的，依法追究刑事责任。

第八章 附则

第二十四条 本办法所称范围内可报销医疗费用按照救助对象参保险种的标准核定。

第二十五条 城乡医疗救助定点医疗机械、用药范围、诊疗项目范围、服务设施范围，按照新型农村合作医疗和城镇居民（职工）基本医疗保险的有关规定执行。

第二十六条 本办法中具有双重或多重身份的救助对象，按照就高原则享受医疗救助待遇。

第二十七条 本办法由市政府法制办公室会同市民政、财政、劳动和社会保障、卫生部门负责解释。

第二十八条 本办法自2010年1月1日起施行。市政府2006年5月29日发布的《仪征市农村医疗救助暂行办法》（仪政发〔2006〕65号和市政府2007年11月27日发布的《仪征市城镇特困居民医疗救助暂行办法》（仪政发〔2007〕241号）同时废止。

抄送：市委、市人大、市政协，市委各部门，人民团体，市法院、检察院，市人武部。

2009年11月17日

仪征市民政局 仪征市财政局
关于对全市低收入农户全面开展帮扶救助、
促进早日脱贫的实施方案

为认真贯彻市农业农村工作领导小组《关于印发〈仪征市2012年农业农村十项重点工作〉的通知》文件精神，充分发挥民政部门在低收入农户全面开展帮扶救助工作，特制定实施方案如下：

一、帮扶救助的对象和要达到的目标

帮扶救助的对象为：经由农经部门调查确认的人均年收入低于3600元的低收入农户；帮扶救助要

达到的目标为：通过多种方式进行有针对性的帮扶救助，帮助低收入农户家庭克服眼前困难，改善生活条件，鼓励其利用和借助政府扶贫项目、扶贫措施，以输血促造血，增强自我发展能力，尽早走上脱贫致富之路。

二、帮扶救助的主要方式

1、社会保障救助。对长期贫困，家庭条件差，目前状况短期内无法脱贫，符合低保条件的，及时按程序申报，将其纳入最低生活保障范围；对年龄接近60周岁，长期体弱多病，劳动能力差，导致个人生活困难，现基本符合五保条件的人员，可视情况提前申报审批，将其纳入五保供养范围。

2、临时生活困难救济和专项救济。对因突发性事件、意外事故、自然灾害等导致收入下降、造成临时生活困难的，通过发放临时生活救济、自然灾害救助、应急救助等专项资金，帮助其解决生活困难，度过难关。

3、大病医疗救助。对因家庭成员患大病或主要劳动力患病造成生活困难的家庭，通过慈善大病救助、农村困难家庭儿童大病救助等予以帮扶；对未参加新农合的对象，由镇、办事处民政办资助其参合缴费，使其能及时享受新农合医保救助。

4、危房修缮帮扶。对房屋破损，无力自行修缮的家庭，将其纳入农村危房帮扶修缮范围，每户房屋修缮资金补助不低于10000元，帮助其改善住房条件。

5、子女助学帮扶。对低收入家庭中的子女就学存在困难的，根据就读的情况，分类给予助学帮扶。其中，对低保家庭子女就读本二以上高等院校的，重点给予资助，帮助其点燃家庭未来希望的星火。

6、残疾人救助帮扶。对低收入家庭中有残疾人的，属于重度残疾的，及时将其纳入重残救助范围，实施长期生活救助；属于轻残且有一定劳动能力的，由市、镇民政部门视情况，尽办帮助安排到有用工需求的福利企业就业，获取稳定的收入和保障。

7、特殊救助帮扶。对情况特殊、家庭特别困难的家庭，由市民政局和所在镇、办事处根据其实际情况专题进行研究，必要时有关部门和机构，确定“一揽子”或“吃拼盘”的救助方案，满足其家庭基本生活需求。

三、帮扶救助的有关要求

8月底前，各镇、办事处民政办根据当地农经部门提供的帮扶对象名单，开展分类帮扶调查工作，并登记造册；12月10日前，根据分类调查情况，由各镇、办事处确定实施帮扶和救助的方式，或按程序向市民政局申报审批；12月20日前，市民政局对各镇、办事处帮扶救助工作进行检查验收。

2012年8月15日

报送：扬州市民政局、市委办、市政府办、市农工办。

仪征市人力资源和社会保障局
关于提高部分城乡医疗救助对象救助比例和封顶线的通知

仪民字〔2012〕81号　仪财社〔2012〕55号　仪人社〔2012〕36号

各镇（办事处），市有关部位：

为全面推进医药卫生体制改革，根据上级有关要求和市政府批复意见，经研究，决定提高部分城乡医疗救助对象救助比例和封顶线，现将有关事项通知如下：

一、城乡低保对象、城乡无固定收入重度残疾人、享受民政部门定期定量生活补助的60年代精减退职职工、特困职工及其家庭成员四类对象住院期间自付医疗救助比例由50%提高至55%。

二、城乡低保对象、农村五保供养对象、城镇“三无”老人、享受民政部门定期定量生活补助的60

年代精减退职职工四类对象救助封顶线由每年2万元提高至2.5万元，城乡无固定收入重度残疾人、特困职工及其家庭成员两类对象救助封顶线由每年1万元提高至2.5万元。

三、上述对象医疗救助比例和封顶线从7月1日起按新标准执行。

特此通知

二〇一二年六月四日

抄送：扬州市民政局、财政局、人社局、市政府办。

二、《仪征地名文化》选辑

（一）地名探源

地名是历史形成的，它是一个地域和地方的载体。它的形成与一个地域的自然环境、政治经济、历史文化和社会风俗有关。各地地理区位的不同，地形地貌的差异，经济发展的快慢，历史上发生重大事件和重要人物活动多少，以及社会风俗的淳厚与否，都会形成不同的地名。

仪征濒临长江，平原河网密布，丘陵山冈星罗，居吴头楚尾和江淮之间。多样的自然环境和优越的地理位置，以及人们为改变自然环境所进行的工程建设和政治家、军事家们在这里所进行的军事斗争，都是仪征地名形成的源头。

如果说，明代军队实行屯田制度是仪征出现若干以“营”为名的村庄是个特例的话，那么，无数以聚族而居家庭姓氏冠名的村庄，则是仪征地名的普遍来源。此外，还有不少以物为名的地方，则与人们的生产和社会活动有关。至于历史遗留下来的遗址、遗迹所形成的地名，更具有丰富的历史文化内涵。

地形地貌的特征 一个地方的自然环境、地形地貌如何，往往可以从这个地方的地名体现出来。地名是一个地方的形象素描，很多地名都反映这个地域的地形地貌特征。也就是说，地形地貌特征是一个地方地名的重要来源。

仪征南濒长江，地势东南低、西北高，地貌分平原、丘陵、冈地。各种地貌类型均可以形成当地特有的地名。南部沿江的平原圩区，是先民们逐步对长江冲涨淤积的沙洲开荒垦种形成的。人们世世代代在这里开河挖渠，筑堤隔圩，将沙洲或江滩改造为良田。人们住在哪个洲，开垦的什么滩，先给它起个名字，随着开垦活动扩展，每挖一条河，筑一道圩，架一座桥，造一座闸或砌一个涵洞，也都得给这些设施和建筑物起名字。这些建筑物名有的就成了地名。因此，沿江乡镇称河、桥、圩、港、湾、闸、涵、洲、滩的村庄名很多，如沙河、汴河、盐河、旧港、梁湾、二闸、杨涵、沙漫洲、三益滩，等等。河多则桥多，上世纪90年代，朴席、新集、新城3镇以桥为名的行政村就有11个，占这三个镇行政村总数的三分之一。南边有土桥、双桥、砖桥，以及孔桥、方桥、李桥等。自然村庄以桥命名的也不少。以圩命名的地方则更多，除镇称十二圩（今为办事处）、村称田圩以外，自然村庄以圩为名的仅十二圩就27个，其中有的可能是按圩筑成的时间先后取名的，从头圩到十四圩，十五圩未修成，夹在十三、十四圩之间，当地人戏称“裤裆圩”，此外，还有中圩、外圩之分，老圩、新圩之别。青山镇在占全镇面积五分之一沿江狭长的地带上，就有14个以圩为名的村落。

仪征西部和中西部为高冈和缓冈丘陵地区。这里山势绵延，冈峦起伏，冲洼遍布。临江的青山镇内，有小青山、龙山和陡山三个山系，大小冈岭50余座，洼地13个，最大的蒋洼有田400余亩。由青山镇逶迤向北而东折，龙山、陡山、青山、红山、长山、峨嵋山、桃花山，像一条长龙蜿蜒于仪征西北部。铜山、捺山和乌山则是互成犄角三座突兀的山峰。人们依山而居，当然要选择宽阔冲洼和平缓的冈地。

久而久之，形成自然村落，人们就以所在山、冈、洼、冲，以及坎、埂为村庄名，有的还冠以聚族而居的姓氏。因而，仪征以山、冈、冲、洼为地名的很多，不仅乡镇中有青山、铜山，行政村以山为名的也不少。以青山、铜山和月塘为例，以山为名的行政村有9个，如新山、官山、红山和长山等；以冈为名的行政村和自然村庄有30个，比较知名的有枣林冈、葛冈、张冈等；以山、冈、冲、洼为行政村和村庄有32个。中北部缓冈丘陵地区除了山、冈、冲、洼等地名以外，还有人以蓄水灌溉挖的塘、坝为村庄名，月塘、陈集、大仪三镇以塘为名的村庄就有33个。所以，当我们记住洲、滩、港、湾、山、冲、洼这些自然形态的实体地名时，不要忘记河、圩、桥、路、涵、闸、塘、坝、库等这些人工设施和建筑物的名称和以及以其冠名的地名。它是人们改造山河，与自然灾害斗争留下的印记，毫不夸张地说，每一个大型建筑设施的地名都是一座人与自然斗争的丰碑。

聚族而居的标志　仪征除了以自然地理实体和人工建筑物命名，以及城区和集镇以街、路、巷和社区命名之外，广大农村绝大部分自然村庄都是以“庄”命名，据1983年编辑印行的《仪征县地名录》统计，当时全县18个公社、1个镇、1个工矿区、7个国营场圃，共有自然村庄4066个，其中以“庄”命名村庄就有2275个，占全部自然村庄的56%。因此说，人们聚族而居的“庄”是仪征地名最普遍、最广泛的地名来源。这些村庄又绝大部分以姓氏冠名，成了各种姓氏聚族而居的标志。当然，随着社会发展，受到自然灾害、战争、建设等多种因素的影响，人们不断迁徙，有的以某一姓氏或多个姓氏和谐共处。但是，追根溯源，最早还是这一姓氏的先人到这里定居的，后来子孙繁衍，人口日多，逐渐形成以这一姓氏为名的村庄。有的甚至成为这氏系中的旺族。

仪征以姓氏冠名的“庄”，涵盖了仪征境内大多数姓氏。而愈是大姓，以其姓氏为名的村庄愈多。根据《仪征县地名录》粗略统计，最多的是王庄，有102个，其次是陈庄，有78个，再次是赵庄，有66个，然后是周庄，有65个。60个以下20个以上的村庄，徐庄38个，朱庄36个，吴庄、杨庄和郭庄各32个，高庄31个，潘庄26个，曹庄25个，马庄和丁庄各23个，孙庄22个，胡庄20个。20个以下10个以上的村庄有23个，分别是姚庄、陶庄、殷庄、金庄、秦庄、许庄、蒋庄、林庄、洪庄、汪庄、孔庄、唐庄、汤庄、万庄、夏庄、姜庄、阚庄、冯庄、方庄、顺庄、蔡庄和吕庄。

说起以姓氏命名的村庄，仪征境内的月塘、青山地区，还有一种十分有趣的现象，即将姓氏与地名倒置，地名在前，姓氏后缀，如砖井童、四庄曹、山（头）郑、大营李、小营李、长塘包、大塘朱、大路殷、罗塘陈、大建周、小建周、大金、小经、深沟钱、三家王、沙河徐，等等。之所以出现这种现象，可能与同一姓氏的家族分居有关，在同一个姓氏前冠以不同的地名，以示一个家族不同分支之间的区别，便于家族之间的联系。同时，还可以避免社会交往中出现障碍。

除了以“庄”命名村落之外，仪征农村还有各种各样的村落名称，如：营、井、巷、塘、房、屋、堂、楼、亭、店、篷、窑、园、坊、场、墩、路、坡、岔、田、地、坟、庙、庵、口、头、南、北、边、尾、旗、套、松、树、柳、竹、桃、灯，等等。仅古井一地，以巷为名的自然村庄就有25个，以井命名的也不少。证明这里是古广陵城的遗址。

屯田制度的遗存　1983年编印的《仪征县地名录》记载，全县当时的4066个自然村庄中，称“营”的村庄有316个，占自然村庄总数的8%左右。从分布情况分析，沿江平原地区的真州、十二圩、朴席和青山镇和明代不属于仪征的大仪、大巷、香沟及古井，以营为名村落很少，平均每乡只有4个，新集、新城、青山和刘集、陈集以营为名的村落也不多。以营为名的村落主要集中在谢集、马集、龙河、曹山、胥浦和铜山等地，最多的是马集，有59个，次之为龙河与谢集，各有41个，月塘37个，曹山26个，胥浦17个。为什么有这么多自然村庄称“营”，这与明代军事实行屯田制有关，“营”是这种制度的遗存。明洪武初，皇帝下诏，在全国推行屯田制，招谕五军都督府：“养兵而不病于农者，莫若屯田，今海宇宁谧，边境无虞，使兵坐食于农必受敝，非长治久安之术”，令天下卫所督兵屯种，并规定：“凡军一百名以上委百户一员，三百名以上委千户一员，五百名以上委指挥一员”，对屯种兵丁进行管辖。仪征濒江背淮，是军事走廊，从北宋末到明代初，战事不断，农民为避战祸，纷纷逃离家园，农田大量荒芜，可以用作屯田的土地很多。县志记载，明初，仪征额定种屯田兵丁2998人，分左、右和中前3个屯所，有屯田92处，计1853万亩。并在县东25里、县西40里和县北15里设3座屯仓，储藏屯田收获的粮食。直到清初，仪征还有额定屯丁1431名，屯田7.16万亩。以后屯田制度逐渐取消。但屯田仍在，被称为军田，由屯丁的后代耕种，并世代相传。这些人家被称为军户。军户、军田与民户、民田有是区别的，军户可以免除徭役，军田可以减免一些田赋。连有些风俗习惯都不一样，比如春节习俗中的"送灶"，军户是腊月二十三日，民户是腊月二十四日。至今仪征仍保留"军三民四"的说法。

前面已经提到，屯田兵丁是有组织分级管理的，基层每一百名兵丁委百户一人，俗称"百户长"。百户长所管辖的百名兵丁，为了平时便于耕种、训练，战时易于迅速集中打仗，必须相对地集中住在一起。这些兵丁结婚成家后，军户的家庭越来越多，渐渐形成村庄。这些村庄开始没有名字，又不能等同于民户命名，在明代一直称这"屯田"，并以其所在地为名，如曰月塘、曰腊山、曰七里井、曰地藏寺，等等。清代，除八旗子弟外，普通军队称绿营兵。顺治初年，在仪征先后设奇兵营、青山营。可能就在这个时候将军户聚居的若干村庄称为营，后来渐渐地冠以人数较多家庭姓氏，称王营、张营、李营等。明代屯田制，是仪征境内称营的村庄的由来。

重要历史事件的记录 仪征有文字记载的历史约3000年，一些重要地名基本上都来源于历史上一些重要事件，是这些历史事件的记录，也可以说是历史老人在仪征大地上留下的"脚印"。仪征最早的地名大概要算周穆王年间（公元前10世纪左右）的"䣜"了。那是因为曾经是东方霸主的徐国国君将自己的儿子分封于"䣜"（今市区北郊，后来称为义）一直作为地名沿用了近2000年。仪征古代《县志》就曾有记载，宋代的行政区划中"甘露乡一都义城里"。宋以后，义城里名字消失了。除此之外，仪征现存最古老的地名可能就是胥浦了，这是春秋楚平王七年（公元前522年），伍子胥亡楚奔吴在此解剑渡江留下的，至今已有2500多年。汉初，吴王刘濞，在他分封的吴国境内冶铜铸钱，也留下了铜山之名。三国时期，魏文帝曹丕率舟师伐吴，于仪征北城子山筑东巡台临江观兵，因此城子山被称为曹山。唐代，置扬子县，将长江北岸已淤涨起来的沙洲为名的白沙村，升格为白沙镇（今仪征市区）。五代时，吴主杨溥至白沙镇检阅水军，金陵尹徐温赶来朝拜，故将白沙镇改为迎銮镇，后来又因宋太祖赵匡胤禛在迎銮镇训练水师，又将迎銮镇升格为相当于现在县级建置的建安军。迎銮、建安二地名已随时间流逝，只在今人诗词里偶见"銮江"、"銮水"，唯扬子、白沙二地名一直被后人断断续续使用着，直到今天，仍然以其丰厚的文化底蕴被冠以街名、店名。

仪征原名仪真，得名源于宋代在建安军城北十五里小山设冶炉铸造金像的盛事。因为所铸金像仪容逼真，故敕升建安军为真州，后来又赐名仪真郡，所以才有仪真这个地名，直到清代，由于雍正皇帝名胤禛，为避讳将真改为征，于是才有仪征这个名字。后来，人们为纪念这件盛事，在铸像的小山上建天庆仪真观和青鸾、白凤二亭，将小山改为二亭山。二亭山这个很有历史文化内涵名字，新中国成立后很长时间仍继续沿用着。重要历史事件留下的地名除上述以外，最具悲壮色彩和民族精神的大概要数"三将"了。它记录了宋代三位将军英勇抗击外族入侵，喋血胥浦河的斗争事迹。以历史事件留下地名很多，在后面的"地名史话"部分再详细记述。

地物与物产的信息 地以物名是仪征地名的重要来源。或乡或镇，或村或庄，或待或巷，不少是以当地地上的文化古迹，以及水利交通设施等事物和物产命名的。

仪征历史悠久，历史文化遗存很多，有些地名就是以历史文化遗址、遗迹或已消失的建筑物命名的。庙山，是一座汉代诸侯王的墓葬，因封土堆高大，顶上又建有寺庙，故被人们称为庙山，并以庙山为附近村庄和行政区域名称。解放初，有过庙山乡，现在仍有庙山村。陈公塘是东汉初期兴建的大型蓄水工程，由官府出资，广陵太守陈登主持修筑，因此后人称其为官塘，又叫陈公塘。民国时期至新中国建立以后，临近古塘遗址东面一片地域，就曾经称为塘田、官塘集，还几次作为区以下的乡名，称官塘乡和陈塘乡。与陈公塘相连的还有龙河。龙河本是陈公塘下游水道。陈登字元龙，后人为了纪念他的功绩，将这条水道称为元龙河，渐渐地"元"字被省略了，直接称龙河。汉代之后，以古建筑物为地名的还有新城。新城为晋谢安所筑，元代曾作为真州所属扬子县的县城，其名历史悠久，沿用至今，从来没有更改过，这在仪征地名史上是很少见的。月塘也是古代官修的蓄水工程，它不仅在历史上成为集镇之名，后来还被作为区名、乡名，至今仍是仪征市所管辖的镇名之一。以历史遗址为乡名、村名的还有古井和盘古山。古井开挖于宋元年间，至今井栏犹在。盘古塚、盘古庙和盘古山更为古老，现在虽难觅遗迹，但人们不忘这位同样被称为人文祖先的古神话人物，不仅以盘古作为村名，还将其作为现代物质文明载体的工业集中区的名字，使古代文化与现代文明交相辉映。以水利、交通设施等地物作地名就更多了，除龙河以外，还有沙河、盐河及河道上架设的八字桥、金桥、土桥、双桥、孔桥、曹桥、方桥、朱桥等，都被用来作行政村和自然村的名字，龙河曾经还是公社和乡名。除此之外，还有二闸、旧港、翰林坟、石人石马、牌楼、牌坊、关帝庙、隆觉（寺）等，都是以地物命名的。

在城区，有文化意识的建设者们，为了给仪征这座文化古城留下一些历史记忆，在城市改扩建或新建过程中，不仅保留下一些古街巷的名字，如都会街、马驿巷、仓巷等，还以现存的文物古迹或消失的文化遗存命名新的道路、街巷，如北城河路、西园路、鼓楼东路、鼓楼西路、天宁巷、奎光巷、资福巷。近来，又将新辟的湿地公园命名为东园，此外，还有东园路、石碑路，等等。

仪征物产丰富，物种繁多，以物产为地名的地方，最古老的是铜山，最具地方特色的是朴席。铜山因为产铜，故称铜山，相传是汉代吴王刘濞铸钱的地方。他“开山鼓铸，即海煮盐，富埒天下”，积聚了雄厚的经济实力以后，企图谋夺天子之位，带头发动“七王之乱”而被歼灭。后人有诗曰：“吴濞当年不尽忠，因山鼓铸欲无穷。天知瘠土民思善，从此铜山不产铜。”朴席原名朴树湾，直到民国十七年（公元1928年）仪征建立区乡（镇）建制时，才出现朴席镇这一名字。朴树湾之所以被改为朴席，因为这里盛产草席，清末民初达到鼎盛时期。其时，当地织席农户1500多家，织机两千余张，“三湾九井十八巷，家家户户织席忙”，年产草席近百万条。畅销于江苏和安徽蚌埠、湖北汉口等地，先是物以地名，称朴席，与苏州的苏席和宁波的宁席并称长江下游三大名席。后来，又地以物名，称朴树湾为朴席。除了以出产为地名的铜山和朴席以外，仪征还有很多以出产物为地名的村庄，且不少与老百姓的生活息息相关。比如，散布在广大乡村的若干糟坊、粉坊、碾坊、炕坊，烧制砖瓦的土窑等都被称为村庄名，如：夏窑、汤窑、耿家窑，以及史家香店、斗篷庄等，这些酿酒、制粉，加工粮食，孵育家禽，制造砖瓦和制作香和斗篷的作坊，都成了村庄的名字，有的还不止一两个村庄名，称碾坊的村庄就有6个。

至于以物种特别是植物为地名的村庄也不少。如松园、柏树庄、紫竹、桃花村、栗树棵、黄楝树头、椿树庄、千棵柳、独枣树、枣林冈（现称枣林湾）、百果树等，甚至还有叫芦柴沟、刀茅草、茅草庄的。如果将这些村庄集中在一起，呈现在我们眼前的是桃红柳绿，松柏常青，果实累累。

（二）地名拾趣

仪征地名的来源多种多样，除了主要以姓氏、地理环境、历史故事、民间传说等得名以外，还有以数字、方位、物产、动植物、色彩等命名的。将这些特有的地名汇总、梳理、编排以后，发现许多有趣的现象。比如，数字可以从“一”到“万”，方位东、西、南、北、中、上、下俱全，矿产金银铜铁皆有，至于动植物就更多了；有的可以组成对联，有的可以编成歌谣。这里，选取这部分有代表性地名分别录于后，让人们从这些地名中增长见识，感受乐趣，愉悦身心。

以数字为地名 一心组：在真州永丰村。过去这里“小吵天天有，大吵三六九”，在办初级和高级农业合作社时，为了促进相互之间的团结，便定名为一心。

二闸：在原新城镇越江村（今属于十二圩办事处）。二闸是镇南通江河中间的二道闸，南为翻水闸，北为卧虎闸，现已名存闸无。

三茅集：在今天新城龙河境内。传说名称来源于集上有三个盖茅草房的茅匠，亦说来源于集上的三茅真君庵。

四庄:在今天月塘谢集境内。地名来源于一姓曹的老四分家后住的地方,以后发展成为一个村庄,人们习惯于称曹四房庄,村名为四庄村,所在地的庙宇称四庙。

五里冲:在今大仪石桥村,此地一条冲田有五里路长,地名便叫五里冲。

六松:在今天月塘谢集境内。因六棵松而得名。

七巷:在刘集境内。因从前村里有七条巷子而得名。

八里岔:地此距陈集8华里,又位于岔路口,故得名。

九里集:距离铜山、谢集、马集分别为九里的一个小集市,故称之。

十房庄:刘集联合村兄弟10人住的村子,农村男子结婚后叫"一房人",故叫十房庄。

十二里岔:马集境内。因这里距县城12里,且地处岔路口得名。

十五里墩:真州胥浦境内,因距县城15里而得名。

二十里里铺:真州镜内。离县城20里得名。

三十里墩:在月塘镇谢集境内。因距县城30里而得名。

百寿村:在刘集境内。因境内的百寿庙取名,1966年,更名红光。1981年,恢复原名。

万集:大仪境内。以前此地曾一度为集市,因人多而得名。

以方向为地名　东林庵:刘集东头一座庵叫东林庵。

西瓦巷:刘集镇古井境内一个村子。因为村西边住瓦房与东边住草房的人家仅相隔一条巷,村名便叫西瓦巷。

南面场:刘集南街有块大场,村名就叫南面场。

北海:新城原大楼村北边有个庄子,从前年年发大水,由于此地低洼,四面环水如海,久而久之,人们便称它为北海。

头排庄:真州境内。紧靠长江,是距长江最近的村庄,故名。

上巷:刘集境内。因地势高于陆巷,取名上巷。

下家冲:在刘集境内。因地势低洼,位于两冈之中,故名。

前七巷:马集境内。该村原以戚取名,后戚转为七,现统称前七巷。

后七巷:马集境内,相对于前七巷,称后七巷。

中心:新城境内。因位于本村中部而得名。

以植物为地名　玉兰庄:新城境内。据传因该庄曾有玉兰树而得名。

荷叶地:真州境内。旧地形像荷叶,故名。

草蒲塘:陈集境内。因村旁塘边生长草蒲而得名。

杨柳巷:陈集境内。因村边冈子上长满杨柳而得名。

黄楝树:刘集境内。因村里的黄楝树取名。

枣核塘:在陈集,塘形像枣核,附近的田地与村庄都称作枣核。

栗树王庄:真州境内。庄上有棵大栗树,两个成年人合抱,手拉不到手,且庄上几十户人家姓王,村名与姓氏合一,称栗树王庄。

以动物为地名　石虎:铜山有个地方,一块石头像虎,地名石虎。

蛇家凹:月塘镇谢集境内。因地势低洼如蛇状而得名。

猫儿洲:在朴席土桥一带。古称猫儿颈,是长江一带的一个沙洲,晚清民国时是盐船聚居之地。

王獾庄:马集境内。因过去这里獾子多而得名。

野鸭赵:新城镇龙河境内。该庄赵姓多,且庄中水塘中有许多野鸭而得名。

龙埂:新城镇龙河境内。是古陈公塘塘堤遗址,形如龙,故称龙埂。

燕塘湖:月塘境内。传就从前这里是湖,因燕子多而称燕塘湖,此地形成村庄后,取名燕塘湖。

熊坝:大仪境内。过去村中有一个姓熊的人家,村外有一条坝,因此取名熊坝。

金牛庄:因紧靠金牛湖,又与六合金牛山相对,故称金牛庄。

青龙:朴席镇境内。因青龙港得名。

以矿产为地名　铁坝:月塘镇谢集境内,相传古人曾在此炼过铁,故名铁坝。

石山:铜山境内。以村旁石山得名。

金家洼:新城境内。由3个庄子组成,称金一、金二、金三。

银锭:陈集境内。因境内银锭桥得名。

以颜色为地名

红果庄:新城三将的一个庄子,庄上栽过花红树,果子发红,人们便称安为红果庄。

白土墙:月塘谢集境内。地名源于该庄墙头用白的水泥所砌。

乌山:月塘境内的一座山,山上的石头是黑的,开矿时发现山中许多石柱也是黑的,黑与乌是一色,人们便称其为乌山。

青墩:大仪境内。有一土墩子上长满树木,满目清翠人称青墩,村以青墩取名。

黄泥港:十二圩境内。濒临长江,又称黄泥滩,是清代盐运的重要港口。

以器物为地名　火叉地:在月塘境内。此地位于三叉路口,形如烧火的火叉,故取名火叉地。

寿灯:在月塘境内。从前此村曾有一位老寿星而得名。

补锅周:在月塘境内。过去村里有姓周的补锅匠,故名补锅周。

砚塘:在月塘境内。因庄前的水塘形似砚台得名砚塘。

碾坊庄:在月塘境内。因过去村中曾有碾坊而得名。

石人石马:在朴席境内。因该村附近古墓前曾有石人石马而得名。

椅背子:在朴席境内。该村后有条大埂,形同椅背子而得名。

火把桥:在朴席境内。因村旁的火把桥而得名。

红旗:在十二圩境内。因境内江滩红旗洲而得名。

粉坊庄:在朴席境内。因从前村里有粉坊而得名。

斗篷城:在马集境内。因为该村形似斗篷而得名。

车篷田:在铜山境内。以村边水田旁的凉篷取名为车篷田。

窑庄。在刘集境内。因过去村里有瓦窑而得名。

靴塘:在陈集境内。因村边水塘形状像靴子得名。

肉案庄:在刘集境内。因过去村中有户人家开肉案而得名。

烟墩山:在青山境内。庄旁小山顶上有个土墩,传说古代战乱时常在山上放烟火传递消息,因此得名。

以身份为地名　师姑田:在青山境内。因过去这里的田是尼姑庵的庙产而得名。

和尚庄:在朴席境内。因村里过去曾有和尚庙而得名。

红娘庄:在新集境内。因庄上做媒的妇女多而得名。

沙集:在陈集境内。相传此地住过武艺高强的沙老汉而得名。

瓦匠庄:在刘集境内。因一户人家几代均做瓦匠而得名。

六先庄:在马集境内。因此庄先后出过四名私塾先生、两名阴阳先生而得名。

(三)地名巧对

两字对

铁坝　铜山	舆县　芜城	仓巷　瘠园	新河　旧港	石桥　砖井	移居　安墩
土桥　石街	邗沟　蜀冈	三里　五星	二尤　三将	北庙　南庵	千棵　万集
茶篷　果园	一心　三联	头王　尾帮	马坝　龙沟	金桥　银锭	万年　百寿
枣林　桃坞	李塘　荷庄	马场　龙池	凤岭　龙塘	古井　新城	土沟　墩塘

佐安	太平	马桥	牛冈	头圩	二闸	大楼	小遇	马头	弓尾	古湄	新山
水关	石桥	梅套	莲池	沙集	田圩	桂花	栗树	黄泥	白土		

三字对

荷叶地	甘草山	宝塔松	刀毛草	猫儿颈	獾子洞	凤凰山	雁荡湖
喜鹊冲	老鸦庄	师姑田	和尚庄	大码头	小市口	龟头窑	鱼尾庄
蛤蟆桥	鱼鹰庄	蛇口地	鸡窝塘	石狮洼	白羊山	孔雀山	燕子冈
螃蟹地	蚂蚁山	葫芦套	朴树湾	东林庵	西瓦巷	三棵柳	六旗营
七里井	八字桥	九里集	十房庄	慧日泉	状元井	老田圩	小桥坝
霸王城	状元坊	麻线港	葫芦坝	柳沟头	枣核塘	塘头李	栗树王
白土桥	红果庄	黄泥冈	白土墙	野鸭赵	孔雀李	鸭嘴桥	马头冈
二郎庙	三义阁	天宁寺	地藏庵	小龙涧	大安集	深沟钱	大营李

四字对

赵家松园	大树留庄	白沙红叶	泮池新柳	仓桥塔影	文墩积雪
张奶奶腰	刘和尚庵	西林茶肆	东门桃坞		

（四）地名歌谣

清·真州道情词

（一）

唱仪征，古真州，城中央，是鼓楼；资福禅林多幽雅，天宁寺内塔难修；奎光楼前头，城隍庙坐落县衙后；梓 墩“文光射斗”，学宫外一片芦洲。

（二）

出东门，过吊桥，东岳庙，殿宇高，挡军楼下有个仙人洞，十殿阎罗分衙道，二郎庙前穿心过，一带溪河水滔滔；桃花坞名人游玩，通真观学把丹烧。

（三）

出南门，慢步游，走河西，到码头，东边有座关帝庙，都会桥下水悠悠，西有星沙看戏楼，城隍宫紧靠河边口。泗源沟通商巨埠，看长江水向东流。

（四）

出西门，是荒郊，老虎山，羊肠道；喜童坟前牌坊高，“义烈大夫”追封号。万年桥口走一遭，人烟稠密真热闹。胥浦桥当年古迹，伍大夫仗剑奔逃。

（五）

出北门，仔细看，双瓮桥，水已干，“蜀冈锁钥”圈门外，观音庵对保生庵；两旁大堆是坟滩，石塔寺紧靠路边站，白沙寺秋天红叶，八蜡庙独立北山。

桥名歌谣

我跟姐姐把船摇，
一路说了多少桥？
铜山根，马家桥，
三棵柳下清水桥。
够不着，是孔桥，
须须溜溜是毛桥。
买粮食到胥浦桥，
叽叽喳喳鸭嘴桥。
收猪窝，骚猪桥，

矮矮墩墩万年桥。
进城里，走双桥，
走一桥，摸一桥，
夫妻打架上吊桥。
宝塔下边天宁桥，
开蒙馆买纸到纸坊桥，
三江四水都会桥。
鲤鱼跳过龙门桥。

（五）地名词典

地名词典主要收录“地名史话”和“地名传说”之外的一些地名。这些地名大多见于地方志记载，有的至今仍沿用着；有的虽然不用了，但还活在人们口头上。有的古迹遗址、园林景观、寺庙等虽然大多消失了，但又被今人用着村组、街巷、社区名，所以选了一些，以延续历史文化的血脉。为了便于检索，地名以汉语拼音声母为序。

A

【安徽大岸】原属江南的增课洲、十二圩夹江对面的鹰洲与世业洲一部。从清康熙、乾隆、道光开始，一直延续到抗日战争爆发，因洲上大部分住的是来自安徽和州、无为一带的群众，他们从事开垦和盐务劳动，此处故称安徽大岸。

B

【白沙】以滨江的白色沙洲而得名。汉代称白沙洲，唐代为扬子县白沙镇，南齐时在该地驻有重兵，称白沙军（军队建制），后改称迎銮镇。白沙之名沿用至今。

【北山】北山在真州城之北（现今曹山地区）。山上曾有东巡台、壮观亭、扁岫亭、澄澜阁、八腊庙、北山寺、北门石塔等建筑和大白果树、枫树等花草树木，秋天枫叶如丹。“北山红叶”是清末真州八景之一。

【霸王城】今胥浦一带一直流传着霸王城的传说。其实这里历史上确实有霸王城这个地名。它原名黄巢寨。明《隆庆仪真县志》记载，唐代，黄巢率领的军队渡江经扬子县时，曾在此筑垒屯兵，其寨状方若城，俗称霸王城。霸王城之名至今仍活在人们的口头上。

【巴祠】在今马集境内。因著名的朴园而得名。朴园为清代大盐商巴光诰建。园辟地数里，有景点20余处，其中假山为当时叠石名家戈裕良所作，被誉为“淮南第一名园”，咸丰年间毁于兵火。朴园内曾建巴氏宗祠。后园、祠俱毁，巴祠之名留了下来，被后人用着乡名、村名。

C

【仓基】在朴席境内。因有中华造字始祖仓颉庙而得名。“基”与“颉”字音近。

【赤岸山】此山与青山相连，因山中有红砂，古代人叫它赤岸山。晋明帝征西大将军桓温见此，曾发出赤岸若朝霞的赞叹。唐代杜甫在《山水图》诗中写道：“赤岸水与银河通。”王维也在《送封太守》诗中赞扬：“枫攒赤岸山。”

【岔镇】岔镇位于泗大线马集与铜山之交叉路口。岔镇，历史上又称大同镇，或取自“天下为公，世界大同”。岔镇，俗称十二里岔。过去从仪征城出北门，由近到远，先后有七里井、八里庵、九里塘、十里墩等地名，十二里岔可能距城十二里，故名之。“岔”是会意字，分山为岔。十二里岔西北向有大小铜山。

【仓桥】原址在今前进路上，距离天宁寺塔很近，在水中能看到宝塔身影，故称“仓桥塔影”，成为“真州八景”之一。现在人以之命名住宅区，称仓桥花苑。

【草寇庄】草寇庄是新集镇花园村的一个自然村庄，为什么起这么一个不雅的地名呢？解放前，地方社会治安混乱，一部分无以为生的人员，为了维持生计，被逼纠集在一起，打家劫舍，劫富济贫。他们选中并住在这个三面环沟，只有一条上庄路的庄子，昼伏夜出，专打劫一些大户和有钱人家。有钱人家管叫这些人叫强盗草寇，所以他们住的庄子就叫草寇庄。

又有一说，在太平天国时期，部队每到一地，首先要安营扎寨，备足粮草，给牲畜加料，以备长途行军。当年洪秀全的部队曾路过此庄安营休整，给牲畜加料，于是当地百姓又称该庄为槽寇庄。

D

【鞑旗】在朴席境内。相传，太平天国时期，清军曾在此地竖旗扎营，当时老百姓称清兵为鞑子，故村名为鞑旗。

【大安集】在青山境内。传说西楚霸王项羽从胥浦到安墩桥附近小憩，沿途没有发生战争，平安无事即大安，以后这一带地方就被称为大安集。

【得胜山】在大仪境内，《扬州风土纪略》记载，宋绍兴初，韩世忠大败金人于此。故名。

【东园路】宋东园为皇祐四年（公元1052年）建，欧阳修作《东园记》、蔡襄作书，名园、名文、名书，时称"真州三绝"。几度兴废，清康熙毁于兵火，遗址在今市区梓橦巷以东一带。现今在石桥河以东新辟的道路和大片湿地公园，名为东园路和东园。

【大码头】仪征城南俗称大码头。城南为什么又称大码头？这与城南的地理优势有关。仪征城南，面临长江，旧时为江、淮、运三水汇集处，是仪征的天然门户。这里河汊交织、港口众多，为水陆要冲，曾是重要的货运集散地。自古商贾云集，店铺鳞次栉比，各地办事会馆众多，几百家商铺各具特色，单花店就有数家。每日车水马龙，市声不断，是仪征的商贸中心。人称"上海十六铺，仪征大码头"。

【都会桥】都会桥是建在仪征南门迎江河上南北走向的单石拱桥。相传始建于唐代。旧时，进出仪征的船只必经桥下。都会桥以巨大的青石桥圈成桥内拱，古铜色的花岗石构成桥身。上下共60节台阶。每级大约长6米，宽70厘米，高20厘米。桥顶有2米多的休息平台，设有7家店铺。都会桥因何得名？有人说，与仪真（今仪征）为"面江背淮一都会"的说法有关；有的说，因江水、淮水、仪征东（龙河流域）西（胥浦河流域）两界水都在此地相会而得名。此桥于1958年大跃进年代被拆除。

G

【官塘集】在龙河境内。东汉广陵太守筑陈公塘，为官府所修，称为官塘，塘东侧后兴起集市，故名官塘集。

【古都】古都在新城镇境内。解放后的1956年设古都乡。乡名来源于境内的古都天庙。据都王爷墓前的"乙巳年清河月"的碑联记载，都天庙最迟在清乾隆五十年（1785年）建成，整座庙宇九十九间半房屋，气魄宏伟。解放后曾在此设都天庙小学校。直到1958年前，仍具有一定的规模。现今庙宇已不复存在。但古都之地名，后人沿用较长时间。

【古湄】在真州境内。因古代的湄庵而得名。湄庵清代是游览的佳处，游人可乘船"绕过龙门桥下过，湖船齐泊在湄庵"。清嘉庆二年（公元1797年）七月，骈文大家吴锡麒游西溪（今胥浦河）时写的一篇《游西溪记》曾准备勒古石于湄庵，未果，民国21年，废闾邻推行保甲制，仪征县第一区设古湄乡，以后乡、社、村名相沿，至2001年，并入长江村。

H

【慧日泉】在天宁寺藏经楼下。苏东坡曾在这里读书写经，酌水品茗，题名慧日泉。从此慧日泉之名不衰。

【恒华】在今马集境内。原名陈塘乡。1948年乡指导员徐恒华在组织群众集会时，遭遇国民党还乡团包围，为掩护群众安全撤离，壮烈牺牲。为了纪念徐恒华烈士，当地改陈塘乡为恒华乡，后改为恒华公社，恒华大队，今天仍有恒华村名，境内还有以恒华命名的恒华桥。

【翰林坟】新集镇江宁村境内，已有200多年历史，至今仍有一个村民小组称为"翰林"。它因清乾隆年间扬州一个官为朝廷翰林的坟墓在此而得名。

【荷叶地】龙河集又名荷叶地。这与它所处地理位置有关。它地处山、圩交界之处，四面是高冈黄泥土，而唯独集市周围是乌沙土，所以无论天多么干旱，集市四周塘内都有水。即使山洪暴，东西南北成了汪洋，龙河集上也从不进水，就像一片大荷叶漂浮在水面上，所以人们称龙河集为荷叶地。如果站在官塘集向龙河方向看，集东边有座蛤蟆桥，集西边有座龟头窑，就像蛤蟆和乌龟伏在荷叶边沿。据老年人说，龙河地区多次发大水，龙河集南头庵门口的石狮子从未下过水，南街到北街也从未进过水。

【花园】新集镇有个花园村，花园村有个花园组，当地百姓习惯叫花园庄。现在花园庄上并没有花红柳绿的花园，不过，据老人们回忆，花园庄以前特别大，是个大庄子，庄子上面有一处住宅高地，四面环水，只有一条上庄路，还得经过吊桥。过去庄上树木成荫，竹林成片，至今还遗有不少腐烂的大树根和老竹林基地，很可能是大户人家的后花园。所以花园一名一直沿用至今。

J

【金营】马集镇村名，距市区5公里。金营村名由来，一是来自新娘用金簪买路的传说；一是说在宋、金战争中，金国统帅兀术曾在此扎过兵营，其后一些老弱病残的将士便留在此地建立家业，是金国军人的后代，故名金营。

【江村】在城南江边，清初邑人张均阳筑。清郑板桥曾有此设塾教书。

【江西街】江西街位于十二圩街最东首，俗称尾帮。江西街是江西来仪“淘金”者以家乡命名的街道名。据史料记载，当年街前拱圈门外的江西码头常停泊有上千条大小船只，等待装盐驶往赣水；街后简易房里居住着为盐务服务的大批劳工。江西街至今仍残留着江西会馆、神帮会馆、划子（小船）小公所、仁寿堂等建筑遗迹。江西街仍为现今十二圩古镇街道名。

【奎光巷】现今市内有奎光巷。奎光之名来源于奎光阁。奎光阁遗址在今实验中学内，明代万历年间仪征知县欧阳照建，清时几次重修。20世纪70年代拆除。

【孔雀山】距陈集南一里多地。旧时说山上曾有孔雀栖身，故命孔雀山。

【刘集】相传很久以前，姓刘的商人在此从事商业活动名气较大，所以此地形成集镇后得名刘家集，通称刘集。刘集在历史上曾属江都县管辖范围。1959年2月，成立刘集人民公社。1984年元月，改为刘集乡。2000年4月，撤销古井乡、刘集乡，设立刘集镇。

【冷红】在新城境内。冷红从何而来？有两种说法。一是此地长梅，梅花在冬天开花，傲霜斗雪，谓之冷红。还有一说，此地原有梅花庵一座。刘宋时期庵内的一株梅花高出屋檐，幽香飘远，百年后梅开二度，被仪征籍大学者阮元称为返魂梅。故名冷红。

【隆觉】在朴席境内。地名来源于境内的一座建于宋代的古隆觉寺，隆觉先后被用于乡、镇、村和学校名。

【老闸口】老闸口，位于大码头原都会桥东，商会街中段的南面。因一座沟通南北的活动木桥而得名。旧时，大码头东连仪扬河，西接泗源沟入长江，大船小船过境经过这里，要将木桥拉开放行，此桥成了一道关卡，故称闸口。老闸口曾经是大码头最繁华的地段之一。

【赖方】赖方村民小组位于铜山办事处前进村北部。原名烂饭冈。据说很久以前山冈上住有3户姓赖的人家，家门口长有3棵梨头树，每棵树粗得一人抱不过来，树荫就有几间屋大小。过境的牛贩子经常在这里歇脚食宿。他们爱煮稀粥烂饭吃，比较简单，由此得名烂饭冈。如今已有24户居民，称赖方组。

M

【马集】今天马集镇政府所在地，原名马贾集。抗日战争时期，马集南边12里岔和北边谢家集都有日伪军据点。农民、商贩无法交易，便将交易地点移至此地。一户马姓和贾姓人家在此开店，坐地经商，后逐渐形成集市，名马贾集。1950年更改为马家集。后省去家字，通称马集。1960年4月，始建马集人民公社，后为乡、镇之名至今。

N

【农歌】晚清，“胥浦农歌”为仪征八景之一。因此当地百姓从民国初即以农歌为乡名，新中国建立后仍有农歌乡、农歌大队和农歌村，农歌之名沿用至今。

O

【欧阳埭】欧阳埭的位置在今天的仪征城东。埭，即拦水的坝。欧阳埭是一座用于航运和拦水的水利建筑。过去一些书籍与图书也把该埭所在的仪扬河称为欧阳埭，可能是河因埭名，也可能是修辞上借代手法。这是仪征古老地名之一，除了史籍记载，不见使用。

P

【蒲新】在今十二圩境内。地名来源于长江中的补薪洲，原是江岸边居民补充烧饭柴草之意。民国18年设补薪乡，新中国成立后，以其谐音改为蒲新乡，现为十二圩办事处蒲新村。

【破山口】在新城镇郁桥村境内。破山口，即破山开成的出口。破山属蜀冈丘陵的一部分。古时候，连绵几十里没有谷口。山内遇到洪水，要绕道内河才能排泄。一位风水先生为一大户人家选择风水，破山择取灵气，从此有了出口。于是方圆百里受益。破山口也因此得名。新中国成立之初，此地曾建有破山口烈士墓。八九十年代，当地人改破山口为“坡山”，建起坡山茶场。

【泮池】在今仪征市实验中学校园内。泮池原为学宫前一个水池，池呈月牙形，中有堤，称瀛洲。池水曾与外河相通，有“泮水源通淮泗远”的说法。“泮池新柳”为真州八景之一。

Q

【青山矿区】今青山镇政府所在地的前身。解放后，属于胥浦区青山乡，又称“龙山头”，为山区农村。1957年在此成立青山砂石矿，开采黄沙、卵石，工商和教育文化事业随之发展，逐步成为新兴集镇，通称青山矿区。1978年，政府专设青山矿区，作为县以下一个行政机构。1983年更名为青山镇。

【前进路】西起原仪征黎明汽车厂，东至老仪征中学一带。过去这一条路名为珠市街。云集了各地珠宝巨商。珠市街大市口因此得名。现今前进路已经东扩西延，形成前进东路与前进西路。

【牵驴下坎】清朝末期，马集夏庄的东面有一条通向外界的道路，这条道路也是当时马集通向外界的唯一一条道路。而这条道路到夏庄这个地方非常陡峭，一般行人从此路过，都非常小心。稍不留神，便会摔倒。即使是马、牛、驴从此路过，也不例外。当时，有一个商人做货物运输生意。因为生意越做越大，靠人挑已经不适应，于是便买了20多匹的驴子，用驴子来运输货物。每当运输货物途经这个陡峭的路段时，由于坡子太陡，为避免驴和货物被摔倒，赶驴的人都人小心翼翼地牵着驴子下坎。后人就将此地称为牵驴下坎。

R

【人洼】人洼原名老人洼。位于铜山办事处野山村西部。传说历史上这里经过一场残酷的战争以后，只幸存一男一女两位老人。从外地移民到这儿的人依靠两位老人关心，逐步定居下来。这里属丘陵山区，洼地砌房造房，山坡绿化，成了宜于人居的地方。为了感激这两位老人，后人将此地称为老人洼。

【人民路】抗日战争之前称县府街。为国民党县政府所在地（今人民影剧院地带），门口有一座大门楼，左右两旁有岗亭，对面有一块空地和八字形大照壁，壁上写有“总理遗嘱”。现为市区一繁华路段，既建有人民影剧院、电影院，沿街两侧又建有众多商铺。

【人寿桥】在今国庆南路一带。桥已经不见，但以人寿桥为名的商铺及娱东场所则屡见。据清代学者焦循《扬州足征录》记载：“仪真县所后有人寿桥，负盐者必经，久而颓圮，诸巨商弗问也。”可见人寿桥因失修早已湮灭，但人寿桥名沿用至今。

S

【石人石马】在朴席境内。这里因村里有一座古墓，古墓前有一对石人石马，因此得名。

【单家桥】在仪征城内东南，今实验小学西北角。因在明代尚书单安仁宅前，故名单家桥，今不存。

【史家香店】新集史家香店位于新集街北，属新集镇新集村，源于清道光年间。史家第一代制香人从扬州南门福祥和香店学习制香技艺，满师后在新集街北的一个无名小村庄上开办了庆丰和香店，光阴荏苒，香店生意逐渐兴旺，前来问购“史家香”的人络绎不绝，后来当地百姓和远近香客们干脆称该庄名为“史家香店”，传承至今已到第五代，已有160多年的历史。

【双龙桥】扬州西山后八景有五景在陈集及其附近，其中第四景“双龙观涨”在老北关。故水上桥名双龙桥。桥名系举人乔岳所书。后原桥毁，桥名额石犹在。建造新双龙桥时，收藏者将古额石献出仍砌在桥上，是现今陈集唯一的八景遗迹。

【泗源沟】原是一条水道，后被用为街道和港口名。关于洒源沟名字的由来，据盛成先生考证：“洒源沟俗称四眼沟，为泗冶沟残存之音转，今为胥浦之支流，即天长志之冶浦，泗冶沟即邗溟沟，此乃指由江通淮入泗之明证”。相关人士回顾泗源沟这一仪征古渡时，曾说：“泗源沟有一街面，很热闹。清代以后由于江流冲刷，逐渐坍入江中，仅存一小段街尾。但泗源沟之名一直沿用至今。

【水校场】水校场原址在今真州镇长江村城南组一带。清代初期，清政府为加强军事防务，在临近长江边地势低洼处建立了面积近百亩的水校场。由于此地形宽阔，利于操练，清兵在此建起点将台，专门训练水军，故名水校场。若干年后，水校场废弃，包括它周围的几口水塘也长满了芦苇、杂草，当地农民将其改为农田。水校场地名也仅仅存活在城南一带七八十岁老人的口头上。

【时营】时营原地名为时万营，位于铜山办事处红山村北部。据说从明清时期开始居住在这里人以时姓、汪姓占多数，开始叫时汪营，后来王姓兴旺起来，地名改为时王营，再后来扬州万福闸搬迁来大姓万，又更名时万营。文革期间，时万营老地方一度更改为勤俭、勤丰、建设、劳动四个生产队，恢复地名为时营组。

T

【天安】天安村位于新集镇南部，东邻大樟沟、西抵小龙涧。天安一名，始于清代，源于当地百姓的良好愿望。天安村地面高程仅4米，是个锅底洼地。旧社会这里没有什么水利设施，农民种田靠天收，遇雨则淹，农民埋怨年年被淹。为了改变这种状况，老百姓只得求菩萨，自发募捐资金，在小龙涧河东杨庄的地块上建了座关帝庙，祈求关帝老爷保佑，并取“天淹”的谐音，将庄名改为“天安”，期望天天安宁，不再遭受水灾。从此这里就有了天安这个地名，从清末民初的“坊”到新中国建立后的乡、大队和行政村，绵延不断。

【桃坞】晚清时期，县城东门仪扬河两岸遍植桃树，春天桃花盛开，两岸红如绮霞，城内百姓纷纷乘小舟出东关至仪扬河观赏两岸桃花。“东门桃坞”被列为真州八景之一。桃坞之名，沿用至今。

【塔影】在朴席境内。相传境内乌塔沟边原来有座塔，沟中有塔的投影，故名塔影。

【天池】天池又莲花池，俗称盐塘。这里是清代淮盐运输船的停泊之地，又是管理淮盐运销之所和盐政验盐的管理机构。每年都要举行盛大的仪式和庆祝活动，热闹非常。在此，或登楼远望，或举棹泛舟，水中一轮明月，岸上燕舞笙歌，犹如身临南京秦淮河畔。

【天宁巷】仪征城内天宁巷十分奇特，它东西隔断，不相连接，且南北错位，西起国庆路，东至工农南路，从此断开；然后又从工农路北边近百米处向东至健康路。天宁巷因附近天宁塔得名。天宁塔始建于唐代，现为省文物保护单位。

【塔州】塔州原名塌子洲。位于铜山办事处野山村东部。据说此地曾有过河流，年久淤积形成沙洲，人称塌子洲。时间久了，被大家喊成了塔州。

W

【乌塔沟】乌塔沟是古句城塘的下游水道，仪征与邗江的界河，与仪扬河交汇。过去河边有一座用黑砖头砌成的塔，当地人称为“乌塔”，乌塔沟因此而得名。

X

【西溪】清代，胥浦河中游的前身被称为西溪。据载，清康熙七年（1668年）知县胡崇伦主持挑浚龙门桥至麻石桥河段，筑龙门桥西坝。从此，龙门桥至胥浦桥段被称为西溪。嘉庆二年（1797年），骈体文大家吴锡麒与友人来此游览后写过一篇《游西溪记》，西溪名字更响。西溪早已被胥浦河代替，至今不用其名。

【新德军】真州曾改名为新德军。宋人《中兴御侮录》说，亮（金主完颜亮）即下淮南诸郡，遂保据扬州，增筑壕垒，婴城自固，伪改为新德府，又改真州为新德军。但是，仪征明清时编修的《仪征县志》

未见这方面记载。

【西园】西园在仪征新济桥西，前身为荣园，明代崇祯年间，为造园鼻祖计成所建，以叠石胜，有“江北绝胜”之称，后毁于火，留有一石，阮元取名“湘灵峰”。“文化大革命”期间被砸毁。今市区西园路因此而得名。

【新集】今新集镇政府所在地。原来并无集市，因在扬州与仪征县之间，交通方便，利于商贸，逐渐发展为新的集市，故称新集。其名清时才见于《扬州西山小记》一书记载。新集乡历史上属于江都县，解放后划属仪征，一直被用着乡、公社、大队之名，1994年撤乡建镇。

Y

【仪真观】遗址在今马集二亭山。宋大中祥符六年（1013年），真宗恒诏令在建安军西北小山上铸造金像，像成于铸造地建仪真观。仪真（征）之名与此有关。

【印庄】晚清太平天国战争时期，江北一带驻扎着洪秀全的太平天国军队，该部队每到一处同当地百姓同吃同住，和睦相处，操练部队。当年在新集镇毛家营前面庄上住有一位太平军的军官，很多的军营归他管，下属军营里的人来办事都要这位军官盖印。来该庄力事的人多了，日子久了，当地百姓习惯叫这个庄子为印庄。印庄之名使用至今。

Z

【珠金沙】在新城镇境内。珠金沙原是仪征东南十里临江的一处沙淮，因沙粒亮如珍珠，故称珠金沙。据史料记载，宋元军队曾在这里发生过激战。文天祥有诗云：“我作珠金沙上游。”

【真州路】真州路，元代行政区划名称。当时全国共有11个行政省，路是行省下面一级行政建置。从至元十四年（1277年）到二十一年（1284年），只存在7个。现今仪征市区真切州路并非以此命名，而是以真州命名。

【张良冈】在月塘境内。相传以前这一带有西河关，为南北交通的重要关口，先后有丁、樊二公与张、渠两位大将在此把守。因是冈地，古称张渠冈。后来，被当地人讹为张良冈，一直沿用至今。

【左安】原胥浦境内有佐安这个地名。佐安原名左安，是春秋战国时期留下的古地名。明《隆庆仪真县志》载：襄公十四年，楚子为雍浦之役，师于棠邑（胥浦古为棠邑东地）以伐吴，在此筑左安城。宋治平中，又在此建左安城王庙。后来将“左安”改为佐安，取保佑平安之意。佐安之名沿用至今。

【资福巷】在市政府东侧，因古资福寺而得名。资福寺建于宋大中祥符年间。原在今市人民医院一带，明万历年间，寺、学互易地址，资福寺迁至学宫原址（今市政府所在地）。晚清时，“资福晚钟”为真州八景之一。

【张营】张营位于铜山办事处前进村东部。原名赫张营。赫张营地名从何而来？相传在明清时期，有一位将军率领一支部队曾在此地安营扎寨。将军姓赫，住处又以张姓居民为最多，以后这村庄就以赫姓将军和当地张姓居民的结合，名为赫张营。

【梓橦巷】梓橦巷，因古梓橦墩而得名。梓橦墩在今解放东路与东园路交界处。墩上建有文昌宫，称为文墩，“文墩积雪”是真州八景之一。梓橦与文昌帝君名属一体，所以也称梓橦墩，梓橦巷以此为名，现今以梓橦为名的还有梓橦社区。

【周家山】周家山原名舟山，在庙山的东南500米处，因其山形似船，当地老百姓就称为舟山。清朝末年，有一周姓外地郎中来到庙山一带行医，利用祖传秘方走乡串户，为百姓解除病痛，因为他医术高超，善于治疗各种疑难杂症，被治愈的病人越来越多，在百姓中有极好的口碑，名声也越来越响，连六合、天长、扬州、镇江等地不少病人也慕名而来求医问药，遇有家庭困难的病人免收或少收治疗费，他的医德一直被百姓传扬。由于这位郎中长期在此行医，便在舟山之顶砌了房屋三间，定居于此，久而久之，老百生把舟山叫成了周家山。

【状元井】现存城南商会街，始建于宋代，井栏用青石雕成。因一人家出了状元，凿建水井以标榜自己而得名。

索 引

说 明

1、索引按要目、表格和人物分类编排，要目索引以节、目及附录部分相关标题为名称，表格索引以表题为名称，人物索引以传略、简介人物姓名和各类人物名录为名称。为避免题旨不明或产生歧义，有些名称适当修改或增加前后辍词。表格前的年份括注在标题之中。

2、每类索引均以汉语拼音声母为序，同一音序一般按页次编排。

3、索引名称后的阿拉伯数字表示页码。

要目索引

表格索引

人物索引

编 后 记

20世纪90年代，仪征市民政局主持编修并内部印行《仪征民政志》，上限起于清代末年，下限至1986年。第二轮编修地方志工作启动后，仪征市民政局决定重修《仪征民政志》，上限从当地历史上有民政事务记载开始，下限至2012年年末。

《仪征民政志》重修工作从2013年年初开始，至2015年12月29日通过终审。历时近三年，大致经过四个阶段。

2013年年初至4月为组织发动阶段。这一阶段主要做了几件事：一是成立《仪征民政志》编纂委员会，组织编纂班子。编纂委员会由民政局领导和各科室、直属各单位负责人组成。编纂组成员6人，一人为原局党组书记，两人为原副局长，还有三人是本市有一定修志经验和文字能力的老同志；二是进行动员，4月26日，举行有全局中层以上干部、直属各单位负责人、各镇（办事处）民政办主任、编纂委员会和编纂组成员参加的《仪征民政志》编纂工作启动仪式，由局长、编纂委员会主任张玉峰作动员讲话，提出编纂工作计划，要求各科室、直属各单位和镇（办事处）民政办群策群力，共襄盛举，按时按质完成修志任务。

2013年5月至8月为篇目制订评审阶段。启动仪式以后，编纂组着手制订《仪征民政志》篇目。为了使篇目既尊重历史，又反映新中国成立后、特别是社会主义建设新时期民政工作现状，7月18日，编纂组请7位原民政局领导座谈，请他们对篇目初稿提出修改补充意见。在广泛征求意见并对篇目修改后，8月17日，扬州和仪征市地方志办公室领导和专家对《仪征民政志》篇目进行评审。编纂组根据评审意见进一步修改完善篇目。

2013年9月至2015年5月，为搜集资料和初稿编纂阶段。篇目基本修改完善以后，编纂组成员进行分工，将各项工作及编纂任务明确到人。曹建民全面负责编纂行政和业务工作，掌握工作进度，协调各方面关系，处理工作中遇到的问题。薛长福负责编写优待抚恤、复员退伍安置、老龄工作、社会事务管理和地名管理等5章；张传浩负责编写总述、以及减灾救灾、社会救助、社会福利及慈善事业、双拥和国防教育、人物等6章，以及附录；高庆飞负责编写组织机构、基层政权建设、残疾人事业、社会组织管理和机关建设管理等5章；帅国华除负责编写凡例、篇目、大事记、索引、编后记以及行政区划管理章外，还负责统看全部初稿和二稿；李名朝负责经费、图片搜集及编纂事务性工作。分工明确以后，实行工作承包责任制，从与各科室、直属各单位、各镇（办事处）民政办联系，搜集资料，编写初稿，修改定稿，到送出版社后校对，直至印刷，一包到底。这一阶段中，编纂人员各自为战，根据分工，分头搜集资料。通过查阅市档案馆和市民政局档案室文书档案、第一部《仪征民政志》和两部《仪征市志》、《仪征年鉴》、统计报表，以及召开座谈会和个别走访等多种途径，广泛搜集资料。先后搜集的资料有近百万字。在搜集资料过程中，编纂人员注意与编写初稿穿插进行，资料基本齐全的章节先行试写初稿，在试写过程中继续搜集补充其他章节的资料。初稿基本完成后，由执行主编陆续统稿，提出修改意见和建议，修改成二稿，执行主编再次复看，修改成送审稿。随后，进入审稿阶段，在报送仪征和扬州市审稿之前先由编纂组交叉初审和各科室负责人复审。2015年11月送扬州市和仪征市地方志办公室请求评审。当年12月29日，扬州和仪征市两级地方志办公室联合对《仪征民政志》稿进行评审。扬州市地方志办公室主任宗金林亲自参加并讲话，4位专家对《仪征民政志》稿进行评审发言，一致认为《仪征民政志》稿观点正确，结构合理，内容全面，资料丰富，记述清晰，是一部成熟的志稿，同意通过终审，并要求进一步打磨志稿，规范行文，取消少数子目，减少层次；严格规范行文和计量标准，处理好少数文表存在不统一等问题。最后由仪征市地方志办公室主任吴文山宣布《仪征民政志》通过终审。

终审通过后，编纂人员对专家的意见和建议认真梳理、讨论，区别不同情况，逐章进行修改。至2016年2月基本告一段落，并通过验收。3月送出版社出版。

全志除综述、大事记和附录外，计16章，61节322个有序目，总计63万余字，首页彩色图照84幅，文中表格118份。

《仪征民政志》能基本按时、保质完成任务，除了各级领导关心和重视，还得益于市档案馆、市统计局、各镇（办事处）和民政局各科室、直属各单位，以及市人武部、市残疾人联合会等方方面面的支持和帮助。《仪征民政志》是众手成志的产物，是集体智慧的结晶。在成书之际，我们向所有为本书出版付出辛勤劳动的人们致以衷心的感谢。

由于编纂人员学识不够，水平有限，志书中一定存在不少疏漏错误，敬请读者批评指正。

2016年3月